Iran

W0084368

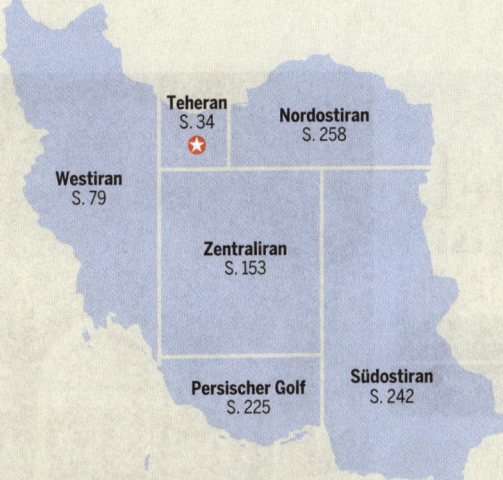

Teheran
S. 34

Nordostiran
S. 258

Westiran
S. 79

Zentraliran
S. 153

Persischer Golf
S. 225

Südostiran
S. 242

Simon Richmond, Jean-Bernard Carillet, Mark Elliott, Anthony Ham,
Jenny Walker, Steve Waters

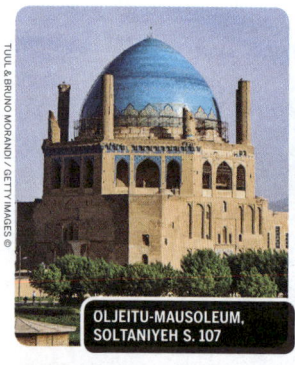

TUUL & BRUNO MORANDI / GETTY IMAGES ©

OLJEITU-MAUSOLEUM, SOLTANIYEH S. 107

JAMES STRACHAN / GETTY IMAGES ©

PERSISCHE TEPPICH-WEBEREI S. 336

MOHAMMAD REZA DOMIRI GANJI / 500PX ©

MASJED-E NASIR-AL-MOL SHIRAZ S. 211

Inhalt

IRAN VERSTEHEN

PRAKTISCHE INFORMATIONEN

SPECIALS

Willkommen in Iran

Willkommen im vielleicht gastfreundlichsten Land der Welt. Iran, das Juwel in der Krone des Islam, bezaubert mit prachtvoller Architektur und warmherziger Willkommenskultur.

Spuren großer Reiche

In Iran klingt der Ruhm uralter Kulturen bis heute nach. Einige der berühmtesten Gestalten der Geschichte – Kyros und Dareios, Alexander der Große, Dschingis Khan – haben hier ihre Spuren hinterlassen. Die von ihnen eroberten oder regierten Städte gehören zu den prächtigsten einer Region, die von sagenumwobenen Ruinen nur so strotzt. Wer durch die überwältigende antike Stadt Persepolis schlendert, die machtvolle Aura von Susa (Shush) erlebt und die gewaltige elamitische Zikkurat von Choqa Zanbil bestaunt, fühlt sich in die Blütezeit des alten Persien zurückversetzt.

Glanz und Pracht des Islam

Iran hütet einige der schönsten islamischen Bauwerke der Welt. Die wunderbaren türkis gekachelten Kuppeln und Minarette am Naqsh-e-Jahan-Platz (Imam-Platz) wecken andächtiges Staunen, aber auch anderswo wartet umwerfende Architektur, z. B. in Yazd und Shiraz. Und es sind nicht nur die Moscheen, sondern auch die Paläste (besonders in Teheran), die Gärten überall (am glanzvollsten in Kashan) sowie kunstvoll konstruierte Brücken und andere öffentliche Bauwerke, welche die Städte im ganzen Land mit ihrer Eleganz und Schönheit prägen.

Puls der Moderne

Vor allem in Teheran können Reisende auch die neuere Geschichte Irans erkunden. Sie können die frühere amerikanische Botschaft besuchen, die heute „US-Spionagenest" genannt wird, und zu Teherans imposantem Azadi-Turm aufblicken, wo 1979 Tausende die Revolution feierten und 2009 Menschenmassen gegen das Regime protestierten, das aus der Revolution hervorging. Irans Museum der Heiligen Verteidigung informiert über den Krieg gegen den Irak, der das Land traumatisierte. Zugleich spürt man in Teherans progressiven Kunstgalerien und entspannten Cafés den Pulsschlag des modernen Iran.

Hort der Gastfreundschaft

Überall in diesem Land, das von einer Vielfalt ethnischer Gruppen bevölkert ist und über die Jahrtausende von Griechen, Arabern, Türken und Mongolen besetzt und beeinflusst wurde, sind die Menschen unendlich gastfreundlich. Allenthalben hagelt es Einladungen zum Tee, und wer etwas Zeit mit Iranern verbringt, wird oft nach Hause zum Essen eingeladen. Besucher sollten möglichst viele dieser Einladungen annehmen, um die uralte, komplexe und warmherzige iranische Kultur aus erster Hand zu erleben. Diese Erlebnisse werden am längsten im Gedächtnis bleiben.

Warum ich Iran so liebe

Anthony Ham, Autor

Die wunderbare Landschaft, vom Hochgebirge bis zur tiefsten Wüste, durch die immer noch Asiatische Geparde streifen. Die Architektur und der Zauber der Basare. Kultivierter Teegenuss, ob in einem Teehaus am Flussufer in Isfahan oder mit den Nomaden im Zagros-Gebirge. Ein Bummel durch die von Lehmziegelmauern gesäumten Gassen von Yazd und der Besuch eines zoroastrischen Feuertempels am Rand der Wüste. All das liebe ich an Iran. Aber das größte Geschenk des Landes sind seine Menschen.

Mehr Infos über unsere Autoren gibt's auf S. 407.

Masjed-e Shah, Isfahan (S. 167)

Iran

Tabriz
Ein Basar, der zum Welt-
kulturerbe gehört (S. 88)

Howraman
Kurdische Gastfreundschaft,
entlegene Bergdörfer (S. 131)

Takht-e Soleiman
Einsamer, windumtoster Zoro-
astrier-Tempelkomplex (S. 107)

Kashan
Entspannte Stadt mit schönen
alten Herrenhäusern (S. 158)

Choqa Zanbil
Ein unglaublicher 3000 Jahre
alter Tempelturm (S. 149)

Isfahan
Die majestätische Safawiden-
Hauptstadt – ein Muss! (S. 166)

Yazd
Wüstenstadt mit romantischen
traditionellen Hotels (S. 191)

Shiraz
Das Kernland persischer
Kultur (S. 206)

Persepolis
Die Kapitale der Achämeniden,
auch als Ruine prächtig (S. 218)

Alamut-Tal
Zwischen den Burgen der
Assassinen wandern (S. 124)

0 — 500 km

USBEKISTAN

Samarkand

TADSCHIKISTAN

DUSCHANBE

Serdar

Turkmenabat

TURKMENISTAN

handir-Tal

Tandoureh-
Nationalpark
ASCHGABAT

khaneh
Bojnurd
Dargaz
Mary

meh
Shirvan
Quchan

Golestan-
ionalpark &
dschutzgebiet
Esfarayen

Tus
Sarakhs
Saraghs

Neishabur
Mashhad

Sabzevar

Mashhad
Der Schrein des Imam Reza,
Irans heiligste Stätte (S. 270)

Torbat-e
Hedariyeh
Band-e
Fariman
Torbat-e
Jam

Teheran
Der moderne Iran – Galerien,
Cafés, Restaurants (S. 34)

Taybad

sht-e Kavir
Gonabad
Khaf

Ferdows
Herat

abas
Qa'en

Garmeh
Unvergessliche Übernachtung
in der Wüstenoase (S. 267)

Khur

Birjand

AFGHANISTAN

Sistan-
See
Khash

Die Kaluts
Zwischen zehnstöckigen
Sandburgen campen (S. 252)

Zabol

Hamun-
See-

Payen-Gebirge
Kaluts
Dasht-e Lut

and
Shahdad

sanjan

rman

Hezar
4420 m)
Mahan

alezar
1374 m)
Rayen

Zahedan

Bam
Taftan

Fahraj
Taftan
(4042 m)

Qeshm
Verschlafene Bandari-Dörfer,
erstaunliche Geologie (S. 235)

Jiroft
Tahlab

Khash

Kahnuj

PAKISTAN

dar
Minab

Iranshahr

HÖHE

Larak

aße von
rmus

Makran-Gebirge

3000 m
2000 m
1000 m
500 m
250 m
0

MAN
Jask
Turbat

REINIGTE
ABISCHE
IRATE
Golf von
Oman
Chabahar
ARABISCHES MEER

Irans
Top 16

1

Die Menschen

1 In jedem Wettstreit um den Titel der freundlichsten Menschen des Planeten kämen die Iraner mindestens ins Finale. Es sind die Bewohner des Landes, die bei allen Iranreisenden den nachhaltigsten Eindruck hinterlassen, ihre Herzlichkeit und Gastfreundschaft, ihre Bereitschaft, alle Feindseligkeiten zwischen Ländern außen vor zu lassen und ausländische Besucher mit offenen Armen und Türen willkommen zu heißen. Wo man auch hinkommt, wird man gefragt, was man von Iran hält, als Gast begrüßt und mit Tee und Essen bewirtet. Die Begegnung mit den Iranern ist eindeutig das schönste Reiseerlebnis im Iran. Unten links: Gewürzhändler, Bazar-e Bozorg (S. 168), Isfahan

Isfahan, die halbe Welt

2 Es gibt auf Reisen immer wieder Augenblicke, die einem lange im Gedächtnis bleiben, und der erste Anblick des majestätischen Naqsh-e-Jahan-Platzes (Imam-Platzes) (S. 167) in Isfahan ist einer davon. Dieser Platz wird von dem vielleicht großartigsten Gebäudeensemble der islamischen Welt eingefasst: der perfekt proportionierten, blau gekachelten Kuppel der Masjed-e Shah, der überaus eleganten Masjed-e Sheikh Lotfollah und dem prächtig ausgeschmückten Ali-Qapu-Palast. Aber das Ganze ist nicht nur ein architektonisches Freilichtmuseum – der Platz und die nahen Teehäuser am Fluss pulsieren vor Leben. Unten rechts: Naqsh-e-Jahan-Platz (Imam-Platz)

TIM GERARD / GETTY IMAGES ©

LKPRO / ALAMY STOCK PHOTO ©

Yazd

3 Wenige Städte haben sich so perfekt an ihre Umgebung angepasst wie die märchenhafte Wüstenstadt Yazd (S. 191), ein Labyrinth aus verwinkelten Gassen, blau gekachelten Kuppeln, himmelstrebenden Minaretten, Basaren und Häusern mit Innenhöfen, Badgir-Windtürmen und *qanats* (unterirdischen Kanälen) zur Wasserversorgung. Einige dieser Häuser sind heute stimmungsvolle Traditionshotels. Viele Reisende nennen Yazd mit seinem Mix aus orientalischem Zauber und Wüstenatmosphäre ihre Lieblingsstadt in Iran. Oben: Amir-Chakhmaq-Moschee (S. 193)

Mehr als nur Kabab

4 Die iranische Küche (S. 319) hält viele köstliche Überraschungen bereit, von Kabab, *khoresht* (Eintopf), *ash* (Suppe) und Fladenbrot über *fesenjan* (Huhn in Walnuss-Granatapfel-Sauce) und *bademjan* (Auberginen) in vielerlei Zubereitungen bis zu den säuerlichen Spezialitäten der Provinz Gilan. Und erst die *shirini* (Süßgebäck) ... Außer den delikaten Aromen machen aber vor allem der Rummel ums Essen und seine enorme Bedeutung bei gesellschaftlichen Anlässen das Speisen hier zu einer der großen Freuden des Lebens. Unten: *Khoresht*

Die Nomaden des Zagros

5 Über zwei Millionen Iraner verschiedener Bevölkerungsgruppen führen nach wie vor ein Nomadenleben und ziehen jeweils im Frühjahr und Herbst mit ihren Ziegen in neue Weidegebiete. Die Kaschgai- und Bachtiaren-Nomaden verbringen die Sommermonate im Zagros-Gebirge und die Winter an der Küste. Kostproben des Nomadenlebens versprechen Tagesausflüge ab Shiraz oder ein Aufenthalt bei den Khamseh (bei denen es u. a.leckeren Joghurt zu probieren gibt) in den Bergen oberhalb von Bavanat (S. 223).

Das antike Persepolis

6 Angesichts der künstlerischen Harmonie der gewaltigen Treppen, imposanten Tore und erlesenen Reliefs ist leicht vorstellbar, dass Persepolis (S. 218) zu seiner Glanzzeit als Zentrum der bekannten Welt galt. Es wurde von Dareios und Xerxes als Residenzstadt des Achämenidenreichs erbaut und später von Alexander dem Großen erbarmungslos zerstört. Heute ist die als Welterbe geschützte Ruinenstätte Irans berühmteste antike Stadt. Auch die Felsgräber des nahen Naqsh-e Rostam sind einen Besuch wert.

CHRISTIAN ASLUND / GETTY IMAGES ©

Skilaufen im Elburs-Gebirge

7 Die meisten Menschen assoziieren Iran nicht unbedingt mit Skisport. Dabei besitzt das Land über 20 Skigebiete. Der größte Teil der Wintersport-Action ballt sich praktischerweise rund um Teheran. Topziele für Wintersportler sind die Skiorte Dizin (S. 74) und Shemshak, die mit steilen Pisten und reichlich Pulverschnee für Skiläufer jeden Könnens etwas zu bieten haben. Hütten und Skipässe sind im Vergleich zu Europa preiswert, und auf den Pisten, auf denen sich der gehobene Mittelstand von Teheran tummelt, geht es relativ liberal zu.

Choqa Zanbil, Susa & Shushtar

8 Selbst wer sonst mit antiken Ruinen nicht so viel am Hut hat, dürfte diese drei Welterbestätten faszinierend finden. Ihre gewaltige Größe und spannende Geschichte machen die 3400 Jahre alte Zikkurat von Choqa Zanbil (S. 149) zu einer der imposantesten historischen Stätten in einer Region, die von Historie nur so strotzt. Susa (Shush) ist ein stimmungsvolles Ruinenfeld mit Festung, Akropolis und Überresten eines Palastes. Shushtar rundet das Geschichtserlebnis eindrucksvoll ab. *Oben rechts: Zikkurat von Choqa Zanbil*

Die Teheraner Kunstszene

9 Die hervorragenden Museen und Paläste der Hauptstadt bieten tiefen Einblick in Irans Vergangenheit. Um auch seine Gegenwart richtig zu verstehen, darf man die hippen Cafés und modernen Kunstgalerien (S. 65) der Stadt nicht verpassen. Sie offenbaren eine Seite des modernen Lebens in Iran – kreativ, provokativ, liberal –, von der die Medien selten berichten. Selbst staatliche Institutionen wie das Museum der Heiligen Verteidigung und das Qasr Gartenmuseum bedienen sich der zeitgenössischen Kunst auf einfallsreiche Weise.

Haram-e Razavi in Mashhad

10 Obwohl viele Besucher feststellen, dass der Islam den Alltag nicht so ausschließlich beherrscht wie von ihnen erwartet, prägt der schiitische Glaube das Leben in Iran doch entscheidend. Am eindrucksvollsten ist das an Stätten wie dem gewaltigen Haram-e Razavi (S. 272) in Mashhad zu erleben. Der Komplex beherbergt das Mausoleum des legendären Imam Reza. Die Inbrunst und Herzensgüte, die einem hier begegnen, vermitteln einen tiefen Eindruck vom Islam als Kraft für das Gute in der Welt. Oben: Imam-Reza-Schrein

Oasen in der Wüste

11 Ganz besonders herzlich ist das Willkommen in der weiten, leeren Stille der beiden größten Wüsten Irans. Garmeh (S. 189) ist ein Traum von einem Oasendorf mit bröckelnder Burg, Dattelpalmen und plätschernder Quelle – ein Ort, für den man eine Nacht einplant, um dann vier zu bleiben. Auch das nahe Farahzad und das winzige Toudeshk Cho, zwischen Isfahan und Na'in, bieten urige Wüstenquartiere bei Familien: Betten auf dem Boden, spartanische Bäder, leckere Hausmacherkost und endloser Horizont vor der Tür. Unten: Garmeh

Basarbummel

12 Selbst in der Ära der Mega-Super-
märkte kaufen die meisten Iraner
in diesen Labyrinthen aus überdachten
Gassen, Medresen und Karawansereien
ein. In den stimmungsvollen Basaren von
Teheran, Isfahan, Shiraz, Kerman und
Kashan stöbert man unter Kuppeldecken,
weicht den Mopeds aus und stärkt sich
zwischendurch im Teehaus. Als Welterbe
geschützt ist der Basar von Tabriz (S. 88),
der größte überdachte Basar der Welt und
einst eins der wichtigsten Handelszentren
an der Seidenstraße. Oben: Basar von Tabriz

Schöne Natur in Westiran

13 In den fernen Westen des Landes
verirren sich relativ wenige Besucher. Dabei warten hier als Welterbe geschützte armenische Kirchen, die spektakuläre Howraman-Route von Marivan nach
Paveh und das herrliche Aras-Tal ebenso
wie faszinierende Begegnungen mit den
Kurden von Howraman, den Azeri (Aserbaidschanern) im Nordwesten, den Gilanern
am Kaspischen Meer und den Arabern von
Khuzestan. Alles in allem ist Westiran (S. 79)
schon für sich eine Reise wert. Unten: Brücke
über den Karn

HERRE VAN DER WAL / LONELY PLANET ©

KUNI TAKAHASHI / GETTY IMAGES ©

Wandern im Alamut-Tal

14 Das berühmte Alamut-Tal (S. 124) lädt zu spannenden Wanderungen zwischen den sagenumwobenen Festungen der Assassinen ein. Auf weit verstreuten Felskuppen und -zinnen liegen die verfallenen Überreste von über 50 Burgen, die im Mittelalter der weithin gefürchteten religiösen Gemeinschaft als Stützpunkte dienten. Wanderer haben die Wahl zwischen einer Tagestour ab Qazvin oder ausgedehnteren Wanderungen quer durchs Elburs-Gebirge ab Gazor Khan. So oder so gehört die Region zu den schönsten Wanderrevieren im Nahen Osten.

Die Dichter von Shiraz

15 Die Iraner sagen, dass selbst das ärmste Haus zwei Bücher besitzt: einen Koran und die Gedichte von Hafis. Wie passend für ein Land, dessen berühmteste Söhne Dichter waren und in dem fast jeder seinen persönlichen, viele Jahrhunderte alten Lieblingspoeten zitieren kann. In Shiraz (S. 206), der Stadt der Nachtigallen und Gärten, ziehen die Grabstätten von Hafis und Saadi Pilger aus ganz Iran an, die hier beim Tee die Worte ihrer Helden deklamieren. Oben rechts: Aramgah-e Hafez (Grab des Hafis), Shiraz (S. 206)

Zoroastrische Feuertempel

16 Iran ist zwar eine islamische Republik, beherbergt aber auch zoroastrische Weihestätten von unirdischem Zauber. Das einsame Dorf Chak Chak (S. 204) bei Yazd hat einen Feuertempel mit einem umwerfenden Bronzeportal, atemberaubender Aussicht und zutiefst weihevoller Atmosphäre. Dies ist das Kernland des Zoroastrismus und bis heute sein wichtigster Wallfahrtsort. Hier kann man sich vorstellen, wie das Land vor der Ankunft des Islam aussah. Weitere Feuertempel gibt es in Kerman und Yazd. Unten rechts: Gläubige im Pir-e-Sabz-Feuertempel, Chak Chak

Gut zu wissen

Weitere Infos unter Praktische Informationen (S. 353)

Währung
Iranischer Rial (IR)

Sprache
Farsi und Minderheiten-
sprachen wie Aserbai-
dschan-Türkisch.

Geld
Besucher müssen genug
Bargeld (in Euro oder
US-Dollar) für den gan-
zen Aufenthalt mitbrin-
gen, da sie in Iran keine
Kredit- oder Bankkarten,
Reiseschecks oder Geld-
automaten nutzen
können.

Visa
Besucher brauchen ein
Visum, das sie mindes-
tens zwei Monate vor
der geplanten Ankunft
beantragen sollten,
Näheres s. S. 27.

Handy
Für billige Inlands- und
teure Auslandsgesprä-
che braucht man eine
einheimische SIM-Karte.
Die heimatliche SIM
funktioniert hier nicht.

Zeit
MEZ +2½ Std.; von Nou-
ruz (um den 21. März)
bis 22. September gilt
Sommerzeit.

Reisezeit

Tabriz
REISEZEIT
März–Juni

Teheran
REISEZEIT
März–Juni

Isfahan
REISEZEIT
Apr–Juni

Kerman
REISEZEIT
Nov–Apr

Qeshm (Ort)
REISEZEIT
Dez–März

Wüste, trockenes Klima
Trockenes Klima
Warme bis heiße Sommer, milde Winter
Warme bis heiße Sommer, kalte Winter

Hauptsaison
(März–Mai)

➡ Idealtemperaturen
fast überall im Land.

➡ Zu Nouruz
(21. März–3. April)
sind Preise und Be-
sucherandrang am
höchsten, vor allem in
Isfahan, Shiraz, Yazd
und an der Golfküste.

➡ Im April steigen
die Preise und die
Hotelzimmer werden
knapp.

Zwischen-saison
(Juni–Okt.)

➡ Im Juni wird es
heißer, und es kom-
men weniger Rei-
sende.

➡ Im September und
besonders Oktober
sind die Temperatu-
ren milder; gut für Ge-
birgswanderungen.

➡ Etwas niedrigere
Preise als von März
bis Mai.

Nebensaison
(Nov.–Feb.)

➡ Extrem kalt, vor
allem im Nordosten
und Westen, aber
gute Bedingungen
zum Skilaufen.

➡ Manche Gebirgs-
straßen können un-
passierbar werden.

➡ Es gibt 10–
50 % Rabatt auf
Hotelpreise und
weniger Besucher-
andrang.

Websites

Lonely Planet (www.lonely planet.com/iran) Infos über Reiseziele, Hotelreservierungen, Traveller-Forum uvm.

Iran Tourism & Touring Online (www.itto.org) Irans Version einer Tourismuswebsite mit einigen informativen Links.

Iran Chamber Society (www. iranchamber.com) Wertvolle Informationen über Kunst und Kultur.

Tehran Times (www.tehrantimes. com) Irans englischsprachige Nachrichtenwebsite und Zeitung.

See You In Iran (www.facebook. com/SeeYouinIran/) Die Face-book-Gruppe postet jede Menge nützliche Tipps für Iranreisende.

Wichtige Telefon-nummern

Bei Anrufen aus dem Ausland die ✆0 der Ortsvorwahl weglassen.

Rettungs-wagen	✆115
Feuerwehr	✆125
Polizei	✆110
Landesvorwahl Iran	✆98
Internationale Vorwahl	✆00
Auskunft (Inland)	✆118

Wechselkurse

Eurozone	1 €	33 367 IR
Schweiz	1 SFr	36 298 IR

Über offizielle Wechselkurse informiert die iranische Zentral-bank (www.cbi.ir).

Tagesbudget

Budget: unter 50 US$

➡ Busticket Teheran–Isfahan (einfache Fahrt): 9 US$

➡ Eintritt zu den meisten Sehenswürdigkeiten: 4 US$

➡ Schlafsaalbett oder simples Zimmer mit Bad: 10–40 US$

➡ Mahlzeit in einem einfachen Restaurant: 5–10 US$

Mittelklasse: 50–200 US$

➡ Flug Shiraz–Teheran (einfach): 70 US$

➡ Halbtägiger Ausflug von Shiraz nach Persepolis mit Taxi bzw. Fahrer/Guide: 40/50 US$

➡ Doppelzimmer mit Bad: 40–149 US$

➡ Mahlzeit im Mittelklasse-restaurant: 8–15 US$

Gehoben: über 200 US$

➡ Vier-Sterne-Hotel in Teheran oder Isfahan: ab 150 US$

➡ Hauptmahlzeit im Teheraner Spitzenrestaurant: 25–50 US$

➡ Guide und/oder Fahrer: 70–100 US$/Tag

Öffnungszeiten

Die Öffnungszeiten sind oft un-regelmäßig, aber die meisten Betriebe haben Donnerstag-nachmittag und Freitag (Wochen-ende in Iran) geschlossen.

Banken & Behörden Sa–Mi 8–14, Do 8–12 Uhr

Museen Im Sommer 9–18 Uhr, im Winter bis 16 oder 17 Uhr; manche haben Mo geschlossen.

Restaurants 12–15, 18–22 Uhr

Geschäfte Sa–Do 9–20 Uhr, aber oft mit Mittagspause von 13–15.30 Uhr; viele schließen Do nachmittags.

Reisebüros Sa–Mi 9–17, Do 7.30–12 Uhr

Ankunft in Iran

Imam Khomeini International Airport (Teheran; S. 71) Fest-preis für ein Taxi in die Stadt: 750 000 IR, je nach Wagentyp; Abzocke ist selten, sofern man den offiziellen Taxistand nutzt. Bus zur Metrostation: 75 000 IR, plus 7000 IR für ein U-Bahnticket ins Stadtzentrum.

Shiraz International Airport (S. 217) Taxi in die Stadt: 5 US$

Über die türkische Grenze bei Bazargan (S. 83) Taxi bis Maku: 10 US$. Anschlussbus nach Tabriz: 2 US$

Unterwegs vor Ort

Die meisten öffentlichen Ver-kehrsmittel verkehren häufig, relativ pünktlich und sehr billig; nur die Flüge sind oft verspätet. Fürs Wochenende und vor allem für Feiertage rechtzeitig reservieren.

Bus Mit Bussen kommt man fast überall hin. Die meisten Busse sind komfortabel, aber nicht unbedingt luxuriös. Geschwindigkeitskontrollen haben die Verkehrssicherheit drastisch verbessert.

Flugzeug Das weit gespannte Netz generell zuverlässiger Inlandsflüge ist eine gute Mög-lichkeit, einige *sehr* lange Über-landfahrten zu vermeiden.

Savari Diese Sammeltaxis sind normalerweise schneller, aber wesentlich unkomfortabler als Busse.

Zug Züge verbinden die meisten großen Städte, fahren aber viel seltener als die Busse.

Mehr zum Thema **Unterwegs vor Ort** s. S. 377

REISEPLANUNG GUT ZU WISSEN

Iran für Einsteiger

Weitere Infos unter Praktische Informationen (S. 353)

Checkliste

➡ Kontrollieren, ob der Reisepass mindestens sechs Monate über das Einreisedatum hinaus gültig ist.

➡ Die eigene Bank/Kreditkartengesellschaft über die Reisepläne informieren.

➡ Reiseversicherung abschließen.

➡ Offizielle Reisewarnungen des Auswärtigen Amts nachlesen und darauf achten, dass man keine Gebiete bereist, in denen die Versicherung nicht gilt.

➡ Herausfinden, ob man sein Handy in Iran nutzen kann.

Ins Gepäck gehören

➡ Farsi-Sprachführer

➡ Familienfotos, um die Konversation mit neu gewonnenen iranischen Freunden zu beleben

➡ Robuste Wanderschuhe

➡ Im Winter warme Kleidung

➡ Kopfbedeckung, Sonnenbrille und Sonnencreme

➡ Wasserflasche

➡ Kleine Mitbringsel aus der Heimat für neue Freunde

Top-Tipps

➡ Mit der Reiseplanung (und dem Visumantrag) frühzeitig beginnen.

➡ Nicht zu ehrgeizig planen – Iran ist groß, und das ganze Land auf einer Reise sehen zu wollen, kann zu Frustration führen.

➡ Grundkenntnisse in Farsi kommen bei den Einheimischen gut an.

➡ Kleine Mitbringsel von daheim sind nützlich, um sich für die vielen kleinen Gesten der Freundlichkeit und Gastfreundschaft zu revanchieren, die die meisten Iran-Besucher erleben.

Richtig angezogen

Kaum eine Frage beschäftigt Frauen, die zum ersten Mal nach Iran reisen, so sehr wie die nach der Kleiderordnung. Wie alle Frauen und Mädchen ab neun Jahren müssen auch Touristinnen in Iran Hidschab tragen. Das heißt, dass in der Öffentlichkeit Haare, Arme und Beine bedeckt sein müssen und die Kleidung die Körperkonturen kaschieren soll. Besucherinnen sollten lange, locker fallende Kleidungsstücke von daheim mitbringen und sich, falls sie nicht zu sehr als Touristinnen auffallen wollen, in Iran einen *manteau* kaufen (einen leichten, knielangen Übermantel). Dazu kommt ein Kopftuch, das frau ständig am Verrutschen hindern muss, damit sie nicht zu viel Haar zeigt. Männer sollten weder Shorts tragen noch Trägerhemden, die die Schultern freilassen.

Unterkünfte

Abseits der Haupttouristengebiete und großen Städte gibt es fast nur gesichtslose Hotels und sehr rustikale Herbergen.

Hotels Das ganze Spektrum von billigen Budgethotels bis zu gigantischen Nobelherbergen; Häuser der Spitzenkategorie sind noch selten, aber es werden immer mehr.

Mosaferkhanehs Rustikale Herbergen oder sehr schlichte Hotels mit Mehrbettzimmern und Gemeinschaftsbädern; sie werden vorwiegend von einheimischen Männern genutzt.

Camping Es gibt kaum offizielle Campingplätze oder Möglichkeiten zum Zelten.

Feilschen

Im Allgemeinen sind die Preise in Geschäften Festpreise. Im Basar hingegen sind praktisch alle Preise verhandelbar, vor allem die für Souvenirs und auf jeden Fall die für Teppiche. An touristischen Hotspots wie dem Imam-Platz in Isfahan ist Feilschen ein Muss.

Wer handeln will, sollte am Anfang nicht zu viel Interesse zeigen. Nicht den ersten Artikel kaufen, der ins Auge fällt, sondern einige Alternativen begutachten, um eine Vorstellung von Qualitäts- und Preisniveau zu bekommen.

Nicht vergessen: Beim Feilschen geht es nicht um Leben und Tod. Ein gutes Geschäft bedeutet, dass *beide* Seiten zufrieden sind und nicht, dass man den Verkäufer so tief drückt wie nur irgend möglich. Wenn man als Käufer zufrieden ist, war es so oder so ein guter Deal.

Trinkgeld

Trinkgelder sind in Iran kein großes Thema. In vornehmen Restaurants (vorwiegend in Teheran) wird u. U. ein 10%iges Trinkgeld erwartet – zusätzlich zu den 10 % Bedienungsgeld, die oft in der Rechnung enthalten sind. Überall sonst dürfte jedes bisschen Trinkgeld eine angenehme Überraschung sein. Es ist üblich, jedem, der einen herumführt oder ein normalerweise verschlossenes Gebäude für einen öffnet, ein kleines Trinkgeld anzubieten. Wenn das Angebot zuerst abgelehnt wird, sollte man darauf beharren. Es gibt in Iran keine Bakschischkultur.

Kabab kubideh (gegrillte Lammhackspießchen)

Etikette

Die Iraner sind generell recht nachsichtig mit kleineren Fauxpas ausländischer Besucher – sie erwarten nicht, dass man alle Regeln kennt. Ein paar nützliche Tipps:

➡ Wer zum Abendessen eingeladen wird, kann eine Dose ortsüblicher Süßigkeiten mitbringen (in Isfahan z. B. *gaz*).

➡ Gestik: Nie den hochgereckten Daumen zeigen, der hier unserem ausgestreckten Mittelfinger entspricht.

➡ Männer sollten einer Frau nur die Hand schütteln, wenn sie es von sich aus anbietet.

➡ Beim Betreten eines Privathauses oder einer Moschee die Schuhe ausziehen.

Essen

In Iran kann man sehr gut essen – ob in Lokalen oder Privathaushalten, wenn man eine Einladung ergattert.

Teehäuser Der Ort, an dem die Iraner von jeher geselligen Kontakt pflegen und speisen, serviert Tee, *qalyan* (Wasserpfeife) und Essen.

Kababis Schlichte *kabab*-Lokale, oft im Umfeld der großen *meydans* (Plätze) zu finden. Am besten da essen, wo die Einheimischen es tun.

Take-away Fast Food ist beliebt, vor allem in Form von Sandwiches.

Restaurants Gibt es überall im Land; die meisten servieren *ash-e jo* (Graupensuppe) und Salat als übliche Vorspeisen.

Wie wär's mit ...

Architektur

St.-Stephanos-Kirche, Jolfa
Eine von drei armenischen
Kirchen, die gemeinsam auf der
Unesco-Welterbeliste stehen.
(S. 98)

Oljeitu-Mausoleum, Soltaniyeh Das wuchtige Mausoleum
aus dem 14. Jh. mit der höchsten Ziegelkuppel der Welt ist das
großartigste erhaltene Bauwerk
der Mongolen in Iran. (S. 107)

Naranjestan, Shiraz Der verspiegelte *iwan* (offene Halle) ist
ideal für ein ultimatives Selfie
mit endloser Vervielfältigung.
(S. 210)

Mil-e Gonbad, Gonbad-e Kavus
Ein himmelhoher, unglaublich
modern anmutender Ziegelturm
aus dem 11. Jh. (S. 268)

Museen

**Nationales Juwelenmuseum,
Teheran** Hütet den Pfauenthron
und Unmengen kostbarer
Klunker. (S. 40)

Musikmuseum, Isfahan Das
phantastische neue Museum
führt die musikalische Tradition
der Stadt fort. (S. 177)

Teppichmuseum, Mashhad
Entzückt die Besucher des
Imam-Reza-Schreins mit erlesener Teppichkunst. (S. 275)

**Museum für zeitgenössische
Kunst, Teheran** Das staunens-
werte moderne Bauwerk
beherbergt eine sagenhafte,
aber nur selten zu sehende
Sammlung. (S. 47)

Iranische Küche

Ardabil Die wohl süßeste Stadt
in Iran, berühmt für ihre Honig-
waben, schwarze Halva („Pest")
und unzählige Zuckerbäcker.
(S. 319)

Hezardestan, Mashhad Mit
köstlichem Essen, traditionel-
lem Teehausambiente und
Livemusik ein Lieblingslokal
der Einheimischen. (S. 278)

Haj Khalifeh Ali Rahbar, Yazd
Die tolle Auswahl iranischer *shirini* (Süßwaren) ist ein Augen-
und Gaumenschmaus. (S. 202)

Fereni Hafez, Isfahan Das typisch iranische Dessert Fereni
ist in Isfahan so beliebt, dass
man es sogar zum Frühstück
nascht. (S. 180)

Alte Kulturen

Persepolis Die Ruinen der einstigen Residenzstadt offenbaren
die ganze Pracht des Achämenidenreichs. (S. 218)

Shushtar Zu den Bauten der
Sassanidenzeit gehören Wassermühlen, eine gewaltige Brücke
und eine Hügelfestung. (S. 148)

Takht-e Soleiman Der bedeutendste zoroastrische Feuertempel der Geschichte liegt
an einem Kratersee in einem
einsamen Bergkessel. (S. 107)

Palast des Ardashir Der mächtige Palast südlich von Shiraz war
einer der frühesten Prunkbau-
ten der Sassaniden. (S. 223)

Dorfleben

Ateshooni Eine der besten
authentisch iranischen Privatunterkünfte im Oasendorf
Garmeh. (S. 189)

Tak-Taku Guesthouse Im
stimmungsvollen Hofhaus von
Mohammad und seiner Familie
in Toudeshk können Besucher
ins Wüstenleben eintauchen.
(S. 187)

Bavanat Die Einnahmen der
Übernachtung in einem Freilichtmuseum des Dorflebens fließen
in die Gemeinde. (S. 223)

Qeshm In Küstendörfern wie
Tabl oder Shibderaz ist noch
die aussterbende Lebensweise
der Bandari-Araber zu erleben.
(S. 235)

Aktivurlaub

Elburs-Wanderungen Das beste
Wanderrevier Irans ist sowohl
von Karaj als auch von Alamut
aus zugänglich. (S. 124)

Damavand Der höchste Berg
des Nahen Osten ist ein gutes
Ziel für Gipfelstürmer. (S. 76)

Wüstenwanderungen Von den Wüstendörfern Farahzad oder Mesr kann man die Wüste auf dem Kamelrücken oder zu Fuß erkunden. (S. 191)

Felsklettern Eins der Kletterreviere der Region ist Farhad Tarash im Schatten der historischen Bisotun-Reliefs. (S. 137)

Basare

Bazar-e Bozorg, Isfahan Riesig, historisch, unendlich faszinierend – wie ein Märchen aus Tausendundeiner Nacht. (S. 168)

Bazar-e Vakil, Shiraz Einer der besten in Iran, mit Ziegelgewölben und wunderbar chaotischer Abendatmosphäre. (S. 207)

Großer Basar, Teheran Von der Kupferabteilung geht es weiter zu den Teppichen, um sich dann durch die Nuss- und Gewürzabteilung zu schnuppern. (S. 39)

Bazar-e Sartasari, Kerman Klassischer ostiranischer Basar mit Ladengassen im Schatten von Moscheen und Museen. (S. 244)

Kulturbegegnungen

Kurdische Gastfreundschaft, Howraman-Tal In der angestammten Kurdenregion erleben Besucher u. a. kurdische Gesänge und Tänze. (S. 131)

Zurkhaneh, Yazd Uriranische Männersportstätte mit mystischer Aura. (S. 279)

Wallfahrt, Mashhad Nirgends ist die leidenschaftliche Frömmigkeit der Schiiten besser zu erleben als an den großen Wallfahrtstätten und vor allem am Imam-Reza-Schrein in Mashhad. (S. 275)

Persian Food Tours, Teheran Hier lernen Besucher, nach persischer Art zu kochen, nachdem sie zusammen mit Einheimischen eingekauft haben. (S. 55)

Oben: Teppichhandel im Bazar-e Bozorg (S. 168), Isfahan
Unten: Die Ruinen von Persepolis (S. 218)

Monat für Monat

Januar

Im Winter sind kaum Reisende unterwegs. Weite Teile Westirans liegen unter einer Schneedecke; Bergstraßen sind z. T. unpassierbar. In der Wüste sind die Nächte eiskalt, die Tage aber angenehm sonnig.

🏃 Skilaufen im Elburs-Gebirge

Januar und Februar sind ideal zum Skilaufen. Iran hat über 20 Skigebiete. Die besten sind Dizin (S. 74) und Shemshak (S. 75) in der Nähe von Teheran mit tollem Schnee und günstigen Preisen.

Februar

Oft der kälteste Monat und damit gut zum Skilaufen, aber ansonsten nicht die angenehmste Zeit für einen Iran-Besuch. Allerdings gibt es einige Großveranstaltungen.

☆ Fadjr International Theatre Festival

Das Highlight des iranischen Theaterjahrs dreht sich rund um das Teatre Shahr (Stadttheater) and das Iranshahr-Theater in Teheran.

🎆 Sieg der Islamischen Revolution

Vom 1. bis zum 11. Februar dauern die Dahe-ye Fajr („Die zehn Tage der Morgenröte"). Nationalistische Reden und Demonstrationen erinnern an die Tage, die 1979 von Ajatollah Chomeinis Rückkehr nach Iran bis zum Sturz der Schah-Regierung verstrichen.

März

Zu Norouz, dem iranischen Neujahr, mit dem auch der Frühling beginnt, ist das ganze Land unterwegs. Zwei Wochen ist Iran quasi außer Betrieb. Die Hotels sind komplett belegt; das Reisen wird kompliziert.

🎆 Chaharshanbe-suri

Der Dienstagabend vor dem letzten Mittwoch des iranischen Jahrs. Zu den umstrittenen „heidnischen" Bräuchen des Fests gehört es, zu singen, zu tanzen und über Feuer zu springen, die alles Unheil verbrennen.

🎆 Nouruz

Das vorislamische Nouruz-Fest zur Frühlings-Tagundnachtgleiche am 21. März ist eine große Familienfeier, ähnlich wie Weihnachten bei uns. Viele Iraner nehmen sich dafür zwei Wochen frei; Teheran ist praktisch menschenleer.

April

Es ist Frühling, das Thermometer klettert, die Blumen blühen, und die Iraner kehren an die Arbeit zurück. Wettertechnisch die beste Zeit für einen Iran-Besuch. So sind April und Mai auch die Haupttouristensaison, also Zimmer und Flüge rechtzeitig reservieren.

🎆 Tag der Islamischen Republik

Der Feiertag am 1. April erinnert mit Kundgebungen, Reden und Militärparaden an die Volksabstimmung zur offiziellen Gründung der Islamischen Republik Iran im Jahr 1979.

✈️ Sizdah be Dah

Sizdah be Dar (der „13. Tag des Jahres", 2. April) ist ein Feiertag, an dem sich die Iraner zum Picknick im Grünen aufmachen. Der vorislamische Brauch symbolisiert einen Neubeginn.

⭐ Fajr International Film Festival

Irans wichtigstes Filmfestival mit iranischen und internationalen Filmen und Veranstaltungen in über 20 Kinos überall in Teheran. Früher fand es im Februar statt; aktuelle Infos auf der Website nachsehen.

Mai

Mit seinen milden Temperaturen ist der Mai ein guter Reisemonat, aber es herrscht immer noch Hauptsaison. Vom Westen bis zum Nordosten blühen die Wildblumen, doch in der Nähe der Golfküste wird es jetzt schon heiß.

✈️ Ramazan (Ramadan)

Im Ramazan-Monat sollen die Muslime von Sonnenauf- bis Sonnenuntergang komplett aufs Essen, Trinken und Rauchen verzichten. Das führt bei manchen zu gereizter Stimmung, aber das Leben geht seinen Gang. In den kommenden Jahren fällt Ramazan in den Mai bzw. April.

Juni

Gegen Ende des Frühlings wird es wärmer und schwüler, aber da noch keine brüllende Hitze herrscht (außer an der Golfküste

und im Tiefland um Shush) und weniger Reisende unterwegs sind, ist der Juni noch ein guter Reisemonat.

✈️ Kashan-Rosenfest

Kashan ist immer schön, aber im Juni feiern die Stadt und ihr Umland das Rosenfest zur Ernte der Blütenblätter, aus denen Rosenwasser entsteht.

✈️ Eid al-Fitr

Das Fest des Fastenbrechens bildet den Schlusspunkt des Ramazan und wird nach Sonnenuntergang überall im Land mit üppigem Festschmaus gefeiert. Je nach Jahr kann es auch in den Mai fallen.

September

Zum Herbstanfang brennt die Sonne nicht mehr ganz so erbarmungslos, doch in weiten Teilen Irans herrscht immer noch Backofenhitze. Ein guter Monat für Gebirgswanderungen.

✈️ Ashura

Ashura erinnert an den Märtyrertod von Imam Hossein. Die Schiiten begehen den Tag mit Passionsspielen und Trauerprozessionen, bei denen sich männliche Teilnehmer selbst geißeln. In den nächsten Jahren fällt Ashura in den September bzw. August.

Oktober

Angenehme Temperaturen und noch kein Schnee auf den Straßen: Ein guter Reisemonat, den auch viele Iraner zum Urlaub nutzen.

🏃 Nomadenwanderungen

Im Herbst ziehen die Nomaden aus den Bergen in wärmere Klimazonen hinunter. Man sieht sie vor allem in den tieferen Lagen und auf den Nebensträßchen des Zagros-Gebirges rund um Shiraz.

November

Der Winter naht mit Kälte und Schnee. Reisen in die Berge Westirans werden schwierig, aber in den Wüsten, an der Küste und in den Städten Zentralirans kann durchaus angenehmes Klima herrschen.

✈️ Märtyrertod des Imam Reza

Zum Todestag von Imam Reza strömen schiitische Pilger aus der Region nach Mashhad, um am Haram-e Razavi des Imams zu gedenken. In den nächsten Jahren fällt der Tag in den November bzw. Oktober.

Dezember

Es wird fröstelig (außer am Golf). Kalte Luft, klarer Himmel, das goldene Licht der tiefstehenden Sonne, schneebestäubte Berge – besonders Westiran ist jetzt am fotogensten.

✈️ Yalda

Iran feiert Yalda, die längste Nacht des Jahres. Das ist ein großes Fest, zu dem Familie und Freunde zusammenkommen, um Granatäpfel und Melonen zu essen und sich aus den Werken Hafis' und anderer Dichter vorzulesen.

Reiserouten

Die klassische Iranreise

Wer die Highlights der faszinierenden iranischen Geschichte in zwei Wochen abklappern will, muss auf längere Verschnaufpausen verzichten.

In **Teheran** sind zwei Tage für den Golestan-Palast, das Nationale Juwelenmuseum und den Großen Basar einzuplanen. Dann geht es mit dem Bus nach **Kashan**, um dessen Basar und die Häuser aus der Kadscharenzeit zu besichtigen und im Fin-Garten auszuspannen.

Nach einem Zwischenstopp in **Natanz**, um Moschee und Mausoleum zu sehen, taucht man in die architektonische Pracht von **Isfahan** ein. Drei Tage sollten für die blau gekachelten Moscheen am Naqsh-e-Jahan-Platz (Imam-Platz), den wuseligen Bazar-e Bozorg, die grandiosen Brücken über den Zayandeh und die armenische Gemeinde Jolfa reichen.

In der Wüstenstadt **Yazd** können Besucher drei Tage lang durch das Gassenlabyrinth wandern, die Masjed-e Jameh bestaunen und zum zoroastrischen Turm des Schweigens hinaufsteigen. Zur Entschleunigung dient ein Abstecher zum Wüstendorf **Fahraj**. Auf dem Weg nach Shiraz ist ein Tag für die antiken Städte **Pasargadae** und **Persepolis** zu reservieren. In **Shiraz** können die Gärten aus der Zand-Ära, der Basar und die Altstadt Besucher gut zwei Tage beschäftigen. Dann geht es per Flieger zurück nach Teheran.

 21 TAGE — ## Große Rundreise durch Westiran

Eine spannende Route für Besucher, die die Wüstenstädte schon gesehen haben und sich auch in Gegenden trauen, in denen Ausländer ein ungewohnter Anblick sind. Die Berg-und-Tal-Route passiert neun Welterbestätten. Für die entlegensten Etappen muss man Taxis mieten. Achtung: Im Winter können Bergstraßen durch Schnee blockiert sein.

Von **Teheran** geht es westwärts nach **Qazvin**, um einen Nachmittag die Altstadt zu erkunden, dann weiter ins **Alamut-Tal** zu einer zweitägigen Wanderung zwischen den verfallenen Burgen der Assassinen. In **Ramsar** am Kaspischen Meer lädt eine Privatunterkunft zur Erholungspause. Nach dem quirligen **Rasht** wartet die Bergfestung **Qal'eh Rudkhan**, gefolgt von einem netten Nachmittag in den Teehäusern des fotogenen **Masuleh**. Per Savari gelangt man landeinwärts, durch Nomadenland nach **Khal Khal** hinauf und weiter nach **Ardabil** mit dem prächtigen Mausoleum von Scheich Safi-od-Din. Die schöne Strecke über Meshgin Shahr nach **Kaleybar** ist ebenfalls per Savari zu erkunden. Nach einer Kletterpartie zur **Babak-Festung** braucht man ein Miettaxi für die herrliche Strecke durchs Aras-Tal nach **Jolfa** und zur **St.-Stephanos-Kirche**.

Qareh Kalisa und die **Kapelle von Dzor Dzor** komplettieren das Trio armenischer Kirchen auf dem Weg über **Khoy** und **Chaldoran** nach **Maku**. Nach einem halben Tag für **Tabriz** und seinen Basar bleibt der Nachmittag für das Höhlendorf **Kandovan**. Per Savari geht es südwärts durch die Berge nach **Takab** und zum **Takht-e Soleiman**, einst der größte zoroastrische Feuertempel der Welt. Durch unglaubliche Landschaft führt der Weg nach **Zanjan**. Für die Weiterfahrt nach **Hamadan** mit Stopps beim Oljeitu-Mausoleum in **Soltaniyeh** und bei der **Katale-Khor-Höhle** ist wieder ein Miettaxi gefragt. Vom BuAli-Sina-Mausoleum in Hamadan fahren schnelle Savaris ins gastliche **Sanandaj**.

Nach einem Nachmittag in **Palangan** führt die Reise nach **Marivan** und durch **Howraman** und kurdische Bergdörfer nach **Paveh**. Sehenswert sind die Felsreliefs von Taq-e Bustan bei **Kermanshah** und beim nahen **Bisotun**, ehe man das Zagros-Gebirge quert, um **Khorramabad** mit seiner Zitadelle zu erreichen. Savaris fahren nach **Shush**, zu einem Rundgang durchs antike **Susa**. Ein Miettaxi erlaubt einen Abstecher zur 3000 Jahre alten Zikkurat von **Choqa Zanbil** und zum römisch-sassanidischen **Bewässerungssystem von Shushtar**. Per Savari geht es dann nach **Andimeshk**, zum Abendzug nach Teheran.

➤ Ausflug in die Wüste

➤ Pilgerfahrt nach Mashhad

10 TAGE Pilgerfahrt nach Mashhad

Züge und Busse fahren von **Teheran** nach **Gorgan**, das hübsch ins Elburs-Gebirge eingebettet liegt. Die Stadt ist eine gute Ausgangsbasis, um die turkmenische Steppe und den einsamen westlichen Radkan-Turm zu besuchen. Noch eindrucksvoller ist der 1000 Jahre alte Grabturm Mil-e Gonbad in **Gonbad-e Kavus**, von dem es weitergeht in die bewaldeten Berge des **Golestan-Nationalparks**. Zur Übernachtung bietet sich die Turkmen Ecolodge an.

Nächstes Ziel ist **Mashhad**, die heiligste Stadt des Landes, wo man die Ekstase der Pilger im atemberaubenden Haram-e-Razavi-Komplex erleben und das Mausoleum Boq'eh-ye Khajeh Rabi bewundern kann. Von Mashhad aus lässt sich das Hinterland per pedes, Fahrrad oder Pferd erkunden. Im nahen Dorf **Kang** stapeln sich die Lehmziegelhäuser fotogen den Hang hinauf. In **Tus** befindet sich das Mausoleum des Dichters Firdausi aus dem 11. Jh., in **Neishabur** das Grab von Omar Chayyam. Weiter nördlich ragen die imposanten Felswände von **Kalat Naderi** auf.

Von Mashhad kann man nach Teheran zurückfliegen oder per Bus oder Zug nach Süden in die Wüste weiterreisen.

12 TAGE Ausflug in die Wüste

Eine Route für alle, die von Oasen aus *Tausendundeiner Nacht* träumen oder gern bei gastfreundlichen Familien wohnen. Sie lässt sich mit Bussen absolvieren, aber Miettaxis *(dar baste)* helfen, die Wartezeiten zu reduzieren. Zwischen Oktober und April sind die Temperaturen erträglich.

Von **Isfahan** nimmt man den Bus nach **Toudeshk**, um zwischen den Dünen von Varzaneh zu nächtigen und die traditionellen Häuser von **Na'in** zu besichtigen. Von hier fährt ein Bus ostwärts nach **Khur**. Per Taxi geht es weiter nach **Farahzad** und/oder **Garmeh** mit ihren Wüstenherbergen, die Gastfreundschaft ganz neu definieren; insgesamt sind drei Tage einzuplanen.

Dann führt die Route über **Tabas** und die „vergessenen" Dörfer **Alt-Deyhuk** und **Esfandiar** ostwärts nach **Birjand**, dessen imposante Festung ein Restaurant beherbergt. In **Deh Salm** winkt eine Oasennacht vor der Querung der Wüste Lut mit ihren ungewöhnlichen **Kaluts** (riesigen „Sandburgen"). Nach dem Basarbummel in **Kerman** und einem Abstecher zur Festung **Arg-e Rayen** endet die Reise in der Wüstenstadt **Yazd**, vielleicht mit einem Ausflug zum Feuertempel von **Chak Chak**.

Reiseplanung

Visa & Planung

Touristen mit Visum werden bei der Einreise meist reibungslos abgefertigt. Bei der Einreise per Bus oder Zug kann die Abfertigung länger dauern. Frauen müssen ab dem Moment, in dem sie aus dem Flieger steigen oder an der Grenze ankommen, nach den iranischen Regeln gekleidet sein. Das Visum erst bei der Einreise am Flughafen zu beantragen, ist riskant, da viele Reisende abgewiesen werden.

Wer braucht ein Visum?

Inhaber eines von der Türkei, dem Libanon, Aserbaidschan, Georgien, Bolivien, Ägypten oder Syrien ausgestellten Reisepasses dürfen für 15 bis 90 Tage (je nach Herkunftsland) ohne Visum nach Iran einreisen.

Alle anderen müssen sich vorab ein Visum besorgen oder bei der Einreise am Flughafen ein 30 Tage gültiges Visum beantragen (Visa on Arrival – VOA). Bürger der USA, Somalias, Großbritanniens, Kanadas, Bangladeschs, Jordaniens, Iraks, Afghanistans und Pakistans können kein VOA-Flughafenvisum erhalten. Sie müssen eine Gruppenreise oder einen speziell lizenzierten privaten Guide buchen oder offiziell von einem Freund oder Verwandten in Iran (der für den Besucher haftet) eingeladen werden.

Inhaber eines israelischen Passes und alle, die einen israelischen Stempel in ihrem Pass haben (oder Ausreisestempel von jordanischen oder ägyptischen Grenzübergängen nach Israel) erhalten kein Visum.

Welches Visum?

Zunächst ist es wichtig, den Verfahrensablauf zu verstehen. Mit der Ausnahme von Transitvisa müssen alle Visumanträge vom Außenministerium in Teheran abgesegnet werden. Das gilt auch für Flughafenvisa (Visa on Arrival). Für diese kann man entweder entweder vorab eine Visumrefe-

Visumtypen

Touristenvisum Gilt für bis zu 30 Tage und ist verlängerbar. Es muss vor der Einreise besorgt werden und ist die sicherste Lösung.

Touristenvisum bei Einreise/Flughafenvisum (Visa on Arrival – VOA) Wird bei Ankunft an einem internationalen Flughafen im Iran für 30 Tage Geltungsdauer ausgestellt. Praktisch, aber riskant, da Reisende mitunter abgelehnt werden.

Transitvisum Gilt für fünf bis sieben Tage und ist das Mittel der letzten Wahl. Transitreisende müssen über unterschiedliche Länder ein- und wieder ausreisen und ein Visum oder Ticket für das Weiterreiseziel vorweisen. Für die meisten Nationalitäten wird ein Transitvisum innerhalb von ein oder zwei Tagen ohne Referenznummer ausgestellt.

Abwicklung

In Eigenregie Antragstellung bei der iranischen Botschaft bzw. beim Konsulat (je nach Wohnort).

Agentur Die Agentur besorgt gegen Gebühr eine Visumreferenznummer und schickt sie an die iranische Auslandsvertretung, wo man das Visum bezahlt und abholt. Die einfachste Lösung.

Flughafenvisum (VOA) Klappt am besten, wenn man die Visumreferenznummer vorab besorgt und eine Hotelreservierung vorlegen kann.

renznummer besorgen oder muss mit längerer Wartezeit bei der Einreise rechnen.

Wenn die Visumerteilung genehmigt wird, übermittelt das Außenministerium eine Referenznummer an die zuständige iranische Auslandsvertretung (Botschaft oder Konsulat), die Antragsformular, Passfotos und Visumgebühr entgegennimmt und das Visum ausstellt. Infos zu den Kosten gibt es auf der Website der iranischen Botschaft.

Transitvisa sind minimal billiger als Touristenvisa. Sie müssen nicht eigens von Teheran genehmigt werden, erlauben aber nur einen Aufenthalt von bis zu sieben Tagen.

Touristenvisum

Es gibt zwei Möglichkeiten, ein Touristenvisum zu beantragen.

➡ **In Eigenregie** Wer die Agenturgebühr sparen will, kann das Visum direkt bei der iranischen Botschaft oder einem Konsulat (je nach Wohnort) beantragen. Das dauert mindestens drei Wochen, oft auch länger. Das Visumantragsformular bei der iranischen Botschaft bzw. dem Konsulat im Heimatland herunterladen, ausfüllen und mit Reisepass, Passfotos, Visumgebühr und Nachweis über die geforderte Reiseversicherung an die Botschaft schicken. Diese leitet die Daten zur Genehmigung nach Teheran weiter. Diverse Wochen später bekommt man mit Glück Bescheid von der Botschaft. Sonst muss man selbst mit der Botschaft Kontakt aufnehmen, was nicht immer einfach ist. Wenn alles glattgeht, kann man das Visum abholen (manche Botschaften verlangen von Frauen, dass sie ihr Haar bedecken) oder sich den Pass per Post zurückschicken lassen. In seltenen Fällen klappt das innerhalb weniger Tage. Es kommt aber auch vor, dass das Konsulat Antragsteller erst Wochen nach dem Visumantrag an eine Visumagentur verweist, um sich eine Visumreferenznummer zu besorgen. Wegen dieser Unwägbarkeiten sollte man für Visumanträge in Eigenregie allermindestens sechs Wochen einplanen. Neuerdings können Iranreisende ihr Visum übrigens auch online über die englischsprachige Website e_visa.mfa.ir/en/ beantragen.

➡ **Über eine Agentur** Visumagenturen verlangen ab ca. 30 € aufwärts für die Beschaffung einer Visumreferenznummer. In den meisten Fällen muss man ein Online-Formular mit Details zur Reiseroute ausfüllen, angeben, wo man das Visum abholen möchte, und digitale Kopien von Passfoto und Reisepass beifügen. Die Agentur schickt das Ganze nach Teheran. Das iranische Außenministerium gibt für die meisten Nationalitäten eine offizielle Bearbeitungsdauer von fünf bis zehn

Werktagen an. Wenn es doch länger dauert, weiß die Visumagentur oft auch nicht, warum. Das erklärt vielleicht, warum die Agenturen auf Rückfragen per E-Mail mitunter schleppend reagieren. Bei Ablehnung des Antrags werden die Gebühren nicht erstattet; das kommt aber selten vor. Nach Erhalt der Referenznummer leitet die Agentur diese an den Antragsteller und die von ihm angegebene iranische Auslandsvertretung weiter. Danach ist das Antragsverfahren eine Formalität; das Visum wird dann meist zügig ausgestellt.

Flughafenvisum (Visa on Arrival – VOA)

Die Bürger vieler Länder, darunter die meisten europäischen, haben die Möglichkeit, am Einreiseflughafen in Iran ein 30 Tage gültige Touristenvisum zu beantragen. Davon ausgenommen sind u. a. Briten, Kanadier und US-Amerikaner.

Diese VOA-Visa gibt es an allen internationalen Flughäfen; am reibungslosesten klappt das Ganze aber am Teheraner Imam Khomeini International Airport. Zur Zeit der Recherche brauchten Besucher für ein Flughafenvisum das Folgende:

➡ Nachweis über den Abschluss einer Reiseversicherung. Wenn darin die Gültigkeit für Iran nicht ausdrücklich vermerkt ist, muss man u. U. am Flughafen eine Reiseversicherung abschließen.

➡ Die Reiseversicherung (16 US$) kann am Schalter gegenüber vom Visumschalter abgeschlossen werden; das sollte bei Bedarf erfolgen, bevor man das Visum beantragt.

➡ Name und Telefonnummer eines Einladers. In der Praxis kann das ein Hotel sein. Es ist ratsam, mindestens eine Übernachtung im genannten Hotel zu buchen und den Ausdruck einer Reservierungsbestätigung des Hotels dabeizuhaben, auch wenn das nicht zu den offiziellen Voraussetzungen für die Visumerteilung gehört.

➡ Die Visumgebühr. Sie beträgt für die meisten europäischen Nationalitäten 75 €. Visumgebühren können in Euro oder US-Dollar bezahlt werden.

Einreisevisum (Geschäftsvisum)

Wer ein 30-tägiges (verlängerbares) Geschäftsvisum beantragt, braucht ein Einladungsschreiben der Firma oder Organisation, die er besuchen will. Ansonsten ist der Ablauf wie beim Touristenvisum (Antrag in Eigenregie oder über eine Agentur). Teilnehmer von Konferenzen oder Sportveranstaltungen brauchen ebenfalls ein „Einreisevisum".

Einlader & Visumagenturen

Jeder Iraner kann als Einlader fungieren und eine Visumreferenznummer für den Eingeladenen beantragen. Einfacher geht es über ein Reisebüro oder eine Visumagentur. Die Agentur kann aber nicht garantieren, dass das Visum erteilt wird. Bei Ablehnung erhält man die Agenturgebühr nicht zurück. Vor Auswahl einer Agentur am besten aktuelle Tipps anderer Reisender einholen – z. B. im Thorn Tree Forum von Lonely Planet (www.lonelyplanet.com/thorntree).

Zwei empfehlenswerte Visumagenturen:

➡ **Persian Voyages** (S. 270)

➡ **Visum Dienst Berlin** (www.visum-dienst-berlin.info)

Bevor es losgeht

Eine ganz wichtige Entscheidung für Iranreisende: Auf eigene Faust oder mit einer Gruppe reisen – oder beides kombinieren?

Mit oder ohne Reisegruppe?

Individualreisen

Iran auf eigene Faust zu bereisen, hat mehr Vor- als Nachteile. Es ist natürlich für Männer oder Paare einfacher als für alleinreisende Frauen, aber unabhängig vom Geschlecht absolut machbar. Die Flug-, Zug- und Busverbindungen sind zuverlässig und sicher, die Sehenswürdigkeiten billig, und es gibt so viele des Englischen mächtige oder zumindest hilfsbe-

---

VISUMVERLÄNGERUNG

Es ist *normalerweise* unproblematisch, ein 30-Tage-Touristenvisum auf 60 Tage zu verlängern, und möglich, aber schwieriger, es nochmals bis auf maximal 90 Tage zu verlängern. Der hier beschriebene Ablauf kann sich aber jederzeit ändern. Aktuelle Infos gibt es bei Thorn Tree (lonelyplanet.com/thorntree) oder den Visumagenturen.

Die richtige Stadt auswählen

Wer länger bleiben will, plant die Reiseroute am besten so, dass er den Verlängerungsantrag in einer touristenfreundlichen Stadt stellen kann: Shiraz ist hierfür seit Jahren die bevorzugte Stadt, aber auch aus Isfahan gibt es positive Berichte. Weitere Möglichkeiten sind Kerman, Yazd und Tabriz, die aber nicht immer ganze 30 Tage Verlängerung gewähren. Teheran, Mashhad und andere Städte sind eher Wackelkandidaten. Aktuelle Berichte gibt es beim Thorn Tree Forum(www.lonelyplanet.com/thorntree) .

Der Ablauf

Zuständig ist die Ausländerbehörde, das „Police Department of Aliens Affairs" *(edareh gozannameh)*. Es kann sein, dass die Bezeichnung inzwischen in „Passport & Immigration Police" abgeändert wurde. Für den Verlängerungsantrag wird Folgendes benötigt:

➡ Reisepass und zwei oder drei Passfotos

➡ zwei Fotokopien der Fotoseite des Passes, des aktuellen Visums, des Einreisestempels und etwaiger Verlängerungen (die meisten Ämter haben einen Kopierer)

➡ Verlängerungsgebühr (aktuelle Gebühr beim jeweiligen Amt erfragen; zur Zeit der Recherche waren es 500 000 IR) und kleine Geldscheine für die Formulare

Zwei Exemplare der benötigten Formulare erwerben. Dann wird man zu einer Filiale der Bank Melli geschickt, um die Gebühr einzuzahlen – dort einfach nur „Visa" sagen, und das Bankpersonal füllt die Formulare für einen aus. Mit der Bankquittung geht es zurück zur Polizei, woraufhin die Visumverlängerung innerhalb von ein oder zwei Stunden ausgestellt wird. Manchmal (hallo Teheran) dauert es auch mehrere Tage.

Zeitliche Planung & Überziehung

Theoretisch kann man erst zwei oder drei Tage vor Ablauf des Visums die Verlängerung beantragen. Diese läuft ab der Ausstellung, nicht ab Ende des aktuellen Visums. Die persischen Kalenderdaten genau prüfen, um sicher zu sein, wann das Visum abläuft.

Im Notfall kann eine ärztliche Krankschreibung auf offiziellem Briefpapier an der Grenze u. U. als Quasi-Verlängerung fungieren oder als Grundlage für eine kurze Verlängerung durch die nächste Ausländer-Polizeiwache dienen. Darauf ist aber kein Verlass; wer sein Visum auch nur für Stunden überzieht, muss mit Verhaftung rechnen.

FORMULARE RICHTIG AUSFÜLLEN

Visumantragsteller sollten die Formulare möglichst wahrheitsgemäß ausfüllen, aber auch darauf achten, unnötige Komplikationen zu vermeiden. Heikle Fragen:

E-Mail Ggf. eine möglichst allgemeine E-Mail-Adresse angeben, keine dienstliche.

Reiseroute Wer ein Visum für 30 Tage haben will, sollte auch eine Reiseroute für 30 Tage angeben. Heikle Orte wie Bushehr, Natanz und Grenzregionen besser nicht erwähnen. Wenn man erst mal im Land ist, kann man reisen, wohin man will.

Beruf Lehrer, Krankenschwestern und Datentypisten sind lieber gesehen als Journalisten, Militärangehörige oder, wie wir hörten, Leute aus der Modebranche. Nicht vergessen, dass das Außenministerium die Namen von Antragstellern googeln kann.

Zweck der Reise Tourismus. Ein Traveller schrieb auf den Antrag fürs Flughafenvisum „meine iranische Freundin besuchen" und wurde sofort ausgewiesen.

Fotos Frauen müssen auf dem einzureichenden Foto u. U. ihr Haar mit einem Kopftuch bedecken, ggf. auf der Website der Botschaft nachsehen.

---

reite Iraner, dass Besucher selten größere Probleme bekommen. Obendrein betrachten die meisten Iraner Besucher als ein „Geschenk Gottes" und empfangen Fremde mit überwältigender Freundlichkeit.

Private Guides & Fahrer

Selbstständige Fahrer und Guides sind eine preisgünstigere, flexiblere Alternative zu Gruppentouren. Viele Leser empfehlen diese Art des Reisens und waren teils über einen Monat auf diese Weise in Iran unterwegs.

Wichtig ist, dass der Reiseführer qualifiziert ist. Offiziell lizenzierte Guides brauchen eine jahrelange Ausbildung und bringen genug Erfahrung, Wissen und Sprachkenntnisse mit, um einen simplen Ausflug in ein unvergessliches Erlebnis zu verwandeln. Seriöse Guides müssen eine Lizenz (mit Foto, Hologramm und deutlich lesbarer Gültigkeitsdauer) bei sich tragen.

Gruppenreisen

Die meisten organisierten Reisen beginnen und enden in Teheran und umfassen eine kurze Besichtigung der Hauptstadt, bevor es weitergeht zu den Topattraktionen: Shiraz und Persepolis, Isfahan und Yazd, mit ein paar Abstechern zwischendurch. Es gibt aber auch viele andere Reiserouten, und die Touranbieter stellen Kunden gern ein nach deren Wünschen zugeschnittenes Programm zusammen. Die Kosten richten sich nach Dauer, Transportmitteln, Unterkunftskategorie und Wechselkursen. Bezahlt wird meist in Euro oder Dollar.

Die iranischen Guides sind generell sehr gut. Sie geben ausführliche Erläuterungen zu Sehenswürdigkeiten und Kultur und Antworten auf alle Besucherfragen und können bei Begegnungen mit den Einheimischen dolmetschen. Gruppenreisende kommen aber seltener mit Einheimischen in Kontakt, was schade ist, weil diese Begegnungen das schönste Reiseerlebnis sind.

Die iranischen Tourveranstalter arbeiten auch mit ausländischen Veranstaltern von Iranreisen zusammen, d. h. wer Gruppentouren bei den iranischen Anbietern bucht, bekommt u. U. dieselbe Tour (ohne deutschen Reiseführer) für weniger Geld.

Tourveranstalter in Iran

Selbstständige Guides und andere örtliche Veranstalter sind in den Kapiteln der einzelnen Reiseziele jeweils unter der Rubrik Geführte Touren aufgelistet.

Abgin Cultural Tours of Persia (☏021-2235 9272; www.abgintours.com; Teheran) Kultur-, Wüsten- und Wandertouren mit festen Reiserouten und individuell anpassbare Ausflüge. Renommiert.

Cyrus Sahra (☏021-8819 4619; www.caravan sahra.com; Teheran) Große einheimische Firma mit einem abwechslungsreichen Angebot an Touren.

Pars Tourist Agency (www.key2persia.com) Dutzende preiswerter Touren speziell für Gebiete rund um Shiraz.

Up Persia (www.uppersia.com; Kerman) Junges Unternehmen, gutes Feedback.

Deutsche Reiseveranstalter

Studiosus (www.studiosus.com) Breites Angebot kürzerer und längerer Kulturreisen nach Iran.

Gebeco (www.gebeco.de) Verschiedene Studien-, Erlebnis- und Wanderreisen nach Iran.

Wikinger Reisen (www.wikinger-reisen.de) Bietet mehrere Wander- und Trekkingreisen durch Iran.

Iran im Überblick

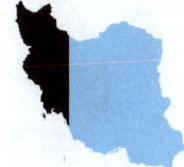

Iran ist ein großes Land. Obwohl dank der billigen, zuverlässigen Verkehrsmittel alle Winkel des Landes erreichbar sind, schaffen es die wenigsten Besucher, sie alle auf einer Reise zu erkunden. Fast alle Besucher verbringen einige Zeit in der betriebsamen Hauptstadt Teheran, und sei es nur auf dem Weg zu oder von den historischen Städten Isfahan, Shiraz und Yazd in Zentraliran. Diese Städte und die sie umgebenden Berg- und Wüstendörfer gehören zu den Hauptattraktionen Irans.

Auch Westiran ist sehr beliebt: Die Berge im Norden sind ideal zum Wandern; archäologische Stätten der Antike und verschiedene Volksgruppen verleihen der Region zusätzlichen Reiz. Weiter abseits der Besucherströme liegen die Küste des Persischen Golfs mit ihrem arabischen Flair sowie die Wüsten und die Seidenstraßen-Handelsstädte Nordostirans. Weite Teile von Südostiran sind momentan unsicher und für Ausländer offiziell verboten– ggf. vor der Reise noch mal über die aktuelle Sicherheitslage informieren.

Teheran

**Kultur
Museen
Aktivititäten**

Erste Eindrücke

Hier können Besucher ihre Vorurteile abbauen, indem sie mit Studenten Tee trinken, moderne Kunst bewundern, sich zu den Pilgern am Chomeini-Mausoleum oder den Wanderern auf dem Weg von Darband gesellen.

Einblicke in die Geschichte

Zu den Highlights gehören das Nationalmuseum, der Niyavaran-Palast des letzten Schahs, der Golestan-Palast der Kadscharen und das Nationale Juwelenmuseum.

Aktivurlaub

Je nach Jahreszeit verlockt das nahe gelegene Elburs-Gebirge zum Skilaufen oder Wandern. Das ganze Jahr über können Besucher mit der Seilbahn auf den Tochal gondeln oder interkulturelle Kocherlebnisse bei Persian Food Tours genießen.

S. 34

Westiran

**Geschichte
Kultur
Berge**

Wiege der Zivilisation

Die Region war die Wiege vieler Kulturen. Besuchenswert sind die elamitische Zikkurat von Choqa Zanbil, die Ruinen der Achämeniden in Shush und Hamadan, die Wassermühlen der Sassaniden in Shushtar und das mongolische Mausoleum von Soltaniyeh.

Kulturmix

In Westiran leben neben den Persern Azeri-Türken, Kurden, Luren, Assyrer und Nomadengruppen. Kulturell interessante Ziele sind das Schloss des Babak und kurdische Dörfer im Howraman-Tal.

Autotouren

Durchs herrliche Aras-Tal kurven, entlegene armenische Kirchen und Assassinenburgen abklappern, auf den wildesten Straßen des Landes die Hänge des Howraman-Tals erkunden.

S. 79

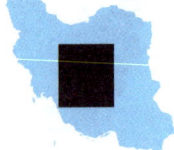

Zentraliran

**Geschichte
Architektur
Wüsten**

Auf den Spuren großer Reiche

Hier sind viele Reiche aufgeblüht und wieder verfallen. Topattraktionen sind die achämenidische Residenzstadt Persepolis, die sassanidischen Stätten um Firuz Abad, die Prachtbauten der Safawiden in Isfahan und die uralte Wüstenstadt Yazd.

Baukunst

Zu den Architekturschätzen der Region gehören der Naqsh-e-Jahan-Platz (Imam-Platz), die Jameh-Moschee und die Brücken von Isfahan, die Kadscharenhäuser von Kashan und die zu Hotels umgebauten Hofhäuser in Yazd.

Gastlichkeit

Mit der Gastlichkeit der Wüste locken das Oasendorf Garmeh, die restaurierte Karawanserei Zeino-din, das verschlafenen Bavanat und die Familienherbergen von Farahzad.

S. 153

Persischer Golf

**Inseln
Natur
Aktivitäten**

Qeshm

Auf der delfinförmigen Insel gibt es 60 Bandaridörfer, wie das fotogene Laft mit seinen Windtürmen und Minaretten, und Familienherbergen in Tabl und Shibderaz.

Geologie & Tierwelt

Die Insel Qeshm ist wegen ihrer einzigartigen Geologie als Unesco-Geopark geschützt. Je nach Jahreszeit gibt es beim Dorf Shibderaz Meeresschildkröten und im Harra-Mangrovenwald Zugvögel zu sehen. Auf der Insel Hengham sind Delfine und Gazellen zu beobachten.

Inselabenteuer

Hier warten aufregende Tauchtouren zu den Riffen um Larak, Boottrips durch die Harra-Mangrovenwälder, Radtouren rund um Kish und die Fährfahrt nach Hormus.

S. 225

Südostiran

**Geschichte
Wüsten
Abenteuer**

Uralte Handelsstraßen

Eine Topattraktion ist die historische Stadt Kerman an der Seidenstraße. Ihr Basar zeugt mit seinem stimmungsvollen Teehaus und seiner Karawanserei von jahrtausendelanger Handelstätigkeit.

Wüstenlandschaft

Der ganze Südosten ist Wüste oder Halbwüste. Zu seinen Highlights gehören die Kaluts, riesige natürliche „Sandburgen", die nahe gelegenen Wüstencamps und die berühmten Gärten von Bagh-e Shahzde in Mahan.

Abseits der Touristenpfade

In der ungezähmten Landschaft kann man fernab der Moderne im jahrhundertealten Höhlendorf von Meymand nächtigen oder die Lehmbautendörfer im südlichen Khorasan erkunden.

S. 242

Nordostiran

**Architektur
Abenteuer
Kultur**

Architekturwunder

Der Imam-Reza-Schrein verblüfft mit seiner Fülle von Architekturstilen, der 1000 Jahre alte Ziegelturm von Gonbad-e Kavus wirkt topmodern. Sehenswert sind auch die Karawansereien aus der Blütezeit der Seidenstraße.

Touren

Besucher können per Allradfahrzeug über Bergstraßen in das versteckte Tal fahren, das den Mil-e Radkan hütet, oder durchs Binalud-Gebirge zum „Stapeldorf" Kang wandern.

Poeten-Pilgerfahrt

Tus beherbergt das Mausoleum des berühmten Abul-Qasim Firdausi, Neishabur das des Dichters und Mathematikers Omar Chayyam. An ihren Gräbern rezitieren iranische Pilger aus den Werken ihrer Helden.

S. 258

Reiseziele in Iran

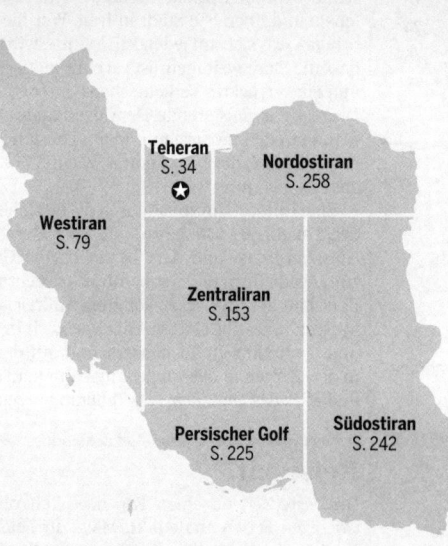

Teheran تهران

8,43 MIO. EW. / 📱 021 / 1300 M

Gut essen

➡ Divan (S. 63)

➡ Dizi (S. 61)

➡ Gilaneh (S. 62)

➡ Khoone (S. 61)

➡ S.P.U Restaurant (S. 62)

➡ Azari Traditional Teahouse (S. 60)

Schön übernachten

➡ See You In Iran Hostel (S. 57)

➡ Howeyzeh Hotel (S. 58)

➡ Sepehr Apartment Hotel (S. 59)

➡ Firouzeh Hotel (S. 55)

➡ Ferdowsi International Grand Hotel (S. 57)

Auf nach Teheran

Teheran, das sich an die unteren Hänge des gewaltigen, schneebedeckten Elburs-Gebirges schmiegt, ist die weltoffenste und liberalste Stadt in Iran. Wer hier etwas Zeit verbringt – was sich auf jeden Fall lohnt –, wird bald entdecken, dass die Stadt weit mehr ist als ein chaotischer Betonhaufen und ein verrücktes Verkehrschaos unter einer Smog-Glocke. Dies ist das pulsierende Herz des Landes und der Ort, an dem man den modernen Iran am ehesten zu fassen und einen Eindruck davon bekommt, wie die Zukunft des Landes aussehen könnte.

Eine Entdeckungsreise durch die faszinierende Metropole deckt mehr als 250 Jahre iranischer Geschichte ab – vom Golestan-Palast und dem benachbarten Großen Basar bis zum Azadi-Turm und der berühmt-berüchtigten ehemaligen Botschaft der USA. Dazu kommen zahlreiche hervorragende Museen und stille Gärten. Hier wie auch in modernen Cafés und traditionellen Teehäusern und auf den Wanderwegen in den Bergen in der Umgebung kann man sich entspannen und alles das genießen, was Teheran auszeichnet.

Reisezeit

Die beste Zeit für einen Trip nach Teheran sind die zweiwöchigen Ferien ab dem 21. März zur Feier des iranischen Neujahrsfestes Nouruz. Da über 60 % aller Einwohner Teherans von anderswo stammen und in diesen Tagen ihre Heimatorte ansteuern, macht das übliche Verkehrschaos einer relativen Stille Platz.

Im April und Mai sowie von September bis Anfang November ist das Wetter mild. Der Sommer ist heiß und kann sehr feucht sein. Im Winter wird es zwar nicht so kalt wie in anderen Landesteilen, aber die Luftverschmutzung ist im Dezember und Januar meist am schlimmsten.

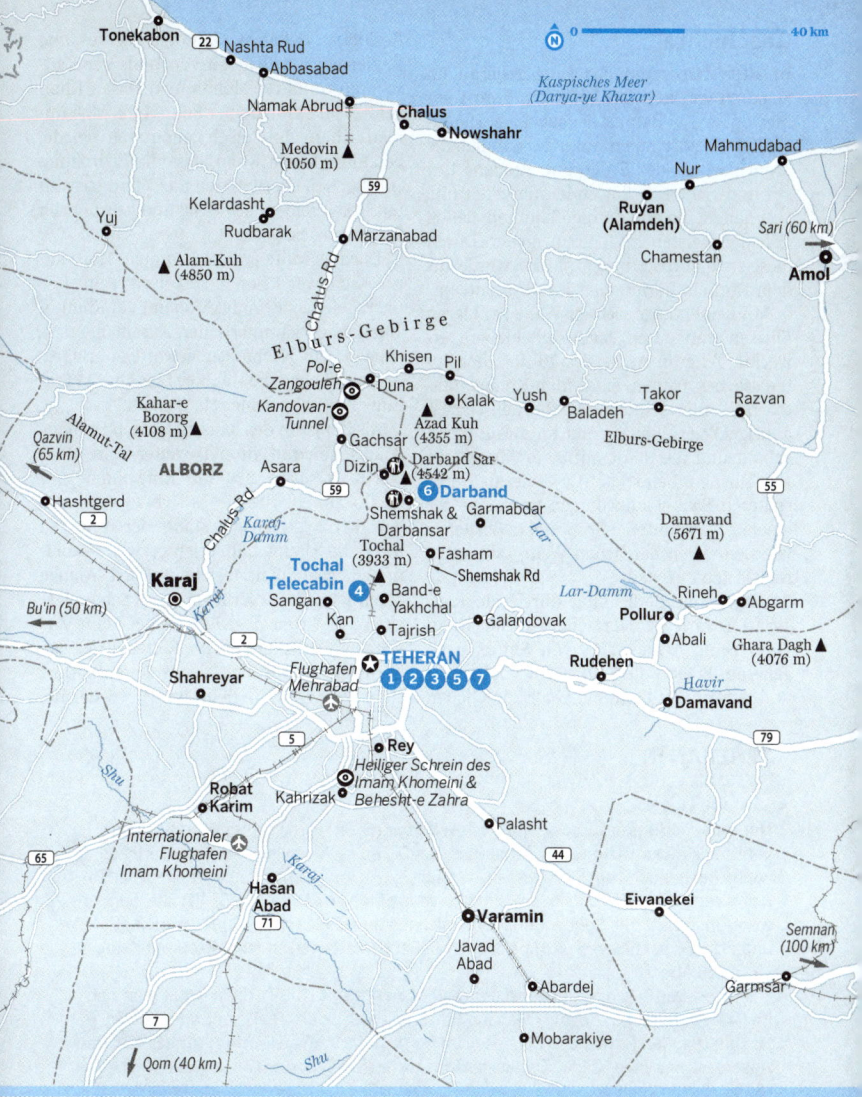

Highlights

1 **Golestan-Palast** (S. 37) Ein Monument kadscharischer Verschwendungssucht bewundern.

2 **Großer Basar** (S. 39) Die Mutter aller iranischen Märkte – hier gibt's alles von knappen Slips bis zu alten Teppichen.

3 **Nationales Juwelenmuseum** (S. 40) Der Pfauenthron und die Klunker der Schahs.

4 **Tochal Telecabin** (S. 51) Mit der Seilbahn geht's hinauf bis knapp unter den Gipfel des Tochal, wo ein kleines Skigebiet liegt.

5 **Persian Food Tours** (S. 55) Bei fachkundig durchgeführtem Kochunterricht selbst iranische Gerichte zubereiten.

6 **Darband** (S. 53) Von einem Dorf voller Teehäuser aus eine Wanderung in den Ausläufern des Elburs unternehmen.

7 **Islamisches Museum** (S. 40) Kunst und Kunstgewerbe aus diversen Epochen bewundern.

Geschichte

In alter Zeit stand das Dorf Teheran im Schatten von Rey, das heute ein Vorort der Metropole ist, damals jedoch eine Hauptstadt der Seldschuken war. 1220 nahmen die Mongolen bei der Eroberung Persiens Rey ein und richteten Tausende Menschen hin. Von denen, die entkommen konnten, ließen sich die meisten in Teheran nieder. Durch diese erste Bevölkerungsexplosion wurde aus dem Dorf ein florierendes Handelszentrum.

Mit seiner Lage, seinen Wäldern, klaren Flüssen und guten Jagdmöglichkeiten erweckte Teheran Mitte des 16. Jhs. das Interesse des frühen Safawiden-Königs Tahmasp I. Unter seiner Ägide wurden Gärten angelegt, Ziegelhäuser und Karawansereien gebaut und die Stadt mit einer Mauer mit 114 Türmen befestigt. Als Teheran unter späteren Safawiden-Königen immer weiter wuchs, berichteten europäische Besucher von den vielen herrlichen Wein- und anderen Gärten der Stadt.

Wegen der Bedrohung durch die Kadscharen verlegte Herrscher Karim Khan Zand seine Armee 1758 von Shiraz nach Teheran. Er ließ die Stadt weiter befestigen und begann mit dem Bau einer königlichen Residenz. Vielleicht plante er, die gesamte Regierung umzusiedeln, doch als der Kadscharen-Anführer Mohammad Hasan Khan getötet und sein kleiner Sohn Agha Mohammad Khan als Geisel genommen wurde, beschloss Karim Khan, dass die Bedrohung vorüber sei, überließ den nicht fertiggestellten Palast seinem Schicksal und kehrte nach Shiraz zurück.

Doch es sollte anders kommen. 1789, Karim Khan war schon lange tot und sein einstiger Gefangener Agha Mohammad Khan in jahrelangen kämpferischen Auseinandersetzungen sein Nachfolger geworden, erklärte der neue Schah die staubige Stadt mit 15 000 Einwohnern zu seiner Hauptstadt.

Als Zentrum des kadscharischen Persiens wuchs Teheran immer weiter. Um 1900 besaß es schon 250 000 Einwohner und im 20. Jh. entwickelte es sich zu einer der bevölkerungsreichsten Städte der Welt. Die iranische Hauptstadt erlebte zwei Revolutionen, zwei Staatsstreiche und jede Menge Machtkämpfe. 1953 rückte sie als Schauplatz eines Militärputschs, der zu einer Reihe verdeckter CIA-Aktionen im Kalten Krieg gehörte, ins Rampenlicht der Weltpolitik. Dort steht sie weiterhin, denn immer wieder he-

TEHERAN IN ...

... zwei Tagen

Nach einem Bummel durch den **Großen Basar** (S. 39), den größten Markt in Iran, geht's zur **Imam-Khomeini-Moschee** (S. 40), wo man den Islam in Aktion erleben kann, und danach zum Mittagessen im **Dizi** (S. 61). Am Nachmittag werden im **Nationalmuseum** (S. 40) und im prachtvollen **Islamischen Museum** (S. 40) alte Wunderwerke inspiziert. Bei Sonnenuntergang mischt man sich auf der **Tabiat-Brücke** (S. 42) unter die Einheimischen und speist anschließend in dem reizenden Restaurant **Khoone** (S. 61) zu Abend.

Am zweiten Tag lockt zunächst der **Golestan-Palast** (S. 37), dann stärkt man sich im **Khayyam** (S. 57) oder im Teehaus **Timcheh Akbarian** (S. 63) und widmet den Nachmittag den funkelnden Preziosen im **Nationalen Juwelenmuseum** (S. 40). Den Abschluss des Tages bilden Drinks im **Sam Café** (S. 65) und ein Abendessen im **Divan** (S. 63) in Nordteheran.

... vier Tagen

Der dritte Tag beginnt mit einer Wanderung in den Bergen bei **Darband** (S. 53), gefolgt vom Mittagessen im **Koohpayeh** (S. 62). Am Nachmittag erkundet man den schattigen **Sa'd Abad Palastkomplex** (S. 48) mit seinen Palästen und Galerien. Anschließend probiert man im **Gilaneh** (S. 62) regionale iranische Küche.

Bei gutem Wetter steht am letzten Tag eine Fahrt mit der **Tochal Telecabin** (S. 51) auf dem Programm. Ansonsten verbringt man einen entspannten Vormittag im **Museum für zeitgenössische Kunst** (S. 47) und im **Teppichmuseum** (S. 47), schaut sich vielleicht eine Ausstellung in einer Verkaufsgalerie (S. 65) an oder bummelt durch das **Qasr Gartenmuseum** (S. 42). Alternative: Shoppen auf dem **Tajrish Bazaar** (S. 68).

ben treibende Kräfte hinter dem Erstarken des radikalen Islam seit 1979 von Teheran aus ihre Stimme.

Mohammad Bagher Ghalibaf hat seit 2005 schon drei Amtszeiten als – erster gewählter – Bürgermeister Teherans hinter sich. Unter der Führung des konservativen Politikers, der bei den Präsidentschaftswahlen 2013 dem gemäßigteren Hassan Rohani unterlag, wurden in Teheran zahlreiche Erschließungs- und Verschönerungsprojekte durchgeführt. Doch Ghalibaf ist auch hart für die Vernachlässigung der Umweltpolitik kritisiert worden: Von den 15 000 Platanen, die einst die Valiasr Avenue säumten, sind nur noch 7000 übrig, von denen viele durch Wassermangel bedroht sind.

◉ Sehenswertes

Teheran ist riesig und viele Gebiete werden selbst von den Bewohnern der Stadt selten aufgesucht, von ausländischen Besuchern ganz zu schweigen. Die meisten Straßen sind auch auf Englisch beschildert, dennoch kann man sich leicht verirren. Man sollte sich merken, dass das Elburs-Gebirge hier auch der „Nordstern Teherans" genannt wird, da es – richtig! – im Norden liegt. Da sich die gesamte Stadt an Hängen hinunter erstreckt, geht man gewöhnlich Richtung Norden, wenn es bergauf geht.

Die Valiasr Avenue, die auf 17 km Länge von den noblen Vororten um Tajrish in den Ausläufern des Elburs zum Bahnhof von Teheran im Süden führt, ist die berühmteste Straße der Stadt. Vor der Revolution hieß sie Pahlavi Avenue, doch dieser Name ist heute Geschichte. Eine weitere wichtige Straße in Nordteheran, der Afriqa Boulevard, ist dagegen auch heute noch unter dem vorrevolutionären Namen Jordan Boulevard bekannt. Um das Ganze noch komplizierter zu machen, wurde der Afriqa Boulevard 2015 in Nelson Mandela Boulevard umgetauft, auf den Straßenschildern heißt er aber zumeist weiter Afriqa Boulevard.

◉ Südteheran

Bis zur Mitte des 20. Jhs. war Südteheran das Stadtzentrum. In dem Gebiet südlich der Jomhuri-ye Eslami Avenue liegen viele der interessantesten Museen der Stadt sowie der Golestan-Palast und der Große Basar.

★ **Golestan-Palast**   PALAST
(کاخ گلستان; Karte S. 38; ☏021-3311 3335; www. golestanpalace.ir; Arg Sq; allgemeiner Eintritt

150 000 IR, Hauptsäle 150 000 IR, andere Galerien & Säle 80 000 IR; ◷9–17 Uhr; Ⓜ Panzdah-e Khordad) Die Palastanlage, ein Komplex mit Fliesenmosaik verkleideter Gebäude, inmitten eines Garten zeugt vom Prunk und von der Verschwendungssucht der kadscharischen Herrscher und ist für sich schon einen Besuch wert. Für die neun verschiedenen Abteilungen des heutigen Museums gibt's jeweils eigene Eintrittskarten, die man am Eingangstor erwirbt. Die Extraausgabe lohnen die Hauptsäle, darunter der spektakuläre Spiegelsaal, und die Negar Khaneh, die Galerie iranischer Malerei.

Auf dem Gelände stand bereits zu safawidischer Zeit eine Zitadelle. Den „Blumenpalast", wie er heute zu sehen ist, ließ Schah Nasir od-Din (reg. 1848–1896) unter dem Eindruck europäischer Paläste erbauen. Ursprünglich war er viel größer und umfasste in einem äußeren Bereich auch Büros, Ministerien und Wohnbereiche, doch unter den Pahlaviden wurden mehrere umliegende Gebäude abgerissen.

⇒ **Takht-e Marmar**

Bewegt man sich im Uhrzeigersinn vom Ticketschalter weg, führt ein langes Wasserbecken zum Takht-e Marmar (Marmorthronpalast), einem mit Spiegelmosaiken verzierten, offenen Audienzsaal mit einem prächtigen Thron, der von menschlichen Figuren getragen wird. Er wurde zu Beginn des 19. Jhs. im Auftrag von Fath Ali Schah (reg. 1797–1834) aus Alabaster aus Yazd geschaffen. In dem Saal fanden Zeremonien wie die Selbstkrönung von Reza Schah nach napoleonischem Vorbild im Jahr 1925 statt.

⇒ **Khalvate-e Karim Khani**

An der Ecke des Gebäudes befindet sich die prachtvolle Khalvate-e Karim Khani (Karim-Khan-Nische), der einzige Überrest eines Baus von 1759, der Karim Khan Zand (reg. 1751–1779) als Teheraner Residenz diente. Doch am meisten nutzte die Terrasse Naser ad-Din Schah: Hier rauchte er seine Wasserpfeife und dachte vielleicht über seine nächste Vermögensveräußerung nach, während in einem Marmorbrunnen in der Nähe das Wasser plätscherte. Heute steht hier sein Marmorgrabmal.

⇒ **Negar Khaneh**

Anschließend erreicht man die Negar Khaneh (Galerie iranischer Malerei) mit einer schönen Sammlung von Kunst der Kadscharen-Zeit. Besonders interessant sich die Porträts von Schahs, die die Juwelen und Kronen tragen, die man in echt im Juwe-

Südteheran

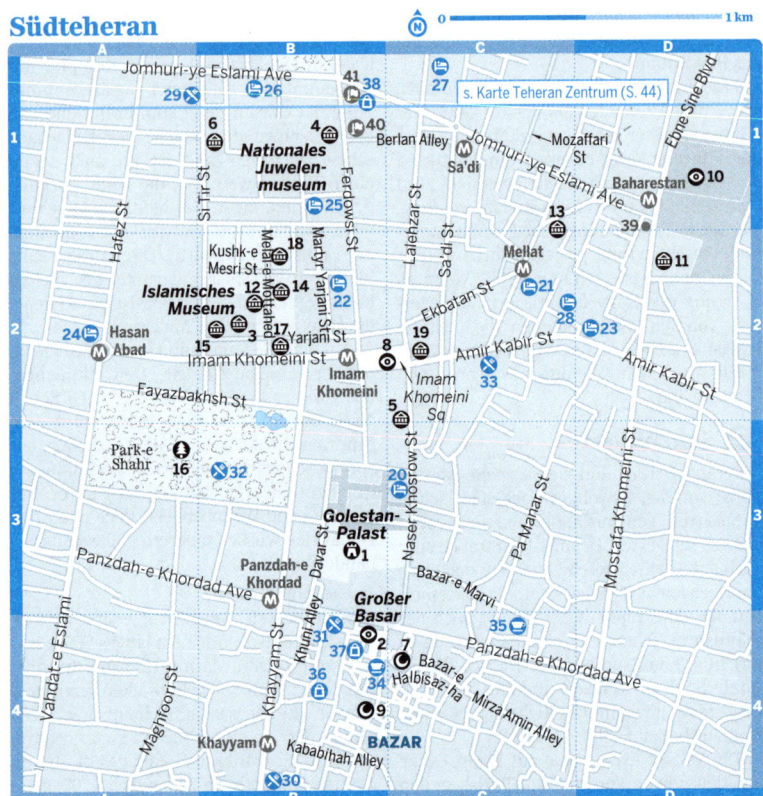

s. Karte Teheran Zentrum (S. 44)

lenmuseum bewundern kann, und Alltags-
darstellungen aus dem 19. Jh.

➡ Königliches Museum

In den folgenden Räumen befindet sich das
Königliche Museum (auch Spezialmuseum
genannt), eine Schatzkammer mit Kunstwerken und faszinierende Zierobjekten, die von
den Schahs zusammengetragen wurden.

➡ Hauptsäle

Das Highlight des Palastes sind die Hauptsäle mit dem atemberaubenden **Talar-e
Ayaheh** (Spiegelsaal). In diesem zwischen
1874 und 1877 errichteten Saal stand der
Pfauenthron, bevor er ins Juwelenmuseum
verbracht wurde. 1967 – 25 Jahre, nachdem
er an die Macht gekommen war – wurde
hier Mohammad Reza Schah gekrönt, außerdem fanden hier königliche Hochzeiten
statt. Heute sind in diesem und zwei benachbarten Sälen Staatsgeschenke ausgestellt, u. a. ein Tischaufsatz aus grünem
Malachit aus Russland und feines Porzellan

aus Frankreich, Deutschland und Großbritannien.

➡ Howze Khaneh

Weiter östlich befindet sich der Howze Khaneh (Beckensaal), benannt nach dem kleinen Wasserbecken mit Brunnen in der Mitte.
Er beherbergt eine Sammlung von Gemälden
und Skulpturen, Porträts von Angehörigen
europäischer Königshäuser des 19. Jhs., die
die Dargestellten ihren kadscharischen Gast-
gebern schenkten.

➡ Talar-e Berelian

Nebenan befindet sich der passend benannte Talar-e Berelian (Brillantsaal): Hier
erreicht der Einsatz von Spiegelglas auf
allen Oberflächen und in den glitzernden
Kronleuchtern seinen Höhepunkt.

➡ Shams-Al Emarat

Der Shams-Al Emarat (Sonnenpalast) am
östlichen Ende des Gartens vermählt europäische und persische Architekturtraditionen.
Naser ad-Din Schah wünschte sich einen

Südteheran

Palast mit Panoramablick auf die Stadt und ließ ihn zwischen 1865 und 1867 vom Meisterarchitekten Moayer al-Mamalek errichten. Nur ein Teil des Erdgeschosses kann besichtigt werden, eine weitere Abfolge von verspiegelten und mit Fliesen verkleideten Räumen.

➡ Emarat-e Badgir

Nebenan erheben sich über dem restaurierten Emarat-e Badgir aus der Zeit der Herrschaft von Fath Ali Schah vier *badgir* – Windtürme, mit denen Luftbewegungen eingefangen und nach unten in das Gebäude geleitet wurden, um es zu kühlen. Das Innere ist üppig mit Spiegeln ausgestattet und lohnt eine kurze Besichtigung.

➡ Aks Khaneh

Im Untergeschoss des Aks Khaneh (Galerie historischer Fotografien) sind alte Fotografien zu sehen. Eines zeigt das Innere eines Turms des Schweigens, in dem die Zoroastrier ihre Toten bestatten, mit Leichnamen in unterschiedlichen Stadien der Verwesung.

➡ Talar-e Almas

Der kleine Talar-e Almas (Diamantsaal) wartet mit weiterer Glitzeropulenz auf. Ansprechender sind da das zurückhaltender eingerichtete Teehaus und Restaurant darunter.

➡ Abyaz-Palast

Zurück in Eingangsnähe beherbergt der Abyaz Palast das Volkskundemuseum, in dem u. a. traditionelle Trachten ausgestellt sind.

★ Großer Basar   BASAR

(بازار بزرگ; Karte S. 38; Haupteingang Panzdah-e Khordad Ave; ⊗ Sa–Mi 7–17, Do bis 12 Uhr; Ⓜ Panzdah-e Khordad) Mit seinem Labyrinth aus belebten Gassen und vielen Händlern ist der Basar faszinierend, aber auch ein wenig Furcht einflößend. Die Bauten sind zumeist weniger als 200 Jahre alt und eher schlicht, es verstecken sich aber auch einige Juwele darunter. Am besten kommt man morgens, wenn das Treiben geschäftig, aber noch nicht so chaotisch wie später ist. Später besteht außerdem die Gefahr, von Wagen voller Güter überrollt zu werden.

Die Geschäfte säumen Gassen mit einer Gesamtlänge von mehr als 10 km. Es gibt mehrere Eingänge. Einen schönen Blick auf die Hauptgasse hat man, wenn man den **Haupteingang** am Platz Sabzeh Medyan nimmt. Der Basar ist eine Stadt in der Stadt mit Banken, einer Feuerwehrwache, einer Kirche und mehreren Moscheen, darunter die eindrucksvolle **Imam-Khomeini-Moschee** (مسجد امام خمینی; Karte S. 38; Panzdah-e Khordad St) und das reich verzierte **Imamzadeh Zeid** (امامزاده زید; Karte S. 38; abseits des Bazar-e Bozorg), ein Schrein für einen Nachfahren des Propheten.

Die einzelnen Gassen sind zumeist auf bestimmte Waren spezialisiert, z. B. Kupfer, Papier, Gold, Gewürze und Teppiche. Frische Lebensmittel gibt's hier nicht. Am malerischsten sind der Teppich-, der Nuss- und der Gewürzbasar, hübsch ist aber auch die Gasse, in der gefälschte Designer-Etiketten verkauft werden – Etiketten, keine Kleidung!

Der Basar lässt sich auf zweierlei Art besichtigen. Eine Möglichkeit ist, einfach durch das Gewirr der Gassen zu bummeln und sich treiben zu lassen. Wer sich verirrt: Zu den Hauptausgängen an der Panzdah-e Khordad Avenue geht man immer bergauf.

Oder man wendet sich an einen der Teppichhändler, sagt ihm, welche Teile des Basars man sehen möchte, und lässt sich führen. Erwartet wird, dass man nach der Tour den Teppichladen seines Guides besucht, einen Tee trinkt und sich ein paar Teppiche anschaut – auch das kann vergnüglich sein.

⭐**Nationales Juwelenmuseum**   MUSEUM
(موزه جواهرات ملی; Karte S. 38; ☎021-6446 3785; www.cbi.ir; Ferdowsi St; 200 000 IR; ⊙Sa–Di 14-16.30 Uhr; ⓜSa'di) Die Kronjuwelen werden in der Zentralbank verwahrt, das Museum ist durch ihren Eingang zu erreichen. Die Safawiden-, Kadscharen- und Pahlaviden-Herrscher schmückten sich selbst und ihre Besitztümer mit Edelsteinen und -metallen von unschätzbarem Wert – diese Klunkersammlung ist einfach atemberaubend! Zu den herausragenden Stücken zählen der Juwelenglobus und der Pfauenthron (S. 41).

Im Shop am Eingang ist eine Museumsbroschüre (40 000 IR) erhältlich. Alternativ schließt man sich einer der regelmäßig stattfindenden Führungen (auch auf Deutsch) an. Die Führungen sind im Eintrittspreis inbegriffen und es lohnt sich, darauf zu warten, da nur die wenigsten Exponate auch in Englisch beschriftet sind.

Kameras, Handys, Taschen und Reiseführer müssen am Empfang abgegeben werden. Auf jeden Fall sollte man darauf achten, nichts zu berühren – sonst löst man einen ohrenbetäubenden Alarm aus.

⭐**Islamisches Museum**   MUSEUM
(موزه دوره اسلامی; Karte S. 38; ☎021-6670 2052; www.nationalmuseum.ichto.ir; 30 Si Tir St; mit Na-

tionalmuseum 500 000 IR; ⊙April–Sept. 9–19 Uhr, Okt.–März bis 18 Uhr; ⓜImam Khomeini) Das Museum direkt neben dem Nationalmuseum bietet eine umwerfende Sammlung von Kunst und Antiquitäten aus der gesamten islamischen Zeit – Kalligrafien, Teppiche, Keramiken, Holzarbeiten, Skulpturen, Miniaturen, Ziegelkunst und Textilien. Zu sehen sind u. a. Seidenstoffe und Stuckarbeiten aus Rey, Porträts aus der Mongolenzeit, eine Sammlung sassanidischer Münzen und prächtige Holztüren und -fenster aus dem 14. Jh.

Nationalmuseum   MUSEUM
(موزه ایران باستان oder موزه ملی ایران, Museum des Iran der Antike; Karte S. 38; ☎021-6670 2052; www.nationalmuseum.ichto.ir; 30 Si Tir St; mit Islamischem Museum 500 000 IR; ⊙April–Sept. 9–19 Uhr, Okt.–März bis 18 Uhr; ⓜImam Khomeini) Das bescheidene Museum ist kein Louvre, doch es strotzt vor iranischer Geschichte. Zur Sammlung zählen Keramiken, Töpferwaren, Steinfiguren und Schnitzereien, zumeist aus Ausgrabungen in Persepolis, Ismailabad (bei Qazvin), Shush (Susa), Rey und Turang Tappeh. Leider ist die Präsentation dieser Schätze wenig inspiriert und es fehlen erhellende Erläuterungen – beim Ticketkauf nach einer englischen Broschüre fragen!

Malek Nationalbibliothek & -museum   MUSEUM
(کتابخانه و موزه ملک; Karte S. 38; ☎021-6672 6613; www.malekmuseum.org; Melal-e Mottahed (Bagh Melli St); 50 000 IR; ⊙8.15–16.15 Uhr; ⓜImam Khomeini) Das Privatmuseum mit Bibliothek zeigt Stücke aus der Sammlung von Hadji Hussein Agha Malek, der in den 1930er-Jahren zu den reichsten Männern in Iran zählte. Die Aquarelle, die feinen Kalligrafien und dekorative Werke wie die Lackkästchen, die im 19. Jh. von Meistern der Miniaturmalerei wie Mohammad Zaman und Abu Taleb Modaresi unglaublich detailliert verziert wurden, sind exquisit.

Museum für Glas & Keramik   MUSEUM
(موزه آبگینه و سرامیک, Musee Abghineh; Karte S. 38; ☎021-6670 8153; www.glasswaremuseum.ir; Si Tir St; 150 000 IR; ⊙April–Sept. 9–18 Uhr, Okt.–März bis 17 Uhr; ⓜImam Khomeini) Das Museum ist wie viele seiner Exponate klein, aber perfekt. Die einzelnen Abteilungen führen chronologisch durch die verschiedenen Epochen. Dabei erläutern detaillierte und erhellende Beschreibungen auf Englisch die Geschichte des Landes und der Region, wie sie sich in den liebevoll ausgestellten Glas- und Keramikwerken widerspiegelt. Ein-

DER PFAUENTHRON & ANDERE KLUNKER
....

Der größte Teil der Sammlung des Nationalen Juwelenmuseums (S. 40) stammt aus der Zeit der Safawiden, in der die Schahs Europa, Indien und die Länder des Osmanischen Reiches nach Schätzen durchforsteten, mit denen sie ihre Hauptstadt Isfahan schmücken konnten. Doch als das Safawiden-Reich zusammenbrach, waren die Schätze eine begehrte Kriegsbeute.

Als Mahmud Afghan 1722 in Iran einmarschierte, plünderte er die Schätze und ließ sie nach Indien bringen. Als 1736 Nadir Schah Afshar den Thron bestieg, sandte er Höflinge nach Indien, die um die Rückgabe der Schätze bitten sollten. Als ihre Überredungskünste sich jedoch als unzureichend herausstellten, schickte er eine Armee hinterher, um seinem Ersuchen Nachdruck zu verleihen. Jetzt sah sich der indische Mogul-Herrscher Mohammed Schah gezwungen, mehrere Stücke zurückzugeben, darunter den rosa Diamanten Darya-ye Nur (Meer des Lichts) mit einem Gewicht von 182 Karat, der als größter ungeschliffener Diamant der Welt galt. Dieser Klunker ist heute Teil der Sammlung des Juwelenmuseums; der Koh-i-Noor (Berg des Lichts), der ebenfalls zur Beute Nader Schahs gehörte, ist seit langem Teil der britischen Kronjuwelen.

Während seines Feldzugs erbeutete Nader Schah auch den berühmten Pfauenthron der indischen Mogulen. Doch auf der Reise zurück nach Persien fiel das Beutestück in die Hände rebellischer Soldaten, die ihn demontierten, um die Beute untereinander aufzuteilen. Bei dem Pfauenthron, der im Juwelenmuseum vor der Tresortür ausgestellt ist, handelt es sich um ein Stück, das Fath Ali Schah 1798 in Auftrag gab. Der *takht* (Sitztisch) ist mit 26 733 Juwelen. Nach einer mit Edelsteinen umkränzten strahlenden Sonne wurde er zunächst „Sonnenthron" getauft. Doch nach der Vermählung Fath Alis mit Tavous Tajodoleh, auch Tavous Khanoum (Pfauendame) genannt, wurde ihr zu Ehren der „Pfauenthron" daraus.

Die Kadscharen- und Pahlaviden-Herrscher erweiterten die königliche Juwelensammlung mit Begeisterung. Sie wurde so kostbar, dass sie in den 1930er-Jahren als Stütze der Landeswährung in die iranische Nationalbank verbracht wurde. Zu den weiteren Highlights der Sammlung zählen die große Kiani-Krone, die 1797 für Fath Ali Schah angefertigt wurde, außerdem die Krone, die der letzte Schah und seine Frau Farah trugen, und der atemberaubende, 34 kg schwere Juwelenglobus, der 1869 aus 51 366 Edelsteinen gefertigt wurde: Die Meere bestehen aus Smaragden, die Kontinente aus Rubinen – außer den Ländern Iran, Großbritannien und Frankreich, die aus Diamanten bestehen.

drucksvoll sind auch die Holztreppe und die Stuckarbeiten in dem Gebäude aus der späten Kadscharen-Zeit sowie die feinen, dekorativen Schnitzarbeiten.

Masoudieh-Palast HISTORISCHES GEBÄUDE
(عمارت مسعودى; Karte S. 38; Ekbatan St; 200 000 IR; ☺9–16 Uhr; Ⓜ Mellat) Das 1879 für den Sohn von Naser ad-Din Schah, der der Gouverneur von Isfahan war, als Teheraner Residenz errichtete reizende Gebäude samt Gartenanlage wird gerade restauriert. Früher war im ehemaligen Speisesaal ein Café untergebracht, zur Zeit der Recherche war es jedoch geschlossen. Mit seiner schönen Verzierungen und den friedvollen Gärten lohnt das Anwesen trotzdem einen Besuch.

Madraseh va Masjed-e Sepahsalar MUSEUM
(مدرسه و مسجد سپهسالار), Masjed-e Motahari; Karte S. 38; Mostafa Khomeini St; Ⓜ Baharestan) Die zwischen 1878 und 1890 erbaute Medrese ist vielleicht das beste Beispiel für die Architektur der Kadscharen-Zeit. Sie liegt unmittelbar südlich des Majlis, des iranischen Parlaments, und ist berühmt für die vielen Minarette, die hohen Kuppeln und Iwane sowie für die Dichtkunst, die in verschiedenen alten Schriften auf den schönen Fliesen festgehalten ist. Für die Öffentlichkeit ist die Islamschule geschlossen.

Eventuell hat man jedoch Glück bei den Torwächtern. Einige einheimische Guides wissen auch, wie man sie überredet, einen (nur Männer) einzulassen. Auf der Einhaltung des Fotografierverbots vor und im Komplex wird allerdings rigoros bestanden.

Park-e Shahr PARK
(پارک شهر; Karte S. 38; http://parks.tehran.ir; Ecke Fayazbakhsh & Vahdat-e Eslami St; ☺5–24 Uhr; Ⓜ Imam Khomeini) Wer in Südteheran übernachtet und mal eine Pause vom Ver-

kehrstosen benötigt, sollte diesen netten, schattigen Park ansteuern. Im Sommer kann man auf dem Teich eine Runde Boot fahren, in Gehegen sind verschiedene Vögel wie Pfauen, Silberfasane und Flamingos zu sehen, und im Teehaus **Sofre Khane Sonnati Sangalag** (Karte S. 38; ☑021-5569 3505; Hauptgerichte 180 000–400 000 IR; ⊗9–23 Uhr) kann man sich eine Erfrischung oder eine Wasserpfeife gönnen. Oder man hockt sich einfach hin und schaut den Teheranern dabei zu, wie sie sich entspannen.

⊙ Zentrum

★ Tabiat-Brücke BRÜCKE

(پل طبیعت; Naturbrücke; Karte S. 44; ⓜShahid Haghani) Es ist kein Wunder, dass diese mehrstöckige Fußgängerbrücke der iranischen Architektin Leila Araghian sich bei den Einheimischen so großer Beliebtheit erfreut und mehrfach ausgezeichnet wurde. Das 270 m lange Bauwerk verbindet über die verkehrsreichen Modarres Expressway hinweg die beiden Parks Taleghani und Abo-Atash. Bei gutem Wetter bieten sich von der Brücke tolle Ausblicke auf die Skyline von Nordteheran vor der Kulisse des Elburs-Gebirges.

An einem Ende befindet sich ein recht guter Food Court (S. 61), am anderen Ende ein akzeptables Restaurant. Außerdem gibt's jede Menge Sitzmöglichkeiten, sodass die Brücke besonders abends ein sehr beliebter Treff ist.

★ Museum der Heiligen Verteidigung MUSEUM

(Karte S. 44; ☑021-8865 7026; www.iranhdm.ir; Sarv St; 200 000 IR; ⊗Sa–Do 9–17, Fr 11–17 Uhr; ⓜShahid Haghani) Das monumentale Museum auf einem 21 ha großen Areal ist dem Ersten Golfkrieg zwischen Iran und Irak gewidmet. Der acht Jahre andauernde Konflikt kostete Millionen von Menschenleben. Das Hauptgebäude umfasst sieben Säle, in denen an die Märtyrer des Krieges erinnert und die Geschichte des Konflikts haarklein ausgebreitet wird. Das hört sich eher abschreckend an, doch das Museum bietet einen faszinierenden Einblick in eine Epoche der modernen iranischen Geschichte, die im Bewusstsein der Iraner tiefe Spuren hinterlassen hat.

Teilweise rutschen die Darstellungen ins Surreale ab, so in dem Bereich, in der das himmlische Paradies präsentiert wird, in das die Soldaten, viele von ihnen Jugendli-

che, nach ihrem Tod einzutreten glaubten. An anderer Stelle findet man sich mitten in einem Bombenangriff wieder, komplett mit sensorischen Effekten.

Draußen säumen riesige Raketen und Panzer das Gartengelände, in dessen Mitte sich ein 6000 m² großer See ausbreitet – im Sommer sprießt hier eine Fontäne und es wird eine Lasershow gezeigt. Zum Komplex gehört außerdem eine kugelförmiges Gebäude, in dem auf einer Panoramaleinwand ein 15-minütiger Film über die belagerte Stadt Khorramshahr vor, während und nach dem Konflikt gezeigt wird. Beim Ausgang Richtung Metrostation befindet sich ein Nachbau der Moschee von Khorramshahr mit gelben und türkisen Fliesen.

★ Azadi-Turm (Borj-e Azadi) WAHRZEICHEN

(برج آزادی; Freiheitsturm; Karte S. 56; ☑021-6606 4121; www.azadi-tower.com; Azadi Sq; 150 000 IR; ⊗9–17 Uhr; ⓜMeydan-e Azadi) Der 1971 zur Feier des 2500-jährigen Jubiläums der iranischen Monarchie erbaute Turm in der Form eines umgedrehten Ypsilons zählt zu den bekanntesten Sehenswürdigkeiten Teherans. Das von Hossein Amanat entworfene Bauwerk vereint auf geniale Weise moderne Architektur mit Elementen iranischer Baukunst, am deutlichsten erkennbar in der Iwan-Form des Bogens, der mit weißem Marmor verkleidet ist. Innen lässt der Turm eine komplizierte räumliche Struktur erahnen und von oben bietet sich ein interessanter Ausblick.

Die Spitze ist über Treppen oder per Aufzug zu erreichen. Unten befinden sich Galerien mit wechselnden Ausstellungen und ein Café.

Der Turm steht in einem großen ovalen Park, zu dem man sich vorsichtig durch den fast permanent um den Platz brausenden Verkehr kämpfen muss.

Während der Revolution 1979 fanden auf dem Azadi-Platz zahlreiche Demonstrationen statt und auch heute noch ist er ein beliebter Versammlungsplatz. Während der politischen Krise nach den Präsidentschaftswahlen von 2009 wurden hier Massenkundgebungen abgehalten.

★ Qasr Gartenmuseum MUSEUM

(موزه باغ قصر; Karte S. 44; ☑021-8844 3311; www.qasr.ir; Motahari Ave; ⊗9–20 Uhr; ⓜShahid Mofatteh, dann Taxi) GRATIS Der phantasievolle Skulpturenpark samt Museum nutzt zwei ehemalige Gefängnisgebäude – einen für Kriminelle und einen für politische Gefan-

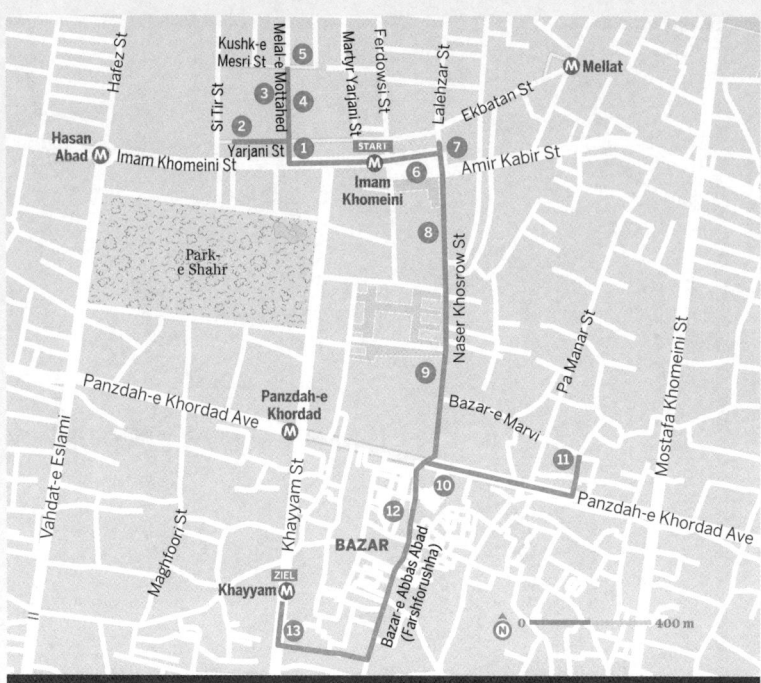

Spaziergang
Von den Museen zum Großen Basar

START METROSTATION IMAM KHOMEINI
ZIEL METROSTATION KHAYYAM
LÄNGE/DAUER 2 KM; 3–4 STUNDEN

Von der Metrostation Imam Khomeini geht's die Imam Khomeini Street nach Westen zum eindrucksvollen, mit bemalten Kacheln verkleideten **1 Bagh-e-Meli-Tor** von 1906. Durch das Tor gelangt man zum alten National Garden Complex mit Museen und Amtsgebäuden. Wer mag, erkundet das **2 Islamische** (S. 40) und das **3 Malek-Museum** (S. 40), ansonsten bewundert man die großartige Architektur an der verkehrsberuhigten Melal-e Mottahed, u. a. das **4 Außenministerium** (Nr. 9) und das **5 Qazaq Khaneh**, das ehemalige Kosakenquartier.

Zurück geht's zum verkehrsumtosten **6 Imam Khomeini Square**. Vom Glanz der Kadscharen-Zeit ist wenig erhalten. Vor dem Sockel, auf dem einst eine Statue von Reza Schah stand, steht noch ein Brunnen. Die **7 Tejarat-Bank** auf der Ostseite hat einen mit traditionellen Kacheln geschmückten Eingang. In dem Gebäude aus dem 19. Jh. eröffnete die erste öffentliche Bank Irans.

Von hier führt die Naser Khosrow Street gen Süden. Den einstigen Prachtboulevard säumen imposante Gebäude wie das **8 Dar ul-Funun**. Hier wurde 1851 Irans erste moderne Universität gegründet. Im Innenhof befindet sich ein in Form der britischen Flagge angelegter Garten. Weiter südlich beginnt die Naser Khosrow Fußgängerzone und verläuft entlang der Rückseite des **9 Golestan-Palasts** (S. 37).

Die Naser Khosrow führt zum Eingang des Großen Basars. Vor einem Bummel durch das jahrhundertealte Labyrinth sollte man sich die wunderschön restaurierte Innenausstattung der **10 Imam-Khomeini-Moschee** (S. 40) anschauen. Wer auf der Panzdah-e Khordad Avenue ein Stück nach Osten geht, kommt zur kürzlich restaurierten Basargasse Eudlagan. Sie führt zum Teehaus **11 Timcheh Akbarian** (S. 63) in einem Gebäude, das vor rund 260 Jahren eine Bank war.

Zurück geht's zum **12 Großen Basar** (S. 39), wo man stundenlang herumbummeln kann. Danach wartet eine Rast im wundervollen Teehaus und Restaurant **13 Khayyam** (S. 57) an der Metrostation Khayyam.

Teheran Zentrum

TEHERAN

1 km
0
N

Pasdaran-e

G
F
E
D
C
B
A

DAVOUDIYEH

Shariati Ave

Madar Sq

Mirdamad Blvd

Madar Sq

Mirdamad

Mirdamad

Haqani Expwy

Shahid
Haghani

Sarv St

Park-e
Taleghani

31

Tabiat-
Brücke

27

Modarres Expwy

Park-e
Abo-
Atash

Hemmat Expwy

Afriqa Blvd (Jordan)

Gandhi Ave

Valiasr Ave

Vanak Ave

Khoddami St

Tavanir St

Kordestan Hwy

Mollasadra Ave

s. Karte Nordteheran (S. 52)

SHAHRAK-
E QODS

Chamran Expwy

Hemmat Expwy

YUSEF
ABAD

Asadabadi

Farhang
Sq

Jamal od-Din St

34

Arzhantin
Sq

57

Ahmed Qasir St (Bucharest)

Vozara St (Khaled
Eslamboli St)

Beyhaqi St

20

24 52

65

59

55

Dr. Beheshti St

Shahid
Beheshti

Pakistan St

Pakistan St

6

Mosalla-
Moschee
(im Bau)

Mosalla

Qanbarzadeh St

Sabounchi St

Eshqyar St

Arabali St

Khoramshahr St

Hoveyzeh St

25

Sohrevardi Ave

Abbas Abad St

Sohrevardi

Abbas Abad St

Shahid
Beheshti

Resalat Expwy

8

Resalat Expwy

Shahid
Hemmat

Museum der
Heiligen
Verteidigung

1

Hemmat Expwy

Modarres Expwy

Afriqa Sq

Afriqa Sq

Resalat Expwy

71

Chamran Expwy

Hemmat Expwy

Chamran Expwy

Kordestan Expwy

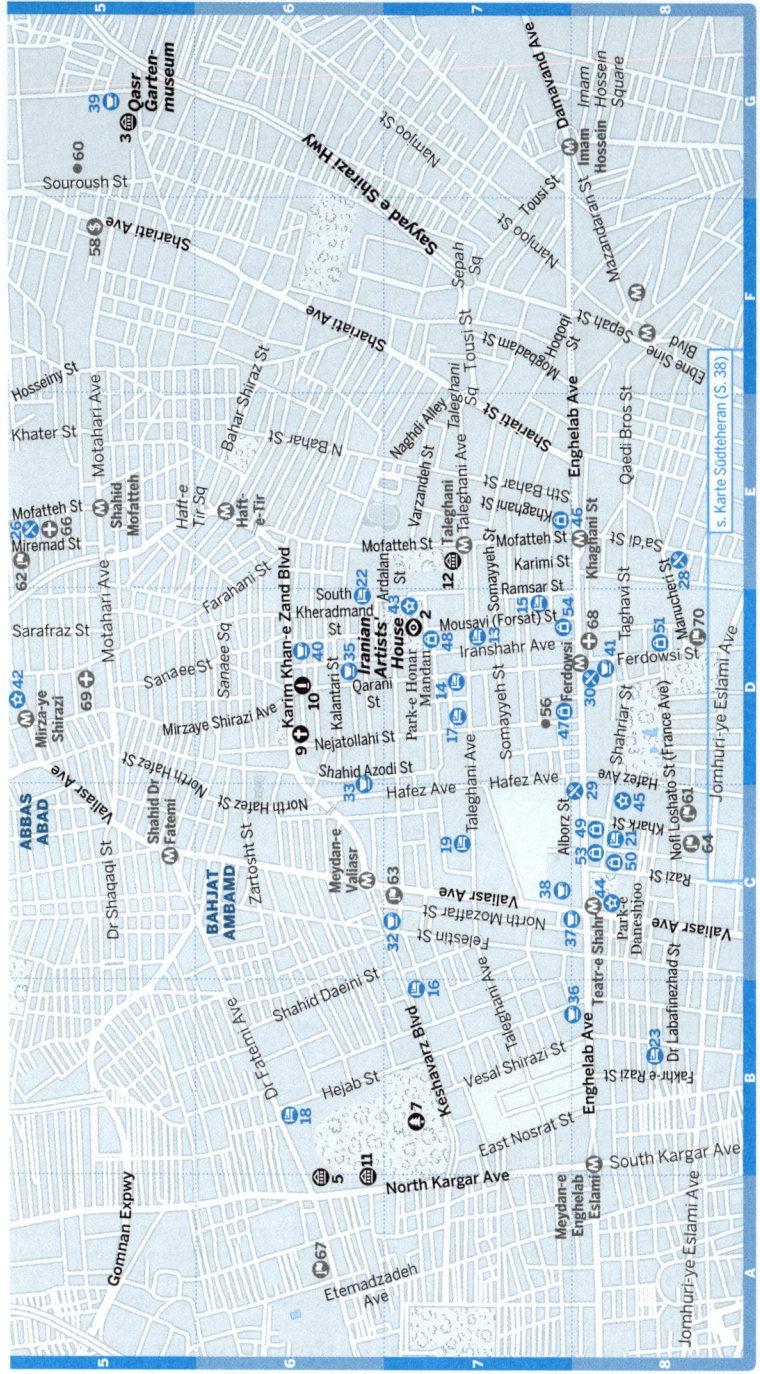

Teheran Zentrum

gene – sowie das Gelände drumherum. Die Architekten von Experimental Branch of Architecture haben die historische Stätte wunderbar umgestaltet und in den Zellen und auf dem Gartengelände witzige moderne Skulpturen platziert. Dazu gibt's hier zwei nette Cafés und eine Moschee.

Qasr bedeutet „Schloss" und im 19. Jh. stand hier tatsächlich ein königlicher Palast. Im frühen 20. Jh. wurde nach Plänen des russischen Architekten Nikolai Markow ein Gefängnis errichtet. Hier saß für kurze Zeit auch Lawrence von Arabien ein, daher seine Silhouette in einer der Zellen.

In dem moderneren Bau waren zur Zeit des letzten Schahs politische Gefangene untergebracht. Sie wurden während der Islamischen Revolution als Erste befreit.

Teherans Bürgermeister Mohammad Bagher Ghalibaf ist von dem Projekt so überzeugt, dass er das berüchtigte Evin-Gefängnis im Nordwesten der Stadt ebenfalls in einen ähnlich familienfreundlichen Park umwandeln möchte.

US-Spionagenest (ehemalige US-Botschaft) MUSEUM

(لانه جاسوسی آمریکا; Karte S. 44; Taleghani Ave; ⊙ Sa–Mi 9–12 & 13–16 Uhr; Ⓜ Taleghani) GRATIS Die ehemalige Botschaft der USA stand 1979 im Mittelpunkt der Revolution. Sie wurde von Studenten gestürmt, die dann 444 Tage lang 52 Diplomaten als Geiseln hielten. Heute hat die Studentenorganisation Basij das Anwesen in Beschlag genommen, die sich der Verteidigung der Revolution verschrieben hat. Ein Besuch ist fesselnd: Im vorderen Teil ist das Gelände, jetzt der „Museumsgarten der Anti-Arroganz“, mit bunten anti-westlichen Propagandaplakaten zugepflastert. Das erste Stockwerk ist als Museum zur Spionagetätigkeit der USA eingerichtet, der hier offensichtlich nachgegangen wurde. Von hier aus wurde 1953 der Coup orchestriert, mit dem Mohammad Mossadegh zu Fall gebracht wurde, und von hier aus wurde der letzte Schah unterstützt. Anti-amerikanische und -israelische sowie pro-islamische Wandbilder und Dokumente zieren Flure und alte Büros. Im „Glasraum“, in dem einst Treffen höchster Geheimstufe stattfanden, stehen Wachsfiguren beieinander. Zu einer Reise in die Vergangenheit laden die antiquierten Fernschreiber, Computer und Aktenschredder ein, die damals benutzt wurden.

Museum für zeitgenössische Kunst KUNSTMUSEUM

(موزه هنرهای معاصر تهران; Karte S. 44; ☎ 021-8898 9374; www.tmoca.com; North Kargar Ave; 50 000 IR; ⊙ Mo–Do 10–19, Fr 15–19 Uhr; Ⓜ Meydan-e Enghelab Eslami) Die eindrucksvolle Sammlung des in einem auffallenden, modernen Betonbau auf der Westseite des Park-e Laleh untergebrachten Museums für zeitgenössische Kunst umfasst Werke von Picasso, Matisse, van Gogh, Miró, Dalí, Bacon, Pollock, Monet, Munch, Moore und Warhol. Leider sind sie nicht immer zu sehen, doch es gibt immer interessante Ausstellungen und Events wie Filmvorführungen und Performance Art zu erleben.

Der Bau selbst ist eindrucksvoll, genauso wie die Skulpturen drum herum. Ein Weg führt hinunter zu dem dunklen, reflektierenden Ölpool *Matter & Mind* von Noriyuki Haraguchi sowie zu neun großen Galerien.

Die kunstverliebte Königin Farah Diba war die treibende Kraft hinter dem 1977 eröffneten Museum, Architekt war ihr Cousin Kamran Diba.

Teppichmuseum MUSEUM

(موزه فرش ایران; Karte S. 44; Ecke Dr. Fatemi & North Kargar Ave; 150 000 IR; ⊙ 9–17 Uhr; Ⓜ Meydan-e Enghelab Eslami) Das Museum zeigt mehr als 100 Teppiche aus der Zeit vom 17. Jh. bis in die Gegenwart und bietet eine tolle Möglichkeit, sich einen Überblick über Muster und Stile zu verschaffen, die es in Iran gibt. Zu den besonderen Werken zählt ein Lebensbaumteppich mit Porträts von Königen und Adligen. Die ständige Sammlung befindet sich unten, oben finden gelegentlich Sonderausstellungen statt.

Reza-Abbasi-Museum MUSEUM

(موزه رضا عباسی; Karte S. 44; www.rezaabbasi museum.ir; 892 Shariati Ave; 150 000 IR; ⊙ 8–17 Uhr; Ⓜ Shahid Sayyad-e Shirazi) Das nach einem der großen Künstler der Safawiden-Zeit benannte Museum präsentiert iranische Kunst seit dem Altertum sowie Gemälde des Namensgebers. Wer sich für iranische Kunst interessiert, findet hier ein professionell geführtes Museum, das zu den besten im ganzen Land zählt. Von der nächstgelegenen Metrostation ist es zu Fuß ein ganz schönes Stück, vielleicht nimmt man besser ein Taxi.

Die Ausstellungen sind chronologisch aufgebaut. Es beginnt ganz oben mit der vorislamischen Abteilung mit achämenidischen Goldschüsseln, Trinkgefäßen, Armbändern und Zierstücken, von denen viele feine Ornamente in Form von Bullen und Schafböcken aufweisen. Außerdem sind hier schöne Bronzestücke aus Luristan zu sehen.

Die islamische Galerie zeigt Keramiken, Stoffe und Messingartikel, die Gemäldegalerie feine Kalligrafie aus alten Koranen und illuminierte Handschriften, darunter Exemplare von Firdausis *Schahnameh* und Saadis *Golestan*.

Milad-Turm (Borj-e Milad) TURM

(برج میلاد; Karte S. 56; ☎ 021-8436 1000; www. tehranmiladtower.ir; Ausfahrt South Sheikh Fadlallah, abseits des Hemmat Expwy; Café 50 000 IR, offene Aussichtsplattform 120 000 IR, alle Bereiche 350 000 IR; ⊙ März–Sept. 9–20.30 Uhr, Okt.–Feb. 10–21.15 Uhr; Ⓜ Mosalla, dann Taxi) Die Skyline der westlichen Vororte Teherans dominiert der samt seinem 120 m hohen Antennenmast 435 m hohe Milad-Turm. 2017 war er damit der sechsthöchste freistehende Turm der Welt. Der achteckige Betonschaft verjüngt sich zu einem zwölf Stockwerke hohen Turmkorb mit offenen und geschlossenen Aussichtsplattformen, einer Galerie, einem Café und einem **Drehrestaurant** (Frühstück/Mittagessen/Abendessen 600 000/1 080 000/1 508 000 IR).

Ob sich ein Besuch lohnt, hängt vom Wetter ab: An den wenigen klaren Tagen ist der Ausblick sicher schön, ansonsten wohl eher nicht. Anfahrt mit dem Taxi.

Am Fuß des Turms befindet sich das **Tehran Milad Tower International Convention Center**, in dem manchmal Konzerte stattfinden.

2012 gewann Zaha Hadid einen Wettbewerb zum Ausbau der Location. Nach ihren Plänen würden zwei weitere, niedrigere Türme entstehen. Bisher sind aber keine Bauarbeiten im Gange.

Sarkis-Kathedrale KIRCHE

(کلیسای سرکیس; Karte S. 44; ☑ 021-8889 7980; Ecke Nejatollahi St & Karim Khan-e Zand Blvd; ⊙ Mo–Sa 8–17.30 Uhr; Ⓜ Meydan-e Valiasr) Die weiße Kirche mit zwei Türmen am Südrand des armenischen Viertels ist ein Zentrum des Christentums in der Islamischen Republik. Der Innenraum der zwischen 1964 und 1970 erbauten, von Markar Sarkissian finanzierten Kathedrale ist mit großen Glaslüstern über den Kirchenbänken ansprechend ausgestattet.

Park-e Laleh PARK

(پارک لاله; Karte S. 44; http://parks.tehran.ir; Keshavarz Blvd; Ⓜ Meydan-e Enghelab Eslami) Der Laleh-Park im Stadtzentrum ist eine schöne öffentliche Grünanlage, die aufgrund ihrer Lage inmitten des tosenden Verkehrs eine echte Stadtoase darstellt. Wunderbar, um Leute zu beobachten. Auf dem Weg durch den Park, vielleicht unterwegs zum Teppichmuseum oder zum Museum für zeitgenössische Kunst, kann man jungen Teheranern zusehen, wie sie bei einem Softeis ihre Flirttechniken verfeinern.

◉ Nordteheran

Fast alles in Nordteheran wurde in den letzten 50 Jahren erbaut, sodass es neben den zwei Palastanalagen kaum historische Sehenswürdigkeiten gibt. Dies ist das moderne Teheran mit hippen Coffeeshops, schicken Restaurants und vielen Botschaften.

Angesichts des teuflischen Verkehrs im Norden der Stadt sollte man so weit wie möglich mit der U-Bahn oder dem Bus Rapid Transport (BRT) fahren, der die gesamte Valiasr in beide Richtungen verkehrt, und dann Laufen oder ein Taxi nehmen.

★ Sa'd Abad-Palastkomplex MUSEUM

(مجموعه موزه سعد آباد; Karte S. 52; ☑ 021-2794 0491; www.sadmu.ir; Taheri St; 150 000 IR; ⊙ 9–17 Uhr, letzter Einlass 16 Uhr; Ⓜ Tajrish) Die Anlage in den Vorbergen von Darband diente den Herrschern der Kadscharen-Dynastie als Sommerresidenz, wenn sie auch die Pahlaviden waren, die sie auf die heutige Größe ausdehnten. Will man alles sehen, braucht man für das 110 ha große Gelände mit 18 Gebäuden gut drei Stunden. Einen Einblick in das luxuriöse Leben der Schahs vermittelt der extravagante Weiße Palast aus den 1930er-Jahren mit 54 Räumen. Der klassischer wirkende Grüne Palast (S. 49) stammt vom Ende der Kadscharen-Zeit.

Alle Eintrittskarten müssen am Vordereingang beim Tajrish Square oder am Nordeingang erworben werden. Wer plant, den Vormittag oder die Mittagszeit in Darband zu verbringen, für den bietet sich der Nordeingang an. Auf jeden Fall sollte man am Eingang nach dem nützlichen Lageplan in Englisch fragen.

Vom Vordereingang pendelt regelmäßig ein Minibus (10 000 IR) am Weißen Palast vorbei hoch zum Grünen Palast und wieder zurück.

Erfrischungen halten zwei nette Cafés auf dem Gelände bereit.

Um zum Vordereingang zu gelangen, geht man vom Tajrish Square 1,5 km Richtung Nordwesten oder nimmt ein Taxi (80 000 IR) – der Weg beginnt in der Ja'fari Street, dann geht's links und rechts (nach „Musee Sa'd Abad" fragen). Oder man fährt nach Darband und kommt dann über den Nordeingang.

Die interessantesten Teile der Anlage sind die folgenden. Das Gelände bietet sich außerdem zum Spazierengehen an.

Weißer Palast MUSEUM

(Karte S. 52; www.sadmu.ir; Taheri St; 150 000 IR, mit Museum der Kunst der Nationen 230 000 IR; ⊙ 9–17 Uhr, letzter Einlass 16 Uhr; Ⓜ Tajrish) Der 5000 m² große, 54 Zimmer umfassende Palast aus den 1930er-Jahren ist ein Highlight des Palastmuseums. Das Meiste, was man hier sieht, stammt aus der Zeit der Herrschaft von Mohammad Reza Schah (reg. 1942–1979). Seit der Revolution hat sich hier nur wenig verändert. Der Palast ist angefüllt

STREET ART IN TEHERAN

Teherans Hochstraßen, Backsteinmauern und Wohnsilos gewinnen keine Architekturpreise. Sie bieten jedoch riesige Flächen für bunte und sehr phantasievolle Street-Art-Werke.

Diese öffentlichen Werke stammen aus den frühen Jahren nach der Iranischen Revolution: Es sind anti-westliche Propagandawerke, etwa das Bild an der Mauer gegenüber der **ehemaligen US-Botschaft** (S. 47) und das riesige **Stars & Stripes-Wandbild** (Karte S. 44; Karim Khan-e Zand Blvd; Ⓜ Meydan-e Valiasr) am Karim Khan Zand Boulevard im Zentrum. Dazu kommen unzählige mehrere Stockwerke hohe Porträts von Ajatollah Khomeini und dem derzeitigen Obersten Religionsführer Ajatollah Khamenei. Nach dem Ersten Golfkrieg dienten auch die vielen Märtyrer dieses Konflikts als Motiv.

In den letzten Jahren haben Bürgermeister Ghalibaf und seine Leute ihr Programm zur Verschönerung Teherans weiter vorangetrieben, indem sie dem Regime genehmen Wandbildmalern wie Mehdi Ghadyanloo (www.mehdighadyanloo.com) literweise Farbe in die Hand drückten – zwischen 2004 und 2011 schuf Ghadyanloo in der Stadt über 100 solche Arbeiten. Seine surrealen Wandbilder im Stil von Magritte sind eigenwillig: Sie zeigen Figuren, die an der Decke entlanggehen, riesige Blitze verdrehen oder per Auto oder Fahrrad durch den Himmel fahren.

Natürlich gibt es auch eine ganze Armee von Underground-Street-Art-Künstlern, die nicht auf offizielle Zustimmung stoßen und Arbeiten schaffen, die sich mit sozialen und politischen Fragen beschäftigen – und die die Behörden oft schnell wieder übermalen lassen. Zu diesen Künstlern zählen Black Hand (www.facebook.com/black.hand.graffiti), der oft als der iranische Banksy bezeichnet wird, und die aus Tabriz stammenden Brüder und Stencil-Künstler Icy & Sot (www.icyandsot.com), die jetzt in New York leben.

mit einem Sammelsurium an extravaganten Möbeln, Gemälden, Tigerfell und enormen maßgefertigten Teppichen. Der 143-m²-Teppich im Zeremoniensaal im Obergeschoss soll einer der größten sein, die je in Iran gewebt wurden.

Im nahe gelegenen Speisesaal liegt ein ähnlicher Teppich. Hier schob der Schah, der überzeugt war, dass der Palast verwanzt war, einen Tisch in die Mitte des Raumes und bestand darauf, dass der amerikanische General, den er zu Gast hatte, mit ihm auf den Tisch stieg, bevor sie sich unterhielten.

Die beiden Bronzestiefel draußen sind alles, was von einem riesigen Standbild von Reza Schah übrig blieb, das nach der Revolution von den Füßen geholt wurde.

Hinten im Erdgeschoss führen Stahltreppen ins Untergeschoss zum **Museum der Kunst der Nationen**. Die bunte Sammlung wurde von Farah Diba angelegt und enthält Werke aus der gesamten islamischen Welt.

Grüner Palast　　　MUSEUM
(Karte S. 52; www.sadmu.ir; Taheri St; 150 000 IR; ⊗ 9–17 Uhr, letzter Einlass 16 Uhr; Ⓜ Tajrish) Der Grüne Palast oben am nordwestlichen Ende des Museumskomplexes wurde am Ende der Kadscharen-Zeit erbaut, damals hieß

er Shahvand-Palast. Unter den Pahlaviden wurde er umfassend umgestaltet. Sein heutiger Name stammt von dem moosgrünen Stein der Außenmauern. Im Innern ist er überreichlich opulent, mit Spiegelglas an allen Wänden – im treffend benannten Spiegelsaal wie auch im Schlafzimmer. Nicht verpassen sollte man auch die Aussicht von der Rückseite des Palastes.

Museum der Schönen Künste　　MUSEUM
(Karte S. 52; www.sadmu.ir; Taheri St; 80 000 IR; ⊗ 9–17 Uhr, letzter Einlass 16 Uhr; Ⓜ Tajrish) Das Museum beim Vordereingang der Anlage zeigt zahlreiche hervorragende Kunstwerke, wie das überwältigende Porträt in Lebensgröße von Fathi-Ali Schah in vollem Ornat, angefertigt im 19. Jh. von Meh Ali Isfehani. Außerdem sind europäische Werke aus dem 18. bis 20. Jh. zu sehen, darunter Gemälde von Salvador Dalí.

Museum königlicher Gewänder　MUSEUM
(Karte S. 52; www.sadmu.ir; Taheri St; 80 000 IR; ⊗ 9–17 Uhr, letzter Einlass 16 Uhr; Ⓜ Tajrish) Das Museum im Shams-Palast, erbaut 1939 am nördlichen Ende des Komplexes und einst die Wohnstätte der Schwester des Schahs, beherbergt eine schöne Sammlung von Kleidungsstücken. Von bunten Stammestrach-

ten bis zu juwelenbestückten Abendkleidern aus den 1950er- und 1960er-Jahren von führenden europäischen Modeschöpfern, darunter das von Yves Saint Laurent entworfene Hochzeitskleid Farah Dibas. Das Gebäude ist eine gelungene Verbindung iranischer und europäischer Architektur.

★ Niyavaran-Palastkomplex   MUSEUM

(موزه كاخ نياوران; Karte S. 52; ☎ 021-2228 7026; www.niavaranmu.ir; Niyavaran Ave, abseits des Shahid Bahonar Sq; Gelände 15 000 IR; ⊗ April–Sept. 9–18 Uhr, Okt.–März 8–16 Uhr; Ⓜ Nobonyad, dann Taxi) Die Anlage liegt in den Ausläufern des Elburs-Gebirges. Schah Mohammad Reza Pahlavi und seine Familie nutzten die Anlage während der letzten zehn Jahre vor der Islamischen Revolution als Hauptresidenz. Der gesamte Komplex umfasst 5 ha Gärten sowie sechs Museen. Das beste ist der elegante Niyavaran-Palast aus den 1960er-Jahren. Ein Bauwerk mit klaren Linien, einer opulenten Ausstattung und wundervollen Teppichen. Tickets sind am Haupttor erhältlich. Außerdem gibt's hier ein nettes **Café** mit Bewirtung unter freiem Himmel.

Um hierher zu gelangen, nimmt man östlich vom Tajrish Square ein Shuttletaxi oder einen Bus und lässt sich am Shahid Bahonar Square in der Nähe des Museumseingangs absetzen.

Die interessantesten Teile des Komplexes sind die folgenden. Der **Sahebgharanieh-Palast** aus der Kadscharen-Zeit, in dem Naser-ad Din Schahs Harem wohnte, bevor er später in Mohammad Reza Schahs Büro verwandelt wurde, ist zwecks Renovierung bis 2018 geschlossen.

Niyavaran-Palast   MUSEUM

(Karte S. 52; www.niavaranmu.ir; Niyavaran Ave, abseits des Shahid Bahonar Sq; 150 000 IR; ⊗ April–Sept. 9–18 Uhr, Okt.–März 8–16 Uhr; Ⓜ Nobonyad, dann Taxi) Bei dem zwischen 1958 und 1968 erbauten Palast bildet die Funktionalität außen einen schönen Kontrast zur üppigen Ausstattung im Stil europäischer Königspaläste und zu den großen, fein gewebten Teppichen drinnen. Zu den Highlights zählen der großartige Kermanteppich, der iranische Könige bis zurück zu den Achämeniden sowie einige europäische Herrscher wie Napoleon Bonaparte zeigt, außerdem der begehbare Kleiderschrank des Schahs mit Dutzenden Uniformen, einige elegante Kleider von Farah Diba und das einfahrbare Dach, das es ermöglichte, mitten im Palast unter freiem Himmel zu sitzen.

Bibliotheksmuseum   MUSEUM

(Karte S. 52; www.niavaranmu.ir; Niyavaran Ave, abseits des Shahid Bahonar Sq; 80 000 IR; ⊗ Sept. 9–18 Uhr, Okt.–März 8–16 Uhr; Ⓜ Nobonyad, dann Taxi) Die imposante zweistöckige Bibliothek östlich vom Niyavaran-Palast durfte nur von Farah Diba benutzt werden und belegt, dass sie über einen guten Geschmack verfügte. Durch bodentiefe Fenster fällt Licht auf eine Sammlung mit 23 000 Bänden, gemütliche Knoll-Sofas, Skulpturen von Künstlern wie Picasso und eine atemberaubende, aus 4356 Glasstäben bestehende Deckeninstallation von dem berühmten Innenausstatter Charles Sevigny. Interessant ist auch das von Walt Disney signierte *Cinderella*-Bilderbuch.

Jahan-Nama-Museum & Galerie   MUSEUM

(Privatmuseum der Königin; Karte S. 52; www.niavaranmu.ir; Niyavaran Ave, abseits des Shahid Bahonar Sq; 150 000 IR; ⊗ April–Sept. 9–18 Uhr, Okt.–März 8–16 Uhr; Ⓜ Nobonyad, dann Taxi) Zwei Räume des Museums beherbergen eine kleine, aber schön präsentierte Auswahl aus Farah Dibas Sammlung alter und neuer Kunst, die sie vor allem in den 1970er-Jahren zusammentrug. Werke von Warhol, Picasso und Joan Miró teilen sich die Räumlichkeiten mit archäologischen Artefakten und Funden von Stätten in Persien, Mexiko und Ägypten. Außerdem sind wechselnde Ausstellungen zeitgenössischer iranischer Kunst zu sehen.

Ahmad-Shahi-Pavillon   MUSEUM

(Karte S. 52; www.niavaranmu.ir; Niyavaran Ave, abseits des Shahid Bahonar Sq; 80 000 IR; ⊗ April–Sept. 9–18 Uhr, Okt.–März 8–16 Uhr; Ⓜ Nobonyad, dann Taxi) Die schöne zweistöckige Villa aus dem frühen 20. Jh. unmittelbar westlich des Niyavaran-Palastes diente dem Kronprinzen Reza als Residenz. Die Wohnräume des Prinzen mit viel weißem Leder entführen die Besucher direkt zurück in die 1970er-Jahre. Die ausgestellten persönlichen Besitztümern Rezas reichen von Kinderzeichnungen und Modellflugzeugen – er war Pilot –, über eine Steinsammlung mit einem Mondgestein, einem Geschenk von Richard Nixon, bis zum Fell eines Eisbären, einem Geschenk der kanadischen Regierung.

Automobilmuseum   MUSEUM

(Karte S. 52; www.niavaranmu.ir; Niyavaran Ave, abseits des Shahid Bahonar Sq; 80 000 IR; ⊗ April–Sept. 9–18 Uhr, Okt.–März 8–16 Uhr; Ⓜ Nobonyad, dann Taxi) Kurz vor dem Ausgang des Niyavaran Palastkomplexes befindet sich eine kleine Sammlung von Autos und Spielzeugmotorrädern, die die Schah-Familie nutzte, inklusive zweier stattlicher Rolls Royce. Von dem maßstabsgetreuen Aston-Martin-Modell, Kennzeichen JB007, mit dem die Kinder spielten, existiert leider nur ein Foto.

Filmmuseum
MUSEUM

(موزه فیلم ایران); Karte S. 52; ☑ 021-2271 9001; www.cinemamuseum.ir; Bagh-e Ferdows, abseits der Valiasr Ave; 200 000 IR; ⊙ Sa–Do 9–17, Fr 14–17 Uhr; Ⓜ Tajrish) Das Museum in einer schönen Villa aus der Kadscharen-Zeit, umgeben von einem netten Garten, wartet mit einer sehenswerten und gut präsentierten und (auf Englisch) erläuterten Sammlung von Gerätschaften, Fotos und Plakaten aus 100 Jahren iranischer Filmgeschichte auf. Die Krönung ist ein betriebsbereites Kino, das älteste des Landes, mit dekorativer Stuckdecke.

Hier werden – gewöhnlich ohne Untertitel – täglich um 13, 15, 17, 19 und 21 Uhr neue iranische Produktionen und Klassiker gezeigt. Am besten bittet man jemanden, der Farsi spricht, sich telefonisch nach dem Programm zu erkundigen. In einem Laden werden sonst nur schwer aufzutreibende iranische Filme auf DVD verkauft.

Das Museum liegt zehn Minuten zu Fuß vom Tajrish Square entfernt, zu erreichen über die Valiasr Avenue. Eine breite Straße mit einem Garten in der Mitte führt zum Museum.

Museumsgarten iranischer Kunst
GARTEN

(Karte S. 52; ☑ 021-2645 8061; Dr. Hesabi St; 10 000 IR; ⊙ 10–22 Uhr; Ⓜ Tajrish) Der weitläufige, ummauerte Garten ist mit Modellen berühmter Gebäude gespickt, ergänzt um kleine Läden, Cafés und ein Restaurant. Zu sehen sind Wahrzeichen wie die Si-o-Seh-Brücke in Isfahan, das Gonbad Soltaniyeh und der Teheraner Azadi-Turm. Hier kann sich schön entspannen, ein bisschen shoppen und sich unter den Einheimischen mischen.

Park-e Jamshidiyeh
PARK

(پارک جمشیدیه); Karte S. 52; ☑ 021-2228 7793; http://parks.tehran.ir; Shahid Omidvar St; ⊙ 7–24 Uhr; Ⓜ Tajrish, dann Taxi) Der auch als Steingarten bekannte Jamshidiyeh-Park erklimmt die steilen unteren Ausläufer des Elburs-Gebirges und bietet neben sauberer Luft ein friedvolles Ambiente, in dem man schöne Ausblicke genießen kann. Hier kann man locker einen ganzen Nachmittag vertrödeln,

Tee trinken, ein Schwätzchen mit Teheranern halten und dabei zuschauen, wie in der riesigen Metropole die Lichter angehen.

Park-e Mellat
PARK

(پارک ملت); Karte S. 52; http://parks.tehran.ir; Valiasr Ave; Ⓜ BRT bis Niayesh) Für viele Teheraner ist der Mellat-Park das beliebteste Naherholungsgebiet der Stadt, und zur Abenddämmerung, aber auch an jedem Frühlings- und Sommernachmittag versammeln sich hier zahlreiche Menschen, die die schattigen Bereiche um einen kleinen See herum genießen. Am Wochenende cruisen des Abends junge Leute, zu möglichst vielen in ein Auto gequetscht, die Valiasr Avenue auf und ab, beäugen einander und tauschen durch die Autofenster hindurch Telefonnummern aus.

Imamzadeh Saleh
ISLAMISCHER SCHREIN

(امامزاده صالح); Karte S. 52; ☑ 021-2274 8010; Tajrish Sq; Ⓜ Tajrish) Das Imamzadeh Saleh ist einer von Teherans schönsten Schreinen und bildet mit seinen beiden Minaretten und der mit Fliesen verkleideten Kuppel, alles in Türkis, einen malerischen Fixpunkt am Tajrish Square. Besonders schön wirkt das Heiligtum kurz vor Sonnenuntergang.

🏃 Aktivitäten

★ Tochal Telecabin
SEILBAHN

(تله کابین توچال); Karte S. 52; ☑ 021-2387 5000; www.tochal.org; Yaddeh-ye Telecabin, abseits der Velenjak Ave; einfach/hin & zurück Station 2 100 000/150 000 IR, Station 5 130 000/270 000 IR, Station 7 380 000/650 000 IR; ⊙ ab Station 1 Sa, Di & Mi 8.30–14, Do bis 15, Fr 7–15 Uhr; Ⓜ Tajrish, dann Taxi) Die Tochal Telecabin braucht für

---

ℹ BESTEIGUNG DES TOCHAL

Die **Gondelbahn** (S. 51) verkehrt nur zu beschränkten Zeiten, doch man kann seinen Beinen jederzeit eine kleine Herausforderung gönnen und den 3933 m hohen Tochal erklimmen, wie es die Einheimischen freitags gern tun. Von Station 1 bis Station 5 der Seilbahn braucht man auf der einfach zu findenden Route rund sechs Stunden. Schwieriger ist der Weg von Station 5 zum Gipfel – das macht man besser zusammen mit erfahrenen Bergsteigern. Das Geschäft **Varzesh Kooh** (S. 68) hat Infos zu den verschiedenen Routen und zu Guides.

Nordteheran

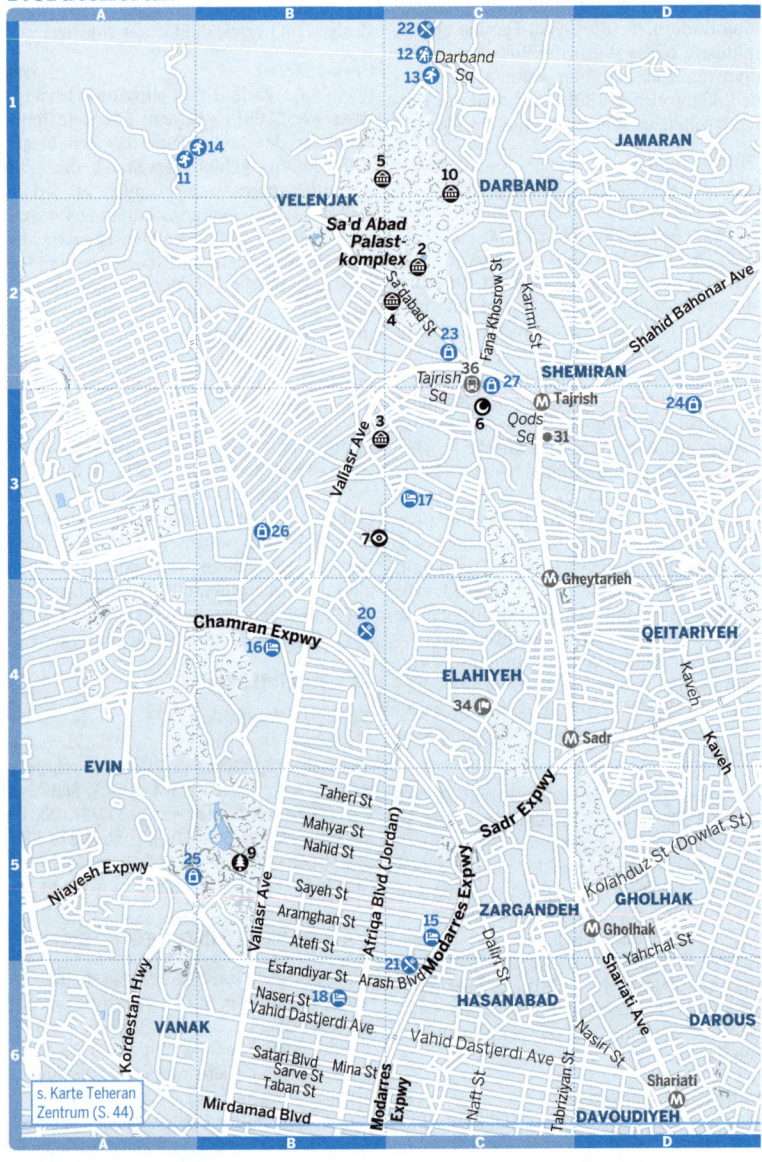

ihre 7,5 km lange Fahrt bis knapp unter den Gipfel des Tochal (3933 m) 45 Minuten – zu jeder Jahreszeit ein spektakuläres Erlebnis. Man muss nicht bis ganz nach oben fahren – und bei Station 5 sowieso in eine andere Gondel umsteigen –, aber dort wartet ein Wintersportgebiet mit Schnee in sechs bis achten Monaten des Jahres. In der wärmeren Jahreszeit ist der Berg außerdem ein sehr beliebtes Wanderrevier.

Donnerstags, freitags und an Feiertagen wird die Seilbahn stark genutzt. Die Tehe-

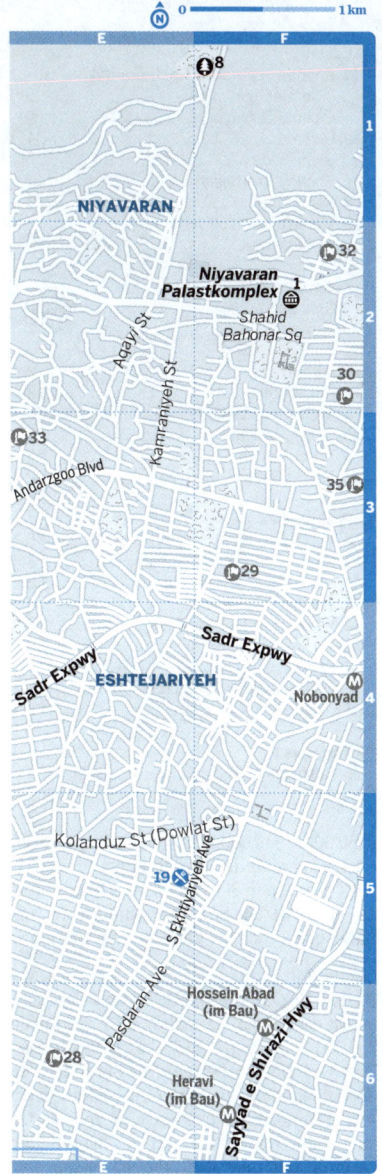

Wind verkehrt die Seilbahn nicht. Am besten nur anrufen!

Von der Nordseite des Tajrish Square fahren Shuttletaxis zur Tochal Telecabin. Vom Eingang geht man entweder zu Fuß (10 Min.) zur Talstation oder nimmt den Bus (10 000 IR). Unterwegs kommt man an mehreren Cafés, einer Seilrutsche und dem **Alpine Coaster** (Karte S. 52; 200 000 IR; ☺ Sa–Mi 9–16.30, Do & Fr 8–20 Uhr) vorbei, einer Art Bobbahn auf Metallschienen. Neben der Gondelbahn gibt's außerdem einen **Sessellift** (hin & zurück 100 000 IR) hoch nach Cheshmeh, ein beliebtes Wanderziel nicht ganz so weit den Berg hinauf.

Auf dem Weg zu Station 7 auf 3740 m hält die Seilbahn zweimal – zuerst bei Station 2 (2400 m), dann bei Station 5 (2935 m), wo es ebenfalls ein Café gibt.

★**Darakeh**　　　　　　SPAZIERGANG
(دربند; Karte S. 56; Ⓜ Tajrish, dann Taxi) Das Dorf auf 1700 m Höhe unmittelbar nördlich vom berüchtigten Evin-Gefängnis zählt zu den schönsten Naherholungsorten Teherans. Von einer Ansammlung von Restaurants am Fluss beim zentralen Parkplatz aus führen Wege hoch durchs Dorf und weiter zu Wanderwegen in den Bergen. Von hier kann man zur Station 1 der Tochal-Seilbahn und noch weiter wandern.

★**Darband**　　　　　　　　WANDERN
(دربند; Karte S. 52; Ⓜ Tajrish, dann Taxi) Die Straße, die vom Tajrish Square bergan führt, endet nach drei Kilometern und wird zu einem Pfad, der sich ein schmales Felsental hinaufwindet, während sich daneben Wasser den Hang hinunter ergießt. Der Weg führt an einer malerischen Abfolge von Teehäusern, Restaurants und Ständen mit Obstkonfitüre vorbei in die Berge. Dies ist einer der schönsten Orte in Teheran, um in Bergdorfambiente bei einem Tee oder einer Wasserpfeife zu entspannen.

Am Eingang zum Dorf Darband befindet sich ein **Sessellift** (Karte S. 52; 70 000 IR; ☺ Do & Fr 7–16.30 Uhr), mit dem man sich einen Teil des beschwerlichen Anstiegs ersparen kann. Zur Zeit der Recherche war er jedoch zwecks Renovierung geschlossen. Wer möchte, kann an der Bergflanke 5 km Richtung Osten zum Park-e Jamshidiyeh (S. 51) wandern.

Ein Ausflug nach Darband lässt sich gut mit dem Besuch des Saadabad-Palastmuseums (S. 48) verbinden: Man verlässt den Komplex durch den Nordeingang und geht weiter bergan.

raner kommen dann nicht nur zum Wandern oder Skifahren hierher, sondern auch des geselligen Vergnügens wegen. An solchen Tagen muss man u. U. eine Stunde oder länger anstehen. An anderen Tagen ist hier jedoch meist so gut wie nichts los. Bei

Nordteheran

Skigebiet Tochal
SKIFAHREN

(☏021-2387 5000; www.tochal.org; Tagespass mit Tochal Telecabin 650 000 IR; ☺Dez.–April 5–24 Uhr; Ⓜ Tajrish, dann Taxi) Das Skigebiet am Gipfel des Tochal, zu erreichen mit der Tochal Telecabin (S. 51), ist das von Teheran aus am bequemsten zu erreichende. Die Lage auf 3500 m Höhe ist spektakulär, doch die sanften Pisten mit ein paar Sessel- und Schleppliften sind nicht besonders lang und eignen sich eher für die Anfänger und etwas Fortgeschrittenen unter den Skihasen und Snowboardern.

Bei genügend Schnee kann man von Station 7 der Seilbahn hinunter zu Station 5 fahren.

Skipässe sind an Station 1 erhältlich, wo man auch am besten die Ausrüstung leiht – im Skigebiet selbst steht nur begrenzt Ausrüstung zur Verfügung. Wer im komfortablen **Tochal Hotel** (☏021-2240 8000; www.tochal.org; Tochal; EZ/DZ/Suite 2 120 000/

3 150 000/3 540 000 IR; ☏; ◱Tochal Telecabin) nächtigt, erhält die Seilbahnfahrt (hin & zurück) und einen Skipass für zwei Tage gratis. Im Hotel ist ein Selbstbedienungscafé vorhanden, ein weiteres Café gibt's bei Station 5.

Tochal Ski Club
SKIFAHREN

(Karte S. 52; ☏021-240 3999; Yaddeh-ye Telecabin, abseits der Velenjak Ave; Verleih von Skiausrüstung 750 000 IR pro Tag; ☺8–17 Uhr; Ⓜ Tajrish, dann Taxi) Der Skiclub betreibt an Station 1 der Tochal-Gondelbahn einen Ausrüstungsverleih. Donnerstags, freitags und an Feiertagen sollte man pünktlich zu Beginn der Öffnungszeit hier sein oder muss sich auf eine lange Wartezeit einstellen, bis man an der Reihe ist. Der Club kann auch Skiunterricht im Tochal-Skigebiet organisieren (ab 350 000 IR pro Std.).

Hana
SPA

(☏021-2219 6951; www.spahana.ir; 24 Golbahar St, abseits der Nobahar Ave; 1 450 000 IR; ☺Frauen

9–16 Uhr, Männer 17–24 Uhr) Teheran wartet immer wieder mit positiven Überraschungen auf. Dieses japanisch anmutende Spa ist eine davon. Das Hana bietet vier Becken, in denen das Wasser mit Salz und Mineralien angereichert wird. Dazu gibt es in den gepflegten Anlagen einen Salzsaunaraum, verschiedene Massage-Anwendungen, ein Café und ein japanisches Restaurant.

 Geführte Touren

Ali Taheri TOUREN
(☑0912 303 0590; www.iran-tehrantourist.com; Touren 70 US$ pro Tag) Der sehr umgängliche Guide Ali und seine Söhne sprechen hervorragend Englisch und kennen Teheran genau wie einen Großteil des restlichen Landes wie ihre Westentasche. Für ihre Touren stehen ihnen verschiedene Pkw und sogar ein Minibus zur Verfügung.

Houman Najafi TOUREN
(☑ 0912 202 3017; houman.najafi@gmail.com) Der in Teheran ansässige Houman führt Touren durch den gesamten Iran. Er ist gut mit einheimischen Umweltgruppen verdrahtet und sein Spezialgebiet sind Abenteuer- und Naturtouren.

Ali Reza Javaheri TOUREN
(☑0912 335 1830; www.viajariran.es; Touren 80 US$ pro Tag) Dieser in Teheran ansässige Guide spricht sehr gut Englisch und Spanisch.

Kurse

★Persian Food Tours KOCHEN
(www.persianfoodtours.com; 2–4 Pers. 80 € pro Pers., ab 5 Pers. 65 €) Matin und Shirin bieten einen wunderbaren Kochkurs an. Los geht's mit einer morgendlichen Einkaufsexpedition in den Tajrish-Basar, dann weiter in die schöne, eigens zu diesem Zweck eingerichtete Küche. Hier werden für ein spätes Mittagessen vier iranische Gerichte und ein besonderes Getränk zubereitet. Eine ausgesprochen vergnügliche Art, etwas über die iranische Küche zu lernen.

Loghatnameh Dehkhoda Institute SPRACHE
(☑021-2271 7120; www.icps.ut.ac.ir; 4. OG, 3011 Valiasr Ave, Shemiran, Teheran) Das International Center for Persian Studies ist mit der Teheraner Universität verbandelt und bietet in Nordteheran sechswöchige Intensivkurse (nur Unterricht 470 US$) sowie längere, nicht so intensive Kurse.

Schlafen

Die Unterkünfte in der Stadt spiegeln die jeweilige soziale Zusammensetzung der Stadtviertel wieder: Budgetunterkünfte liegen vor allem im ärmeren Süden, und je weiter man nach Norden kommt, desto teurer wird die Übernachtung. Aufgrund fortdauernder internationaler Sanktionen ist Teheran Airbnb-freie Zone; es gibt zwar regionale Alternativen wie OrientStay (www.orientstay.com/en), jedoch stehen für kürzere Aufenthalte nur wenige Optionen im unteren und mittleren Preissegment zur Verfügung.

Südteheran

Da hier die meisten Sehenswürdigkeiten liegen, ist Südteheran eigentlich eine gute Wahl für die Unterkunft, jedoch gibt es außer billigen Bleiben und wenig einladenden Mittelklassehotels kaum ein Angebot. Die Budgethotels tummeln sich an der Amir Kabir Street östlich des Imam Khomeini Square, wo Dutzende Läden für Autoteile und fünf Verkehrsspuren für ein ohrenbetäubendes Getöse sorgen. Außerdem sind hier nur wenige Restaurants und kaum Nachtleben zu finden.

★Firouzeh Hotel HOTEL$
(Karte S. 38; ☑021-3311 3508; www.firouzehhotel.com; Dowlat Abad Alley, abseits der Amir Kabir St; EZ/2BZ ohne Bad 26/38 US$; ✳@🛜; MMellat) In diesem Hotel ist eine Person der Dreh- und Angelpunkt: Herr Mousavi ist der Inbegriff persischer Gastfreundschaft und sein Engagement, seine vielen hilfreichen Tipps und seine Unterstützung bei Reisebuchungen machen ein ansonsten nicht bemerkenswertes kleines Hotel in einer eher unattraktiven Gegend zu einem Backpacker-Zentrum. Die kleinen Zimmer sind mit Kabel-TV, Kühlschrank und Bad mit Dusche und Waschbecken ausgestattet; eigene Toiletten haben die Zimmer nicht.

Asia Hotel HOTEL$
(Karte S. 38; ☑021-3311 8551; http://asiahotel.biz; Mellat St; EZ/DZ ohne Bad ab 700 000/1 000 000 IR; MMellat) Die Billigbleibe gegenüber der Metrostation könnte nicht praktischer gelegen sein. Die Straße ist laut, also fragt man am besten nach einem Zimmer, das nach hinten raus liegt. Die Zimmer sind schlicht, aber funktional. Bei den Toiletten handelt es sich um Hockklos, und wer ein eigenes Bad möchte, zahlt ein bisschen mehr.

Großraum Teheran

0 ——————— 4 km

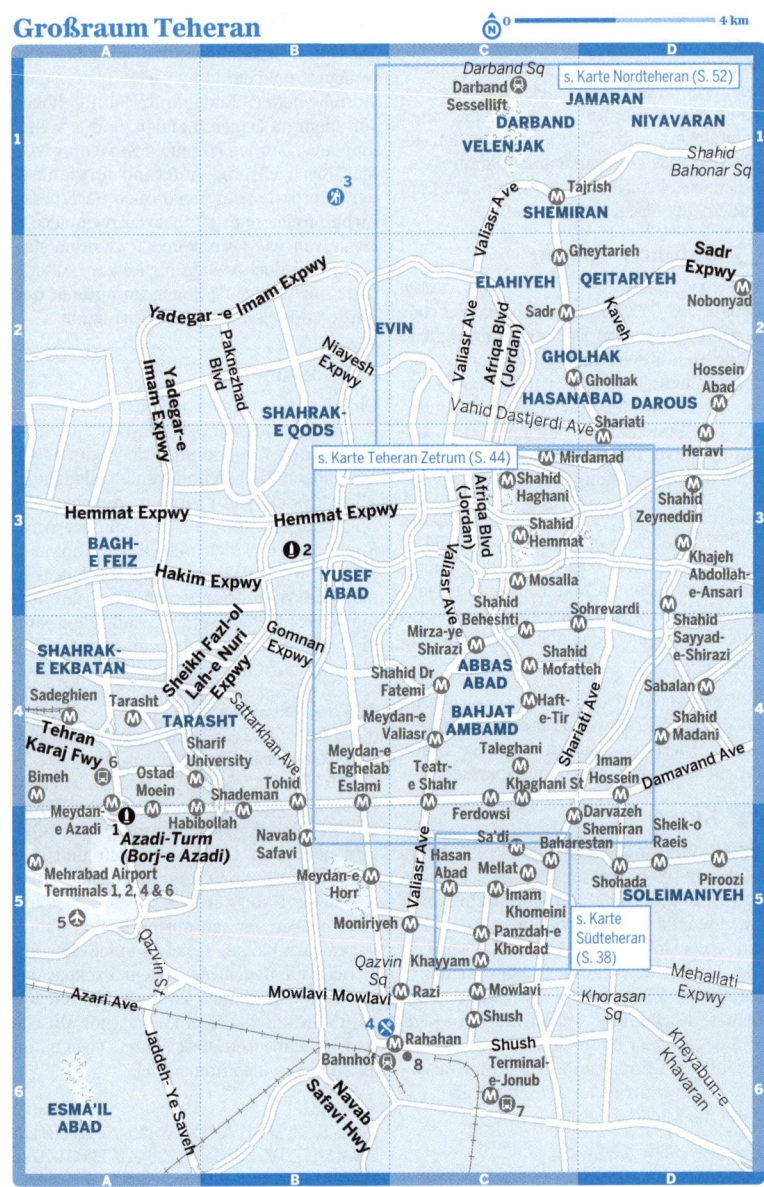

Hotel Naderi HOTEL $
(Karte S. 38; ☎021-6670 8610; hotelnaderi@
yahoo.com; 520 Jomhuri-ye Eslami Ave; EZ/DZ/
3BZ 27/40/50 US$; ❄; Ⓜ Ferdowsi) Der Reiz,
den hohe Decken, Bakelittelefone aus den
1950er-Jahren, eine mechanische Telefon-
vermittlung und Jahrzehnte alte Möbel diesem historischen Hotel verleihen, wird leider
durch tropfende Wasserhähne, schmuddelige
Böden und schlecht gelaunten Service ge-
schmälert. Bei unserem letzten Besuch wurden jedoch gerade einige Zimmer renoviert,

die Preise sind günstig und die Lage über dem Café Naderi ist gut, auch wenn der Verkehrslärm stört.

Das Naderi wurde 1929 erbaut und steht unter Denkmalschutz. Einst war es ein angesagter Partytreff (im überwucherten Hinterhof sind noch der Musikpavillon und die Tanzfläche auszumachen). Am besten nach einem Zimmer nach hinten raus fragen (Zimmer 107–112 oder 207–212) – die nach vorn raus sind wahnsinnig laut.

Amir Kabir Hotel   HOTEL **$$**
(Karte S. 38; ☑021-3397 8970; hotel_amirkabir@yahoo.com; 220 Naser Khosrow St; EZ/DZ/3BZ 1 600 000/1 800 000/2 300 000 IR; ✳☎; Ⓜ Imam Khomeini) Das Beste am Amir Kabir ist sein traditionelles Restaurant, doch auch die Zimmer sind nicht schlecht. Die Einrichtung mit Velourtapeten, Marmorböden und teils Hockklos, teils westlichen Toiletten ist nicht gerade hip, doch herrscht ein iranisches Flair und für einen Basarbesuch kann man nicht praktischer nächtigen.

Khayyam Hotel   HOTEL **$$**
(Karte S. 38; ☑021-3391 1497; www.hotelkhayam.com; 3 Navidi St; EZ/DZ/3BZ 37/55/70 US$; ℗✳@☎; ⓂMellat) Das gepflegte Budgethotel in einem gelben Gebäude recht weit zurückversetzt von der verkehrsreichen Amir Kabir Street wartet mit sauberen, geräumigen und funktionalen Zimmern sowie freundlichem Personal auf. In der Lobby hält Peyman Wache, der Farsi sprechende Hauspapagei.

Gollestan Hotel   HOTEL **$$**
(Karte S. 38; ☑021-6671 1417; www.gollestanhotel.com; 14 Hasan Abad Sq, Hafez Ave; EZ/DZ 50/

70 US$; ✳☎; ⓂHasan Abad) Das Gollestan verfügt über eine praktische Lage in der Nähe des historischen Hasan Abad Square und bietet ein gutes Preis-Leistungs-Verhältnis. Die Zimmer sind kompakt und sauber, zwar nicht gerade modern, aber dafür recht komfortabel.

Hafez Hotel   HOTEL **$$**
(Karte S. 38; ☑021-6674 3073; www.hafezhotel.net; Bank Alley, abseits der Ferdowsi St; EZ/DZ 49/74 US$; ✳@☎; ⓂSa'di) Die Zimmer dieses Hotels in einer Gasse bei der großen Bank Melli sind ruhig und sauber und verfügen über Kühlschränke, Ventilatoren und winzige Bäder, teils mit Hockklos. Das Management spricht Englisch und das annehmbare, aber einfache Hotelrestaurant ist mittags und abends geöffnet.

★ **Ferdowsi International Grand Hotel**   HOTEL **$$$**
(Karte S. 38; ☑021-6672 7026; www.ferdowsihotel.com; 20 Kushik Mesri St, abseits der Ferdowsi St; EZ/DZ ab 143/201 US$; ℗✳@☎✉; Ⓜ Imam Khomeini) Das einzige Hotel mit internationalem Standard in fußläufiger Nähe zu den Museen, zum Golestan-Palast und zum Basar ist bei Reisegruppen sehr beliebt. Die ruhigen, zumeist geräumigen Zimmer sind gut ausgestattet und bieten ein faires Preis-Leistungs-Verhältnis. Unser Tipp: Nach einem renovierten Zimmer fragen! Der Service ist professionell und männlichen Gästen stehen ein Pool von guter Größe, eine Sauna und ein Fitnessraum zur Verfügung.

Die Zimmer im 6. Stock werden allen gefallen, die es gern superkitschig mögen. Im Untergeschoss bietet ein munteres iranisches Restaurant Livemusik.

🛏 Zentrum

In dem Gebiet zwischen Enghelab Avenue und Keshavarz Boulevard in der Nähe des Geschäftsviertels und nicht allzu weit von den Museen und dem Basar entfernt, finden sich jede Menge Mittelklassehotels und mehrere gute Hostels. Es bestehen gute Verkehrsverbindungen mit Metro und BRT.

★ **See You In Iran Hostel**   HOSTEL **$**
(Karte S. 44; ☑021-8883 2266; www.seeyouiniran.org; 2 Vahdati-Manesh Dead End, abseits der South Kheradmand St; B/EZ/DZ ohne Bad 15/45/80 €; ✳☎; ⓂHaft-e Tir) Was als Facebook-Forum für Iranreisende begann, hat sich zu Teherans erstem echtem Hostel gemausert. Die

Betreiber sind ein jugendliches Team, das sich bestens auskennt und offen in die Welt schaut. Die Eröffnung war gerade erst im Gange, als wir zuletzt in der Stadt waren, die hübsch eingerichteten Zimmer und superbequemen Betten sahen aber klasse aus.

Es gibt ein Café, einen Andenkenladen, in dem bunte Kunstgewerbeartikel von Mehr-o-Mah verkauft werden, einer NGO, die sich um Frauen und Kinder in Armut kümmert, und einen nicht kleinen Garten, in dem Bäume Schatten spenden. Im ehemaligen Pool soll ein Filmraum entstehen, auf einem Dachgarten soll Gemüse wachsen. Regelmäßig finden kulturelle und andere Events statt – siehe Website.

Seven Hostel   HOSTEL $

(Karte S. 44; ☎ 021-6696 0192; www.sevenhostels. com; 5 Dideh Baan Alley, abseits der Fakhr-e Razi St; B 12 US$; ✳ 🎧; Ⓜ Meydan-e Enghelab Eslami) Das populäre Hostel bietet getrennte Dorms für Männer und Frauen. Die Zimmer sind nicht gerade geräumig, und die Gemeinschaftsküche schließt unmittelbar an den Männerschlafsaal im Erdgeschoss an, sodass ein gewisses Durcheinander herrscht. Pluspunkte sind jedoch der Preis, die Lage und das freundliche Personal, das sich bestens in der iranischen Reiseszene auskennt.

★ Howeyzeh Hotel   HOTEL $$

(Karte S. 44; ☎ 021-8880 4344; www.korsarhotels. com; 115 Taleghani Ave; EZ/DZ 120/160 US$; Ⓟ ✳ 🎧; Ⓜ Taleghani) Schon die moderne Lobby aus grauem Marmor und das Restaurant mit Akzenten in Blaugrün und Gold lohnen die Mehrausgabe. Die angenehmen Zimmer sind ebenfalls das Geld wert, dazu wartet das Haus mit einem Spa mit Whirlpool und Sauna auf.

Amir Hotel   HOTEL $$

(Karte S. 44; ☎ 021-8830 4066; www.amir-hotel. com; 278 Taleghani Ave; EZ/DZ ab 120/152 US$; ✳🎧; Ⓜ Taleghani) Mit seiner recht guten Lage und dem netten 1960er-Jahre-Design in den Gemeinschaftsbereichen und den meisten Zimmern ist das Amir ein solides Mittelklassehotel. Am besten legt man ein paar Dollar drauf für die VIP-Zimmer im ersten Stock mit ihrem eleganten zeitgenössischen Design und Kalligrafien von Gedichten von Omar Khayyam.

Atlas Hotel   HOTEL $$

(Karte S. 44; ☎ 021-8880-0407; www.atlas-hotel. com; 206 Taleghani Ave; EZ/DZ 63/102 US$; ✳ @ 🎧; Ⓜ Ferdowsi) Die großen, komfortablen Zim-

mer, einige mit Balkon und Blick auf einen Garten, bieten ein gutes Preis-Leistungs-Verhältnis, auch wenn überall im Gebäude ein wenig Verkehrslärm zu hören ist. Geräumigkeit, freundlicher Service und gute Einrichtungen machen das Hotel durchaus zu einer Oase. Das Restaurant ist abends geöffnet.

Parsian Enghelab Hotel   HOTEL $$

(Karte S. 44; ☎ 021-8893 7251; www.enghelab.pih.ir; 341 Taleghani Ave; EZ/DZ 2 800 000/4 800 000 IR; ✳ @ 🎧 🏊; Ⓜ Meydan-e Valiasr) Die Lobby des von der verkehrsreichen Hauptstraße zurückversetzte Enghelab wirkt ein bisschen schäbig, doch die renovierten Zimmer präsentieren sich erheblich ansprechender – geräumig, komfortabel und stilvoll eingerichtet. Pluspunkte gibt's für den beheizten Außenpool, den Männer (allerdings nur die!) gegen eine kleine Gebühr nutzen können.

Eskan Hotel Forsat   HOTEL $$

(Karte S. 44; ☎ 021-8834 7385; www.escanhotel. com; 29 Mousavi St; EZ/DZ 116/162 US$; ✳ @ 🎧; Ⓜ Ferdowsi) Die 42 großen, gut ausgestatteten, sehr sauberen und ruhigen Zimmer würde man überall sonst als einem modernen 3-Sterne-Hotel entsprechend bezeichnen, für iranische Verhältnisse sind sie aber handwerklich ungewöhnlich solide. Zur Ausstattung gehören Safe, schönes Bad und bequeme Betten. Professioneller Service.

Roudaki Hotel   HOTEL $$

(Karte S. 44; ☎ 021-6670 9421; www.roudaki-hotel. com; 12 Shahriar St; EZ/DZ 130/150 US$; ✳ 🎧; Ⓜ Teatr-e Shahr) Die 49 Zimmer des in einer ruhigen Ecke des Zentrums gelegenen Hotels sind etwas teurer, bieten jedoch viel Platz, denn alle verfügen über eine kleine Küche (allerdings ohne Herd) und einen Wohnbereich. Die Gäste haben die Wahl zwischen 2-Bett- und Doppelzimmern.

Simorgh Hotel   HOTEL $$

(Karte S. 44; ☎ 021-8871 9911; www.simorghhotel. com; 1069 Valiasr Ave; Zi. ab 167 US$; ✳ @ 🎧 🏊; Ⓜ Mirza-ye Shirazi) Das effizient geführte mittelgroße Hotel ist bei Geschäftsreisenden beliebt. Die Zimmer sind allerdings schummrig beleuchtet und verfügen über eine etwas altmodische Einrichtung. Dafür sind sie groß und ruhig. An Einrichtungen gibt's Fitnessraum, Whirlpool, Pool und Tagungsräume. Eine nette Aufmerksamkeit ist der kostenlose Kuchen für Gäste an der Rezeption.

Iran Markazi Hotel   HOTEL $$

(Iran Central Hotel; Karte S. 38; ☎ 021-3399 6577; www.markazihotel.ir; 419 Lalehzar St; EZ/2BZ 50/

70 US$; ❄☎; Ⓜ Sa'di) In dem kleinen Hotel mit kompakten, funktionalen Zimmern und altmodischer Ausstattung gibt's keinen Fahrstuhl. Für die zentrale Lage in einer interessanten Straße mit schönen Läden für Kronleuchter und andere Lampen ist der Preis jedoch vertretbar. Die Bäder haben Toiletten im westlichen Stil.

Laleh International Hotel HOTEL $$$
(Karte S. 44; ☎021-8896 5021; www.lalehhotel.com; Ecke Dr. Fatemi & Hejab St; Zi. ab 185 US$; Ⓟ❄ @☎☒; ⓂMeydan-e Valiasr) Dank der schönen Lage nördlich vom Park-e Laleh eine der besten Optionen aus diesem der allmählich verblassenden Luxushotels aus vorrevolutionärer Zeit. Aus den großen Zimmern und Suiten blickt man auf den Park oder die Berge. Zwar sind die Ausstattung und der Service ein bisschen müde, doch insgesamt stimmt das Preis-Leistungs-Verhältnis.

Der Außenpool ist von Ende Mai bis Ende September geöffnet.

Espinas Khalige Fars Hotel HOTEL $$$
(Karte S. 44; ☎021-8899 6658; www.espinashotels.com; 126 Keshavarz Blvd; Zi. ab 282 US$; Ⓟ❄ @☎☒; ⓂMeydan-e Valiasr) Das gut gelegene Espinas zeichnet sich durch einen höflichen Service aus. In den Zimmern vereinen sich moderne Annehmlichkeiten und ein Einrichtungsstil mit subtilen orientalischen Akzenten. Im Untergeschoss finden sich Fitnessraum, Sauna und Pool; Frauen können diese Einrichtungen bis 15 Uhr benutzen, danach dürfen nur noch Männer rein.

Raamtin Residence Hotel HOTEL $$$
(Karte S. 44; ☎021-8872 2786; www.raamtinhotel.com; 1081 Valiasr Ave; Zi. ab 170 US$; ❄@☎; ⓂMirza-ye Shirazi) Weiße Ledersofas sind nicht jedermanns Sache, doch davon abgesehen sind die 55 geräumigen Zimmer des Raamtin gut eingerichtet, und dank Doppelverglasung dringt vom Lärm auf der Haupteinkaufsstraße der Stadt nur wenig herauf. Der Service ist effizient und die Lage ideal für Geschäftsleute.

🛏 Nordteheran
In diesem Teil der Stadt sind gehobene Hotels und Apartmenthotels angesiedelt, allesamt im Mittelklasse- und Top-Segment. Zu Fuß sind die Museen und der Basar von hieraus nicht zu erreichen, doch mit der Metro oder einem BRT-Bus gelangt man gut dorthin. Hier ist man näher bei angesagten Restaurants und Cafés.

★ Sepehr Apartment Hotel APARTMENTS $$
(Karte S. 52; ☎021-2224 5050; www.melal.com; 11 Salour St, abseits der Dr. Hesabi St; Studio-/1-/2-Schlafzi.-Apt. 175/185/230 US$; ❄@☎☒; ⓂTajrish) Das Sepehr liegt in einem ruhigen Viertel nur einen kurzen Spaziergang von der Metro und der Valiasr Avenue entfernt. Es handelt sich um ein stilvolles Hotel mit guten Apartments für Selbstversorger. Dazu kommen eine Menge Einrichtungen wie Pool und Whirlpool – beides können sich Paare und Familien zur exklusiven Nutzung reservieren. Im Preis inbegriffen ist ein Frühstücksbuffet.

Parsian Esteghlal Hotel HOTEL $$
(Karte S. 52; ☎021-2266 0011; www.esteghlalhotel.com; Ecke Chamran Expwy & Valiasr Ave; DZ/2BZ ab 109/136 US$; Ⓟ❄@☎☒; 🚌BRT bis Parkway) In vorrevolutionärer Zeit war dies das Hilton. Die Zimmer im Westturm sind billiger und haben sich einen verblassten 1960er-Jahre-Glamour bewahrt – toll für Retro-Fans! Ansonsten ist dies ein zweckmäßiges und beliebtes Businesshotel mit gutem Ausblick von den Zimmern und zahlreichen Einrichtungen wie Pool und Fitnessstudio.

Tooba Boutique Hotel APARTMENTS $$$
(Karte S. 52; ☎021-8820 7000; www.toobahotel.com; 17 Naseri St; Studio-/1-/2-Schlafzi.-Apt. ab 175/229/273 US$; 🚌BRT bis Niayesh) Solange man kein Boutiquehotel im westlichen Sinne erwartet, wird man vom Tooba nicht enttäuscht. Ein netter Neuzugang in der Apart-

ÜBERNACHTEN AM FLUGHAFEN
Ibis Tehran (☎021-5567 7900; www.ibis.com; Internationaler Flughafen Imam Khomeini; EZ/DZ 108/150 €; Ⓟ❄@☎☒; ⓂImam Khomeini International Airport) Direkt gegenüber vom Flughafen teilt sich das moderne Businesshotel ein Gebäude mit dem etwas nobleren Novotel. Das Ibis bietet sich für Leute an, die spät abends ankommen oder früh morgens abfliegen. Da jetzt auch die Metro hierher fertig ist, kann man das Hotel auch für ein paar Tage als Basis für seinen Teheran-Aufenthalt benutzen – ganz ohne den Verkehrstrubel in der Stadt!

Im Restaurant des Novotel wird ein köstliches Frühstücksbuffet aufgefahren. Ein Aufenthalt bis zu sechs Stunden kostet 50 €.

menthotelszene – es verfügen jedoch nur die Apartments mit einem oder zwei Schlafzimmern über richtige Küchen. Zu den guten Einrichtungen zählen ein Dachrestaurant, eine Sauna, ein Whirlpool und ein Fitnessstudio.

Media Hotel Apartment APARTMENTS **$$$**
(Karte S. 52; ☑021-2620 1610; www.hotelmedia ap.com; 58 East Armaghan St, abseits des Afriqa Blvd; EZ/DZ ab 201/232 US$; ❄☎; ⊟BRT bis Niayesh) Das Media ist eine gute Wahl unter den edlen modernen Apartmenthotels in Nordteheran. Es liegt versteckt in einer Sackgasse. Die riesigen 1-Schlafzimmer-Apartments sind komplett eingerichtet mit Chefsessel und Schreibtisch, komfortablem Bett und voll ausgestatteter Küche. Der Service ist gut und es gibt ein Café und ein recht gutes Restaurant.

 Essen

Die Teheraner Restaurants mit ausländischer Küche bieten eine willkommene Abwechslung zur iranischen Standardkost. In den wohlhabenderen zentralen und nördlichen Stadtgebieten sind mehr internationale Aromen zu finden – in schickem Ambiente bedienen hier elegant gewandete, englischsprachige Kellner. Versteht sich, dass solche Restaurants für iranische Verhältnisse recht teuer sind. Fast alle Cafés servieren neben Getränken auch Speisen.

Südteheran

★Azari Traditional Teahouse IRANISCH **$**
(Karte S. 56; ☑021 5537 3665; 1 Valiasr Ave; Hauptgerichte 110 000–150 000 IR; ⊙Teehaus 6–24 Uhr, Restaurant 11–17 & 19–23 Uhr; ☎; Ⓜ Rahahan) Das große und wunderbar stimmungsvolle *chaykhaneh* (Teehaus) unmittelbar nördlich vom Bahnhof erfreut sich bei den Einheimischen zu Recht großer Beliebtheit. Das *dizi* (Eintopf mit Lamm, Kartoffeln und Kichererbsen) und das *kashk-e bademjan* (pürierte gebratene Aubergine, serviert mit dicker Molke und Minze) sind hervorragend – tolle Mittagsgerichte! Abends wird ab 20 Uhr Livemusik geboten.

Wer es lieber ruhiger mag: Das behagliche Restaurant nebenan bietet eine umfangreichere Karte u. a. mit Kebabs.

Amir Kabir Restaurant IRANISCH **$**
(Karte S. 38; ☑021-3397 8970; 220 Naser Khosrow St; Hauptgerichte 150 000 IR; ⊙12–21.30 Uhr; Ⓜ Imam Khomeini) In dem Wasserbecken in

der Mitte des stimmungsvollen Restaurants schwimmen Karpfen und geschnitzte Pfeiler stützen eine Galerieetage. Eine gute Wahl für Kebabs, Hühnchen und Reisgerichte. Eine englische Karte existiert nicht, aber auf der Farsi-Karte gibt's ein paar Bilder, auf die man zeigen kann. Freundliches Personal.

Moslem IRANISCH **$**
(رستوران مسلم; Karte S. 38; ☑021-5560 2275; Panzdah-e Khordad St, Sabzeh Meydan; Hauptgerichte 200 000 IR; ⊙11–17.30 Uhr; Ⓜ Panzdah-e Khordad) Vor diesem berühmten Restaurant, das die oberen Stockwerke eines Gebäudes beim Haupteingang des Großen Basars einnimmt, bildet sich fast immer eine lange Schlange, es geht jedoch meist recht schnell voran. Berühmt ist der Laden für das knusprige Reisgericht *tahchin*, das in üppigen Portionen serviert wird, mit dicken Hühnchenstücken oder Bohneneintopf.

Wer sich nicht anstellen möchte: Auf Straßenebene gibt's einen Stand für Takeaways.

Gol-e Rezaieh IRANISCH **$**
(Karte S. 38; ☑021-6670 7290; 30 Si Tir St; Hauptgerichte 80 000–100 000 IR; ⊙7.30–16 Uhr; ☎☑; Ⓜ Sa'di) Die Wände des kleinen Cafés, eines der ältesten der Stadt, zieren Fotos von westlichen Rock- und Filmstars, besonders von Freddie Mercury. Hier treffen sich Intellektuelle, Journalisten, Schriftsteller und Künstler und man kann unter ihnen wunderbar ein Frühstück oder Mittagessen mit traditionellen Speisen wie *khoresht* (Schmortopf) genießen. Auch vegetarische Gerichte.

Tarighat Restaurant IRANISCH **$**
(Karte S. 38; ☑021-3311 3836; 482 Amir Kabir St; Hauptgerichte 115 000–195 000 IR; ⊙Sa–Do 12–16 Uhr; Ⓜ Mellat) Das in der Nähe der Budgetunterkünfte gelegene Mittagslokal serviert verlässlich gute Interpretationen von Standard-Kebabs, *khoresht* und *zereshk polo ba morgh* (Brathuhn mit Reis und Berberitze). Die Eingangstür erkennt man an den chinesischen roten Laternen, die darüber hängen.

Khayyam IRANISCH **$$**
(Karte S. 38; ☑021-5580 0760; Khayyam St; Hauptgerichte 170 000–480 000 IR; ⊙12–23 Uhr; ☎; Ⓜ Khayyam) Das wunderschön restaurierte 300 Jahre alte Gebäude gehörte einst zum Imamzadeh-Seyyed-Nasreddin-Schrein gegenüber, von dem es dann durch die Khayyam Street getrennt wurde. Die iranischen Speisen, hauptsächlich Kebabs, Huhn und Fisch, sind gut zubereitet und reichhaltig, der Service ist jedoch durchwachsen. Doch

für einen Tee, ein Wasserpfeifchen und Süßspeisen (50 000 IR) vor oder nach einem Basarbummel ist es fast unschlagbar.

✗ Zentrum

★ Khoone
IRANISCH $

(خونه; Karte S. 44; ☐ 0912 838 3437; www.facebook.com/restaurantkhoone; Kaman Dead End, Shahidi St; Hauptgerichte 150 000–300 000 IR; ⊙12–16 & 19–23 Uhr; ☎; Ⓜ Shahid Haghani) Das Nächstbeste im Vergleich dazu, von einem Teheraner zu einer Mahlzeit zu sich nach Hause eingeladen zu werden, sind die liebevoll zubereiteten Gerichte in diesem reizenden, gemütlichen Café. *Khoone* heißt „Zuhause" und das Lokal ist so eingerichtet, dass sich die Gäste auch wirklich wohlfühlen. Die kurze Karte wechselt täglich und bietet iranische Klassiker wie *tahdig* (knusprige Reispasteten) und süße Getränke.

Auch die Lage an der berühmten Tabiat-Brücke ist perfekt.

Khoshbin
IRANISCH $

(Karte S. 44; ☐021-3390 2194; 510 North Sa'di St; Hauptgerichte 130 000–300 000 IR; ⊙12–15.30 Uhr; Ⓜ Sa'di) Das winzige, schnörkellose Lokal ist bei den Teheranern eine Institution: Hier genießen sie authentisches Mittagessen aus der Region Gilan. Tipps: das *mirza ghasemi* (pürierte Aubergine, Kürbis, Knoblauch, Tomate und Ei), *kuli* (Karpfenrogen), *zeytoun parvardeh* (grüne Oliven mariniert in Granatapfelmelasse, Walnuss und Kräutern) und besonders der gebratene ganze Fisch.

Der gewöhnlich eher nach seinem Gründer Hassan Rashti genannte Laden befindet sich neben dem Schuhgeschäft Mikhak.

Sofre Khane Ayaran
IRANISCH $

(سفره خانه سنتی عیاران; Karte S. 44; ☐021-6676 0376; 784 Enghelab Ave; Hauptgerichte 150 000–300 000 IR; ⊙12–24 Uhr; Ⓜ Ferdowsi) Das unterirdisch liegende *chaykhaneh* (Teehaus) ist ein netter Zufluchtsort vor den Abgasen auf dem Ferdowsi Square. Statt des verrauchten Tee- und Wasserpfeifenbereichs steuert man besser das opulent dekorierte Restaurant an. Auf der Karte stehen einige seltene Gerichte und einige, die man in Teheraner Untergeschoss-Teehäusern gewöhnlich eher nicht erwartet, wie ein köstliches Auberginendip mit gebratenen Zwiebeln.

Coffee Shop & Veggie Restaurant of Iranian Artists' Forum
VEGETARISCH $

(Karte S. 44; ☐021-8831 0462; www.iaveg.com; Park-e Honar Mandan; Hauptgerichte 190 000–300 000 IR; ⊙11–23 Uhr; ☎; Ⓜ Taleghani) Das beliebte Lokal, in dem die Zutaten täglich frisch eingekauft werden und die Küche komplett fleischfrei ist, serviert gesunde vegetarische Gerichte wie Salate, Pizzas und *khoresht* (Eintopf). Neben dem hellen Speiseraum steht auch eine gesellige, romantische Terrasse offen.

Im Iran Artists' Forum gibt's mehrere Restaurants; der Eingang befindet sich rechts um die Ecke, wenn man vor dem Haus steht.

Pasta Charmy's
VEGETARISCH $

(Karte S. 44; ☐021-6649 8510; www.charmyspasta.com; 2 Alborz St, abseits der Hafez St; Hauptgerichte 150 000 IR; ⊙Sa–Do 12–16 & 20–22.30 Uhr; ☎✐; Ⓜ Ferdowsi) Im gemütlichen Charmy's finden in einem Raum mit offener Küche rund 20 Gäste gedrängt Platz. Zu essen gibt's einfache, aber köstliche cremige vegetarische Nudelgerichte, Salate und Suppen.

Tabiat Food Court
FOOD COURT $

(Karte S. 44; Tabiat Bridge, Park-e Taleghani; Fast Food 120 000–300 000 IR; ⊙Sa–Mi 11–24, Do & Fr 10–1 Uhr; ☎; Ⓜ Shahid Haghani) Dieser bunte und entspannte Food Court befindet sich auf der unteren Ebene am östlichen Ende der extravagantesten Fußgängerbrücke Teherans. An Ständen gibt's hier das übliche Angebot an Fast Food, Getränken und Nachspeisen. Gut sahen die gebackenen Kartoffeln mit verschiedenen Toppings am Stand Istanbul Kumpir aus.

★ Dizi
IRANISCH $$

(دیزی; Karte S. 44; ☐021-8881 0008; 52 Kalantari St; Menü 450 000 IR; ⊙12–16 Uhr; ☎; Ⓜ Haft-e-Tir) Der Name verweist auf das Angebot: Bei *dizi* handelt es sich um den beliebten iranischen Eintopf mit Lamm, Kartoffeln und Kichererbsen. Und der wird hier verdammt gut zubereitet und mit allen möglichen Beilagen wie frischem Kräutersalat und dem Minze-Joghurt-Drink *dugh* serviert. Das Personal zeigt einem gerne, wie man den Eintopf richtig verspeist, und macht Fotos.

Das stimmungsvolle, mit traditionellen Gemälden geschmückte Lokal existiert schon seit Jahrzehnten. Man halte nach einer nackten Backsteinfassade Ausschau und sollte früh da sein, sonst muss man warten.

Alborz
IRANISCH $$

(Karte S. 44; ☐021-8853 4757; www.alborzrest.com; Ecke Nikou Khadam St & Sohrevardi Ave; Hauptgerichte 300 000–600 000 IR; ⊙11–23 Uhr; Ⓜ Shahid Beheshti) Das Alborz ist bei gut betuchten Iranern beliebt für Geschäftsessen und Familienfeiern. Serviert werden schön präsentierte Kebabplatten mit vor allem sehr köstlichem Lamm. Auch die Salatbar ist klasse – schon sie lohnt den Besuch. Dazu kommen zahlreiche nette kleine Extras.

Cingari
INDISCH $$$

(Karte S. 44; ☑021-8832 7075; 6 Zohreh St, abseits der Mofatteh St; Hauptgerichte 425 000–985 000 IR; ⊘12–14.45 & 19–22.45 Uhr; 🛜🖉; Ⓜ Shahid Beheshti) Das Cingari ist das beste indische Restaurant in der Stadt: Hier wird die Mogul-Küche perfekt zubereitet, mit köstlichen Speisen aus dem Tandoor-Ofen, aromatischen Currys und zahlreichen vegetarischen Gerichten. Das elegante, subtil ausgeleuchtete Ambiente und der effiziente Service wären auch in Sydney oder London nicht fehl am Platze.

✕ Nordteheran

Cinema Café
INTERNATIONAL $

(Karte S. 52; Bagh-e Ferdows, abseits der Valiasr Ave; Hauptgerichte 200 000–300 000 IR; ⊘8–23 Uhr; 🚇BRT bis Bagh-e Ferdows) Von den beiden Cafés am Iranischen Filmmuseum bietet dieses die ansprechendere Karte, mit einer guten Palette an iranischen und westlichen Gerichten wie Omeletts, Sandwiches, Salaten und Pasta. Davon fühlt sich ein privilegiertes, liberales Publikum angezogen, das sich gerne in dem netten Innenhof tummelt.

Markazi Jamshidiyeh Restaurant
IRANISCH $

(Karte S. 52; Park-e Jamshidiyeh; Hauptgerichte 180 000–380 000 IR; ⊘12–24 Uhr; Ⓜ Tajrish, dann Taxi) Dies ist das erste von mehreren Teehäusern, die man sieht, wenn man vom Parkeingang bergan geht, und hier ist auch am meisten los. Von den Tischen auf mehreren Ebenen bieten sich tolle Aussichten. Und die Preise sind für das Standardangebot an Kebabs, Huhn und Reis sowie für westliche Gerichte wie Pizza, Burger und Sandwiches vernünftig.

FAST FOOD & FOOD COURTS

Fast Food, billige *kababi*s (Kebabläden) und Burger-, Pizza- und Sandwich-Imbisse findet man an den größeren Plätzen und in den Untergrundpassagen einiger Metrostationen. Gute Food Courts gibt's an der **Tabiat-Brücke** (S. 42) sowie in den Einkaufszentren **Palladium** (S. 68) und **ARG Center** (S. 68).

★ Gilaneh
IRANISCH $$

(Karte S. 52; ☑021-2205 5335; www.gilaneh.co; Saba Blvd, abseits des Afriqa Blvd; Hauptgerichte 365 000–500 000 IR; ⊘12–16 & 20–23 Uhr; 🛜; 🚇BRT bis Niayesh) Rustikale Holzbalken, glasierte Kacheln und eine muntere, freundliche Atmosphäre bilden in einem der beliebtesten Restaurants der Stadt die Kulisse für köstliches Essen aus der Region Gilan. Interessant und probierenswert sind der Mix mit verschiedenen Dips, der frittierte Zander und das *fesenjan* (Gericht mit einer schweren Nuss- und Granatapfelsauce) mit Ente oder Huhn.

★ S.P.U Restaurant
IRANISCH $$

(Karte S. 56; ☑021-2241 9494; www.spu-restaurant. com; Darakeh Sq, Darakeh; Hauptgerichte 250 000–640 000 IR; ⊘12–16 & 19–23 Uhr; 🛜; Ⓜ Tajrish, dann Taxi) Eine der Attraktionen im schattigen Darakeh hoch oben in Nordteheran ist eine Mahlzeit in einem der am Fluss gelegenen Restaurants. Dieses ist das beste, mit einem Speiseraum und Hütten, in denen man auf dem Teppichboden sitzen und sich auf Kissen lümmeln kann, während man sich fachkundig zubereitete Kebabs und frisch gebackenes Brot einverleibt.

★ Koohpayeh
IRANISCH $$

(Karte S. 52; ☑021-2271 2518; Khoopayeh Sq, Sarband, Darband Ave; Hauptgerichte 250 000–680 000 IR; ⊘11–23 Uhr; 🛜; Ⓜ Tajrish, dann Taxi) An dem gurgelnden Flüsschen, das durch Darband fließt, herrscht unter den vielen Restaurants und Teehäusern eine starke Konkurrenz, doch die meisten Einheimischen, die sich auskennen, bevorzugen dieses elegante Lokal beim Dorfeingang. Während man draußen sitzt und den Ausblick genießt, tischen erfahrene Kellner in roten Westen alle möglichen Kebabs und andere einheimische Speisen auf.

Khaneh Azarbaijan
IRANISCH $$

(Karte S. 52; ☑021-4614 0367; Park-e Jamshidiyeh; Hauptgerichte 260 000–380 000 IR; ⊘10–24 Uhr; Ⓜ Tajrish, dann Taxi) Das stimmungsvollste von mehreren Teehäusern im beliebten Bergpark am nördlichen Stadtrand befindet sich in einer in den Fels hineingebauten Hütte mit Buntglasfenstern. Von den Tischen draußen bietet sich eine atemberaubende Aussicht. Die Kebabs, das *ash-e reshte* (Suppe mit Nudeln und Kräutern) und das *dizi* (Eintopf mit Lamm, Kartoffeln und Kichererbsen) bieten ein faires Preis-Leistungs-Verhältnis.

Monsoon
ASIATISCH $$

(Karte S. 44; ☑021-8879 1982; Gandhi Shopping Centre, Gandhi Ave; Hauptgerichte 270 000–550 000 IR; ☺Sa–Do 12–15 & 19–23, Fr 13–15 & 19–23 Uhr; ☎; ▣BRT bis Pol-e Hammat) Die Monsoon-Gruppe betreibt in Teheran mehrere Restaurants. Dieses hier, eines der ersten, bietet gutes, wenn auch nicht unbedingt authentisches asiatisches Essen wie Thai-Currys, chinesische Nudelgerichte und Sushi – eine nette Abwechslung zu all den Kebabs. Schick, elegant und sehr „neues Teheran".

Ananda Vegetarian Restaurant & Coffee Shop
VEGETARISCH $$

(Karte S. 52; ☑021-2255 6767; 18 South Ekhtiyariyeh Ave, abseits der Pasdaran Ave; Hauptgerichte 300 000 IR; ☺8.45–22.45 Uhr; ☎🖊; Ⓜ Nobonyad, dann Taxi) Vegane Kebabs mit Tofu, vegetarische Nudelgerichte und ausgezeichnete Salate serviert dieses Juwel von einem Restaurant. Dank hübschem Garten und gutem Service fühlen sich hier auch Fleischfreunde wohl.

★ Divan
IRANISCH $$$

(Karte S. 52; ☑021-2265 3853; 8. OG, Sam Center, Fereshteh St; Hauptgerichte 650 000 IR; ☺12–16 & 19.30–23 Uhr; ☎; ▣BRT bis Mahmoodiyeh) Das elegante Divan ist das beste von mehreren Restaurants, die die Monsoon-Gruppe im achten Stock des schicken Sam Center betreibt. Für ein luxuriöses Ambiente sorgen u. a. die interessanten Porträts der iranischen Künstlerin Fataneh Dadkhah. Die verführerischen traditionellen persischen Speisen mit modernem Einschlag punkten sowohl beim Geschmack als auch bei der Präsentation.

Von einem breiten Balkon schweift der Blick Richtung Berge und in einem Laden am Eingang werden bunter, phantasievoller Schmuck, Accessoires und Wohnutensilien verkauft.

🍷 Ausgehen & Nachtleben

In Teheran herrscht kein Mangel an Cafés und traditionellen *chaykhaneh* (Teehäusern). Besonders munter ist die Cafészene und zahlreiche moderne Cafés wenden sich an die Teheraner, denen es eher nach europäischen statt nach orientalischen Genüssen gelüstet. Die Cafés und Teehäuser haben auch Essen im Angebot, sind abends oft lange geöffnet und der gesellschaftliche Treffpunkt. Bars, Kneipen und Clubs? Träum weiter!

🍷 Südteheran

★ Haj Ali Darvish Teahouse
TEEHAUS

(Karte S. 38; ☑021-5581 8672; www.facebook.com/kazemmab; Großer Basar; ☺Sa–Mi 7–17, Do bis 12 Uhr; Ⓜ Panzdah-e Khordad) Neben der Abdollah-Khan-Medrese gibt es schon seit 1917 ein Teehaus, Haj Kazems Vater Ali übernahm das Lokal 1962. Heute ist es ein 2 m breiter Stand, an dem man Tee – sechs Sorten stehen zur Auswahl (20 000 IR) –, warme Schokolade und Kaffee im Stehen trinkt, die vom geselligen Kazem liebevoll zubereitet werden.

Kazem pflegt einen witzigen Instagram-Account und ist sehr rührig in Sachen soziale Medien und Marketing, sodass sein kleines Juwel zu den beliebtesten Pausenadressen im Basar zählt.

Timcheh Akbarian
TEEHAUS

(Karte S. 38; ☑021-2291 9600; 82 Eudlagan, abseits der Panzdah-e Khordad Ave; Ⓜ Panzdah-e Khordad) Das traditionelle Teehaus residiert in einem Gebäude, in dem vor rund 260 Jahren, in der Kadscharen-Zeit, die erste iranische Bank ansässig war. Von den mit Teppich ausgelegten Nischen auf zwei Ebenen blicken die Gäste auf ein langes schmales Wasserbecken mit Brunnen. Von 10 bis 15 Uhr ist das traditionelle Mittagsgericht *dizi* (150 000 IR) erhältlich, davor und danach gibt es nur Tee und Wasserpfeifen.

Das Teehaus liegt gegenüber dem Großen Basar und ist über einen kürzlich restaurierten Gang mit Backsteingewölbe zu erreichen, der allein schon einen hinein Blick lohnt.

Café Naderi
CAFÉ

(Karte S. 38; 520 Jomhuri-ye Eslami Ave; ☺Sa–Do 10–19.30 Uhr; ☎; Ⓜ Sa'di) Das Café in Pastellfarben im Erdgeschoss des Hotel Naderi ist schon lange ein bekannter Treffpunkt und lockt mit seinem Ambiente, das aus dem Paris der 1950er-Jahre zu stammen scheint, ein bunt gemischtes Publikum aus Studenten, Künstlern und Omis an. Das Angebot umfasst kaum mehr als türkischen und französischen Kaffee und den ein oder anderen Kuchen. Von den schlecht gelaunten Kellnern darf man nicht unbedingt viel Service oder gar Wechselgeld erwarten.

Das benachbarte Restaurant hat eine umfangreiche Speisekarte (Hauptgerichte 480 000–660 000 IR) und ist bei Generationen von Teheranern für Chateaubriand und Schnitzel bekannt.

🍷 Zentrum

★ Café Upartmaan CAFÉ

(Karte S. 44; 📱 021-8886 0439; 48 Kalantari St; ⊙8–24 Uhr; 🛜; Ⓜ Haft-e Tir) Das große Café mit mehreren Bereichen ist vom Zigarettenrauch eingenebelt, lohnt wegen der großen Auswahl an Speisen und Getränken, der lockeren Stimmung und dem ausgezeichneten Kunstgewerbeladen am Eingang mit Produkten aus dem ganzen Land aber trotzdem einen Besuch. In den Galerien darüber finden Ausstellungen und andere Veranstaltungen statt.

★ Lamiz CAFÉ

(Karte S. 44; 📱 021-6646 2204; www.lamizcoffee. com; 1435 Valiasr Ave; ⊙ Sa–Do 7–23, Fr 8–23 Uhr; 🛜; Ⓜ Teatr-e Shahr) Lamiz betreibt in Teheran gleich mehrere Cafés im Seattle-Stil. Dieser superschicke Ableger ist der zentralste und beeindruckt mit einer breiten Palette an Getränken, darunter der hierzulande ungewöhnliche Matcha-Tee. Außerdem gibt es hier Sojamilch, ebenfalls eine Seltenheit in Teheran.

Dank Backwaren und einem ausgezeichneten Müsli mit Joghurt und Obst kann man hier auch gut frühstücken.

★ Cake Studio Vorta CAFÉ

(Karte S. 44; 📱 021-6647 5300; 979 Englehab Ave; ⊙Sa–Do 8.30–22, Fr 15–22 Uhr; 🛜; Ⓜ Teatr-e Shahr) In diesem niedlichen und quirligen Café nicht weit von der Universität gibt's mit reichlich Buttercreme bedachte Cupcakes und mehr süße Versuchungen zum guten Kaffee oder zu einem der zahlreichen Kräuter- und Früchtetees, die in Gläsern auf dem Tresen aufgereiht sind.

Agha Bozorg TEEHAUS

(Karte S. 44; 📱 021-8890 0522; 40 Keshavarz Blvd; ⊙12–24 Uhr; Ⓜ Meydan-e Valiasr) In dem gemütlichen Kellerteehaus am Ende einer toll gefliesten Treppe tummeln sich unter einer gewölbten und ebenfalls mit Kacheln verzierten Decke junge Iraner, um zu flirten, Tee zu trinken, eine Wasserpfeife zu rauchen und zu speisen. Die iranische Küche ist von verlässlicher Qualität (Hauptgerichte 130 000–350 000 IR), insbesondere das *dizi*.

Markov Café Gallery CAFÉ

(Karte S. 44; 📱 0919 387 2207; Qasr Garden Museum, Motahari Ave; ⊙10–23 Uhr; 🛜; Ⓜ Shahid Mofatteh, dann Taxi) Das Café in einem Seitenflügel des Backsteinbaus im Qasr Garden Museum und ist eine von zwei netten Einkehrmöglichkeiten mit Blick auf den umliegenden Skulpturenpark. Das nach dem russischen Architekten, der das Gefängnisgebäude entwarf, benannte Markov ist, weil dort zeitweise auch Ausstellungen gezeigt werden, und wegen des ziemlich guten Schokoladenkuchen einen Tick besser.

Nazdik Café CAFÉ

(Karte S. 44; 📱021-8849 0726; www.facebook. com/nazdikcafe; 1. OG, 134 Karim Khan-e Zand Blvd; ⊙Sa–Do 8–22.30, Fr 10–22.30 Uhr; 🛜; Ⓜ Haft-e Tir) Das Nazdik ist eines der am nettesten eingerichteten Cafés im Zentrum mit modernem Flair und Tischen drinnen und draußen. Es ist ein beliebtes Frühstückscafé. Neben den üblichen Kaffees und Softdrinks gibt's eine gute Auswahl an Kräutertees.

Das Nazdik liegt über dem ebenfalls ansprechenden **Kiosk Café**.

Godot Café CAFÉ

(Karte S. 44; 📱021-8888 3940; Englehab Ave; ⊙10–23 Uhr; 🛜; Ⓜ Teatr-e Shahr) Bepflanzte Hängekörbe am Bogen über dem Eingang des nach einem berühmten Theaterstück benannten Cafés lassen Gartenatmosphäre aufkommen. Ob man hier nun wie Becketts Protagonisten eine Ewigkeit auf jemanden wartet oder nicht, auf jeden Fall kann man die üblichen Getränke und einige kleine Gerichte genießen.

Romance Café CAFÉ

(Karte S. 44; 📱021-6674 9574; www.cafe-romance. com; 4 Zarrabi Alley, abseits der Ferdowsi St; ⊙9–23 Uhr; 🛜; Ⓜ Ferdowsi) Das charmante mehrräumige Café in einer Gasse oben ist ein idealer Zufluchtsort vor dem Verkehrstrubel rund um den Ferdowsi Square. Das orientalische Flair mit gemusterten Tapeten, hohen Decken, Stühlen und Sofas aus dunklem Holz ist in der Tat romantisch. Neben persischem Tee, türkischem Kaffee u. ä. werden mehrere vegetarische Gerichte angeboten.

Café Gallery CAFÉ

(Karte S. 44; 📱021-8834 9366; Park-e Honar Mandan, Baroroushan St; ⊙10–23 Uhr; 🛜; Ⓜ Taleghani) Wer ein Café sucht, in dem er einfach sitzen und die Atmosphäre in sich aufnehmen kann, ist in der über dem Iranshahr-Theater im Artists' Park gelegenen Café Gallery genau richtig. Außerdem kann man sich hier Kunst anschauen und, wenn man einen Platz auf dem Balkon ergattert, ein bisschen Sonne tanken. Auf der Karte stehen gute, wenngleich keine weltbewegenden Nudelgerichte, Salate, Burger und Soufflés (Hauptgerichte 250 000 IR).

Café 78 CAFÉ

(Café Haftad-o Hasht; Karte S. 44; www.facebook.com/cafe78iran; 38 South Shahid Azodi St; Hauptgerichte 140 000–180 000 IR; ⊙ Sa–Do 11–23, Fr 16–23 Uhr; 🖥; Ⓜ Meydan-e Valiasr) Das mit Veranstaltungsplakaten und Ansichtskarten aus ganz Iran zugepflasterte Künstlercafé bietet die Möglichkeit, mit hippen jungen Künstlern der Stadt in Kontakt zu treten. Kaffee, Tees, Snacks und Service sind gut.

Café Opera CAFÉ

(Karte S. 44; ☎ 021-6673 3469; Ecke Khark & Ostad Shahriar St; ⊙ Sa–Do 8–22, Fr 16–22 Uhr; Ⓜ Teatr-e Shahr) Das behagliche kleine Café hat Backsteinwände und eine schöne Einrichtung mit alten Projektoren, Kameras und Radios vorzuweisen und eignet sich für ein Päuschen mit Kaffee oder heißer Schokolade, besonders nach einem Konzert oder einer Theateraufführung in der nahen Vahdat Hall.

Nordteheran

★**Sam Café** CAFÉ

(Karte S. 52; ☎ 021-2265 3842; www.samcafe.ir; 1. OG, Sam Center, Fereshteh St; ⊙ 9–22 Uhr; 🖥; 🚌 BRT bis Mahmoodiyeh) Ein Kaffeeröster beherrscht den Eingang zum schicksten der

---

NICHT VERSÄUMEN

GALERIEN MIT ZEITGENÖSSISCHER KUNST

Irans umtriebige Szene für zeitgenössische Kunst und deren wachsende Reputation im In- und Ausland haben Dutzende von Verkaufsgalerien im ganzen Stadtgebiet hervorgebracht. Dies ist nur eine kleine Auswahl, Informationen zu weiteren Galerien sind in dem alle zwei Monate erscheinenden Heft *Preview* zu finden, das kostenlos in Galerien ausliegt.

Iranian Artists' House (خانه هنرمندان; Karte S. 44; ☎ 021-8831 0457; www.iranartists.org; Park-e Honar Mandan; ⊙ 13–20 Uhr; Ⓜ Taleghani) GRATIS Das Zentrum für zeitgenössische und traditionelle Kunst beherbergt auf zwei Ebenen mehrere Galerien mit monatlich wechselnden Ausstellungen. In dem Gebäude gibt's außerdem einen tollen Kunst- und Kunstgewerbeshop, ein Café und zwei Restaurants: ein italienisches auf dem Dach und ein vegetarisches.

Seyhoun Art Gallery (Karte S. 44; ☎ 021-8871 1305; www.seyhounartgallery.com; 11 4th St, abseits der Khaled Eslamboli St; ⊙ 10–18 Uhr; 🚌 BRT bis Pelle Avval) Die 1966 von der Malerin Massoumeh Noushin Seyhoun gegründete Galerie ist eine der ältesten der Stadt, die iranische Künstler ausstellen. In der Galerie mit ihrer schwarzen Fassade finden regelmäßig Gemälde-, Foto- und Skulpturen- und andere Ausstellungen statt.

Ab Anbar (Karte S. 44; ☎ 021-8886 0703; www.ab-anbar.com; 2 Roshanmanesh Alley, abseits der Khaghani St; ⊙ So–Fr 12–20 Uhr; Ⓜ Darvazeh Dowlat) Die 2014 gegründete Galerie ist eine der ambitionierteren Galerien für Gegenwartskunst in Teheran. Der Schwerpunkt liegt auf auf iranischen Künstlern, die außerhalb des Landes arbeiten. Die Ausstellungen wechseln ungefähr jeden Monat und im netten Café im obersten Stockwerk mit Freiterrasse kann man durch die Kataloge früherer Ausstellungen blättern.

Assar Art Gallery (Karte S. 44; ☎ 021-8832 6689; www.assarartgallery.com; 16 Barforoushan Alley, abseits der Iranshahr Ave; ⊙ So–Do 11–20, Fr 16–20 Uhr; Ⓜ Taleghani) Die Galerie unterstützt zeitgenössische Künstler. In den Räumlichkeiten im Zentrum der Stadt wechseln die Ausstellungen alle drei Wochen.

Art Centre Galleries (Karte S. 52; ☎ 021-2665 5590; www.art-center.ir; 145 North Salimi St, abseits des Andarzgoo Blvd; ⊙ 11.30–20.30 Uhr; Ⓜ Tajrish, dann Taxi) Die Galerie mit Kunstgewerbeladen in einer hübschen, hundert Jahre alten Villa in Nordteheran vertritt mehrere etablierte, aber auch aufstrebende iranische Künstler. Neben Gemälden und Skulpturen bekommt man hier auch Granatäpfel aus glasiertem Ton und Bronzeornamente.

Gallery Mellat (Karte S. 52; www.cinema-mellat.com; Mellat Cinema Complex, abseits des Niayesh Expy; ⊙ 10–23 Uhr; 🚌 BRT bis Park Mellat) Im Untergeschoss des Multiplexkinos in einem geschwungenen modernen Gebäude in der westlichen Ecke des Park-e Mellat präsentiert diese Galerie regelmäßig wechselnde Ausstellungen mit Werken einheimischer Künstler.

vielen angesagten Cafés in Nordteheran, das auch der beliebteste Treffpunkt der Privilegierten der Stadt ist. Das resultierende Gebräu verleiben sich die Gäste am langen Gemeinschaftstisch oder auf tiefen, bequemen Stühlen sitzend ein. Das Ambiente mit rauen Betonwänden, alten orange schimmernden Eisenträgern und einer offenen Küche ist Industrial Chic.

Café de France   CAFÉ
(Karte S. 44; ☏ 021-8879 2038; Gandhi Shopping Centre, Gandhi Ave; ◷ 10–23 Uhr; ☎; ☐ BRT bis Pol-e Hemmat) Das Café de France im Obergeschoss des Gandhi versetzt einen mit seinem dunklen Holz, den Retro-Tischen und -Stühlen, Büchern und einer gemütlichen Atmosphäre direkt ins Künstlerviertel von Paris. Serviert werden diverse Kaffeegetränke, Kuchen, Sandwiches, Nudelgerichte und Eiscreme.

Wem es hier zu voll ist oder einfach nicht gefällt: Im Gandhi-Einkaufszentrum gibt's noch andere coole kleine Cafés, in denen sich vor allem junge und eher liberal eingestellte junge Teheraner tummeln.

Chai Bar   CAFÉ
(Karte S. 52; ☏ 021-2221 0313; 145 North Salimi Ave, abseits des Andarzgoo Blvd; Hauptgerichte 200 000–300 000 IR; ◷ 10–23.30 Uhr; ☎; ☐ Tajrish) Die Chai Bar in einem Pavillon auf dem Gelände einer stattlichen alten Villa, in der heute die Art Centre Galleries (S. 65) untergebracht sind, verbindet aufs Schönste traditionelle iranische Architektur und Gartenlokal – die Stühle draußen werden im Winter beheizt. Hier kann man toll unter Bäumen abhängen und dabei verschiedene Tees oder Illy-Kaffee schlürfen. Außerdem werden Salate, Suppen und Sandwiches angeboten (Hauptgerichte 200 000–300 000 IR).

☆ Unterhaltung

Trotz bestehender Beschränkungen bezüglich dessen, was öffentlich aufgeführt werden darf, bietet Teheran eine ganze Reihe von Möglichkeiten an Theater, Film (auch Dokumentarfilme) und Konzerten. Besonders dynamisch ist die Theaterszene. Neben iranischer Dramatik stehen auch einfallsreiche Übertragungen von vom Regime gutgeheißenen Stücken à la Shakespeare & Co auf den Spielplänen. Die Buchungswebsite Tik8 (www.tik8.com) listet die Veranstaltungen.

★ Iranshahr-Theater   THEATER
(تماشاخانه ایران شهر; Karte S. 44; ☏ 021-8881 4115/6; www.tamashakhaneh.ir; Park-e Honar Mandan, Baroroushan St; Tickets 200 000–400 000 IR; ☐ Taleghani) In einem der ältesten Theater Teherans, das zwei Bühnen in einem schönen Gebäude im stillen Park-e Honar Mandan bespielt, stehen gewöhnlich vier verschiedene Inszenierungen auf dem Programm, zumeist auf Farsi – einige sind jedoch eher bildlastig und auch für ein ausländisches Publikum zugänglich. Was gespielt wird, lässt sich mithilfe des Google-Übersetzers herausfinden.

Teatr-e Shahr   THEATER
(تئاتر شهر; Karte S. 44; ☏ 021-6646 0595; Ecke Valiasr & Enghelab Ave; Tickets ab 160 000 IR; ☐ Teatr-e Shahr) Der 1968 eröffnete und mit schönen Fliesen verkleidete Rundbau ist von außen betrachtet das eindrucksvollste Theatergebäude der Stadt. Die Stücke werden auf Farsi aufgeführt. Ein Teil des Kassenpersonals spricht Englisch, sodass man anrufen und sich nach dem Spielplan erkundigen kann. Die Aufführungen beginnen in der Regel um 18.30 oder 19.30 Uhr.

☆ Kino

In der ganzen Stadt finden sich alte und neue Filmtheater – besonders viele säumen die südliche Lalehzar Street und die östliche Jomhuri-ye Eslami Avenue in Südteheran. Gewöhnlich beginnt zwischen 10 und 20.30 Uhr alle zwei Stunden eine Vorstellung (Ticket ca. 80 000 IR). Alle Filme sind auf Farsi und Kontroverses darf man nicht erwarten.

Im ältesten Kino Irans zeigt das Iranische Filmmuseum (S. 51) fünf Filme pro Tag. Die beste Gelegenheit, ausländische Streifen zu sehen, bieten Events wie das Fajr International Film Festival (www.fajriff.com) im April, das Tehran International Short Film Festival (www.tisff.ir) im November und das Dokumentarfilmfestival Cinema Vérité (www.irandocfest.ir) im Dezember.

Azadi Cinema Center   KINO
(Karte S. 44; ☏ 021-84480; www.cinema-azadi.com; Ecke Dr. Beheshti & Vozara St; ◷ 10–21 Uhr; ☐ Mirza-ye Shirazi) Das berühmte Multiplex umfasst sieben große Kinos, in denen iranische Filme laufen.

☆ Musik

Das Tauziehen zwischen moderaten und konservativen Kräften bezüglich der öffentlichen Aufführung moderner Musik plagt weiterhin die Livemusikszene der Stadt. Eine Genehmigung für ein Rockkonzert zu ergattern ist extrem schwierig, doch Konzerte mit traditioneller und klassischer Musik finden inzwischen häufiger statt – Infos auf Seiten wie www.iranconcert.com.

Das Tehran Symphony Orchestra (www.tehransymphony.com) hat unter dem Weltklasse-Dirigenten Alexander Rahbari eine Wiedergeburt erlebt und spielt Konzerte in der Vahdat Hall und im Tehran Milad Tower International Convention Center.

Ansonsten geben Musiker kostenlose Konzerte in Parks und auf der Straße. Beim See You In Iran Hostel (S. 57) kann man sich nach den regelmäßigen Jamsessions mittwochs und anderen Musikevents erkundigen.

Vahdat Hall · BÜHNE

(Roudaki Hall; Karte S. 44; ☎021-6673 1419; Shahriar St; Ⓜ Teatr-e Shahr) Die zentral gelegene Konzerthalle besitzt einen schönen, im traditionellen Stil in Hufeneisenform angelegten Saal von 1967. Hier gibt's neben klassischer und Popmusik auch Theater.

☆ Sport

Der beliebteste Sport in Iran ist Fußball. Es gibt mehrere kleinere Stadien und das 100 000 Zuschauer fassende **Azadi-Stadion** (☎021-4473 9022; www.azadisportcomplex.com; Azadi Stadium Blvd; Ⓜ Varzeshgah-e Azadi). Gespielt wird normalerweise donnerstags und freitags. Wo ein Spiel stattfindet, erfragt man am besten bei einem Angestellten in seinem Hotel. Reizvoll ist vor allem das Teheraner Derby zwischen Esteghlal und Persepolis – Frauen haben allerdings keinen Zutritt zum Stadion.

Shoppen

In Teheran auf die Suche nach Mitbringseln zu gehen ist kein Vergleich zum Bummel durch die stimmungsvollen Basare von Isfahan und Shiraz. Doch das Angebot ist größer und die Preise sind in der Regel niedriger. Neben dem Großen Basar gibt's an der Ferdowsi Street und der Taleghani Avenue noch zahlreiche Andenkenläden. Die Preise sind zwar „fest", doch mit Verhandlungsgeschick fallen sie recht schnell.

Südteheran

★ Iran Termeh · GESCHENKE & SOUVENIRS

(Karte S. 38; www.irantermeh.com; Großer Basar; ☺Sa–Mi 7–17, Do bis 12 Uhr; ⓂPanzdah-e Khordad) Im Stockwerk über dem Stand im Erdgeschoss an der Hauptgasse des Basars ferti-

gen Frauen wunderschöne Tischteppiche und andere dekorative Stücke aus *termeh* an, einem handgewebten Tuch mit phantastischen Blumenmustern. Neben den daraus gefertigten Souvenirs kann man den Stoff hier auch meterweise kaufen.

Teppichbasar · HAUSHALTSWAREN

(Karte S. 38; Großer Basar, Panzdah-e Khordad St; ☺Sa–Mi 7–17, Do bis 12 Uhr; ⓂPanzdah-e Khordad) Teppichgeschäfte gibt es in ganz Teheran, doch nirgends ist der Teppichkauf solch ein Erlebnis und sind die Preise so verhandelbar wie im Basar. Hier bieten Tausende von Händlern ihre Ware feil, von kleinen Gebetsteppichen bis zu großen alten Stücken, die man verschiffen lassen muss.

Die Teppichhändler zu finden ist kein Problem. Mindestens einer wird einen wahrscheinlich ansprechen, sobald man den Basar betritt. Man folgt ihm einfach – kein Kaufzwang!

Zentrum

★ Jomeh Bazaar · MARKT

(جمعه بازار, Freitagsmarkt; Karte S. 38; Jomhuri-ye Eslami Ave; ☺Fr 8.30–14 Uhr; ⓂSa'di) Jeden Freitagvormittag verwandeln sich alle Etagen dieses Parkhauses in einen Markt. Händler aus ganz Iran und Zentralasien sowie viele Teheraner kommen hierher, um ihre Stände aufzubauen und alles mögliche zu verkaufen – eine sehr muntere, gesellige Szene. Hier findet man von alten Grammophonen, Radios und Büchern bis zu Trachten, Teppichen und modischen Taschen alles.

Um Schnäppchen zu ergattern und nach einzigartigen Souvenirs oder Kunstgewerbe zu stöbern, sollte man früh da sein – später kann es sehr voll werden.

★ Tanedorost · MODE & ACCESSOIRES

(Karte S. 44; ☎021-66718101; www.tanedorost.com; 1000 Enghelab Ave; ☺10–22 Uhr; ⓂTeatr-e Shahr) Der rustikal-stilvolle Laden mit iranischer Mode führt Herren- und Damenbekleidung aus Biobaumwolle und anderen Stoffen guter Qualität. Im Sortiment sind Hemden, Hosen und Jacken sowie bunte Kopftücher und Stofftaschen.

★ Bottejeghe · MODE & ACCESSOIRES

(فروشگاه رخت ایرانی بته جقه; Karte S. 44; www.bottejeghe; 972 Enghelab Ave; ☺Sa–Do 10–21, Fr 11–21 Uhr; ⓂTeatr-e Shahr) Bottejeghe verkauft Hemden, Westen und Jacken aus Baumwolle, Leinen und weicher Wolle im angesagten iranischen Look sowie bunte Tücher, Kissenbezüge und andere kunsthandwerkliche Artikel – alles tolle Mitbringsel.

Alma Nuts
LEBENSMITTEL

(Karte S. 44; www.almanuts.com; 21 Nejatollahi St; ⊙9–21 Uhr; Ⓜ Ferdowsi) Geschäfte, die Nüsse, Trockenobst und Süßigkeiten verkaufen, gibt überall in der Stadt. Dieser Laden im Zentrum präsentiert eine ausgezeichnete Auswahl all dieser Leckereien, die man nach Gewicht oder fertig verpackt erstehen kann.

Varzesh Kooh
SPORT & OUTDOORAKTIVITÄTEN

(ورزش کوه; Karte S. 44; ☑ 021-8882 6642; 1. OG, 595 Enghelab Ave; Ⓜ Ferdowsi) Zu dem Bergsport- und Trekkinggeschäft geht's neben der Tourism Bank durch eine grüne Tür die Treppe hoch. Hier gibt's die Grundausstattung für Leute, die es in die Natur zieht. Die Englisch sprechenden Bergsteiger, die den Laden führen, sind sehr hilfsbereit und können Kontakte zu Guides und zur örtlichen Kletterszene herstellen.

Moses Baba
KUNST & KUNSTHANDWERK

(Karte S. 44; ☑ 021-6671 3146; 213 Ferdowsi St; ⊙10–17 Uhr; Ⓜ Ferdowsi) Moses Baba, der Gründer des stimmungsvollen alten Kramladens, lebt schon lange nicht mehr, doch seine Verwandten, Angehörige der kleinen jüdischen Gemeinde Teherans, führen das Geschäft fort. Sie geben ihr Bestes, damit kein Kunde den Laden verlässt, ohne ein verstaubtes Stück gekauft zu haben – Lackarbeiten, alte Münzen, Schmuck, Emailliertes, Töpferwaren oder ein Bild.

🔒 Nordteheran

★ Tajrish Bazaar
MARKT

(بازار تجریش; Karte S. 52; Tajrish Sq; ⊙9–22 Uhr; Ⓜ Tajrish) In Sachen klassisches iranisches Einkaufserlebnis sind die Lebensmittelstände dieses fotogenen Basars im Nobelbezirk Tajrish top. Der Markt ist ideal für Zutaten der iranischen Küche wie Nüsse, Datteln, Gewürze (inkl. Safran) und Tee. Außerdem gibt's hier hübsche Teekannen und andere Andenken.

ARG Center
EINKAUFSZENTRUM

(Karte S. 52; ☑ 021-2239 6121; www.argetejari. com; 1 Sa'dabad St; ☎; Ⓜ Tajrish) Das vom Tajrish Square aus leicht zu erreichende ARG Center ist eines der moderneren unter den Einkaufszentren Teherans. Hier gibt's iranische und ausländische Mode, Schmuck, Haushaltswaren u. v. m.

Ein ausgezeichneter **Food Court** lockt mit einem Sitzbereich mit Panoramablick auf das Elburs-Gebirge.

Palladium Mall
EINKAUFSZENTRUM

(Karte S. 52; ☑ 021-2201 0600; www.palladiummall. com; Alef Sq, Moqadas Ardabili Ave; ⊙9–23 Uhr; ☎; 🚌 BRT bis Mahmoodiyeh) In einem der beliebtesten Einkaufszentren in Nordteheran kann man sich unter die wohlhabenderen Teheraner mischen. Der schicke Konsumtempel versammelt internationale Modemarken wie Mango und Superdry unter seinem Dach, einen Supermarkt, ein Sportzentrum, eine Spielhalle, Cafés, Restaurants und einen teuren **Food Court** mit allem von frisch gepressten Säften bis zu Tacos und Sushi.

ⓘ Praktische Informationen

GEFAHREN & ÄRGERNISSE

Teheran ist für Reisende sehr sicher: Es gibt nur wenig Straßenkriminalität. In der Regel ist es auf den meisten Straßen in Zentral- und Nordteheran kein Problem, spät abends herumzulaufen. Im Süden muss man etwas vorsichtiger sein, da hier der Drogenkonsum weit verbreitet ist.

Verkehr

Das Verkehrschaos in Teheran ist für die allermeisten wohl ein Schock. Es ist keine Seltenheit, dass sich Motorradfahrer, um den Staus zu entgehen, durch die Fußgänger auf den Bürgersteigen schlängeln und Autos auf Schnellstraßen mit hohen Tempo rückwärts fahren, um zurück zur verpassten Ausfahrt zu gelangen. Überhaupt scheint das Recht des Stärkeren zu gelten.

Das schiere Verkehrsaufkommen kann einen umhauen – die Straße zu überqueren erscheint manchmal wie russisches Roulette. Als Fußgänger hält man sich am besten an die Einheimischen: Man wartet, dass noch mehr Leute auftauchen, die die Straße überqueren wollen, und schließt sich ihnen an. Zwar ist man versucht zu rennen, aber am besten ist es, langsam zu gehen, damit die Autofahrer Gelegenheit haben, auf Personen auf der Fahrbahn zu reagieren und auszuweichen. Vorsicht vor Busspuren entgegen der allgemeinen Fahrtrichtung – durch sie werden eher harmlose Einbahnstraßen zu einer echten Gefahrenquelle.

Teheran-Besucher sind oft überrascht, dass es nicht mehr Unfälle gibt. Vielleicht hat man das Gefühl, auf einer einzigen Taxifahrt dreimal nur knapp dem Tod entronnen zu sein, doch die Fahrer sind Meister darin, einen in die Nähe des Todes zu befördern, ohne einen wirklich umzubringen.

Luftverschmutzung

Die Teheraner haben mit einer drastischen Luftverschmutzung zu kämpfen. Rund 80 % des

Smogs, unter dem Teheran rund 200 Tage des Jahres versinkt, kommt direkt aus den Auspuffen der Millionen von Fahrzeugen, die durch die Stadt düsen. Nicht hilfreich ist dabei, dass die meisten mit minderwertigem Benzin unterwegs sind.

Wenn die Luftverschmutzung zu arg wird – wie im November 2015, als es hieß, dass sie im Verlauf von 23 Tagen den Tod von 421 Teheranern direkt verschuldete –, werden die Schulen geschlossen und übers Radio werden Warnungen gesendet, dass alle Alte und Kranke das Haus nicht verlassen sollen. Die schlechteste Zeit ist der Winter, wenn das Elburs-Gebirge und der Mangel an Luftbewegung einen Luftaustausch verhindern.

Im Rahmen eines 10-Jahres-Plans zur Bekämpfung der Schadstoffbelastung wurden Verkehrsbeschränkungen eingeführt und Milliarden in das Metronetz investiert, aber bisher ohne große Auswirkungen. Wer Atembeschwerden bemerkt, sollte sich in die Berge begeben. In Dörfern wie Darband und Darakeh ist die Luft vergleichsweise sauber.

GELD

Die iranischen Geldautomaten akzeptieren keine ausländischen Karten. Stattdessen sollte man Geld in den offiziellen Geldwechselstellen an der Ferdowsi Street südlich des Ferdowsi Square wechseln.

Teheran ist buchstäblich übersät mit Bankfilialen. Die Wechselkurse sind hier jedoch in der Regel eher schlecht – besser tauscht man Geld in den Wechselbüros.

Die Schwarzmarkt-Geldwechsler in der Umgebung der offiziellen Wechselstuben sollte man meiden.

GEPÄCKAUFBEWAHRUNG

Die meisten Hotels bewahren Gepäck kostenlos auf.

INTERNETZUGANG

Alle Hotels und viele Restaurants und Cafés bieten kostenloses WLAN. Eine Karte mit WLAN-Hotspots gibt's auf https://wifispc.com/iran.

MEDIZINISCHE VERSORGUNG

Krankenhäuser

Im internationalen Vergleich ist die Qualität der Versorgung in den Teheraner Krankenhäusern einigermaßen hoch. Viele Ärzte sind im westlichen Ausland ausgebildet und sprechen teils Englisch, Französisch oder Deutsch. Die Botschaften und Hotels können Ärzte und Krankenhäuser empfehlen. Gut zu erreichen, sauber und gut beleumundet sind das **Mehrad Hospital** (Karte S. 44; ☑ 021-8874 7401; www.mehradgeneralhospital.ir; Miremad St, abseits der Motahhari Ave; Ⓜ Shahid Mofatteh) und die

Tehran Clinic (Karte S. 44; ☑ 021-8871 2931; www.tehranclinic.ir; Farahani St; Ⓜ Mirza-ye Shirazi).

Apotheken

Teheran ist mit Apotheken gut versorgt und Medikamente (oft Generika) sind billig. Wer eine Nachtapotheke benötigt, bittet am besten jemanden an der Hotelrezeption, für ihn den **Apothekennotruf** (☑ 191) anzurufen, oder man begibt sich zum **Ramin Drug Store** (Karte S. 44; ☑ 021-6673 8080; Ferdowsi Sq; ⊙ 24 Std.; Ⓜ Ferdowsi).

NOTFALL

Wenn der Notfall nicht lebensbedrohlich ist, fragt man am besten an der Hotelrezeption nach einem geeigneten Krankenhaus oder nach der nächsten Polizeidienststelle und bittet das Personal um Übersetzerhilfe.

Feuerwehr	☑ 125
Krankenwagen	☑ 115
Polizei	☑ 110

POST

Hauptpost (Karte S. 44; ☑ 021-8853 2387; www.post.ir; 267 Abbas Abad St; ⊙ Sa–Mi 8–14.30 Uhr; Ⓜ Mirza-ye Shirazi)

REISEBÜROS

Reisebüros findet man auf Schritt und Tritt, etwa an der Nejatollahi Street im Zentrum. Folgende Büros mit Englisch sprechendem Personal besorgen zuverlässig Fahrkarten fürs In- und Ausland:
Asia 2000 (Karte S. 44; ☑ 021-8889 6949; www.asia2000.ir; 36 Nejatollahi St; ⊙ Sa–Mi 8.30–17.30, Do bis 13 Uhr; Ⓜ Ferdowsi)
Baharestan (Karte S. 38; ☑ 021-3395 4243; parvazebaharestan@yahoo.com; 986 Baharestan Sq; Sa–Mi 9–19, Do bis 14 Uhr; Ⓜ Baharestan) Buchungen von Flug-, Bus- und Bahntickets; praktische Lage nahe der Budgetunterkünfte.
Sarvineh Parvaz (Karte S. 52; ☑ 021-2274 4017; www.welcometoiran.com; 1983 Qods Sq, abseits der Shariati Ave; ⊙ Sa–Do 8–17 Uhr; Ⓜ Tajrish) Das seit 1973 bestehende Reisebüro hilft bei Reiseplanungen in Nordiran. Organisiert außerdem Skitouren – siehe www.iranskitours.ir.

TELEFON

SIM-Karten sind zwar überall erhältlich, am besten kauft man sie jedoch nach der Ankunft am internationalen Flughafen. Hier gibt's Pakete mit Datenvolumen und Guthaben für Telefonate für rund 500 000 IR.

Guthaben aufzuladen ist einfach: Ein freundlicher Einheimischer kann das über sein eigenes

Handy erledigen oder indem er an einem Geldautomaten Guthaben erwirbt und man ihm das Geld erstattet.

VISUMSVERLÄNGERUNG

Wer sein Visum verlängern lassen möchte, sollte das möglichst nicht in Teheran tun. Je nachdem, wie die internationalen Beziehungen gerade stehen, wird die Sache regelmäßig kompliziert. Wenn es nicht zu vermeiden ist, begibt man sich zu diesem Zweck zur **Ausländerbehörde** (Karte S. 44; Police Atba-e Khareje; Soroush St, Nähe Shariati Ave; ⊙ Sa–Mi 8–13.30, Do bis 11.45 Uhr; Ⓜ Shahid Mofatteh, dann Taxi). In dem Gebäude links hinter dem Tor bekommt man die erforderlichen Formulare. Hier kann man auch, falls notwendig, Fotokopien machen. Nach der Abgabe muss man in der fünf Minuten zu Fuß entfernten Filiale der **Bank Melli** (Karte S. 44;

Shariati Ave) – zu erreichen über die Hamid Alley und die Shariati Avenue – die fälligen Gebühren bezahlen. Anschließend kehrt man mit der Quittung zurück, um den Antrag abzuschließen, und bekommt nach einem Sicherheitscheck, so Gott will, die Verlängerung.

❶ An- & Weiterreise

Teheran ist der Verkehrsknotenpunkt in Iran und es gibt direkte Verbindungen in jede einigermaßen große Stadt – mit dem Bus immer, gewöhnlich auch per Flugzeug und manchmal per Zug. Die Fahrkarten ab Teheran können schnell ausverkauft sein, also möglichst vorausbuchen!

BUS

Die vier Busbahnhöfe Teherans bedienen jeweils unterschiedliche Landesteile.

BUSSE AB TEHERAN

ZIEL	BUSBAHNHOF	TICKETPREIS (IR)	FAHRZEIT (STD.)	HÄUFIGKEIT
Ahvaz	Jonub	690 000	15	14–21 Uhr stündl.
Ardabil	Gharb	400 000	9–10	stündl.
Astara (Bus nach Ardabil)	Gharb	370 000	8	stündl.
Bandar Abbas	Jonub	*mahmooly*/VIP 530 000/890 000	15–20	3-mal tgl.
Chalus	Gharb	*mahmooly*/VIP 270 000/350 000	5–6	alle 20 Min.
Gonbad-e Kavus	Shargh	*mahmooly*/VIP 290 000/455 000	9	stündl.
Gorgan	Shargh	260 000	7–8	3-mal tgl.
Hamadan	Gharb	330 000	5–6	alle 30 Min.
Isfahan	Arzhantin, Jonub	330 000	5–6	stündl.
Kashan	Jonub	180 000	3½	alle 20 Min.
Kerman	Jonub	690 000	15	15–21 Uhr stündl.
Kermanshah	Gharb	460 000	9	alle 30 Min.
Mashhad	Arzhantin, Shargh	680 000	13–14	stündl.
Orumiyeh	Gharb	590 000	12	stündl.
Qazvin	Gharb	*mahmooly*/VIP 200 000/700 000	2–2½	alle 20 Min.
Qom	Jonub	95 000	1½	alle 30 Min.
Rasht	Gharb	*mahmooly*/VIP 245 000/95 000	5–6	alle 30 Min.
Sanandaj	Gharb	460 000	8	15–23 Uhr stündl.
Sari	Shargh	290 000	5	stündl.
Shiraz	Arzhantin, Jonub	680 000	12–15	14–23 Uhr stündl.
Tabriz	Arzhantin, Gharb	460 000	9–10	stündl.
Yazd	Arzhantin, Jonub	490 000	9–10	stündl.

Die Preise gelten, falls nicht anders angemerkt, für VIP-Busse; *mahmooly*-Busse sind weniger luxuriös.

Terminal-e Arzhantin (Terminal-e Beyhaghi, Terminal Zentrum; Karte S. 44; ☎ 021-8874 2622; http://terminals.tehran.ir; Arzhantin Sq; Ⓜ Mosalla, dann Taxi) Der Terminal ist mit öffentlichen Verkehrsmitteln oder per Taxi gut erreichbar. Hier fahren viele VIP-Busse.

Terminal-e Shargh (Terminal Ost; ☎ 021-7770 0590; http://terminals.tehran.ir; Damavand Rd; ▣ BRT bis Tehran Pars) Busse in die Provinz Khorasan und in die Region am Kaspischen Meer. Zu erreichen mit dem BRT von der Enghelab Avenue Richtung Osten oder per Taxi (325 000 IR ab Zentrum).

Terminal-e Jonub (Terminal Süd; Karte S. 56; ☎ 021-5518 5556; http://terminals.tehran.ir; Abassi St; Ⓜ Terminal-e Jonub) Hier fahren Busse in den Süden und Südosten ab. Zu erreichen mit Metrolinie 1 bis zur Station Terminal-e Jonub, dann geht's 300 m zu Fuß durch einen Tunnel; oder per Taxi Richtung Süden.

Terminal-e Gharb (Terminal-e Azadi, Terminal West; Karte S. 56; ☎ 021-4464 6269; http://terminals.tehran.ir; Ⓜ Meydan-e Azadi) Hier fahren die meisten Busse. Bedient die Region am Kaspischen Meer und Westiran sowie Ziele im Ausland wie Ankara und Istanbul (Türkei) oder Baku (Aserbaidschan). Zu erreichen mit der Metrolinie 4 bis Meydan-e Azadi, dann 250 m zu Fuß; oder von der Innenstadt mit einem Shuttletaxi Richtung Westen (nach „Meydan-e Azadi" fragen).

Die Busse verkehren in der Regel von etwa 7 bis 23 Uhr; nach Isfahan fahren vom zentralen Busbahnhof Arzhantin rund um die Uhr jede Stunde Busse.

Fahrkarten kauft man gewöhnlich am Busbahnhof. Die Verbindungen zu den wichtigsten Ziele sind so häufig, dass man außer rund um die großen Feiertage wie Nouruz normalerweise nicht im Voraus buchen muss.

FLUGZEUG

Internationaler Flughafen Imam Khomeini

Alle Auslandsflüge nutzen den **Internationaler Flughafen Imam Khomeini** (IKIA, IKA; www.ikia.airport.ir; Ⓜ Imam Khomeini International Airport) 35 km südlich von Teheran.

Die Einreise am IKIA ist langsam, aber normalerweise problemlos, wenn die Dokumente in Ordnung sind. Beim Verlassen der Gepäckausgabe wird das Gepäck geröntgt, doch Touristen werden meist in Ruhe gelassen.

Um vom Flughafen wegzukommen, benötigt man Bargeld. In der Ankunftshalle wechseln mehrere Banken Geld, allerdings zu schlechten Kursen. Dafür erhält man hier eine offizielle Umtauschquittung, welche man benötigt, um am Ende der Reise nicht ausgegebene Rial wieder zurückzutauschen. Bessere Kurse bieten die Geldwechselschalter auf der Abflugebene des Flughafens.

Handyprovider MTN hat zwei Schalter, an denen Irancell-SIM-Karten billiger und weniger umständlich als in der Stadt zu erwerben sind. Das Personal kann die SIM-Karte registrieren, während man wartet. Diese Dienste sind – theoretisch – rund um die Uhr erhältlich.

Wenn der Abflug nicht gerade sehr früh oder sehr spät erfolgt, was allerdings oft der Fall ist, sollte man für die Fahrt von der Innenstadt zum IKIA mindestens eine gute Stunde einplanen; eine weitere Stunde braucht man für Zoll und Passkontrolle. Wer Geld legal bei einer Bank umgetauscht und eine Quittung hat, kann theoretisch Rial in Dollar oder Euro zurücktauschen. Es scheint jedoch öfter vorzukommen, dass dies in der Praxis nicht möglich ist.

Inlandsflüge

Für Inlandsflüge wird der **Flughafen Mehrabad** (Karte S. 56; ☎ 021-61021, Fluginformationen 199; http://mehrabad.airport.ir; Ⓜ Mehrabad Airport Terminal 1 & 2) südlich des Azadi Square in Westteheran genutzt. Von hier starten täglich Flüge in fast alle Provinzhauptstädte in Iran. Die meisten Strecken bedient **Iran Air** (S. 375); dazu kommen einige kleinere Fluglinien. Die Preise für Inlandsflüge sind staatlich festgelegt, sodass es keine Preisunterschiede gibt. Am besten kauft man seine Tickets in Reisebüros, die haben das breiteste Angebot.

TAXI

Die meisten Orte in einem Radius von drei bis vier Autostunden sind von Teheran aus mit einem Savari (Sammeltaxi) zu erreichen, so etwa Amol, Sari, Kashan, Qom, Qazvin, Zanjan, Rasht und alles dazwischen. Diese Sammeltaxis fahren an ausgewiesenen Stellen am jeweiligen Busbahnhof ab. Nach Kashan und Isfahan fahren sie z. B. in der Nähe des Südeingangs des Terminal-e Jonub (Richtung Süden) ab, Savaris nach Sari und Amol fahren vor dem Busbahnhof Shargh (Richtung Osten) ab und alles Richtung Westen, nach Qazvin oder Zanjan vom Busbahnhof Gharb. Man fragt einfach nach „Savari" und nennt sein Ziel, dann wird einem gesagt, wo man hin muss.

ZUG

Teheran ist der Eisenbahnknotenpunkt von Iran und viele Verbindungen starten oder enden am eindrucksvollen **Bahnhof** (Karte S. 56; ☎ 021-5149, 139; www.raja.air.ir; Rah-Ahan Sq; Ⓜ Rahahan) am südlichen Ende der Valiasr Avenue. Ziele, Abfahrts- und Ankunftszeiten sind auf Englisch angezeigt und das Personal am Informationsschalter kennt die Fahrpläne in- und auswendig. Die Züge fahren pünktlich ab.

Fahrkarten kann man – bis zu einem Monat im Voraus – bei einem Reisebüro, online auf www.iranrail.net und am Bahnhof selbst kaufen.

ZÜGE AB TEHERAN

ZIEL	PREIS (IR)	DAUER (STD.)	HÄUFIGKEIT
Bandar Abbas	4-/6-Bett 800 000/600 000	20	2-mal tgl. (13.35 & 14.45 Uhr)
Gorgan	4-/6-Bett 500 000/300 000	10	tgl. (22 Uhr)
Isfahan	6-Bett 350 000	7½	alle 2 Tage (23 Uhr)
Kerman	4-/6-Bett 700 000/500 000	14	tgl. (11.55 Uhr)
Mashhad	4-/6-Bett & Sitzplatz 800 000/500 000/400 000	10–12	16-mal tgl.
Qom	Sitzplatz 40 000	2	3-mal tgl. (6, 15.15 & 17.45 Uhr)
Sari	Sitzplatz 180 000	6	tgl. (9.20 Uhr)
Tabriz	4-/6-Bett 500 000	12	2-mal tgl. (16 & 17.45 Uhr)
Yazd	6-Bett 400 000	6–8	3-mal tgl. (6.15, 16.35 & 22 Uhr)

Fahrpläne

Preise und Fahrpläne ändern sich häufig. Viele Züge, die im Sommer täglich fahren, verkehren im Winter weniger häufig.

Auf der Strecke zwischen Teheran und Mashhad gibt's zahlreiche Verbindungen, vom Zendegi mit 4-Bett-Abteilen der 1. Klasse inkl. Essen (800 000 IR) bis zum langsamen *bus train* (400 000 IR) ohne Schlafplätze. Die Züge kommen oft mitten in der Nacht am Ziel an – vor der Buchung checken!

Für Züge nach Bandar Abbas und Kerman kann man auch Fahrkarten bis zu Zwischenhalten wie Yazd kaufen.

ⓘ Unterwegs vor Ort

AUTO & MOTORRAD

Für Leute, die verrückt genug sind, in Teheran selbst zu fahren: **Europcar** (☎ 021-8836 6615; www.europcar.ir; ab 115 US$ pro Tag) ist am Internationalen Flughafen Imam Khomeini, am Flughafen Mehrabad und im Zentrum vertreten.

Die Preise für Privattaxis hängen vom Fahrzeugtyp, vom Ziel und davon ab, ob man einen Englisch sprechenden Fahrer haben möchte, der auch als Guide fungieren kann. Zu rechnen ist mit etwa 70 bis 100 US$ pro Tag. Ein sehr empfehlenswerter Englisch sprechender Fahrer und Guide ist **Ali Taheri** (S. 55).

Mehr oder weniger jedes Taxi in Teheran (eigentlich jedes Fahrzeug) kann gemietet werden (vor Ort bekannt als *taxi service, agence* oder *dar baste*). Ein Auto mit Fahrer, der kein Englisch spricht, kostet je nach Verhandlungsgeschick und Fahrstrecke etwa 50 US$ am Tag.

BUS

Tehersxan verfügt über ein umfangreiches Busnetz, doch da die Busse nach Geschlechtern getrennt, voll und im Vergleich zur Metro langsam, Taxis dagegen vergleichsweise billig sind, fahren nur wenige Reisende Bus. Wer's dennoch versuchen will: Die Busse fahren von etwa 6 bis 22 oder 23 Uhr, freitags und an Feiertagen nicht so lang. Die Fahrkarten kosten fast nichts und werden an Ticketschaltern bei den Bushaltestellen oder an den Busbahnhöfen verkauft; beim Einsteigen gibt man sie dann dem Fahrer. Das Ziel der Busse ist nie auf Englisch angegeben – im Hotel nach den Routen erkundigen oder jemanden an der Bushaltestelle fragen.

Bus Rapid Transport (BRT)

Praktischer als die normalen Stadtbusse sind die BRT-Schnellbusse, die auf zehn Strecken auf eigenen Fahrspuren verkehren. Auf den meisten Strecken fahren sie alle zwei bis drei Minuten – zu Stoßzeiten sind sie aber trotzdem rappelvoll. Die Fahrkarten kosten 7000 IR. Zwei Strecken sind besonders praktisch für Reisende:

Vom Rah-Ahan (Bahnhof) nach Tajrish Gut für Fahrten entlang der Valiasr Avenue bis zum **Busbahnhof Tajrish** (Karte S. 52), allerdings sind diese Busse wegen der Ampeln und Staus an den wichtigsten Haltestellen alles andere als schnell.

Vom Azadi Square zum Tehran Pars Verbindet die Innenstadt mit dem Azadi Square im Westen und dem Terminal-e Shargh (Busbahnhof Richtung Osten).

VOM/ZUM FLUGHAFEN

Internationaler Flughafen Imam Khomeini

Die Metrolinie 1 (rot) ist sowohl die billigste als auch die schnellste Verbindung zwischen IKIA und Innenstadt (7000 IR, 30–55 Min.).

Ein Taxi vom IKIA kostet den Festpreis von 750 000 IR. Von Nordteheran zum IKIA kostet ein Taxi etwa 1 000 000 IR, von Südteheran weniger.

Flughafen Mehrabad

Zum Flughafen Mehrabad fährt die Metrolinie 4 (gelb). Am Flughafen gibt es zwei Stationen für die unterschiedlichen Terminals, deshalb vorher nachfragen, an welcher man aussteigen muss.

Die Taxipreise ab dem Inlandsflughafen sind festgelegt: Nach Südteheran oder Zentrum kostet die Fahrt ca. 300 000 IR, nach Nord- und Ostteheran etwa 450 000 IR. Zu den Hauptverkehrszeiten ist die Fahrt teurer – sie dauert wahrscheinlich auch doppelt so lang.

Man kann auch ein Shuttletaxi nehmen. Wenn man dem Fahrer sagt „na dar baste" (keine geschlossene Tür), hält er noch nach anderen Fahrgästen Ausschau, die in die gleiche Richtung wollen. Außerdem fahren Busse zum Enghelab und Vanak Square.

METRO

Am besten bewegt man sich in Teheran mit der Metro (http://metro.tehran.ir) fort, die die Wegezeiten auf einigen Strecken um bis zu einer Stunde verkürzt hat. Bei Redaktionsschluss waren fünf Linien fertig gestellt, an zwei weiteren wurde gebaut.

Fahrkarten gibt's in zweierlei Form. **Magnettickets** für Fahrten zwischen zwei beliebigen Stationen kosten für eine Fahrt 7000 IR, für zwei Fahrten 11 0000 IR. Preisgünstiger und praktischer sind die **Guthabenkarten**: Sie kosten zunächst 50 000 IR, mit einem Guthaben von 35 000 IR, und können dann an den Metrostationen weiter aufgeladen werden. Mit ihnen sind Einzelfahrten erheblich billiger.

Die Guthabenkarten können auch in Bussen wie den BRT-Schnellbussen benutzt werden. Bei Fahrtantritt und -ende müssen die Karten an ein Lesegerät gehalten werden. An einigen Bahnhöfen befindet sich dieses an der Wand statt an der Kartenschranke – einfach schauen, was die anderen Fahrgäste machen.

Die Bahnen fahren von etwa 6 Uhr (freitags und an Feiertagen ab 7 Uhr) bis 23 Uhr. Am häufigsten und vollsten sind die Bahnen in den Stoßzeiten (7–9 und 15–17 Uhr). Der erste und letzte Waggon ist jeweils für Frauen reserviert; jedoch dürfen Frauen auch in anderen Waggons mitfahren. Die Durchsagen an den Bahnhöfen sind nur auf Farsi – am besten orientiert man sich an den englischen Fahrplänen in den Wagen.

Linie 1 (rot)

Die Linie 1 ist die praktischste für Touristen. Sie fährt vom Internationalen Flughafen Imam Khomeini nach Tajrish hoch im Norden der Stadt. Tajrish ist der Ausgangspunkt für Ausflüge nach Darband, Tochal und die Palastkomplexe Sa'd-Abad und Niyavaran. Richtung Süden hält die Linie 1 am Terminal-e Jonub, in Rey und am Bahnhof Haram-e Motahar (für das Grabmal des Imam Khomeini und den Märtyrerfriedhof Behesht-e Zahra).

Linie 2 (dunkelblau)

Die Linie 2 verkehrt zwischen Sadeghieh im Westen – wo sie Anschluss an die Linie 5 (grün)

nach Karaj bietet – und Farhangsara im Osten. An der Station Imam Khomeini kreuzt sie die Linie 1. Sie ist praktisch Reisende, die in den günstigen Unterkünften an der Amir Kabir Street wohnen (Station Mellat).

Linie 3 (hellblau)

Die Linie 3 fährt von Azadegan in den südwestlichen Vororten in den weit im Nordosten gelegenen Vorort Ghaem. Nützliche Stopps sind Rah Ahan (Bahnhof), Teatr-e Shahr und Meydan-e Valiasr (Zentrum) und Nobonyad (Niyavaran Palastkomplex im Nordosten).

Linie 4 (gelb)

Die Linie 4 fährt vom Flughafen Mehrabad im Westen nach Shahid Kolahdooz in den südöstlichen Vororten. Sie ist praktisch als Verbindung zwischen Zentrum und Meydan-e Azadi (für den Azadi-Turm und Terminal-e Gharb).

Linie 5 (grün)

Die Linie 5 verkehrt zumeist oberirdisch und ist eigentlich eine Verlängerung der Linie 2. Sie verläuft von Sadeghieh Richtung Westen über Karaj nach Golshahr.

TAXI

Taxifahrten sind in Teheran teurer als im restlichen Iran; Taxameter gibt's keine.

Motorradtaxi

In der ganzen Stadt warten an den größeren Straßenecken Motorradtaxis auf Kundschaft, um diese wieselflink durch die Stadt zu befördern. Sie sind genauso teuer wie Taxis, brauchen aber nur halb so lange. Einen Helm für die Passagiere gibt's natürlich nicht.

Privates Taxi

Offizielle private Taxis sind in der Regel gelb und grün. Viele Einheimische nutzen für Fahrten in der Stadt die App Snapp (https://snapp.ir) – das funktioniert ähnlich wie Uber, aber bei der Bestätigung der Buchung erhält man einen ungefähren Preis genannt, den man dann bar begleichen kann.

Alternativ bittet man im Hotel darum, dass das Personal ein **Wireless Taxi** (✆133) bestellt, das etwas teurer ist. Weiblichen Fahrgästen vorbehalten sind die grünen Taxis der **Women's Taxi Company** (✆1814).

Wer nicht mit den gängigen Taxipreisen vertraut ist, sollte einen Preis aushandeln, bevor er ins Taxi steigt. Die meisten Taxifahrer fahren für weniger als 100 000 IR gar nicht erst los. Verhandeln ist angesagt!

Um von Süd- nach Nordteheran zu gelangen, braucht man mindestens eine halbe Stunde, in den Hauptverkehrszeiten erheblich länger – dann steigen auch die Preise. Die Fahrt vom Imam Khomeini Square zum Valiasr Square kostet ca. 100 000/150 000 IR (normal/Rush-hour), vom Imam Khomeini Square zum Tajrish Square ca. 250 000/500 000 IR. Für Fahrten in der Stadt kann man ein Taxi für rund 400 000 IR pro Stunde chartern.

Shuttletaxi

Auf den Hauptstraßen zwischen den wichtigsten Plätzen *(meydans)* pendeln Shuttletaxis. Am besten lernt man die Namen der Plätze und schaut sich vorher an, welchen man ansteuern möchte. Wichtige Shuttletaxi-Knotenpunkte sind die Plätze Imam Khomeini, Vanak, Valiasr, Tajrish, Arzhantin, Azadi, Ferdowsi, Enghelab, Haft-e Tir, Rah-Ahan und Imam Hossein. Dabei kann es an diesen Plätzen mehrere Haltestellen für Shuttletaxis in unterschiedliche Richtungen geben. Auf längeren Strecken muss man gewöhnlich das Shuttletaxi wechseln.

RUND UM TEHERAN

Skigebiete im Elburs

Zwischen Dezember und März sind von Teheran aus fünf Skigebiete im Rahmen von Tagesausflügen erreichbar. Am leichtesten zugänglich ist Tochal (S. 51), das durch die Tochal Telecabin (S. 51) direkt mit Nordteheran verbunden ist. Bei gutem Wetter lohnt Tochal auch dann einen Besuch, wenn man nicht Ski fährt – eine tolle Möglichkeit, der Stadt zu entfliehen.

Die nächsten Skigebiete sind 50 km nordöstlich von Teheran auf dem Weg zum Berg Damavand **Abali** (پیست اسکی آبعلی); Sessellift 150 000 IR pro Fahrt, Schlepplifte 250 000 IR pro Tag; ☉Dez.–März 8–18 Uhr) und 62 km nördlich der Stadt die benachbarten Dörfer Shemshak und Darbansar. Das größte – und beste – Skigebiet ist Dizin. Es liegt allerdings auch am weitesten von Teheran entfernt: 125 km nördlich, zu erreichen über die Straße nach Chalus, die in der Skisaison gewöhnlich die einzige mögliche Zufahrt ist.

Dizin ديزين

☑ 026 / 2700 M

Dizin (پیست اسکی دیزین; ☑ 0912 818 3454; www.dizinskiresort.com; Liftpass 1 060 000 IR; ☉Dez.–Mai 8–16 Uhr), das größte Skigebiet in Iran hat mit drei Gondelbahnen und zahlreichen Sessel- und Schleppliften internationales Niveau. Das gesamte Liftnetz ist allerdings meist nur donnerstags und freitags in Betrieb. Die Station liegt auf 2700 m Höhe

und der Höhenunterschied beträgt 900 m. Schnelle Abfahrten sind möglich, doch insgesamt sind die Pisten eher wenig herausfordernd.

Saison ist etwa von Dezember bis Mai, am sichersten herrschen gute Skiverhältnisse zwischen Januar und März. Einige Pisten sind präpariert, bei Neuschnee gibt's jede Menge Möglichkeiten zum Tiefschneefahren abseits der Pisten. Außer donnerstags und freitags muss man auch nur sehr selten an den Seilbahnen und Liften anstehen. Die Skischule kostet 100 US$ pro Tag.

Die gesamte Ausrüstung inklusive Snowboards und Bekleidung kann in Läden im Skigebiet selbst und im nahen Velayat Rud geliehen werden. Skier, Skistiefel und Stöcke kosten ab 450 000 IR pro Tag.

🛏 Schlafen

★ Seven Hostel in Dizin HOSTEL $

(☑ 021-6696 0192; www.sevenhostels.com; Velayat Rud; B/Zi. 20/45 US$; ☎) Das gemütliche Hostel im Chaletstil im Dorf Velayat Rud, rund 5 km vom Skigebiet, ist ein ausgezeichneter Deal für Backpacker, die sich im Skigebiet Dizin auf die Pisten begeben möchten. Das freundliche Betreiberpaar bereitet auf Wunsch auch Mahlzeiten zu (kostet extra). Ein einfaches Frühstück, den ganzen Tag über Getränke und der Transfer nach Dizin sind im Übernachtungspreis inbegriffen.

Dizin Hotel HOTEL $$

(Hotel Jahangardi; ☑ 026-3521 2978; www.hoteldizin.ir; Zi./Hütte/Chalet ab 130/295/355 US$; P @) Das komfortable Dizin Hotel direkt am Fuß des Skigebiets verteilt sich auf zwei Komplexe. Die Zimmer sind in Ordnung, wobei die im Hauptgebäude (Dizin 1) mit der besseren Aussicht aufwarten. Außerdem stehen 4- und 5-Bett-Hütten und -Chalets zur Verfügung. In der Nebensaison lässt sich bei den Preisen gut handeln.

❶ An- & Weiterreise

Die Hauptzufahrt nach Dizin ist die Straße von Teheran nach Chalus. Das Skigebiet liegt rund 125 km von Teheran entfernt. Für die letzten 10 km benötigt man Schneeketten oder einen Geländewagen. Ein Taxi ab Teheran kostet rund 1,5 Mio. IR für eine Strecke.

Alternativ nimmt ab dem Terminal-e Gharb (Busbahnhof Richtung Westen) einen Bus Richtung Chalus (VIP/*mahmooly* 350 000/270 000 IR) und lässt sich an der Abzweigung zum Skigebiet Dizin absetzen. Die letzten 15 km muss man dann trampen.

HEILIGER SCHREIN DES IMAM KHOMEINI & BEHESHT-E ZAHRA

Das **Mausoleum des Ajatollah Ruhollah Khomeini** (مرقد مطهر امام خمینی; [☎] 021-5522 7578; www.harammotahar.ir; [🕐] 24 Std.; [M] Haram-e Motahar) ist eines der größten Bauprojekte der Islamischen Republik. Das Mausoleum hat enorme Ausmaße – weshalb viele Gräber des riesigen Friedhofs **Behesht-e Zahra** (بهشت زهرا; www.beheshtezahra. tehran.ir; [M] Haram-e Motahar) verlegt werden mussten – und beherbergt neben der letzten Ruhestätte des Ajatollah weitere Grabmäler wie das von Khomeinis Frau, seinem zweiten Sohn und mehreren wichtigen politischen Persönlichkeiten. 2017 wurde hier der ehemalige Präsident Akbar Rafsandschani beigesetzt.

Der Schrein wird von vier 91 m hohen Türmen flankiert, deren Höhe Khomeinis Alter bei seinem Tod entsprechen. Die riesige Kuppel in der Mitte ist mit 72 Tulpen geschmückt. Sie stehen für die 72 Märtyrer, die in Kerbala zusammen mit Imam Hossein kämpften und starben.

Khomeinis Grabmal in der gewaltigen, mit 12 000 jeweils 12 m² großen Teppichen ausgelegten Haupthalle ist mit einem Gitter aus rostfreiem Stahl umgeben, durch das hindurch die Gläubigen dem Schrein die Ehre erweisen und in das sie nicht gerade wenige Geldscheine stecken. Dabei nähern sich Männer und Frauen dem Grabmal von unterschiedlichen Seiten.

Mit dem Bau des 20 km² großen Komplexes wurde 1989 begonnen, nach Khomeinis Begräbnis, das sich zu einem Tumult mit rund 10 Mio. untröstlichen Trauernden auswuchs. Und die Anlage ist noch nicht fertig: Die Decke der Grabhalle soll wie in vielen anderen schiitischen Schreinen mit winzigen Spiegeln bedeckt werden.

Am und rund um den 4. Juni, den Todestag des Ajatollahs, sollte man den Schrein meiden. Es kommen Hunderttausende Trauernde hierher. Im heiligen Monat Muharram sprudelt aus den Brunnen um den Schrein herum rot gefärbtes Wasser.

Wer Zeit hat, kann noch zum Behesht-e Zahra hinüberbummeln. Teherans größter Friedhof ist vor allem als letzte Ruhestätte zehntausender von Soldaten bekannt, die im Ersten Golfkrieg (1980–1988) ihr Leben ließen. Wie Fenster in eine andere Zeit enthalten rund 200 000 kleine Glaskästchen jeweils ein kleines Erinnerungsstück – eine Uhr, ein Messer, einen Brief –, das einst dem Vater, Sohn oder Ehemann gehörte, der von einem vergilbten Foto blickt.

Dizin ist außerdem von einem oberen Parkplatz (7–17 Uhr) an der Straße von Shemshak, nur 52 km von Teheran, zu erreichen. Wenn man diesen Zugang auf 3010 m Höhe anfahren möchte, muss man sich vorher nach dem Wetter erkundigen, damit man keine bösen Überraschungen durch Schneefälle erlebt. Von Juni bis Oktober führt eine tückische Serpentinenstraße von diesem Parkplatz hinunter zum Hauptparkplatz beim Dizin Hotel.

Reisebüros in Teheran verkaufen Pauschalpakete inklusive An- und Abreise, Unterkunft und Skipass.

Shemshak & Darbansar

شمشک دربندسر

[☑] 021 / 2550 M

Die benachbarten Skigebiete Shemshak und Darbansar in einem steilen Tal gut 50 km nördlich von Teheran bieten Pisten, die auch passionierte Skifahrer und Snowboarder entzücken. Außerhalb der Skisaison (Ende Dez.–März) bieten beide Dörfer eine gute Möglichkeit, der Luftverschmutzung, der Hitze und dem Chaos in Teheran zu entfliehen.

Im Winter lohnt es sich, auf dem Weg nach Shemshak nach dem gefrorenen Wasserfall von **Meygoon** Ausschau zu halten, wo man eisklettern kann.

🎿 Aktivitäten

Stiefel, Skier und Stöcke können in beiden Dörfern für ab 450 000 IR pro Tag geliehen werden.

Da die Pisten recht nah an Teheran liegen, muss donnerstags, freitags und an Feiertagen mit großem Andrang gerechnet werden.

Skigebiet Shemshak   SKIFAHREN

(پیست اسکی شمشک; [☎] 021-2652 7445; www.skicom plex.ir; Liftpass Sa–Mi/Do&Fr 600 000/660 000 IR; [🕐] Ende Dez.–April 8–15 Uhr) Das staatliche Skigebiet Shemshak, das zweitgrößte Skigebiet in Iran nach Dizin, bietet schwieriges Terrain mit zumeist schwarzen Pisten. Der Höhenunterschied beträgt rund 500 m, teils an 45-Grad-Hängen, und es gibt jede Menge Buckel. Es gibt keine Seilbahnen, lediglich zwei Sessel- und vier Schlepplifte die beiden Hauptpisten hinauf.

Skigebiet Darbansar
SKIFAHREN

(پیست اسکی دربندسر; ☑ 021-2652 5175; www.dar bandsarski.ir; Liftpass ganzer Tag/8–15 Uhr/16–21 Uhr 1 200 000/940 000/710 000 IR; ⊙Ende Dez.–März 8–21 Uhr) Das privat betriebene Skigebiet Darbansar auf einer Höhe von 2650 bis 3150 m ist moderner als das benachbarte Shemshak. Die Pisten sind mittelmäßig schwierig und es gibt jede Menge Möglichkeiten zum Fahren abseits der Pisten, u. a. hinüber nach Dizin auf der anderen Seite des Kashoolak. Außerdem gibt's eine Skischule und die Gelegenheit, abends bei Flutlicht zu fahren.

🛏 Schlafen

Das nette **Shemshak Tourist Inn** (Hotel Jahangardi; ☑ 021-2652 6912; www.ittic.com; EZ/2BZ 1 800 000/2 600 000 IR; 🕾) ist ein kleines Hotel im Chaletstil rund 400 m unterhalb der Skilifte von Shemshak. In der Skisaison es allerdings nicht direkt mit dem Auto erreichbar – man muss von der Hauptstraße aus 300 Stufen erklimmen.

In beiden Dörfern kann man Wohnungen mieten (Sommer/Winter ab 50/70 US$); in beiden Gebieten ist es samstags bis mittwochs billiger und leerer.

✕ Essen & Ausgehen

Chillax Café & White Lounge
Restaurant
INTERNATIONAL $

(☑ 021-2652 7936; www.facebook.com/chillaxcafe. ir; 3. OG, Sierra Bldg, Shemshak; Hauptgerichte 180 000–320 000 IR; ⊙8–24 Uhr; 🕾) Das schickste Restaurant in Shemshak und Darbansar ist dieser Laden, in den die liberale Teheraner Skiszene kommt, um zu sehen und gesehen zu werden. Kellner in modischer schwarz-grauer Kleidung, eine elegante Einrichtung und schmackhafte iranische und ausländische Gerichte und Getränke treffen voll ins Schwarze.

Siavash
CAFÉ

(☑ 021-2652 4109; Darbansar; ⊙8–23 Uhr; 🕾) In dem netten Café einen kurzen Spaziergang bergab vom Skigebiet Darbansar treffen sich die Einheimischen, trinken Kaffee oder Tee und gönnen sich ein Stück Kuchen oder eine Wasserpfeife. Außerdem kann man sich hier gut nach Ferienwohnungen in der Gegend erkundigen.

ℹ An- & Weiterreise

Shemshak und Darbansar liegen rund 55 km nördlich von Teheran. Ein Taxi ab Tajrish in Nordteheran kostet je nach Verhandlungsgeschick zwischen 400 000 und 600 000 IR.

Von Shemshak führt die Straße weiter zum oberen Parkplatz von Dizin und von Juni bis Oktober auch hinunter bis zum Fuß des Skigebiets. Ob die Straße geöffnet ist, kann man bei Einheimischen erfragen – Teile der Straße sind nicht asphaltiert und ob man hier sicher unterwegs ist, hängt vom Wetter ab und davon, ob man ein Fahrzeug mit Schneeketten oder einen Geländewagen hat.

Damavand
کوه دماوند

☑ 011

Der inaktive Vulkan Damavand (5671 m) nordöstlich von Teheran ist der höchste Berg im Nahen Osten. Er sieht ein wenig wie der Fuji aus und als eines der bekanntesten Wahrzeichen Irans erscheint er auf dem 10 000-IR-Schein, auf Flaschen mit Damavand-Quellwasser und auf zahlreichen weiteren Waren.

Bei gutem Wetter stellt die dramatische Bergkulisse um den Damavand herum genügend Verlockung dar. Dazu kommen aber noch nette warme Quellen im nahen Dorf Abgarm sowie in der Wintersportsaison die Möglichkeit zum Skifahren im Skigebiet Abali auf dem Weg von Teheran herauf. Die meisten Leute, die die Gegend um den Damavand ansteuern, kommen jedoch hierher, um den Gipfel zu besteigen. Dazu steuert man am besten zunächst den großen, komfortablen Polour Mountain Complex (2270 m) an, den die Iran Mountaineering Federation errichtet hat. Hier kann man sich bestens akklimatisieren, bevor man den Aufstieg über die Süd- oder Westwand in Angriff nimmt. Die Bergsteigersaison dauert von Juni bis September, für erfahrene Bergsteiger von Mai bis Oktober.

Besteigung

Auf den Damavand führen 16 verschiedene Routen, doch die überwiegende Mehrheit der Bergsteiger nimmt die klassische Südroute. Informationen zur Nordroute erteilen die Englisch sprechenden Eigentümer des Geschäfts Varzesh Kooh (S. 68), die auch Kontakte zu Bergführern vermitteln können.

Vom bergsteigerischen Standpunkt aus ist der Damavand mehr oder weniger ein Spaziergang. So schnell so hoch hinaufzugelangen ist eigentlich schon der gefährlichste Aspekt des Ganzen: Jedes Jahr fallen Leute der Höhenkrankheit zum Opfer (auf Schwindel, Kopfschmerzen, Übelkeit und geschwollene Finger achten!). Der Vulkan brach zuletzt vor rund 7300 Jahren aus, doch in der Nähe des Gipfels treten immer noch Schwefeldämpfe aus, die ausreichend giftig sind, um Schafe, die sich hierher verirrt haben, zu töten und Bergsteiger fernzuhalten.

Die meisten Erstbesteiger nutzen die Dienste eines Bergführers. Eine dreitägige Tour ab Teheran inklusive Guide, Transport, Verpflegung, Unterkunft, Esel usw. kostet rund 550 US$. Darin inbegriffen ist auch eine Gebühr in Höhe von 50 US$, die Ausländer für die Besteigung des Bergs an den Staat zahlen müssen. Ein Bergführer nur für eine zweitägige Besteigung des Bergs kostet etwa 100 US$ pro Tag.

Für die Besteigung des Damavand plant man am besten drei Tage ein. Vom Polour Mountain Complex fährt man 11 km mit einer Straße zum Camp 2, anschließend läuft man zum Camp 3 (Base Camp) und startet von dort den Aufstieg. Karte und Informationen zu den verschiedenen Routen gibt's auf www.damawand.de. Unterwegs gibt's kein Wasser und die Hütte lässt sich auch nicht buchen; donnerstags und an Feiertagen ist sie voll mit Studenten aus Teheran. Es empfiehlt sich also, Zelt, Schlafsack und vielleicht einen Kocher mitzunehmen, den man beim Aufstieg im Camp lässt. Selbst im Juli sind die Nächte frostig und am Gipfel kann es –10 °C kalt sein. Wasserflaschen sollten tagsüber aufgefüllt werden, da das Wasser gefroren ist, wenn man morgens aufsteht.

Im August sollte der Gipfel ohne besondere Ausrüstung zu erreichen sein. Man benötigt keinerlei technisches Equipment, muss jedoch fit sein und braucht warme Kleidung sowie Wanderstiefel. Außerdem sollte man immer daran denken, dass das Wetter plötzlich umschlagen und es selbst im Sommer schneien kann. Die meisten Leute kehren innerhalb eines Tages vom Gipfel herunter und direkt nach Teheran zurück.

Warme Quellen

Nachdem man sich bei der Besteigung des Damavand vorausgabt hat, locken die warmen Quellen im oberen Teil des Dorfs Abgarm rund 6 km östlich von Rineh, in deren Umkreis es mehrere Hotels gibt. Der **Spa-**

Komplex Almase Shargh (East Diamond Spa Complex; ☑ 0911 220 0025; www.larijanhotwater.ir; Abgarm-e bala, Larijan; 150 000 IR; ⏱ 8–24 Uhr) ist eine moderne öffentliche Anlage für Männer; Frauen müssen den Komplex als Gruppe mieten. Oder man fragt im Dorf herum, wo man (für etwa 25 US$ pro Nacht) ein Zimmer mieten kann; im Mietpreis inbegriffen ist dann Frühstück, Tee und ein Bad in einer privaten warmen Quelle.

🛏 Schlafen & Essen

Polour Mountain Complex   HOSTEL $
(☑ 011-4334 2802; www.msfi.ir; Polour; B/Zi. ab 940 000/1 100 000 IR) Das große, von der Iran Mountaineering Association geführte zweckmäßige Hostel ist das Basiscamp für viele, die den Damavand besteigen möchten. Die Herbergsbetten in den schlicht eingerichteten Zimmern sind bequem. Duschen kostet 50 000 IR, wer jedoch ein Zimmer (mit 6 Betten) mietet, hat eine Dusche inklusive. Es gibt kein Café, aber eine Küche für Selbstversorger.

Hier muss man auch die 50 US$ für die Besteigung des Damavand bezahlen. Der Bergsteigerverband verfügt außerdem noch über einen kleineren Schlafsaalkomplex im nahen Dorf Rineh.

⭐ **Koohestan**   IRANISCH $
(☑ 0912 318 9437; camp.polur@gmail.com; Manzarieh, Polour; Mahlzeiten 350 000 IR; ☎) Das gemütliche Restaurant im Blockhüttenstil, geführt vom Englisch sprechenden Bergsteiger Amir, der sich zudem bestens auskennt, serviert hervorragende Kebabs, geschmorte Lammhüften und Gemüsegerichte. Das Restaurant befindet sich, wenn man ins Dorf kommt, links, fast ganz oben am Hügel, mit englischem Schild und einem Grill draußen. Hier kann man auch gratis übernachten – solange man fürs Essen und Duschen (100 000 IR) zahlt.

Amir kann auch ein Haus für bis zu fünf Personen im Dorf vermitteln (2 000 000 IR inklusive Abendessen).

ℹ An- & Weiterreise

Am einfachsten sind das Dorf Polour und der Polour Mountain Complex von Teheran aus mit dem Taxi (2 000 000 IR *dar baste*, 2 Std., 80 km) zu erreichen. Oder man nimmt am Terminal-e Shargh (Busbahnhof Richtung Osten) einen Bus (200 000 IR), steigt in Polour aus und fährt von dort mit dem Taxi zum Camp.

Rey رى

🎧 021

Im 11. und 12. Jh. war Rey (auch bekannt als Shahr-e Rey) eine Hauptstadt des Seldschuken-Reiches. Als im 13. Jh. die Mongolen durchs Land pflügten, wurde die Stadt zerstört. Heute ist Rey ein Vorort von Teheran.

Dennoch wartet Rey noch immer mit genug Geschichte auf, die eine stimmungsvolle Atmosphäre erzeugt. Die wichtigste Sehenswürdigkeit ist der reich verzierte Schrein für einen muslimischen Heiligen des 9. Jhs. Neben dem Schreinkomplex ist ein quirliger Basar, weiter entfernt gibt es noch einige kleinere historische Sehenswürdigkeiten.

Ein Besuch in Rey lässt sich leicht mit einem Abstecher zu dem Imam-Khomeini-Schrein und dem benachbarten Friedhof Behesht-e Zahra kombinieren.

🞊 Sehenswertes

Die bedeutendste Sehenswürdigkeit von Rey ist das **Imamzadeh Shah-e Abdal-Azim** (شاه عبدالعظیم; http://abdolazim.com; ⏲ 24 Std.; Ⓜ Shahr-e Rey) GRATIS. Das Mausoleum wurde ursprünglich für einen Nachfahren des Imam Hossein aus dem 9. Jh. erbaut. Es besitzt eine wunderschöne Kachelung, eine goldene Kuppel, im Hof ein Wasserbecken, einen Sarkophag aus Betelholz aus dem 14. Jh. mit feinen Verzierungen und genügend Spiegelmosaiken, dass einem schwindelig wird. Im selben Komplex befindet sich außerdem ein Schrein für Imam Hamzeh (Bruder des Imam Reza). Frauen müssen einen Tschador tragen, den es am Eingang gibt.

Teil des Komplexes ist ein kleines **Museum**, in dem mit Modellen dargestellt ist, wie sich der Komplex im Laufe der Jahrhunderte entwickelt hat. Auf alten Fotos ist zu sehen, wie es hier im 19. Jh. aussah.

Der benachbarte **Basar** (بازار قدیم رى; Tabrizi St; ⏲ 8.30–19 Uhr; Ⓜ Shahr-e Rey) ist voller Leben, kompakt und architektonisch reizvoll. Wer genügend Zeit hat, kann mit dem Taxi die natürlichen Mineralquellen **Cheshmeh Ali** (على چشمه تپه; Taqaviniya St; Ⓜ Shahr-e Rey, dann Taxi) ansteuern. Früher reinigten die Einheimischen in dem Becken ihre Teppiche. Auf den Felsen oberhalb befindet sich eine **Inschrift** aus der Zeit der Herrschaft von Fati Ali Schah (reg. 1797–1834), noch weiter oben sind die Ruinen der alten Befestigungsmauer von Rey, **Qal'-e Tabarak**, zu sehen. Ebenfalls nicht weit entfernt steht der **Toghoral-Turm** (برج طغرل; 38 Nabi Pour St; 100 000 IR; ⏲ Di–So 9–17 Uhr; Ⓜ Shahr-e Rey, dann Taxi) aus dem 12. Jh. Der 20 m hohe Backsteinturm wurde ursprünglich von einer konischen Kuppel bekrönt, die aber schon vor langer Zeit zusammengebrochen ist. Der von einem kleinen ummauerten Garten umgebene Turm markiert das Grab des Seldschuken-Königs Toghoral Beg.

🞨 Essen

Bam-e Rey IRANISCH $$
(📞 021-5596 7000; Fadaiyan St; Hauptgerichte 160 000–560 000 IR; ⏲ 10.30–22.30 Uhr; Ⓜ Shahr-e Rey) Das schickste Speiselokal von Rey besteht aus einem Restaurant und einem lockeren Café. Zu Kebab, frittiertem Fisch oder Pasta bringen die Kellner auch die Flagge des Heimatlandes des Gastes mit an den Tisch. Wer möchte, kann auf dem Dach mit Blick in Richtung des Basars und der Minarette des Mausoleums speisen.

ℹ An- & Weiterreise

Die Station Shahr-e Rey liegt an der Metrolinie 1. In Rey können Taxis für ungefähr 300 000 IR pro Stunde (Preis verhandelbar) gemietet werden.

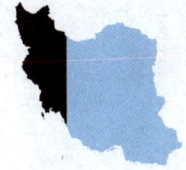

Westiran ایران غربی

Gut essen

➜ Paradisa Ahura Daniel (S. 148)

➜ Mostofi Restauant (S. 151)

➜ Negarossaltaneh (S. 122)

➜ Doorchin (S. 106)

➜ Shahriar (S. 94)

Schön übernachten

➜ Shushtar Traditional Hotel (S. 151)

➜ Gileboom Eco Lodge (S. 117)

➜ Hotel Anza (S. 100)

➜ Bam-e Sabz (S. 117)

➜ Navizar Hotel (S. 127)

Auf nach Westiran

Westiran, ein Landesteil mit wilden Extremen und wilder Geschichte, ist ein Abenteuerspielplatz für unabhängig Reisende. Von der fruchtbaren kaspischen Küste bis zur kargen, bergigen Nordgrenze und den verfallenen Wüstenruinen in den Ebenen im Süden: Diese Region bietet alles von Reisfeldern über Schneestürme bis zum Garten Eden. Durch die Nachbarschaft zu Mesopotamien, dem Osmanischen Reich und dem zaristischen Russland wandelte sich ihr Schicksal stets mit dem Aufstieg und Niedergang dieser Großreiche. Der geschichtsträchtige, auf spröde Art schöne und unglaublich gastfreundliche Landstrich nennt außerdem fast die Hälfe aller iranischen Unesco-Welterbestätten sein Eigen.

Die Region ist ein sprachlicher und kultureller Flickenteppich: In Kurdistan und Kermanshah leben überwiegend Kurden, in Ilam und Lorestan Luren, im südlichen Khuzestan Araber; in Gilan spricht man traditionell Taleshi und Gilaki und im Nordwesten dominieren die Aseris (Aserbaidschaner), deren Sprache mehr türkisch als persisch ist. In abgeschiedenen Gebieten und in kurdischen Städten werden Trachten getragen.

Reisezeit

Auf den zerklüfteten Gipfeln des Zagros-Gebirges nördlich von Hamadan fällt schon früh Schnee, der lange liegen bleibt, etwa von November bis März. In den Ebenen um Shush wird es ab Juni heiß.

Am schönsten ist die Region während der Blüte der Frühlingsblumen im April oder Mai und im Herbst zur Ernte der saftigen Trauben und köstlichen Maulbeeren im September oder Anfang Oktober.

Die klare, saubere Luft und das goldene Licht der niedrig stehenden Sonne machen den Winter zur besten Jahreszeit für Fotoexkursionen in die epischen Landschaften der Region.

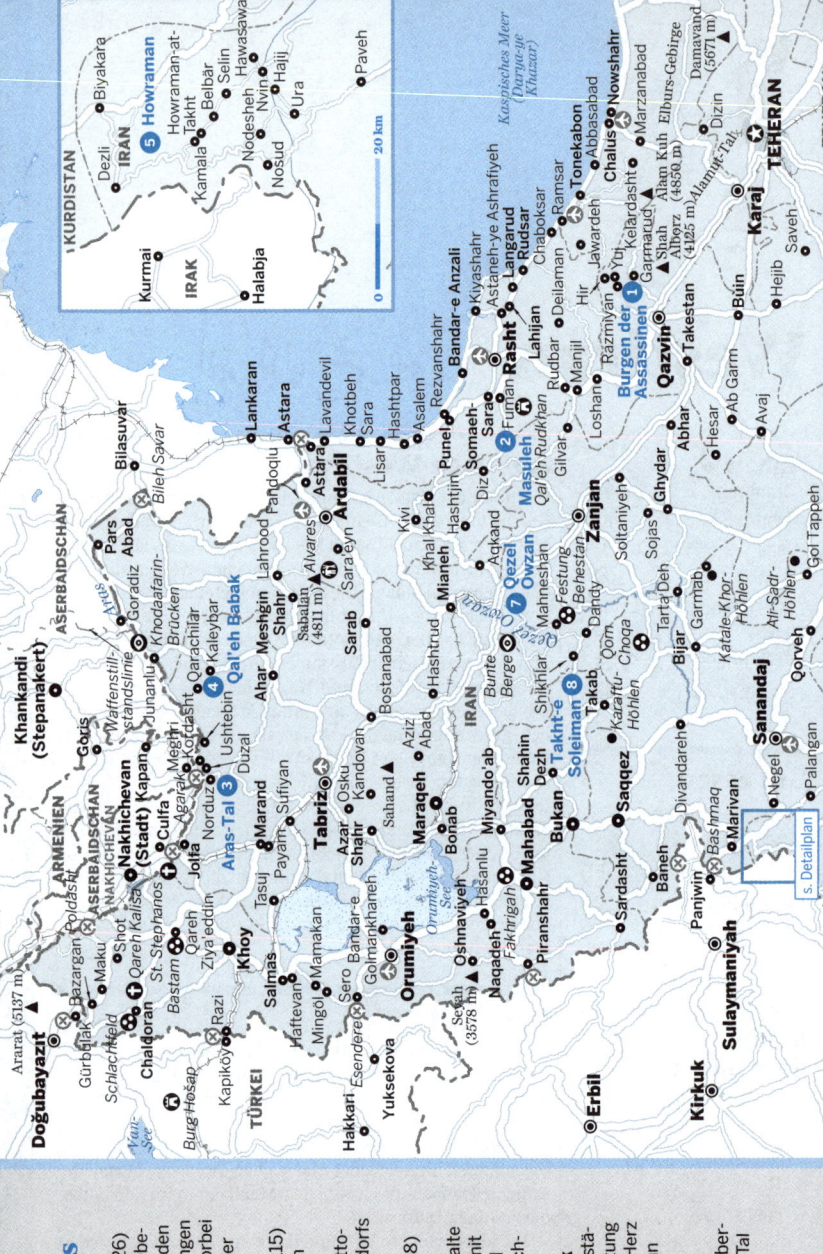

Kaspisches Meer
(Darya-ye Khazar)

20 km

0

Highlights

1 Burgen der Assassinen (S. 126)
Unterhalb schneebedeckter Gipfel an den Ruinen von Festungen aus dem 12. Jh. vorbei durch blumige Täler wandern.

2 Masuleh (S. 115)
Durch die üppigen Wälder von Gilan oberhalb eines pittoresken Terrassendorfs streunen.

3 Aras-Tal (S. 98)
In einem wunderschönen Flusstal alte Kirchen, Burgen mit Lehmmauern und großartige Schluchten erkunden.

4 Qal'eh Babak (S. 100) Die majestätische Babak-Festung stürmen, wo das Herz von Aserbaidschan schlägt.

5 Howraman (S. 131) In ein zauberhaftes, einsames Tal mit traditionellen

Map labels:

Dasht-e Kavir · Namak See · Kashan · Karkas (3899 m) · Isfahan · ISFAHAN · Qomsheh · Zagros-Gebirge · FARS · Hesar · Semirom · Nur Abad

Qom · Save · Delijan · Khomein · Komijan · Golpayegan · Khonsar · Daran · Shahr-e Kord · Borujen · Farsan · Ardal · Landeh · Dehdasht · Dogombadan · Yasuj

Assadabad · Hamadan · Kangavar · Tuyserkan · Jouker · Saruq · Arak · Aznā · Aligudarz · Oshtoran Kuh (4150 m) · Zard-Kuh-Kette · Chelgerd · Izeh · Dehdej · Behbahan · BUSHEHR

Asadabad · Sahneh · Bisotun · Harsin · Malayer · Nahavand · Borujerd · Dorud · Darb-e Astaneh · Bisheh · Sepid Dasht · Baghmalek · Ramhormoz · Bandar-e Imam Khomeini

Sar-e-Pol-e Zahab · Taq-e Bustan · Kermanshah · Eslam Abad · Alashtar · Kuhdasht · Talezang · Dez-Damm · Masjed-i Soleiman · Shadegan · PERSISCHER GOLF

Qasr-e Shirin · Khosravi · Kerend · Gilan-e Garb · Ilam · Nurabad · Andimeshk · Dezful · Shushtar · Haft Tappeh · Ahvaz · Karun · Abadan

Lumar · Mehran · Dehloran · Shush · Bin Jafar · Susangerd · Khorramshahr

BAGHDAD · Tigris · Al Kut · IRAK · Al-Basra · KUWAIT · Euphrat

200 km · 0

6 Choqa Zanbil

kurdischen Dörfern vordringen.

6 **Choqa Zanbil**
(S. 149) Sich von einer imposanten Zikkurat verzaubern lassen, die 2500 Jahre lang vergessen war.

7 **Qezel Owzan**
(S. 103) Abseits der ausgetretenen Pfade diesem Fluss vom nomadischen Khal Khal zu den Bunten Bergen folgen.

8 **Takht-e Soleiman**
(S. 107) Von der einsamen Tempelruine aus zuschauen, wie die goldene Sonne hinter schneebedeckten Gipfeln versinkt.

Bazargan ‏بازرگان‎

☎ 044 / 11 500 EW. / 1417 M

Autowerkstätten, Geschäfte und einige Hotels säumen die Imam Street in Bazargan, eine schnurgerade Straße, die auf die Silhouette des Berges Ararat zuläuft. Etwa 2 km vor dem Grenzübergang endet das Städtchen mit einem Grenztor.

Die meisten Reisenden übernachten nicht hier. Das beste der allesamt einfachen Hotels ist das **Shahriyar Hotel** (☎044-3437 2618; Imam St; DZ/3BZ 60/70 US$; P ☎); es hat auch das beste Restaurant.

Busse fahren vom 20 Minuten entfernten Maku; dorthin kommt man mit einem Savari (mind. 3 US$, verhandeln!). Je weiter man sich von den Zolltoren entfernt, desto billiger wird's.

Maku & Umgebung ماكو

☎ 044 / 46 000 EW. / 1218 M

Maku liegt verstreut am Fuße einer hoch aufragenden Schlucht und bietet sich als stimmungsvoller Ort für eine Übernachtung an. Außerdem lassen sich von hier aus die armenischen Kirchen im kargen, einsamen Umland ansteuern. Maku war lange Zeit eine bedeutende Festung, mit der die Grenze zum Osmanischen Reich geschützt wurde, und eines der aserbaidschanischen Khanate, die in der chaotischen Zeit nach dem Tode Nadir Schahs 1749 halb unabhängig wurden. 1829 schloss es sich erneut Iran an, doch das Khanat wurde erst ein Jahrhundert später vollständig aufgelöst. Hier gibt's eine Handvoll interessanter Sehenswürdigkeiten.

Das Herz der Stadt schlägt am Chahara Square an der Imam Khomeini Street und alles, was man braucht, liegt in der Nähe. Eine Querstraße nördlich liegt an der Taleqani Street der Basar, der Busbahnhof befindet sich 3 km südöstlich. Fast täglich fegt nachmittags der Wind einen Staubsturm durch die Stadt.

◉ Sehenswertes

★ Qareh Kalisa KIRCHE

(Schwarze Kirche, Thaddäuskirche; 200 000 IR; P) Mitten im Nirgendwo hinter dem gleichnamigen Dorf thront die Qareh Kalisa fotogen auf einem kargen Hügelchen 8 km abseits der einsamen Straße von Shot nach Chaldoran. Sie ist die besterhaltene mittelalterliche Kirche in Iran. Die Klosteranlage wurde nach einem Erdbeben größtenteils neu errichtet.

Die kleinere Kapelle mit schwarzen und weißen Steinbändern stammt aus der Zeit zwischen 1319 und 1329. Die gesamte Anlage gehört zum Unesco-Welterbe. Falls abgesperrt ist, die Glocke läuten!

Öffentliche Verkehrsmittel gibt es keine. Taxis von Maku über Shot kosten hin und zurück 25 US$ inklusive Wartezeit.

Maku-Festung FESTUNG

Über der Stadt, unterhalb einer überhängenden Klippe befindet sich die Ruine der einstigen Zitadelle von Maku, in der 1848 der Bab, Stifter des Babismus, Vorläufer des Bahaitums, neun Monate lang eingesperrt war. Zur Festung gelangt man, indem man vom Basar auf der Taleqani Street Richtung Norden geht und den Pfaden und Stufen an der Abu-Fazl-Moschee vorbei folgt. Der Spaziergang dauert etwa 25 Minuten – die Ausblicke sind atemberaubend.

Kapelle von Dzor-Dzor KAPELLE

(Kapelle der Jungfrau Maria) Die fotogene armenische Marienkapelle, Unesco-Weltkulturerbe, wurde auf höheres Terrain versetzt, als sich der nahe Stausee füllte. Von Maku hierher sind es 40 km auf einer bergigen, manchmal verschneiten Straße. Ein Bestelltaxi vom Tourist Inn kostet hin und zurück etwa 17 US$. Achtung: Der Staudamm darf beim Fotografieren nicht ins Bild geraten!

Palastmuseum Baghche Juq MUSEUM

Die für den kadscharischen Sardar (Militärgouverneur) Schah Muzaffar al-Din (reg. 1896–1907) erbaute zweistöckige Villa steht auf einem 11 ha großen Gelände mit Obstgärten und ummauerten Gärtchen im Dorf Baghche Juq, 7 km von Maku an der Straße nach Bazargan. Wie als Verbeugung vor Versailles glitzert und funkelt es in den Räumen, Sälen und im Atrium. Savaris vom Chahara Square in Maku verlangen für die Fahrt hierher 2 US$ pro Strecke.

🏃 Aktivitäten

Kletterwand KLETTERN

An der überhängenden Wand rund 100 m westlich der Ruine der Festung von Mau gibt's zahlreiche Kletterrouten.

🛏 Schlafen

Hotel Alvand HOSTEL $

(☎044-3422 3491; Imam Khomeini St; EZ/2BZ ohne Bad 400 000/600 000 IR) Das Alvand unmittelbar westlich des Chahara Square ist wahrscheinlich die beste unter den Billig-

ⓘ GRENZÜBERTRITT IN DIE TÜRKEI BEI BAZARGAN

Wer alleine unterwegs ist, kommt an diesem rund um die Uhr geöffneten Übergang innerhalb einer Stunde über die Grenze. Die **Grenzposten** (⊙ 24 Std.) befinden sich auf einem Hügel 2 km oberhalb von Bazargan (Sammeltaxi oder Minibus 50 000 IR, plus 50 000 IR fürs Gepäck) und sind nur 600 m von **Gürbulak** in der Türkei (keine Einrichtungen) entfernt. Die nächsten Unterkünfte auf türkischer Seite befinden sich 40 km östlich in Doğubayazıt, das für den Işak-Paşa-Palast von 1784 berühmt ist, ansonsten jedoch nichts zu bieten hat.

Richtung Osten – von Doğubayazıt nach Gürbulak – nimmt man an der Kreuzung Ağrı und Sehiltik Street, 100 m östlich der Tankstelle Karahan Petrol Ofisi (wo die *dolmuşlar* nach Ağrı warten), einen *dolmuş* (Minibus; 25 Min., letzter Minibus 17 Uhr). Die Kreuzung ist nur fünf Minuten zu Fuß vom kleinen Busbahnhof von Doğubayazıt und den billigen Hotels entfernt. Ab Doğubayazıt fahren auch Busse weiter Richtung Westen.

Reisende, die während der Bürozeiten in Iran ankommen, werden wahrscheinlich von einem höflichen iranischen Beamten der Tourismusbehörde begrüßt. Die Bank auf iranischer Seite im Zollgebäude bietet gute Kurse für Euro und Dollar. Türkische Lira werden hier nicht gewechselt; das muss man bei den etwas zwielichtigen Typen draußen erledigen oder, was sicherer ist, man fragt im Hotel im Dorf Bazargan nach. Die türkische Lira ist ansonsten in ganz Iran außer in Orumiyeh so gut wie wertlos.

Der gut vernetzte Tabrizer Führer und „Problemlöser" Hossein Ravanyar (S. 92) ist gut darin, Autofahrern an der Grenze die bürokratischen Hürden aus dem Weg zu räumen.

bleiben von Maku. Die Gemeinschaftseinrichtungen sind nicht so toll, aber die Zimmer sind okay.

Maku Tourist Inn   HOTEL $$
(Mehmansara Jahangardi; ☎ 044-3422 3212; Imam Khomeini St; EZ/DZ 980 000/1 340 000 IR; 🅿 ✳ 🕾) Das bei Weitem edelste Hotel von Maku bietet komfortable Zimmer, warmes Wasser, freundliches, Englisch sprechendes Personal und ein akzeptables Restaurant. Das Personal organisiert auch Taxis zu Orten in der Umgebung wie zur Qareh Kalisa und zur Kapelle von Dzor-Dzor.

✖ Essen & Ausgehen

Dr. Nadim   IRANISCH $
(☎ 044-3422 7771; Taleqani St; Mahlzeiten ab 150 000 IR) Die traditionellen Gerichte hier sind eine Ecke besser als das örtliche Fast Food. Das Lokal liegt bei der Kreuzung mit der Saadi Street, von der Straße zurückversetzt in einem Hof.

Café Ido   CAFÉ
(Imam Khomeini St; ⊙ 12–22 Uhr) Das schönste Café der Stadt hat große Fenster, die so dunkel sind wie sein Kaffee. Es befindet sich vor dem Maku Tourist Inn (S. 83).

Khoy   خوی

☎ 044 / 210 000 EW. / 1149 M
Die uralte Stadt Khoy („Salz"), benannt nach den Salzminen, die sie einst zu einer wich-

tigen Station an der Seidenstraße machten, liegt an der Kreuzung mehrerer Hauptstraßen und es ist gut möglich, dass eine Übernachtung hier zur Reiseroute passt. Die interessanteste Straße führt Richtung Nordosten kurvenreich über eine Bergebene zum einsamen Ort Chaldoran (Siah Cheshmeh) und zur Qareh Kalisa (S. 82) in dessen Nähe.

Im Westen von Khoy liegt das Grab des Derwischs und Philosophen **Shams Tabrizi** (Shams Tabrizi Blvd), der zu den wegweisenden muslimischen Denker in Iran gehört. Seine Verbindung (1244–1246) mit dem Dichter Rumi war für die Geschichte des Sufismus von vergleichbarer Bedeutung wie die Begegnung Jesu mit Johannes dem Täufer für das Christentum.

Zu den zuverlässig geöffneten Übernachtungs- und Essmöglichkeiten in Khoy gehören die komfortablen **Zomorod Apartments** (☎ 044-3634 3733; Amir Beyk Sq; EZ/DZ/3BZ 1 150 000/1 520 000/1 920 000 IR; 🅿 ✳ 🕾) und das etwas abgewohnte **Tourist Inn** (Hotel Jahangardi; ☎ 044-3644 03552; www.ittic.com; Golestan-Gärten, Engelab St; 2BZ/3BZ 1 450 000/2 550 000 IR; 🅿 🕾).

ⓘ An- & Weiterreise

Iran Aseman (☎ 044-3622 2499) fliegt nach Teheran (40 US$).

Alle Busse, Minibusse und Savaris fahren vom **Hauptbusbahnhof** an der Ringstraße südlich der Stadt beim Ghorubi Boulevard. Um 11 Uhr fährt ein Minibus direkt nach Van (S. 94) in der

Orumiyeh

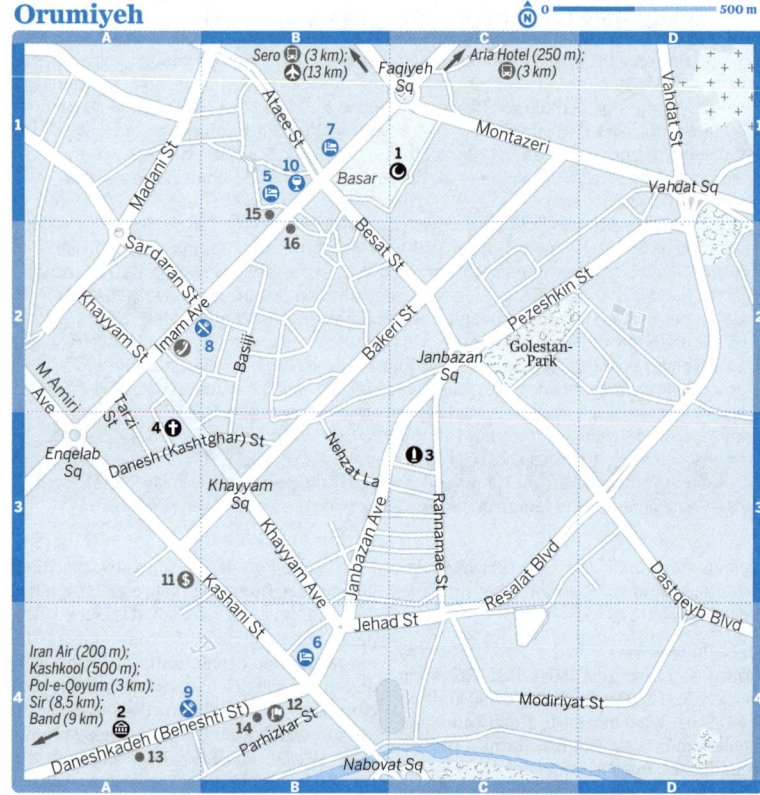

Sero (3 km);
(13 km)
Faqiyeh
Sq
Aria Hotel (250 m);
(3 km)
Ataee St
Montazeri
Madani St
7
10
5
15
Basar
1
16
Vahdat St
Vahdat Sq
Sardaran St-e
Besat St
Khayyam St
Imam St
Ilili
8
Baq
Bakeri St
Janbazan
Sq
Golestan-
Park
Pezeshkin St
M Amiri Ave
Tarzi
St
Enqelab
Sq
Danesh (Kashtghar) St
4
Khayyam
Sq
Nehzat La
3
Janbazan Ave
Rahnamae St
Resalat Blvd
Dastqeyb Blvd
11
Kashani St
Khayyam Ave
Jehad St
6
Iran Air (200 m);
Kashkool (500 m);
Pol-e-Qoyum (3 km);
Sir (8,5 km);
Band (9 km)
9
2
Daneshkadeh (Beheshti St)
14
13
12
Parhizkar St
Modiriyat St
Nabovat Sq

Türkei – nach türkischen Nummernschildern Ausschau halten! Regelmäßig fahren Busse nach Tabriz (110 000 IR, 2½ Std.) und Orumiyeh (80 000 IR, 2 Std.), weniger häufig nach Maku.

Außerdem fahren Savaris nach Tabriz (150 000 IR, 2 Std.) und Salmas (50 000 IR, 40 Min.); nach Orumiyeh in Salmas umsteigen. Khoy ist zwar auf einigen Karten an der Straße zwischen Tabriz und Maku eingezeichnet, in Wirklichkeit liegt es jedoch 25 km von der Fernstraße entfernt; an der Kreuzung fahren inoffizielle Savaris nach Tabriz und Maku und man kann hier auch Busse auf der Durchfahrt erwischen.

Wer über die betörend schöne Straße nach Chaldoran zur Qareh Kalisa und idealerweise weiter nach Maku fahren möchte, muss ein privates Taxi (20–30 US$) anheuern.

Orumiyeh ارومیه

044 / 669 000 EW. / 1380 M

Orumiyeh (Urmia, Urumiyeh), das in der Pahlaviden-Zeit Rezayeh hieß, ist ein sinn-voller Zwischenstopp unterwegs Richtung Südosttürkei. Die große, geschichtsträchtige Stadt bietet allerdings keine umwerfenden Sehenswürdigkeiten. Die beiden wichtigsten Geschäftsstraßen, die Imam Avenue und die Kashani Street, bilden am schönen Enqelab Square ein „T". Die Beheshti Street, die bei allen Daneshkadeh heißt, führt Richtung Westen zur Kreuzung Pol-e-Qoyum, rund 3 km hinter dem **Museum von Orumiyeh** (Karte oben; 044-3344 6520; Daneshkadeh St; 150 000 IR; Di–So 8–17 Uhr).

Wer Zeit hat, kann sich noch den zweistöckigen Grabturm **Seh Gonbad** (Karte oben) von 1115 anschauen. Interessant sind auch die imposante **Masjed-e Jameh** (Masjed-e Rezayieh, Freitagsmoschee; Karte oben) beim Basar mit ihrer Ziegelsteinkuppel und die **Marienkirche** (Kalisa Neneh Mariyam; Karte oben; abseits der Kalisa Lane; 8–16 Uhr oder auf Wunsch), von einer einige assyrische Christen behaupten, sie sei die älteste noch existie-

Orumiyeh

rende Kirche der Welt, wenn sie auch nicht unbedingt so aussieht. Rund 6 km von der Stadt entfernt steht im Weiler Sir die stimmungsvolle **Marsarjis-Kirche** (Sir; P̄).

🛌 Schlafen

Khorram Hotel
HOTEL $

(Karte S. 84; ☎044-3322 5444; Sardar Camii Lane; EZ/2BZ 600 000/900 000 IR; 🕾) Das Khorram in der stillen Gasse hinter der Sardar-Moschee wartet mit sauberen, einfachen Zimmern auf. Von hier ist es nur ein kurzer Spaziergang zur Imam Avenue.

Orumiyeh Tourist Hotel
HOTEL $$

(Karte S. 84; ☎044-3222 3085; www.ittic.com; Kashani St; DZ 2 345 000 IR; P̄🕸🕾) Das zuverlässige Hotel an dem Ende der Kashani Street, an dem die Imbisse liegen, hebt sich mit seinem freundlichen, Englisch sprechenden Personal, seinen großen, sehr komfortablen Zimmern, dem Satelliten-TV und dem angeschlossenen Restaurant von den anderen Mittelklassehotels ab. Hier lassen sich wunderbar qualvolle Erinnerungen an die 36-Stunden-Busfahrt durch die Türkei abschütteln.

Aria Hotel
BUSINESSHOTEL $$

(☎044-3332 2222; http://ariahotel.ir/; Taleqani St; DZ/3BZ 2 360 000/2 980 000 IR; P̄🕸🕾) Das freundliche Aria, ein neueres Hotel an der oberen Taleqani Street, bietet sehr komfortable Zimmer mit leicht psychedelischem Einschlag im Stil der 1970er-Jahre. Am besten sind die Zimmer oben mit Aussicht. Das Restaurant ist gut, doch tendenziell etwas teurer.

Park International Hotel
BUSINESSHOTEL $$$

(Karte S. 84; ☎044-3224 5927; www.parkhotel.co/en; Imam Ave; DZ/3BZ/Apt. 3 330 000/4 430 000/5 390 000 IR; P̄🕸🕾) Die opulente Herberge in idealer, zentraler Lage gegenüber vom Basar verfügt über fast barock anmutende Zimmer mit Whirlpool. Das Personal ist professionell und es gibt sogar einen Geldwechselservice.

🍴 Essen & Ausgehen

Kashkool
IRANISCH $

(☎044-3345 6666; Bargh St; Mahlzeiten ab 150 000 IR; ⏰8–16 Uhr) Traditionelle Speisen, persische Hausmacher-Seelenkost wie *dizi* (mit fettem Lamm, Kartoffeln, Kichererbsen und Tomaten, die mit einem Metallstampfer zu einem Brei vermengt werden) und *abgusht* (herzhafter Lammeintopf) treffen ins Schwarze in dem kleinen, familiengeführten Restaurant mit dezenter, stilvoller Einrichtung.

Reza Restaurant
IRANISCH $

(Karte S. 84; Mahlzeiten 250 000 IR; ⏰11 Uhr bis spät) Das Lokal nicht weit von der Daneshkadeh Street serviert billige Kebabs und rechnet dabei keine Extras an.

Noghl Torabi
SÜSSIGKEITEN

(Karte S. 84; Imam Ave; ⏰8–22 Uhr) Verkauft fabelhaftes Möhren-Walnuss-Halva (Süßigkeit aus Sesammehl und Honig) und *noghl* (Nüsse oder Früchte mit Puderzucker) – Letztere werden in großen Zementmixern aus Kupfer zubereitet.

Asal Coffee
SAFTBAR

(Karte S. 84; ☎044-3222 9988; Ecke Imam Ave & Besat St; Espresso 50 000 IR) Hier gibt's den besten Espresso der Stadt und auch die Säfte sind nicht schlecht.

❶ Praktische Informationen

Exchange Reyhani (Karte S. 84; ☎044-3544 7044; Kashani St; ⏰So–Do 10–22 Uhr)

WESTIRAN ORUMIYEH

Miras Ferhangi (Karte S. 84; ☑ 044-3340 7040; Daneshkadeh St; ⊙ Sa–Do 8–14 Uhr) Die Touristeninformation der Provinz West-aserbaidschan mit hilfsbereitem, Englisch sprechendem Personal befindet sich neben dem Museum von Orumiyeh.

Türkisches Konsulat (Karte S. 84; ☑ 044-3347 8770; http://urumiye.bk.mfa.gov.tr/; Daneshkadeh St; ⊙ So–Do 9–12 Uhr) Sehr sicherheitsbewusst.

Telefonstation (Karte S. 84; Imam Ave; ⊙ 7–19 Uhr)

❶ An- & Weiterreise

Espoota Travel (Karte S. 84; ☑ 044-3345 5555; espoota@espootatravel.com; Daneshkadeh St; ⊙ Sa–Do 8–20, Fr 9–12 Uhr) und **Donyaye Faraz Air Travel** (Karte S. 84; Daneshkadeh St; ⊙ So–Do 8–18 Uhr) ver-kaufen Flug- und Bahntickets.

BUS, MINIBUS & SAVARI

Alle Fernbusse fahren am **Busbahnhof** (Haft-e Tir Blvd) ab. **Seiro Safar** (Karte S. 84; ☑ 044-3222 8399), **Hamsafar** (Karte S. 84; ☑ 044-3224 4562) und **Iran Peyma** (Karte S. 84; ☑ 044-3222 2954; www.iranpeyma.info) haben Buchungsbüros an der Imam Avenue im Zen-trum. Busse von Hamsafar und **Vangölu** (☑ +90 850 650 6565; www.vangoluturizm.com.tr) fahren um 9 Uhr ins türkische Van (120 000 IR, 8 Std.) – an der Grenze muss man allerdings lange Wartezeiten einplanen.

Savaris und Busse nach Tabriz fahren über eine Brücke, die quer über den Orumiyeh-See führt – tolle Ausblicke!

Vom **Sero-Terminal** (Mirza Shirazi St), 3 km nordwestlich des Faqiyeh Square, fahren Mini-busse zu Dörfern im Gonbadchay-Tal, die auf-gereiht an der Straße liegen, die zum Stausee hoch führt und dann 6 km vor der Grenze nach Norden abbiegt. Taxis nach Sero kosten 400 000 IR und fahren vor dem Terminal ab.

FLUGZEUG

Istanbul 120 US$, wöchentl. mit **Iran Aseman** (☑ 044-3343 4242).

Teheran 1 925 000 IR, tgl. mit **Qeshm Air** (☑ 021-4764 0000; www.qeshm-air.com) und **Iran Air** (☑ 044-3344 0530; Daneshka-deh St), mehrmals wöchentl. mit **ATA** (www.ataair.ir).

Mashhad 2 225 000 IR, wöchentl. mit Iran Air und ATA.

❶ Unterwegs vor Ort

Der Flughafen liegt 13 km von der Stadt entfernt an der Straße nach Salmas (Taxi 200 000 IR, 20 Min.). Die nützlichsten Shuttletaxi-Strecken starten am Faqiyeh Square und führen entweder die Imam Avenue und dann die Modarres Avenue entlang oder die Taleqani Street hinauf zum Busbahnhof.

Maraqeh مراغه

☑ 041 / 165 000 EW. / 1470 M

Unmittelbar östlich des Orumiyeh-Sees liegt die historische Stadt Maraqeh, die unter il-chanidischer Herrschaft für kurze Zeit die Hauptstadt Irans war. Berühmt ist die Stadt für ihre fünf einzigartigen **Grabtürme** aus dem 12. Jh. und für die Ruine des **Maraqeh-Observatoriums** (Rasad Khaneh), der größ-ten mittelalterlichen Sternwarte der Welt, die auf einem windgepeitschten Hügel 3 km nordwestlich der Stadt unter einer weißen, golfballähnlichen geodätischen Kuppel ge-schützt liegt.

Ein billiges Zimmer kann schwer zu fin-den sein; einen Versuch wert sind die Stu-dentenheime an beiden Enden der langen Ohmid Street. Ansonsten sind zu empfeh-len das komfortable **Alliance Hotel** (☑ 041-3725 4477; Tarbiat Blvd; DZ/3BZ 1 500 000/2 000 000 IR; ℗❄🛜), das **Darya Hotel** (☑ 041-3325 0304; Shekari Blvd; EZ/DZ/Suite 1 490 000/1 980 000/2 720 000 IR) und das **Grand Hotel** (☑ 041-3745 7650; www.maraghehotel.net; Shekari Blvd; EZ/DZ/3BZ 2 040 000/3 140 000/4 040 000 IR; ℗❄🛜🖥), Maraqehs Tophotel.

BUSSE AB ORUMIYEH

ZIEL	TICKETPREIS (IR)	FAHRZEIT (STD.)	ABFAHRT
Ardabil	250 000 VIP	5	häufig
Isfahan	532 000 VIP	16	15.30 Uhr
Maku	275 000 *mahmooly*	4½	6, 8, 10, 13, 15 Uhr
Sanadaj	310 000 VIP	7½	7, 10, 11 Uhr
Teheran (West)	330 000 VIP	10	10, 18–21 Uhr
Tabriz	95 000 VIP	2½	häufig

Im hippen **Lilipar Traditional Restaurant** (Pasdaran Sq; ☺ Mahlzeiten ab 150 000 IR) trifft sich die Jugend der Stadt zu einer Wasserpfeife.

❶ An- & Weiterreise

Savaris (100 000 IR, 1¾ Std.) und Busse (60 000 IR, 2½ Std.) fahren nach Tabriz. Zu den Ruinen des Takht-e Soleiman nimmt man Savaris über Bonab (15 000 IR, 25 Min.) oder Miyando'ab (30 000 IR, 45 Min.) nach Shahin Dezh (30 000 IR, 45 Min.) und von dort nach Takab (50 000 IR, 1 Std.).

Tabriz تبریز

📱 041 / 1,6 MIO. EW. / 1397 M

Es gib Forscher, die die geografischen Hinweise in der Bibel so auslegen, dass der Fluss Ajichay der ist, der aus dem Garten Eden hinausfloss, womit Tabriz vor den Toren des Paradieses läge. Lange war die Stadt ein Puffer zwischen verschiedenen Reichen und vor allem auf dem turbulenten Basar, einem der besten der Welt, wird das historische Erbe einer Stadt an der Seidenstraße sichtbar. Die weit ausufernde Stadt ist reich an aserbaidschanischer Kultur. Mit ihren berühmten Teppichen, ihren Teehaus-Hamams und ihrer Liebe zur Musik und auch dank der hervorragenden Verkehrsverbindungen ist sie der perfekte Einstieg in eine Reise durch Iran. Tabriz liegt auf einem Hochplateau zwischen dem Orumiyeh-See und dem Berg Sahand und ist von kargen, erodierten Bergen umgeben. Der Sommer ist hier milder als in den Städten weiter östlich, doch die Winter können hart sein.

Geschichte

In sassanidischer Zeit war Tabriz ein Handelszentrum und stellte später Maraqeh, die mongolisch-ilchanidische Hauptstadt Aserbaidschans, in den Schatten. Von den Zerstörungen durch Timur Lenk 1392 erholte sich die Stadt erstaunlich schnell: Während der restliche Iran den Timuriden in Vasallenschaft unterworfen war, wurde Tabriz zur

WESTIRAN TABRIZ

ABSEITS DER ÜBLICHEN PFADE

ORUMIYEH-SEE

Wie das Tote Meer ist auch der riesige, 6000 km² große Orumiyeh-See (Urmia-See) so salzig, dass man nicht untergehen kann. Seit der Zarrinehrud, ein wichtiger Zufluss, zur Versorgung von Tabriz umgeleitet wurde, ist der See (seit 1976 ein Unesco-Biosphärenreservat) immer flacher geworden und hat je nach Saison eine Maximaltiefe von bis zu 16 m. Es besteht die Sorge, dass er bald genauso tot sein könnte wie der Aralsee. Das einzige Lebewesen, das derzeit im See existiert, ist der sehr primitive, so gut wie durchsichtige Salinenkrebs. Doch das reicht, um jede Menge Zugvögel anzulocken, z. B. im Frühling Flamingos. Außerdem wird er kommerziell genutzt und zu Fischfutter verarbeitet.

Da die Niederschläge stetig abgenommen haben, nimmt der See jetzt nur noch 10 % seiner ehemaligen Fläche ein. Das hat zu Protesten von Umweltschützern geführt. Die Behörden scheinen keinerlei Plan zu haben, wie sich das Schrumpfen des Sees aufhalten ließe. Es sind schon verrückte Vorschläge gemacht worden: Wasser aus dem Fluss Aras umzuleiten – was die Nachbarn Irans ablehnten – oder auch die Bewohner des Westufers umzusiedeln, was diese verweigerten. Mit einem neuen Damm bei Silveh am Fluss Lavin soll Wasser zurück ins Orumiyeh-Becken geleitet werden. Eine Brücke vom Ost- zum Westufer mit der wichtigsten Fernstraße zwischen Orumiyeh und Tabriz zerschneidet den See in zwei Hälften.

Das schwer zugängliche, aber malerische Ostufer des Sees ist sehr karg und das knallblaue Wasser bildet einen wunderbaren Kontrast zu den zerklüfteten, von der Sonne aufgeheizten Felsen und den ausgetrockneten Wattinseln. Das Westufer ist etwas grüner, doch die Obstgärten enden in einiger Entfernung zum See. Mehrere Reisebüros in Tabriz organisieren Ausflüge zum See, u. a. auch zur **Insel Kabudi**, der letzten Ruhestätte von Hulagu Khan, dem Enkel von Dschingis Khan. Es muss aber gar nicht unbedingt ein Besuch sein: Von den nach Tabriz fahrenden Bussen aus genießt man ausgezeichnete Ausblicke auf den See.

Hauptstadt der turkmenischen Qareh-Koyunlu-Dynastie. Ihr größte Regent war Jahan Schah – nicht zu verwechseln mit dem Bauherrn des Taj Mahal –, unter dessen Herrschaft (1439–1467) Kunst und Architektur in der Stadt eine Blütezeit erlebten, deren Glanzstück die wunderschöne Blaue Moschee ist.

Schah Ismail, der erste Safawiden-Herrscher, machte Tabriz für kurze Zeit zur persischen Hauptstadt. Doch nach der Schlacht von Chaldoran gegen die vordringenden Osmanen erschien Tabriz plötzlich viel zu angreifbar, sodass Ismails Nachfolger Tahmasp (1524–1575) die Hauptstadt ins sicherere Qazvin verlegte. Die von Persern, Osmanen und später Russen umkämpfte Stadt geriet auf den absteigenden Ast. Epidemien und eines der verheerendsten Erdbeben aller Zeiten, bei dem im November 1727 77 000 Einwohner der Stadt ums Leben kamen, setzten noch eins drauf.

Im 19. Jh. erlangte die Stadt ihren Wohlstand jedoch zurück. Shahgoli (heute Elgoli) am südöstlichen Stadtrand von Tabriz wurde zur Residenz des kadscharischen Kronprinzen, doch die plumpen Versuche der Kadscharen, die Aseri-Region zu assimilieren, stießen auf großen Widerstand. Mit der Konstitutionellen Revolution von 1906 erhielten die Aserbaidschanisch, eine Turksprache, sprechenden Aseris für kurze Zeit das Recht zurück, ihre Sprache in Schulen, Zeitungen usw. zu verwenden, und Tabriz wehrte sich standhaft, als die liberale Verfassung 1908 wieder außer Kraft gesetzt wurde. Dafür wurde die Stadt brutal von russischen Truppen belagert.

Die Russen erschienen in beiden Weltkriegen wieder auf der Bildfläche. Bevor sie sich 1945 zurückzogen, bauten sie eine Eisenbahnlinie nach Jolfa an der damaligen sowjetischen Grenze. Tabriz wurde die Hauptstadt eines autonomen Südaserbaidschans unter einer von Ja'far Pishevari geführten separatistischen Provinzregierung. Diese versuchte, mit Unabhängigkeitsdrohungen bessere Rechte für die Aseris in Iran herauszuschlagen, wurde aber im Dezember 1946 vertrieben. Statt die Aseris zu unterstützen, tat der Schah das Gegenteil: Er beschränkte die Verwendung ihrer Muttersprache. Der Widerstand gegen diese Diskriminierung führte dazu, dass Tabriz bei der Revolution von 1979 an vorderster Front stand, lange bevor fundamentalistische muslimische Kleriker den Kampf gegen den Schah in ihre Hände nahmen.

Sehenswertes

Zentrum

★ Basar
BASAR

(بازار تبریز; Karte S. 90; ⊙ Sa–Do etwa 8–21 Uhr) Der prächtige, labyrinthische Basar von Tabriz, Unesco-Welterbe, ist rund 7 km² groß, mit 24 Karawansereien und 22 eindrucksvollen *timche* (Kuppelhallen). Mit dem Bau des Basars wurde vor über einem Jahrtausend begonnen, doch ein Großteil der schönen Backsteingewölbe stammt aus dem 15. Jh. Die versteckt hinter unscheinbaren Ladenfronten liegende offene Ferdosi-Halle ist nicht leicht zu finden, aber ein guter Eingangspunkt. Von der Touristeninformation (S. 95) aus kann man sich toll ins Getümmel stürzen.

Es gibt mehrere nach Art und Knotengröße unterschiedene *mozaffareih* (**Teppichbasare**; Karte S. 90). Der **Amir-Basar** (Schmuckbasar; Karte S. 90) mit Gold und Schmuck befindet sich unmittelbar hinter der Touristeninformation. Im **Gewürzbasar** (Karte S. 90) werden Heilkräuter, Henna und Naturparfüme verkauft. Einige Läden im **Kolahdozan-Basar** (Hutbasar; Karte S. 90) verkaufen traditionelle *papakh* (Aseri-Hüte) aus gekräuselter Astrachan-Wolle. Andere Bereiche sind auf **Leder** (Deri Bazaar; Karte S. 90), Silber und **Kupfer** (Saffar Bazaar, Bakir Bazaar; Karte S. 90), Haushaltswaren, **Obst** (Safi Bazaar; Karte S. 90) und **Gemüse** (Sabz Bazaar; Karte S. 90) spezialisiert.

Masjed-e Jameh
MOSCHEE

(Freitagsmoschee; Karte S. 90) Am westlichen Ende des Basars geht's durch einen hinter einem Vorhang versteckten Gang zur imposanten Masjed-e Jameh aus seldschukischer Zeit, mit großartigen Backsteingewölben innen und zwei Minaretten.

Blaue Moschee
MOSCHEE

(Masjed-e Kabud, مسجد کبود; Karte S. 90; Imam Khomeini St; 150 000 IR; ⊙ Sa–Do 8–17.30 Uhr) Als sie 1465 für den Herrscher Jahan Schah errichtet wurde, war die Blaue Moschee mit ihren verschlungenen türkisen Mosaiken eines der berühmtesten Gebäude der Zeit. Leider wurde sie durch das Erdbeben von 1773 schwer beschädigt und nur der Haupt-Iwan (Eingangsportal) und Jahan Schahs Grabmal blieben unversehrt. Die Restaurierung ging nur langsam vonstatten und während der Hauptbau vollständig wiederhergestellt wurde, sind die wundervollen Fassadenmosaiken nur noch am Iwan vorhanden.

ARMENISCHE KLOSTERANLAGEN IN IRAN

Drei alte Kirchen in der nördlichen Provinz Aserbaidschan – **Qareh Kalisa** (S. 82), **St. Stephanos** (S. 99) und die **Kapelle von Dzor-Dzor** (S. 82) – gehören zu armenischen Klosteranlagen in Iran, die als Weltkulturerbe anerkannt sind. Nach der Überlieferung der armenischen Christen brachten zwei der zwölf biblischen Apostel, Thaddäus (oder Judas) und Bartholomäus, im 1. Jh. das Christentum in diese Region. Die frühesten Überreste der derzeitigen Kirchen stammen aus dem 7. Jh., doch jede Kirche wurde nach Beschädigungen durch Erdbeben oder Kämpfe mehrmals teilweise neu errichtet. Für die Mitglieder der armenischen Kirche stellen diese Kirchen wichtige Pilgerstätten dar.

Jede der fotogenen Kirchen liegt abgeschieden vor beeindruckender Kulisse und schon die Reise dorthin belohnt jeden, der die Mühe auf sich nimmt.

Sobald die Moschee errichtet war, waren Künstler 25 Jahre lang damit beschäftigt, jede Oberfläche mit blauen Majolika-Fliesen und komplizierter Kalligrafie zu bedecken. Auch das Innere ist blau, und im unteren Bereichen sind an vielen Stellen um die wenigen noch vorhandenen Reste mit Originalfliesen die alten Muster mühselig aufgemalt worden. Eine kleinere Kuppelkammer abseits des Eingangs diente den Qareh-Koyunlu-Schahs als Privatmoschee.

Asarbaidschan-Museum   MUSEUM

(موزه آذربایجان; Karte S. 90; ☑041-3526 1696; Imam Khomeini St; 200 000 IR; ☺Di–So 8–17.30 Uhr) Der Eingang zum Museum ist ein großes Backsteinportal mit Holztüren, die von zwei steinernen Schafböcken bewacht werden. Zu den Ausstellungsstücken im Erdgeschoss zählen Funde aus Hasanlu, einer Siedlung aus der Eisenzeit, ein wunderbarer, 3000 Jahre alter Kupferhelm und merkwürdige steinerne „Handtaschen" aus dem 3. Jahrtausend v. Chr. Sie wurden in der Nähe von Kerman gefunden und es soll sich bei ihnen um Symbole des Wohlstands handeln, die die Schatzmeister der Provinz bei sich trugen.

Im Untergeschoss sind Ahad Hosseinis wirkungsmächtige und verstörende skulpturale Allegorien des Lebens und des Krieges zu sehen. Im obersten Stockwerk ist eine Nachbildung des berühmten Ardebil-Teppichs ausgestellt, der zu den schönsten Exemplaren aller Zeiten zählen soll; das Original befindet sich im Londoner Victoria & Albert Museum.

Arg-e Tabriz   HISTORISCHES GEBÄUDE

(ارگ تبریز; Karte S. 90) Das riesige Ziegelsteinbauwerk abseits der Imam Khomeini Street ist ein klotziger Überrest der aus dem frühen 14. Jh. stammenden Zitadelle von Tabriz, bekannt als die „Arche". Einst wurden hier Kriminelle dadurch hingerichtet, dass sie von der Festungsmauer geworfen wurden. Nach ihrem Einmarsch 1911 nutzten die Russen die Zitadelle als Kommandoposten. Leider wird sie mittlerweile von der noch gewaltigeren **Imam Khomeini Mosalla** (Karte S. 90 Imam St) in den Schatten gestellt, die nebenan erbaut wird; das ganze Gebiet ist derzeit abgesperrt.

Rathaus   HISTORISCHES GEBÄUDE

(Stadtmuseum; Karte S. 90; ☑041-3553 9198; www.tabriz.ir; Sa'at Sq; ☺Sa–Do 8–18, Fr bis 13 Uhr; 🏛) **GRATIS** Das nach Plänen deutscher Architekten in den 1930er-Jahren errichtete Rathaus, in dem die Stadtverwaltung auch heute noch residiert, beherrscht den Sa'at Square. Im Untergeschoss befindet sich ein Museum mit verschiedenen Sammlungen zur Stadtgeschichte. Zu sehen sind alte Karten, Fotos, Teppiche und sogar alten Fahrzeuge.

Kadscharisches Museum   MUSEUM

(Amir-Nezam-Haus; Karte S. 90; ☑041-3523 6568; Farhang St, Sheshgelan; 150 000 IR; ☺Di–So 8–18 Uhr) Das elegante Museum befindet sich im palastartigen Amir-Nezam-Haus von 1881, der eindrucksvollsten Kadscharen-Villa in Tabriz.

Fakultät für Architektur, Universität für Islamische Kunst   HISTORISCHE GEBÄUDE

(Karte S. 90; Walman St; Führungen 50 000 IR) Drei eindrucksvolle, 230 Jahre alte Villen mit zweistöckigen Kolonnaden, Innenhöfen und Zierteichen beherbergen die Fakultät für Architektur der Universität für Islamische Kunst. Wer Glück hat, findet jemanden, der ihn herumführt – am Ende keinesfalls das Trinkgeld vergessen!

Shahriyar-Hausmuseum   MUSEUM

(Karte S. 90; ☑041-3555 8847; Maqsoudieh Alley, abseits der Tabazan St; 80 000 IR; ☺Sa–Do 7.30–19.30, Fr bis 13 Uhr) Im Haus des beliebten Dich-

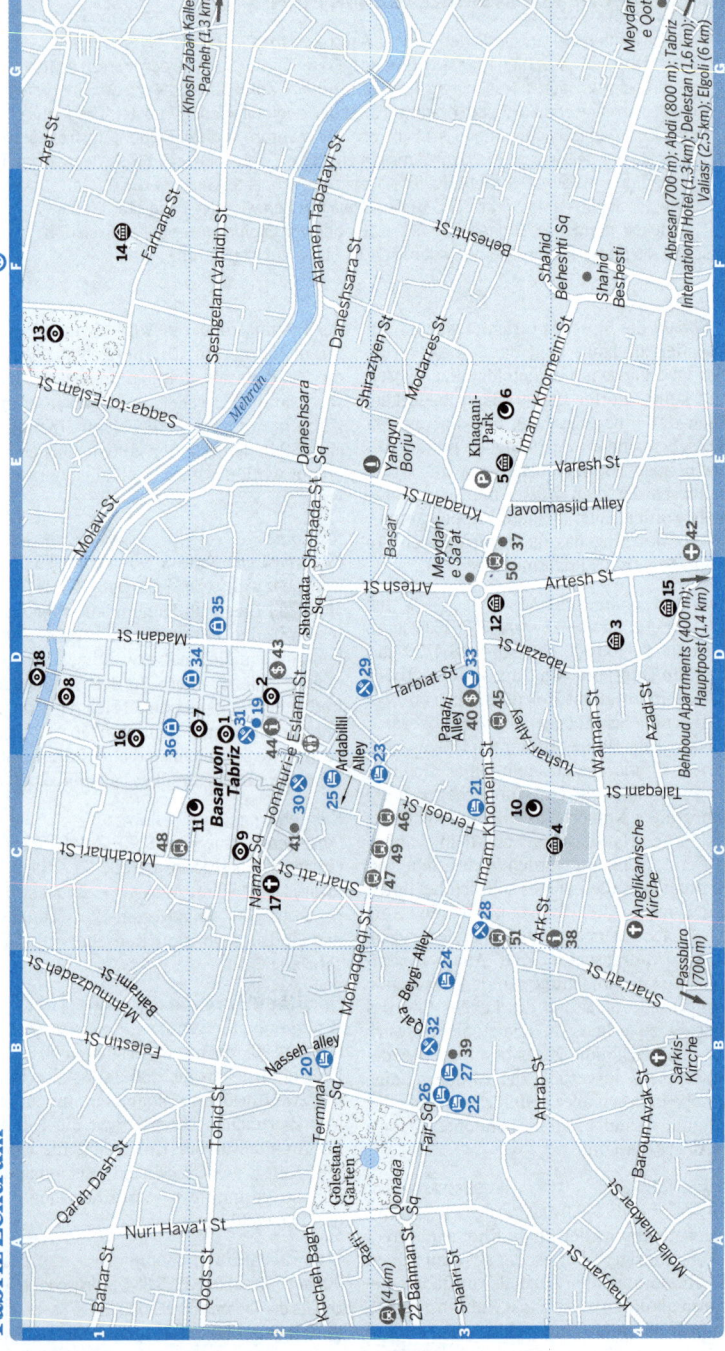

Tabriz Zentrum

N

500 m   0

Bahar St

Qareh Dash St

Qods St

Nuri Hava'i St

Tohid St

Feletsin St

Nasseh alley

Mahmudzadeh St

Bahami St

22 Bahman St

Shahri St

Khayyam St

Molla Aladhat St

Baroun Avak St

Sarkis-Kirche

Ahrab St

Shari'ati St

Passbüro (700 m)

Anglikanische Kirche

Taleqani St

Azadi St

Walman St

Yushtari Alley

Tabazan St

Imam Khomeini St

Ferdosi St

Ardabilli Alley

Jomhur-e Eslami St

Shari'ati St

Namaz St

Motahhari St

Madani St

Basar von Tabriz

Shohada

Panahi Alley

Tarbiat St

Daneshsara St

Shohada St

Basar

Meydan-e Sa'at

Artesh St

Khaqani St

Javolmasjid Alley

Varesh St

Khaqani-Park

Imam Khomeini St

Behesht St

Shahid Beheshti Sq

Shahid Beheshti

Modarres St

Shiraziyen St

Alameh Tabatayi St

Daneshsara Sq

Yanqyn Borju

Aref St

Farhang St

Seshgelan (Vahidi) St

Sadqa-tol-Eslam St

Mehran

Khosh Zaban Kalleh Pacheh (1,3 km)

Molavi St

Mohaqqeqi St

Qal'a Beygi Alley

Fajr Sq

Golestan-Garten

Qonaqa Sq

Terminal Sq

Kuchen Bagh

Rafi'i

(4 km)

International Hotel (1,6 km); Delestan (1,3 km); Valiasr (2,5 km); Elgoli (6 km)

Abresan (700 m); Abdi (800 m); Tabriz

Meydan-e Qotb

Behboud Apartments (400 m); Hauptpost (1,4 km)

Tabriz Zentrum

WESTIRAN TABRIZ

ters Ostad Shahriyar (1906–1988) kann man eine Zeitreise zurück ins Tabriz der 1970er-Jahre unternehmen. Inmitten der Alltagsgegenstände aus seinem Besitz beschleicht einen das Gefühl, der Poet würde gleich ins Zimmer kommen. Nein – er ist im Dichtermausoleum bestattet.

Marienkirche KIRCHE
(Kalisa-ye Maryam-e Moqaddas; Karte S. 90) Die Marienkirche aus dem 12. Jh. ist eine armenische Kirche, die bereits von Marco Polo erwähnt wurde und heute noch genutzt wird. Sie war einmal der Stuhl des hiesigen Erzbischofs. Wer einen Blick hinein werfen möchte, kann die Glocke läuten.

◉ Außenbezirke

Dichtermausoleum MAUSOLEUM
(Maghbarat al-Shoara, Maqbar al-Shoara; Karte S. 90; Seyid Hamzeh St) Mit dem auffälligen, modernistischen Dichtermausoleum wird auf sehr demonstrative Weise des Poeten Ostad Shahriyar gedacht. Die kantigen, ineinander verschränkten Betonbögen sind am besten aus Richtung Süden über das Wasserbecken hinweg zu bewundern. Es erinnert aber auch noch an 400 weitere Gelehrte und Dichter, deren Gräber bei verschiedenen Erdbeben verloren gingen. Anfahrt mit Bus 116.

Elgoli-Park PARK
(Shahgoli; Ⓜ Elgoli) Der 8 km südöstlich des Zentrums gelegene Elgoli-Park ist im Sommer besonders bei Spaziergängern und Pärchen beliebt. In der Mitte befindet sich ein künstlicher See mit einem fotogenen **Restaurantpavillon** (☎ 041-3380 5263; Mahlzeiten 5 US$) im Nachbau eines Kadscharen-Palastes. Der Park ist mit der Metrolinie 1 zu erreichen.

🏃 Aktivitäten

Sahand
WANDERN

(Kamal Dag) Der Berg Sahand (3707 m) ist ein gigantisches Vulkanmassiv südlich von Tabriz; der höchste Gipfel des Massivs ist der Kamal. Zugang zum Vulkan hat man über das Skigebiet Sahand rund 60 Straßenkilometer vom Zentrum von Tabriz. Vom Skigebiet ist der Gipfel zu sehen. Er liegt 5 km und 900 m höher entfernt und ist über einen gut ausgebildeten Kamm zu erreichen. Anfahrt mit dem Taxi.

👉 Geführte Touren

Nasser Khan
TOUREN

(Karte S. 90; ☑ 0914 116 0149; amicodelmondo@ yahoo.com) Nasser ist eine legendäre polyglotte Säule der Reiseführerszene. Im Rahmen seiner kulturellen Führungen kann er die Teilnehmer seiner kleinen Gruppen an oft in offiziell nicht zugängliche Gebäude wie Kirchen und *zurkhaneh* hineinschleusen, traditionelle Bodybuilding-, Ringer- und Kampfkunststudios.

ALP Tours & Travel Agency
TOUREN

(☑ 041-3331 0340; www.facebook.com/alptour; Karimkhan Sq, Valiasr; ⊙ Sa–Do 8–17 Uhr) Bei ausreichender Teilnehmerzahl bietet das Reisebüro an Freitagen Sightseeing-Trips in der ganzen Provinz und Ausflüge zum Sahand zum Skifahren oder Snowboarden an. Vermittelt auch Kontakte zu Bergführern.

Hossein Ravanyar
TOUREN

(☑ 0935-299 2296; www.iranoverland.com) Der exzentrische Hossein organisiert seit Jahren Touren und hilft Leuten, die über Land unterwegs sind, mit dem Papierkram für ihre Fahrzeuge. Manchmal ist er einfach verschwunden, aber genauso schnell taucht er wieder auf.

🛏 Schlafen

Im Sommer kann man auf ausgewiesenen Zeltplätzen wie im Elgoli-Park und in der Nähe der Universität campen. Tabriz verfügt aber auch über jede Menge Hotels. Die billigeren befinden sich beim Basar in der Ferdosi Street, gute Mittelklasse-Unterkünfte gibt es am Richtung Farj Square gelegenen Ende der Imam Khomeini Street. Die Tophotels liegen vor allem im Bezirk Abresan.

Khorshid Guesthouse
HOTEL $

(Karte S. 90; ☑ 041-3553 9981; Ferdosi St; EZ/ 2BZ 690 000/870 000 IR; 🕿) Das billige und freundliche Khorshid an der trubeligen Fedorsi Street, eine Straße vom Basar entfernt, bietet saubere, einfache Zimmer.

Ramsar Guesthouse
HOTEL $

(Karte S. 90; ☑ 041-3551 2417; Imam Khomeini St; EZ/2BZ 690 000/870 000 IR; 🕸🕿) Die sauberen, einfachen Zimmer dieser freundlichen Budgetunterkunft in der Imam Khomeini Street (Richtung Farj Square) sind unterschiedlich groß. Es gibt auch billigere Zimmer ohne Bad.

Darya Guesthouse
GÄSTEHAUS $

(Karte S. 90; ☑ 041-3554 0008; www.darya-guesthouse.com; Mohaqqeqi St; EZ/2BZ/3BZ 690 000/ 870 000/1 210 000 IR; 🅿🕿) Das Darya, ein Liebling der Budgetreisenden, wartet mit unterschiedlich ausgestatteten, sauberen und einfachen Zimmern mit dünnen Wänden auf. Hier kann's recht chaotisch zugehen, aber der freundliche, Englisch sprechende Betreiber hält den Laden zusammen. In einem Buch, das ausliegt, sind nützliche Tipps für Reisende gesammelt. Noch günstiger als die normalen sind die Zimmer ohne Bad. Nicht zu verwechseln mit dem Darya Hotel – die beiden haben nichts miteinander zu tun.

Mashhad Guesthouse
HOSTEL $

(Mosaferkhaneh Mashhad; Karte S. 90; ☑ 041-355 5 8255; Ferdosi St; B/EZ/2BZ ohne Bad 250 000/ 350 000/520 000 IR) Die akzeptablen Zimmer mit Waschbecken und Flachbild-TV, darunter Dorms mit fünf Betten, befinden sich in zwei Geschossen über und unter einem Restaurant. Wie die Bäder aussehen, hängt von der Tageszeit ab, und Duschen kosten ein bisschen extra. Sehr zentral gelegen mit gutem Ausblick von der Terrasse.

Kosar Hotel
HOTEL $

(Karte S. 90; ☑ 041-3553 7691; info@kosarhotel. com; Imam Khomeini St; EZ/2BZ 600 000/ 900 000 IR; 🕸@🕿) Das Kosar in zentraler Lage an der Imam Khomeini Street verfügt über unterschiedlich ausgestattete einfache Zimmer, darunter auch billigere ohne Bad. Bei der Sauberkeit kann's ein bisschen hapern und der Service ist etwas willkürlich, aber wer schon eine Weile unterwegs ist, dem macht das wahrscheinlich nichts aus.

Hotel Sahand
HOTEL $$

(Karte S. 90; ☑ 041-3555 2545; www.hotelsahand. com; Imam Khomeini St; EZ/DZ 43/65 US$; 🅿🕸 🕿) Das zentral gelegene Sahand bietet geräumige, saubere, komfortable Zimmer mit

Fliesenboden, einige mit Blick auf die Moschee gegenüber. Freundliches Personal. Wer länger bleibt, kann handeln.

Hotel Sina
HOTEL $$

(Karte S. 90; ☑ 041-3551 6211; Fajr Sq; EZ/2BZ 1 100 000/1 500 000 IR; P ✳ 🛜) Die relativ vornehme Unterkunft, ruhig, aber zentral, wartet mit hellen Fluren mit Teppichen auf sauberen gefliesten Böden auf. Die Zimmer sind sauber und voll ausgestattet. Der Eingang liegt in der Felestin Street. Begrenzte Parkmöglichkeiten.

Morvarid Hotel
HOTEL $$

(Karte S. 90; ☑ 041-3551 3336; www.hotelmorvarid. com; Fajr Sq; EZ/2BZ/3BZ 860 000/1 200 000/ 1 500 000 IR; ✳ 🛜) Das historische, direkt am Fajr Square gegenüber den Golestan-Gärten gelegene Morvarid bietet Reisenden schon seit Jahrzehnten saubere Zimmer mit guten Bädern und freundlichen Service.

Behboud Apartments
APARTMENTS $$

(☑ 041-3557 6647; http://behboudhotel.com/; Shoar St; 4-Pers.-Apt. 4 200 000 IR; P ✳ 🛜) Diese schicken Apartments mit 4 Betten in 2 Schlafzimmern in einem relativ neuen Gebäude abseits der Artesh Street beim Stadion im Süden der Stadt sind perfekt für Familien und Gruppen. Die Apartments sind riesig und außerdem gibt's ein Restaurant und einen Coffeeshop. Ein Frühstücksbuffet ist inbegriffen.

Tabriz International Hotel
BUSINESSHOTEL $$$

(☑ 041-3334 1081; www.tabrizhotel.ir; Daneshgah Sq, Imam Khomeini St, Abresan Crossing; EZ/ DZ/3BZ 82/116/148 US$; P ✳ 🛜 ≋; M Daneshgah) Die Zimmer sind groß und gut ausgestattet, das Personal ist höflich und hilfsbereit und das Restaurant entspricht der Preisklasse. Sammeltaxis kommen direkt vorbei, um einen ins Zentrum zu befördern, aber vielleicht ist inzwischen auch die U-Bahn bis zum Sa'at Square fertig.

Pars Elgoli Hotel
HOTEL $$$

(☑ 041-3380 7820; www.pars-hotels.com; Elgoli Park; EZ/DZ/Suite 81/118/217 US$; P ✳ @ 🛜 ≋; M Elgoli) Drei konvexe Wände aus blauem Glas erheben sich über dem beliebtesten Park der Stadt, 8 km vom Zentrum. Hier gibt's alles, was man von einem Top-Businesshotel erwartet – außer Alkohol in dem Bier in der Minibar. Es gibt ein luftiges Atrium und ganz oben ein **Drehrestaurant** (Mahlzeiten 250 000–500 000 IR; ⊙19.30–23 Uhr). Nur 500 m von der Metrostation Elgoli.

✖ Essen

An Winterabenden werden an Wagen an der Imam Khomeini Street gebratene oder gekochte Süßkartoffeln sowie *baghla* (gekochte Dicke Bohnen) verkauft – Letztere werden mit Essig und Paprika als Snack gegessen. Die Imam Street säumen zahlreiche Saftbars und Imbisse, vor allem zwischen der Shari'ati Street und der verkehrsberuhigten Tarbiat Street. Um *dizi* zu probieren, bietet sich das Shahriar Restaurant (S. 94) im alten Badehaus Nobar mit schönem historischem Flair an.

✖ Zentrum

Rahnama Dairy
SÜSSSPEISEN $

(Karte S. 90; Ferdosi St; Snacks ab 30 000 IR; ⊙Sa–Do 7–21, Fr bis 14 Uhr) Das einfache Milchcafé am Haupteingang des Basars serviert unschlagbares Frühstück mit *must-asal* (Joghurt und Honig) und *khame-asal* (Sahne und Honigwabe).

Emarat Restaurant
IRANISCH $

(Karte S. 90; Shari'ati St; Mahlzeiten 190 000 IR) Mit Teppichen ausgelegte Nischen in einem großen, luftigen Raum, ein Gipswasserfall mit Affen und Ziegen und Speisekarten in Englisch ergänzen das ausgezeichnete traditionelle iranische Essen, das hier von freundlichen Kellnern serviert wird. Der Englisch sprechende Manager sitzt hinter einer Piratengaleone. Beim Betreten die Treppe, die von der Straße aus hoch ins Café führt, ignorieren und ins Restaurant durchgehen.

Koran Restaurant
IRANISCH $

(Qurani Chelokababi; Karte S. 90; Mahlzeiten ab 180 000 IR; ⊙ Sa–Do 11 Uhr bis spät) Der Laden gegenüber vom Basar gilt als Institution und hat den Einheimischen zufolge die besten Kebabs der Stadt.

Haji Mahid
FAST FOOD $

(Karte S. 90; Tarbiat St; Mahlzeiten 100 000 IR; ⊙11–22 Uhr; 🌐) Eine Speisekarte sucht man vergeblich – einfach *chelo murgh* sagen oder auf den Teller eines anderen Gastes zeigen, denn das einzige Gericht, das es hier gibt, ist Huhn mit Reis. Das Restaurant liegt im Obergeschoss und von den Tischen am Fenster hat man einen schönen Blick auf die Fußgängerzone.

Tabriz Modern Restaurant
IRANISCH $$

(Karte S. 90; ☑ 041-3556 3841; Imam Khomeini St; komplette Mahlzeiten 240 000–400 000 IR; ⊙12–

23 Uhr; ☏) In diesem freundlichen, recht opulent dekorierten Restaurant sollte man die hervorragende gebratene Forelle (270 000 IR) probieren. Im Preis inbegriffen sind immer die Salatbar, *mast* (Joghurt), ein Softdrink und die köstliche Gersten-Berberitze-Suppe. Natürlich gibt's hier auch Kebabs.

✗ Abresan-Kreuzung & Valiasr-Bezirk

Auf dem Weg in die Bezirke Valiasr und Elgoli muss man gewöhnlich bei der Abresan-Kreuzung das Sammeltaxi wechseln; um die Kreuzung herum gibt's mehrere Imbisse. Der letzte Schrei in Valiasr sind Kaffee und Kuchen, Eiscreme und Desserts. Jeden Tag machen neue Cafés auf – einfach herumbummeln und hineinspazieren oder auf http://foursquare.com nachschauen.

Abdi PIZZA $
(☏ 041-3336 6245; 29 Bahman St, Abresan-Kreuzung; Pizza 120 000–180 000 IR; ⏱ 17–22.30 Uhr) Hier wird schon seit Ewigkeiten Pizza gebacken. Interessant: die schwarze Einrichtung und die echten Flammen über der Tür.

KhoshZaban Kalleh Pacheh FRÜHSTÜCK $
(Azadi St, Abresan-Kreuzung; Mahlzeiten 50 000 IR; ⏱ früh) Für die Einheimischen ist die *kalleh pache* („Kopf-und-Huf"-Suppe) hier die

beste in Tabriz. Diese Suppe ist ein traditionelles, Kraft spendendes Winteressen, für das ein ganzer Schafskopf (mit Hirn) und -füße gekocht werden. Da soll keiner sagen, wir hätten ihn nicht gewarnt!

Delestan ASERBAIDSCHANISCH $$
(☏ 041-1333 8507; Daneshgah Sq, 29 Bahman St, Abresan-Kreuzung; Hauptgerichte ab 220 000 IR; ⏱ 11–23 Uhr; Ⓜ Daneshgah) In Daneshgah östlich des Zentrums befinden sich beim Eingang zur Uni zwei Lokale unter einem Dach: Das Neon-Imbisslokal ist ein Studenten-Treffpunkt, man begibt sich besser in den ruhigeren Restaurantbereich mit aserbaidschanischen und persischen Gerichten. Auf der Website ist praktischerweise von allen Gerichten ein Foto zu sehen.

Ausgehen & Nachtleben

⭐ **Shahriar Restaurant** TEEHAUS
(Nobar Hammam; Karte S. 90; ☏ 041-3554 0057; Imam Khomeini St; Chay 50 000 IR) Das umgebaute unterirdische Badehaus aus dem 19. Jh. umfasst mehrere interessante Räume, am exotischsten ist jedoch das *chaykhaneh* (Teehaus) mit seinem qalyan-Schaden (Wasserpfeife). Ein größerer Raum beherbergt das bei Gruppen beliebte Restaurant (Mahlzeiten ab 200 000 IR), wo die Gäste sowohl an Tischen als auch in mit Teppichen ausge-

---

ⓘ GRENZÜBERGÄNGE

Von zwei Grenzübergängen in Westiran hat man Zugang nach Van in der Türkei.

Sero–Esendere Vom Busbahnhof von Orumiyeh fahren täglich Busse nach Van (ca. 8 Std.). Mit einem Savari nach Sero (10 US$, 45 Min.) umgeht man die Busschlangen an der Grenze und nimmt anschließend den regulären *dolmuş* (Minibus) von Esendere nach Yüksekova oder den stündlich verkehrenden Bus von Vangölü Turizm (S. 86) von Esendere nach Van (30 TTL, 4½ Std.). Taxifahrer werden einem weismachen wollen, dass der *dolmuş* nicht existiert. Die nächsten Unterkünfte auf türkischer Seite befinden sich im 40 km entfernten Yüksekova. Vangölü Turizm betreibt zwischen 7 und 18 Uhr außerdem stündlich Busse von Yüksekova nach Van (20 TTL, 3½ Std.), die an der prachtvollen Ruine der Hoşap-Festung beim Dorf Güzelsu (64 km vor Van) vorbeikommen.

Razi–Kapıköy Der Grenzübergang liegt an der Route der Eisenbahnstrecke zwischen Tabriz und Van und ist bei Reisenden beliebt, die mit dem eigenen Fahrzeug unterwegs sind. Es fahren Busse von Khoy durch nach Van (20 US$, 4 Std.) oder man nimmt verschiedene Minibusse hintereinander: ein Savari von Khoy nach Razi (ca. 10 US$, 30 Min.), ein weiteres nach Kapıköy (die Straße zwischen den beiden Grenzposten ist auch zu Fuß machbar) und schließlich einen *dolmuş* weiter nach Van (10 US$, 1½– 2Std.). Von Khoy kann man auch nach Tabriz, Teheran oder sonstwo in Iran fahren.

Die Grenzübergänge sind von 8 bis 18 Uhr Ortszeit geöffnet. Iran ist der Türkei 1½ Stunden voraus, sodass man die Türkei bis 16 Uhr verlassen haben muss (mit einer halben Stunde für die Bürokratie). In der anderen Richtung sollte man Razi nicht vor 9.30 Uhr iranischer Zeit verlassen.

legten Nischen essen können. Hier werden sehr gutes *dizi* und tolle Kebabs serviert.

Radio Café
CAFÉ

(☎0914 412 6645; Valiasr; Kaffee/Kuchen ab 100 000/80 000 IR; ◷11–23 Uhr) Der Kaffee ist erstklassig und die kleinen Speisen sind auch köstlich, am Wochenende kommen die zahlreichen Gäste jedoch vor allem wegen des Roter-Samt-Kuchens hierher, für den das Café bekannt ist. Das Café liegt am westlichen Ende von Valiasr hinter der grässlichen Hochstraße.

Gr8 Café
CAFÉ

(Mokhaberat Blvd, Valiasr; Kaffee/Kuchen ab 80 000/ 80 000 IR; ◷10–23 Uhr) Das Gr8, eines der hippsten neuen Cafés in Valiasr hat ein schönes Interieur mit einer geschmackvollen Holzvertäfelung und serviert Kräutertees und umwerfenden Kuchen. Ach, und grandiosen Kaffee!

Emarat Café
CAF

(Karte S. 90; Shari'ati St; Kaffee/Kuchen 80 000/ 80 000 IR; ◷11–24 Uhr) Von der Imam Khomeini Street Richtung Süden in die Shari'ati Street abbiegen und sogleich dem Schild nach oben folgen: Im Rauchdunst brühen die Jungs hier einen leckeren Espresso und dazu gibt's Schokoladen-Keks-Kuchen.

❶ Praktische Informationen

GELD

Hitvan Hivan (Karte S. 90; Imam Khomeini St; ◷Sa–Do 8–20 Uhr), in der Nähe der Tarbiat Street, wechselt schnell und unkompliziert Geld. Ansonsten sind noch zwei Geldwechsler im Schmuckbasar zu empfehlen – es ist nicht ganz einfach, sie zu finden, am besten fragt man herum oder lässt sich in der nahen **Touristeninformation** den Weg zeigen:

Mahmud Abidan Exchange (Karte S. 90; ☎523 1077; araye Amir, Timche Amirno 11; ◷Sa–Mi 9–18, Do bis 15 Uhr) Gute Kurse und keine Warteschlangen, aber kein Schild.

Ramin Exchange (Karte S. 90; ☎041-3526 2016; ramin.chalani@hotmail.co.uk; 69 Saraie Amir, Passage Farsh; ◷Sa–Do 9–18 Uhr) Zuverlässige Wechselstube mit recht guten Kursen.

KONSULATE

Aserbaidschanisches Konsulat (S. 361) Mittlerweile können die Bürger der meisten Staaten online innerhalb von drei Arbeitstagen ein E-Visum (23 US$, gültig für 30 Tage) bekommen.

Türkisches Konsulat (☎041-3327 18 82; http://tebriz.bk.mfa.gov.tr; Homafar Sq, Valiasr; ◷So–Do 9.30–12 Uhr)

MEDIZINISCHE VERSORGUNG

Nasr Clinic (Karte S. 90; ☎041-3553 8701; Artesh St; ◷24 Std.) Neben dem Behboud-Krankenhaus.

POST

Hauptpost (Artesh St) Gut für Pakete.

REISEBÜROS

Einige Reisebüros haben Mitarbeiter, die Englisch sprechen, und buchen Zug- und Flugtickets.

Afagh Seir Tabriz (Karte S. 90; ☎041-3554 8080; afaghseirtabriz@yahoo.com; Imam Khomeini St; ◷Sa–Do 8.30–20.30 Uhr)

Azar Parand Gasht Travel (Karte S. 90; ☎041-3551 1730; azar-parand@yahoo.com; Imam Khomeini St; ◷Sa–Do 9–18 Uhr)

Mahnavard Travel (Karte S. 90; ☎041-3553 9444; www.mahnavard.com; West Tarbiat St; ◷Sa–Do 8.30–18 Uhr)

Mihan Safar (Karte S. 90; ☎041-5534 4488; Imam Khomeini St; ◷Sa–Do 9–20, Fr bis 12 Uhr)

TOURISTENINFORMATION

Büro der armenischen Prälatur (Karte S. 90; ☎041-3555 3532; archtab@itm.co.ir) Die armenische Prälatur kennt die Termine, an denen in der **Qareh Kalisa** (S. 82) und in anderen armenischen Kirchen in den aserbaidschanischen Provinzen Gottesdienste stattfinden.

Informationsbüro (◷7–20 Uhr) Die Angestellten des Büros am Hauptbusbahnhof kennen die Fahrpläne in- und auswendig.

Touristeninformation (Karte S. 90; ☎041-3524 6235; www.tabriz.ir; Ferdosi St; ◷Sa–Do 9–14 & 16–19 Uhr) Nasser Khan hat ausgezeichnete kostenlose Karten und ist ein wahrer Quell an Informationen über Tabriz und Umgebung. Er tüftelt individuelle Touren zu allen möglichen Attraktionen aus. Die Touristeninformation befindet sich oben in einem Gebäude auf der Ostseite des Haupteingangs zum Basar und ist ausgeschildert.

VISUMSVERLÄNGERUNG

Passbüro (☎041-3477 6666; Saeb St; ◷Sa–Mi 8–13.30, Do bis 23.30 Uhr) Eine Visumsverlängerung kostet gegenwärtig 375 000 IR. Hier wird kein Englisch gesprochen und eventuell muss man mit einer iranischen Kreditkarte bezahlen – in diesem Fall muss man sich also einen freundlichen Iraner suchen, der das übernimmt, und ihm den Betrag zurückzahlen.

❶ An- & Weiterreise

BUS, MINIBUS & SAVARI

Einige Busunternehmen haben Büros an der Imam Khomeini Street. Das Reisebüro **Mihan Safar** (S. 95) verkauft Fahrkarten für viele iranische Fernbusgesellschaften.

Die meisten Fernbusse fahren am riesigen, modernen **Hauptbusbahnhof** 3 km südlich des Zentrums ab. Drinnen befindet sich ein praktisches **Informationsbüro** (S. 95).

Zwischen 22 und 24 Uhr fahren in der Nähe des Bahnhofs billigere Busse nach Teheran (280 000 IR) ab.

Savaris zu den meisten Zielen (außer Ahar und Marand) fahren von der Nordwestecke des Busbahnhofs. Fahrkarten gibt's an zwei Ticketschaltern.

Andere Busbahnhöfe

Nach Osku und weiter nach Kandovan reist man vom **Rahahan-Busbahnhof** (Rahahan Sq) beim Bahnhof. Vom **Marand-Terminal** (Azerbaijan Sq) weiter draußen, Richtung Flughafen, fahren Busse nach Marand und Hadiyshahr (für Jolfa). Busse nach Ahar starten am **Ahar-Terminal** (Terminal Ost; 29 Bahman St).

Internationaler Busverkehr

Busse nach Jerewan (Armenien; 48 US$, 15 Std.) und Busse des Unternehmens **Aram Safar** Karte (S. 90; ☎ 041-3556 0597; Imam Khomeini St) nach Istanbul (Türkei; 1 400 000 IR, 30 Std.) und Baku (Aserbaidschan; 800 000 IR, 13–17 Std.) fahren gewöhnlich gegen 22 Uhr vor dem jeweiligen Ticketschalter in der Imam Khomeini Avenue ab.

Manche Busse fahren auch vor dem Bahnhof ab, also checken!

FLUGZEUG

Istanbul 183 US$, tgl. mit **Turkish Airlines** (☎ 041-1329 6353; www.turkishairlines.com; 57 Nasim St, Valiasr; ◷Sa–Mi 9–17, Do bis 13 Uhr).
Dubai 125 US$, im Sommer wöchentl. mit **Kish** (www.kishairlines.ir) und **Caspian Airlines** (www.caspian.aero).

Teheran 1 766 000 IR, 7–24 Uhr fast stündl. mit **ATA** (S. 86) und mind. tgl. mit Caspian, Kish, **Iran Air** (☎ 041-3655 4002) und **Qeshm** (S. 86).

Mashhad 1 880 000 IR, tgl. mit ATA und **Iran Air Tour** (☎ 021-8931 7711; www.iat.aero), Di und Fr–So mit **Meraj** (Ascension; ☎ 021-63 266; http://merajairlines.ir/en) und So mit Iran Air.

Isfahan 1 9250 000 IR, Mo, Mi und Sa mit **Mahan Air** (www.mahan.aero).

Bandar Abbas 3 444 000 IR, Mo mit Iran Air Tour und Di mit Qeshm.

ZUG

Nachtzüge nach Teheran (12 Std.) fahren um 16.40 Uhr (ab 442 500 IR) und 18 Uhr (ab 372 500 IR), über Maraqeh (2¼ Std.), Zanjan (8½ Std., sehr frühe Ankunft!) und Qazvin. Außerdem verkehrt mindestens ein Zug tgl. nach Mashhad (920 000 IR, 24 Std.), und zwar um 12.25 Uhr; dieser Zug hält auch in Zanjan und Qazvin. Der **Bahnhof** (☎ 041-3444 4419; Rahahan Sq) liegt 4,5 km westlich des Farj Square. Shuttletaxis und Stadtbus 111 halten an der Kreuzung von Mellat Boulevard und 22 Bahman Street.

Der Regionalzug um 8.20 Uhr nach Jolfa (25 000 IR, 3 Std.) fährt nur Di, Do und So.

Die einzige internationale Verbindung ab Tabriz ist derzeit die nach Nakhichevan (2-mal wöchentl.).

Unterwegs vor Ort

AUTO & MOTORRAD

Europcar (☎ 041-3260 1565; Internationaler Flughafen Tabriz) hat am Flughafen von Tabriz Mietwagen für ab 60 US$ pro Tag.

BUSSE AB TABRIZ

ZIEL	TICKETPREIS (IR)	FAHRZEIT (STD.)	ABFAHRT
Ahvaz	540 000	15	13.30, 16 Uhr
Ardabil	220 000	4	5–18 Uhr 2-mal stündl.
Isfahan	520 000	12	16–17.30 Uhr
Kermanshah	370 000	10	18 Uhr
Maku	80 000	3	tgl.
Qazvin	290 000 VIP	6	mit dem Bus nach Teheran (West)
Rasht	335 000	7	20.30 Uhr
Shiraz	950 000	22	13.30–14 Uhr
Teheran (West)	330 000 VIP	8	bis 22 Uhr häufig
Teheran (Süd)	350 000	8½	8.30, 11 Uhr
Zanjan	250 000 VIP	3	10, 15 Uhr

BUS & MINIBUS

Die Stadtbusse verkehren eher unregelmäßig. Tickets für 10 000 IR sind im Voraus zu erwerben. Nützliche Busse vom großen Stadtbusterminal sind **Bus 160** (Karte S. 90) zum Hauptbusbahnhof und **Bus 110** (Karte S. 90) nach Valiasr. Mehrere Busse fahren die 22 Bahman Street (zum Bahnhof) hinunter, darunter **Bus 111** (Karte S. 90). **Bus 136** zum Flughafen und **Bus 115** (Karte S. 90) zum Marand-Terminal fahren auf der Westseite des Basars ab. Bus 101 fährt in der Nähe des Saat Square nach Elgoli ab.

VOM/ZUM FLUGHAFEN

Internationaler Flughafen Tabriz Flughafenbus **136** (Karte S. 90) fährt alle 40 Min. von der Motahhari Street. Taxis (mit blauem Streifen) sollten 60 000 IR kosten.

METRO

Die Metrolinie 1 fährt von Elgoli bis Ostad Shahriar und wird bald weiter bis zum Sa'at Square führen. Es sind weitere drei Metrolinien (und eine Pendlerstrecke) geplant. Linie 3 wird den Flughafen mit den Busbahnhöfen verbinden, Linie 4 wird um das alte Zentrum von Tabriz herumführen. Aktuelle Infos auf http://tabrizmetro.ir.

SHUTTLETAXI

Eine wichtige Strecke verläuft vom Fajr Square an der Imam Khomeini Street entlang zur Abresan-Kreuzung (20 000 IR); auf dem Rückweg führt der Weg am Basar vorbei jedoch durch die Jomhuri-e Eslami Street. An der Abresan-Kreuzung geht man unter der Hochstraße hindurch, um weiter nach Valiasr (10 000 IR) oder nach Rahnamae (10 000 IR) zu fahren, wo man nach Elgoli (10 000 IR) erneut umsteigen muss – mit der Metro ist man besser bedient. Zum Bahnhof fährt man am besten am Qonaga Square (10 000 IR) ab. Zum Busbahnhof fahren Shuttletaxis über die **Shari'ati Street** (Karte S. 90) Richtung Süden; auf dem Rückweg geht's über die Taleqani Street. *Dar baste* vom/zum Busbahnhof kostet 60 000 IR.

Kandovan

کندوان

🚗 041 / 740 EW. / 1575 M

Die eigenartigen, in erodierte Lavasäulen hineingebauten Höhlenwohnungen von Kandovan würde man so eher wohl auf dem Cover eines Fantasy-Romans erwarten. Die Kegel erheben sich über einem neueren Dorf, das sich zu ihren Füßen ausgebreitet hat. Klug ist, wer später am Tag kommt, wenn die Besuchermassen abgeebbt sind. Das Licht ist dann weich und die Felsen erglühen in warmen Farben. Der Eintritt ins Dorf kostet 30 000 IR. In der Umgebung locken außerdem interessante Wandermöglichkeiten.

Jenseits von Kandovan, verdeckt hinter seinen eigenen steilen Ausläufern, liegt der Vulkan Sahand, dessen Gipfel 3707 m hoch ist. David Rohl stellt in seinem Buch *Pharaonen und Propheten* die These auf, dass es sich beim Sahand um den „Berg Gottes" aus der Bibel handelt. Wenn dem so ist, liegt Kandovan mitten im alten Garten Eden.

🛏 Schlafen & Essen

In Kandovan werden in mehreren Häusern unten im Dorf sehr einfache **Privatzimmer** (300 000 IR) angeboten, meist nur von Mai bis September. Gewöhnlich handelt es sich dabei um nicht möblierte Zimmer mit Teppichboden, in denen man am besten mit einem Schlafsack übernachtet. Der Standard variiert.

Jamshid   PRIVATZIMMER **$**
(🚗 041-3323 0016; Zi. 350 000 IR) Leicht schäbige Zimmer, dafür aber mit warmer Dusche und Hockklo im Haus.

★ **Kandovan Laleh Rocky Hotel**   BOUTIQUEHOTEL **$$$**
(🚗 041-3323 0191; http://kandovan.lalehhotels.com; Zi. ohne/mit Whirlpool 118/145 US$, Suite 188–252 US$; 🅿 🛜) Die zehn einmaligen Zimmer des Laleh sind aus den Felskegeln gehauen worden. Sie präsentieren sich luxuriös mit stilvoller Beleuchtung, Futonbetten, Fußbodenheizung und teils Whirlpools sowie komplett ausgestatteten Bädern.

Das Restaurant des Hotels ist das beste vor Ort.

ℹ An- & Weiterreise

Vom Zentrum von Tabriz fahren bis etwa 18 Uhr regelmäßig Minibusse nach Osku (30 000 IR, 50 Min.). Ein Taxi von Osku nach Kandovan (25 km) kostet hin und zurück 10 US$ plus 3 US$ pro Stunde fürs Warten. Minibusse sind extrem selten. Ein privates Taxi von Tabriz nach Kandovan kostet ca. 22 US$ hin und zurück.

Jolfa

جلفا

🚗 041 / 7500 EW. / 723 M

Das alte Jolfa war ehemals eine bekannte armenische Siedlung, deren kunstfertige Handwerker so berühmt waren, dass Schah Abbas 1604 die gesamte Einwohnerschaft verschleppen ließ, damit sie ihm in Isfahan eine neue Hauptstadt errichteten; dort leben ihre Nachfahren heute noch. Heute ist Jolfa eine geschäftige kleine Grenzstadt rund um den Ashura Square, einen großen

---

ℹ GRENZÜBERGANG IRAN–ASERBAIDSCHAN

Culfa in der aserbaidschanischen Exklave Nakhichevan ist vom Zentrum von Jolfa nur einen kurzen Spaziergang über den Fluss Aras entfernt. Bevor man Iran verlässt, sollte man seine Rial ausgeben oder gegen aserbaidschanische Manat (1 AZN sind 0,53 €) eintauschen. Ein „Shirvan" ist übrigens 2 AZN in Aserbaidschan.

Die Polizei in Culfa ist Reisenden gegenüber extrem misstrauisch. Am besten springt man gleich in ein Taxi oder einen Minibus in die Stadt Nakhichevan (ca. 35 Min.), die vergleichsweise entspannt und weltoffen ist. Von Nakhichevan fahren Direktbusse nach Istanbul (5-mal tgl., ca. 30 Std. via Iğdır).

Die Exklave ist vom restlichen Aserbaidschan durch die eine geschlossene Grenze zu Armenien abgetrennt. Nach Baku (5-mal tgl.) oder Gəncə (3-mal wöchentl.) muss man fliegen. Doch die Tickets sind oft schon eine Woche vorher ausverkauft.

Auf der neuen Bahnstrecke von Nakhichevan über Jolfa, Tabriz und Teheran nach Mashhad fahren ab Nakhichevan sonntags und donnerstags Züge.

Kreisverkehr unmittelbar südlich des aserbaidschanischen Grenzpostens.

Im Ort selbst gibt es wenig zu sehen, doch er ist eine recht günstige Ausgangsstation für einen Grenzübertritt nach Armenien oder einen Besuch der Kirche St. Stephanos (S. 99), einer Unesco-Weltkulturerbestätte auf einem bewaldeten Hügel oberhalb des Flusses Aras 17 km westlich von Jolfa. Auf den gut erhaltenen Fassadenreliefs der Kirche sind armenische Kreuze, Heilige und Engel zu sehen. Der Innenraum wird seit geraumer Zeit renoviert. Ein Taxi von Jolfa (25 Min.) nach St. Stephanos kostet rund 500 000 IR hin und zurück (mit Zwischenstopps). Für diese Fahrt sollte man seinen Pass einstecken. Direkt hinter Jolfa gibt's einen Kontrollposten, wo Reisende eventuell angehalten werden.

Interessant in der Umgebung sind außerdem das herrliche Aras-Tal und die aserbaidschanische Exklave Nakhichevan.

Zu den empfehlenswerten Hotels zählen das günstige **Hotel Durna** (☎ 041-4302 3812; Vilaete-Fagih St; 2BZ/3BZ/4BZ ohne Bad 350 000/430 000/510 000 IR) und das super gastfreundliche **Jolfa Tourist Inn** (Mehmansara Jahangardi; ☎ 041-4202 2220; www.ittic.com; Shahid Beheshti Sq, Imam St; 2BZ 1 090 000 IR; Ⓟ❄🛜), Jolfas schönstes Hotel, mit gutem Restaurant. Gut essen kann man auch im stimmungsvollen **Fanous Aras Traditional Restaurant** (Mahlzeiten ab 220 000 IR).

ℹ An- & Weiterreise

Savaris nach Marand (80 000 IR, 1 Std.), Hadiyshahr (Alamdar; 20 000 IR, 15 Min.) und gelegentlich Tabriz (400 000 IR, 2½ Std.) fahren unmittelbar nördlich vom Ashura Square ab. Minibusse nach Marand (40 000 IR, 1½ Std.) fahren ab Hadiyshahr, jedoch nicht ab Jolfa direkt.

Einige Fahrzeuge verkehren über die neue geteerte und landschaftlich sehr reizvolle direkte Straße nach Khoy, doch wahrscheinlich benötigt man dafür ein privates Taxi. Wer auf dem Weg nach Maku ist, sollte 25 km vor Khoy an der Autobahn 25 aussteigen; hier befindet sich eine leicht zu erkennende Mitnahmestelle.

Ein Taxi braucht für die atemberaubende Straße am Fluss Aras entlang nach Kaleybar mit ein paar kurzen Zwischenstopps drei bis vier Stunden (40 US$). Eine Ganztagestour kostet 80 US$.

So, Di und Do fährt um 16.20 Uhr ein Zug nach Tabriz (25 000 IR, 3 Std.). Außerdem hält hier 2-mal wöchentl. der Zug, der zwischen Nakhichevan und Mashhad fährt, doch Fahrkarten dafür können rar sein.

Aras-Tal

Eine Taxifahrt von Jolfa oder Kaleybar durch die wunderbare Berglandschaft des Aras-Flusstals sollte man nicht versäumen. Nur an wenigen Orten auf der Welt kann man auf vergleichbare Weise an einer umstrittenen Landesgrenze entlangfahren, die zudem noch so viel geschichtlich und geologisch Faszinierendes zu bieten hat.

Der Aras soll der Fluss Gihon aus der Bibel sein. Jahrtausende lang bildete sein Flusstal eine Route für Händler, Armeen und Heilige. Erst durch die Verträge von 1813 und 1828 wurde der Fluss zur Grenze zwischen Russland und Persien. Von den Kämpfen, die dazu führten, zeugen noch vorhandene Lehmfestungen.

Am Nordufer des Aras sind außerdem die Ruinen von Dörfern zu erkennen, trauriges Zeugnis des immer noch nicht vollständig beigelegten Konflikts zwischen Armenien und Aserbaidschan von 1989 bis 1994. Hier machen 50 m einen gewaltigen Unterschied: Das iranische Südufer kann man als gewöhnlicher Tourist ungehindert abfahren – auch fotografieren unerwünscht ist –, doch entlang der Bahnlinie am Nordufer dies nicht mehr möglich. Sie ist inzwischen stillgelegt. Die Strecke passierte zwei Frontlinien, die die Welt vergessen hat: von Nakhichevan (Aserbaidschan) durch das Land des Todfeinds Armenien, durch Bergkarabach – von Armenien besetztes aserbaidschanisches Territorium – und anschließend durch Minenfelder zurück nach Aserbaidschan. Seit über einem Jahrzehnt finden hier keine Kämpfe mehr statt, doch die Wachposten, die zerschossenen Züge und die verbarrikadierten Tunnel laden die Schönheit der Natur des Tals mit geopolitischer Spannung auf.

Westlich von Jolfa

Dort, wo Jolfa ursprünglich lag, nämlich am aserbaidschanischen Flussufer 7 km westlich von Jolfa, erinnern nur noch der Torso einer Grabstele und eine kaputte Brücke an den alten Ort – zu sehen vom anderen Flussufer in der Nähe der Polizeistation. Die Kamera bleibt besser im Taxi. Rund 1 km weiter westlich, kurz vor dem Kontrollposten, an dem die zweispurige Straße endet, befindet sich die restaurierte **Karawanserei Khaje Nazar** mit einem schönen Blick auf den Aras. Kurz hinter dem Checkpoint sieht man bei der Einfahrt in eine spektakuläre Schlucht aus rotem Stein links über sich die winzige **Chupan-Kapelle** (Ⓟ). Nach Kilometern ist die Abzweigung erreicht, an der es zur **St.-Stephanos-Kirche** (Kalisa Darreh Sham; 150 000 IR; ☺ 8–17 Uhr; Ⓟ).

Von Jolfa nach Kaleybar

Östlich von Jolfa erheben sich vor schneebedeckten Gipfeln am Horizont erodierte rote Klippen. In mittlerer Entfernung eröffnet sich die felsige Klamm des **Ilan Dağ** (Schlangenberg) in Nakhichevan, die die Arche Noah angeblich passierte, ehe sie auf dem Ararat landete. Gleich hinter dem schönen **Marazad** erheben sich an einem zerklüfteten Hang die Lehmmauern der **Javer-Burg**. Vier Kilometer weiter kann man einen kur-

zen Abstecher zum malerisch verschachtelten Dorf **Ahmadabad** auf einer Erhöhung über dem Aras unternehmen. Nach weiteren 2,5 km die Hauptstraße entlang führt eine Abzweigung Richtung Osten steil hinauf zur beliebten Quelle **Asiyab Khurabe** (Xaraba Dəyirman) mit Picknickplatz. Dieser Abstecher lohnt sich vor allem wegen der Blicke ins Tal auf dem Weg zurück hinunter.

Die Bauern von **Siyah Rud** produzieren die Rohseide für die Tabrizer Webdörfer Khanemu und Osku. Im Mai und im Juni zeigen einem die Einheimischen normalerweise gerne das Seidengewinnungsverfahren. Weiter östlich führt die Straße durch Schluchten mit Blick auf stachelige Grate, die zum **Kuh-e Kamtal** (Chamtal Dagh, Tigerberg) hinaufführen.

Bei **Norduz**, dem iranischen Grenzposten an der armenischen Grenze, 60 km von Jolfa, weitet sich das Tal etwas.

4 km östlich von Norduz erhebt sich auf einem Hügel, der von einem achteckigen Grabturm und Imamzadeh (Schrein oder Mausoleum des Nachfahren eines Imams) beherrscht wird, das Dorf **Duzal**. Hinter dem nächsten Felsvorsprung passiert die Straße die Tortürme und die massiven, mit Lehm überzogenen Steinmauern des einst riesigen **Abbas-Mirza-Kastells** (Kordasht-Burg). Von Osten aus gesehen bilden die Mauern einen dekorativen Rahmen für eine imposante erodierte Felsspitze auf armenischer Seite. Einen Kilometer weiter östlich befindet sich ein großer, liebevoll restaurierter **historischer Hamam** (Kordasht) mit Marmorböden und ornamentierten Decken. Zwei Kilometer weiter bietet sich am Ende des Dorfes Kordasht Richtung Westen ein besonders schöner Ausblick auf die sägezahnartigen Bergkämme.

Nach weiteren 25 km klettert an einem Polizeiposten eine Nebenstraße steil gen Süden. Sie erreicht nach 5 km das Dorf **Ushtebin** (Oshtabin, Oshtobeyin; Eintritt 30 000 IR). Der fotogene Häuserhaufen aus übereinandergestapelten Lehm- und Steinhäusern in einem „geheimen Tal", das für weiße Granatäpfel bekannt ist, wird als „neues Masuleh" gepriesen, doch bisher verschlägt es kaum Touristen hierher.

Die Hauptstraße führt am malerisch terrassierten Dorf **Qarachilar** (7 km hinter der Ushtebin-Kreuzung) vorbei bis zu einer Straßenkreuzung bei Junanlu (88 km). Rechts geht's durch eine enge Schlucht mit Obstgärten und Sommerweiden steil weg vom

ⓘ GRENZÜBERGANG IRAN–ARMENIEN

Der iranische Grenzposten Norduz liegt in einem ansonsten unbewohnten Teil des Tals. Die Geldwechsler auf iranischer Seite kaufen und verkaufen armenische Dram (1 € sind 544 Dram) sowie Dollar und Rial zu einem Kurs, der etwa 5 % unter dem Bankenkurs liegt. Vor dem iranischen Grenzposten warten gewöhnlich ein oder zwei Taxis; die Fahrt nach Jolfa kostet 10 US$. Von innerhalb des Geländes des Grenzpostens kostet es 5 US$ mehr.

Auf armenischer Seite liegt in fußläufiger Nähe des Grenzpostens das Dorf Agarak. An der Grenze sind 14 Tage gültige Touristenvisa (50 US$) und drei Tage gültige Transitvisa (40 US$) erhältlich, doch das Ausstellen des Visums kann einige Zeit in Anspruch nehmen – was nervt, wenn man mit einem der durchgehenden Busse von Teheran über Tabriz nach Jerewan unterwegs ist. Man kann dann nur hoffen, dass der Busfahrer auf einen wartet. Auf der armenischen Seite organisiert das Reisebüro **Aries Travel** (Aries Liber; ☏ +374 10-26 39 73; www.bedandbreakfast.am) nette Privatunterkünfte in **Meghri**, 15 Minuten mit dem Taxi (4000 Dram) entfernt. Vom Hotel Meghri nicht weit vom Zentrum von Meghri fährt um 9 Uhr ein Minibus nach Jerewan (9000 Dram, 9–11 Std.) und um 7.30 Uhr ein Bus nach Kapan (2000 Dram, 2 Std.).

Aras nach Kaleybar. Wer jedoch nicht abbiegt und an der Kreuzung weiter geradeaus fährt, erblickt nach 10 km eine der zwei verfallenden **Khodaafarin-Brücken**, die über den Aras hinüber zu einem zerschossenen Dorf führen. Fotografieren ist hier verboten.

Die Fahrt von Jolfa nach Kaleybar dauert mit nur wenigen Stopps rund 3½ Stunden, mit Abstechern und Mittagessen sechs bis acht. Ein privates Taxi für die Fahrt kostet etwa 40 US$, ein Taxi für den ganzen Tag 80 US$. Die Fahrt ist in beide Richtungen gleichermaßen atemberaubend.

Kaleybar کلیبر

☏ 041 / 12 000 EW. / 1314 M

Das in einem weiten, steilen Bergtal schön gelegene Örtchen Kaleybar ist ein guter Ausgangspunkt für Wanderungen und Besuche in Nomadencamps im oberen Aras-Flusstal. Doch die bei Weitem größte Sehenswürdigkeit im Umkreis ist die atemberaubende, auf einem Felsen thronende Ruine des **Qal'eh Babak** (Babak-Burg; 150 000 IR). Die weitläufige Festung, Zufluchtsort des Aseri-Helden Babak Khorramdin aus dem 9. Jh., erhebt sich über einer tiefen Schlucht. Der Aufstieg hinauf zur Burg dauert zwischen einer bis zwei Stunden.

Besucher aus der Ferne sollten Kaleybar während der kontroversen „Geburtstagsfeiern" des Babak in der letzten Juniwoche meiden. Zwar wäre das kulturell durchaus spannend, doch die Unterkünfte sind alle voll und es besteht die Gefahr, als Fremder ins Visier der Behörden zu geraten, die Un-

ruhe unter aserischen Nationalisten verhindern wollen.

Die beste Unterkunft in Kaleybar ist das **Hotel Anza** (☏ 041-4444 4202; www.anzahotel.com; abseits der Farmandari St; DZ 40 US$; ❈ ☏). Das Restaurant bietet – wenn es geöffnet ist – ausgezeichnete regionale und westliche Gerichte. Manager Manouche kann Touren in die umliegenden Dörfer organisieren (80 US$) sowie den Transport durchs Aras-Tal nach Jolfa. Das **Chelokababi** (Farmandari St; Mahlzeiten ab 120 000 IR; ⊙ 12–22 Uhr) serviert leckere, frische, schnörkellose Kebabs.

ⓘ An- & Weiterreise

Um 8 und 23.30 Uhr fahren Direktbusse nach Tabriz (200 000 IR, 3 Std.). Ein Taxi durchs Aras-Tal nach Jolfa kostet ab 40 US$; die Fahrt dauert mit minimalen Stopps 3½ Stunden. Nach Ardabil nimmt man ein Savari (50 000 IR) nach Ahar, steigt dort nach Meshgin Shahr (60 000 IR) um und fährt von dort weiter nach Ardabil (80 000 IR).

Taxis zum Babak Hotel, Startpunkt der normalen Routen zur Babak-Festung, kosten 70 000 IR; ein Taxi zum Nomadencamp, das erheblich näher bei der Festung liegt, kostet weit mehr.

Ardabil اردبیل

☏ 045 / 490 000 EW. / 1374 M

Ardabil war lange Zeit das Tor zwischen dem fruchtbaren kaspischen Tiefland und den historischen Städten und trockenen Bergen im östlichen Aserbaidschan und stellt einen interessanten Zwischenstopp dar. Die größte Sehenswürdigkeit ist eine Unesco-Weltkulturerbestätte: das Sheikh-Safi-ad-Din-Mausolcum. Doch es gibt auch noch einige weniger bedeutsame Attraktionen. An kühlen, klaren Tagen erhebt sich über dem Shurabil-See von Ardabil der schneebedeckte Gipfel des Sabalan.

Ardabil liegt auf einer windgepeitschten Hochebene. Im Sommer ist das Wetter angenehm kühl, doch zum Ende des Jahres hin kann es ziemlich ungemütlich werden. Schneefälle sind ab November möglich, doch die Winter werden kürzer.

Geschichte

Ardabil war lange Zeit ein militärischer Außenposten und von 871 bis 929 unter der Sadschiden-Dynastie aserbaidschanische Hauptstadt. Von 1747 bis 1808 war es als Khanat unabhängig. Vor allem aber hat Ardabil zwei berühmte Söhne: den bedeutenden Sufi-Mystiker und safawidischen Patriarchen und Sheikh Safi-ad-Din (1253–1354) sowie dessen Nachfahren Ismail. Letzterer dehnte das Herrschaftsgebiet so weit aus, dass er 1502 Schah von ganz Persien wurde. Seine safawidische Dynastie sollte über zwei Jahrhunderte lang Persien beherrschen.

◉ Sehenswertes

★ Sheikh-Safi-ad-Din-Mausoleum   MAUSOLEUM

(Karte S. 102; Sheikh Safi St; 200 000 IR; ☺ Winter Di–So 8–17 Uhr, Sommer 8–12 & 15.30–19 Uhr) Das Mausoleum, das bedeutendste safawidische Monument im Westiran und Weltkulturerbestätte, ist relativ klein. Zusammen mit weniger bedeutenden Adligen ist der Patriarch im **Allah-Allah-Turm** von 1334 bestattet. Seinen Namen verdankt der Grabturm der Tatsache, dass es sich bei dem scheinbar rein geometrischen Muster auf den blau glasierten Kacheln um eine endlose Wiederholung von Gottes Namen handelt. Ein großer Teil des Gebietes um den Komplex herum wird derzeit aufgearbeitet; in einem schönen ummauerten Garten kann man wunderbar in aller Stille lesen.

Zur Besichtigung der schönen Holzsarkophage betritt man einen kleinen Hof mit türkisen Kacheln, danach das **Ghandil Khaneh** (Laternenhaus) mit auffallendem Schmuck in Gold und Indigo. Das feine **Chini Khaneh** (Porzellanhaus) von 1612 auf der linken Seite ist mit vergoldeten Wandnischen überzogen, in denen die königliche Porzellansammlung ausgestellt werden sollte – den größten Teil nahmen allerdings die Russen nach der Invasion von 1828 mit in die Heimat; er ist jetzt in der Sankt Petersburger Eremitage zu sehen.

◉ Weitere Sehenswürdigkeiten

Fünf restaurierte Brücken führen über den Baliqli Chay („Fischreicher Fluss"). Die berühmteste ist die siebenbogige **Pol-e Jajim** (Yeddi Göz, Sieben Augen), reizvoller ist die dreibogige **Pol-e Ebrahimabad** (Karte S. 102).

Der überdachte Basar (S. 119) im Dreieck zwischen der Imam Khomeini und der Beheshti Street ist groß und attraktiv.

Durch einige Gassen geht es zur hübschen kleinen **Haji-Fakr-Moschee** (Karte S. 102) mit einem gedrungenen pfeffermühlenartigen Minarett sowie zur **Mirza-Ali-Akbar-Moschee** (Karte S. 102; Sa'at-Noh Sq) mit schönen Backsteingewölben, einem blauen Außenfries aus Kacheln mit kufischen Schriftzügen und einem Minarett im Leuchtturmstil.

Die **Masjed-e Jameh** (مسجد جامع; Karte S. 102; Madani St) war einmal ein gigantischer Backsteinbau. Früher stand an dieser Stelle ein sassanidischer Feuertempel. Die **Maryam-Kirche** (Maryam Moghadas; Karte S. 102) trägt statt Kuppel eine ungewöhnliche Steinpyramide.

In Khalkhalan, einem kleinen Ort 3 km nordöstlich des Zentrums von Ardabil, befindet sich der **Sheik-Jebra'il-Schrein** aus den 16. Jh.

✖ Aktivitäten

Sabalan   WANDERN

Mit einer Höhe von 4811 m ist der Sabalan der dritthöchste Berg Irans. Er kann außer im Winter von jedem erfahrenen Wanderer bestiegen werden. Die Route über den Nordostkamm beginnt im Dorf **Shabil**. Dahin zweigt man von der Meshgin Shahr Road Richtung **Lahrood** (Lahroud) ab. Von Shabil kann man frühmorgens einen Allradwagen hoch zu einer Schutzhütte auf 3660 m nehmen und von dort losmarschieren.

Iran Climbing Guide   KLETTERN

(☎0912 344 5298; www.iranclimbingguide.com) Die Website des Anbieters hält gute Infos zur Besteigung des Sabalan bereit. Es können auch Kletterpakete geschnürt werden.

Skigebiet Alvares   SKIFAHREN, WANDERN

Im Winter ist im Skigebiet Alvares ein Skilift in Betrieb, doch im restlichen Jahr ist es ein gutes Wanderrevier. Alvares liegt rund 25 km vom Heilbad **Sar'eyn** (Sarein, سرعین)

Ardabil

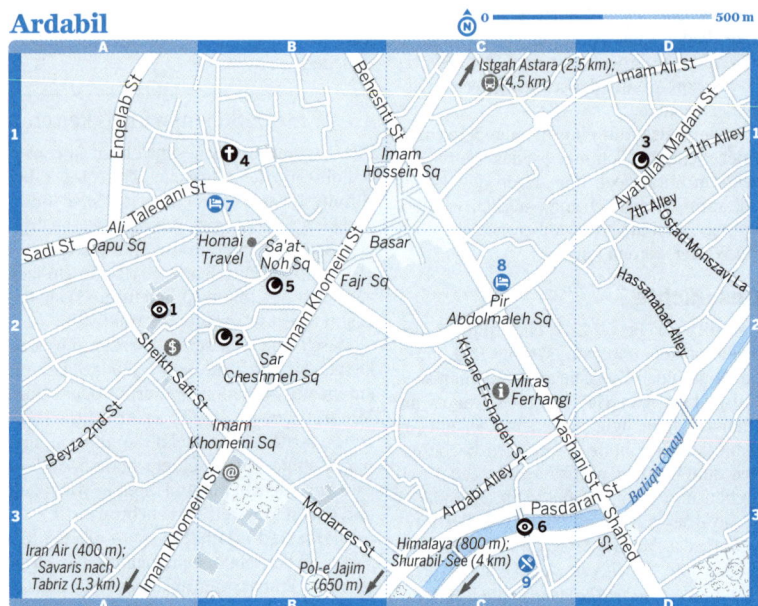

mit seinen warmen Quellen entfernt; ein Savari dorthin kostet ab Ardabil 25 000 IR. Für ein privates Taxi ab Sar'eyn ist je nach Wartezeit mit rund 8 bis 12 US$ hin und zurück zu rechnen.

🛏 Schlafen

Die meisten Billigherbergen im Zentrum von Ardabil sind nicht zu empfehlen.

Mosaferkhaneh Ideal   HOSTEL $
(Ideal Hotel; Karte S. 102; ✆045-3336 8508; Ecke Madani & Kashani St, Pir Abdolmaleh Sq; EZ/2BZ/ 3BZ 520 000/820 000/1 060 000 IR; ❄🤶) An einer verkehrsreichen Kreuzung hinter dem Basar.

★Hotel Shorabil   HOTEL $$
(✆045-3351 3096; www.hotelshorabil.ir; Shurabil Lakeside; EZ/DZ 720 000/1 200 000 IR; 🅿❄🤶) Das Hotel liegt umgeben von Ödland an einem künstlichen See 4,5 km südwestlich des Zentrums, sodass man sich vielleicht fragt, was den Reiz dieses Hauses ausmacht, doch die kleinen, modernen Zimmer sind gut ausgestattet und sehr gemütlich und bieten das beste Preis-Leistungs-Verhältnis der Stadt. Wer von Astara kommt, steigt am ersten Kreisverkehr an der Ringstraße aus.

Hotel Negin   HOTEL $$
(Karte S. 102; ✆045-3323 5671; Taleqani St; EZ/ 2BZ 950 000/1 300 000 IR; ❄🤶) Billige, behagliche Zimmer im Norden der Stadt, doch immer noch fußläufig zu den meisten Sehenswürdigkeiten. Der Service ist durchwachsen.

🍴 Essen

An der Moallam Street zwischen Shohada Street und Pol-e Jajim finden sich zahlreiche Pizzaläden und andere Imbisse.

In vielen **Konditoreien** gegenüber vom Safi-ad-Din-Mausoleum (S. 101) und an der Imam Khomeini Street wird *helva siyah* (schwarzes Halva oder „Pest") verkauft, eine kalorienreiche lokale Spezialität, die den stolzen Preis von rund 250 000 IR pro Kilogramm kostet. Ein kleiner Teller Halva mit Kokosnuss, geraspelten Nüssen und Zimt kostet jedoch nur 15 000 IR. Ardabils berühmter **Honig** ist in der ganzen Stadt zu haben.

Shah Abbas Restaurant   TEEHAUS $
(Karte S. 102; ✆0914 351 6676; Moadi St; Mahlzeiten 180 000 IR) Die labyrinthischen Kammern mit Gewölbedecken dieses versteckt liegenden, geschmackvoll renovierten 640 Jahre alten ehemaligen Hamams durchströmt viel

Ardabil

◉ **Highlights**

◉ **Sehenswertes**

🛏 **Schlafen**

✕ **Essen**

Flair. Wer mag, probiert im Restaurant-bereich das örtliche Gericht *pichag qeimeh* (zartes Lamm, zerkleinerte Mandeln, karamellisierte Zwiebeln und weich gekochtes Ei mit Safran), bevor man sich in einen der anderen Räume auf einen *chay* (35 000 IR) und eine *qalyan* (100 000 IR) zurückzieht; die einheimischen Frauen qualmen hier recht ungeniert.

🛍 Shoppen

Himalaya　　　　SPORT & OUTDOORAKTIVITÄTEN
(☎ 0914 151 2871; Pasdaran St; ⊙ Sa–Do 9–23 Uhr) Guter Laden für Campingausrüstung.

❶ Praktische Informationen

AnarNet (Karte S. 102; Imam Khomeini Sq; 50 000 IR pro Std.; ⊙ 8–24 Uhr)
Aryana Currency Exchange (Karte S. 102; ☎ 045-3323 8747; Sheikh Safi St; ⊙ 9–14 & 16–20 Uhr)
Miras Ferhangi (Karte S. 102; ☎ 045-3325 2708; Khane Ershadeh St; ⊙ Sa–Do 7.30–14 Uhr) In einem reizenden kleinen Haus mit Innenhof gibt's sehr gutes kostenloses Kartenmaterial zu Ardabil, Sara'eyn und Umgebung.

❶ An- & Weiterreise

BUS & SAVARI

Vom **Hauptbusbahnhof** (Moqaddas-e-Ardabili St) 5 km nordöstlich vom Zentrum fahren stündl. (7–23 Uhr) Busse über Astara (50 000 IR, 2 Std.), Rasht (175 000 IR, 5 Std.) und Qazvin (260 000 IR, 8 Std.) nach Teheran (ab 350 000 IR, 10 Std.). Über Sarab nach Tabriz (220 000 IR, 4 Std.) fahren Busse bis 18 Uhr jede halbe Stunde.

Savaris nach Astara (80 000 IR, 1½ Std.) fahren vom **Istgah Astara** (Jam'e-Jam St), einem kleinen Platz mit grünem Schild 100 m nordöstlich des Jahad Square. Nach Kaleybar nimmt man am Vahdat Square ein **Savari nach Meshgin Shahr** (Vahdat Sq; 80 000 IR, 1½ Std.), steigt dort nach Ahar (60 000 IR, 1 Std.) und schließlich nach Kaleybar (60 000 IR, 40 Min.) um. Savaris nach Tabriz (250 000 IR) fahren 1,3 km südwestlich der Stadt ab.

FLUGZEUG

Teheran 1 470 000 IR, tgl. mit **Iran Air** (☎ 045-3225 2040; Imam Khomeini St), wöchentl. mit **Iran Aseman** (☎ 045-3325 1525) und **ATA** (S. 86).
Mashhad 2 020 000 IR, mehrmals wöchentl. mit Iran Air.

Das hilfsbereite Reisebüro **Homai Travel** (Karte S. 102; ☎ 045-3323 3233; Sa'at-Noh Sq; ⊙ Sa–Do 8.30–19.30, Fr 9–13 Uhr) verkauft Flugtickets sowie Bahnfahrkarten für Züge ab Tabriz.

❶ Unterwegs vor Ort

Der Flughafen liegt 1 km abseits der Straße nach Astara, 11 km nordöstlich von Ardabil (300 000 IR per Taxi). Vom Imam Khomeini Square fahren Shuttletaxis zum Bahonar Square (für Minibusse nach Sara'eyn) und zum Besat Square. Minibusse nach Khalkhoran (mit dem Sheik-Jebra'il-Schrein) starten beim Imam Hossein Square.

Khal Khal　　　　خلخال

☎ 045 / 46 000 EW. / 1800 M

Der Reiz von Khal Khal besteht in seiner „Drei-Wege"-Lage mitten in einer betörenden Nomadenlandschaft. Die Stadt ist eine gute Basis für Wanderungen und die Erkundung der fotogenen Umgebung. Außerdem ist der Weg über Khal Khal eine alternative Route von Ardabil nach Rasht, auf der man die stark erschlossene kaspische Küste meiden kann. Landschaftlich unglaublich reizvoll ist die einsame Straße Richtung Süden durch das Qezel-Owzan-Tal über Aqkand nach Zanjan.

Die Hauptstraße ist die Imam Street, die vom Nordosten 4 km weit Richtung Südwesten verläuft. Eine Übernachtungsmöglichkeit ist das **Khal Khal Tourist Inn** (Mehmansara Jahangardi; ☎ 045-3245 3991; www.ittic.com; Khujin Rd; EZ/2BZ/3BZ 830 000/1 300 000/1 470 000 IR; ⓟ❄☎) 400 m östlich vom Busbahnhof, gleich hinter dem Valiasr Square.

Wer möchte, kann den ganzen Weg hinunter nach Asalem am Kaspischen Meer **wandern**, und zwar über verschiedene abgeschiedene Wege, die über von Nomaden genutztes Grasland, durch die Berge sowie durch traditionelle Gilan-Dörfer führen. Los geht's in Andabil, einem kleinen Dorf ein paar Kilometer nördlich von Khal Khal, und dann immer Richtung Osten. Theoretisch kann man einfach immer irgendwo zelten, es ist jedoch wahrscheinlich, dass einen freundliche Iraner zur Übernachtung in einem Privathaus einladen werden.

ⓘ An- & Weiterreise

Von der Pol-e Busar in Rasht fahren Savaris direkt nach Khal Khal; bei Asalem verlassen sie die Küste, um den schönen Anstieg nach Khal Khal in Angriff zu nehmen.

Private Taxis für die Qezel-Owzan-Route über Aqkand nach Zanjan (40–60 US$) können vor dem Busbahnhof gechartert werden. Über Mahneshan und Behestan nach Takab kostet ein Taxi mindestens 100 US$ – wenn man einen Fahrer findet, der die Tour machen will.

Zanjan زنجان

📞 024 / 387 000 EW. / 1653 M

Die umgeben von kargen, erodierten Bergen auf einer Hochebene liegende Stadt ist die perfekte Basisstation für weiter ausgreifende Erkundungen. In der Nähe liegt das Architekturwunder Soltaniyeh, weiter entfernt die ramponierten Felspfeiler der Festung Behestan und die bizarr gestreiften Bunten Berge. Traumhaft schöne Straßen führen nach Khal Khal und ans Kaspische Meer, zu den herrlichen Katale-Khor-Höhlen und zu den Ruinen des Takht-e Soleiman.

Die blutige Belagerung von 1851, die der persische Premierminister Amir Kabir anordnete ist ein berüchtigtes Ereignis in der Geschichte der Stadt. Das daraus folgende Massaker war Teil einer recht erfolgreichen Kampagne zur Niederschlagung der aufblühenden Bahai-Religion. Das Bahaitum hatte sich erst drei Jahre zuvor vom Islam losgesagt, doch Teherans sah die rasche Verbreitung mit Argwohn.

◉ Sehenswertes

◉ Zentrum

Archäologisches Museum   MUSEUM
(Salzmann-Museum; Karte S. 104; 📞 024-3333 4717; Zeinabieh St, Ecke Taleqani St; 150 000 IR; ⏰ Di–So 9–13 & 15.30–20 Uhr) Das Museum beherbergt vier der faszinierenden „Salzmann"-Mumien, die im Lauf der Jahre in der **Cheh-**

rabad-Salzmine (heute eine archäologische Stätte) entdeckt wurden. Durch das Salz und die extrem trockene Luft in der Mine wurden ganze Leichname konserviert, einige mit Haut, Haar und verschiedenen intakten Organen. Im zweiten Stock des Museums sind drei Mumien in versiegelten Glasvitrinen ausgestellt, ein Guide erzählt ihre Geschichte.

Zanjan Bazaar   BASAR
(Karte S. 104) Der interessante lange, schmale und zumeist aus Backsteingewölben bestehende Basar bietet verlassene Karawansereien, unterirdische Teehäuser, alte Moscheen und mehr oder weniger jede Haushaltsgerätschaft und jede persönliche Habseligkeit, die man sich nur vorstellen kann. Das östliche Ende ist chaotischer als der Rest.

Hosseiniyeh-Moschee   MOSCHEE
(Karte S. 104) Die Westfassade der schönen Moschee abseits der Ferdosi Street wird von der untergehenden Sonne perfekt beleuchtet.

Masjed-e Jameh   MOSCHEE
(Freitagsmoschee; Karte S. 104) Den Innenhof der großen Moschee von 1826, der durch ein mit Türmen besetztes Portal an der Imam Street zu betreten ist, säumen Medresen-Nischen.

Zanjan

Seyyed-Ibrahim-Schrein · SCHREIN
(Imamzadeh Seyid Ibrahim; Karte S. 104) Der feine Schrein für Seyyed Ibrahim befindet sich auf einem friedvollen Gelände im Herzen der Stadt.

Soravardi-Büste · STATUE
(Karte S. 104; Sa'di St) An der Hauswand einer Bibliothek ist eine Büste des Philosophen Soravardi zu sehen. In den Gassen hinter der Mauer fanden 1851 das Massaker an den Bahai-Anhängern statt.

Rakhatshor-Khaneh · MUSEUM
(Waschhaus, Anthropologisches Museum Zanjan; Karte S. 104; ☏024-3332 6020; Rakhatshorkhaneh Alley; 150 000 IR; ⊙Di–So 8–17.30 Uhr) In einem traditionellen unterirdischen Waschhaus aus der Kadscharen-Zeit wird mit in alte Trachten gekleideten Puppen dargestellt, wie hier früher gewaschen wurde. Außerdem gibt's einen kleinen Gartenhof und einen Workshop, in dem Elfenschuhe hergestellt werden.

Khanum-Moschee · MOSCHEE
(Frauenmoschee; Karte S. 104) Die kleine Moschee liegt versteckt in einer Gasse und hat zwei pfeffermühlenähnliche Türme. Um zur ihr zu gelangen, geht man vom Sabz Square die Ferdosi Street nach Norden, biegt links auf einen Parkplatz ab und geht dann die Gasse entlang. Noch ein paarmal abbiegen und schon ist man da.

Rasul-Ullah-Moschee · MOSCHEE
(Moschee des Propheten Mohammed; Karte S. 104) Die gekachelte Kuppel der Moschee und ihr Minarett wirken am schönsten bei Sonnenauf- und Sonnenuntergang. Durch die „Orgelpfeifen" des gigantischen Revolutionsdenkmals auf dem Enqelab Square sieht man sie wie in einem Rahmen.

Mir-Baha-e-Din-Brücke · BRÜCKE
Den schönsten Blick auf die dreibogige kadscharische Brücke über den Fluss Zanjan Rud hat man westlich der Straße nach Bijar und südwestlich des Bahnhofs.

⊙ Rund um Zanjan

Katale-Khor-Höhlen · HÖHLE
(Ghar Katalehkhor; ☏024-2482 2188; info@katalek hourcave.com; 150 000 IR; ⊙8.30–19.30 Uhr, letzter Einlass 18 Uhr; 🅿) Das weitverzweigte Höhlensystem von Katale Khor, angeblich das schönste im ganzen Westiran, liegt 150 km südlich von Zanjan bei Garmab abseits der Straße von Soltanieh nach Hamadan. Katale Khor ist weniger touristisch als die berühmtere Ali-Sadr-Höhle (S. 138) und bietet 3 km Wege für die Öffentlichkeit und weitere 4 km für erfahrene Höhlenwanderer. Bisher wurden sechs Ebenen mit zugänglichen Höhlen verzeichnet. Ein Besuch dauert ein bis zwei Stunden. Öffentliche Verkehrsmittel verkehren keine, man muss also ein Taxi nehmen.

Bunte Berge · BERGE
(Aladargh) Die unglaublich farbigen Berge ähneln ein bisschen den Painted Deserts in Australien und Nordamerika, haben aber eine weit größere Ausdehnung. Jeder, der tagsüber zwischen Tabriz und Zanjan unterwegs ist, kann sie sehen. In Rot, Weiß und verschiedenen Ockertönen gefärbten Bänder erheben sich beiderseits der Autobahn 2 auf einer Länge von etwa 20 km rund um den Kilometerstein 125.

Behestan-Festung · BURG
(Teufelsthron, Qal'eh Behestan; 🅿) Die wilde, phantastisch erodierte und mit Höhlen gespickte Mesa erhebt sich im gerippten und zerklüfteten Ödland 120 km nordwestlich von Zanjan über dem Fluss Qezel Owzan. Die von Menschenhand geschaffenen Höhlen, heute nur noch eine Ansammlung von hohlen Felspfeilern, gehörten einst zu einer sassanidischen Festung. Um die Gegend gebührend zu erkunden, muss man in Zanjan ein Taxi für einen ganzen Tag mieten. Der nächstgelegene Ort ist Mahneshan 14 km nördlich.

🛏 Schlafen

Amir Kabir Hotel
HOSTEL $

(Karte S. 104; ☑024-3332 4922; Sabz Sq, Imam St; EZ/DZ/3BZ 600 000/950 000/1 350 000 IR; ❄🛜) Zentral gelegene billige Bleibe mit einfachen Zimmern, teils mit Bad.

Park Hotel
HOTEL $$

(☑024-33333533;www.parkhotel-zanjan.com;Imam St; EZ/2BZ/3BZ 50/70/90 US$; ❄🛜) Zu hellen, komfortablen, überteuerten Zimmern kommen freundliches, Englisch sprechendes Personal und ein gutes Frühstück. Das Restaurant serviert gutes Essen (450 000 IR) und echten Kaffee und verlangt 25 % Aufschlag. Das WLAN funktioniert unten und in den Fluren, aber nicht auf den Zimmern. Wahrscheinlich stellt dieses Hotel den besten Kompromiss in Sachen Komfort, Lage und Preis dar.

Zanjan Grand Hotel
HOTEL $$$

(Hotel Bozorg Zanjan; ☑024-3378 8190; http://zanjangrandhotel.com; Basij Sq; EZ/2BZ/Suite 75/115/150 US$; P❄🛜) Zanjans Tophotel an einem verkehrsreichen Kreisel am Rand der City bietet stilvoll geräumige Zimmer auf Business-Niveau mit Bädern, in denen man nächtigen könnte. Das Personal gibt sich alle Mühe, doch die Lage ist wegen des Geräuschpegels nicht so toll – es sei denn, man ist selbst mit einem eigenen fahrbaren Untersatz unterwegs.

✕ Essen

Haji Dadash
IRANISCH $

(Karte S. 104; ☑024-3322 2020; Mahlzeiten ab 50 000 IR; ☺10–23 Uhr) Diese familienorientierte Teehöhle hat viel Charme, besonders der mit Teppichen ausgelegte vordere Keller. Zum guten *dizi sangi* (Eintopf mit Lamm, Kichererbsen und Kartoffeln) wird ein Teller mit frischen Kräutern gereicht, mit denen man den Geschmack selbst verfeinern kann. Tee und Wasserpfeifen für vier Personen kosten allerdings heftige 280 000 IR. Der Eingang befindet sich gegenüber dem Portal der Mirza-Mehdi-Moschee im Hauptbasar.

★ Restaurant Doorchin
MODERN IRANISCH $$

(☑024-3336 2783; Azardi Sq, Imam St; Mahlzeiten 225 000 IR) Das nette und luftige Doorchin bietet köstliche moderne Interpretationen iranischer Klassiker. Die Suppe ist elegant gewürzt, der Joghurt frisch und pikant und der Service freundlich. Tipp: das *khoresht-e gheymeh* (Lammeintopf mit gelben Schälerbsen und eingelegter Zitrone).

Restaurant Golrizan
IRANISCH $$

(☑024-3377 9262; Imam St; Mahlzeiten 270 000 IR; 🦽) Das familienfreundliche Golrizan beim Honarestan Square wartet mit einer großen Salatbar und sämtlichen iranischen Favoriten auf. Das Personal ist freundlich und Zuschläge werden hier keine verlangt.

🍷 Ausgehen & Nachtleben

City Coffee
CAFÉ

(Imam St; ☺Sa–Do 12–22 Uhr) Nirvana für Espresso-Junkies.

Eloğlu Teahouse
TEEHAUS

(Karte S. 104; Ferdosi St; chai/qalyan 20 000/40 000 IR; ☺8–21.30 Uhr) Das altmodische unterirdische Teehaus findet man, indem man nach *chai*-Schildern Ausschau hält; nicht weit von der Ecke Imam Street geht's eine Treppe hinunter.

❶ Praktische Informationen

Exchange Company (☑024-3333 8682; Unit 8, UG, Noor Building, Imam St; ☺Sa–Do 11–23 Uhr) Wenn man an dem Typen mit Maschinengewehr am Eingang vorbeikommt: Der Geldwechsler befinden sich im Untergeschoss des Einkaufszentrums Noor.

Miras Farhangi (Behörde für Kulturerbe, traditionelles Handwerk und Tourismus; ☑024-3378 5010; www.miraszanjan.ir; Honarestan, Imam St; ☺8–16 Uhr) Eventuell kann man hier einen kostenlosen Stadtplan und einige Broschüren ergattern.

❶ An- & Weiterreise

Busse nach Isfahan (350 000 IR, 18.30 Uhr), Rasht (250 000 IR, 8.30 Uhr) und Teheran (250 000 IR, häufig) fahren vom großen leeren Busbahnhof fünf Fußminuten südlich des Shilat Square.

Savaris und einige Busse nach Teheran, Qazvin und Tabriz sammeln Fahrgäste an der Kreuzung Behesti (Khayyam)/Ferdosi Street. Wer mit einem zwischen Teheran und Tabriz verkehrenden Bus anreist, der an Zanjan auf der Autobahn vorbeifährt, kann sich an der Mautstation kurz vor der Bijar-Kreuzung absetzen lassen (NICHT an der Ausfahrt „Zanjan", denn die ist 10 km weiter östlich). Hier warten immer zahlreiche Taxis (100 000 IR), die einem 4-km-Marsch in die Stadt vorzuziehen sind.

Savaris (30 000 IR) und gelegentlich Minibusse (20 000 IR) nach Soltaniyeh fahren am Honarestan Square ab.

Der direkte Bus (Karte S. 104; ☑0914 482 4011) nach Takab (120 000 IR, 3½ Std.) fährt tgl. um 10.30 Uhr auf einem kleinen Hof an der Behesti Street nicht weit von der Ecke Ferdosi

WESTIRAN ZANJAN

Street ab und verkehrt über Qam Cheqay. Für die Fahrt von Takab zu den Ruinen des Takht-e Soleiman kann man ein Savari nehmen.

Der **Bahnhof** liegt hinter einem daliesken Tor mit Flügelrädern. Die Züge über Qazvin (2 Std.) nach Teheran (128 000–200 000 IR, 4 Std.) mit den günstigsten Abfahrtszeiten sind die um 6.20 und 8.06 Uhr, doch es fahren auch nachmittags noch mehrere Züge. Fahrkarten für die Nachtzüge über Maraqeh (5 Std.) nach Tabriz (375 000 IR, 8 Std.) um 20.57 und 22.33 Uhr sollte man am Tag vorher kaufen.

ℹ️ Unterwegs vor Ort

Nützliche Shuttletaxis, die in der Nähe des Busbahnhofs vorbeikommen, fahren vom Enqelab Square zum Honarestan Square. Andere fahren vom Sabz Square zum Esteqlal Square.

Soltaniyeh   سلطانیه

📞 024 / 6000 EW. / 1803 M

Soltaniyeh, die „Stadt der Sultane", ließen die ilchanidischen Mongolen ab 1302 als persische Hauptstadt neu erbauen. Doch weniger als ein Jahrhundert später, im Jahr 1384, wurde die Stadt durch den Eindringling Timur Lenk größtenteils zerstört. Heute empfängt das kleine Städtchen Tagesausflügler, die das **Oljeitu-Mausoleum** (Gonbad-e Soltaniyeh; 📞 024-3582 2850; http://soltaniyeh. ir; 200 000 IR; ◷8–17 Uhr) anschauen möchten, eine Unesco-Welterbestätte, die sich 48 m hoch über die umliegenden archäologischen Grabungen und zerfallenen Stadtmauern erhebt. Das achteckige Gebäude mit acht Türmen, erbaut für einen mongolischen Sultan, krönt eine wunderbare türkisfarbene Backsteinkuppel – eine der größten der Welt. Im Innern stehen jede Menge Gerüste, doch eine Wendeltreppe führt durch die dicken Mauern zu den luftigen Terrassen mit außergewöhnlichem Ausblick sowie schönen Gewölbedecken und Mosaiken.

Oljeitu war ein mongolischer Herrscher, der sich, nachdem er verschiedene Religionen ausprobiert hatte, den schiitischen Namen Mohammed Khodabandeh zulegte. In seinem Mausoleum sollten die sterblichen Überreste des Imam Ali, Schwiegersohn des Propheten Mohammed, eine neue Heimstatt finden. Damit wäre das Mausoleum – statt Nadschaf in Irak – hinter Mekka zur heiligsten Pilgerstätte des schiitischen Islams geworden. Oljeitu konnte die Ulemas (Religionsgelehrten) von Nadschaf aber nicht davon überzeugen, ihm Alis Gebeine abzutreten. Am Ende wurde Oljeitu selbst 1317 im Mausoleum bestattet.

Im Umkreis der Hauptstätte ist außerdem das **Chalapi-Oghli-Mausoleum** (Sheikh Boraq; Hamadan Hwy; ◷8–17 Uhr) GRATIS interessant, ein schmuckloser Backsteinschrein aus der Zeit der Ilchaniden-Mongolen für den Sufi-Mystiker Sheikh Boraq auf dem Hof eines *khanqah* (Sufi-Kloster). Hier befindet sich auch das von einer türkisfarbenen Kuppel gekrönte Grabmal von **Mullah Hasan Kashi** GRATIS, einem Mystiker des 14. Jhs. Seine Umdichtung historischer Sagen des Islams in persische Poesie hatten großen Einfluss auf die weitere Entwicklung des schiitischen Islams.

Beim Dorf Vier (Viyar) befindet sich die **Tempelstätte Dashkasan** (Drachentempel, Steinrelieftempel; 150 000 IR; ◷8–17 Uhr) mit verschiedenen Reliefs. Die bekanntesten sind die beiden 3,5 m großen Drachenreliefs. Ein Taxi ab Soltaniyeh kostet 200 000 IR hin und zurück.

ℹ️ An- & Weiterreise

Soltaniyeh liegt 5 km südlich der alten Straße von Zanjan nach Qazvin. Vom Honarestan Square in Zanjan ist der Ort leicht im Rahmen eines halbtägigen Ausflugs zu erreichen. Direkte Savaris (30 000 IR, 30 Min.) und unregelmäßig verkehrende Minibusse (20 000 IR, 40 Min.) setzen Fahrgäste zehn Gehminuten nördlich vom Oljeitu-Mausoleum ab.

Wer möchte, kann den Besuch in Soltaniyeh mit der Besichtigung der **Katale-Khor-Höhlen** (S. 105) 150 km südlich von Zanjan kombinieren und dann noch am gleichen (langen) Tag nach Hamedan weiter- oder nach Zanjan zurückreisen. Private Taxis ab Zanjan kosten ab etwa 80 US$ hin und zurück, doch man kann auch verschiedene Savaris nehmen, zumindest bis nach Ghydar.

Takab   تکاب

📞 044 / 48 000 EW. / 1838 M

Der bescheidene Marktflecken, hoch oben in den sanft gewellten Hügeln und frei vom Dieselgestank der Autobahn, ist eine nette Basisstation für die Erkundung der Sehenswürdigkeiten in der umliegenden spektakulären Landschaft. Die Hauptstraßen sind die Imam Khomeini Street, die von Nordwesten nach Südosten verläuft, und die Enghelab Street, die die Stadt von Südwesten nach Nordosten durchschneidet.

⊙ Sehenswertes

Takht-e-Soleiman-Ruinen HISTORISCHE STÄTTE (Thron des Salomon; 📞 044-4545 3311; 200 000 IR; ◷8 Uhr bis Sonnenuntergang) Die in einem einsamen Bergkessel gelegenen, von 1500 Jahren alten Mauern umringten Ruinen zählen zu den eindrucksvollsten Sehenswürdigkeiten in Westiran. Sie sind Unesco-Welterbe. Im 3. Jh. war der Zoroastrismus die Staatsreligion des sassanidischen Persiens und der Takht-e Soleiman (der damals Azergoshnasb hieß) sein spirituelles Zentrum. Heute sind davon nur noch Reste vorhanden. Man darf also nicht etwa Steinplastiken wie in Persepolis erwarten. Doch das schiere Alter der Anlage und die großartige Lage sind Sensation genug. Taxis (etwa 18 US$ hin und zurück inklusive Wartezeit) hierher kann man am Ghalam Square in Takab chartern.

Die Anhänger des Zoroastrismus verehrten schon damals die vier Elemente des Lebens Feuer, Wasser, Luft und Erde. Alles war an diesem Ort zu finden. Wasser, zwar untrinkbar giftig, aber unbegrenzt spendete der schöne „grundlose" **Kratersee**, der noch immer das Zentrum der Stätte bildet. Aus ihm strömen 90 l pro Sekunde hervor, die durch den Wassertempel der Anahita geleitet wurden. Ein natürliches vulkanisches Gas, das durch Keramikrohre in den *ateshkadeh* (Feuertempel) geführt wurde, nährte dort eine ewige Flamme.

Der Name Takht-e Soleiman geht nicht auf echte historische Verbindungen zu König Salomon aus dem Alten Testament zurück. Vielmehr handelte es sich um eine clevere Erfindung der persischen Tempelhüter zur Zeit der arabischen Invasion im 7. Jh. Sie erkannten, dass im Islam biblische Propheten verehrt wurden, und erfanden eine Legende, nach der sich Salomon hier aufgehalten hatte, um die Zerstörung der Stätte abzuwenden. Der Trick funktionierte, die Tempelstätte blieb erhalten und behielt ihren Namen.

Im 13. Jh. wurde der Takht-e Soleiman zur Sommerresidenz der mongolischen Ilchaniden-Khane. Die Überreste ihres Jagdpalastes sind heute mit einem unpassenden modernen Dach überdeckt, unter dem ein (oft abgesperrter) Aufbewahrungsort für Amphoren, unbeschriftete Säulenfragmente, Fotos und ein paar Keramikstücke der alten Gasrohre entstand.

Am Tor zur Stätte steht oft ein Guide zur Verfügung und ein bisschen Licht ins Dunkel all der Steinhaufen bringen kann – falls man sich hinreichend verständigen kann. Ansonsten erkundet man die Ruinen am besten mit einer zweisprachigen Broschüre (Farsi und Englisch; 1 US$), die am Kartenschalter erhältlich ist. Fragen!

Der Takht-e Soleiman liegt 2 km von Nosratabad entfernt. Archäologen nehmen an, dass sich unter dem Dorf mit Häusern aus Lehm und Heu die Stätte Shiz verbirgt, die ein nestorianisch-christliches Zentrum griechisch-persischer Gelehrsamkeit war. Savaris und Minibusse fahren das Dorf sporadisch an, doch in der verkehrsarmen Gegend ist es schwer, vom Dorf wegzutrampen. In Nosratabad soll eventuell ein Gästehaus eröffnet werden – es lohnt sich vielleicht, sich danach zu erkundigen.

Karaftu-Höhlen HÖHLEN

(غار کرفتو; 150 000 IR) Die natürlichen und von Menschenhand geschaffenen Höhlen in einer großen Klippe 42 km von Takab im benachbarten Kurdistan wurden ab der frühen Sassaniden-Zeit als Behausungen genutzt. In einer Höhle verweist eine griechische Inschrift auf Herakles, moderne Hinterlassenschaften bezeugen, dass Reza und Hossein „hier" gewesen sind. Die Fahrt hierher von Takab ist sehr reizvoll. Zu den Höhlen fahren keine öffentlichen Verkehrsmittel; ein Taxi hin und zurück inklusive Wartezeit kostet etwa 18 US$ – in der Umgebung des Basars von Takab fragen.

Zendan-e Soleiman BERG

Der imposante 97 m hohe Kegel beherrscht meilenweit die Tallandschaft. Leute, die einigermaßen fit sind, brauchen bis hoch zum Kraterrand eine knappe Viertelstunde. Der Pfad hinauf ist schlammig, aber gut zu erkennen: Von der Straße nach Takab windet er sich rund 4 km südlich des Takht-e Soleiman (S. 107) nach oben.

👉 Geführte Touren

Ayob Jahani TOUREN

(📞 0935 726 8851) Ayob spricht sehr gut Englisch und kennt sich in der Gegend bestens aus. Er kennt alle Sehenswürdigkeiten und weiß, wie man dorthin kommt und wie man rechtzeitig zurück ist, um seinen Bus zu erreichen. Normalerweise er ist im Hotel Ranji zu finden.

🛏 Schlafen

Hotel Ranji HOTEL $

(📞 044-4552 3179; ayobjahani_90@yahoo.com; Englelab St N; DZ 1 340 000 IR; 📶) Takabs einziges gutes Hotel wartet mit freundlichem Personal, akzeptablen Zimmern, funktionierendem WLAN, warmem Wasser und einem passablen Restaurant (Mahlzeiten rund 240 000 IR) auf. Der überschwängliche und

ℹ AUSFLUG ZUM TAKHT-E SOLEIMAN

Eine interessante, wenn auch teure Art und Weise, die **Ruinen des Takht-e Soleiman** (S. 107) zu besuchen, ist, in Zanjan ein Taxi zu chartern (80 US$ für einen ganzen Tag mit Stopps) und sich in Takab oder Bijar absetzen zu lassen. Hinter der Bergbaustadt Dandy führt die Route durch einige schöne Dörfer, die aus der Zeit gefallen zu sein scheinen. **Shikhlar**, 20 km von Dandy, liegt vor der eindrucksvollen Kulisse des pyramidischen Gipfels des **Tozludagh** (Staubiger Berg). **Qaravolkhana**, 20 km weiter (10 km vor dem Takht-e Soleiman), wartet zwischen dürren Bäumen und einem grünen, igluförmigen Schrein am Südende des Orts mit besonders malerischen Lehmziegelhäusern auf. Auf sanft gewelltem Grasland lässt sich wunderbar wandern und vielleicht der **Belqeis** besteigen, der von der Ruine einer sassanidischen Festung bekrönt ist.

Eine billigere Möglichkeit ist, den Direktbus von Zanjan nach Takab (10.30 Uhr) zu nehmen. Er fährt über die Qam-Cheqay-Straße und ist so rechtzeitig in Takab, dass man dort ein Taxi zum Takht-e Soleiman (18 US$ hin und zurück) nehmen kann.

---

fachkundige Ayob spricht ausgezeichnet Englisch und kann Transfers zu den Ruinen des Takht-e Soleiman und den Karaftu-Höhlen (jeweils 20 US$ hin und zurück) organisieren. Das Hotel liegt oben auf dem Berg; der Direktbus von Zanjan setzt einen vor der Tür ab.

ℹ An- & Weiterreise

Busse und Minibusse fahren vom **Busbahnhof** (Resalt Sq) am nordöstlichen Stadtrand. Um 4 Uhr fährt ein Direktbus über Qom Cheqay nach Zanjan (120 000 IR, 3½ Std., 0914 487 4011), von Zanjan nach Takab geht's um 10.30 Uhr. Der 10-Uhr-Bus nach Teheran (400 000 IR, 8 Std.) fährt über Bijar und setzt Fahrgäste außerhalb von Zanjan (150 000 IR, 4 Std.) und Qazvin (250 000 IR, 6 Std.) ab.

Vormittags verkehren stündl. Minibusse nach Bijar (für Sanandaj) und Shahin Dezh (für Miyando'ab und Ziele weiter nördlich). Savaris nach Bijar (30 000 IR, 1 Std.) und Shahin Dezh (40 000 IR, 1¼ Std.) fahren von den gegenüberliegenden Enden der Imam Khomeini Street.

Rasht   رامسر

◪ 013 / 680 000 EW. / 4 M

Das kultivierte Rasht, Hauptstadt der Provinz Gilan, ist schon lange ein beliebtes Wochenendziel für Teheraner, die die berühmte regionale Küche (S. 112) genießen möchten und auf ein wenig Regen hoffen – Rasht ist die größte und feuchteste Stadt in der Region Shomal. Für Reisende ist die Stadt vor allem eine Basisstation zur Erkundung des tollen Qal'eh Rudkhan und des fotogenen Masuleh, doch wer länger bleibt, entdeckt in der jungen Einwohnerschaft eine Lebendigkeit, die recht ansteckend ist.

Die sich schnell ausbreitende Stadt hat ein ambitioniertes Stadtplanungsexperiment namens „Mein Rasht" in Angriff genommen: Die Straßen rund um den Shohoda Square wurden gesperrt, sodass ein schöner Stadtraum entstand und die Innenstadt nun sehr belebt ist. Mit kleinen Elektrofahrzeugen werden die weniger Agilen durch die gesperrten Straßen befördert. Dereinst soll sich der Fußgängerbereich 7 km weit ausdehnen.

Rasht kann auf ausgedehnte Phasen der Unabhängigkeit zurückblicken. Der örtliche Gilaki-Dialekt unterscheidet sich merklich vom Farsi – die umgedrehte Stellung von Adjektiv und Nomen sorgt bei den restlichen Iranern für viel Amüsement.

Geschichte

Rasht (früher Resht) entwickelte sich im 14. Jh. 1668 wurden die Einwohner von den Truppen des Kosakenbanditen Stepan „Stenka" Rasin massakriert, der außerdem die gesamte kaspische Kriegsflotte Irans versenkte. Die Russen, seitdem eine konstante Macht in der Region, kehrten 1723 zurück: Sie schufen im bis dahin undurchdringlichen Wald Platz für die weitere Ausdehnung von Rasht. 1899 legte ein russisches Unternehmen die Straße nach Qazvin an, sodass die Provinz Gilan nicht mehr vollkommen abgeschnitten vom restlichen Iran war. Zur Zeit des Ersten Weltkriegs hatte die Stadt 60 000 Einwohner und vier ausländische Konsulate.

Ab 1917 war Rasht das Zentrum von Kuchuk Khans Jangali- Bewegung, einer islamischen Rebellion nach Robin-Hood-Art, die dem schwächelnden Kadscharen-Schah unterstellte, die Region an die ölhungrigen Briten verscherbeln zu wollen. Kuchuk Khan

Rasht

WESTIRAN RASHT

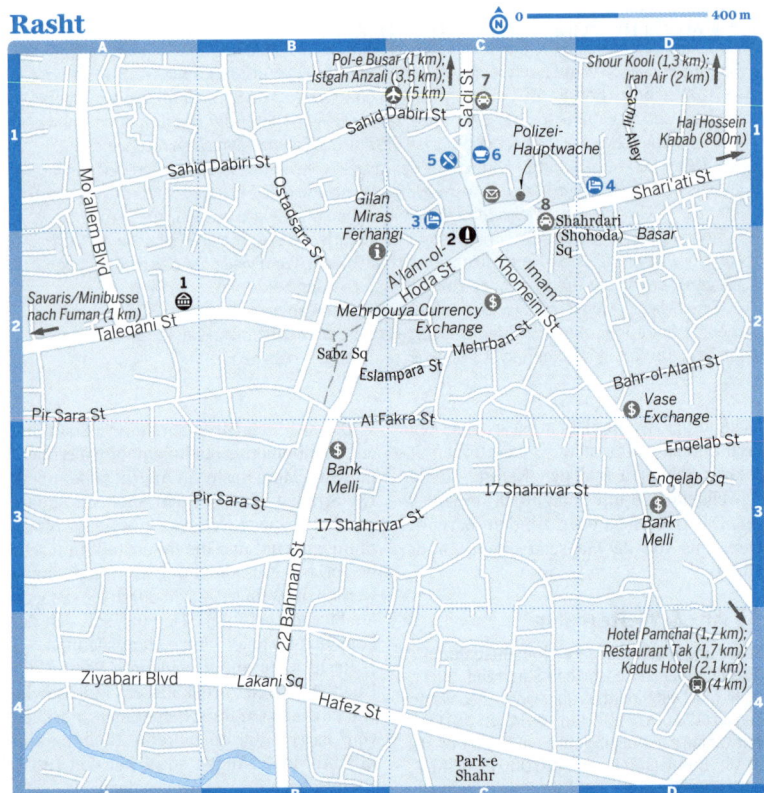

diente sich den Bolschewiken an, die gerade Russland übernommen hatten, verbündete sich mit kommunistischen Agitatoren und rief am 4. Juni 1920 in Gilan die „Sowjetische Sozialistische Republik Iran" aus. Jedoch waren radikale Linke und Land besitzende muslimische Nationalisten schwierige Revolutionsgenossen. Nachdem Kuchuk Khan die ungläubigen Kommunisten aus seiner „Regierung" geworfen hatte, verabschiedeten sich seine russischen Unterstützer und Gilan war leichte Beute für das effiziente neue Regime von Reza Khan, dem späteren Schah Reza Pahlavi, der im Februar 1921 mit einem Staatsstreich die Macht in Persien übernahm. Reza Khan kümmerte sich zuerst um das zeitweise unabhängige Tabriz/Aserbaidschan und griff dann Gilan an. Die meisten der hübschen Holzhäuser von Rasht brannten nieder und Kuchuk Khan wurde hingerichtet – sein abgeschlagenes Haupt wurde nach Teheran geschafft und öffentlich ausgestellt.

Heute ist jeder Feind der Pahlavi-Dynastie ein Freund der Islamischen Republik. Daher ist Kuchuk Khan in ganz Gilan mit zahlreichen Reiterstandbildern zurück.

◉ Sehenswertes

Gilan-Bauernhausmuseum MUSEUM
(☎ 013-3369 0970; http://gecomuseum.com; Fuman-Saravan Rd; 150 000 IR; ☻ 9–18 Uhr; P ♿)
Auf dem Gelände des faszinierenden Freiluftmuseums für die ländliche Geschichte der Provinz Gilan wurden zahlreiche traditionelle Bauernhäuser wieder aufgebaut, um die verschiedenen Kulturen und Architekturstile der Provinz vorzustellen. Im Saravan-Waldpark, 18 km südlich von Rasht (2 km von der Straße nach Qazvin), sind auf einer Fläche von 45 ha bisher sieben vollständige Dörfer entstanden. Das ganze Jahr über finden Veranstaltungen statt, die vergangene Traditionen vorführen. Im Museumscafé können die Besucher selbst Traditionen frönen – in Form von Essen.

Rasht

Shahrdari
MONUMENT
(Karte S. 110; Stadthaus, Shahrdari Sq) Das bekannteste Wahrzeichen von Rasht befindet sich am westlichen Ende des riesigen Shohoda Square in der Stadtmitte. Der Kolonialstil des Shahrdari wird ein wenig abgemildert durch eine Minikuppel auf dem strengen Uhrturm. Die ganze Gegend ist abends hell erleuchtet und der Platz ist ein beliebter Treffpunkt, an dem das allgemeine Treiben zu erleben ist.

Rasht-Museum
MUSEUM
(Karte S. 110; Taleqani St; 80 000 IR; ◎ Di–So 8-17.30, Fr 9–13 Uhr) Das kleine Museum in einem Haus aus den 1930er-Jahren ist gut konzipiert. Mit Puppen werden die Traditionen der Provinz Gilan veranschaulicht. Dazu kommen u. a. 3000 Jahre alte Terrakotta-Trinkhörner in der Form von Bullen, Schafböcken und Hirschen. Es hieß, wer aus solchen Gefäßen trank, werde mit den Kräften und Fertigkeiten des jeweiligen Tieres ausgestattet.

👉 Geführte Touren

Fatimeh Norouzi TOUREN
(☑ 0911 833 0142; faatima_ice@hotmail.com; ganzer Tag mit/ohne Auto 150/80 US$) Fatima spricht gut Englisch und kennt die Provinz Gilan wie ihre Westentasche, auch Masuleh. Sie kann auch bei der Unterkunftssuche helfen.

Hassan Mohit OUTDOORAKTIVITÄTEN
(☑ 0911 136 7796; www.aryantour.com; tgl. mit/ohne Auto 150/80 US$) Der leutselige, fachkundige und Englisch sprechende Hassan ist ein gu-

ter Fahrer/Führer. Er kann in seinem Titi Cottage im halbländlichen Dorf Ebrahim Sara, 25 km östlich von Rasht, außerdem Unterkunft und Essen bieten.

🛏 Schlafen

Es sind zahlreiche Unterkünfte vorhanden, aber in der Hochsaison (Mai–September) sind sie auch sehr gut belegt. Zu dieser Zeit ist wegen der hohen Luftfeuchtigkeit zudem eine Klimaanlage ein Muss. Die meisten billigen Hotels im Zentrum sind in der Fußgängerzone auf Englisch ausgeschildert. Teurere Zimmer gibt's in den Betonkästen draußen im Süden an der Ringstraße. Nordöstlich der Stadt befindet sich ein Campingplatz.

Mehmanpazir Kenareh HOSTEL $
(Karte S. 110; ☑ 013-3322 2412; Ferdosi Alley, abseits der Shari'ati St; EZ/2BZ/3BZ ohne Bad 400 000/600 000/750 000 IR; 🛜) Das ansprechendste der billigen Hotels im Zentrum hat saubere, einfache Zimmer und freundliches Personal, das aber kein Englisch spricht. Frühstück gibt es nicht, dafür funktioniert das WLAN. Das Hotel liegt gegenüber vom Basar; ein englisches Schild weist den Weg.

Hotel Ordibehesht HOTEL $$
(Karte S. 110; ☑ 013-3322 9210; DZ 1 290 000 IR; 🅿✳) Das Ordibehesht liegt zurückversetzt vom Shohoda Square und ist die schönste Unterkunft im Zentrum. Es bietet gemütliche, ruhige, saubere Zimmer, richtig warmes Wasser und freundliches und hilfsbereites Personal. Frühstück kostet extra.

Hotel Pamchal HOTEL $$
(☑ 013-3366 3822; Mosalla Sq; DZ/Suite 62/80 US$; ✳) Das Hotel punktet mit großen, komfortablen Zimmern, sauberer Bettwäsche und freundlichem Personal, doch es liegt 3,5 km die Imam Khomeini Street hinunter vom Zentrum entfernt an der Ringstraße.

Kadus Hotel HOTEL $$$
(☑ 013-3336 5075; www.kadus-hotel.ir; Azadi Blvd; DZ/3BZ 3 750 000/4 700 000 IR; 🅿✳🛜✉) Die Zimmer sind sehr schön eingerichtet und das Management spricht gut Englisch, doch der Preis ist besonders angesichts der Lage weit abseits der Action arg überhöht.

✖ Essen

An Ständen im Basar werden Süßspeisen, Nüsse und Snacks verkauft. Abends tauchen an der Imam Khomeini Street und am Toshiba Square zahlreiche Kebabgrills auf. Die meisten trendigen Cafés und Restaurants be-

INSIDERWISSEN

GILAN-KÜCHE

Das Kaspische Meer liefert 95 % des auf der Welt erzeugten Kaviars. Doch den bekommen Reisende nicht unbedingt zu Gesicht: Der iranischer Kaviar wird fast vollständig exportiert. Und tatsächlich ignoriert die gilakische Küche das Kaspische Meer größtenteils und legt den Schwerpunkt stattdessen auf Früchte, Nüsse, Oliven und Gemüse. Die regionaltypischen Gerichte strotzen vor Knoblauch und Gelbwurz (Kurkuma) – für die sensiblen Geschmacksknospen der Touristen aus Zentraliran mitunter ein echter Schock. Bei *sirabi* handelt es sich im Grunde um gebratene Knoblauchblätter mit Ei. *Shami Rashti* sind frittierte Küchlein mit Linsen und Fleisch, *baghilah qotoq* mit Dill und Knoblauch gewürzte Dicke Bohnen. *Anarbij* (Frikadellen in Walnuss-Granatapfel-Sauce) sind eine Variante von *fesenjan* (Huhn mit Walnüssen).Ein weiterer Klassiker sind *torche* (saure) Kebabs. Leichter zu finden als jedes andere der genannten Gerichte ist *mirza ghasemi*, eine vegetarische Speise aus pürierter Aubergine, Kürbis, Knoblauch und Ei. Sie wird zwar meist als Vorspeise angeboten, ist aber mit Reis oder Brot auch eine gute Hauptmahlzeit.

finden sich im gehobenen Viertel Golsar, 2,5 km nördlich vom Shohoda Square.

★Kourosh IRANISCH $$

(Karte S. 110; ☑013-3322 8299; Gilantur Lane; Mahlzeiten 380 000 IR; ⏱11–16 & 19.30–23 Uhr) Am einfachsten lassen sich die Genüsse der Gilan-Küche im Kourosh im Stadtzentrum probieren. Los geht es mit trübe aussehenden, aber köstlichen *zeytoun parvardeh* (Oliven in Walnusspaste) und *mirza ghasemi* (pürierte geröstete Aubergine mit Knoblauch und Tomate), gefolgt von *torche* Kebab (Lamm und/oder Huhn in einer sauren Marinade). Danach muss man sich nur noch irgendwie ins Hotel schleppen …

Haj Hossein Kabab IRANISCH $$

(☑013-3333 2860; Keivani St; Mahlzeiten ab 220 000 IR) Hier darf man keinen Gedanken an einen Eintopf verschwenden: Dies ist ein Kebab-Paradies, insbesondere für *torche* (saures) Kebab, auch wenn man eventuell danach für eine Woche Salat essen muss. Das Restaurant befindet sich in einer Gasse, die auf der rechten Seite von der Shariati Street abzweigt, kurz bevor man den Fluss überquert.

Shour Kooli IRANISCH $$

(☑ 013-3311 7871; Ecke 78th St & Golsar Blvd, Golsar; ⏱ Sa–Do 12–16 & 19.30–24, Fr bis 16 Uhr) Das beliebte Shour Kooli in Golsar eignet sich gut, um die Gilan-Küche zu probieren. Es ist auf saure Eintöpfe und Fisch spezialisiert.

Restaurant Tak IRANISCH $$

(☑013-3333 2147; Azadi Blvd, Manzarieh; Mahlzeiten ab 280 000 IR; ⏱11.30–16 & 19–22.30 Uhr)

Gute gilakische Küche auf drei Etagen: Wie wär's mit *torshe tareh*, einem zitronigen Gericht mit Sauerampfer und Ei, oder wunderbaren Sardinen aus dem Backofen?

Pizza Pizza PIZZA $$

(Gilan Blvd, Höhe 149th St, Golsar; Pizza ab 250 000 IR; ⏱18.30–24 Uhr; ⊞) Der familienfreundliche Laden sammelt Punkte mit seinem Personal und seinem Spielbereich. Die Pizza ist typisch iranisch, mit viel Käse. Man bestellt unten; die Karte ist auf Englisch. Die Pizzeria liegt 3 km nördlich vom Shohoda Square.

Razeghi IRANISCH $$$

(☑013-3372 3322; 123 St, Ecke Sameyeh, Golsar; Mahlzeiten ab 350 000 IR) In dem schicken Restaurant kann man wunderbar gilakische Speisen probieren, besonders Fisch. Jemand klimpert auf dem Klavier, weshalb die Gäste sich vielleicht besser ein wenig in Schale schmeißen.

♟ Ausgehen & Nachtleben

Café Negative CAFÉ

(Karte S. 110; oben, Sa'di St Mall; Kaffee 100 000 IR; ⏱12–24 Uhr) In dieser Räucherhöhle können Frauen qualmen, ohne dafür angemacht zu werden. Außerdem gibt's hier Kuchen und guten, starken Kaffee.

Babak CAFÉ

(Golsar Ave, Höhe 102nd St, Golsar; Kaffee ab 100 000 IR; ⏱10–24 Uhr) Die stylische Kaffeebar in Grün, Creme und Chrom serviert Eisbecher und Milchshakes. 2 km nördlich vom Shohoda Square.

ℹ Praktische Informationen

GELD

Mehrpouya Currency Exchange (Karte S. 110; ☑ 0939 131 0026; Sa'di Alley; ⊙ Sa–Mi 9–20, Do bis 13 Uhr) In einer Gasse, die beim Shohoda Square von der verkehrsberuhigten Imam Street abzweigt.

Vase Exchange (Karte S. 110; ☑ 013-3324 0597; 1. OG, Moravid Close; ⊙ Sa–Mi 9.30–20, Do bis 13.30 Uhr) Kostenlose Schokokekse zum Geldwechseln. Gute Kurse.

Die Bank Melli hat Filialen in der **22 Bahman St** (Karte S. 110) und der **17 Shahrivar St** (Karte S. 110), die aber eigentlich nur für Einzahlungen nützlich sind.

Wer Geld wechseln muss, wenn die Wechselbüros geschlossen sind, sollte die Schmuckabteilung des Basars ansteuern und herumfragen.

POST

Die **Hauptpost** (Karte S. 110) liegt am Shohoda Square, Pakete gibt man aber besser bei der Filiale an der Bentolhoda Street gleich bei der Golsar Avenue in Golsar auf.

TOURISTENINFORMATION

Gilan Miras Ferhangi (Karte S. 110; ☑ 013-3775 4664; Ehtesab Alley, abseits des Sabz Sq; ⊙ Sa–Do 8–14 Uhr) Die Touristeninformation residiert in einem historischen Backsteinbau mit schönem Garten.

VISUMSVERLÄNGERUNG

Polizei-Hauptwache (Karte S. 110; ☑ 013-218 3481; Zimmer 8, 1. OG, Shohada Sq; ⊙ Sa–Do 8–13.30 Uhr) Wer sein Visum verlängern lassen möchte, sollte den Antrag vor 10 Uhr stellen. Früher musste man bei einer bestimmten Filiale der Bank Melli (**22 Bahman St** oder **17 Shahrivar St**) 375 000 IR einzahlen, mit der Quittung zurückkommen und einem uniformierten Beamten noch einmal 1 US$ zahlen. Es kann sein, dass man mittlerweile mit einer iranischen Kreditkarte zahlen muss – in dem Fall benötigt man die Hilfe eines freundlichen Iraners.

ℹ An- & Weiterreise

BUS, MINIBUS & SAVARI

Der **Hauptbusbahnhof** liegt 2 km südlich des „Toshiba" (Mosallah) Square beim Gil Square. Mehrere Busunternehmen haben Buchungsbüros im Zentrum.

Savaris nach Teheran fahren von fünf Stellen entlang der Imam Khomeini Street. Inoffizielle Savaris nach Teheran und Qazvin nehmen am Toshiba und Gil Square südöstlich des Stadtzentrums Fahrgäste auf.

Savaris nach Bandar-e Anzali (Karte S. 110): Die Anzali-Schlepper stehen an der Ecke Nehest Street (vom Ordibehest Hotel kommend) und Shahrdari Square und führen Fahrgäste dann zum Savari außerhalb der Fußgängerzone.

Viele Busse über Astara nach Ardabil (300 000–450 000 IR, 5 Std.) starten in Teheran und nehmen am **Istgah Anzali** (Valiasr Sq) Fahrgäste auf.

Savaris nach Astara (210 000 IR, 2½ Std.), Asalem und Khal Khal (150 000 IR, 2 Std.) starten an der **Pol-e Busar**, gleich auf der anderen Seite an der Sa'di Street, 15 Min. zu Fuß vom Shohoda Square.

Savaris/Minibusse nach Fuman (60 000/40 000 IR) und von dort weiter nach Masuleh fahren am Yakhsazi Square (Shohaday Gomnam Sq) ab.

Inoffizielle Savaris nach Lahijan nehmen Fahrgäste an der **Shari'ati Street** (Karte S. 110) auf, der offizielle Lahijan-Busbahnhof befindet sich 500 m östlich vom Janbazan Square, versteckt gegenüber einem Saipa-Showroom. Minibusse/Savaris nach Lahijan kosten 50 000/30 000 IR, nach Chalus 150 000/60 000 IR; die Fahrtdauer schwankt je nach Verkehrsverhältnissen erheblich.

BUSSE AB RASHT

ZIEL	TICKETPREIS (IR; VIP/MAHMOOLY)	FAHRZEIT (STD.)	ABFAHRT
Ahvaz	545 000	15	11, 14.30 Uhr
Gorgan	380 000/275 000	8	7–14 & 19–22 Uhr stündl.
Hamadan	350 000	7	9, 11, 18 Uhr
Isfahan	420 000	9	18 Uhr
Mashhad	750 000/600 000	16	14.30 Uhr
Tabriz	550 000	9	16–20 Uhr
Teheran	300 000–450 000	4	häufig

FLUGZEUG

Mashhad 2 080 000 IR, mind. 1-mal tgl. mit **Caspian** (www.caspian.aero), **Iran Air** (☑ 013-3311 2125; Golsar Ave, Nähe 97th St; ☺ Sa–Do 7.30–19, Fr 9–13 Uhr), **Taban** (☑ 061-3338 6269; http://taban.aero/en) oder **Kish** (http://en.kishairlines.ir/).

Teheran 1 490 000 IR, tgl. mit Iran Air und **Iran Aseman** (☑ 013-3375 6353; Flughafen Rasht).

Ahvaz 2 500 000 IR, mehrmals wöchentl. mit **Naft** (☑ 021-4469 1083; www.naftairline.com).

Shiraz 2 5000 000 IR, Di, Do und Sa mit Iran Aseman.

Bandar Abbas 2 920 000 IR, Di, Fr und So mit Iran Aseman.

ⓘ Unterwegs vor Ort

Seitdem das Stadtzentrum gesperrt ist, kommt der Verkehr auf den Straßen drum herum jeden Tag zum Erliegen. Auf den Hauptstrecken verkehren nach wie vor Shuttletaxis, doch an den Barrieren der Fußgängerzone ist Feierabend. Wer nicht so gut zu Fuß ist, kann sich von Elektrofahrzeugen durch die Fußgängerzone kutschieren lassen.

Viele Shuttletaxi-Strecken führen vom Shohada Square an der Imam Khomeini Street entlang oder an der Shohada Street entlang zum Lahijan-Busbahnhof. Richtung Norden fahren viele Shuttletaxis am Shahid Ansari Square vorbei die Sa'di Street entlang; am Shahid Ansari Square biegen einige links nach **Golsar** (Karte S. 110) ab, während andere zum Valiasr Square (Istgah Anzali) weiterfahren. Sie kehren dann Richtung Süden über die Takhti Street zurück.

Rund um Rasht

Lahijan لاهیجان

☑ 014 / 83 000 EW. / 5 M

Das für seinen Tee berühmte Lahijan ist eine der ältesten Städte in der Region Gilan. Die Hauptstraßen sind schön mit Bäumen gesäumt und auf einigen Kreisverkehren stehen interessante Statuen.

Rund um den Vahdat Square befinden sich einige nicht so bedeutsame Sehenswürdigkeiten wie die **Masjed-e Jameh** (Freitagsmoschee) mit einem Backsteinminarett mit blauer Spitze und die kadscharische **Akbariyeh-Moschee** (4th West Kashef Alley) mit einem zweistöckigen achteckigen Turm. In der **Chahar-Padeshah-Moschee** (Vier Könige; Vahdat Sq) sollen vier gilakische Könige ihre letzte Ruhe gefunden haben; die berühmten Holztüren der Moschee mit kunstvollen Schnitzarbeiten sind allerdings in Teheran im Nationalmuseum zu sehen.

PERSISCHER TEE

Die Provinz Gilan liefert 90 % des iranischen Tees. Die gepflegten dunkelgrünen Teesträucher sind mittlerweile so typisch für die Region, dass man sich kaum vorstellen kann, dass es sie hier erst seit einem Jahrhundert gibt. Tee kam erst im 17. Jh. nach Persien, und war damals ein teures Luxusgut. Die Versuche in kadscharischer Zeit, Tee anzubauen, waren nicht von Erfolg gekrönt, bis Kashef-ol-Saltaneh, ein iranischer Konsul in Indien, hinter das Geheimnis kam. Um 1900 brachte er rund 4000 Teepflanzen mit nach Lahijan – der Rest ist Geschichte. Unerwarteterweise ist es auch nicht ganz einfach, ein Glas guten persischen Tees zu bekommen – der größte Teil der in Cafés und Restaurants ausgeschenkten und in Andenkenläden verkauften Tees ist billigerer Schwarztee aus Sri Lanka.

Von der Schnellstraße nach Ramsar zu sehen, liegt 2,5 km vom Golestan Square in Lahijan entfernt das schöne **Sheikh-Zahed-Mausoleum** (Boq'eh Sheikh Zahed Gilani; Eintritt per Spende). Das Grab des Sufi-Mystikers Sheikh Zahed Gilani (1236–1301) mit blauem Pyramidendach ist eine wichtige Pilgerstätte.

Die letzten 800 Meter der Kashef Street östlicher Richtung in erklimmen den **Sheitan Kuh** (Satansberg), einen bewaldeten Grat mit Teegärten. Freitags tummeln sich hier einheimische Besucher, die sich an den schönen Ausblicken über den See von Lahijan erfreuen. Eine **Telecabin**-Seilbahn (200 000 IR; ☺ 9 Uhr bis Sonnenuntergang) führt hinüber zu einem weiteren, etwas höheren Berg.

Eine **Lagune** beim Dorf Soustan (Sistan), 4 km südöstlich von Lahijan, ist ein wichtiges Habitat für Zugvögel. Am schönsten ist sie im Licht des späten Nachmittags, wenn sich die nahen Gipfel im Wasser spiegeln.

Von mehreren hübschen Dörfern im reizenden halbalpinen Hinterland ist das 60 km entfernte **Deilaman** das bekannteste.

🛏 Schlafen & Essen

Tourist Inn   HOTEL **$$**

(Mehmansara Jahangardi; ☑ 013-4223 3051; www. ittic.com; abseits des Sepah Sq; 2BZ 45 US$; Ⓟ ❄ 🛜) Das Hotel in perfekter zentraler Lage bietet gemütliche, gut ausgestattete Zimmer und ein Restaurant mit gutem Essen und schönem Ambiente direkt am See.

Arash Hotel

(☎013-4234 3383; http://arashhotel.com/; Shohoda Sq; 2BZ 1 100 000 IR, 1-/2-Zi.-Apt. 2 150 000/ 2 870 000 IR; P☎) Das kleine Arash unmittelbar nördlich des Shohoda Square wartet mit komfortablen 2-Bett-Zimmern und sehr preisgünstigen, voll ausgestatteten Apartments auf. Vom Platz nimmt man die Shohoda Street Richtung Norden und biegt an der nächsten Ecke rechts ab.

Mahtab
IRANISCH $$

(Imam St; Mahlzeiten ab 250 000 IR; ☉12–16.30 & 19.30–23 Uhr) Tolles traditionelles iranisches Restaurant mit gilakischer Küche. Unser Tipp: Fisch oder das wunderbar saure *torche* Kebab. Das Restaurant liegt gleich östlich vom Golestan Square und ist an einer großen Skulptur mit einer Vase voller Rosen zu erkennen.

❶ An- & Weiterreise

Savaris von Rasht (40 000 IR, 45 Min.) kommen am Vahdat Square an und fahren (inoffiziell) in der Nähe des Shohoda Square ab. Minibusse (20 000 IR) und offizielle Savaris nutzen den Entezam Square, ca. 1,5 km weiter westlich. Abfahrt nach Ramsar und Chalus ist in der Nähe des Basij Square, einer Kreuzung 200 m nordöstlich vom Tourist Inn.

Masuleh
ماسوله

🛏 013 / 850 EW. / 1051 M

Das mindestens tausend Jahre alte Masuleh ist eines der berühmtesten Dörfer in Iran – und daher auch eines der meistbesuchten. Die Häuser in irdenen Farben ziehen sich wie große Lego-Klötze malerisch einen steilen Berg hinauf, wobei das Dach des einen Hauses als Plateau vor dem darüberliegenden dient. Im Sommer trotten in- und ausländische Touristen wie Ameisen über die Dächer und durch die engen Gassen des Dorfs. Wer den Massen aus dem Reisebussen aus dem Weg gehen möchte, sollte hier übernachten, in den umliegenden Bergen wandern oder im Winter vorbeischauen, wenn weniger los ist. Der Eintritt ins Dorf kostet 30 000 IR.

🛏 Schlafen & Essen

Fast alle Dorfbewohner vermieten Zimmer (700 000–1 000 000 IR), deren Qualität erheblich schwankt. Am besten schaut man sich um und feilscht ordentlich, da es vermutlich nicht der Vermieter selbst ist, der mit einem verhandelt. Unter der Woche fallen die Preise.

Abbas Bamdad
APARTMENTS $

(☎ 0911 332 5227; Suite wochentags/Wochenende 700 000/900 000 IR) Diese renovierten Suiten mit Bädern im westlichen Stil und um-

---

NICHT VERSÄUMEN

QAL'EH RUDKHAN

Die eindrucksvolle Festung **Qal'eh Rudkhan** (قلعه رودخان; Dorf/Festung 40 000/150 000 IR; ☉8–17 Uhr; P) aus seldschukischer Zeit diente der Verteidigung eines steilen bewaldeten Kamms im Elburs-Gebirge rund 50 km von Rasht – ein schöner Tagesausflug, besonders in Kombination mit dem nahe gelegenen Masuleh. Vom Frühjahr bis zum Herbst sollte der gewundene, steile Anstieg durch üppigen Wald und vorbei an moosigen Bächen und in regelmäßigen Abständen auftauchenden Teehäusern etwa eine Stunde dauern. In der Hauptsaison ist es gut, früh loszugehen, da die Festung sowohl bei iranischen als auch ausländischen Besuchern ein beliebtes Reiseziel ist.

Noch atemberaubender kann der Anblick der schneebedeckten Türme und intakten Festungsmauern im Winter sein. Doch die steilen, eisigen Stufen sind dann u. U. recht tückisch, also Vorsicht! Auf der Rückfahrt lohnt sich ein Stopp in Fuman, um nach den mit Walnusspaste gefüllten Keksen *klucheh fuman* Ausschau zu halten, für die der Ort bekannt ist – es gibt sie warm in allen Bäckereien.

Ein Taxi ab Rasht kostet ab etwa 50 US$ hin und zurück inklusive Wartezeit. Per Savari geht's zunächst nach Fuman (60 000 IR), wo man an der Gabelung der Straßen nach Masuleh und nach Qal'eh Rudkhan ein weiteres Savari (60 000 IR, 20 Min.) zum Dorf Qal'eh Rudkhan nimmt; die letzten 7 km bis zum Beginn des Wegs in Qal'eh Daneh kosten weitere 60 000 IR. Die Rückfahrt besser nicht zu spät angehen, um in Fuman noch Anschluss zu bekommen.

werfendem Ausblick lohnen den Aufstieg. Schwer zu finden, daher vorher anrufen!

Mehran Hotel
HOTEL **$**

(Mehran Suites; ☑013-2757 2096; Apt. 800 000 IR) Das Mehran hat auf jeden Fall schon bessere Tage gesehen, und wer gerne möchte, dass alles funktioniert, braucht das Hotel gar nicht erst anzusteuern. Aber die Zimmer sind sauber und haben kleine Küchen – wenn auch nicht unbedingt mit warmem Wasser –, bis zu sechs Betten und Terrassen mit tollem Blick aufs Dorf. Der freundliche Eigentümer spricht gut Englisch. Frühstück gibt's keins. Das Hotel liegt auf der Rückseite des Dorfs.

Mehmanpazir Navid
HOTEL **$$**

(☑0936 168 1977, 0911 239 6459; Apt. ab 1 250 000 IR) Dieses Hotel beeindruckt mit überraschend großen Studio-Apartments mit Schlafsofas und kleiner Küche.

Khaneh Mo'allem Restaurant
IRANISCH **$$**

(☑013-2757 2122; Mahlzeiten ab 200 000 IR; ⊘12.30–15.30 & 19.30–21.30 Uhr) An sonnigen Tagen sind die Terrassen hier der beste Ort für *mirza ghasemi* (pürierte geröstete Aubergine mit Knoblauch und Tomate) oder *torche* Kebab (Lamm und/oder Huhn in einer sauren Marinade).

❶ An- & Weiterreise

Von Rasht geht's zunächst nach Fuman (Savari 60 000 IR), dann auf die andere Seite der Stadt zur Straße nach Masuleh, an der im Sommer regelmäßig Minibusse/Savaris (22 000/ 37 000 IR, 45 Min.) abfahren, im Winter weniger häufig. Mit einem privaten **Taxi** (halber/ ganzer Tag 40/80 US$) ab Rasht kann man noch einen Abstecher zur **Festung Qal'eh Rudkhan** unternehmen.

Ramsar
رامسر

☑ 011 / 34 500 EW. / –15 M

Ramsar ist vielleicht der schönste Ort an der Küste des Kaspischen Meeres und bestens geeignet, um ein paar Tage auszuspannen. Die Stadt liegt dort, wo die dschungelbewachsenen Ausläufer des schneebedeckten Elburs-Gebirges zum Meer hin abfallen. Die Gegend ist üppig grün und malerisch, mit Orangenhainen und Wanderwegen, die in die nahen Berge führen.

Die **Ramsar-Telecabin** (www.telecabinram sar.com; 300 000 IR; 🚡) führt steil über die Fernstraße, Freizeitparks und Orangenhaine hinweg einen Hügel hinauf. Es bieten sich unglaubliche Ausblicke aufs Kaspische Meer und oben locken Aussichtspunkte, Cafés und Spazierwege.

Das **Palastmuseum Ramsar** (☑011-5522 5374; Rajaei St; 150 000 IR; ⊘8–18 Uhr) ist ein reich ausgestattetes Gebäude von 1937 in einem ummauerten Garten; die ehemalige Sommerresidenz von Reza Schah. In den vergoldeten, opulent eingerichteten Zimmern trifft Mobiliar im Louis-seize-Stil auf persische Gepardenmotive und feine Teppiche. Hier wurde 1971 die Ramsar-Konvention unterzeichnet, ein internationales Abkommen zum Schutz der Feuchtgebiete der Welt.

👉 Geführte Touren

Herr Mahdi
TOUREN

(☑0911 144 1442; infl20290@gmail.com) Herr Mahdi ist ein sicherer, zuverlässiger Fahrer/ Führer, der sehr gut Englisch spricht und die Provinzen Mazandaran und Gilan wie seine Westentasche kennt.

🛏 Schlafen

⭐ Gileboom Eco Lodge
GÄSTEHAUS **$$**

(☑0919 639 6185; www.gileboom.ir; 69 Sand Rd, Ghasemabad; B&B ohne Bad 750 000 IR pro Pers.; 📶🅿) 🍴 Diese Lodge im grünen Hinterland von Ramsar geht auf eine Idee junger Teheraner Abenteurer zurück und bietet für Personen jeden Alters kulturelle, musikalische, gastronomische und Outdoor-Aktivitäten. Das umweltfreundlich geführte Gileboom bietet traditionelle Gästehaus-Unterkünfte (die Gäste schlafen auf zusammenrollbaren Matratzen) und ein separates Cottage für Selbstversorger. Anfahrt: Rund 16 km nordwestlich von Ramsar, direkt hinter Chaboksar, auf die Abzweigung der Shohada Street von der am Kaspischen Meer entlangführenden Schnellstraße achten.

Die Lodge stellt eine phantastische Möglichkeit dar, die köstlich vielfältige und saisonale Küche der Provinz Gilan zu probieren. Im Rahmen der angebotenen Touren (ab 300 000 IR) können die Teilnehmer Bauernhöfe besuchen, Obst und Tee pflücken, Gipfel besteigen, Wanderungen mit Übernachtung unternehmen und im Kaspischen Meer baden.

Bam-e Sabz
HÜTTEN **$$**

(Ramsar Forest Resort; ☑011-5526 6519; www.tele cabinramsar.com; Ramsar Telecabine; Hütten ab

JAVAHERDEH

Hoch in den Bergen oberhalb von Ramsar liegt das malerische Bergdorf **Javaherdeh** (جواهرده), ein schönes Ziel für einen Tagesausflug bzw. eine gute Basisstation für weitere Erkundungen. Die Ausblicke sind hier auf 2000 m Höhe atemberaubend und die Luft ist im Sommer schön kühl. In der restlichen Zeit des Jahres ist es zwar meist klar, aber frostig: Im Winter braucht man für die steile Hauptstraße Steigeisen.

Neben Zimmern in den beiden recht ordentlichen Hotels **Motel Javaher** (Juwelenmotel; ☑ 011-5533 2031; www.en.ramsarjavaherhotel.ir; Hütten ab 1 200 000 IR; P ☎) und **Hotel Mahtab** (Mondlichthotel; ☑ 011-5533 4000; 2BZ/3BZ 1 300 000/1 600 000 IR; P ☎) sind gewöhnlich Privatzimmer erhältlich, allerdings sollte man, bevor man hier rauffährt, in Ramsar nachfragen. Der Taxifahrer findet dann sicher eins. In den Hotels wird auch Essen serviert, aber die beste Option ist vielleicht, sich selbst zu versorgen. In einer in einer Seitengasse versteckten Bäckerei gibt's leckeres Fladenbrot mit *zataar* (Kräutern). Den Weg kann man sich im kleinen Tee- und Lebensmittelladen an der Hauptstraße erklären lassen und hier auch ein bisschen *halva* (Süßspeise aus Sesammehl und Honig) zum Brot kaufen.

Ein privates Taxi vom Imam Square in Ramsar kostet ab 600 000 IR (90 Min.) – die Fahrt bietet herrliche Ausblicke von der extremen Serpentinenstraße. Ein Tagesausflug ist erheblich teurer.

1 950 000 IR; ❄ @ ☎) Mal was anderes: Diese modernen, gemütlichen, achteckigen Hütten auf einem Berg sind nur per Telecabin-Seilbahn zu erreichen. In der Umgebung können jede Menge Waldwege erkundet werden, man blickt aufs Kaspische Meer, ohne dass einem die hohe Luftfeuchtigkeit zusetzt, und im Winter fällt der Blick auf schneebedeckte Gipfel. In den Hütten haben zwei bis vier Personen Platz. Das angeschlossene Restaurant (Mahlzeiten ab 250 000 IR) ist okay, wenn auch ein wenig langweilig.

Ramsar Grand Hotel   HOTEL $$$
(Parsian Azadi Ramsar; ☑0192-522 3592; Rajael St; neuer Flügel EZ/DZ/Suite 75/90/120 US$; P ❄ ☎) Das auf dem Hügel oberhalb von Ramsar gelegene Grand ist eine Luxusoase weit abseits der Abgase, die auf der Fernstraße 22 produziert werden. Der von Gärten und Orangenhainen umgebene alte Flügel strotzt vor Opulenz der Pahlavi-Zeit, während man in den neueren modernen Zimmern nach einer Wanderung im Elburs-Gebirge herrlich entspannen kann. Das angeschlossene Restaurant ist exzellent, das Frühstück üppig.

Am besten sind die Zimmer mit Blick aufs Kaspische Meer und auch den Skulpturengarten hinterm Haus sollte man in Augenschein nehmen. Wenn der alte Flügel geschlossen ist, das Personal fragen, ob man einen Blick in die Lobby werfen darf. Auf jeden Fall nach einem Rabatt fragen!

ℹ An- & Weiterreise

Iran Aseman (☑ 011-5522 4525) fliegt tgl. nach Teheran (1 490 000 IR).

Savaris Richtung Westen fahren vom Imam Khomeini Square. Richtung Osten (ab Basij Sq) muss man gewöhnlich in Tonekabon (auch Shahsavar genannt) umsteigen, um über Abbasabad nach Chalus zu kommen, von wo die Fahrt nach Kelardasht über eine Waldstraße abgekürzt werden kann.

Kelardasht   كلاردشت

☑ 011 / 14 000 EW. / 1248 M

Das zwischen hoch aufragenden, breitschultrigen Gipfeln gebettete Kelardasht wird auch „Paradies von Iran" genannt und dürfte unter naturverliebten Teheranern das beliebteste Ziel in der Region am Kaspischen Meer sein. In der Umgebung kann man Forellen angeln, Skilanglauf machen, wandern und bergsteigen und sich im Sommer an kühler, frischer Luft erfreuen. Besonders eindrucksvoll ist das Panorama, wenn man sich Kelardasht von Marzanabad nähert. Es bieten sich spektakuläre Ausblicke auf den schneebedeckten Alam Kuh, der hinter dem Städtchen aufragt. Von **Kaleno** führt eine 11 km lange, teils geteerte Straße hoch zum **Valasht-Bergsee**.

Der Hauptort der Kelardasht-Hochebene ist **Hasankeif**, wo sich rund um den Hasankeif Square Geschäfte, Banken und ein Internetcafé sammeln. Rund 5 km südlich von Hasankeif beginnt das traditionellere **Rudbarak**. Es liegt näher bei den Bergen und ist Ausgangspunkt der meisten Wanderungen, obwohl sich von hier weniger direkte Ausblicke bieten. Hier findet man inmitten der Ferienhäuser noch immer ein paar alte **Holzbohlenscheunen** und Häuser mit Dächern, auf denen die Schiefer- oder Holzplanken mit Steinen beschwert sind.

🏃 Aktivitäten

Mountaineering Federation   KLETTERN
(Federasion-e-Kuh Navardi; ☎ 011-3264 2626, 0935 486 4066; http://msfi.ir/; Tohid St, Rudbarak) Das Personal kann Interessierten Bergkarten zeigen und bei der Anmietung von Maultieren und Führern weiterhelfen. Außerdem ist hier ein toller Satz Postkarten erhältlich: Auf Fotos von verschiedenen Gipfeln sind empfohlene Routen verzeichnet. Vor der Besteigung des Alam Kuh (S. 120) sollte man sich hier melden. Das Büro liegt 7,4 km vom Hasankeif Square, auch die Gipfelgebühr von 1 000 000 IR kann hier entrichtet werden. Öffnungszeiten telefonisch erfragen.

🛏 Schlafen & Essen

**Kelardasht Ghasr
Apartment Hotel**   HOTEL $$
(☎ 0911 391 8795; www.kelarhotel.com; gegenüber Khondan St, Mahestan; DZ 1 600 000 IR; P ✳) Die voll ausgestatteten Suiten verfügen über separate Schlafzimmer, Balkone und Bäder und sind auch für Selbstversorger geeignet. Vom Hasankeif Square zum Hotel sind es etwa 15 Minuten zu Fuß über die kleine Straße, die vom Platz Richtung Süden führt. Wo man die Wahl hat, geht's links, dann am Ende rechts und weiter bergauf.

Hotel Maral   HOTEL $$
(☎ 011-5262 1130; Kelardasht-Rudbarak Rd; DZ ab 2 000 000 IR; P ✳ 🛜 ❄) Das neue und opulent eingerichtete Maral 300 m westlich des Hasankeif Square bietet Zimmer mit Balkon und gut eingerichtete Suiten. Es gibt einen Pool, einen Billardraum und eine Shisha-Bar. Vielleicht sollte man im Hinterkopf haben, dass es der beliebteste Veranstaltungsort in der Gegend für Hochzeitsdiskos ist.

Arash Restaurant   IRANISCH $
(☎ 011-3262 8312; Hasankeif Sq; Mahlzeiten 3–7 US$; ⏱ 11–15.30 & 19.30–22 Uhr) Das helle, saubere Restaurant mit Kiefernholzdecke serviert direkt am Hasankeif Square iranische und kaspische Klassiker.

ⓘ An- & Weiterreise

Savaris nach Chalus (80 000 IR, 1 Std.) und Teheran (520 000 IR, 4 Std.) fahren von einem **versteckt liegenden Hof** 3 km östlich des Hasankeif Square. Shuttletaxis vom Platz zum Busterminal kosten 10 000 IR. Busse (320 000 IR, 5 Std.) zum Teheraner Terminal-e Azadi fahren ganz in der Nähe ab (um 8 und 14 Uhr).

Wer Richtung Norden weiterreisen möchte, sollte in Betracht ziehen, für die landschaftlich sehr reizvolle „Dschungel-Straße" nach Abbasabad ein Taxi zu mieten (450 000 IR). So geht man auch dem Verkehrsgewühl rund um Chalus aus dem Weg.

Für Fahrten innerhalb der Kelardasht-Hochebene muss man gewöhnlich ein Taxi für 300 000–400 000 IR pro Stunde chartern.

Qazvin   قزوین

☎ 028 / 395 000 EW. / 1301 M
Qazvin ist eine angenehme Stadt mit einer wunderbar restaurierten und zu einem Kulturkomplex umgenutzten Karawanserei, einigen witzigen Museen und einer Handvoll guter Speisemöglichkeiten. Die für ihre Teppiche und ihre kernlosen Trauben berühmte Stadt war einmal die Hauptstadt ganz Irans. Für die meisten ausländischen Besucher ist sie vor allem Ausgangspunkt für Exkursionen zu den berühmten Burgen der Assassinen und für Wanderungen im sensationellen Alamut-Tal. Den Mittelpunkt der Stadt bildet der Azadi Square, allgemein bekannt als Sabz Meydan. Der Basar und die Gassen im Südosten des Platzes laden zu einem stimmungsvollen Bummel ein.

Geschichte

Das im 3. Jh. vom Sassaniden-König Shapur I. gegründete Qazvin florierte unter den seldschukischen Herrschern, die hier viele schöne Bauwerke errichten ließen. Erheblich später erlangte die Stadt erneut Bedeutung, als der zweite Safawiden-Schah, Tahmasp I. (reg. 1524–1576), die Hauptstadt Persiens von Tabriz hierher verlegte. Er war ein großer Förderer der Künste: Seine ambitionierten Pläne für den Ausbau von Qazvin stellten sich jedoch nur als Generalprobe für Isfahan heraus, wohin sein Nachfolger, Schah Abbas I., den Hof 1598 verlagerte.

◉ Sehenswertes

⭐ **Karawanserei Sa'd-al Saltaneh**   BASAR
(Karte S. 122; ⏱ 8–22 Uhr) Diese riesige, schön restaurierte Karawanserei aus der Kadscha-

ren-Zeit ist heute das Kunstgewerbezentrum von Qazvin. Die langen Gewölbegänge beherbergen unabhängige Künstler und Kunsthandwerker, die hier ihre exquisite Ware (Schmuck, Gemälde, Keramiken, Teppiche usw.) zeigen, sowie Galerien, Cafés, Restaurants und stille, versteckte Innenhöfe, in denen es sich wunderbar entspannen lässt. Die Vazir-Gasse ist jetzt die westliche Basarpassage.

Chehel Sotun   MUSEUM
(چهل ستون; Karte S. 122; ☑ 028-3323 3320; Azadi Sq; 80 000 IR; ☺ 9–17.30 Uhr) Als Qazvin die Hauptstadt Persiens wurde, war dieser schöne, von Kolonnaden gesäumte Kubus im zentralen Park der Stadt der **Königs-palast** von Schah Tahmasp. Er wurde 1510 erbaut und unter den Kadscharen stark umgebaut. Bei Dunkelheit, wenn seine feinen Balustraden angestrahlt sind und die von hinten beleuchteten Buntglasfenster durch das Blattwerk glimmen, ist er besonders fotogen. Heute befindet sich hier ein **Kalligra-fiemuseum**.

Anthropologisches Museum   MUSEUM
(Kadscharisches Badehaus; Karte S. 122; ☑ 028-3323 3155; Obeyd-e Zarani St; 50 000 IR; ☺ 8–18 Uhr) In einem schön restaurierten unterirdischen Badehaus aus sassanidischer Zeit werden mit lebensechten Puppen die verschiedenen kulturellen Traditionen der Provinz veranschaulicht.

Überdachter Basar   BASAR
(Alter Basar; Karte S. 122; ☺ 9–22 Uhr) Da die Karawanserei Sa'd-al Saltaneh (S. 118) in einen modernen Kulturkomplex verwandelt wurde, werden auf dem verbleibenden Rest von Qazvins überdachtem Basar hauptsächlich Kleidung, Schmuck, Stoffe, Haushaltswaren und tote Fische verkauft. Der Basar lohnt aber immer noch eine Erkundung, besonders die abgelegeneren Ecken.

Nabi-Moschee   MOSCHEE
(Schah-Moschee; Karte S. 122; Imam Khomeini St) Die Moschee aus der kadscharischen Ära hat einen langen, schmalen Innenhof, der den alten Basar und die restaurierten Karawanserei Sa'd-al Saltaneh (S. 118) trennt. Die Kuppel im Mogul-Stil wird perfekt von der Abendsonne beschienen.

Masjed-e Jameh   MOSCHEE
(Freitagsmoschee; Karte S. 122) Die 1115 erbaute, im frühen 17. Jh. jedoch umfassend umgebaute Masjed-e Jameh beeindruckt mit riesi-

gen Iwanen und einem schönen Mihrab (die Gebetsrichtung anzeigende Gebetsnische) aus Marmor.

Imamzadeh-ye Hossein   ISLAMISCHER SCHREIN
(Karte S. 122) Der große, wohlproportionierte Schrein besitzt eine kadscharische Fassade, eine blaue Kuppel aus dem 16. Jh. und jede Menge Spiegelfacetten. Er befindet sich in einem großen, von Nischen aus bunten Backsteinen gesäumten Brunnenhof und ist Hossein, dem Sohn des Imam Reza, zugeeignet. Dahinter liegt ein Märtyrerfriedhof. Ein alter Kampfjet ist an einem Pfahl aufgepflanzt.

Aminiha Hosseiniyeh   HISTORISCHES GEBÄUDE
(Karte S. 122; Molavi St, Höhe Amin Deadend; 50 000 IR; ☺ 9–13 & 16–18 Uhr) Hinter einer unscheinbaren Ziegelsteinmauer verbirgt sich eine gut erhaltene kadscharische Villa, die 1773 von einem reichen Kaufmann errichtet wurde. Von der verspiegelten, glitzernden Ausstattung mit Buntglas und Gewölbekeller kann man sich im Hofgarten wunderbar erholen.

Museum von Qazvin   MUSEUM
(Karte S. 122; ☑ 028-3324 7898; Helel-e-Ahmar St; 150 000 IR; ☺ Winter 9–12.30 & 16–18.30 Uhr, Sommer 9–12.30 & 17–19.30 Uhr, ganzjährig Mo geschl.) Das geräumige moderne Museum beschäftigt sich hauptsächlich mit dekorativer Kunst des 19. Jhs. Im Erdgeschoss sind jedoch auch einige 3000 Jahre alten Bronzen und Keramiken aus dem Alamut-Tal zu sehen.

Kantur-Kirche   KIRCHE
(Borj-e-Naghus; Karte S. 122; Daraee Lane) Die aus dem 20. Jh. stammende Kirche mit einer Turmkuppel aus blauen Ziegeln steht auf einem winzigen russischen Friedhof.

Ali Qapu   HISTORISCHES GEBÄUDE
(Karte S. 122; Helel-e-Ahmar St) Beim großen Ali Qapu handelte es sich ursprünglich um ein Tor zum königlichen Bezirk, einer Art verbotener Stadt. Heute ist hier eine Polizeiwache untergebracht, also keine Fotos!

☉ Zisternen

Qazvin hat mehrere sehr gut erhaltene überkuppelte Zisternen zu bieten: Hier wurde Wasser unterirdisch gespeichert und mit Windtürmen gekühlt. Leider sind die Wasserspeicher nur in den seltensten Fällen zu betreten, sodass sich Umwege nicht lohnen. Von außen sind die eindrucksvollsten die Sardar-Zisternen **Kuchak** (Karte S. 122), **Bozorg** (Karte S. 122) und **Haji Kazem** mit einem gut erhaltenen Windturm.

Tore

Das **Teheran-Tor** (Darvazeh-e-Qadim-e-Tehran; Karte S. 122; Tehran Ghadim Sq) und das **Darbe-Khoushk-Tor** (Naderi St) sind zwei mit kadscharischem Bauschmuck verzierte Überbleibsel der einst gewaltigen Stadtmauer.

Auf Touristenkarten sind Dutzende historischer Gebäude verzeichnet, doch die wenigsten davon sind wirklich eine Augenweide. Selbst der schöne **Amineh-Khatun-Schrein** (Karte S. 122; abseits der Malekabad St) aus dem 14. Jh. wirkt in einem Wirrwarr aus modernen Seitenstraßen recht verloren.

🏃 Aktivitäten

Qazvin ist ein gutes Basislager für Wanderungen im Alamut-Gebiet.

Mehdi Babayi WANDERN
(☑ 0912 682 3228) Mehdi Babayi ist ein erfahrener Wander- und Kletterführer und Fahrer und trotz seines fortgeschrittenen Alters immer noch beneidenswert fit.

BERGSTEIGEN IM ELBURS-GEBIRGE

Das Elburs-Gebirge hält für Bergsteiger einige Viertausender bereit und dazu Routen für Wanderer und Bergsteiger aller Leistungsgrade. Viele der Routen sind auf summitpost.org beschrieben, so auch die folgenden. Wer einen Führer braucht, kann sich an die **Iranian Mountain Guides** (☑ 0912 190 2326, 021-4487 0132; http://mountainguide.ir/) in Teheran wenden.

Alam Kuh

Der 4850 m hohe Berg ist der zweithöchste in Iran und der technisch schwierigste. Dank einer 800 m hohen, fast senkrechten Granitwand stellt die Nordflanke des Berges eine ganz besondere Herausforderung für Bergsteiger dar, aber es gibt auch viel einfachere Routen auf den Gipfel. Der Aufstieg beginnt 20 km von Rudbarak, das wiederum so unmittelbar südlich von Kelardasht liegt. Bevor es losgeht, sollte man sich bei der **Mountaineering Federation** (S. 118) in Kelardasht melden und bei der Gelegenheit die Gipfelgebühr von 1 000 000 IR berappen.

Bis zu einer von zwei Basiscamphütten dauert es mindestens einen Tag. Von Hesarchal ist der Aufstieg leichter. Für die Nordwand steuert man die Bergsteigerhütte Sarchal (3900 m) an und geht von dort zu einem Kar namens Alamchal (4150 m) weiter. Die Wand zu durchklettern ist eine äußerst anspruchsvolle Aufgabe selbst für sehr erfahrene Bergsteiger.

Takht-e Soleiman

Von Sarchal aus lässt sich außerdem der Berg Takht-e Soleiman am anderen Ende des schmalen Hauptgrats besteigen, doch muss man auf dem Gletscher viel über Felsbrocken springen und es gibt jede Menge rutschiges Geröll. Dies ist übrigens der Gipfel, den Freya Stark fast aus Versehen bestieg, wie sie in ihrem Buch *The Valleys of the Assasins* (1934) beschrieb. Um Irrtümer zu vermeiden: Bei diesem Takht-e Soleiman handelt es sich nicht um die Tempel- und Festungsanlage bei Takab.

Shah Alborz

Der Shah Alborz (4125 m) ist der höchste Gipfel im westlichen Elburs und kann über verschiedene Routen an zwei langen oder drei kürzeren Tagen bestiegen werden. Die beliebteste Route führt aus dem Taleqani-Tal nördlich von Karaj herauf über die einfachen Südflanken. Sie ist nicht ausgezeichnet, daher nimmt man besser einen Guide mit. Der Aufstieg beginnt oberhalb des Weilers Hasan Jun.

Die Südhänge des Elburs-Gebirges sind gewellt und mit weichem Boden oder Gras bedeckt, während die Nordhänge steiler, felsig und vergletschert sind. Ein Aufstieg aus Richtung Norden ab Garmarud im Alamut-Tal wäre sicher atemberaubend, doch der sanftere Westgrat, von Aveh aus zu besteigen, macht einen wandererfreundlicheren Eindruck. Auf jeden Fall benötigt man ein genügend Zelt. Vorsicht vor Bären, Geparden und Hütehunden!

Safa Hammam
BADEHAUS

(Karte S. 122; Molavi St, Höhe Taqavi Alley; Bad 50 000 IR; ☉ Sa–Do 7–19, Fr bis 14 Uhr) Das Safa-Badehaus ist das bekannteste der traditionellen unterirdischen Badehäuser von Qazvin, die auch heute noch in Betrieb sind. Schön ist der überkuppelte Verweilraum in der Mitte des Bads.

☞ Geführte Touren

★ Yousef Shariyat
TOUREN

(☎ 0919 180 7076; yousef.sh.khoo@gmail.com; Tagesausflug mit 2/3/4 Teilnehmern 60/70/80 US$) Yousefs umfassendes Wissen über das Alamut-Tal, sein ausgezeichnetes Englisch, die klugen Gespräche mit ihm zu unterschiedlichsten Themen und sein sicherer, entspannter Fahrstil machen ihn zur ersten Wahl für geführte Tagesausflüge in der Region. Er kann außerdem Camping-Wanderungen im Alamut-Tal organisieren; diese kosten pro Tag genauso viel wie seine Tagestouren. Möglichst mehrere Tage im Voraus buchen!

🛏 Schlafen

Mosaferkhaneh Abrisham
MOSAFERKHANEH $

(Abrisham Guesthouse; Karte S. 122; ☎ 028-3357 8181; Molavi St, abseits des Montazeri Sq; 2BZ/3BZ ohne Bad 610 000/800 000 IR; ❄️🛜) Das freundliche Gästehaus über einem Supermarkt bietet saubere, preiswerte Zimmer mit Gemeinschaftsbad. Das Personal kann bei der Organisation von Trips ins Alamut-Tal helfen.

Miremad Hotel
HOTEL $

(☎ 028-3356 0610; www.mehotel.ir; Asadabadi Blvd; DZ 900 000 IR; 🛜) Das Miremad bietet gute, billige Zimmer und freundliches Personal und liegt an der verkehrsreichen inneren Ringstraße. Ins Zentrum sind es zu Fuß etwa 25 Minuten, aber es gibt auch immer Taxis.

Taleghani Inn
HOSTEL $

(Karte S. 122; ☎ 028-3322 4239; Khaleqi Alley, abseits der Taleqani St; DZ 600 000 IR; 🛜) Das sichere, billige und zentral gelegene, renovierte Gästehaus in der nächsten Gasse hinter der Yas Alley hat einfache, saubere Zimmer. Das Personal spricht etwas Englisch und organisiert Trips ins Alamut-Tal.

Alborz Hotel
BUSINESSHOTEL $$

(Karte S. 122; ☎ 028-3323 6631; info@alborzhotel. com; Talegani St; 2BZ 60 US$; 🅿❄@🛜) Das Hotel ist zentral gelegen, doch die sauberen, komfortablen Zimmer sind angesichts der Tatsache, dass die Flure abgenutzt sind und das WLAN launisch ist – am besten ist es im Coffeeshop –, recht teuer. Das freundliche Personal spricht gut Englisch und organisiert gegen Gebühr Ausflüge ins Alamut-Tal.

Behrouzi Traditional Hotel
HISTORISCHES HOTEL $$$

(Khane Sonatti Behrouzi; Karte S. 122; Ashgari Lane; EZ/DZ/3BZ 48/95/145 US$; 🛜) Das schön restaurierte traditionelle Haus aus der Kadscharen-Zeit gegenüber vom überdachten Basar mitten in der Altstadt möchte man am liebsten gar nicht mehr verlassen. Die üppig eingerichteten Zimmer liegen um einen Innenhof. Die Betten sind so groß, dass man fast ein Navi braucht. Außerdem gibt es einen phantastischen privaten Hamam. Insgesamt ist dies die perfekte Belohnung für die Mühsal der bevorstehenden Wanderungen!

Das Hotel liegt in der sechsten Sackgasse, die von der Ashgari Lane abzweigt.

🍴 Essen

Qazvins Spezialität ist *qimeh nasar* (auch *gheymeh nasser* geschrieben), ein pikanter Lammtopf mit zerkleinerten Pistazien.

Sib Restaurant
IRANISCH $$

(Karte S. 122; Karawanserei Sa'd-al Saltaneh; Mahlzeiten 250 000 IR; ☉ 11–22 Uhr) Das helle neue Restaurant in einem versteckten Innenhof im hinteren Bereich der Karawanserei Sa'd-al Saltaneh lockt mit luftigem Ambiente und köstlichen persischen Klassikern.

Nemooneh
IRANISCH $$

(Karte S. 122; ☎ 028-3332 8448; Ecke Buali & Ferdosi St; Mahlzeiten ab 280 000 IR; ☉ 12–15.30 & 19–22.30 Uhr; ❄) Viele Einheimische halten dies für das beste Restaurant in Qazvin und Gegenargumente sind tatsächlich schwer zu finden. Die praktische Karte mit Bildern hilft Besuchern, auch mal etwas anderes als Kebabs auszuprobieren, vielleicht *khoresht fesenjan* (Hühnchen-Walnuss-Eintopf) oder den saftigen in Butter gebratenen Lachs. Zum Restaurant führen an der Nordostecke der Kreuzung Buali und Ferdosi Street glitzernde Stufen hinunter.

Yas
IRANISCH $$

(Karte S. 122; ☎ 028-3322 2853; Yas Alley, abseits der Taleqani St; 230 000 IR; ☉ 12–15 & 19.30–22 Uhr) In dem günstigen und freundlichen Yas in der gleichnamigen Gasse kommt eine leckere Version des örtlichen *qimeh nimeh* (saftiges, geschmortes Lamm auf Reis) auf den Tisch.

WESTIRAN QAZVIN

Qazvin

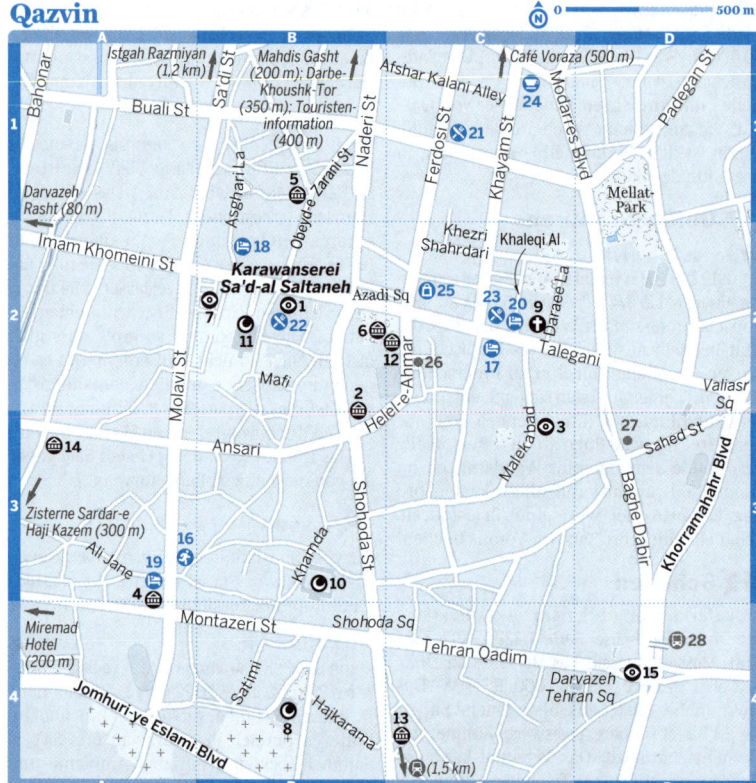

🍷 Ausgehen & Nachtleben

⭐ Negarossaltaneh
CAFÉ

(Karte S. 122; 34 Vazir Bazaar; Kaffee & Snacks ab 50 000 IR; ⏰ Sa–So 10–22, Fr 17–22 Uhr) Tief drinnen in der Karawanserei Sa'd-al Saltaneh liegt ein Hipster-Liebling. Auf der englischen Karte finden sich pulsbeschleunigende Espressos und Milchkaffees, exotische Tees und allerlei Kräutermischungen, köstlichste *petits fours* und sogar Frühstückseier. Serviert wird alles in einem zwanglosen, intimen Ambiente. Unser Tipp: *nan charie* (wie Weihnachtsbäume geformte Kekse mit Kardamom-Geschmack) und *zamin megar* (Getränk aus Honig, Kondensmilch und Safran).

Café Voraza
CAFÉ

(Karte S. 122; ☏ 028-3333 3001; http://coffeeshop vozara.com/; Khayyam St, Ecke Adl Blvd; ⏰ 10 Uhr bis spät) Sowohl Einheimische als auch Touristen zwängen sich in das winzige Café am nördlichen Ende der Khayyam Street, und zwar wegen des vielfältigen Angebots an Kaffee (inklusive Eiskaffee), Kuchen und Eiscreme – am besten ist der Schokoladeneiskuchen!

🛍 Shoppen

Nakhajir
Camping Shop
SPORT & OUTDOORAKTIVITÄTEN

(Karte S. 122; ☏ 028-3222 4551; Ferdosi St; ⏰ Sa–Do 8–13 & 16–21 Uhr) Ausrüstung für Wanderungen durchs Elburs-Gebirge.

ℹ Praktische Informationen

REISEBÜROS

Arash Safar Travel (Karte S. 122; ☏ 028-3322 2260; arashsafarqazvin@yahoo.com; Helel-e-Ahmar St; ⏰ Sa–Do 8–13 & 16–20 Uhr) Übernimmt die Buchung von Zugfahrkarten und verkauft Flugtickets ab Teheran.

Kandovan Travel (Karte S. 122; ☏ 028-1222 3614; Kashani Blvd)

Qazvin

Mahdis Gasht (☎ 028-3336 1891; North Naderi; ⊕ 8–20 Uhr) Freundliche und professionelle Hilfe bei der Buchung von Zügen und Flügen. Man spricht etwas Englisch.

Meraj (Karte S. 122; ☎ 028-3322 1111; Yas Lane; ⊕ 9–19 Uhr) Freundliches Personal, das aber kaum Englisch spricht. Nur Zug- und Flugbuchungen.

TOURISTENINFORMATION

Touristeninformation (☎ 028-3335 4708; http://qazvin.ir; Naderi St; ⊕ 9–18 Uhr) Das hilfsbereite Personal in diesem Büro gegenüber vom Darbe-Khoushk-Tor gibt tolle kostenlose Karten und nützliche Broschüren aus. Außerdem hat es Empfehlungen für Rundgänge vorbei an allen wichtigen Sehenswürdigkeiten.

Touristeninformationskiosk (Karte S. 122; ☎ 0912 282 9049; www.qazvin.ir; Karawanserei Sa'd-al Saltaneh; ⊕ Sa–Do 8–12.30 & 17–19 Uhr) Wenn er tatsächlich geöffnet ist, erhält man an dem Kiosk beim Eingang zur Sa'd-al-Saltaneh-Karawanserei von der Imam Street aus die eine oder andere Karte.

ℹ An- & Weiterreise

BUS, MINIBUS & SAVARI

Vom **Hauptbusbahnhof** (Karte S. 122; Darvazeh Sq) gehen eine praktische Verbindungen ab. Dort gibt es auch ein **Golden-Ticket-Büro** (Golden; Karte S. 122; ☎ 028-3356 1117; www. safartalaei.ir).

Offizielle Savaris nach Teheran (200 000 IR) fahren vom vorderen Parkplatz, inoffizielle laden ihre Fahrgäste am Valiasr Square ein.

Gegen 11 Uhr fahren Busse nach Hir (über Razmiyan) und gegen 13.30 Uhr (außer Fr) nach Mo'allem Kalayeh (80 000 IR, 2½ Std.).

Dennoch ist man zu diesen Zielen im Alamut-Tal mit Savaris erheblich besser bedient. Savaris nach **Mo'allem Kalayeh** (10 US$, 1¾ Std.) fahren vom Qarib Kosh (Minudar) Square mit dem gigantischen Seidenstraßen-Monument, 3 km östlich vom Valiasr Square. Savaris nach **Razmiyan** (200 000 IR, 1¼ Std.) starten manchmal am **Istgah Razmiyan** (Helalabad Sq, abseits der Sa'di St), zu erreichen mit einem Shuttletaxi die Naderi Street hinauf bis zum Sardaran Square, von wo aus es zu Fuß die Beheshti Street einen Block nach Westen und die Shahid Fayazbakhsh Street 300 m nach Südwesten geht.

Savaris nach Rasht fahren vom **Darvazeh Rasht** (22 Bahman Sq), wo auch einige durch die Stadt kommende Busse Fahrgäste absetzen und aufnehmen.

ZUG

Die zeitlich bequemsten Züge nach Teheran (50 000 IR, 2½ Std.) fahren um 8 und 9.56 Uhr. Nach Zanjan (66 000–120 000 IR, 2½ Std.) fahren zeitlich bequeme Züge um 8, 8.48, 10.49, 16.04 und 17.13 Uhr. Der Nachtzug nach Tabriz fährt um 19.53 Uhr (352 000 IR, 11 Std.), der nach Mashhad (1 012 000 IR, 14 Std.) um 20 Uhr. So früh wie möglich buchen.

ℹ Unterwegs vor Ort

Entlang der Hauptstraße (Imam Khomeini St/ Taleqani Blvd) verkehren Stadtbusse in beide Richtungen, Autos und Shuttletaxis dürfen die Straße jedoch nur Richtung Osten befahren.

BUSSE AB QAZVIN

ZIEL	TICKETPREIS (IR)	FAHRZEIT (STD.)	ABFAHRT
Hamadan	180 000 VIP	4	11.30 Uhr
Hamadan	140 000	4	14 Uhr
Isfahan	220 000	6	13 Uhr
Kermanshah	220 000	7	14 Uhr
Sanandaj	300 000 VIP	8	11.30 Uhr
Rasht	50 000	3	7.30, 7.45, 14.45, 15 Uhr
Teheran	50 000	2½	häufig

Sie kehren vom Valiasr Square über die Shahrdari oder Buali Street zum Azadi Square (Sabz Meydan) im Zentrum zurück. Vom Zentrum zum Busbahnhof muss man am Valiasr Square umsteigen. Die Busse vom Busbahnhof zum Azadi Square fahren eine Schleife um den Basar. *Dar-baste*-Fahrten innerhalb der Ringstraße kosten überall 50 000 IR.

Alamut-Tal الموت

1400 M

Nur wenige Orte in Iran bieten verlockendere Möglichkeiten zum Wandern und für Erkundungen als die berühmten Täler Alamut und Shahrud. Die Landschaften unterhalb der hoch aufstrebenden Elburs-Gipfel sind eindrucksvoll und wunderbar vielfältig, eine wilde Mischung aus Patagonien, der Schweiz und dem australischen Outback, angereichert um faszinierende Spuren mittelalterlicher Geschichte. Fast unsichtbar thronen auf weit auseinanderliegenden Felsnasen und -spitzen die Ruinen von mehr als 50 Festungen. Die von Legenden umrankten Burgen waren damals die stark gesicherten Schlupfwinkel der Anhänger einer gefürchteten Religionsgemeinschaft. Zusammen sind sie als die Burgen der Assassinen (S. 126) bekannt. Die interessantesten liegen bei Gazor Khan (Festung Alamut) und Razmiyan (Festung Lamiasar). Die Festung Alamut befindet sich also nicht im Ort Alamut (auch als Mo'allem Kalayeh bekannt).

Wandern

Caspian Trek (Farzin Malaki; 📱 0911 291 0700; www.caspiantrek.com) organisiert maßgeschneiderte Mehrtageswanderungen fast überall im Elburs-Gebirge. Auf summitpost.org sind gute Beschreibungen zahlreicher Routen zu finden. Beliebt ist die Wanderung von Garmarud nach Yuj, doch es gibt zahlreiche andere, vielleicht sogar bessere Strecken. Wanderer sind komplett auf sich selbst gestellt und müssen über genügend Erfahrung verfügen – es empfiehlt sich unbedingt, einen Führer mitzunehmen. Anregungen hält das Informationsbuch im Navizar Hotel (S. 127) in Garmarud bereit.

➡ Besteigung des majestätischen **Shah Alborz** (4125 m) innerhalb von zwei Tagen ab Garmarud (und eventuell weiterwandern ins Taleqani-Tal bei Karaj, was einer Nord-Süd-Überquerung des Gebirges entspricht, die weitere ein bis zwei Tage in Anspruch nimmt).

➡ Durchquerung der Wildnis vom **Evan-See nach Tonekabon** über das Dohezar-Tal (5–6 Tage).

➡ Von Garmarud nach Kelardasht über den **Alam Kuh** (4850 m), Irans zweithöchsten Berg (5–8 Tage).

Garmarud گرمارود

🎵 028 / 380 EW. / 1800 M

In Garmarud endet derzeit die geteerte Straße. Es ist außerdem der schönste Ort, den man sich als Basisstation im Alamut-Tal wählen kann. Von hier aus kann man auf Tages- oder auch längeren Wanderungen die Berge erkunden. Im Winter kann das Dorf vom restlichen Tal abgeschnitten sein.

Wanderung Richtung Kaspisches Meer: Von Garmarud nach Yuj

Eine Überquerung des Elburs vom Alamut-Tal bis ins Hinterland des Kaspischen Meeres ist sowohl in landschaftlicher als auch kultureller Hinsicht faszinierend. Die Wanderung führt durch Landschaften, die andere Besucher nur selten zu sehen bekommen, auch wenn die Erschließung voranschreitet: In alle Ecken des Gebirges stoßen Straßen vor und die Maultierkarawanen,

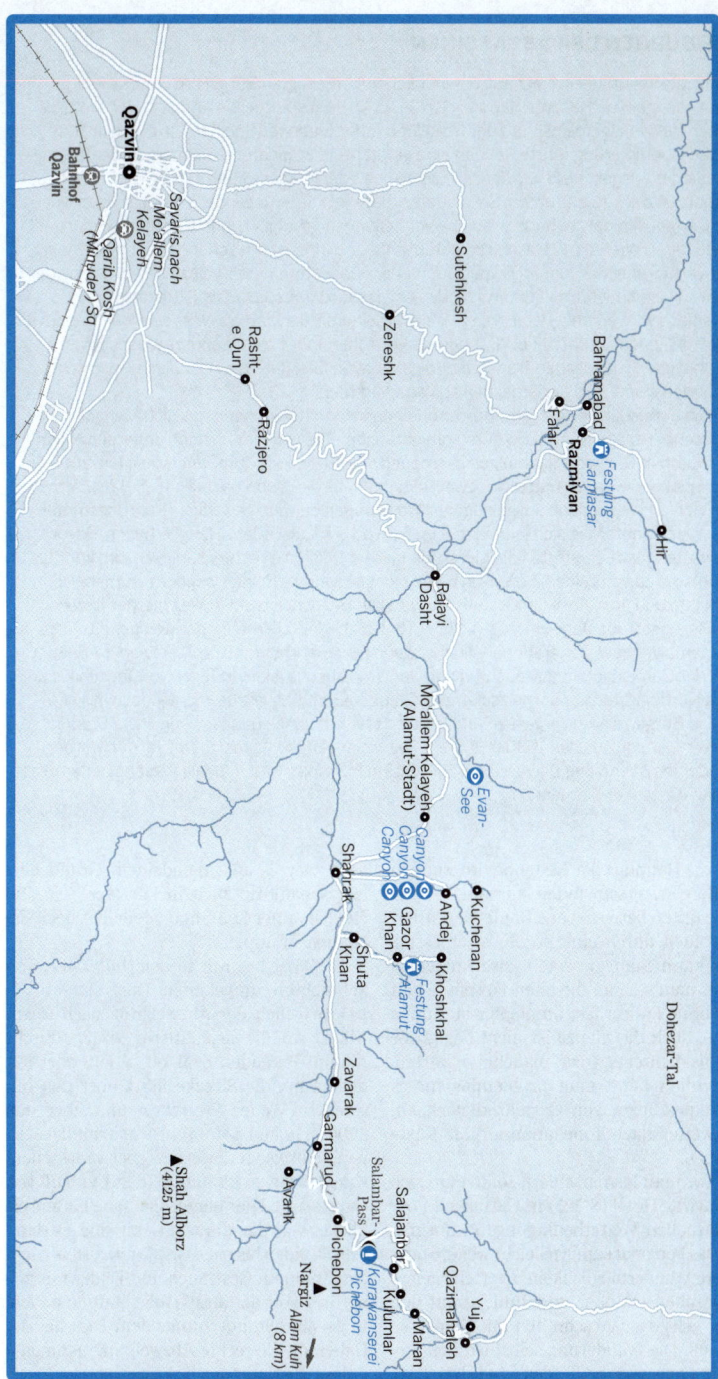

Qazvin

Bahnhof
Qazvin

Savaris nach
Mo'allem
Kelayeh

Qarib Kosh
(Miquder) Sq

Sutehkesh

Zereshk

Rasht
e Qun

Razjero

Bahramabad

Falar

Razmiyan

Festung
Lamasar

Hir

Rajayi
Dasht

Mo'allem Kelayeh
(Alamut-Stadt)

Evan-
See

Canyon
Canyon
Canyon
Canyon

Andej

Kuchenan

Shahrak

Gazor
Khan

Khoshkhal

Shuta
Khan

Festung
Alamut

Zavarak

Garmarud

Avanik

Salambar-
Pass

Salambar

Karawanserei
Pichebon

Pichebon

Kulumlar

Maran

▲ Shah Alborz
(4125 m)

Nargiz

Alam Kuh
(8 km)

Qazimahaleh

Yuj

Dohezar-Tal

Ⓝ 0 ————————— 20 km

DIE BURGEN DER ASSASSINEN

Im 12. Jh. schützte ein Netz aus unglaublich gut befestigten Burgen im Elburs-Gebirge die Anhänger von Hasan-e Sabbah (1070–1124), dem spirituellen Anführer der islamischen Religionsgemeinschaft der Ismailiten (oder Siebener-Schiiten). In der volkstümlichen Überlieferung führte Sabbah eine gefürchtete Söldnerorganisation an, deren Mitglieder ausgeschickt wurden, um politische oder religiöse Führungskräfte der Zeit zu ermorden oder zu entführen. Sie glaubten, dass ihre Taten sie ins Paradies bringen würden. Angeblich nährte Sabbah solche Vorstellungen geschickt, indem er seine Anhänger ohne deren Wissen mit Haschisch berauschte und ihnen dann schöne geheime Gärten mit verführerischen jungen Frauen ausmalte. Daher stammt der volkstümliche Name der Sekte, Hashish-iyun, das die Wurzel des englischen Worts *assassin* (Attentäter) ist. So jedenfalls wird erzählt. Peter Willey liefert in seinem Buch *Eagle's Nest* eine weit freundlichere Version: Er porträtiert Sabbah als Vertreter einer freidenkenden, wissenschaftsfreundlichen islamischen Tradition und geht davon aus, dass die Haschisch-Geschichte erfunden wurde, um die Ismailiten zu verunglimpfen.

Wie dem auch sei, die meisten der uneinnehmbaren Festungen riss sich Mongolenherrscher Hulagu Khan 1256 durch diplomatische Trickserei doch noch unter den Nagel, nachdem er Sabbahs Nachfolger, den neuen spirituellen Anführer der Ismailiten, zur Kapitulation gezwungen hatte. Nur zwei Festungen, Girdkuh und **Lamiasar** (S. 128), setzten sich zur Wehr. Dank ausgeklügelter Wasserspeicher und gewaltiger Nahrungsmittelreserven konnten sie sich jahrelang – im Fall von Girdkuh 17 Jahre lang! – halten. Bevor sie weiterzogen, zerstörten die Mongolen systematisch die Festungsanlagen, um künftige Probleme zu vermeiden. So locken heute nicht so sehr die Ruinen, sondern vielmehr Geschichte und grandiose Landschaft die wenigen Besucher, die den Weg hierher finden.

Die Zerstörung der **Festung Alamut** (S. 127) bedeutete mehr oder weniger das Ende der Ismailiten auf Generationen hinaus, wenn auch Jahrhunderte später wieder Anhänger der Gemeinschaft auftauchten und der ismailitische Islam in Teilen von Tadschikistan und Nordpakistan zur vorherrschenden Glaubensrichtung wurde, nicht jedoch in Iran.

Die Burgen waren vergessen und kehrten erst mit der Neuauflage von Freya Starks Reisetagebuch aus den 1930er-Jahren, *The Valleys of the Assasins (Im Tal der Mörder)*, wieder ins öffentliche Bewusstsein zurück. Ein Exemplar ist der ideale Reisebegleiter für einen Abstecher hierher.

einst die Hauptart der Lastenbeförderung in den Bergen, verschwinden langsam.

Die unten beschriebene Route ist mittlerweile auch durch eine Straße erschlossen. Zwar kann man diese teilweise umgehen, indem man sich an die alten Fußpfade hält – die ohne Führer fast unmöglich zu finden sind –, doch das Ganze ist nicht das große Wildnisabenteuer, das manche erwarten. Tatsächlich kann man problemlos innerhalb eines Tages von Garmarud nach Yuj und weiter nach Tonekabon an der Küste trampen.

Bevor man losmarschiert, sollte man sich im Navizar Hotel (S. 127) in Garmarud über die aktuellen Wetterbedingungen informieren. Das Personal kann vielleicht weitere oder bessere Wandermöglichkeiten vorschlagen.

Zwischen Oktober und Juni ist auf den höher gelegenen Abschnitten mit Schnee zu rechnen. Die Wanderung selbst ist nicht besonders anspruchsvoll. Ideal sind drei Tage,

doch wer es aus irgendeinem Grund eilig hat, schafft sie auch in kürzerer Zeit. (Im Hochsommer kann man vielleicht nach Salajanbar trampen.)

Der Weg beginnt in dem hübschen, von Schluchten umgebenen Dorf **Garmarud**, 18 km östlich der Abzweigung nach Gazor Khan, wo die asphaltierte Straße durchs Alamut-Tal endet. Egal, ob zu Fuß oder mit dem Auto, die Strecke führt über den pittoresken Weiler **Pichebon** und über den 3200 m hohen **Salambar-Pass** mit der kleinen, teilweise renovierten (aber verlassenen) **Karawanserei Pichebon** (6 Std. zu Fuß von Garmarud). Hier bieten sich fabelhafte Ausblicke. Von der Karawanserei sind es dann drei Stunden bis nach **Salajanbar**, stets leicht bergab durch Gesträuch und Felder mit gelber Iris. Wer der Straße folgt statt dem Pfad, muss eine Stunde hinter dem Pass bei der Gabelung die rechte Abzweigung nehmen – falls er sie findet.

Drei Stunden hinter Salajanbar liegt das malerische **Maran**. Zweimal muss man einen Bach durchqueren. Das ist nicht besonders schwierig, bei hohem Wasserstand aber möglicherweise gefährlich, denn wer hier stürzt, wird über einen Wasserfall gespült, was vermutlich tödlich endet – vielleicht bleibt man besser auf der Straße. Hinter Maran verliert die Landschaft an Reiz, da sie durch den Straßenbau in jüngerer Zeit verunstaltet wurde – die meisten Wanderer steigen hier auf ein Transportmittel um. Wer zu Fuß weitergeht, erreicht nach weiteren drei Stunden bergab das hübsche, inmitten von Blumenwiesen liegende Dorf **Yuj**. Die Straße ist bis nach Tonekabon geteert.

Zelten ist überall möglich, in der Nähe von Dörfern sollten Camper jedoch um Erlaubnis fragen. Bei Pichebon gibt es schöne weiche Wiesen und in Maran (S. 127) und Yuj finden sich Privatunterkünfte. Zwar ist es am besten, seinen gesamten Proviant mitzubringen, doch in den Dörfern an der Route gibt's auch einfache Lebensmittelgeschäfte.

🛏 Schlafen

Navizar Hotel HOTEL **$$**
(☏ 028-5839 4206, 0912 459 6078; www.navizar hotel.com; DZ 1 200 000 IR) Das kleine, familiengeführte Hotel, das sich ganz bestimmt zu einem Traveller-Klassiker entwickeln wird, bietet saubere, einfache Zimmer, Hausmannskost und jede Menge Infos über Wanderungen in der Region. Auf Wunsch werden auch Wanderungen und Führer organisiert.

Nematullah Mansukia PRIVATZIMMER
(☏ 0912 282 140; Maran; Zi. 10 US$ pro Pers.) Im Dorf Maran kann Nematullah Mansukia eine einfache Privatunterkunft mit toller Hausmannskost (ca. 4 US$) bieten. Auf Anfrage kann er auch Maultiere ab Yuj (ca. 12 US$) oder sogar Garmarud (ca. 30 US$) organisieren. Das Dorf verfügt über einen winzigen, sehr rustikalen Hamam.

ℹ An- & Weiterreise

Ein *dar-baste*-Savari von Mo'allem Kelayeh nach Garmarud kostet 10 US$, von Qazvin 30 US$.

Gazor Khan & Alamut-Festung

☏ 028 / 2062 M
Im unscheinbaren kleinen Gazor Khan, wo Kirschen angebaut werden, bzw. in Khoshkchal, 15 Minuten mit einem Allradfahrzeug steil bergauf dahinter, beginnen mehrere

verlockende Gebirgswanderwege. Entweder fragt man vor Ort oder informiert sich im Vorfeld auf summitpost.org. Gazor Khan selbst ist nicht so interessant und auch nicht sonderlich einladend, die meisten Reisenden steuern deshalb Garmarud an.

Die wichtigste Sehenswürdigkeit der Gegend ist die Ruine der **Festung Alamut** (قلعه الموت; 150 000 IR; ☉ Sonnenauf- bis Sonnenuntergang; P). Hasan-e Sabbahs berühmte Burg erhebt sich hoch über Gazor Khan. Der Zugangspfad beginnt rund 700 m hinter dem Dorfplatz und führt über eine Treppe 25 Minuten steil bergan. Die archäologischen Grabungen oben in der Festung sind durch unansehnliches Wellblech geschützt, doch die Ausblicke von den Festungsmauern sind wirklich umwerfend.

Die bessere von zwei Unterkünften in der Gegend ist das **Hotel Farhangian** (☏ 028-3377 3446; Suite 600 000 IR) in einer umgebauten Schule.

ℹ An- & Weiterreise

Fürs Feilschen herrschen denkbar schlechte Voraussetzungen: Man kommt hier nur mit dem Auto weg und das wissen die Taxifahrer natürlich. Wenn's gut läuft, zahlt man nach Qazvin 400 000 IR (2½ Std.), oder man nimmt den Schulbus nach Mo'allem Kalayeh (nur an Schultagen, 50 000 IR, 45 Min.) und versucht dort sein Glück. Taxi und Schulbus fahren um 7 Uhr am Dorfplatz ab. Nach Garmarud ist man auf denselben Fahrer angewiesen – man kann davon ausgehen, das Dreifache des Preises zu zahlen, den man für angemessen hält. Am besten hält man nach anderen Reisenden Ausschau, um sich das Taxi für die 25 km lange Fahrt zu teilen.

Mo'allem Kalayeh معلم کلایه

☏ 028 / 3420 EW. / 1652 M
Das manchmal auch Alamut genannte Mo'allem Kalayeh ist die winzige Bezirkshauptstadt des Alamut-Tals. Es ist ein wichtiger Verkehrsknotenpunkt in der Region, aber selbst wenig ansehnlich. Wer hier hängen bleibt: Das **Haddodi Restaurant** (☏ 028-3321 6362, 0936 457 7241; 2BZ 800 000 IR) an der Hauptstraße, 50 m östlich des Adlerstandbilds, bietet mehrere Zweibettzimmer und zwei größere Apartments. An der Ortseinfahrt rechts liegt außerdem ein **Campingplatz**.

Die 8 km lange Stichstraße zum 1587 m hohen **Andej** (اندج) passiert drei wirklich atemberaubende Canyons aus rotem Fels; hier kann man auf einer wackeligen Brücke den Fluss überqueren und sich ein bisschen umschauen. Die Abzweigung liegt unmittelbar nordwestlich von **Shahrak**, das wiederum über eine bedeutende Festungsruine verfügt, die aber nichts mit den Assassinen zu tun hat. Hinter den Schluchten kann man sich im Dorf Andej bei der Gabelung links und bergauf halten und dann Richtung Mo'allem zurückfahren, um ein tolles Panorama hinunter ins Tal zu genießen.

❶ An- & Weiterreise

Ein paar wenige Busse und Savaris warten im Ortszentrum 650 m östlich des Adlerstandbilds. Die Savaris nach Qazvin (400 000 IR) sind eine Stunde schneller als der extrem langsame Bus (100 000 IR, tgl. außer Fr), der abfährt, wenn alle Zubringerbusse aus den umliegenden Dörfer eingetrudelt sind. Ein Taxi nach Gazor Khan kostet 250 000 IR bzw. 400 000 IR mit Abstecher nach Andej. Oder man nimmt den zurückfahrenden Schulbus (nur an Schultagen, 50 000 IR, 45 Min.) um 11.45 Uhr.

Razmiyan رازميان

♪ 028 / 1800 EW. / 1684 M

Die Ortsmitte von Razmiyan ist merkwürdig seelenlos, doch auf der kurvenreichen Abfahrt von Qazvin hierher geht es vorbei an zeitlosen Lehmweilern mit herrlichem Ausblick auf die Reisterrassen des Shahrud-Tals.

Die Hauptattraktion des Ortes ist die **Lamiasar-Festung**. Von Razmiyan folgt man der Straße nach Hir 2,5 km bis zum Zugangspfad. Nach 20 Minuten hat man die Spitze der „Festung" erreicht: Es sind nur noch Andeutungen einer runden Bastion und einige andere Mauerreste erhalten. Von dort geht's steil hinunter zu den Resten der äußeren Festungsmauern, die fast vertikal ins Tal hinabfallen. Für die Erkundung der Ruine sollte man rund eine Stunde veranschlagen. Es gibt kaum Schatten, also Sonnenhut und Sonnencreme mitnehmen! Ein Taxi vom Dorf inklusive Wartezeit kostet 300 000 IR, aber es spricht nichts dagegen, zu laufen.

Ein **Taxi** (♪ 028-3322 2828) nach Mo'allem Kalayeh kostet 12 US$ bzw. 15 US$ mit einem 8 km langen Abstecher zum **Evan-See** (Ovan-See; درياچه اوان; 50 000 IR), einem kleinen, malerischen Bergsee, der die Mehrausgabe eigentlich nicht recht lohnt.

Sanandaj سنندج

♪ 087 / 390 000 EW. / 1502 M

Selbst für die super gastfreundlichen Verhältnisse in Iran ist Sanandaj eine bemerkenswert freundliche Stadt. Die Hauptstadt der Provinz Kurdistan ist eine gute Basisstation für einen Besuch in Marivan und bestens geeignet, etwas über die kurdische Geschichte und Kultur zu lernen. Hier tragen viele Männer den traditionellen breiten Gürtel und kurdische Pumphosen. Aber Sanandaj ist auch eine moderne, spürbar wohlhabende Stadt mit einer großen studentischen Bevölkerung, die gerne ihr Englisch ausprobiert. Auf Sorani, der Sprache der hiesigen Kurden, bedeutet *ju-an* „schön" und *deso hoshbe* „danke".

Die beiden Hauptplätze Enqelab Square und Azadi Square sind durch die geschäftige Ferdosi Street miteinander verbunden. Vom Azadi Square zieht sich die Azadi Street hinauf in die Ausläufer eines felsigen Kamms, der einst der Verteidigung der Stadt diente; heute befindet sich hier der attraktive Abidar-Bergpark.

Geschichte

Die ursprünglich Senna genannte Stadt – die Kurden hier nutzen den Namen heute noch – war im Mittelalter weithin bekannt, doch in der chaotischen Nach-Chaldoran-Zeit versank sie in der Bedeutungslosigkeit. Im frühen 18. Jh. wurde hier eine *dej* (Festung) errichtet und Senna-dej entwickelte sich langsam zu Sanandaj. Von hier aus regierten die mächtigen Ardalan-Emire bis 1867 das letzte eigenständige Fürstentum des iranischen Kurdistan. Unter den Ardalanen wurden in im 19. Jh. der Stadt viele schöne Gebäude errichtet, doch die meisten sind rücksichtslosen Eingriffen im Zuge der Erschließung im 20. Jh. zum Opfer gefallen.

◉ Sehenswertes

Asef-Villa MUSEUM
(Asif Diwan, Kurdisches Anthropologisches Museum; Karte S. 129; Imam St; 80 000 IR; ☺Di–So 8–18 Uhr) In einer restaurierten zweistöckigen Villa aus der Zeit der Safawiden mit unterirdischem Hamam wurde ein faszinierendes Museum für kurdische Kultur eingerichtet. Unter anderem sind hier Trachten zu sehen, die in den Tälern der Provinz Kurdistan heute noch getragen werden. In einem Raum sind Holzeinlegearbeiten aus Sanandaj ausgestellt, in einem anderen die Büsten prominenter Kurden. Im Innenhof mit Teich können Besucher eine Pause vom Verkehr draußen genießen. Ein Seitenhof führt zu einer **Gewölbegalerie**, in der hin und wieder Kunstausstellungen stattfinden.

Sanandaj

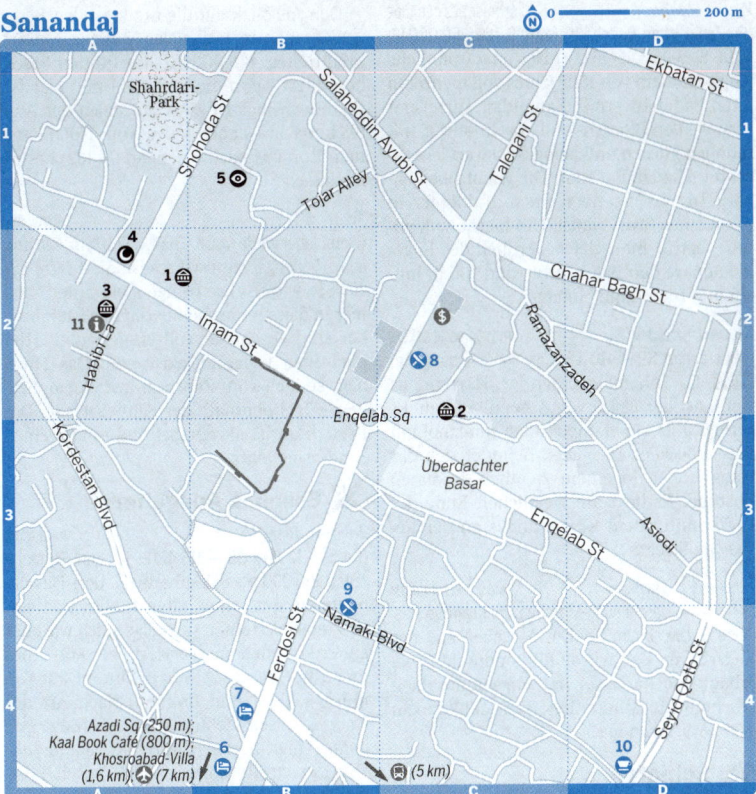

Lotfolla-Sheik-al-Islam-Haus MUSEUM
(Sanandaj-Museum, Salar Seyyed; Karte S. 129; Habibi Lane; 150 000 IR; ☉ Di–So 9–12 & 16–19 Uhr, in der Nebensaison kürzer) Das schön renovierte Haus aus der Kadscharen-Zeit beherbergt das **Regionalmuseum**. Die *orosi* (Buntglasfenster), die angeblich aus 42 000 Stücken zusammengesetzt sind, waren nicht nur schön, sondern auch praktisch: Sie sollen den Orientierungssinn der Mücken verwirrt haben. Zu sehen sind außerdem einige außergewöhnlich alte Töpferwaren und Metallarbeiten, dazu ein paar Skelette.

Moshir Divan HISTORISCHE STÄTTE
(Karte S. 129; Shohoda St) Das kadscharische Haus, eines von mehreren historischen Gebäuden der Stadt, die quälend langsam restauriert werden, verbirgt sieben Innenhöfe hinter seinem großartigen Eingang an der Shohoda Street. Wenn die Tore geschlossen sind, klingeln!

Sanandaj

Khan-Hamam
HISTORISCHES GEBÄUDE

(Pir Zahiri, Khan-Badehaus; Karte S. 129; 150 000 IR; ☺ Di–So 9–13 & 15–19 Uhr) Der ungewöhnliche Khan-Hamam von 1805, eines von mehreren alten Badehäusern in Sanandaj, wartet mit grau-weißen Blumen- und Vogelmotiven, mit schönen Fliesen und bemerkenswert lebensechten „Badenden" auf. Die leicht übersehbare Tür verfügt über einen Türklopfer in Form einer Bronzefaust. Um hierherzukommen, betritt man gleich nördlich des Engelab Square den Basar, geht rund 100 m hinein und fragt dann einfach.

Khosroabad-Villa
HISTORISCHE STÄTTE

(Khosroabad St; ☺ 10 Uhr bis Sonnenuntergang) GRATIS Das ehemals prächtige Herrenhaus war einst der Palast von Amonulla Khan. Es verfügt über einen imposanten Innenhof mit Wasserbecken, ansonsten befindet sich das Haus jedoch in einem ziemlich desolaten Zustand. Es liegt am westlichen Ende des Parks hinter dem Krankenhaus an der Keshavarz Street.

Masjed-e Jameh
MOSCHEE, MUSEUM

(مسجد جامع, Darol-Eshan-Moschee, Freitagsmoschee; Karte S. 129; Imam St) Die Moschee aus der Kadscharen-Zeit wurde für Amonulla Khan erbaut. Sie hat zwei mit Fliesenmosaiken geschmückte Minaretten, 32 Innenkuppeln und zwei Veranden.

🛏 Schlafen

Hotel Kaj
HOTEL $

(Karte S. 129; ☎ 087-3329 1997; Ferdosi St; EZ/2BZ ab 700 000/1 000 000 IR) Das Kaj mitten im Herz der Stadt ist die beste Budgetunterkunft, mit behaglichen, einfachen Zimmern.

Hotel Hedayat
HOTEL $

(Karte S. 129; ☎ 087-3316 7117; Ferdosi St; EZ/2BZ/3BZ 540 000/800 000/1 000 000 IR; 🛜) Die einfachen, aber gemütlichen Zimmer dieses Hotels in zentraler Lage direkt an der verkehrsreichen Ferdosi Street können laut sein.

Shadi Hotel
HOTEL $$$

(☎ 087-3362 5112; shadi_hotel@yahoo.com; Verlängerung der Pasdaran St; 2BZ/3BZ 1 800 000/2 430 330 IR; P ✳ 🛜) Die komfortabelsten Zimmer in Sanandaj finden sich weitab vom Zentrum in diesem schicken mehrstöckigen Labyrinth mit Restaurants und Cafés oberhalb einer sehr verkehrsreichen Schnellstraße. Sammeltaxis zum Azadi Square (10 000 IR) halten direkt am Eingang. (Bei der Rückfahrt steht glücklicherweise eine Fußgängerüberführung zur Verfügung.)

Den Ausblick auf die umliegenden Berge genießt man am besten vom Buffetrestaurant (Mahlzeiten 435 000 IR) im fünften Stock, besonders wenn die Luft kühl und klar ist. Das Essen hier ist zwar gut, doch der Ausblick macht es auch teuer. Vom Hotel kann man Ruftaxis nach Palangan (S. 132) bestellen lassen.

Tourist Inn
HOTEL $$$

(Hotel Jahangardi, ☎ 087-3362 3676; http://en.ittic.com; Verlängerung der Pasadan St; EZ/DZ 55/75 US$; P ✳ 🛜) Die ruhigen, eleganten Zimmer in diesem unscheinbaren Backsteinbunker sind geschmackvoll eingerichtet. Hier nächtigen viele Reisegruppen. Das Hotel liegt südlich vom Zentrum auf einem eigenen Hügel oberhalb der Schnellstraße. Das Restaurant ist akzeptabel und es gibt einen Kinderspielplatz.

🍴 Essen & Ausgehen

Jahannama
IRANISCH $

(Karte S. 129; ☎ 087-3316 4212; Taleqani St; Mahlzeiten 160 000 IR; ☺ 8–16 & 19–22 Uhr) Das Jahannama mit seinen alten Radios und verrückten Holzstatuen sieht eigentlich wie eher ein Trödelladen aus, serviert aber köstliches Essen wie *khoresht sabzi* (Eintopf mit Gemüse, Fleisch und Bohnen) nach Art des Hauses. Zu empfehlen sind außerdem *juje pofaki* (mariniertes Huhn) und pikante *tahchin agusht* (Reisküchlein mit Fleisch, Rosinen und Berberitze).

Morvarid Restaurant
IRANISCH $$

(Karte S. 129; ☎ 087-3323 8444; Namaki Blvd; Mahlzeiten 230 000 IR; ☺ 12–16 & 19.30–22 Uhr) Gleich bei der trubeligen Ferdosi Street befindet sich das verlässliche Morvarid mit einer Einrichtung in Rot, die in den Augen schmerzt. Tipp: kurdische Köfte.

Kaal Book Café
CAFÉ

(☎ 087-3371 7375; Kaffee/Kuchen ab 80 000/50 000 IR; ☺ 10–22 Uhr) Durch einen abgewrackten schmalen Eingang hindurch geht's auf einen schönen, intimen Innenhof, perfekt für einen Kaffee oder einen exotischen *chay* sowie ein Stück Kuchen auf dem Weg zurück vom Abidar-Park. Hinter dem Molavi Square.

Toranj Book Café
CAFÉ

(Karte S. 129; Seyid Qotb St; Kaffee/Kuchen ab 100 000/100 000 IR) In diesem restaurierten alten jüdischen Haus kann man wunderbar relaxen und der Außenwelt entfliehen. Nicht weit vom Namaki Boulevard.

BUSSE AB SANANDAJ

ZIEL	TICKETPREIS (IR)	FAHRZEIT (STD.)	ABFAHRT
Ahvaz	475 000	10	18 Uhr (mehrere)
Isfahan	290 000–380 000	9	19, 21 Uhr
Orumiyeh	300 000	6	9, 19.45 Uhr
Rasht	400 000	9	18 Uhr via Hamadan (2 Std.), Qazvin (300 000 IR, 7 Std.)
Tabriz	370 000	8	20 Uhr
Teheran (West)	300 000–450 000	6	häufig

 Shoppen

Sanandaj ist bekannt für Holzintarsienkunst, Besucher sollten sich auf jeden Fall die Werkstätten bei der Asef-Villa (S. 128) anschauen.

❶ Praktische Informationen

Organisation für kurdisches Kulturerbe (Karte S. 129; ☑ 087-3328 5725; http://kurdistan.ichto.ir/; Habibi Lane; ☺ Sa–Do 8–14 Uhr) Die hilfsbereite, mehrsprachige Touristeninformation in dem Haus, in dem sich auch das **Regionalmuseum** (S. 129) befindet, hält Karten und Broschüren bereit.
Bank Melli (Karte S. 129; Taleqani St) Diese Filiale ist zum Geldwechseln besser geeignet als die große am Azadi Square.

❶ An- & Weiterreise

Iran Aseman (☑ 087-3323 3301) und **Qeshm** (S. 86) fliegen vom **Flughafen** (☑ 087-3377 4052) von Sanandaj tgl. nach Teheran (1 480 000 IR).

Savaris nach Kamyaran (80 000 IR, 1 Std.), Kermanshah (150 000 IR, 2 Std.), Qorveh (100 000 IR) und Hamadan (200 000 IR) warten in ordentlichen, gut organisierten Schlangen im Bereich des **Hauptbusbahnhofs** (☑ 087-3352 0341; Janbazan Blvd) 4 km östlich der Innenstadt. Minibusse fahren dahinter ab, Fernbusse von einem etwas versteckt liegenden Terminal links. Mehrere Busunternehmen haben Büros rund um den Enqelab Square im Stadtzentrum.

❶ Unterwegs vor Ort

Vom Enqelab Square fahren sich schnell füllende Shuttletaxis (10 000 IR pro Standardfahrt) Richtung Osten zum Hauptbusbahnhof und Richtung Norden am Taleqani Square vorbei zum Marivan-Busbahnhof. Vom Azadi Square fahren sie die Pasdaran Street hinunter und die Abidar Street hinauf.

Zum Abidar-Bergpark wird's wegen der vielen Einbahnstraßen kompliziert: Einige Fahrzeuge, die die Keshavarz Street hinauffahren, biegen ab und fahren am JimJim vorbei die Abidar Street hoch, sodass man am Ende noch etwa 15 Min. zu Fuß gehen muss. Ein *dar-baste*-Taxi zu den oberen Serpentinenbereichen des Abidar-Parks kostet rund 250 000 IR.

Howraman هورامان

☑ 087 / 1536 M

Die Dörfer der in einer von mächtigen Reichen umkämpften Region gefangenen Kurden wurden im Mittelalter so oft zerstört, dass bis zum 18 Jh. ein großer Teil der Kurden seine Behausungen ganz aufgab und sich aufs Nomaden- und Banditentum verlegte. Eine wichtige Ausnahme bildete dank seiner uneinnehmbaren Lage mitten in den Bergen das Howraman-Tal (Orumanat-Tal), einer der am wenigsten bekannten, aber spektakulärsten Landstriche Irans. In der kälteren Jahreszeit tragen die Männer im Howraman-Tal noch immer *kolobal*, braune Filzjacken mit Schulter-„Hörnern". Hier findet man jede Menge alte Steinterrassen und die Dörfer sind wie das berühmte Masuleh am Kaspischen Meer so gebaut, dass das Dach des einen Hauses den Vorhof desjenigen darüber bildet.

Zwar hat der **Pir-Shaliar-Schrein** (Howraman-at-Takht) einen muslimischen Gebetsraum mit grüner Kuppel, doch das eigentlich Interessante hier sind die Felsen und Bäume dahinter, die im buddhistischen Stil mit Votivstoffstreifen geschmückt sind. Am Freitag, der dem 4. Februar am nächsten liegt, soll hier angeblich noch immer ein **mithraisches Mittwinterfest** stattfinden. Es wird angenommen, das es sich dabei um eine vorzoroastrische Hinterlassenschaft, allerdings islamisch überformt, handelt.

PALANGAN

In der Postkartenidylle von Palangan (پلنگان; 900 Ew.) treiben bunt gekleidete kurdische Kinder Esel steile Pfade hinauf, während alte Männer in schwarzen Pumphosen vor dem Dorfsaal herumsitzen und plaudern und Frauen das Getreide zum Trocknen auf den Dächern der wild aufeinander gestapelten Steinhäuser auslegen, die sich zu beiden Seiten einer felsigen Schlucht bis zu einem dunklen Gewässer in der Mitte hinunterziehen. Im Gegensatz zu den touristisch überlaufenen Dörfern Masuleh und Kandovan wirkt Palangan erfrischend authentisch. Jeder lächelt, niemand hat es eilig.

Ein richtiges Hotel gibt es nicht, aber man kann herumfragen, ob jemand ein Zimmer vermietet. Es sind ein paar einfache Lebensmittelläden vorhanden, auch wenn es besser ist, selbst Proviant mitzubringen.

Am einfachsten kommt man mit einem privaten Taxi ab Sanandaj (34 US$ hin und zurück) nach Palangan. Es besteht aber auch die Möglichkeit, ein Savari nach Kamyaran, auf halber Strecke zwischen Sanandaj (80 000 IR) und Kermanshah (70 000 IR) zu nehmen. Dort fahren Savaris nach Palangan (50 000 IR) an der Salahaddin Street (2 km südwestlich vom Hauptbusbahnhof) ab, jedoch muss man wahrscheinlich *dar baste* zahlen (15 US$ hin und zurück plus Wartezeit). Die asphaltierte, 45 km lange Strecke passiert unterwegs einige andere interessante kurdische Dörfer mit aus Lehm und Stroh gebauten Häusern und normalerweise ist es in beiden Richtungen kein Problem zu trampen. Von Kamyaran aus später am Tag oder an Feiertagen in eine andere Stadt zu gelangen, könnte ein Problem sein. Wer auf dem Weg nach Paveh ist, kann ein Savari direkt nach Ravansar (50 000 IR, 35 km) nehmen und Kermanshah vollständig umgehen.

Das größtenteils aus kleinen Felsen erbaute **Stone Hotel** (Hotel-e Sangi; ☑ 087-5388 3535; Howraman-at-Takht; 2BZ 500 000 IR; ☎) erinnert an die Behausung der Familie Feuerstein. In der Hauptsaison steigen hier gern iranische Touristen ab. Außerdem gibt's ein Restaurant.

❶ An- & Weiterreise

Wenn kein Schnee liegt, ist der Ort Howraman-at-Takht leicht im Rahmen eines Tagesausflugs per Taxi ab Marivan (oder auch Sanandaj) zu erreichen. Zwischen Biyakara und Howraman-at-Takht (300 000 IR, 1¾ Std., 50 km) verkehren auch Sammel-Allradfahrzeuge, doch kann man sich nicht darauf verlassen, noch für denselben Tag ein Fahrzeug zurück zu bekommen. Eine gute Idee ist es, in Biyakara oder Marivan ein Taxi oder einen Geländewagen zu chartern und dann bis ganz nach Paveh zu fahren. *Dar baste* und über Belbär kostet das rund 90 US$. Wenn man sich ein Taxi mit anderen Reisenden teilt, schwanken die Preise je nach Fahrzeug, Fahrer und Zahl der Mitreisenden erheblich.

Paveh   پاوه

☑ 083 / 24 500 EW. / 1564 M

Paveh (Pawa auf Kurdisch), das derzeit zügig erschlossen wird und wo man Hurami spricht, liegt ausgestreckt auf schmalen Terrassen oberhalb eines malerischen Tals. Es bildet einen gut zugänglichen Ausgangspunkt für die Erkundung der Howraman-Region.

Paveh zieht sich lang und schmal von einem kleinen Basar und vom Busbahnhof im Süden über das Stadtzentrum (Maolavi Square) im „Ellbogen" des Tals Richtung Norden, wo es unterhalb des Eram-Hotels ausläuft. Von mehreren Straßen oberhalb der Stadt bieten sich schöne Aussichten.

Nur die ersten 400 Meter der **Quri-Qaleh-Höhle** (45 000 IR; ☺ Sonnenauf- bis Sonnenuntergang; Ⓟ) 25 km östlich von Paveh ist öffentlich zugänglich, doch gibt es hier einige schöne Dinge zu sehen. Hinter dem verschlossenen Tor erstreckt sich das Höhlensystem noch mindestens 2,7 km.

Das auf einem Hügel oberhalb des nördlichen Stadtrands gelegene **Eram Hotel** (☑ 083-4612 4695; 2BZ 1 750 000 IR; Ⓟ ✳ ☎) bietet akzeptable Zimmer und schöne Ausblicke auf die umliegenden Berge. Vom Busbahnhof sind es lange vier Kilometer hierher, doch wer aus dem Howraman-Tal kommt, kann sich an der ersten Moschee absetzen lassen.

Vom traditionellen **Restaurant Sonatti** (Mahlzeiten 250 000 IR) schweift der Blick über das ganze Tal. Zu erreichen ist es von der oberen Straße oberhalb des Stadtzentrums über eine Serpentinentreppe.

❶ An- & Weiterreise

Vom **Busbahnhof** 2,5 km südlich des Moalavi Square fahren Minibusse und Savaris nach Kermanshah (200 000 IR, 1¾ Std.) und Ravansar (100 000 IR). Nach Sanandaj muss man in Ravansar in ein Savari Richtung Kamyaran umsteigen.

Sammel-Toyota-Pickups (Toyota wird hier „Tweeter" ausgesprochen) nach Marivan und Howraman warten vor drei orangefarbenen Containerhütten 1 km nördlich des Shohoda Square. Die Abfahrtszeiten sind sehr unregelmäßig, nach Howraman-at-Takht (10 US$, 5 Std.) jedoch gewöhnlich vor Sonnenaufgang – falls überhaupt. Wer Fotostopps braucht, sollte bei der **Kurd Taxi Agency** (Janbazan Blvd) vielleicht ein *dar-baste*-Taxi über Howraman-at-Takht (2 600 000 IR, über eine sehr holprige Straße, die nur bei absolut trockenem Wetter passierbar ist) nach Marivan chartern. Die geteerte Straße über Nosud in der Nähe der Grenze zum irakischen Kurdistan sollte man besser meiden.

Kermanshah کرمانشاه

📞 083 / 887 500 EW. / 1330 M

Kermanshah wuchs im 4. Jh. unter dem Schutz der sassanidischen Könige. Die Stadt breitet sich an der ehemaligen Königsstraße nach Bagdad aus. Diese strategisch wichtige Lage brachte ihr sowohl Wohlstand als auch Verheerung. Im Ersten Golfkrieg wurde Kermanshah stark zerstört. Die in den 1980er-Jahren kurz in „Bakhtaran" umgetaufte Stadt ist ein Schmelztiegel, in dem Kurden, Luren und andere Iraner zusammenkommen, viele von ihnen auf Pilgerschaft Richtung Westen zu den heiligen Städten Nadschaf und Kerbala (Irak).

Das große, ausufernde und oft verwirrende Kermanshah ist nicht unbedingt Liebe auf den ersten Blick. Das Stadtzentrum, so es denn eins gibt, wirkt merkwürdig menschenleer, doch über die Hauptstraßen tost der Verkehr. Auf den Reiseplan gehört die Stadt wegen ihrer Nähe zu den achämenidischen und sassanidischen Felsreliefs von Bisotun (S. 137) und Taq-e Bustan.

⦿ Sehenswertes

Auf dem 10 km langen Weg vom trubeligen Geschäftszentrum (im südlichen Drittel) bis zum Fuß des felsigen Parom-Massivs wechselt die Hauptstraße mehrmals ihren Namen: von Ashrafti über Kashani, Modarres und Beheshti zu Sheikh Shiroodi Street. Die wichtigste Sehenswürdigkeit der Stadt bilden die Taq-e-Bustan-Reliefs am Parom-

Massiv, um die herum Parks und Freiluftrestaurants liegen.

Taq-e Bustan HISTORISCHE STÄTTE

(200 000 IR; 📷) An den feinen Basreliefs aus der Zeit der Sassaniden, die in eine hohe Klippe gemeißelt sind, scheiden die Geister. Einige Besucher sind angesichts des relativ hohen Eintrittspreises für ein paar Steinmetzarbeiten, die eine Reihe alter siegreicher Könige zeigen, und einen Ententeich – beide auch von außerhalb der Absperrung zu sehen – eher enttäuscht. Für viele Iraner ist jedoch ein Besuch hier eine Feier ihres großen persischen Erbes. Ob man in Geist und Geschichte eintaucht oder einfach nur das Teleobjektiv ausfährt, bleibt jedem überlassen.

Taq-e Bustan gehörte ursprünglich zu einem Jagdgarten der persischen Könige, doch die Sassaniden nutzen die schöne Umgebung anders. In der größten Nische sind auf den Seitenwänden Jagdszenen mit Elefanten dargestellt. An der Rückwand ist oben die Krönung Chosraus II. (reg. 590–628) zu sehen, darunter reitet der König in voller Rüstung und mit Kettenhemd bekleidet davon. Die zweite Bogennische zeigt König Shapur III. und seinen gegen die Römer erfolgreichen Großvater Shapur II. Das Relief rechts zeigt Shapur II. (reg. 379–383), wie er über den römischen Kaiser Julian, den er 363 besiegte, hinwegschreitet und von Mithras, den die Zoroastrier verehrten, eine Segenskrone überreicht bekommt.

Am besten kommt man am späten Nachmittag: In der untergehenden Sonne, die dann hinter dem Ententeich verschwindet, färbt sich der Fels glutorange. Die umliegenden Freiluftrestaurants sind bis spät

---

DAS KURDISCHE HURAMI

Die kurdische Sprache Hurami (Gorani) unterschiedet sich recht eindeutig vom Sorani (Zentralkurdisch), von dem es in Sanandaj verdrängt wurde. Einst war für die kurdischen Dichter der Region Hurami die Sprache der Wahl. Wenn man auch nur ein paar Wörter kennt, überrascht und erfreut es die Einheimischen ungemein. *Fere-washa* und *zarif* heißen „schön", *wazhmaze* bedeutet „köstlich", *deset wazhbu* (wörtlich „Hand gut") heißt „danke", worauf die Antwort lautet *sarat wazhbu* („Kopf gut"), also „bitte".

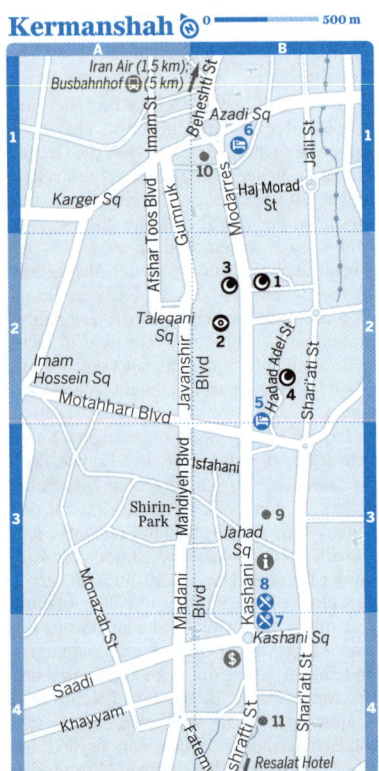

Kermanshah

⦿ Sehenswertes

🛏 Schlafen

✕ Essen

ⓘ Transport

Fliesen mit allen möglichen Motiven zu sehen, von Szenen aus dem Koran bis zu vorislamischen Motiven wie Könige aus dem *Schahname* und europäischen Dörfern sowie einheimischen Honoratioren, bekleidet im Stil des 19. Jhs.

Das Gebäude rechts ist heute ein ethnografisches Museum; es zeigt u. a. regionale Trachten.

Biglar Beigi Tekyeh   ISLAMISCHER SCHREIN
(Karte S. 134; ☎ 083-3372 6597; 80 000 IR; ⊙ Sa–Do 8–19 Uhr) GRATIS Die Hussainia Biglar Beigi Tekyeh lohnt einen Besuch wegen des atemberaubenden zentralen Kuppelraums mit Spiegelmosaiken. Das hier untergebrachte Kalligrafiemuseum ist nicht besonders tiefschürfend. Um zum Schrein zu gelangen, geht man die Gasse gegenüber der schönen **Masjed-e Jameh** (Freitagsmoschee; Karte S. 134; Modarres St) entlang und nimmt die erste Gasse links.

Überdachter Basar   MARKT
(Karte S. 134) Der weitläufige, an vielen Stellen restaurierte überdachte Basar zieht sich von der Modarres Street bergan. Mit den beiden verfallenen alten Karawansereihöfen am westlichen Ende lohnt er durchaus eine Erkundung.

☞ Geführte Touren

Mohammad Puurr   TOUREN
(☎ 0918 855 6840) Mohammad ist ein sehr sicherer und zuverlässiger Fahrer aus Kermanshah: Er bringt seine Fahrgäste, wohin sie wollen, u. a. nach Bisotun, Paveh, Palangan und auch zu entlegeneren Zielen.

abends geöffnet und die Reliefs liegen wie beleuchtet im warmen Licht. Die Stätte liegt 10 km nördlich vom Stadtzentrum von Kermanshah.

Takieh Mo'aven ol-Molk   ISLAMISCHER SCHREIN
(Karte S. 134; Hadad Abil St; 150 000 IR; ⊙ Sa–Do 10–12 & 16–19.30 Uhr) Das Takieh Mo'aven ol-Molk ist Irans älteste Hussainia, ein schiitischer Schrein, in dem im islamischen Monat Muharram zum Gedenken an den Märtyrertod des Imam Hossein 680 in Kerbala rituelle Aufführungen stattfinden. Der Eingang befindet sich im Untergeschoss, zu erreichen über einen Innenhof und einen zentralen überkuppelten Raum, der mit grässlichen Szenen aus der Schlacht von Kerbala ausgemalt ist.

Der Schrein ist nach wie vor gut besucht: Pilger küssen die Tore und sind tief gerührt, wenn sie den Fußabdruck von Ali (Hosseins Vater) an der Wand des zweiten Innenhofs erblicken. Der Abdruck ist mitten zwischen

Shapur Ataee TOUREN

(☑0918 856 6220; shapurataee@yahoo.com; 25 US$ pro Tag plus Trinkgelder) Shapur ist ein sehr gebildeter und interessanter Reiseführer, der gut Englisch und auch recht gut Französisch spricht.

🛏 Schlafen

Die meisten Billigabsteigen liegen im Umkreis des Azadi Square; viele sind nur auf Farsi beschildert. Je weiter man vom Platz wegkommt, desto ruhiger wird's – nach versteckten Zugangstreppen Ausschau halten!

Shahed Park Campground CAMPINGPLATZ

(Shahed-Park, Beheshti Blvd) GRATIS Wer möchte, kann im Shahed-Park beim Fluss Kharkeh mit Blick auf die Ölraffinerie zelten.

Meraj Hotel HOTEL $

(Karte S. 134; ☑ 083-3823 3288; Modarres St; EZ/2BZ/3BZ 460 000/610 000/760 000 IR; ✳🛜) Das Hotel liegt direkt im Zentrum oberhalb des Azadi Square. Wer nicht viel erwartet, wird nicht enttäuscht.

Resalat Hotel HOTEL $$

(☑083-3724 6365; Ferdosi Sq; EZ/2BZ/3BZ 1 030 000/1 400 000/1 700 000 IR; ✳🛜) Eine akzeptable Unterkunft im Süden der Stadt nicht weit vom Laleh-Park. Die Zimmer sind annehmbar, das WLAN funktioniert meist nur in der Lobby.

Hotel Khourosh BUSINESSHOTEL $$

(Cyrus Apartments; ☑ 083-3839 0417; http://hotel kourosh.com/; Golrizan St; EZ/2BZ/3BZ 1 530 000 1 830 000/2 260 000 IR, Apt. ab 3 050 000 IR; P✳🛜) Das Khourosh ist ein Hotelturm mit Einzelzimmern und Mehrbett-Apartments im Nordosten der Stadt.

Hotel-Apartment Lizhan APARTMENTS $$

(Karte S. 134; ☑ 083-3721 0102; Motahhari Blvd; Apt. 78 US$; ✳) In den Apartments mit zwei Schlafzimmern und Küche haben bis zu sechs Personen Platz – toll für Familien, die sich selbst versorgen wollen. Das Hotel liegt günstig in fußläufiger Nähe zum Basar. Parken ist allerdings nur begrenzt möglich.

Parsian Kermanshah HOTEL $$$

(☑083-3421 9151; www.parsianhotels.com; Shahid Keshavari Blvd; EZ/DZ 2 590 000/2 820 000 IR; P✳🛜) Die komfortabelsten Zimmer der Stadt finden sich in diesem Turm 8 km vom Zentrum und in Gehnähe zum Taq-e Bustan (S. 133). Das Restaurant im sechsten Stock bietet sich mit seinen weiten Ausblicken und seinen regionalen Spezialitäten wunderbar für ein Mittagessen (Mahlzeiten 280 000 IR) an. Taxis nach Bisotun, Palangan und Khorramabad werden vom Hotelpersonal organisiert. Das Hotel liegt neben einer verwirrend verschlungenen Hochstraße bei der Velayat-Brücke.

Jamshid Hotel HOTEL $$$

(☑083-3429 6002; Kuhnavand Sq; 2BZ/3BZ 2 400 000/2 950 000 IR; P✳🛜) Das neben dem Taq-e Bustan (S. 133) gelegene Jamshid überrascht mit einer exzentrischen Burgfassade aus weißem Stein, die man leicht für den Eingang zu einem Freizeitpark halten könnte. Das Restaurant im Untergeschoss (Mahlzeiten ab 350 000 IR) trägt mit seinen verrückten „Flusshöhlen" und einem Mini-Taq-e-Bustan das Seinige zu diesem Eindruck bei. Die großen und komfortablen Zimmer sind überteuert und zeigen ihr Alter.

In der Umgebung befinden sich noch jede Menge weitere (billigere) Verpflegungsmöglichkeiten – zum Glück, denn von der restlichen Stadt ist man hier weit entfernt.

🍴 Essen

Rund um den Azadi Square und am Motahhari Boulevard an der Kreuzung mit dem Kaangar Boulevard wird an Imbissständen und in Konditoreien eine Kermanshah-Spezialität verkauft: *Nan-berenji*, wörtlich

BUSSE AB KERMANSHAH

ZIEL	TICKETPREIS (IR)	FAHRZEIT (STD.)	ABFAHRT
Ahvaz	430 000	8	8, 21 Uhr via Andimeshk
Isfahan	450 000	9	17 Uhr
Orumiyeh	477 000	10	17 Uhr
Qazvin	220 000	7	14 Uhr
Tabriz	435 000	10	6, 18–22 Uhr
Teheran (West)	250 000	8	häufig

„Brotreis", ist ein rundes, halbsüßes Gebäck, gewöhnlich gelb und mit Safran gewürzt. Eine große Ansammlung von Kebab-Cafés und Freilufttteehäusern findet sich bei den Reliefs von Taq-e Bustan (S. 133), mehrere Restaurants drängen sich rund um den Kashani Square.

Homa
IRANISCH $

(Karte S. 134; ☑ 083-3723 4246; Kashani St; Mahlzeiten 180 000 IR) Hier serviert freundliches Personal köstliche Kebabs sowie ein akzeptables *khoresht khalal* (Lammeintopf mit Mandeln). Dies ist kein Restaurant, für das man sich in Schale schmeißen muss oder wo man unbedingt länger verweilen möchte.

Arg
IRANISCH $$

(Karte S. 134; ☑ 083-3729 9410; Kashani Sq; Mahlzeiten ab 250 000 IR; ☺ 12–23 Uhr) Das Arg steuern Einheimische gerne für einen besonderen Abend an. Es ist vom Kashani Square per Aufzug zu erreichen (über dem Einkaufszentrum) und wartet mit schönem Ausblick auf die Berge auf. Tipp: das *khoresht khalal*.

ⓘ Praktische Informationen

Kulturerbebehörde von Kermanshah (☑ 083-3838 0045; ☺ So–Mi 7.30–14.30, Do bis 13 Uhr) Das Büro liegt im Norden an der Beheshti Street beim Shahed-Park und ist schwer zu finden. Es gibt einen praktischen Stadtplan heraus (nur auf Farsi), der auch in den besseren Hotels erhältlich ist.

Khadivi-Haus (Karte S. 134; ☑ 083-3721 2696; Ma'adem St; ☺ Sa–Do 8–15 Uhr) Die praktisch gelegenere Filiale der Touristeninformation von Kermanshah befindet sich in einem schön restaurierten kadscharischen Haus mit Garten. Gelegentlich finden hier auch Ausstellungen statt.

Sepehr Exchange Co (Karte S. 134; Bank Sepah Bldg, Kashani Sq) Anders als in der großen Filiale der Bank Melli am Azadi Square wird hier Geld gewechselt.

ⓘ An- & Weiterreise

BUS, MINIBUS & SAVARI

Am riesigen **Kaviyani-Busbahnhof** (Keshvari Blvd), 7 km nordöstlich vom Azadi Square (fußläufig zum Parsian Hotel) laufen die meisten Verkehrsverbindungen zusammen. Zu erreichen ist er per Savari oder Bus 2 ab Azadi Square. Fahrkarten werden in mehreren Büros verkauft, z. B. bei **Iran Peyma** (Karte S. 134; Jahad Sq) und beim sehr praktisch gelegenen **Pars Peyma** (Karte S. 134; Modarres St) neben dem Hotel Nobovat – hier gibt's Fahrkarten für fast alle

Zielorte. Von diesem Busbahnhof fahren auch Savaris nach Sanandaj (150 000 IR, 1½ Std.) und Hamadan (200 000 IR).

Savaris nach Paveh (150 000 IR, *dar baste* 600 000 IR) fahren an der Gumruk Street beim Azadi Square ab. Savaris nach Bisotun (30 000 IR, 25 Min.) starten am Imam Square beim Flughafen.

Landschaftlich besonders reizvoll ist die Straße nach Khorramabad, da sie das **Zagros-Gebirge** überquert. Man nimmt Savaris nach Harsin (60 000 IR, 45 Min.) und Nurabad (50 000 IR, 40 Min.), von wo ein weiteres Savari (80 000 IR, 1¼ Std.) einen nach Khorramabad befördert. Wer Fotostopps einlegen möchte, nimmt für 1 200 000 IR ein privates Taxi, vielleicht über Bisotun.

FLUGZEUG

Teheran 1 330 000–2 000 000 IR, tgl. mit **Iran Air** (☑ 083-3824 8814; Beheshti St; ☺ Sa–Do 7.30–14.30, Fr bis 13 Uhr) und **Iran Aseman** (☑ 083-3431 0650), mehrmals wöchentl. mit **Qeshm** (S. 86), **Meraj** (S. 96) und **Caspian** (S. 96).

Mashhad 2 230 000 IR, Mi, Do und So mit **Meraj** (S. 96).

Tickets verkaufen **Setareh Soheil** (Karte S. 134; ☑ 083-3727 1115; Kashani St; ☺ Sa–Do 9.30–19 Uhr) und andere Reisebüros.

ZUG

Eine neue Bahnstrecke soll Teheran über Kermanshah und Qasr-e-Shirin mit Bagdad (Irak) verbinden, aber bis sie fertig ist, wird es noch Jahre dauern.

ⓘ Unterwegs vor Ort

Kermanshah ist weitläufig und das Einbahnstraßensystem verringert das Verkehrschaos nicht.

Die Shuttletaxis nach Bisotun vom 15 Khordat Square kommen an den Toren des Flughafens vorbei. Vom Azadi Square fahren Shuttletaxis in alle Richtungen; am nützlichsten sind die zu den Busbahnhöfen und zum Mo'allem Square (für Taq-e Bustan). Auf der Modarres Street verkehren Stadtbusse in der "falschen Richtung", also Richtung Norden, aber Shuttletaxis Richtung Norden müssen bis 20.30 Uhr das Einbahnstraßennetz umfahren.

Derzeit wird an einer Hochbahn mit zwölf Stationen gebaut – was aber auch schon lange der Fall ist.

Bisotun
بیستون

☑ 083 / 2800 EW. / 1350 M

Bisotun liegt im Schatten des gleichnamigen, 2500 m hohen Gipfels an der alten Königsstraße von Babylon nach Medea (Hamadan). Die Nordflanke der Straße ist von riesigen erodierten Klippen gesäumt, die besonders atemberaubend aussehen, wenn man von Sahneh kommt.

Reliefs

Am Abhang des Kuh-e Bisotun (Berg Bisotun) ist eine Reihe von Basreliefs und **Inschriften** in verschiedenen Keilschriften (200 000 IR) von 521 v. Chr. zu finden. Die in drei „verlorenen" Sprachen (Elamitisch, Akkadisch und Altpersisch) verfasste Tafel lieferte den Schlüssel zur Entzifferung der Keilschriften, ähnlich wie der Stein von Rosette die Entzifferung der ägyptischen Hieroglyphen ermöglichte. Leider sind sowohl die Inschriften wie auch ihr Protagonist Dareios hinter Gerüsten verborgen. Der Ort ist aber auch landschaftlich reizvoll, mit weiteren Reliefs, einer verfallenen **Karawanserei** und dem zierlichen Teehaus **Bisotun Sherbet Khane**.

Vom Eingangstor kommend, passieren die Besucher zunächst eine kleine **Herakles-Statue** mit Keule von 148 v. Chr. – allerdings wurde der Kopf kürzlich ersetzt. Ein Stückchen weiter folgt ein stark verwittertes **parthisches Relief von Mithradates II.**, das teilweise mit einer arabischen Inschrift aus dem 17. Jh. durch Sheikh Alikhan überschrieben ist. Das Hauptrelief – das man nicht sehen kann – ist 100 m den Hang hinauf in den Fels gehauen. Es zeigt Dareios, der mit seinem Bogen auf der Brust eines Besiegten steht. Rechts von ihm sind Gefangene abgebildet und über allem schwebt ein *farohar*, ein geflügeltes zoroastrisches Engelwesen, das die Reinheit verkörpert. Die Schrifttafel berichtet von Dareios' Eroberungszügen.

1835 sorgte der als exzentrisch geltende britische Armeeoffizier Henry Rawlinson bei den Einheimischen für Heiterkeit, als er monatelang über dem Abgrund baumelte, um Pappmaschee-Abgüsse von den Inschriften anzufertigen. Doch an diesen Abgüssen konnten sie schließlich entziffert werden. Die Unesco nahm Bisotun 2006 in die Liste der Weltkulturerbestätten auf.

Farhad Tarash

Rund 200 m hinter der Bisotun liegt Farhad Tarash (S. 137), eine 1200 m hohe senkrechte Kalksteinwand mit einigen der besten Kletterpfaden in Iran. Bei über 100 Routen zum Sport- und Multipitch-Klettern ist für jeden etwas dabei. Und für Leute, die im Fels übernachten wollen, gibt's auf Felsvorsprüngen hoch oben drei Unterstände.

🛏 Schlafen

Laleh Bistoon Hotel   BOUTIQUEHOTEL $$$
(☐ 083-4538 3812; http://kermanshah.lalehhotels. com/; DZ 161 €) Die wunderbare, exotische moderne Karawanserei vor der imposanten Kulisse des Kuh-e Bisotun beschwört perfekt das Bild von Persien aus *Tausendundeiner Nacht* herauf. Die Zimmer mit dicken Wänden und Backsteingewölben sind schlicht, aber luxuriös mit großen Betten und großen Teppichen eingerichtet.

❶ An- & Weiterreise

Die Savari-Haltestelle für Kermanshah und für Sahneh (und von dort weiter nach Hamadan) liegt 10 Min. zu Fuß Richtung Osten durch Bisotun durch, gleich hinter der Bank Keshvari.

Hamadan   همدان

☐ 081 / 580 000 EW. / 1860 M

Hamadan, das in der Antike Ekbatana hieß, war eine der bedeutsamsten Städte der antiken Welt. Aus dieser Zeit ist leider nur noch sehr wenig erhalten, doch in der Innenstadt sind größere Ausgrabungen im Gange und es gibt ein paar historische Kuriositäten. Die Stadt liegt auf einer Hochebene, im August ist es hier angenehm kühl. Von Dezember bis März schneit es oft und es ist bitterkalt. Im Sommer ist es häufig dunstig, an – seltenen – klaren Frühlingstage bieten sich jedoch eindrucksvolle Blicke auf den schneebedeckten **Alvand Kuh** (3580 m), der oberhalb der neokolonialen Kuppeln am Imam Khomeini Square erscheint.

Geschichte

Wie antike griechische Geschichsschreiber berichten, ließ der medische König Deiokes 728 v. Chr. hier einen Palast befestigen, um den herum sich im Lauf der folgenden Jahrzehnte die medische Hauptstadt Ekbatana zu einer reichen Stadt entwickelte. Ihre massiven Mauern sollen aus sieben Ringen bestanden haben, die beiden inneren mit Gold und Silber beschichtet, der äußere so lang wie die Mauern von Athen. 550 v. Chr. war sie an die achämenidischen Perser gefallen und König Kyros nutzte die Stadt als Sommerresidenz.

521 v. Chr. nahmen die Meder die Stadt wieder ein, wurden aber bereits nach einem halben Jahr von Dareios wieder vertrieben. Der war so stolz auf sich, dass er die Errungenschaften, die das Reich ihm verdankte, an der Königsstraße in Bisotun (S. 136) in Stein meißeln ließ.

Nach Jahrhunderten der Bedeutsamkeit und des Wohlstands unter den Parthern und Sassaniden sank der Stern von Ekbatana nach der Eroberung durch die Araber Mitte des 7. Jhs. Im späten 12. Jh. war die Stadt unter den Seldschuken rund 60 Jahre lang Provinzhauptstadt. Mittlerweile Hamadan oder Hegmataneh (Altpersisch für „Ort der Zusammenkunft") genannt, wurde sie 1220 von den Mongolen und 1386 noch einmal von Timur Lenk zerstört. Nach einer türkischen Invasion im 18. Jh. ging es noch einmal deutlich bergab.

Mitte des 19. Jhs. erholte sich die Stadt wieder und wurde 1929 nach den modernen Plänen des deutschen Architekten Karl Frisch umgebaut. Frischs Bebauungsplan ähnelt einem Wagenrad: Vom Imam Khomeini Square, schlicht „Meydan" genannt, gehen strahlenförmig sechs Boulevards ab. Im Nordosten rund um den Hügel Tappeh-ye Mosallah und die Ausgrabungsstätte Hegmataneh-Hügel verliert das Rad etwas die Form.

◉ Sehenswertes

Hegmataneh-Hügel ARCHÄOLOGISCHE STÄTTE
(تپه هگمتانه; Karte S. 140; ☑ 081-3822 4005; Stätte inkl. Museum 200 000 IR; ⊙ Museum Di–So 8–16,

Mo bis 12 Uhr; ♿) Der Ausblick auf die Berge in der Ferne von diesem kleinen, offenen Hügel ist besonders am späten Nachmittag ziemlich schön, doch die Archäologen interessieren sich für das, was darunterliegt: eine alte medische und achämenidische Stadt. Im Verlauf des letzten Jahrhunderts sind kleine Teile davon ausgegraben worden, am umfassendsten in den 1990er-Jahren. Besucher können auf wackeligen Plankengerüsten an mehreren überdachten Gräben vorbeigehen. In der Nähe gibt's ein schickes Museum sowie zwei armenische Kirchen, die heute zur Universität von Hamadan gehören.

Von einer Gold- und Silberbeschichtung der alten Mauern ist natürlich nichts mehr zu sehen und man kann sich nur schwer vorstellen, dass die klobigen Überreste einst zu einer der bedeutsamsten Städte der Welt gehört haben sollen. Hier will das Museum nachhelfen, indem es archäologische Funde zeigt: große Amphoren, seldschukische Brunnen, achämenidische Pfeilersockel und parthische Sarkophage. Der Haupteingang zur Stätte liegt im Norden, doch vom Bahnhof für Stadtbusse hinter dem Basar führt eine „Hintertreppe" direkt hoch zu den Kirchen.

**Aramgah-e
Abu Ali Sina** MAUSOLEUM, MUSEUM
(Mausoleum des Abu Ali Sina; Karte S. 140; ☑ 081-3826 1008; Buali Sina Sq; 200 000 IR; ⊙ 9–17 Uhr) Hamadans Wahrzeichen, das Mausoleum des Abu Ali Sina, latinisiert Avicenna, das 1954 am gleichnamigen Platz aufgestellt wurde, hat etwas von einem in den Himmel zeigenden Buntstift aus Beton. Als Vorbild diente

---

ALI-SADR-HÖHLEN

Ali-Sadr-Höhlen (4440 ☑ 081-3544 ;غار علیصدر; www.alisadr.com; Gol Tappeh; 700 000 IR; ⊙ Winter 8–16 Uhr, Sommer bis 21 Uhr; P ♿) Das riesige Flusshöhlensystem 70 km nördlich von Hamadan wird meist im Rahmen von Tagesausflügen angesteuert. Bei iranischen Touristen ist es sehr beliebt, ausländische Reisende sind in der Regel geteilter Meinung, vor allem wegen der Kosten – der Eintritt für Ausländer ist zehnmal so hoch wie der für Iraner – und der Kommerzialisierung. Durch düstere Höhlen zu paddeln und über unterirdische Inseln zu laufen ist trotzdem etwas Besonderes. Man sollte das Ganze nicht nur als Landschafts-, sondern auch als kulturelles Erlebnis sehen. Eine Tour dauert 45 bis 90 Minuten. Die Wochenenden sollte besser meiden, dann ist es zu voll, und nicht vergessen, dem Führer am Ende ein Trinkgeld zu geben!

Das Schild mit der Aufschrift „$25" sollten Besucher ignorieren und darauf bestehen, in Rial zu bezahlen – das ist billiger. Nach einem (kostenlosen) Plan fragen! In den Höhlen liegt die Temperatur konstant bei 16 °C, dementsprechend sollte man sich kleiden. Die Kammern sind bis zu 40 m hoch und der Fluss ist bis zu 14 m tief. Das Höhlensystem soll mit den **Katale-Khor-Höhlen** (S. 105) in der Provinz Zanjan verbunden sein. Wer hier übernachten und die Gegend weiter erkunden möchte, findet in einem **Tourist Inn** (S. 114) ganz in der Nähe Unterschlupf.

der tausend Jahre alte Grabturm Gonbad-e Qabus in Gonbad-e Kavus. Das Eintrittsgeld für ein Einraum-Museum, in dem ein einige Werke von Abu Ali Sina, ein paar Memorabilien, sein Grabstein und eine kleine Ausstellung zu seiner Forschung auf dem Gebiet der Heilkräuter gezeigt werden, lohnt sich allerdings nur für Avicenna-Jünger. Der Eingang zum Turm ist an der Ostseite.

Gonbad-e Alavivyan
MAUSOLEUM

(Grabbau der Alaviyan; Karte S. 140; Shahdad Lane; 150 000 IR; ⊗8–19 Uhr) Die grüne Kuppel aus dem 12. Jh., verewigt im Werk des Dichters Khaqani, ist schon lange verschwunden, aber der Backsteinbau ist nach wie vor berühmt für die schöne Stuckverzierung, die zur Zeit der ilchanidischen Mongolen angebracht wurde und von einem hingerissenen Robert Byron in *Der Weg nach Oxiana* beschrieben wird. In der Krypta, zu der drinnen im hinteren Bereich eine Treppe hinunterführt, befindet sich die schlicht in Blau gekachelte Grabstätte der Alaviyan-Familie, bedeckt mit islamischer Votivstickerei.

Stephanos-Gregorios-Kirche
KIRCHE

(Karte S. 140; Tappeh Hegmataneh) Eine Kirche für die beiden armenischen Heiligen Stephanos und Gregorios stand hier schon seit dem 17. Jh., dieses Exemplar stammt jedoch aus dem frühen 20. Jh.

Armenische Kirche
KIRCHE, MUSEUM

(Karte S. 140; Tappeh Hegmataneh) Die Armenische Kirche, untersetzter und etwas älter als die benachbarte Stephanos-Gregorios-Kirche, wurde 1886 errichtet und dient heute als Museum zur armenischen Migration.

Masjed-e Jameh
MOSCHEE

(Freitagsmoschee; Karte S. 140; Imam Sq) GRATIS Im Basar führt ein Gewölbegang in den Hof der großen kadscharischen Masjed-e Jameh. Der nicht mehr genutzte Südiwan (Eingangsportal) führt in eine Halle mit einer eindrucksvoll großen Backsteinkuppel. Der Nordiwan ist mit gemusterten blauen Kacheln verziert, diese Dekoration setzt sich auch auf vier der sechs Minarette der Moschee fort. Einige Teile der Moschee sind Männern vorbehalten.

Borj-e Qorban
GRABMAL

(Karte S. 140) Der klassische zwölfseitige Grabturm mit Pyramidendach aus dem 13. Jh. befindet sich in einer Seitengasse, umgeben von Wohnblocks. Früher wurde er zur Verteidigung der Stadt genutzt.

Imamzadeh-ye Hossein
ISLAMISCHER SCHREIN

(Karte S. 140) Einen Blick wert ist das aus kadscharischer Zeit stammende Imamzadeh-ye Hossein, das versteckt hinter dem Hotel Yass in einem kleinen Hof mit einem alten Maulbeerbaum liegt.

🏃 Aktivitäten

Alvand Kuh
WANDERN

(Alvand-Berg) Bei gutem Wetter ist die Besteigung des Alvand Kuh (3580 m) eine schöne Tageswanderung. Von Ganjnameh (S. 144), 8 km von Hamadan, geht's oberhalb des Flusses hoch zum Mishin-Plateau (1¼ Std.) – es fährt auch eine Telecabin-Seilbahn –, wo sich zwei Schutzhütten befinden. Von dort ist es eine weitere Stunde zum Takhteh-Nader-Plateau, einer wahrscheinlich schneebedeckten Bergwiese mit einer Quelle. Hoch zum Gipfel ist es dann eine weitere Stunde Gekraxel über ein Geröllfeld.

Paragliding
PARAGLIDING

(www.facebook.com/hamedanparagliding) In Shahrestaneh, 4 km auf der Straße nach Tuyserkan hinter dem **Skigebiet Tarik Dare** (⊗Winter Do & Fr), auf der anderen Seite des Ganjnameh-Passes, gibt es eine Paragliding-Crew – die Ausblicke sind unglaublich!

🛏 Schlafen

Farshchi Guest House
HOSTEL $

(Mosaferkhaneh-ye Farsi; Karte S. 140; ☑081-3252 4895; Shohada St; B ohne Bad ab 250 000 IR) Für eine *mosaferkhaneh* (Herberge) ist das Farshchi sehr behaglich und freundlich mit einem gewissen familiären Flair. Die meisten Zimmer sind groß, mit vier oder fünf Betten und ohne Bad, doch es gibt auch ein paar kleinere 2- und 3-Bett-Zimmer mit Bad.

Ordibesht Hotel
HOSTEL $

(Karte S. 140; ☑081-3252 2056; Shohada St; EZ/2BZ 500 000/800 000 IR; ☎) Das billige und freundliche *mosaferkhaneh* mitten im Geschehen beim Basar wartet mit sauberen, gemütlichen, lauten Zimmern auf.

Yas Hotel
HOSTEL $$

(Karte S. 140; ☑081-3252 3464; Shohada St, Imam Sq; EZ/2BZ 1 300 000/1 490 000 IR) Dieser Liebling der Überlandreisenden hat schon bessere Tage gesehen, doch die akzeptablen, erschwinglichen Zimmer liegen genau dort, wo die Action ist.

Ali Sadr Tourist Inn
HOTEL $$

(Hotel Jahangardi; ☑081-3544 4312; Ali Sadr, Kabudarahang; 2BZ/3BZ/4BZ 1 830 000/2 300 000/

Hamadan

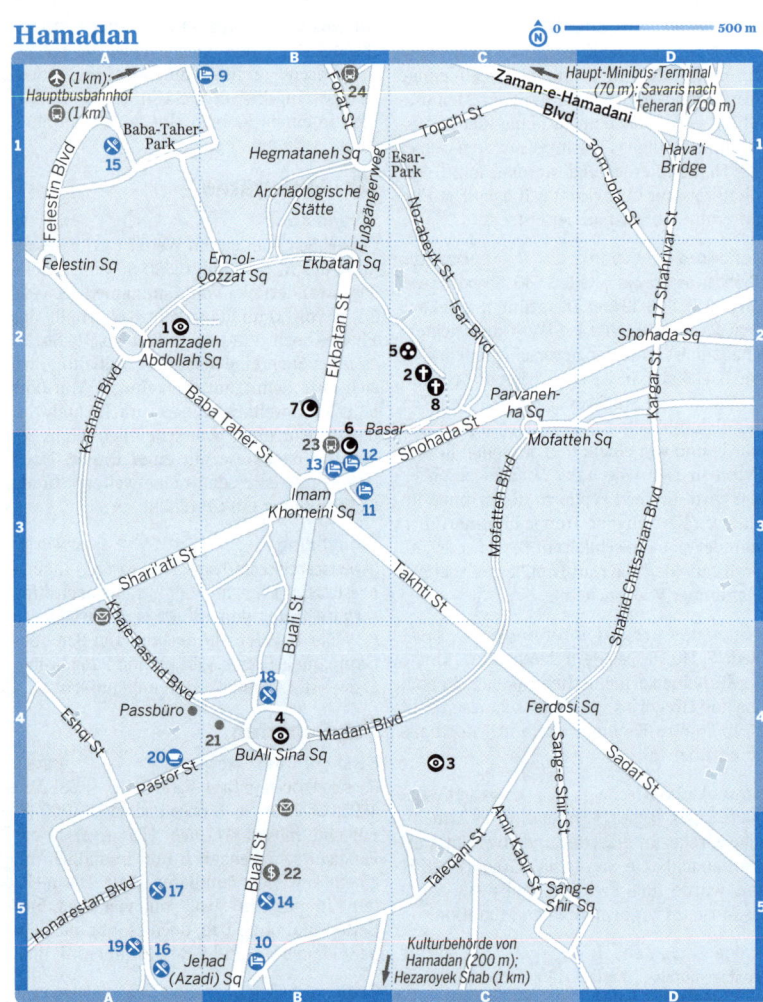

(Map of Hamadan with labels including: Hauptbusbahnhof, Baba-Taher-Park, Felestin Blvd, Felestin Sq, Kashani Blvd, Imamzadeh Abdollah Sq, Baba Taher St, Shari'ati St, Khae Rashid Blvd, Eshqi St, Passbüro, Pastor St, Honarestan Blvd, Jehad (Azadi) Sq, BuAli Sina Sq, Madani Blvd, Buali St, Takhti St, Em-ol-Qozzat Sq, Ekbatan St, Ekbatan St, Fußgängerweg, Hegmataneh Sq, Archäologische Stätte, Forāt St, Topchi St, Esar-Park, Nozabeyk St, Isar Blvd, Basar, Shohada St, Imam Khomeini Sq, Mofatteh Blvd, Mofatteh Sq, Parvaneh-ha Sq, Shohada Sq, Kargar St, 17 Shahrivar St, 30-m-Jolan St, Hava'i Bridge, Zaman-e-Hamadani Blvd, Haupt-Minibus-Terminal (70 m); Savaris nach Teheran (700 m), Shahid Chitsazian Blvd, Ferdosi Sq, Sang-e-Shir St, Sadaf St, Amir Kabir St, Taledani St, Sang-e Shir Sq, Kulturbehörde von Hamadan (200 m); Hezaroyek Shab (1 km))

---

2 800 000 IR; ℗❄☎) Das zuverlässige Gasthaus nicht weit von den Ali-Sadr-Höhlen
(S. 138) bietet komfortable Zimmer, zweckmäßige Bäder und ein Restaurant mit Ausblick. Die 4-Bett-Zimmer eignen sich als
günstige Unterkunft für Gruppen auf dem
Weg in die umliegenden Berge.

Buali Hotel
HOTEL **$$$**

(Parsian Buali; Karte S. 140; ☎081-3825 2822;
Buali St; EZ/DZ 58/88 US$; ❄✉) Die ausge-
zeichneten Zimmer sind komplett ausgestat-
tet und das im Preis inbegriffene Frühstück
umfasst eine große Auswahl an warmen und
kalten Speisen, u. a. frisch gebackenes Naan

(Brot) direkt aus dem hoteleigenen Tandoor-
Ofen. Im Café im Erdgeschoss gibt's echten
Espresso, im Restaurant im Untergeschoss
traditionelle und internationale Gerichte.
Der einzige Makel ist das häufige Abbrechen
der WLAN-Verbindung.

Baba Taher Hotel
HOTEL **$$$**

(Karte S. 140; ☎081-3422 6517; babataher_hotel@
yahoo.com; Baba Taher Sq; EZ/2BZ 105/137 US$;
℗❄) Als Gegengewicht zu den weit über-
teuerten Businesshotel-Zimmern kann das
freundliche, Englisch sprechende Personal
angesehen werden. Wer nach einem Rabatt
fragt, erhält gewöhnlich mindestens 25 %.

Hamadan

Das Restaurant ist passabel, jedoch werden hier Aufschläge kassiert. Das Hotel befindet sich im Norden der Stadt neben einem Park, in dem etwas schräge Mausoleum von Baba Taher steht.

✗ Essen

Aria'ian Teahouse
IRANISCH $

(Home of the Aryans; Karte S. 140; ☏081-3253 1779; Buali St; dizi ab 180 000 IR; ⊙12–16 Uhr) Gewölbedecken im Karawansereistil, stimmungsvolle Beleuchtung und liebevoll zubereitetes frisches *dizi* – warum sollte man woanders zu Mittag essen? Gegenüber der Bank Melli.

Falafel Bros
FALAFEL $

(Karte S. 140; Eshqi St; 25 000 IR; ⊙12–23 Uhr) Genug von Kebabs? Da können die Brüder Abhilfe schaffen, und zwar mit einer wahren Falafel-Orgie! Bessere gibt's nicht in der Stadt.

Naghshe Jahan Restaurant
IRANISCH $

(Karte S. 140; Eshqi St; Mahlzeiten ab 120 000 IR) Das billige und freundliche Restaurant bietet köstliche Varianten der üblichen Kebabs, Eintöpfe und Reisgerichte.

Kaktus
IRANISCH $

(Karte S. 140; Buali Sina Sq; Mahlzeiten ab 180 000 IR; ⊙12–15 & 19–22.30 Uhr) Das Kaktus, zu erreichen über eine leicht zu übersehende Treppe, ist mit seiner sauberen, modernen Einrichtung nach wie vor eins von Hamadans beliebtesten Kebab-Restaurants.

Dareta Sardashi
IRANISCH $$

(Karte S. 140; ☏081-3423 6740; Baba Taher Sq; ⊙Mahlzeiten ab 200 000 IR; ✎) Das zweistöckige Café im Taschenformat huldigt in seinen Gerichten, zumeist Eintöpfen und Braten, der *bademjan* (Aubergine). Die Bedienung kann durchwachsen sein, und aus irgendeinem Grund kommen viele Gerichte unnatürlich quadratisch auf den Tisch. Oben gibt's ein Café, auch zum Qualmen.

Delta Restaurant
IRANISCH $$

(Karte S. 140; ☏081-3826 1813; Eshqi St; Mahlzeiten 220 000–400 000 IR; ⊙19–22 Uhr) Das Delta ist vor der Pastor Street hierher in ein Untergeschoss umgezogen, das gegenüber der Saidiyeh Street liegt, aber schwer zu entdecken ist – nach dem Bild mit Essen Ausschau halten, es gibt kein englisches Schild. Gegessen wird am Tisch oder auf mit Teppichen ausgelegten Podesten, doch die Stimmung ist auf merkwürdige Weise gedämpft. Sowohl die Kebabs als auch die Eintöpfe sind lecker; eine sehr gute Vorspeise ist die örtliche Spezialität *kashka bademjan* (Auberginen-Dip).

Hezaroyek Shab
IRANISCH $$

(1001 Nächte; ☏081-3821 4545; Farhang St; Mahlzeiten ab 200 000 IR; ⊙12–15 & 19.30–23 Uhr) Das gemütliche Restaurant liegt fast draußen an der Ringstraße. Es bietet eine breite Palette an iranischen und westlichen Klassikern. Eigentümerin Pari Bakhtiyari spricht fließend Englisch, sodass man telefonisch nachfragen kann, ob das Restaurant geöffnet ist. Ein Taxi *dar baste* hierher sollte 50 000 IR kosten.

☕ Ausgehen & Nachtleben

★ Kaghazi Coffee
CAFÉ

(Karte S. 140; ☏081-3825 3870; Pastor St; Kaffee/Kuchen 80 000/80 000 IR; ⊙10–22 Uhr) In dem unkonventionellen, entspannten Treff mit Pink-Floyd-Referenzen lauschen heimische Hipster westlichem Rock aus den 1970er-Jahren. Doch, man ist noch immer in Iran!

 Shoppen

Die Provinz Hamadan ist berühmt für Lederarbeiten, Holzintarsien, Keramik und Teppiche. Mehrere Geschäfte verkaufen bunte Töpferware aus Lalejin. Der autofreie Abschnitt der Buali Street bis zum Imam Khomeini Square soll zur Einkaufsmeile werden.

❶ Praktische Informationen

GELD

Daghoughi Exchange (Karte S. 140; ☎ 081-3827 7424; safir_exchange@yahoo.com; Buali St; ⏱ 9.30–21.30 Uhr) Schneller und einfacher Geldwechsel an der Buali Street.

TOURISTENINFORMATION

Ali Sadr Travel Agency (Karte S. 140; ☎ 091-3828 2001; hamedan_alisadr@yahoo.com; Khaje Rashid Blvd; ⏱ Sa–Do 9–13 & 16–19.30, Fr 10–12 Uhr) Zwar handelt es sich nur um ein normales Reisebüro, doch das Englisch sprechende Personal ist super freundlich und beantwortet auch gerne allgemeine Fragen.

Kulturbehörde von Hamadan (Sazemane Jahangardi; ☎ 081-3827 4771; www.hamedan. ichto.ir; Gagh-e Nazari, Aref Qazvini St; ⏱ Sa–Do 8.30–12 & 14–17, Fr 8–11 Uhr) Die Angestellten der Touristeninformation sprechen kaum Englisch, verteilen aber gerne jede Menge schöne Bücher und Broschüren an die Besucher. In einem hübschen kadscharischen Herrenhaus mit Garten.

VISUMSVERLÄNGERUNG

Passbüro (Edareh Gozannameh; Karte S. 140; ☎ 081-3826 2025; 1. OG, Khaje Rashid Blvd; ⏱ Sa–Do 8.30–14.30 Uhr) Wenn man an den jungen, gelangweilten Wachleuten mit Maschinengewehren vorbei in den Betonbunker marschiert, heißt es Daumen drücken. Visumsverlängerungen (375 000 IR) sollten mittlerweile problemlos gewährt werden, allerdings nicht, wenn man auf seinem aktuellen Visum nur noch ein paar Tage hat. Viel Glück!

❶ An- & Weiterreise

BUS

Alle Fernbusse fahren vom **Teheran-Busbahnhof** (Enqelab Blvd) ab, aber einige Unternehmen haben **Ticketbüros** (gewöhnlich geöffnet 7–12 und 15–19 Uhr) beim Imam Khomeini Square im Zentrum: **Seiro Safar** (Karte S. 140; ☎ 081-3252 2860; Shohada St) ist neben dem Ordibesht Hotel, **Iran Alvand** (Karte S. 140; ☎ 0831-3252 5763; Ekbatan St) um die Ecke.

Busse nach Teheran nehmen die Schnellstraße über Takestan oder die direktere Route über Saveh, aber nur wenige fahren über Qazvin. Nach Schneefällen ist mit Verzögerungen zu rechnen.

ABU ALI IBN SINA

Wer im Europa des 17. Jhs. Medizin studierte, tat das anhand der ausgezeichneten medizinischen Enzyklopädie *Canon Medicinae*, die damals schon 600 Jahre auf dem Buckel hatte. Ihr Verfasser war der große persische Arzt, Philosoph und Mathematiker Abu Ali Ibn Sina (980–1037), kurz „BuAli" Sina, im Okzident auch als Avicenna bekannt. Freunde der Aromatherapie können Abu Ali Sina für die Entwicklung der Dampfdestillation danken, mit der die ätherische Öle extrahiert werden. Seine Ideen zu Bewegung und Trägheit gingen denen Newtons um Jahrhunderte voraus. Seine Auseinandersetzung mit den Werken des Aristoteles in der Nachfolge von al-Kindi und al-Farabi und seine Bemühungen, die Erkenntnisse des Griechen mit denen persischen Philosophen zu verbinden, trugen ihren Teil zu einem goldenen Zeitalter islamischer Gelehrsamkeit bei. Doch der Mann, dessen Ego angeblich genauso groß war wie sein Intellekt, polarisierte auch.

Abu Ali Sina wurde im heutigen Usbekistan geboren und studierte in Buchara Medizin, wo er mit seinem scharfen Verstand und seinem fotografischen Gedächtnis seinen Lehrern das Leben schwer machte. Vor politischen Intrigen in Buchara floh Abu Ali Sina Richtung Westen nach Gonbad-e Kavus, wo jedoch just in dieser Zeit der berühmte Qabus, der sein Förderer hätte werden sollen, verstarb. In Hamadan hatte Abu Ali Sina zunächst mehr Glück. Er behandelte erfolgreich die Leiden des herrschenden Emirs und wurde zum Wesir befördert. Als sein Patron starb, wurde Abu Ali Sina jedoch wegen seiner Korrespondenz mit Abu Jafar, einem rivalisierenden Herrscher in Isfahan, ins Gefängnis geworfen. Vier Monate später stürmten die Isfahanis Hamadan und ließen Abu Ali Sina frei, der den Rest seines Lebens in den Diensten Abu Jafars stand und zufälligerweise in Hamadan starb, als er rund 14 Jahre später der Stadt einen Besuch abstattete.

BUSSE AB HAMADAN

ZIEL	TICKETPREIS (IR)	FAHRZEIT (STD.)	ABFAHRT
Ahvaz	520 000	11	18–19 Uhr
Isfahan	440 000	8	8, 10.30, 21, 22 Uhr
Mashhad	950 000	21	9.30 Uhr
Orumiyeh	350 000	9	13.30 Uhr
Qazvin	140 000	3½	14 Uhr
Rasht	240 000	7	9.15 Uhr
Teheran	220 000	5	häufig
Zanjan	150 000	4	15.30 Uhr

FLUGZEUG

Kish Air (S. 96) fliegt nach Teheran (1 292 000 IR, 2-mal wöchentl.), **ATA** (S. 86) fliegt nach Mashhad (2 020 000 IR). Tickets verkauft die **Ali Sadr Travel Agency.**

MINIBUS & SAVARI

Es gibt zwei Minibus-Terminals. Vom **Haupt-Minibus-Terminal** (Zaman-e-Hamadani Blvd) nordöstlich des Zentrums fahren Minibusse nach Kermanshah, Sanandaj (evtl. mit Umsteigen in Qorveh), Bijar (um 11 und 12 Uhr über Qorveh) und zu den Ali-Sadr-Höhlen (mehrmals tgl.). Vom **Terminal Qadim** (Karte S. 140; Ekbatan St) fahren stündl. Minibusse nach Tuyserkan, häufiger nach Malayer (und von dort weiter nach Nahavand oder Borujerd, mit Anschluss nach Khorramabad) sowie nach Asadabad (für Kangavar). Savaris nach Malayer warten draußen.

Savaris nach Kermanshah (200 000 IR), Sanandaj (200 000 IR) und Teheran (700 000 IR) fahren von den entsprechenden Stellen beim Sepah Square. Die Savaris nach Teheran sind gut organisiert durch einen **Kiosk** (☏ 081-3423 8669), an dem man sich anmelden kann.

Savaris nach Ali Sadr (150 000 IR) sind unter der Woche schwierig zu bekommen. Wem der entsprechende Andrang zu viel ist, der muss vielleicht *dar baste* fahren (1 000 000 IR hin und zurück inklusive Wartezeit).

ℹ Unterwegs vor Ort

Shuttletaxis befahren die Speichen von Hamadans kartografischem Rad für 10 000–20 000 IR bzw. 80 000 IR *dar baste*. Shuttletaxis zu den Bus- und Minibus-Terminals fahren an der Ekbatan Street ab.

Bijar بیجار

☏ 087 / 53 000 EW. / 1947 M

Bijar ist als Reiseziel eine interessante Alternative zu Takab: Die Landschaft der Umgebung und die Größe der Stadt sind ähnlich, aber Bijar ist verkehrstechnisch besser angebunden.

Die Stadt wird vom Nesar Kuh (Berg Nesar) beherrscht, an dessen Fuß im Winter ein kleines **Skigebiet** (☏ 0901 103 5303) Betrieb aufnimmt. Im Sommer kann man hier auf Gras Ski fahren; Ausrüstung kann vor Ort geliehen werden.

Bijar ist außerdem ein guter Ausgangspunkt für die Besichtigung der Katale-Khor-Höhlen (S. 105) und der Ruine der alten Meder-Festung **Qam Cheqay** in prächtiger Lage oberhalb einer engen Windung des Flusses Shahan, der ein Nebenflusses des Qezel Owzan ist. Der Direktbus von Zanjan nach Takab fährt direkt durch das Dorf Qam Cheqay, aber man kann auch ein privates Taxi ab Bijar (45 km) oder Takab (76 km) nehmen. Die Ruine liegt 5 km westlich vom Dorf.

🎊 Festivals & Events

Ashura-Schlammritual   RELIGIÖSES FEST

Ashura ist für Schiiten eine Zeit der intensiven Trauer und der Nachstellung des Massakers an Imam Hossein und dessen Familie. Üblich Selbstgeißelungen und Opfer mit Tierblut, doch in Bijar beschmieren sich Schiiten mit Schlamm, um ihre Unbedeutsamkeit gegenüber Gott zu zeigen. Bei diesem Fest herrscht emotionale Hochspannung: Wer dabei ist – das Fest findet zu unterschiedlichen Zeiten statt –, sollte sich respektvoll verhalten und im Hintergrund bleiben.

🛏 Schlafen & Essen

Hotel Bam   HOTEL **$**

(☏ 087-3823 3160; Imam Sq; 2BZ 640 000 IR; 🅿🛜) Die sauberen, gemütlichen Zimmer des Hotels aus Backstein und blauem Glas sind die besten in Bijar. Das Haus liegt etwa

GANJNAMEH

Ganjnameh (نامه گنج; wörtlich „Schatzbrief"), 8 km vom Zentrum von Hamadan, verdankt seinen Namen der Tatsache, dass man die in Felsen gemeißelten Keilschrifttafeln bei ihrer Entdeckung für eine Geheimschrift hielt, die zu medischen Schätzen führen würde. Heute machen Gruppen von Einheimischen neben den Inschriften oder vor dem nahen Wasserfall eine Menge Selfies. Von der Shari'ati Street fahren Savaris (30 000 IR); *dar baste* kostet die Fahrt 150 000 IR.

Bei den erst spät entschlüsselten Texten handelt es sich um Dankeshymnen des achämenidischen Königs Xerxes (reg. 486–466 v. Chr.) an den zoroastrischen Gott Ahura Mazda, der ihn zu so einem großartigen Herrscher gemacht habe. Damit die Nachricht auch wirklich ankam, wurde sie gleich in drei Sprachen verfasst (Altpersisch, Elamitisch und Akkadisch bzw. Neubabylonisch). Eine zweite Tafel ist in ähnlicher Weise seinem Vater Dareios gewidmet.

Der 9 m hohe Wasserfall in der Nähe ist im Winter ein beliebter Ort zum Eisklettern. Am Wochenende ist hier immer viel los, man kann jedoch den Massen auf den Wanderwegen Richtung Alvand Kuh entfliehen. Sein 3580 m hoher Gipfel ist im Sommer an einem Tag zu besteigen. Vom Parkplatz führt ein schmaler Weg zu den 4 km entfernten **Skipisten von Tarik Dare** (S. 139) und im Sommer windet sich eine schöne Straße über die unteren Hänge des Alvand Kuh nach Oshtoran bei Tuyserkan.

3 km vom Zentrum am Kreisverkehr an der Kreuzung der Straßen nach Takab und Sanandaj.

Mosaferkhaneh Moqadam HOSTEL $
(Ardalon St; 2BZ ohne Bad 620 000 IR) Die einfachen Zimmer gehören zum gleichnamigen Restaurant in der Nähe des Basars. Die Adresse ist schwer zu finden, daher herumfragen!

Moqadam Restaurant IRANISCH $
(Ardalon St; Mahlzeiten ab 80 000 IR) Überdurchschnittlich gute Reis- und Kebab-Gerichte in dem Restaurant unter der *mosaferkhaneh* (Herberge) beim Basar.

ⓘ An- & Weiterreise
Der Hauptbusbahnhof liegt an der Straße nach Zanjan, 3 km nordöstlich vom Zentrum. Von hier verkehren alle öffentlichen Verkehrsmittel nach Zanjan (zahlreich) und Hamadan (weniger zahlreich).

Savaris nach Takab (60 000 IR, 1 Std.) und Sanandaj (100 000 IR, 1¾ Std.) fahren vor dem Hotel Bam ab.

Marivan مریوان
☑ 087 / 115 000 EW. / 1305 M

Im hübschen Marivan am schönen **Zarivar-See** können Reisende gut ein paar Tage ausspannen oder sie nutzen die Stadt als Ausgangspunkt für Erkundungen, vor allem

nach Howraman. Der See ist ein wichtiges Habitat für heimische und Zugvögel sowie endemische Tierarten.

🛏 Schlafen

Teachers Hotel HOTEL $
(Hotel Ostad; EZ/2BZ/3BZ 500 000/750 000/900 000 IR; ℗ ❄) Das winzige, nicht beschilderte Juwel hat einfache, saubere Zimmer. Um es zu finden, geht man von der Imam Street den 23 Tir Boulevard Richtung Westen und biegt in die erste Gasse links ab (an der Ecke ist ein von Brüdern geführter kleiner Laden). Das Hotel befindet sich nach 100 m links, gleich hinter einer Quergasse, in einem Gebäude mit Zickzack-Ziegelschmuck in einem kleinen Hof.

Das super freundliche Personal spricht kein Wort Englisch.

Hotel Zarivar HOTEL $$
(☑087-3454 0777; www.zarivarhotel.com; 2BZ/3BZ/4-Bett-Suite 1 800 000/2 500 000/4 500 000 IR; ℗ ❄ 🛜) Das Hotel erfreut sich einer schönen Lage mit Blick auf das Ostufer des Zarivar-Sees und es lohnt sich, hart um ein Zimmer mit Aussicht zu feilschen. Nur die 4-Bett-Suiten haben Balkone. Das Restaurant ist okay, es sind aber auch nur 2 km zum Basar – ein netter Spaziergang.

Tourism Hotel MOTEL $$
(Hotel Jahangardi; ☑087-3453 2020; http://en.ittic.com; 3-/4-Pers.-Bungalows ab 45/60 US$;

P ❄ 🛜 ⛵) Wenn man kein eigenes Fahrzeug hat, sind die freistehenden Backstein-Bungalows aus den 1970er-Jahren gleich oberhalb des Zarivar-Sees zu weit von der Stadt entfernt. Sie eignen sich jedoch bestens für Familien und Gruppen. Das Restaurant wartet mit schönen Seeblicken auf, und falls es nicht gerade dunstig ist, sind die Sonnenuntergänge hier atemberaubend. Das Hotel liegt 4 km vom Basar von Marivan entfernt, gleich abseits der Straße nach Bashmaq.

 Essen

⭐ **Fischrestaurant** FISCH & MEERESFRÜCHTE **$**
(Ecke 23 Tir Blvd & Shahrdari St; ganzer Fisch 200 000 IR; ⊙12–17 & 19–22 Uhr) Frischer Fisch im Ganzen wird hier draußen vor einem winzigen Restaurant ohne Namen auf einem kleinen Grill zubereitet. Immer der Nase nach – der Geruch von brutzelndem saftigem Fisch weist den Weg.

Jazireh Pizza PIZZA **$**
(Shahrdari St; Pizza & Getränk ab 115 000 IR) Der freundliche, saubere und moderne Imbiss liegt in einer Gegend, in der ansonsten nicht viel Auswahl ist. Die Pizza ist zwar klein, kommt aber schnell, ist billig und köstlich. Nahe der Ecke 23 Tir Boulevard.

❶ An- & Weiterreise

Busse und Savaris nach Sanandaj (*dar baste* 30 000 IR) fahren vom Busbahnhof südlich der Stadt.

Dorud   دورود

☎ 066 / 180 000 EW. / 1448 M

Die meisten Reisenden kommen in die Industriestadt Dorud (oder Dorood), um zu dem herrlichen **Bergsee Gahar** zu wandern, der in einem Naturschutzgebiet unterhalb der Südwand der Oshtoran-Kuh-Bergkette liegt. Die Wanderung beginnt bei der Rangerhütte samt Parkplatz in Haft Cheshmeh, 23 km von Dorud, und führt an den Bergflanken entlang. Sie dauert vier Stunden. Sämtlichen Proviant und ein Zelt muss man selbst mitbringen. Manchmal wird der Weg aus irgendeinem Grund gesperrt. Es kann sein, dass inzwischen eine Genehmigung und/oder ein Führer aus der **Umweltbehörde** (☎ 066-3343 9195; www.doe.ir; Street Alley, Shariati Judge Abad I) benötigt wird – vorher nachfragen!

Mit 4150 m ist der **Oshtoran Kuh** (San Boran) der höchste Gipfel der gleichnamigen Bergkette. Im Sommer kann er ohne technische Ausrüstung bestiegen werden, doch da das Gebiet abgeschieden ist und in einem Schutzgebiet liegt, sollte man vielleicht einen Führer mitnehmen. Am einfachsten ist gewöhnlich der Aufstieg von Osten.

Für Nicht-Wanderer lohnen die tollen Ausblicke die Autofahrt bis nach **Darb-e-Astaneh**, ein Lehmziegeldorf 18 km von Dorud.

Ein weiterer Anlass, in diese Gegend zu kommen, ist die landschaftlich unglaublich reizvolle Bahnstrecke, auf der die **Dorud-Andimeshk-Bahn** durch das zerklüftete Zagros-Gebirge fährt.

Vielmehr Gründe, in Dorud zu bleiben, gibt es allerdings eigentlich nicht – wer dennoch hängen bleibt: Das **Mehmansara Shahrdari** (☎066-4422 0020; Beheshti Blvd; 2BZ/3BZ 1 200 000/1 450 000 IR) hat geräumige, sehr komfortable Zimmer und ein passables Restaurant mit tollen Aufnahmen von den hübschen Dörfern in der Umgebung.

❶ An- & Weiterreise

Minibusse und schnellere Savaris nach Khorramabad und Borujerd fahren vom Busbahnhof. Busse nach Isfahan sammeln Fahrgäste gegen Mitternacht am Büro des Busunternehmens Taavoni am Beheshti Boulevard ein.

Dorud liegt an der Haupteisenbahnstrecke von Teheran nach Ahvaz und in beiden Richtungen fahren jeden Tag mehrere Züge, außerdem der **Panoramazug nach Andimeshk**. Bei der Ankunft der Züge warten am Bahnhof Savaris nach Khorramabad und Borujerd.

Die Dorud-Andimeshk-Bahn

Die spektakuläre Strecke führt durch einsame Täler, vorbei an den Gipfeln Lorestans und durch Dutzende Tunnel. Die meisten Züge verkehren abends, tagsüber fährt ein Zug ab Andimeshk um 5.30 Uhr, Rückfahrt von Dorud um 14 Uhr. Die Bahnfahrt ist ein kulturelles Erlebnis, aber auch eine Durchhalteprüfung, denn der Zug ist oft so überfüllt, dass ein einziges Chaos herrscht, und die laut Fahrplan 5¼ Stunden lange Fahrt dauert meist eher sieben Stunden.

Bisheh-Wasserfall

Beim klitzekleinen Dorf **Bisheh** (Bishehpuran) versteckt sich einer der hübschesten **Wasserfälle** Irans. Er stürzt sich 30 m tief aus einer baumbestandenen Schlucht und fließt dann in kleinen Strömen in den unten liegenden Fluss. Im Sommer unternehmen viele iranische Touristen die schöne Fahrt ab Dorud (Zug nur um 14 Uhr, 30 Min.) oder Khorramabad (neue Straße, keine öffentlichen Verkehrsmittel). Im Herbst ist dann nur noch der Müll der Touristen übrig, man hat den Ort für sich alleine und die gesamte Kinderschar des Dorfs auf den Fersen. Der beste Blick auf den Wasserfall bietet sich von der anderen Seite des Flusses, zu erreichen über eine neue Fußgängerbrücke am Nordrand des Dorfs. Unterwegs sind vom Zug aus fabelhafte Ausblicke auf den Zikkurat-förmigen **Berg Parvis** zu erhaschen. Wenn die Züge keine Verspätung haben, sind in Bisheh 4½ Stunden Zeit, bevor um 19 Uhr der Zug Richtung Teheran fährt, der einen zurück nach Dorud bringt.

Sepid Dasht

Bei **Sepid Dasht**, dem größten Dorf an der Strecke, vollführt die Bahn eine Spitzkehre. Sepid Dasht selbst ist nicht interessant, doch die Bergkulisse hat's in sich. Über eine schöne Straße, die dicht beim **Gerit-Wasserfall** vorbeiführt, rumpeln manchmal Savaris nach Khorramabad.

Talezang

Das abgeschiedene **Talezang**, drei Stunden nördlich von Andimeshk, ist der verlockendste Startpunkt für Wanderungen durch die Bergwildnis. Eine anspruchsvolle Tour führt zum **Shevi-Wasserfall**, der direkt als Quelle aus dem Fels sprudelt und dann in einem weiten Bogen 100 m hinabfällt. Der Wasserfall liegt rund fünf Fußstunden von Talezang entfernt und man muss unterwegs ein wenig kraxeln. Zelten ist erlaubt – Proviant und Zelt mitnehmen!

Andimeshk اندیمشک

📱 061 / 134 000 EW. / 176 M

Das flache, nicht sehr interessante Andimeshk hat gute Verkehrsverbindungen nach Shush, Dezful und Shushtar. Wer mit dem Panoramazug nach Dorud fahren möchte, muss hier übernachten. Dafür eignet sich am besten das zentral gelegene und freundliche **Hotel Rostan** (📞 061-4264 1818; Imam St; EZ/2BZ/3BZ 700 000/800 000/900 000 IR; ☎). All die üblichen Kebabs und Eintöpfe bietet in rausgeputztem altpersischem Ambiente das **Pars Restaurant** (📞 061-4262 6121; Beheshti Sq; Mahlzeiten ab 250 000 IR).

ℹ️ An- & Weiterreise

BUS, MINIBUS & SAVARI

Fast alle Verkehrsverbindungen ab Ahvaz können auch ab Andimeshk im neuen **Hauptbusbahnhof** (Azadegan Sq) 1,5 km südlich des Beheshti Square an der südlichen Ringstraße gebucht werden. Iran Peyma bietet zwei Vormittags- und drei spätabendliche Busse nach Isfahan (540 000 IR) an. Busse nach Teheran (700 000 IR) fahren abends ab, doch die Zugfahrt ist bequemer. Außerdem verkehren Volvo-Busse über Nacht nach Tabriz (420 000 IR, 14.30 Uhr) und Shiraz (16 Uhr).

Savaris nach Dezful (20 000 IR, 15 Min.) fahren unregelmäßig vom Sa'at Square. Savaris nach Ahvaz fahren am Beheshti Square ab. **Minibusse** (Imam St) nach Shush (40 000 IR, 45 Min.) fahren von einem versteckt liegenden Hof abseits einer Gasse unmittelbar westlich des Beheshti Square.

Direkte Savaris nach Khorramabad (200 000 IR, 1¾ Std.) fahren von der Enqelab Street, 2 km nördlich des Zentrums, und klettern auf einer neuen, sehr reizvollen Autobahnstrecke in Windeseile hoch ins Zagros-Gebirge. Darauf achten, dass der Fahrer nicht die viel längere, ältere Strecke über die **Pol-e Dokhtar** (Jungfrauenbrücke) nimmt – es sei denn, einem steht der Sinn nach zerbröselnden Backsteinen. Nördlich des Orts überspannt ein einziger verbleibender Bogen der Brücke aus dem 3. Jh. die Straße.

FLUGZEUG

Der Flughafen des benachbarten **Dezful** liegt eigentlich näher an Andimeshk.

Teheran 1 810 000 IR, tgl. mit **Iran Aseman** (📞 061-4424 2491) und **Caspian** (S. 96).

Nicht regelmäßige Flüge gibt's nach Isfahan und Mashhad.

ZUG

Der **Hauptbahnhof** (Taleqani St) liegt einen kurzen Block westlich des Sa'at Square. Der Beheshti Square liegt ein großes Karree südlich des Sa'at Square. Wer auf einer landschaftlich sehr reizvollen Strecke, aber im schrecklich überfüllten Zug über Bisheh nach Dorud einen Sitzplatz ergattern möchte, sollte lange vor der Abfahrtszeit um 5.30 Uhr vor Ort sein. Um 3.50 Uhr fährt ein Zug, im Andimeshk eingesetzt wird, nach Teheran (465 500 IR, 12 Std.).

Shush شوش

📱 061 / 53 000 EW. / 72 M

Susa gehörte zu den bedeutendsten Städten des alten Persiens, das heutige Shush ist eher klein und entspannt. Es beheimatet eine riesige archäologische Stätte – Unesco-Weltkulturerbe –, ein überschaubares Museum, eine Burg und das rätselhafte Grab des Propheten Daniel. Für all diese Sehenswürdigkeiten genügt in der Regel ein Nachmittag.

Geschichte

Susa war ab etwa der Mitte des 3. Jahrtausends v. Chr. eine bedeutende elamitische Stadt. Um 640 v. Chr. wurde es vom assyrischen König Assurbanipal niedergebrannt, kam aber wieder zu Rang und Namen, als Dareios I. es 521 v. Chr. zur befestigten Winterresidenz der Achämeniden ausbauen ließ. Zu dieser Zeit konnte Susa es an Pracht wahrscheinlich mit Persepolis aufnehmen.

Der Palast überstand die Einnahme der Stadt durch Alexander den Großen 331 v. Chr., der hier eine Tochter von Dareios III. zur Frau nahm. Susa florierte auch in seleukidischer und parthischer Zeit und stieg unter den Sassaniden wieder zur Hauptstadt auf. Unter der langen Herrschaft Shapurs II. (310–379 n. Chr.) wurde die Stadt eine jüdische Pilgerstätte und ein Zentrum nestorianisch-christlicher Gelehrsamkeit. Während der Angriffe der Mongolen wurde Shush jedoch aufgegeben und verschwand im sandigen Getriebe der Zeit, bis der britische Archäologe W. K. Loftus die Stätte ab 1852 als Erster ins Visier nahm. Ab 1891 wurde seine Arbeit vom Archäologischen Institut Frankreichs mehr oder weniger durchgehend bis zur Islamischen Revolution 1979 fortgesetzt.

◉ Sehenswertes

Susa   ARCHÄOLOGISCHE STÄTTE
(Antikes Shush; inkl. Museum 350 000 IR; ⏱8–19 Uhr, nach schweren Regenfällen geschl.) Auf dem Hügel hinter dem dazugehörigen Museum wird auf diesem faszinierenden archäologischen Gelände, das zum Unesco-Welterbe gehört und die gesamte Südflanke des modernen Shush einnimmt, das alte Persien ausgegraben. Die Stadt, die einst ähnlich groß wie Persepolis war, wurde unzählige Male eingenommen und geplündert – besonders gründlich waren die Mongolen –, sodass von der einst prachtvollen Hauptstadt Dareios' des Großen (S. 147) nur noch wenig übrig ist. Die Stätte ist über 6000 Jahre alt. Unbedingt Sonnenschutz mitnehmen!

Man verlässt den Garten des archäologischen Museums von Susa durch das linke Tor und geht die Rampe hinauf. Rechter Hand dominiert das festungsartige **Château de Morgan** (Shush-Burg) die Landschaft, das die Franzosen im frühen 20. Jh. aus den Überresten einer **elamitischen Ak-**ropolis errichteten, um ihre Beute vor marodierenden Stammesleuten zu schützen. Die Burg ist nicht öffentlich zugänglich, doch vom Pfad an ihrem Fuß bieten sich schöne Ausblicke, u. a. von der Südseite auf das Danielsgrab.

Links der Eingangsrampe weisen Schilder den Weg vorbei an Dattelpalmen zur Ausgrabungsstätte des **Palasts von König Dareios** von 521 v. Chr. Der alte Dareios liebte wohl **Apadanas** (offene Säulenhallen): Diese hier verfügte im inneren Bereich über sechs mal sechs 22 m hohe Säulen, gesäumt von drei Veranden mit jeweils zwölf Säulen. Die Säulen waren mit Fabelwesen wie fliegenden Bullen geschmückt. Heute sind nur noch die Sockel und das eine oder andere zu Boden gestürzte Bilderkapitell übrig.

Östlich liegt die **Königsstadt**, ein Gebiet mit tiefen Ausgrabungen mit 15 Schichten. Südlich der Burg befindet sich ein verwitterter irdener Wachturm, um den Teenager auf Dirtbikes kreisen.

Archäologisches Museum   MUSEUM
(Susa-Park, Imam Khomeini St; mit archäologischer Stätte 350 000 IR; ⏱Di–So 7.30–13 & 15.30–19 Uhr) Das kleine Museumsjuwel zeigt alte Steine und Töpfereien aus archäologischen Fundplätzen in der Region. Zu den Highlights zählen ein riesiges Kapitell mit einem doppelköpfigen Bullen aus der Apadana (offenen Säulenhalle) von Susa, einen Herakles im Kampf mit dem Löwen aus Masjid-i Soleiman (wo die erste kommerziell genutzte Ölquelle Irans liegt) und einige unheimliche tönerne Totenmasken aus Haft Tappeh. Die Nachbildungen von Mosaiken, deren Originale sich im Louvre in Paris befinden, sind bunt und ausdrucksstark. Der Museumsleiter spricht Englisch.

Grab des Daniel   GRABMAL
(Aramgah-e Danyal; Imam Khomeini St; ⏱Sonnenaufgang bis spät) Zwar beanspruchen mehrere Städte, die letzte Ruhestätte des Propheten Daniel zu beherbergen, doch in Iran sind sich Juden und Muslime einig, dass sich das Grab unter diesem reich verzierten Zuckerhutdach befindet. Aus dem ganzen Land kommen Pilger hierher, um das *zarih* (Gittertor) im vergoldeten Innenraum eines traditionellen mosaikverzierten *imamzadeh* (Schrein) zu küssen. Der heutige Bau stammt von 1871, doch die Gebeine werden hier seit tausend Jahren verehrt.

Aus der Bibel ist Daniel dafür bekannt, dass er die Löwengrube in Babylon überlebte, doch von seinem Tod wird dort nichts berichtet. Die ersten Schriften, die auf eine Beisetzung in Susa (Shush) hinwiesen, tauchten im 12. Jh. auf. Es hieß, die Grabstätte aufzusuchen, bringe Gesundheit und Glück. Der lukrative Pilgerstrom, der daraufhin in die Stadt kam, weckte den Neid der Bewohner auf der anderen Seite des Flusses, sodass das Grab jährlich wechselnd hin und her versetzt wurde. Schließlich wurde entschieden, das Grabmal in der Nähe der Brücke zwischen den beiden Stadtteilen zu errichten.

Archäologische Stätte & Museum Haft Tappeh
ARCHÄOLOGISCHE STÄTTE

(www.mpr-khuz.ir; Museum 150 000 IR; ⊘ Museum Sa–Do 8–17 Uhr; P) Um dieser staubigen, nur zum Teil ausgegrabenen elamitischen Begräbnisstätte wirklich etwas abzugewinnen, muss man ein Gräber-Fan sein oder über einen sehr guten Führer verfügen. Im Gegensatz dazu lohnt das winzige, von der Unesco gesponserte Museum ganz in der Nähe in einer Art Oase mit Palmen und gepflegtem Garten auf jeden Fall einen Besuch – nicht nur wegen der tollen Klimaanlage. Hier sind interessante Artefakte versammelt, Fruchtbarkeitsfigurinen aus der Region, Skelette in „Begräbnismuffins" und ein Modell von Choqa Zanbil (S. 149) mit detaillierten Informationen zur Entdeckung und nachfolgenden Restaurierung.

Haft Tappeh ist 18 km südlich von Shush gelegen, 3 km abseits der Straße von Ahvaz nach Andimeshk. Viele Besucher legen hier einen Zwischenhalt auf dem Weg zum interessanteren Choqa Zanbil ein. Hinter dem Museum die Gleise der Bahnstrecke Ahvaz–Andimeshk überqueren, nach rechts abbiegen und der 1 km langen Abkürzung Richtung Süden zur Straße nach Choqa Zanbil folgen. Oder einen Zug zurück nach Shush (15 Min.) nehmen.

☞ Geführte Touren

Mahmood Kasir   TOUREN

(☎ 0916 342 3962; kasirmahmood60@yahoo.com; halbtägige Touren 1 200 000 IR) Der empfehlenswerte ortsansässige Fahrer/Führer, der sehr gut Englisch spricht, kann die Tour Shush–Haft Tappeh–Choqa Zanbil–Shushtar in einem halben Tag absolvieren.

🛏 Schlafen & Essen

Apadana Hotel   HOTEL $$

(☎061-4251 3131; EZ/2BZ 1 020 000/1 417 000 IR; P❄) Das recht seelenlose Apadana liegt zentral in fußläufiger Nähe zu den meisten Sehenswürdigkeiten. Das Restaurant unten bietet verlässlich gutes Essen. Das Personal des Hotels kann einen Fahrer/Führer für Haft Tappeh und Choqa Zanbil (S. 149) organisieren. Das Haus liegt am Kanal zwischen zwei Brücken.

★Paradisa Ahura Daniel   IRANISCH $

(☎0913 136 6315; Mahlzeiten ab 160 000 IR) In dieser lockeren, modernen Karawanserei, der besten Verpflegungsmöglichkeit der Stadt, wird auf mit Teppichen ausgelegten Podesten köstliches traditionelles Essen serviert. Außerdem stehen am Rand des Areals auch ein paar Zimmer (ab 800 000 IR; nur Bäder draußen) zur Verfügung. Direkt gegenüber dem Eingangstor zum Museum (S. 147) weist in der Gasse ein englisches Schild den Weg.

ℹ An- & Weiterreise

Fernbusse nach Ahvaz setzen Fahrgäste an der Fernstraße 2 km östlich der Stadt ab, gewöhnlich zu verrückt früher Uhrzeit – dann ist es schwierig, ein Taxi zu finden. Besser ist es, von Khorramabad nach Andimeshk ein Savari zu nehmen und den Fahrer zu überreden, *dar baste* nach Shush (200 000 IR, 1½ Std.) weiterzufahren. Ab Shush muss man in der Regel erst Andimeshk, Dezful oder Ahvaz ansteuern.

Minibusse nach Ahvaz fahren regelmäßig ab dem Khomeini Boulevard, 800 m nordöstlich der Ausgrabungsstätte. Nach Andimeshk (20 000 IR, 38 km) und Dezful nutzen die Minibusse separate kleine Plätze auf der anderen Straßenseite.

Der Bahnhof von Shush liegt 6 km östlich vom Stadtzentrum und theoretisch kann man von hier eine Fahrkarte nach Teheran buchen. Haft Tappeh hat ebenfalls einen Bahnhof und man könnte ab Ahvaz (44 500 IR, 1¾ Std.) einen Zug nehmen, sich die Stätte anschauen und mit dem nächsten Zug nach Shush (15 Min.) fahren oder 1 km zur Fernstraße gehen und ein Savari anhalten.

ℹ Unterwegs vor Ort

Das **Apadana Hotel** kann Taxis für 35–40 US$ von Shush über Haft Tappeh und **Choqa Zanbi** (S. 149) nach Shushtar organisieren. Es verkehren keine öffentlichen Verkehrsmittel, doch Trampen ist an der Straße gut möglich.

Shushtar   شوشتر

☎ 061 / 198 000 EW. / 65 M

Weit draußen in den brütend heißen Ebenen von Khuzestan liegt die geschichtsträchtige Oase Shushtar in strategischer Lage am Fluss Karun, wo mit einem faszinierenden

Hydrauliksystem Wasser zur Bewässerung der umliegenden Felder und für die Industrie bereitgestellt wurde. Die Erkundung der Brücken, Dämme, Kanäle und Wassermühlen, die Unesco-Welterbe sind, macht den Aufenthalt interessant. Dazu kommen einige Schreine und sorgfältig restaurierte kadscharische Gebäude. Den Stadtkern bildet der 17 Shahrivar Square.

Geschichte

Für die Bewohner des proto-iranischen Gebiets hatten die Berge große religiöse Bedeutung. Wo es keine gab, schufen sie eigene. Das ist der Ursprung jener pyramidischen, stufenförmigen Tempel, die als Zikkurate bekannt sind. Die Zikkurat von Choqa Zanbil bildete das Zentrum der von König Untash Gal Mitte des 13. Jhs. v. Chr. gegründeten Stadt Dur Untash. Die Stadt florierte vor allem im frühen 12. Jh. v. Chr. Damals gab es hier eine große Zahl von Tempeln und Priestern. Um 640 v. Chr. wurde sie schließlich von Assurbanipal eingenommen – und blieb dann mehr als 2500 Jahre lang quasi „verschollen". Erst 1935 wurde sie bei einer Luftbildvermessung durch die Anglo-Iranian Oil Company, die Vorgängerin von BP, zufällig wiederentdeckt.

Einige der damals hochmodernen Bewässerungssysteme von Shushtar, heute Unesco-Weltkulturerbe, wurden mit römischer Technik und Arbeitskraft erbaut, und zwar von Legionären, die 259 in der Schlacht von Edessa (heute Şanlıurfa in der Türkei) eine Niederlage einstecken mussten. Ihr Feldherr, der besiegte Valerian, war der einzige römische Kaiser, der je lebend gefangen genommen wurde.

Der Sassaniden-König Shapur I. war so stolz auf seinen Sieg über die Römer, dass er das Ereignis auf prahlerischen Reliefs in Naqsh-e Rostam und Bishapur festhalten ließ. Von Valerians Schicksal gibt es verschiedene Versionen, doch die Bewohner von Shushtar sind der Meinung, das er in Qal'eh Salosel festgesetzt wurde. Einigen Darstellungen zufolge wurde er gedemütigt und dann brutal getötet, indem ihm eine „Suppe" aus geschmolzenem Gold eingeflößt wurde.

⊙ Sehenswertes

★ Choqa Zanbil RUINE
(چغازنبیل‎; 200 000 IR; ☺ 7–18 Uhr, rund um die Uhr bewacht) Die großartige Backstein-Zikkurat von Choqa Zanbil ist das weltweit am besten erhaltene Stück elamitischer Architek-

tur. Selbst wer sich sonst nicht für die Architektur der Vorzeit interessiert, wird von der Ausdehnung des Baus und seiner Lage in einer Halbwüste beeindruckt sein. Am besten schaut man sich die Zikkurat im weichen, goldenen Licht des späten Nachmittags an. Eine private Taxitour von Shush über Haft Tappeh nach Shushtar kostet 35 US$. Bei Dunkelheit ist die Zikkurat angestrahlt – und geschlossen.

Die Zikkurat war Inshushinak geweiht, oberste Gottheit des elamitischen Pantheons und Schutzherr von Shush. Früher war dieses Gebiet fruchtbar und bewaldet; um die Zikkurat vor Überschwemmungen zu schützen, wurde sie auf einem leicht erhöhten Sockel erbaut. Sie besitzt einen quadratischen Grundriss mit einer Seitenlänge von 105 m. Die ursprünglich fünf Stockwerke wurden als Abfolge konzentrischer Türme senkrecht auf dem Fundament errichtet, nicht übereinander wie im benachbarten Mesopotamien. Auf der obersten Terrasse, die heute nicht mehr existiert, stand ein Tempel, der nur der höchsten Elite der elamitischen Gesellschaft zugänglich war. Noch heute gilt ein ähnliches Tabu, weshalb man die auf den vier Seiten verbliebenen Treppen nicht besteigen darf.

Der Bau besteht aus roten Ziegelsteinen, die so gut erhalten sind, dass man sie glatt für nagelneu halten könnte. Wenn man genau hinschaut, entdeckt man auf Augenhöhe ein Ziegelband, das in Keilschrift fein beschriftet ist – dem weltweit ersten Schriftsystem, das ein wenig aussieht wie durcheinandergewürfelte Tapeziernägel. Die Inschriften sind nicht leicht zu erkennen, es sei denn, man begibt sich hinter das Absperrband – wobei einem jeder Guide sagt, dass nur er das tun darf, was wiederum bedeutet, dass er dem Wächter ein Trinkgeld zugesteckt hat. Interessant sind auch die Opfersteine auf der Mitte der Nordwestseite und eine uralte Sonnenuhr gegenüber der südwestlichen Mitteltreppe sowie daneben der merkwürdig anrührende Fußabdruck eines Kindes, der zufällig drei Jahrtausende lang erhalten blieb.

Die Zikkurat war von einem gepflasterten Hof umgeben, der durch eine Mauer geschützt war. Am Fuß der nordöstlichen Treppe stand das Tor Untash Gal mit zwei Reihen mit jeweils sieben Säulen. Hier konnten Bittsteller um die Gunst des Königs nachsuchen. Die Mauer entlang verlief ein Komplex mit Grabkammern, Tunneln und *qanats*. Als es hier dann trockener wurde, wurde über die Kanäle Wasser von 45 km entfernten Flüssen herbeigeschafft. Auch heute noch sind Spuren davon zu sehen. Außerhalb des Tempelbezirks befanden sich die Wohnhäuser der Stadt sowie elf Tempel, die verschiedenen elamitischen Gottheiten geweiht waren. Davon ist jedoch kaum noch etwas übrig.

★ Historisches Hydrauliksystem von Shushtar
HISTORISCHE STÄTTE

(Abshari Sika; 200 000 IR; ⊘8–22 Uhr) Mit dem von der Unesco als „Meisterwerk des kreativen Geistes" gewürdigten Hydrauliksystem von Shushtar wurde über ein Jahrtausend lang Wasser aus dem Fluss Karun umgeleitet. Zu dem Bewässerungssystem zählen Brücken, Wehre, Kanäle und Tunnel, doch am eindrucksvollsten sind die alten Wassermühlen, die durch menschengemachte Wasserfälle angetrieben werden. Die Mühlen liegen in einer engen Schlucht; die Wasserfälle, die Schleusen und der Mühlenteich werden abends angestrahlt. Der Zugang befindet sich an einer Treppe gleich vor der Brücke in der Shari'ati Street.

Die Wasserfälle kann man fast ebenso gut von der Shari'ati-Street-Brücke (300 m südöstlich des 17 Shahrivar Square) sehen, oder sogar noch besser von dem Hügel flussabwärts auf der rechten Seite; dazu folgt man den Schildern zum **Marashi-Haus** (☏ 061-3622 3484; ⊘etwa 8–21 Uhr) GRATIS. Die Kraft des Wassers und die Fähigkeiten der alten Baumeister lassen sich jedoch nur aus nächster Nähe voll würdigen.

Auf dem Hügel gibt's einige Cafés, also Ausschau halten nach einem Tee mit Aussicht!

Pol-e Shadorvan
BRÜCKE

(Band-e Kaisar, Valerianbrücke, پل شاندروان) Parallel zur modernen Azadegan-Brücke zwischen dem alten Shushtar und der Neustadt stehen die Überreste eines Brückendamms samt Wehr aus sassanidischer Zeit. Die Brücke soll das Werk von gefangen genommenen römischen Baumeistern sein (S. 149). Durch den Brückendamm und das **Band-e-Mizan-Wehr** soll der Wasserstand des Flusses **Karun** um 2 m angehoben worden sein, um das für das Bewässerungssystem (S. 150) benötigte Wasser zu liefern.

Die Brücke besaß ursprünglich 45 Bögen und verfiel erst ab Ende des 19. Jhs. Einigen Historikern aus Khuzestan zufolge wurde

sie von britischen Agenten vorsätzlich in die Luft gesprengt. Damit sollten Shushtars Handelsverbindungen gestört und die Einheimischen ermuntert werden, sich auf den neuen Ölfeldern von Masjid-i Soleiman, die sich in britischem Besitz befanden, um Arbeit zu bemühen. Weniger verschwörungstheoretisch Veranlagte machen Aufstände und Überschwemmungen für den Verfall der Brücke verantwortlich.

Qal'eh Salosel
RUINE

(قلعه سلاسل, Salosel-Festung; Führungen 150 000 IR; Ⓟ) Die historische Salosel-Festung auf einem Felsen oberhalb des Flusses macht oberirdisch nicht mehr viel her. Jedoch zeigt der Aufseher gerne die eindrucksvollen unterirdischen Räume und Wasserkanäle aus sassanidischer Zeit. Die Führung umfasst auch die Stallungen (heute ein kleines Museum) und die Webwerkstatt der Frauen. Die Ruine ist an der Shari'ati Street rund 500 m nordwestlich des Shahrivar Square vor dem Bateni Square mit einem englischen Schild ausgeschildert.

In der Salosel-Festung soll Shapur I. den römischen Kaiser Valerian gefangen gehalten haben. Außerdem verschanzten sich hier die Perser zwei Jahre lang erfolgreich vor den arabischen Armeen, bevor ein Verräter den Angreifern die Geheimtunnel zeigte. Jahrhundertelang wurde Khuzestan von einem Palast („Kushk") an dieser Stelle aus regiert und bis in die 1920er-Jahre stand hier ein imposantes dreistöckiges pyramidenartiges Gebäude.

Imamzadeh Abdullah
ISLAMISCHER SCHREIN

(Schrein des Abdullah) Der Schrein am südlichen Stadtrand ist mit einem fotogenen Zuckerhutdach ähnlich dem über dem Grab von Daniel in Shush gekrönt, wobei dieses hier eine **sternförmige Basis** aufweist, die selten ist. Einer örtlichen Legende nach köpfte eine Frau ihren eigenen Sohn, um dessen Kopf gegen den Schädel eines vor langer Zeit verstorbenen heiligen Mannes einzutauschen, der jetzt hier als heiliges Relikt bewahrt wird.

Zu Füßen des Schreins befindet sich die **Band-e Lashkar**, eine kleine, aber eindrucksvolle sassanidische Brücke mit 13 Bögen.

Kolah-Farangi-Turm
TURM

Der zerfallene 7,5 m hohe, achteckige Turm am Fluss diente in sassanidischer Zeit wahrscheinlich als Navigationshilfe, auch wenn der örtlichen Überlieferung zufolge Shapurs Sklaventreiber von hier die römischen Gefangenen bei ihrer Arbeit am nahegelegenen Band-e Mizan- Wehr überwacht haben sollen.

◉ Islamische Schreine

Der glitzernde **Sahib-al-Zaman-Schrein** rund 2 km östlich des Kanals ist mit blauen Mosaiken verziert. Hier sollen Gläubige den Mahdi (letzten Imam) erblickt haben, daher der Schreinkasten mit „leerem Sitz". Im **Sheikh-Allama-Shushtari-Schrein** ist Mohammad Taqi „Allama" Shushtari beigesetzt, ein Religionsgelehrter des 20. Jhs. und einer der beliebtesten Söhne der Stadt.

🛏 Schlafen

Mehmanpazir Shushtar HOSTEL $
(Hotel Shushtar; 📞061-3622 3288; Sherafat St; EZ/DZ/3BZ 520 000/600 000/710 000 IR) Einfache, aber preiswerte Bleibe.

★ Shushtar Traditional Hotel HOTEL $$
(📞0916 613 3212; www.shushtar-hotel.com; Abdollah Banoo St; EZ/DZ 810 000/1 305 000 IR; ☎) Das Shushtar wird sich sicher bald zu einem Liebling der Traveller entwickeln: Es bietet Zimmer im traditionellen Stil, die sich zu einem palmenumsäumten Innenhof hin öffnen. Das Frühstück wird in einer Nische im Hof serviert. Das freundliche Personal organisiert Taxis nach Shush und Andimeshk. Der Zugang zum Hotel befindet sich in einer kleinen Gasse hinter dem Abdollah-Banoo-Schrein auf der Mitte der Abdollah Banoo Street. Wenn man nach oben schaut, sieht man die Schilder.

Hotel Jahangardi HOTEL $$
(Shushtar Tourism Hotel; 📞061-3622 1690; Sherafat Blvd; EZ/2BZ/3BZ 870 000/1 100 000/1 380 000 IR; P✳☎) Das Jahangardi oberhalb des Kanals, der die Wasserfälle speist, bietet saubere, gemütliche Zimmer, die von den wichtigsten Sehenswürdigkeiten von Shushtar recht weit entfernt liegen – wer allerdings mit einem eigenen Fahrzeug unterwegs ist, freut sich sicher über die praktischen Hotelparkplätze. Das Restaurant ist akzeptabel.

Afzal Traditional Residency HOTEL $$$
(📞061-3621 0908; www.afzalhouse.ir; Zi. 2 400 000 IR; ☎) Das exquisit restaurierte kadscharische Haus in der Nähe der Imam Khomeini Street beeindruckt mit opulent eingerichteten Zimmern rund um einen schönen Backstein-Innenhof.

✗ Essen & Ausgehen

★Mostofi Restaurant & Museum IRANISCH $$
(📞061-3621 0909; http://itsh.ir; Mahlzeiten ab 220 000 IR; ⊘8 Uhr bis spät; ☎) Nachdem die Gäste sich ihrer Schuhe entledigt haben, können sie auf den luftigen Speisepodesten im Hof dieses restaurierten kadscharischen Hauses unter Palmen ausspannen und den Ausblick auf die Shadorvan-Brücke (S. 150) genießen. Dies ist auf jeden Fall das schönste Restaurant in Shushtar. Der Zugang erfolgt von der letzten Gasse, die vor der Brücke Richtung Norden führt.

Khosh & Besh CAFÉ
(Abdollah Banoo St; ⊘12–22 Uhr) Kaffee und Nikotin in einem Café neben dem CTO-Gebäude.

ℹ Praktische Informationen

HenDooneh Coffeenet (📞061-3622 5653; Abdollah Banoo St; 50 000 IR pro Std.; ⊘10 Uhr bis spät) Beim CTO-Gebäude.

Touristeninformation (📞061-3621 0909; http://itsh.ir; Mostofi-Haus; ⊘8–15 Uhr) Die kleine Touristeninformation im Mostofi-Haus beim Bateni Square bietet nützliche Broschüren und Karten.

ℹ An- & Weiterreise

Der **Busbahnhof** (Sheikh Allama Shoshtari Blvd) von Shushtar ist in zentrale Lage gleich südlich der Imam Khomeini Street zu finden. Es fahren regelmäßig Busse nach Ahvaz (50 000 IR, 1½ Std.) und Dezful (50 000 IR, 1 Std.), wo man nach Shush oder Andimeshk umsteigen kann. Savaris zu beiden Zielen fahren vor dem Busbahnhof ab. Es verkehren keine öffentlichen Verkehrsmittel ins 90 km entfernte Shush, aber es gibt eine gute geteerte Straße, die in 5 km Entfernung an Choqa Zanbil vorbeiführt und bei Haft Tappeh herauskommt.

Der **Bahnhof** (Imam Hussein Blvd) liegt nördlich des Flusses in der Neustadt von Shushtar. Hin und wieder fährt ein Zug nach Andimeshk, doch ein Savari ist auf jeden Fall erheblich bequemer.

Ahvaz اهواز

📞061 / 1,2 MIO. EW. / 17 M

In der riesigen Industriestadt Ahvaz machen einem die herrschenden Temperaturen das Leben schwer. Im Ersten Golfkrieg wurde die Stadt stark beschädigt. Für Touristen gibt's hier außer guten Verkehrsverbindungen nicht viel.

WESTIRAN AHVAZ

Wer in Ahvaz übernachten muss: Das **Oxin Hotel** (☑061-3447 4720; Pasdaran Hwy; EZ/2BZ/DZ 1 640 000/2 500 000/3 190 000 IR; P✳🕾) liegt nur 2 km vom Flughafen entfernt.

ⓘ An- & Weiterreise

BUS & SAVARI

Der **Hauptbusbahnhof** (Enqelab Sq) liegt 5 km westlich vom Zentrum die Enqelab Street entlang. Von hier aus gelangt man nach Shush (100 000 IR, 2 Std.) und fast überall sonst in Iran.

Savaris/Minibusse nach Andimeshk (160 000/80 000 IR) fahren von einem versteckt liegenden Hof 200 m weiter nördlich. Busse nach Dezful (80 000 IR, 1¾ Std.) nutzen einen anderen Platz 100 m südöstlich vom Hauptbusbahnhof auf der anderen Seite der Enqelab Street.

Busse nach Shushtar (50 000 IR, 1½ Std.) fahren vom **Istgah Shushtar** (Zagros Terminal; Pasdaran Blvd; Ⓜ Naft) auf der anderen Seite der Stadt, 4 km nordöstlich vom Zentrum (auf halbem Weg zum Flughafen).

FLUGZEUG

Istanbul (Türkei) 183 US$, Mo und Do mit **Turkish Airlines** (S. 96).

Dubai (VAE) 137 US$, Mi, Fr und So mit FlyDubai und **Naft** (www.naftairline.com/en).

Kuwait-Stadt (Kuwait) 125 US$, Mo und Do mit **Iran Air** (☑ 061-3336 5684).

Teheran ab 1 330 000 IR, häufig mit allen Fluglinien.

Shiraz 1 434 000 IR, tgl. mit **Iran Aseman** (☑061-3445 5056; www.iaa.ir), 2-mal wöchentl. mit **Mahan Air** (S. 96).

Isfahan 1 750 000 IR, Mi und Fr mit Iran Air.

Mashhad 2 080 000 IR, tgl. mit **Taban Air** (S. 114), 4-mal wöchentl. mit **Iran Aseman** (☑061-3445 5056; www.iaa.ir), wöchentl. mit **Caspian** (S. 96), **IAT** (S. 96) und Iran Air.

ZUG

Der **Hauptbahnhof** (Ⓜ Medan-e Sa'at) liegt westlich des Flusses auf der anderen Seite des Hejrat-Parks jenseits des Sa'at Square. Mehrmals am Tag fahren Züge über Andimeshk und

Dorud nach Teheran. Ein Regionalzug fährt nach Shush (44 500 IR, 12 Uhr, 2 Std.) und weiter bis durch nach Teheran (275 000 IR, 16 Std.) – empfehlenswert vor allem im Sommer, denn auf der Fahrt ist der gesamte landschaftlich schöne Abschnitt der Strecke von Andimeshk nach Dorud bei Tageslicht zu sehen. Weitere Züge nach Teheran fahren um 13.53, 17.15 und 19.40 Uhr, doch sie sind teurer (555 000 IR) und halten seltener als der Mittagszug.

Khorramabad   خرم‌آباد
☑ 066 / 351 000 EW. / 1223 M

Die meisten Reisenden halten sich nicht in Khorramabad auf, doch die historische Stadt liegt schön inmitten der scharfkantigen, zerklüfteten Gipfel des Zagros-Gebirges, eines Paradieses für Kletterer: Die **Yafteh-Wand** zählt zu den drei besten Kletterrevieren Irans.

Über dem Stadtzentrum thront die äußerst malerische Festung **Falak-Ol-Aflak** (☑ 066-3333 3333; 150 000 IR; ⊙ 8–18 Uhr, Sommer bis 20 Uhr), heute ein Museum. Man genieße das kühle Lüftchen: Von hier nach Khuzestan geht's nur bergab.

Die meisten Reisenden landen im **Shardari Hotel** (Shari'ati Park; EZ/DZ 1 250 000/ 1 492 000 IR; P✳🕾), das saubere, einfache, gemütliche Zimmer bietet. Von der Terrasse bietet sich ein Blick auf einen zerklüfteten Hügel. Weitere empfehlenswerte Unterkünfte sind das günstige **Karoon Hotel** (Shari'ati St; EZ/DZ 750 000/1 010 000 IR; 🕾) und das **Tourist Hotel** (Sarabkiu; ☑ 066-3323 8142; www.ittic.com; DZ 56 US$; P✳🕾) mit verlässlichem Restaurant.

ⓘ An- & Weiterreise

Mahan Air (☑ 021-4838 4838; www.mahan. aero/en) und **Taban** (S. 114) fliegen tgl. nach Teheran (1 310 000 IR). Der Flughafen liegt 5 km südwestlich der Stadt.

Savaris (200 000 IR, 2 Std.) und Minibusse (140 000 IR, 3½ Std.) nach Andimeshk findet man auf einem kleinen **Hof** abseits des Baharestan Boulevard, 3 km südwestlich vom Shariati-Park.

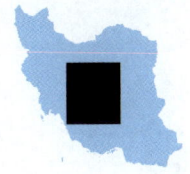

Zentraliran

ایران مرکزی

Gut essen

➜ Abbasi Teahouse & Traditional Restaurant (S. 163)

➜ Bastani Traditional Restaurant (S. 180)

➜ Shahrzad (S. 181)

➜ Ghavam (S. 216)

➜ Talar Yazd (S. 201)

Schön übernachten

➜ Abbasi Hotel (S. 180)

➜ Barandaz Lodge (S. 191)

➜ Saraye Ameriha Boutique Hotel (S. 163)

➜ Niayesh Boutique Hotel (S. 213)

➜ Fahadan Museum Hotel (S. 198)

Auf nach Zentraliran

Zentraliran ist mit den prachtvollen Städten Isfahan, Yazd und Shiraz das kulturelle Glanzlicht Irans. Die Region zwischen dem Zagros-Gebirge im Westen und der Dasht-e Kavir im Osten ist der Inbegriff Persiens und so versteht es sich von selbst, dass sie die meisten Besucher anzieht. Neue Wege zu beschreiten, wie es heute so viele wollen, wird in dieser Region jedoch wohl kaum möglich sein: Seit Jahrhunderten durchqueren Menschen dieses Land auf den Spuren antiker Reichsgründer, deren Feldzüge auf den kostbaren Reliefs in Persepolis dargestellt sind.

Auch heute noch lässt sich diese Reise unternehmen, an der Seidenstraße entlang durch die Wüste, durch die Basare in den Städten und über Bergpässe hinweg – und auf die gleiche Art wie es die berühmten Nomaden der Region tun. Viele Karawansereien und *khans* an diesen Routen wurden restauriert und eine Übernachtung in einer dieser gastlichen Unterkünfte ist eine Begegnung mit der Geschichte.

Reisezeit

Im Frühling knospen die persischen Gärten, die Obstgärten in den Bergen stehen in voller Blüte und die Rosenfelder um Kashan entfalten ihren schönsten Duft.

Das Klima unterscheidet sich zwar leicht von Region zu Region, aber Reisen zwischen Juni und September, wenn die extreme Sommerhitze bis zu 50° C erreichen kann, sind generell nicht gerade angenehm.

Januar und Februar sind auch keine einfachen Reisemonate, wenn sich nicht nur im Zagros-Gebirge, sondern in der ganzen Region die Bewohner im tiefsten Winter vor der eisigen Kälte verschanzen.

Highlights

1 Isfahan (S. 166)
In der Stadt des Kunsthandwerks einem Meister bei der Arbeit zusehen.

2 Yazd (S. 191)
Die Kalligrafie an den prächtigen Masjed-e Jameh (Jameh-Moschee) entziffern.

3 Shiraz (S. 206)
Morgens in das farbige Licht der Masjed-e Nasir-al-Molk (Rosa Moschee) eintauchen.

4 Dasht-e Kavir (S. 187) Die Bedeutung des Wassers in den Oasendörfern Mesr und Garmeh erfahren.

5 Persepolis (S. 218) Sich dem Festzug der Nationen am Aufgang zum Empfangspalast Apadana anschließen.

6 Kashan (S. 158) Zum Plätschern der Brunnen in einem traditionellen Hotel in der Stadt der Windtürme aufwachen.

7 Zagros-Gebirge (S. 185) Mit Hirten wandern, die zu ihren Sommerweiden ziehen.

8 Bagh-e Fin (S. 160) Im Frühling die Schönheit dieses klassischen persischen Gartens genießen.

9 Bavanat (S. 223) Sich unter einem Walnussbaum der ländlichen Idylle in diesem Tal ergeben.

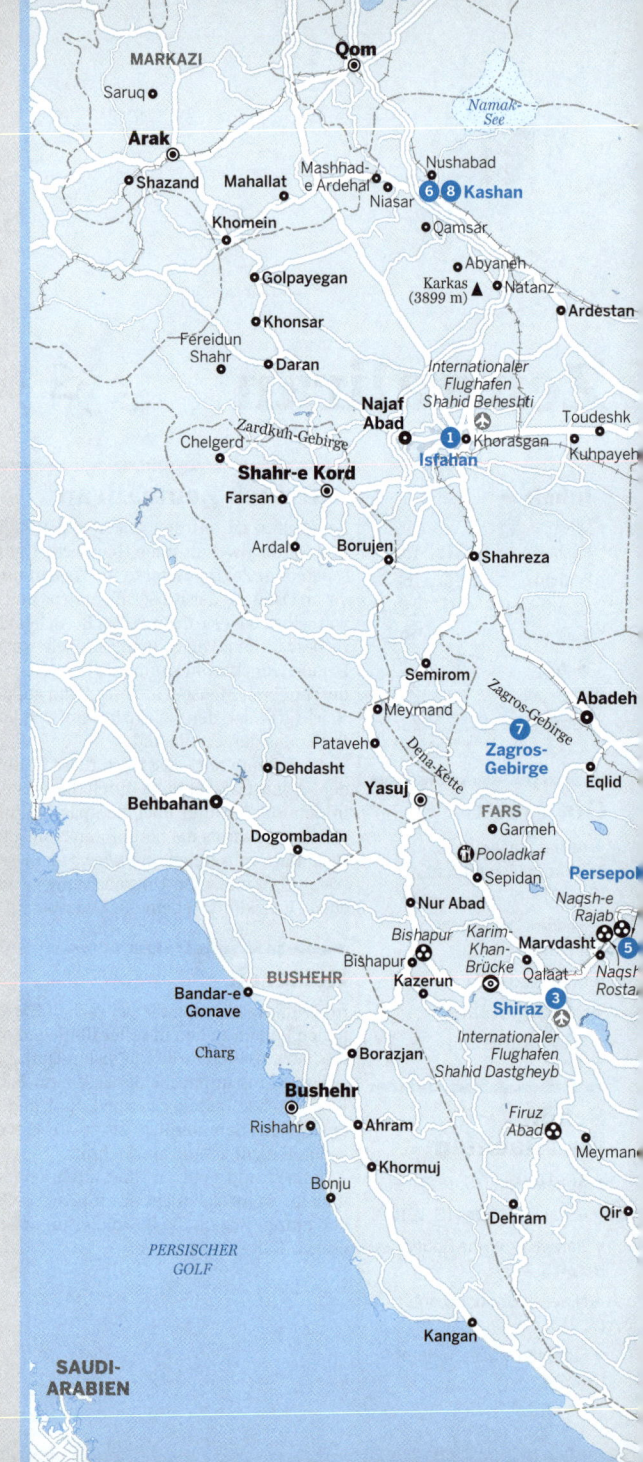

Qom قم

025 / 1,25 MIO. EW. / HÖHE 933 M

In Qom (Ghom), der zweitheiligsten Stadt in Iran nach Mashhad, steht nicht nur der prachtvolle Schrein Hazrat-e Masumeh, es ist auch die Heimat der religiösen Hardliner, die das Land seit 1979 beherrschen. Schiitische Gelehrte und Studenten aus der ganzen Welt studieren in den Medresen (Islamschulen) und stöbern in den berühmten Buchläden der Stadt in religiöser Literatur; Pilger erweisen ihre Ehrerbietung am Schrein und die Einwohner sind auffallend fromm. Reisende sollten auf den Charakter der Stadt als religiöses Zentrum Rücksicht nehmen und sich konservativ kleiden. Taktvolles Verhalten wird besonders um den Hazrat-e-Masumeh-Schrein geschätzt.

Qom ist eine der am schnellsten wachsenden Städte in Iran (seit der Revolution hat sich die Einwohnerzahl verdoppelt) und am ausufernden Stadtrand entstehen immer neue Wohnblöcke. Die neue Infrastruktur ist zwar einigermaßen unansehnlich, aber das Bevölkerungswachstum hat zumindest etwas Leben in die Altstadt gebracht. Qom kann gut auf einem Tagesausflug von Teheran aus oder auf dem Weg nach Kashan besucht werden.

Sehenswertes

★ Hazrat-e Masumeh SCHREIN

(حضرت معصومه; Karte S. 157; Astane Sq; 24 Std.) Der prachtvolle Schrein, das reale und spirituelle Zentrum von Qom, ist die Grabstätte von Fatima, der Schwester des Imam Reza, die hier im 9. Jh. starb. Reza war der achte der zwölf Imame, die vom Propheten Mohammed abstammen. Da er als einziger in Iran bestattet ist (in Mashhad), hat das Grabmal seiner Schwester besondere Bedeutung als Pilgerstätte. Nichtmuslime dürfen die Innenhöfe, aber nicht den Schrein selbst besuchen.

Vieles von dem, was heute zu sehen ist, wurde unter Schah Abbas I. und anderen Safawiden-Königen im 16. Jh. gebaut. Um ihren schiitischen Glauben zu demonstrieren und zu beweisen, dass der Schrein mit denen in Karbala und Najaf (im heutigen Irak) mithalten kann, statteten sie die Innenhöfe mit prachtvollen Kachelarbeiten aus. Für Besucher ist jedoch die große goldene Kuppel das Prachtstück des Hazrat-e Masumeh. Sie wurde vom Kadscharen-Herrscher Fath Ali Schah Anfang des 19. Jhs. beigefügt. Nachfolgende Herrscher haben, um ihre Vorgänger zu übertrumpfen, den Schrein im Lauf der Jahre weiter reich ausgeschmückt. Die jüngste Verschönerung – ein prachtvoller Platz neben dem Astane-Platz – ist ein Beitrag der heutigen Ajatollahs von Qom.

Besuche von Nichtmuslimen sind offiziell nur in Gruppen und mit einem lizensierten Guide gestattet. In der Praxis ist es jedoch eine Ermessensfrage, ob individuelle Reisende eingelassen werden. Die Aufseher sind übrigens eine wahre Wissensfundgrube, was die Besonderheiten der Anlage angeht. Frauen müssen einen Tschador tragen, den es kostenlos am Eingang Nr. 1 gibt. Diskretes Fotografieren mit dem Handy war bei unserem Besuch erlaubt, aber große Kameras wurden nicht toleriert.

Alter Basar BASAR

(Karte S. 157; Sa–Do 9–20 Uhr) Der wunderbare alte Basar im Herzen von Qom, ein kleines Stück zu Fuß vom Astane-Platz entfernt, ist eine der authentischsten Markthallen in Iran und einen Besuch wert. Der Markt mit einem kleinen *khan* in der Mitte und dem üblichen Gassenlabyrinth drumherum unterscheidet sich insofern von anderen, als hier alles seinen gewohnten Gang geht, mit kaum einem Zugeständnis an die Moderne oder an fremde Besucher. Ein großartiger Ort, um einen Eindruck von der Kontinuität des Handels über die Jahrhunderte zu bekommen.

Astane-Platz PLATZ

(Karte S. 157) Der zentrale Platz der Stadt ist mit Marmor gepflastert und verkehrsfrei und bietet einen herrlichen Blick auf den Hazrat-e Masumeh. Am Abend herrscht auf dem Platz eine Atmosphäre wie in einem Kostümfilm, wenn Geistliche in Roben vorbeieilen und Pilger und Gelehrte den offenen Platz genießen, indem sie zwischen dem Schrein und der prächtigen **Imam-Hassan-Moschee** (Karte S. 157) mit ihrer blauen Kuppel hin- und herschlendern und die islamischen Buchhandlungen aufsuchen. Weltlichere Genüsse bieten die Souvenirgeschäfte zu beiden Seiten des Platzes, die köstliche heimische Süßigkeiten verkaufen.

Eine beliebte Süßigkeit aus Qom ist *sohun,* ein sündhaft süßer Krokant aus Pistazien, Mandeln, Safran und Kardamom. Eine Dose davon in einem der Läden zu kaufen (100 000 IR) und dazu ein Glas Tee an einer Teebude zu trinken, ist ein Kulturerlebnis.

Der Astane-Platz geht in den benachbarten, verkehrsfreien Platz vor der Imam-Has-

Qom

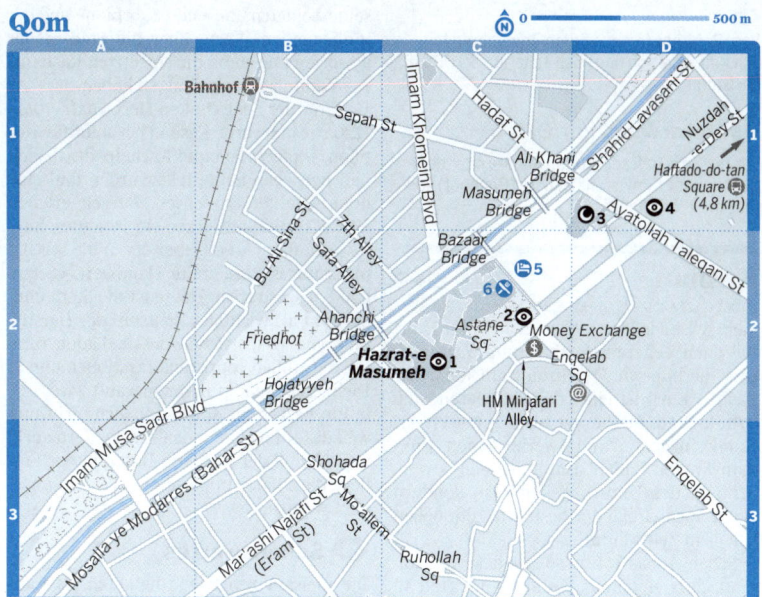

Bahnhof

Sepah St

Imam Khomeini Blvd

Hadaf St

Shahid Lavasani St

Ali Khani Bridge

Nuzdah-e-Dey St

Masumeh Bridge

Haftado-do-tan Square (4,8 km)

3

4

Bu-Ali Sina St

7th Alley

Safa Alley

Bazaar Bridge

Ayatollah Taleqani St

6 **5**

Ahanchi Bridge

Friedhof

Astane Sq

2

Money Exchange

Enqelab Sq

Hojatyyeh Bridge

Hazrat-e Masumeh **1**

HM Mirjafari Alley

Imam Musa Sadr Blvd

Mosalla ye Modarres (Bahar St)

Shohada Sq

Mar'ashi Najafi St (Eram St)

Mo'allem St

Ruhollah Sq

Enqelab St

san-Moschee über. Die riesige, mehrstöckige Tiefgarage unter diesem Platz ist praktisch für Besucher, die mit dem Auto kommen.

🛏 Schlafen & Essen

Freitags und an religiösen Festtagen ist Qom brechend voll – wenn eine Übernachtung geplant ist, ist eine Reservierung unabding- bar. Die beste Unterkunft ist das **Qom Inter- national Hotel** (Karte S. 157; ☏ 025-1771 9208; www.qomhotel.com; Helal Ahmar St; EZ/DZ/3BZ 1890 000/3 060 000/3 920 000 IR; ❄🛜), das auch ein Restaurant mit iranischer Küche und ein modernes Café hat. Den Hunger stillen an- sonsten die leckeren Kebabs in dem **Res- taurant** (Karte S. 157; ☏ 0938 174 0328; Kebab- mahlzeit 80 000 IR; ◷ 6–23 Uhr) gegenüber dem Hotel neben der Bäckerei.

❶ Praktische Informationen

Cafenet Saeid (Karte S. 157; Ecke MR Sabori Alley & Enqelab St; pro Std. 40 000 IR; ◷ 8– 23 Uhr) In der Nähe des Astane Square.

Money Exchange (Karte S. 157; Mar'ashi Najafi St; ◷ Sa–Do 9–20 Uhr) Wechselstube.

❶ An- & Weiterreise

Die öffentlichen Verkehrsmittel sind freitags und an religiösen Festtagen sehr überfüllt.

Qom

◉ Highlights

◉ Sehenswertes

🛏 Schlafen

🍴 Essen

BUS & TAXI

Die Intercity-Busse und Savaris fahren am Haf- tado-do-tan Square, einem großen Kreisverkehr 5 km nördlich des Schreins, ab. Schlepper für die Savaris bedrängen hier potenzielle Fahrgäste, die auf die Dutzenden Busse warten, die auf dem Weg von und nach Teheran hier halten.

Die Busse nach Teheran (VIP 120 000 IR, 1½– 2 Std.) halten hier mehrmals pro Stunde. Busse in größere Orte Richtung Süden fahren häufig, auch nach Isfahan (VIP 230 000 IR), aber Plätze müssen reserviert werden.

Busse nach Kashan (VIP 100 000 IR, 1¼ Std.) oder Savaris (200 000 IR) fahren am Haftado- do-tan Square ab (ein Taxi *dar baste* nach Kashan kostet 800 000 IR).

Vom **Bahnhof** (Astane Sq) in Qom fahren täglich fünf Züge von und nach Teheran (80 000 IR, 2½ Std.).

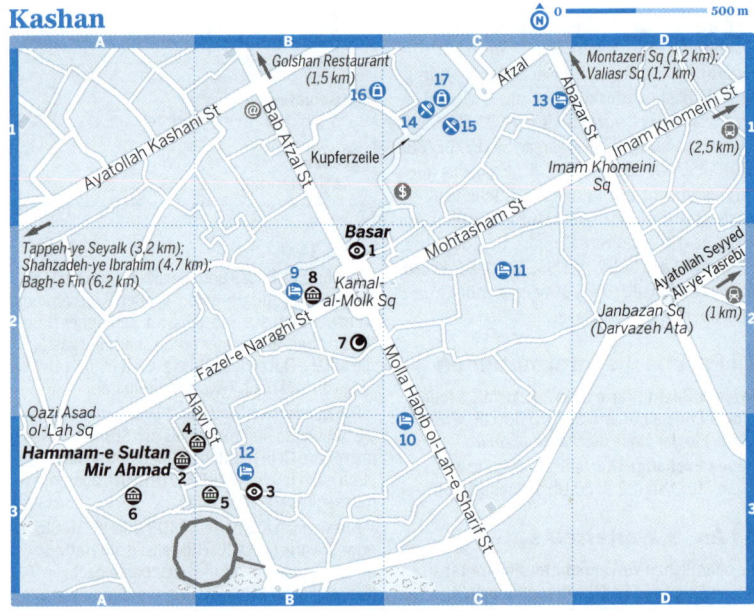 Unterwegs vor Ort

Ein Taxi vom Haftado-do-tan Square oder dem Busbahnhof zum Astane Square (Bahnhof) kostet rund 120 000 IR.

Kashan كاشان

📞 031 / 272 359 EW. / HÖHE 946 M

Viele Reisende lassen Kashan auf ihrer Fahrt zwischen Teheran, Isfahan und Yazd aus, aber die hübsche Oasenstadt am Rand der Dasht-e Kavir ist einer der faszinierendsten Orte in Iran. Sie besitzt nicht nur viele architektonische Wunderwerke, einen stimmungsvollen Hallenbasar und einen Garten, der von der Unesco gelistet ist, sondern bietet auch einige der besten traditionellen Hotels in Zentraliran.

Schah Abbas I. war so entzückt von Kashan, dass er darauf bestand, hier statt in Isfahan beerdigt zu werden. Weitere historische Persönlichkeiten, die mit der Stadt in Verbindung stehen, sind Abu Musa al-Ashari, Militärführer und Gefährte des Propheten Mohammed, dessen Armee die Stadt im 7. Jh. einnahm. Der Legende nach sollen seine Soldaten Tausende Skorpione aus der umliegenden Wüste über die Stadtmauer geworfen und somit die entsetzten Kashanis zur Kapitulation gezwungen haben.

Unter der Seldschuken-Herrschaft (1051–1220 n. Chr.) wurde Kashan berühmt für Textilien, Töpferwaren und Kacheln, die in kleinen Betrieben hergestellt wurden und eine hohe Qualität erreichten. Derzeit erleben lokale Textilhandwerker ein erneutes Interesse an ihrer Arbeit, aber durch die Mechanisierung ist das uralte Handwerk weitgehend ausgestorben. Heute ist die Stadt eher bekannt als wichtiges Zentrum der Herstellung von Rosenwasser, das in Läden rund um die großen Touristenattraktionen und in Fachgeschäften im Basar verkauft wird.

Ein Besuch im April lohnt sich nicht nur, weil das Klima dann ideal ist, sondern auch, weil überall der Duft von Rosen in der Luft liegt, die auf den umliegenden Feldern angebaut werden.

◉ Sehenswertes

Die meisten Sehenswürdigkeiten Kashans befinden sich in der Altstadt rund um die Alavi Street und in Laufnähe des Basars. Einige wenige Sehenswürdigkeiten wie der Bagh-e Fin, die unterirdische Stadt Nushabad und die antiken Ruinen in Seyalk liegen in Stadtrandgebieten. Mindestens anderthalb

Kashan

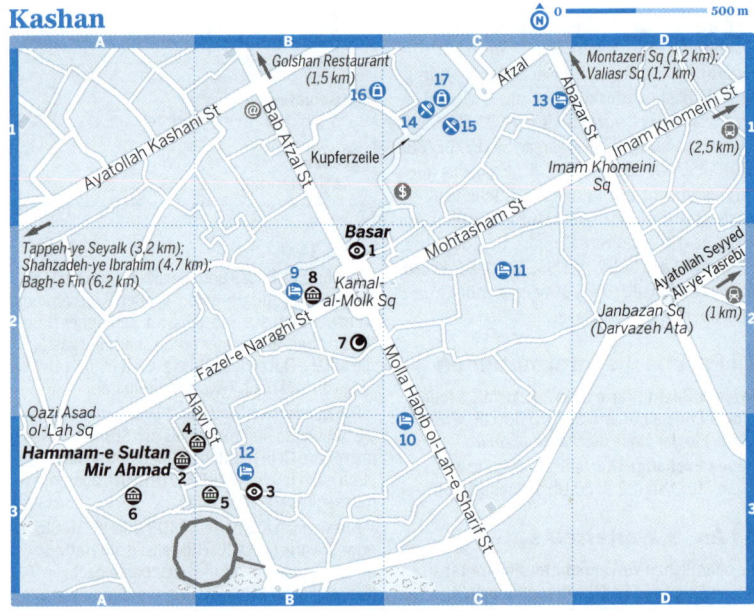

Tage sind nötig, um allen Sehenswürdigkeiten gerecht zu werden und in der friedlichen Atmosphäre der Stadt zu entspannen.

⊙ Basar & Umgebung

★ Basar
BASAR

(بازار; Karte S. 158; ⊙Sa–Do 9–12 & 16.30–20 Uhr) Kashans historischer Basar ist einer der besten in Iran. Er ist belebt, aber nicht hektisch, traditionell, aber mit einem kleinen Zugeständnis an moderne Waren, groß genug, um zu überraschen, aber nicht um sich zu verlaufen – insgesamt wunderbar, um ein paar Stunden durch zu schlendern, besonders am späten Nachmittag, wenn die Gassen voll mit Kunden sind. Das Dach des Basars mit mehreren Kuppeln stammt aus dem 19. Jh., aber der Standort selbst ist schon seit fast 800 Jahren ein Handelsplatz in Kashan.

Zwei Hauptgassen führen durch den Basar, die „Hauptzeile" und die „Kupferzeile", die ihrem Namen zumindest auf einem Teil-

abschnitt gerecht wird. Abseits beider warten zahlreiche Karawansereien, Moscheen, Medresen und Hamams auf Entdeckung. Die wichtigste Attraktion ist die schöne Amin al-Dowleh Timche, eine Karawanserei mit einer hohen, wunderschön ausgeschmückten Kuppel. In der Karawanserei von 1868, die die Kulturerbe-Behörde jüngst restaurieren ließ, haben sich Teppichhändler und der eine oder andere Kramladen niedergelassen. An einem der Eingänge befindet sich ein Teestand, wo man sich hinsetzen und den ständigen Fluss von Käufern beobachten kann. Ebenso beliebt für eine Teepause ist der behagliche **Hammam-e Khan** (Karte S.158; ☎ 031-5545 2572; Eintritt 20 000 IR, inkl. Tee & Kashan-Kekse 100 000 IR; ⊙9–21 Uhr) aus dem 19. Jh., in dem drei Generationen *hammami* sich um das Wohlbefinden ihrer Kunden kümmern – Tee und Handtücher der alten Zeiten wurden allerdings durch Tee und Plausch von heute ersetzt.

Weitere bemerkenswerte Bauten im Basar sind die Masjed-e Soltani (Soltani-Moschee) aus der Seldschuken-Zeit an der Hauptzeile, die Männern vorbehalten ist, und die 800 Jahre alte Mir-Emad-Moschee an der Kupferzeile.

Natürlich ist ein Basar zum Einkaufen gedacht. Wenn die Eisenwarenhandlungen nicht locken und die Textilien nicht zum Nähen verführen, gibt es zumindest noch Rosenwasser der höchsten Qualität auf halber Strecke der Hauptzeile oder Schachteln mit Kashani-Keksen in den vielen Konditoreien des Basars – besonders lecker sind die *nargili* (Kokosmakronen).

Masjed-e Agha Bozorg
MOSCHEE

(مسجد)مسجد و مدرسه آقا بزرگ, Agha-Bozorg-Moschee & Medrese; Karte S. 158; ⊙8–20 Uhr) GRATIS Die nicht mehr genutzte vierstöckige Moschee aus dem 19. Jh. mit einem tiefer liegenden Innenhof mit Wasserbecken zur Reinigung, einer nüchternen Kuppel, gekachelten Minaretten und ungewöhnlich hohen *badgirs* (Windtürmen), ist berühmt für ihre symmetrische Architektur. Der hölzerne Vordereingang soll so viele Nieten haben, wie es Verse im Koran gibt, und die Lehmziegelmauern sind bedeckt von Koranschriften und Mosaiken. Besonders erwähnenswert sind das schöne Portal und der Mihrab (Gebetsnische Richtung Mekka) im hinteren Teil.

Sheibanis Museum der Schönen Künste
MUSEUM

(Kaj, Historisches Haus; Karte S. 158; ☎ 031-5544 7070; www.kajhouse.com; Ehsan Alley, abseits der

---

Kashan

Fazel-e Naraghi St; 50 000 IR; ⊙9–13 & 17–21 Uhr) Das wunderschön restaurierte alte Haus mit einem Innenhof, der bis ins Untergeschoss abgesenkt ist, ist dem Schaffen des beliebten iranischen Malers und Dichters Manuchehr Sheibani gewidmet. In der Malerei gilt er als Pionier der Kunstrevolution im 20. Jh. Neben seinen ausgestellten Werken gibt es im Haus auch ein gemütliches Café und eine kleine Bibliothek, ein angenehm kultivierter Ort, um den Literaten Kashans zu begegnen.

⊙ Alavi Street & Umgebung

Khan-e Boroujerdi HISTORISCHES GEBÄUDE
(خانه بروجردی ها; Karte S. 158; abseits der Alavi St; 0,50 US$; ⊙8 Uhr–Sonnenuntergang) Einst, so lautet die Legende, trafen sich der Teppichhändler Sayyed Jafar Tabatabaei und der Samowarhändler Sayyed Jafar Natanzi (genannt Boroujerdi), der um die Hand der Tochter des Teppichhändlers anhielt. Herr Tabatabaei stellte eine Bedingung: Seine Tochter sollte in einem Haus leben, dass ebenso schön war wie sein eigenes. Das Ergebnis war das – 18 Jahre später fertiggestellte – Khan-e Boroujerdi. Im Haus, das sich durch seine sechseckigen, kuppelüberdachten *badgirs* auszeichnet, befinden sich Fresken von Kamal al-Molk, dem führenden iranischen Künstler seiner Zeit.

Khan-e Tabatabei HISTORISCHES GEBÄUDE
(خانه طباطبایی; Karte S. 158; ☏ 031-5422 0032; abseits der Alavi St; 350 000 IR; ⊙8 Uhr–Sonnenuntergang) Seyyed Jafar Tabatabeis Haus, das um 1880 erbaut wurde, ist für filigrane Steinreliefs, darunter solche mit fein gemeißelten Zypressen, delikate Stuckarbeiten und bemerkenswerte Spiegelmosaiken und Glasarbeiten bekannt. Die sieben aufwendigen Fenster zum großen Innenhof (die meisten Häuser haben nur drei oder fünf) sind außergewöhnlich und dienten als Zeichen der hohen gesellschaftlichen Stellung des Hausherrn. Das Haus ist um vier Innenhöfe gebaut, der größte hat einen großen Teich mit

> ### ⓘ GELD SPAREN
> Das Khan-e Tabatabei, Khan-e Abbasian und Hammam-e Sultan Mir Ahmad können mit einem Kombiticket besucht werden, das am Kartenschalter in jedem der Häuser erhältlich ist. Es kostet 350 000 IR anstatt 150 000 IR für jeden einzelnen Eintritt.

Fontänen, die den Hof kühl halten. Ab nachmittags (je nach Monat) werden einige Zimmer durch Sonnenlicht und Buntglasfenster in leuchtende Farben getaucht.

Das Haus ist zu Fuß südwärts am Khan-e Borujerdi vorbei in Richtung eines markanten Turms mit blauem Kegeldach zu erreichen. Der Turm gehört zu einem Schrein neben dem Hammam-e Sultan Mir Ahmad. Hinter dem Turm geht es rechts ab, der Eingang zum *khan* ist auf der linken Seite.

Khan-e Abbasian HISTORISCHES GEBÄUDE
(خانه عباسیان; Karte S. 158; abseits der Alavi St gegelegen; 150 000 IR; ⊙8 Uhr–Sonnenuntergang) Das schöne, von einem reichen Glashändler erbaute Ensemble aus sechs Häusern (vom Hamam ausgeschildert) erstreckt sich über mehrere Ebenen. Mehrere versenkte Innenhöfe (in den Boden eingelassen, nicht auf ihm gebaut) sind so angelegt, dass sie sukzessive an Ausmaß und Tiefe zunehmen, je weiter es in den Komplex hineingeht, sodass sie die Illusion eines mehrstöckigen Gebäudes vermitteln, das in Wahrheit nicht höher als die benachbarten Häuser in der Altstadt ist.

★ Hammam-e Sultan Mir Ahmad HISTORISCHES GEBÄUDE
(حمام سلطان میراحمد; Karte S. 158; abseits der Alavi St; 150 000 IR; ⊙8–17 Uhr, im Sommer bis 19 Uhr) Der 500 Jahre alte Hamam ist ein hervorragendes Beispiel für ein iranisches Badehaus. Jüngste Restaurierungsarbeiten haben 17 Schichten Putz entfernt (beachtenswert ist die Wand im zweiten Raum) und den originalen *sarough* freigelegt, eine Art Verputz aus Milch, Eiweiß, Sojamehl und Kalk, der fester als Zement sein soll. Leuchtend bunte Kacheln und schöne Gemälde sind überall zu finden. Ein weiteres Highlight ist der Blick vom Dach auf die Minarette und *badgirs* der Stadt.

⊙ Rund um Kashan

★ Bagh-e Fin GÄRTEN
(باغ تاریخی فین; Fin-Garten; Amir Kabir Rd; Garten 200 000 IR; Museum 80 000 IR; ⊙9 Uhr–Sonnenuntergang) Die zauberhaften Gärten mit ihren symmetrischen Proportionen, alten Zedern, von Quellen gespeisten Wasserbecken und Springbrunnen wurden für Schah Abbas I. im 16. Jh. angelegt und sind der Inbegriff des persischen Gartens mit seinem paradiesischen Zauber. Da er die Gestaltung von Gärten bis nach Indien und Spanien beeinflusst hat, gehört die Anlage in der Vorstadt Fin,

DIE TRADITIONELLEN HÄUSER VON KASHAN

Hinter hohen Lehmziegelmauern verbergen sich Hunderte großer traditioneller Häuser, die von reichen Kaufleuten erbaut wurden. Baudenkmäler aus Kashans Vergangenheit als Handelszentrum unter den Kadscharen im 19. Jh. Die meisten wurden längst in kleinere Wohnungen aufgeteilt und viele verfallen buchstäblich zu Staub. Einige wenige jedoch wurden restauriert und zu Museen oder zu – äußerst begehrten – Unterkünften umgebaut.

Zwar hat jedes Haus seine eigenen besonderen Merkmale (den höchsten Windturm, die schönsten Stukkarbeiten, die meisten Innenhöfe), aber das Bauprinzip ist immer das gleiche. Das Haus umgibt mehrere miteinander verbundene Innenhöfe, jeder mit einer eigenen Funktion: Um den *andaruni* lag der innere Bereich, wo die Familienmitglieder lebten, um den *biruni* lag der äußere Bereich zur Bewirtung und Unterbringung von Gästen und um Geschäfte abzuschließen, und um den *khadameh* lagen die Bedienstetenquartiere. Von außen sind die Häuser so gebaut, dass sie schlicht und bescheiden wirkten, nie höher waren als die anderen und auch die Türen kaum andeuteten, welche Pracht sich dahinter verbarg. Der Empfangsbereich war von den Innenhöfen durch gewinkelte Gänge abgeschirmt, vielleicht um für Privatsphäre zu sorgen, vielleicht, damit die Wirkung beim Betreten des ersten Innenhofs umso größer war. Hohe Schwellen und niedrige Türrahmen zu jedem Zimmer dienten einerseits dazu, Skorpione fernzuhalten, andererseits erzwangen sie beim Eintritt eine Verbeugung.

Jeder Innenhof war um einen Garten mit einer Wasseranlage angelegt (meist ein rechteckiges Becken mit Springbrunnen) sowie mit einer Sitzecke mit Südausrichtung ausgestattet, die die Wintersonne wärmt, und einer weiteren in Nordausrichtung für die wärmere Jahreszeit. Hohe *badgirs* leiteten den Wind ins Untergeschoss, in das die Bewohner im Sommer flüchteten, um der Hitze zu entgehen. Innen waren die Häuser prachtvoll ausgestattet, mit aufwendigen Stukkaturen, Stalaktitendecken, Wandbildern und wunderschönen Buntglasfenstern, Holztäfelungen und -gittern.

9 km südwestlich vom Zentrum Kashans, völlig zu Recht zum Welterbe der Unesco.

Anders als in der trockenen Umgebung fließt in dem Garten reichlich kristallklares Wasser, das aus einer natürlichen Quelle in mehrere türkis gekachelte Becken und Springbrunnen geleitet wird und dann entlang der Hauptachse in *jubs* (Kanäle, gespr. „dschubs") weiterfließt. Die immergrünen Bäume sind bis zu 500 Jahre alt und sorgen zusammen mit Laubbäumen für einen Garten, der das ganze Jahr über ein prächtiger Anblick ist.

Die Highlights sind zwei Pavillons: der *shotor gelou,* ein zweistöckiges „Poolhaus", durch das in der Mitte des Erdgeschosses Wasser fließt, und ein Freizeitpavillon am hinteren Ende des Gartens. Das reizende Gebäude, das in der späten Kadscharen-Zeit gebaut wurde, besitzt eine Kuppel, die aufwendig mit Naturvignetten bemalt ist (darunter eine halbnackte Schönheit, die beim Bad überrascht wird). In den angrenzenden Räumen entzücken Stalaktitendecken und Buntglasfenster die Besucher. Das blaue, weiße und grüne Glas wurde gewählt, um kühl und wohltuend zu wirken und um den

Raum größer erscheinen zu lassen; das rote, orangefarbene und gelbe Glas hat den gegenteiligen Effekt, da es den Raum im Winter wärmer erscheinen lässt. Interessanterweise verwirren Rot und Blau zusammen Insekten und wehren Moskitos ab.

Viele Iraner besuchen das Hamam an der einen Seite des Gartens, das als Schauplatz des Mordes an dem Nationalisten Mirza Taqi Khan, bekannter unter dem Namen Amir Kabir, berühmt geworden ist. Amir Kabir diente von 1848 bis 1851 unter Schah Nasir od-Din als Ministerpräsident. Er war ein Modernisierer, der wesentliche Änderungen einführte, besonders auf den Gebieten Bildung und Verwaltung. Aber seine Popularität war am Königshof nicht gern gesehen und die Mutter des Schahs redete ihrem Sohn ein, dass der Politiker verschwinden müsse. Amir Kabir wurde in den Gärten verhaftet und schließlich im Badehaus ermordet, allerdings behaupten einige, dass er sich selbst die Pulsadern aufgeschnitten habe. Im Hamam bilden Figuren, die das Drama nachstellen, den Hintergrund für Selfies von Menschen, die damit einen Helden würdigen.

Wenn noch etwas Zeit ist, ist ein kurzer Besuch im bescheidenen **Nationalmuseum Kashan** (80 000 IR; ☻ 9 Uhr–Sonnenuntergang) in einem kleinen Pavillon auf dem Gelände den Eintritt durchaus wert. Es stellt einige schöne Samt- und Brokatstoffe aus Kashan sowie ein paar Keramiken und Kalligrafien aus. Ein maßstabsgetreues Modell des Gartens zeigt seine perfekten Proportionen aus der Vogelperspektive.

Zum Abschluss empfiehlt sich ein Besuch im Teehaus des Fin-Gartens, das in seinem eigenen zauberhaften kleinen Garten nahe bei der Quelle steht, die hier voll mit Warmwasserfischen und von alten Bäumen beschattet ist. Spezialität des Teehauses ist im Winter die Kashanische Gerstensuppe (60 000 IR) und im Sommer Rosenwassereis.

Der Fin-Garten liegt am Ende der Amir Kabir Road und kann vom Kamal al-Molk Square mit einem Sammeltaxi (60 000 IR) oder mit einem Taxi *dar baste* (Privattaxi; 180 000 IR) erreicht werden. Ansonsten fährt auch ein grüner Bus von der Ecke Ayatollah Kashani und Baba Afzal Street im Zentrum von Kashan dorthin, für den zuvor eine Fahrkarte (60 000 IR) am Busbahnhof erworben werden muss. Während der Fahrt lohnt ein Blick auf die schicken modernen Häuser im italienischen Stil an der Straße in der Nähe des Gartens – ein Hinweis darauf, dass die Gegend auch heute noch die feine Gesellschaft Kashans anzieht.

„Unterirdische Stadt" Nushabad TUNNEL
(☎ 031-5482 5850; 200 000 IR; ☻ 9–16.30 Uhr) Der bemerkenswerte Tunnelkomplex 8 km nördlich von Kashan entstand um eine Süßwasserquelle, aus der köstliches, kristallklares Wasser gesprudelt sein soll. Nur Teile sind für Besucher zugänglich und diese sind oft überflutet (zu erkennen an der Farbe der Wände, die zeigt, bis wo das Wasser steigt). Aber bereits ein kurzer Abstieg in die erste Ebene vermittelt einen guten Eindruck vom Labyrinth aus Schächten und Räumen.

👉 Geführte Touren

In Kashan gibt es mehrere staatlich anerkannte und motorisierte Reiseleiter, die darauf spezialisiert sind, Besuchern die Altstadt und die Umgebung der Stadt zu zeigen. Die meisten bieten auch Halbtagsausflüge nach Abyaneh oder zu den benachbarten Städten Niasar und Qamsar an. Der Preis für ihre Dienste, der weitgehend behördlich festgelegt ist, liegt in der Regel bei 30 US$ für eine halbtägige und 50 US$ für eine ganztägige

Tour. Diese Guides kennen sich nicht nur gründlich mit der Geschichte und dem Kulturerbe des Landes aus, sondern bieten auch praktische Dienste an, z. B. die Buchung von Tickets zur Weiterreise.

★**Mostafa Ramezanpoor** GESCHICHTE
(☎ 0913 039 9198; m.ramezanpoor@yahoo.com; Halb-/Ganztagstour 30/50 US$) Der hervorragende und sympathische anerkannte Reiseführer ist eine wahre Informationsquelle, nicht nur zu seiner Heimatstadt Kashan, sondern zur gesamten Region Zentraliran.

Leila Sabbaghi STADTRUNDGANG
(☎ 0913 260 8839; sabbaghil@yahoo.com; Halb-/Ganztagstour 30/60 US$) Eine engagierte und kenntnisreiche Stadtführerin, die gutem Englisch und etwas Französisch spricht.

Fatima Araghi GESCHICHTE
(☎ 0913 129 7196; f.araghi.d@gmail.com; Halb-/Ganztagstour 30/50 US$) Die Stadtführerin hat erst vor kurzem die Prüfung abgelegt. Sie spricht exzellent Englisch und zeigt viel Hingabe für ihre Aufgabe. Sie bietet kostenlos an, Bus und Bahn zu buchen.

🛏 Schlafen

Ehsan Historical Guest House HOTEL $
(Karte S. 158; ☎ 031-5545 3030; www.ehsanhouse. com;abseitsderFazel-eNavaghiSt;DZ/3BZ 2 106 600/ 2 700 000 IR, ohne Bad 1 500 000/1 800 000 IR; ❄@🛜) 🅿 In dem traditionellen Haus, einem der ersten dieser Art in Kashan, gibt es ganz unterschiedliche Zimmer. Die meisten liegen um einen hübschen Innenhof mit einem großen Zierbecken – ein nettes Ambiente für ein Abendessen (Mahlzeiten um 200 000 IR). Die Einnahmen des Hotels fließen in eine Nichtregierungsorganisation, die Kunst und Kultur fördert und mit der benachbarten Taj House Art Gallery verbunden ist.

Sayyah Hotel HOTEL $
(Karte S. 158; ☎ 031-5544 4535; Abazar St; DZ/3BZ 1 400 000/2 000 000 IR; 🅿❄🛜) Wer keine Unterkunft im Voraus gebucht hat und in den traditionellen Häusern nicht mehr unterkommt, findet in diesem zentral gelegenen, schlichten Hotel einfache Zimmer, deren Toiletten jüngst erneuert wurden. Der Geruch von Zigarettenrauch mag abstoßend sein, aber der Blick auf die Altstadt von Kashan ist ein unerwarteter Bonus. Kostenloses WLAN für zwei Stunden steht in der Lobby zur Verfügung.

★ Manouchehri House HOTEL $$

(Karte S. 158; ☑ 031-5524 2617; www.manouchehri house.com; 49 7th Emerat Alley, nahe der Sabat Alley & Mohtasham St; DZ/3BZ/4BZ ab 2 650 000/3 500 000/4 700 000 IR ✴@☎) Das traditionelle Haus, das 2011 nach dreijähriger Restaurierung eröffnet wurde, ist mit seinem hinreißenden Innenhof samt *iwan* und einem großen Zierbecken ein wunderbarer Anblick. Das Hotel hat neun komfortable Zimmer, das Zusatzangebot ist ganz hervorragend (Restaurant, hauseigenes Kino) und der Service mustergültig. Frühzeitige Buchung ist ratsam, denn das Hotel ist beliebt.

Zum Frühstück gehören frischer Saft und guter Kaffee (Nespresso).

Kamalalmolk Traditional Guesthouse TRADITIONELLES HOTEL $

(Karte S. 158; ☑ 031-5522 5593; www.kamalalmolk house.com; Tile 9, Allah Parast Alley, Molla Habibollah Sharif St; DZ/3BZ 1 450 000/1 650 000 IR, EZ/DZ/3BZ ohne Bad 900 000/1 000 000/1 250 000 IR) Das neu eröffnete Hotel in einem traditionellen Haus, das vor fast zwei Jahrhunderten errichtet wurde, besitzt einen schönen Windturm. Da es in Kashan nur wenige charaktervolle Unterkünfte der mittleren Preisklasse gibt, wird das Haus, in dem viel Wert auf eine wohlige Atmosphäre gelegt wird, sicher bestens ankommen. Das zuvorkommende und freundliche Management ergänzt diese ganz wunderbar, und das alles ohne Überheblichkeit.

★ Saraye Ameriha Boutique Hotel BOUTIQUEHOTEL $$$

(خانه عامری ها; Karte S. 158; ☑ 031-5524 0220; www.sarayeameriha.com; Alavi St; EZ/DZ/Suite 82/115/180 US$; ☺9–18 Uhr; ✴@☎) Das Hotel ist das Sahnehäubchen unter den Unterkünften in Kashan. In einer eindrucksvoll restaurierten Villa speisen die Gäste unter einer funkelnden, verspiegelten Kuppel, trinken Tee zum Geräusch plätschernder Brunnen, baden in einer Wanne, die so groß wie ein Fischteich ist, und erwachen in luxuriöser Bettwäsche, auf der buntes Licht tanzt. Es gibt verschiedene Zimmerangebote.

✖ Essen

Die Restaurants in allen traditionellen Hotels bieten ein atmosphärisches Ambiente. Sie servieren gute iranische Speisen und sind auch für Nichtgäste geöffnet. Bei Einheimischen sind die Gartenrestaurants an der Straße zum Bagh-e Fin an Sommeraben-

den ebenfalls beliebt. Preiswertes Essen gibt es reichlich um den Basar und eine lokale Spezialität ist Eiscreme mit Rosenwasser.

Bastani Saraye Firuzeh EISCREME $

(Karte S. 158; ☑ 031-5544 4126; Kupferzeile, Basar; Eis ab 20 000 IR; ☺9–12 & 16.30–20 Uhr) Rocky-Road- und Schokoeis gibt's nicht in diesem unscheinbaren Eiscafé, die Geschmacksrichtungen sind Granatapfel, Safran, Vanille und (da Kashan das Zentrum des Rosenanbaus ist) gibt es zart aromatisches, rosafarbenes Rosenwassereis. Ununterbrochen stehen hier Einheimische an, die sich nach dem anstrengenden Feilschen mit den Händlern mit der berühmten Köstlichkeit erfrischen.

Nabatrie Ghanadilpati KONDITOREI $

(Karte S. 158; Kupferzeile, Basar; Schachtel mit Kashan-Keksen ab 80 000 IR; ☺Sa–Do 9–12 & 16.30–20 Uhr) Einer der besten Läden in Kashan für die typischen Kekse und zartschmelzende Makrone.

Abbasi Teahouse & Traditional Restaurant IRANISCH $$

(Karte S. 158; Khan-e Abbasian, abseits der Alavi St; Mahlzeiten 200 000 IR; ☺11–24 Uhr) Das familienbetriebene Restaurant im Keller-*khadameh* des Khan-e Abbasian ist zu Recht bei den Besuchern beliebt. Die traditionellen Sitzgelegenheiten sind um einen Springbrunnen arrangiert und auch auf der Speisekarte steht traditionelles, z. B. *dizi* (Lamm- und Gemüseeintopf, der am Tisch zu einem Brei zerstampft wird), *turshi* (Essiggurken) und köstliches *kashk-e bademjan* (gebratenes Auberginenmus mit dicker Molke). Der Eingang befindet sich gegenüber dem Kartenschalter.

Manouchehri House IRANISCH $$

(Karte S. 158; ☑ 031-5524 5531, 031-5524 7447; www.manouchehrihouse.com; 49 7th Emerat Alley, abseits der Sabat Alley & Mohtasham St; mittags 300 000 IR ☺7–10, 12–15.30 & 19–23 Uhr; ☑) Die schön restaurierte Villa bietet das perfekte Ambiente für ein Mittagessen. Geboten werden Kashan-Spezialitäten wie *gusht lubia* (Eintopf mit Lamm und roten Bohnen) und *polo shevid* (Reis mit Limabohnen).

Golshan Restaurant IRANISCH $$

(Shahid Motahari Blvd; Hauptgerichte 500 000 IR; ☺12–15.30 & 19.30–23 Uhr) In dem hell erleuchteten Restaurant im modernen Teil der Stadt feiern die Kashanis gerne Hochzeiten, Geburtstage und andere große Anlässe. Es gibt hier Fischgerichte, *zereshk polo* (Brathuhn mit Reis und Berberitze) und das ganze Angebot an Kebabs.

⭐ **Mirrors Restaurant** IRANISCH $$$
(Saraye Ameriha Boutique Hotel Restaurant; Karte S. 158; ☑ 031-5524 0220; www.sarayeameriha.com; Alavi St; Hauptgerichte 450 000 IR; ⏰ 12–15.30 & 19–23 Uhr) Es lohnt sich, in diesem fabelhaften kleinen Restaurant zu essen, allein schon wegen des reinen Vergnügens, tagsüber in Flecken aus buntem Licht und abends unter einem Dach aus Spiegelsternen zu sitzen. Man kann den täglichen Eintopf bestellen und zwischen Kashanis, die sich hier zu besonderen Anlässen vergnügen, relaxen. Der Vorraum mit Steinfußboden besitzt nicht den funkelnden Glanz der Spiegelmosaiken im Hauptraum, eine Reservierung ist daher geraten.

 Shoppen

Kashani Traditional Millstone MARKT
(Karte S. 158; Kupferzeile, Basar; ⏰ Sa–Do 9–12 & 16.30–20 Uhr) Der riesige Mühlstein in diesem Laden wird seit über 300 Jahren genutzt und mahlt noch immer jeden Tag Gewürze für die Köche der Stadt. In benachbarten Lä-

den kann man zuschauen, wie Kupfertöpfe in Form gehämmert und verziert werden.

Rose Water Shop PARFUM
(Karte S. 158; ☑ 031-5544 2992; Kupferzeile; Rosenwasser ab 40 000 IR; ⏰ Sa–Do 9–12 & 16.30–20 Uhr) Der Laden mitten im Basar wird von einem älteren Herrn geführt, der sich bestens in der Kunst der Rosenwasserherstellung auskennt. Er führt eine ganze Reihe Rosenwasserprodukte. Die Stärke des Aromas hängt von der Länge der Destillation ab, im Laden werden verschiedene Qualitäten verkauft.

ⓘ **Praktische Informationen**

Caffenet Soroush (Karte S. 158; Ecke Bab Afzal & Amir Kabir St; pro Std. 30 000 IRE; ⏰ 8–24 Uhr) Eines der wenigen *coffeenets* (Internetcafés), die es noch in Kashan gibt.

Beheshti Hospital (☑ 031-5554 0026; Qotb-e Ravandi Blvd) Ein weitläufiger Krankenhauskomplex am Nordende der Stadt.

Mohtasham Exchange (Karte S. 158; ☑ 031-5545 0444; ex.mohtasham@yahoo.com; Hauptzeile, Basar; ⏰ Sa–Do 8.30–12.30 & 16.30–20.30 Uhr) Eine neue Wechselstube mit guten Wechselkursen.

TEXTILIEN AUS KASHAN

Seit der Safawiden-Zeit ist Kashan ein wichtiges Zentrum der Textilproduktion, aber in den vergangenen Jahrzehnten geriet die handarbeitliche Produktionsweise durch ein Überangebot an billigen, industriell gefertigten Stoffen arg unter Druck. Es wurde immer schwerer, seinen Lebensunterhalt mit der Herstellung traditioneller Kashaner Textilien wie Prägesamt und *zarbaft* (Seidenbrokat) auf Handwebstühlen zu verdienen. Die Folge ist, dass nur wenige junge Leute das komplizierte Handwerk noch erlernen.

Zum Glück erwachte jüngst erneut Interesse. Junge Leute aus Teheran werden entsandt, um in der **Museumswerkstatt** (Kargahe Sanaye Daste; Karte S. 158; Alavi St; ⏰ Sa–Mi 8–14 Uhr) GRATIS mitten in der Stadt in die Kunst des Webens am Webstuhl eingeführt zu werden. Es ist möglich, die funktionierenden Webstühle zu besichtigen, die mit den baumelnden Säckchen zum Beschweren der bunten Kett- und Schussfäden wie eine zeitgenössische Kunstinstallation aussehen. Das Gewerbe wird außerdem von den Besitzern des traditionellen Hotels **Manouchehri House** (S. 163) gefördert, die Textilhandwerker, die diese arbeitsintensiven Kunstwerke herstellen, unterstützen und somit zum Erhalt traditioneller Fertigkeiten beitragen. Den Webstuhl für Samt oder Brokat vorzubereiten dauert viele Stunden, und wenn ein Faden reißt, ist es ein aufwendiger Prozess, ihn zu finden und auszubessern. Baumwolle und Seide von guter Qualität zu beschaffen ist schwierig in einer Zeit, in der Importe von minderwertiger Qualität bevorzugt werden. Es lohnt sich, die Werkstätten der Weber zu besuchen, um das hochgradige Können, das zur Herstellung dieser Textilien erforderlich ist, schätzen zu können.

Auch Nichtgäste können im Hotelladen handgewebte Seidenstoffe (30–100 US$ pro Meter), Baumwollstoffe (15 US$ pro Meter) oder *zarbaft* in Museumsqualität mit Mustern aus einer Sammlung der Behörde für Kulturerbe in Teheran (6000 US$ pro Meter) kaufen. Im Laden kann auch Kleidung nach Wunsch aus den ausgewählten Stoffen anfertigen lassen.

ℹ An- & Weiterreise

Kashan hat gute Zug- und Busanbindungen. Auch Savaris fahren vom Valiasr Square nach Teheran, sie kosten 350 000 IR (Vordersitz) und 300 000 IR (Rücksitz); via Qom sind sie billiger. Savaris nach Isfahan fahren am Montazeri Square ab und kosten 250 000 IR. Der Bus nach Teheran und Isfahan hält auf Wunsch auch am Montazeri Square, was einem die Fahrt zum Busbahnhof von Kashan erspart.

BUS

Der **Hauptbusbahnhof** von Kashan (am Persian Gulf Blvd) liegt am Nordrand der Stadt. Von hier fahren Busse regelmäßig nach Teheran (VIP 160 000 IR, 3½ Std.) via Qom (100 000 IR, 1¼ Std.), nach Isfahan (VIP/*mahmooly* 115 000/ 80 000 IR, 2½ Std.) und nach Shiraz (VIP 450 000 IR, 10 Std.).

Der Bus von Yazd fährt nicht direkt nach Kashan rein, aber Fahrgäste können an der Fernstraße aussteigen; an der Abzweigung warten Taxis (80 000 IR), um sie in die Stadt zu bringen.

Busse fahren am Busbahnhof ab; es ist aber auch möglich, am Montazeri Square zuzusteigen (Fahrkarten gibt's im Bus oder im Busbahnhof).

ZUG

Der **Bahnhof** (am Ende der Ayatollah Yasrebi Street) liegt etwa 2 km nordöstlich des Stadtzentrums; ein Taxi in die Stadt kostet um die 80 000 IR.

Vier Züge verkehren täglich von 14 bis 19 Uhr zwischen Kashan und Teheran (165 000 IR, 3½ Std.). Tägliche Zugverbindungen gibt es auch mit Isfahan (220 000 IR, 4½ Std.).

ℹ Unterwegs vor Ort

Ein Taxi *dar baste* kostet innerhalb der Stadt 100 000 IR, vom Busbahnhof 160 000 IR (nachts zusätzlich 20 000 IR).

Rund um Kashan

Wen die Berglandschaft um die Lehmziegelhäuser von Kashan lockt, der kann ein einige Halbtagesausflüge in Dörfer unternehmen, die die Anreize genug sind, sich außerhalb der Vorstädte umzutun. Die meisten Besucher begeben sich in das malerische, rosafarbene Dorf Abyaneh, aber es gibt auch ein paar Alternativen abseits der bekannten Pfade. **Niasar** bietet einen schönen Wasserfall, der fast das ganze Jahr über ein beliebter Picknickplatz ist, sowie einen gut erhaltenen Feuertempel aus der Sassaniden-Zeit. Das von Rosenfeldern umgebene **Qamsar** lohnt auf jeden Fall einen Besuch,

besonders im Spätfrühling (Mai bis Anfang Juni), wenn die Rosenblütenernte Besucher aus ganz Iran anlockt.

Abyaneh ابیانه

🎵 031 / 305 EW. / HÖHE 2235 M

Das alte Dorf Abyaneh, das beschaulich zu Füßen des Karkas (3899 m) liegt, ist ein Gewirr aus steilen, verwinkelten Gassen und bröckelnden roten Lehmziegelhäusern mit Gitterfenstern und brüchigen Holzbalkonen. Alter und Abgeschiedenheit von Abyaneh zeigt sich auch darin, dass die älteren Bewohner Mittelpersisch sprechen, eine ältere Form des Farsi, die vor Jahrhunderten weitgehend verschwand, und dass viele Männer sich noch immer in den traditionellen weiten Hosen und schwarzen Westen kleiden. Die Frauen tragen Hijabs, die die Schultern bedecken und traditionell mit roten Blumen bedruckt oder bestickt sind.

Besucher müssen an einem Kontrollpunkt etwa einen Kilometer vor der Allee, die in den Ort führt, Eintrittsgeld für das Dorf zahlen (50 000 IR pro Pers.). Das dient dazu, den Touristenstrom in der Hochsaison in den Griff zu bekommen.

Abyaneh lässt sich am schönsten bei einem Bummel durch die Gassen erkunden, um dann irgendwann auf den **Imamzadeh Yahya** aus dem 14. Jh. mit seinem konischen, blau gekachelten Dach oder auf den **Zeyaratgah-Schrein** mit einem von Weinranken überhangenen Wasserbecken zu stoßen. Der Blick vom Tal zurück aufs Dorf gehört zu den berühmtesten Ausblicken in Zentraliran.

🛏 Schlafen & Essen

Abgesehen von einem Imbiss aus getrockneten Äpfeln, Aprikosen und Pflaumen oder frischen Walnüssen, die von den Frauen im Dorfzentrum verkauft werden, gibt es in Abyaneh ohne vorherige Vereinbarung nichts zu essen, außer im Hotelrestaurant.

Harpak Traditional Residence PENSION $
(📱031-5428 2526; Standard/Dach 100 000/ 120 000 IR, Frühstück 5000 IR; 🖀) Die gemütlichen, aber schlichten kleinen Zimmer in diesem Dorfhaus, als älteste Wohnungen in Iran beworben, vermitteln einen Eindruck vom Leben in diesem historischen Dorf in früheren Zeiten. Die Aussicht von der Dachterrasse über das Dorf und das Tal dahinter entschädigen für die spartanische Ausstattung des Hauses.

ABSTECHER

NATANZ نطنز

Zwischen Kashan und Isfahan lohnt sich ein kurzer Abstecher nach Natanz am unteren Hang des Bergs Karkas. Die grüne Stadt besitzt zwei Attraktionen: die zentrale **Masjed-e Jameh** (Jameh-Moschee; Malek-e Ashtar; 100 000 IR; ☉ Di–So 9 Uhr–Sonnenuntergang) mit vier Iwans, bei der es sich um eines der am besten erhaltenen Gebäude aus der Ilchaniden-Zeit aus dem frühen 14. Jh. handelt, sowie das Grab von **Sheikh Abd al-Samad** (Malek-e Ashtar; Eintritt inkl. Ticket für die Masjed-e Jameh; ☉ Di–So 9 Uhr–Sonnenuntergang; ♿), eines bekannten lokalen Sufi-Mystikers aus dem 11. Jh. In der Stadt werden auch Keramik und Kacheln hergestellt. Im **Charsooq Restaurant** (☎ 031-5422 1301; Malek-e Ashtar, neben der Masjed-e Jameh; Mahlzeiten 200 000 IR; ☉ 8–16 & 18–22.30 Uhr) lässt sich eine behagliche Pause einlegen, um anschließend eine Keramikwerkstatt zu besichtigen oder weiterzufahren.

Der Großraum um Natanz ist außerdem berühmt als Standort der größten unterirdischen Urananreicherungsanlage des Landes. Besucher auf dem Weg in die Stadt dürfen unter keinen Umständen die Anlage, nicht einmal den Zaun darum, fotografieren!

Busse zwischen Kashan (110 000 IR, 1¼ Std.) und Isfahan (160 000 IR, 2 Std.) halten am Abzweig nach Natanz, fahren aber nicht in die Stadt hinein. Die Bushaltestelle liegt am Kreisverkehr an der Hauptfernstraße, von dort sind es noch 2 km zu Fuß bis zum Ort (den Hügel runter, am ersten Kreisverkehr links und dann weiter über zwei weitere Kreisverkehre). Einfacher ist ein Gemeinschaftstaxi von Kashan (160 000 IR). Ein Taxi *dar baste* von Isfahan nach Natanz kostet 1 200 000 IR.

Abyaneh Hotel HOTEL **$$**
(☎ 031-5428 2223; www.hotelabyaneh.com; DZ/3BZ 2 200 000/3 440 000 IR; P❄) Das gepflegte Hotel auf einem Hügel oberhalb von Abyaneh mit einem liebenswürdigen Management ist die komfortabelste Unterkunft im Ort. Im Foyer gibt es, umgeben von vielen Andenken, eine hervorragende Kaffeebar, die an kalten Tagen in den Bergen einen sicheren Hafen bietet. Einige Zimmer haben Panoramablick.

ℹ An- & Weiterreise

Abyaneh liegt 82 km von Kashan entfernt und ist nicht mit öffentlichen Verkehrsmitteln zu erreichen. Mit einem Fahrer/Guide kostet die Fahrt hin und zurück inklusive zwei oder drei Stunden Aufenthalt 50 US$, mit dem Taxi 30 US$. Andernfalls kann ein Fahrer/Guide auf dem Weg nach Isfahan via Nantanz für 80 US$ einen Abstecher hierher machen, mit dem Taxi kostet das 50 US$.

Isfahan اصفهان

📌 031 / 1,76 MIO. / HÖHE 1571 M

Isfahan ist aus gutem Grund das beliebteste Reiseziel in Iran. Die vielen baumbestandenen Boulevards, persische Gartenkultur und bedeutende islamische Architektur verleihen Isfahan einen visuellen Reiz, der von keiner anderen iranischen Stadt übertroffen wird. Das Kunsthandwerk, das hier ansässig ist, untermauert den Ruf als lebendiges Museum traditioneller Kultur. Ein Bummel durch den historischen Basar, über die malerische Brücke und den von der Unesco als Welterbe geführten zentralen Platz gehört mit Sicherheit zu den Highlights jeder Reise.

Isfahan ist als drittgrößte Stadt des Landes Standort von Schwerindustrie, darunter Stahlwerke und eine viel diskutierte Atomanlage am Stadtrand. Daher kommt es auch regelmäßig zu Verkehrsstaus. Trotz dieser modernen Realitäten bleibt der Kern der Stadt ein unvergleichliches Kleinod.

Geschichte

Von Isfahans Frühgeschichte ist kaum etwas bekannt, aber der Ateshkadeh-ye Esfahan (Feuertempel von Isfahan) und die Pfeiler der Pol-e Shahrestan (Shahrestan-Brücke), die beide aus der Sassaniden-Zeit (224–636) stammen, belegen das Alter der Stadt. Ende des 10. Jhs. standen innerhalb der Stadtmauern Isfahans Dutzende Moscheen und Hunderte Häuser reicher Bewohner. 1047 machten es die Seldschuken zu ihrer Hauptstadt. In den folgenden 180 Jahren entstanden prachtvolle Gebäude in einem symmetrischen Architekturstil, von denen noch einige herausragende Exemplare erhalten sind.

Nach der mongolischen Invasion verfiel die Stadt, erreichte aber unter Schah Abbas dem Großen wieder ihre alte Pracht.

1587 wurde sie zur Hauptstadt des Safawiden-Reichs, mit der Folge, dass zahlreiche öffentliche Bauten entstanden, darunter der unvergleichliche Naqsh-e-Jahan-Platz. Die Künste florierten und alle Welt beneidete die Bewohner um hier hergestellte kunsthandwerkliche Schätze wie etwa Teppiche. Isfahans Glanzzeit war jedoch kurz, kaum mehr als ein Jahrhundert nach dem Tod von Abbas verlegte die nachfolgende Dynastie die Hauptstadt nach Shiraz.

◎ Sehenswertes

◉ Naqsh-e-Jahan-Platz

Schon für sich allein ein spektakulärer Anblick: Der **Naqsh-e-Jahan-Platz** (میدان نقش جهان; Karte S. 172; Pferdekutschfahrten 80 000 IR, bis zu 3 Pers.), auch „Platz des Imam" genannt, ist einer der größten öffentlichen Plätze der Welt und Unesco-Weltkulturerbe. Der 512 m lange und 163 m breite Platz wurde 1602 unter dem Safawiden-Herrscher Schah Abbas dem Großen angelegt, um die Bedeutung Isfahans als Hauptstadt eines mächtigen Reichs zu unterstreichen.

Sein Name bedeutet „Bilder Welt", und er wurde angelegt, um die schönsten Schätze des Safawiden-Reichs zu präsentieren: die unvergleichliche Masjed-e Shah, die elegante Masjed-e Sheikh Lotfollah, den opulent ausgeschmückten Kakh-e Ali Qapu und das Qeysarieh-Portal. Der Platz hat sich seither kaum verändert. Noch immer stehen an den beiden kurzen Ende des Torstangen, mit denen der Platz vor 400 Jahren zum Polofeld umfunktioniert wurde (Die damaligen Polospiele sind auf Miniaturen dargestellt, die auf dem ganzen Platz verkauft werden). Die einzigen modernen Ergänzungen sind die Springbrunnen, die von den Pahlavis hinzugefügt wurden, und die Souvenir- und Kunsthandwerksläden in den Arkaden auf beiden Seiten.

Die Stadtregierungen der jüngeren Zeit haben dem Platz wieder zu seiner alten Pracht verholfen, indem sie ihn für den Verkehr sperrten. Pferdekutschen, ein paar Elektrowagen und die eigenen Beine sind nun die einzige Fortbewegungsmittel, die man auf dem Platz nutzen darf, wodurch Besucher den majestätischen Anblick pur genießen können.

Am schönsten ist der Platz am Spätnachmittag, wenn die blau gekachelten Minarette und Kuppeln von den letzten Strahlen der Sonne beleuchtet werden und die Berge dahinter sich rot färben. Es ist die Zeit, wenn sich einheimische Familien auf einen Abendspaziergang rund um den Platz begeben, die Springbrunnen angeschaltet werden und weiches Licht die wahrhaft großartige Architektur erstrahlen lässt.

★ Masjed-e Shah   MOSCHEE

(مسجد امام شاه, Masjed-e Imam; Karte S. 172; Naqsh-e Jahan (Imam) Sq; 200 000 IR; ⊙ Sa–Do 9–11.30 & 13–16.15, Fr 13–16.15 Uhr) Die elegante Moschee mit charakteristischen Mosaiken aus blauen Kacheln und ihren perfekten Proportionen ist ein atemberaubendes Monument im Kopf des Hauptplatzes von Isfahan. Sie ist seit ihrem Bau vor 400 Jahren unverändert und steht als Denkmal für die Vision von Schah Abbas I. und für die Errungenschaften der Safawiden-Dynastie. Die Kuppel der Moschee wurde 1629 fertiggestellt, im letzten Regierungsjahr von Schah Abbas.

Zwar ist jeder Teil der Moschee ein Meisterwerk, aber es ist die Geschlossenheit des Gesamtentwurfs, die einen bleibenden Eindruck hinterlässt. Bezeichnend dafür ist etwa die Positionierung des viel fotografierten **Eingangsportals**, die sich an der Lage am Platz orientiert und nicht an der spirituellen Raumlage der Moschee. Die Funktion des Portals war in erster Linie ornamental. Es setzte einen Kontrapunkt zum Qeysarieh-Portal am Eingang zum Bazar-e Bozorg. Das Fundament ist aus weißem Marmor aus Ardestan und das Portal selbst, um 30 m hoch, ist mit prachtvollen *moarraq kashi* (Mosaiken mit geometrischen Mustern, Blumenmotiven und Kalligrafie) der fähigsten Künstler seiner Zeit geschmückt. Die herrlichen Nischen enthalten kompliziertes Stalaktiten-Stuckwerk in einem Wabenmuster; jedes Paneel hat seine eigene bestechende Gestaltung. Die Arbeit an diesem prächtigen Monument begann 1611 und brauchte bis zur Vollendung vier Jahre. Absichtliche Abweichungen in der scheinbaren Symmetrie zeugen von der Demut des Künstlers im Angesicht Allahs.

Das Portal wurde zum Platz hin gebaut, die Moschee ist jedoch nach Mekka ausgerichtet. Ein kurzer, abgewinkelter Korridor verbindet daher den Platz mit dem **Innenhof**, wobei offensichtlich jegliche ästhetische Skrupel über Bord geworfen wurden. Auf dem Innenhof befinden sich ein Becken für rituelle Waschungen und vier imposante **Iwans**. In die Mauern des Innenhofs sind kunstvolle Vorhallen eingelassen, die von tiefblauen und gelben *haft rangi* (bemalte

Masjed-e Shah (Masjed-e Imam)

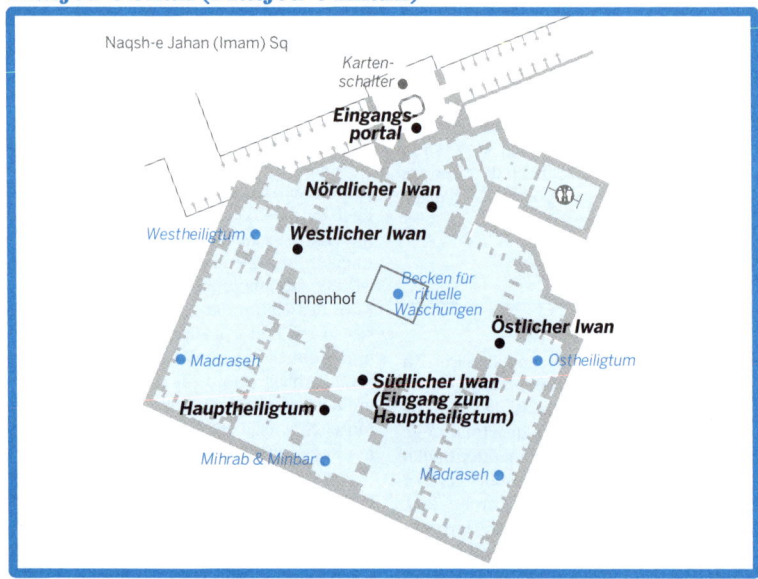

Naqsh-e Jahan (Imam) Sq

Karten-
schalter

**Eingangs-
portal**

Nördlicher Iwan

Westlicher Iwan

Westheiligtum

Becken für
rituelle
Waschungen

Innenhof

Östlicher Iwan

Ostheiligtum

Madraseh

**Südlicher Iwan
(Eingang zum
Haupttheiligtum)**

Haupttheiligtum

Mihrab & Minbar

Madraseh

Kacheln) gerahmt sind. Jeder *iwan* führt in ein Heiligtum mit Gewölbedach. **Ost-** und **Westheiligtum** sind mit besonders schönen Blumenmotiven auf blauem Grund überkuppelt.

Das **Haupttheiligtum** wird durch den **südlichen Iwan** betreten. Es lohnt sich, hier ein stilles Eckchen zu suchen und die Opulenz des Kuppeldachs mit goldenen Rosenmustern zu betrachten (der Blumenkorb), die von Mosaiken aus konzentrischen Kreisen auf tiefblauem Grund umgeben sind. Innen ist die Kuppel 36,3 m hoch, aber die Außenmaße erreichen durch die Doppelverschalung bis zu 51 m. Der Hohlraum dazwischen sorgt für das laute Echo, wenn man auf den schwarzen Pflastersteinen unter der Mitte der Kuppel mit dem Fuß aufstampft. Wissenschaftler haben zwar bis zu 49 Echos gemessen, aber für das menschliche Ohr hörbar sind „nur" zwölf – mehr als genug, damit ein Redner in der ganzen Moschee gehört wird. Der **Mihrab** und der **Minbar** (Predigtkanzel) aus Marmor sind ebenfalls wunderschön gestaltet.

Das Haupttheiligtum bietet einen herrlichen Blick auf die zwei türkisfarbenen **Minarette** über dem Eingangsportal. Jedes ist von einem überkragenden Balkon und weißer, geometrischer Kalligrafie umrundet, die

die Namen Mohammeds und Alis beinahe endlos wiederholt. Östlich und westlich des Haupttheiligtums befinden sich die Innenhöfe von zwei Medresen. Beide bieten einen guten Blick auf die **Hauptkuppel** mit ihren prachtvollen, türkisfarbenen Fliesen.

★ **Bazar-e Bozorg**   BASAR
(بازار بزرگ; Karte S. 172; ☺Sa–Do ca. 9–20 Uhr) Die weitläufige Markthalle, einer der ältesten und faszinierendsten Basare in Iran, erstreckt sich zwischen dem Naqsh-e-Jahan-Platz und der Masjed-e Jameh. Die Bogengänge des Basars, in dem vormittags am meisten los ist, sind von mehreren kleinen, durchlöcherten Kuppeln überdacht, durch die Lichtstrahlen auf das Treiben der Händler darunter fallen. Die ältesten Teile des Basars (rund um die Moschee) sind über 1000 Jahre alt, aber das meiste, was heute zu sehen ist, wurde während der ehrgeizigen Erweiterung unter Schah Abbas im frühen 17. Jh. erbaut.

Der Basar ist ein Gewirr aus Gassen, Medresen, *khans* (Karawansereien) und *timchehs* (überkuppelte Hallen oder Gassen, in denen ein bestimmtes Gewerbe, wie die Teppichhändler oder Kupferschmiede, versammelt ist). Er hat Dutzende Eingänge, aber der Haupteingang ist das **Qeysarieh-Por-**

tal (Karte S. 172) am Nordende des Naqsh-e-Jahan-Platz.

Da es im Basar im Sommer kühl und im Winter warm ist, fällt es nicht schwer, einen halben Tag durch die geschäftigen Gassen zu schlendern, an aufgehäuften Gewürzen und Schüsseln mit getrockneten Datteln zu schnuppern, die Kunden zu beobachten, die bunte Stoffballen befühlen, und die Reihen von roten und weißen Teekannen in den vielen Geschirrläden zu bewundern. Teehäuser sind ein Garant für angenehme Pausen beim Bummel und ein *beryani*-Restaurant ist ideal für einen Mittagsimbiss.

Masjed-e Sheikh Lotfollah   MOSCHE

(مسجد شیخ لطف الله), Sheikh-Lotfollah-Moschee; Karte S. 172; Naqsh-e Jahan (Imam) Sq; 200 000 IR; ⊙22. Sept.–21. März 9–11.30 & 13–16 Uhr, 22. März-21. Sept. 9–12.30 & 14–18 Uhr) Diese Studie in Harmonie und Understatement in der Mitte der Arkaden, die den größten Platz Isfahans säumen, bildet einen Gegenpol zur überwältigenden Opulenz der größeren Moschee Masjed-e Shah am oberen Ende des Platzes. Sie wurde zwischen 1602 und 1619 unter der Regentschaft des Schahs Abbas I. erbaut und dem Schwiegervater des Herrschers, Sheikh Lotfollah, gewidmet. Der angesehene libanesische Islamgelehrte wurde nach Isfahan eingeladen, um der Moschee des Königs (heute die Masjed-e Shah) und der Medrese vorzustehen.

Die Kuppel ist fast ganz mit cremeweißen Kacheln bedeckt, deren Farbe je nach Tageszeit bis in Pinktöne changiert (der Sonnenuntergang ist die beste Zeit, um das Spiel zu beobachten). Die typischen blauen und türkisfarbenen Kacheln wurden nur um die Spitze der Kuppel eingesetzt.

Die blassen Töne der Kuppel stehen in Kontrast zur Farbgebung um das **Portal**, das einige der am besten erhaltenen Mosaiken aus der Safawiden-Zeit aufweist. Die äußeren Paneele zieren einige wunderbare Arabesken und filigrane Blumenmuster, für die Isfahan bekannt ist. Besonders schön sind jene mit einer Vase, die von zwei Pfauenschwänzen gerahmt ist. Das Portal besitzt außerdem einige besonders schöne *muqarnas* (stalaktitenartige Steinreliefs, die für Eingänge und Fensternischen verwendet wurden) mit vielen Motiven in Blau und Gelb.

Das Ungewöhnliche an der Moschee ist, dass sie weder ein Minarett noch einen Innenhof hat und dass Stufen zum Eingang hinaufführen. Es wird vermutet, dass die Moschee nicht für die Öffentlichkeit gedacht war, sondern den Frauen aus dem Harem des Schahs als Gebetsstätte diente. Das **Heiligtum** bzw. die Gebetshalle wird über einen gewinkelten **Gang** erreicht, in dem sich die Augen durch subtile Veränderungen des Lichts, das über dunkelblaue Kacheln huscht, allmählich an die Dunkelheit gewöhnen. Er führt die Gläubigen vom prachtvollen Platz draußen in die Gebetshalle, die auf einer völlig anderen Achse Richtung Mekka ausgerichtet ist, daher seine ungewöhnliche Form.

Die komplexen Wandmosaiken im Heiligtum und die außerordentlich schöne Decke

ZENTRALIRAN ISFAHAN

DER BAU DER MASJED-E SHAH

Als die Bauarbeiten für die Masjed-e Shah begannen, dachte Schah Abbas der Große wohl kaum, dass es 25 Jahre dauern würde, bis auch der letzte Handwerker das Gebäude verließ. Er war bei Baubeginn bereits 52 Jahre alt und mit zunehmendem Alter wurde er immer ungeduldiger, sein größtes architektonisches Projekt vollendet zu sehen.

Der Legende nach soll der Schah wiederholt gefordert haben, beim Bau zu pfuschen, damit es schneller voranginge. Er soll sogar darauf bestanden haben, die Mauern hochzuziehen, als die Fundamente noch nicht fest waren. Sein Architekt Ali Akbar Esfahani wollte davon nichts wissen. Er bot dem Bauherrn die Stirn und machte sich danach direkt aus dem Staub (vernünftig, da Abbas notorisch dünnhäutig war. Er tötete zwei seiner Söhne und blendete einen dritten). Nachdem der Schah sich beruhigt hatte, kehrte der Architekt an den Hof zurück, und wurde dort, da seine Entscheidung sich als klug erwiesen hatte, mit königlicher Gnade wieder aufgenommen.

Einige der Techniken, die angewendet wurden, um Zeit zu sparen, waren ziemlich innovativ: Statt den ganzen Komplex mit Millionen Mosaikkacheln zu verkleiden, wurden größere Kacheln, die bereits mit Mustern bemalt waren, hergestellt. Das Verfahren heißt *haft rangi* und ist seither Standard.

mit immer kleiner werdenden, gelben Motiven sind Meisterwerke islamischer Baukunst. Die Sonnenstrahlen, die durch die wenigen hohen, vergitterten Fenster fallen, zaubern ein im ständigen Wandel begriffenes Spiel aus Licht und Schatten, das den Raum eindrucksvoll wirken und seine Weite greifbar werden lässt. Der Mihrab ist einer der schönsten in Iran und ungewöhnlich hoch. Eine Kalligrafie nennt den Namen des Architekten und das Jahr 1028 AH. (Das *anno hegirae* ist das Jahr der Hidschra, der Auswanderung des Propheten Mohammad von Mekka nach Medina, die sich nach unserer Zeitrechnung im Jahr 622 ereignete. Jahresangaben nach islamische Zeitrechnung werden mit diesem Kürzel versehen.)

Fotografieren ist erlaubt, aber nur ohne Blitzlicht.

Kakh-e Ali Qapu   PALAST

(كاخ عالی قاپو; Ali-Qapu-Palast; Karte S. 172; Naqsh-e Jahan Sq; Eintritt 200 000 IR, Audiotour 15 000 IR; ◷ Winter 9–16 Uhr, Sommer bis 18 Uhr) Der Palast, der Ende des 16. Jhs. als Residenz für Schah Abbas I. gebaut und nach dem Imam Ali, dem großen Vorbild von Abbas, benannt wurde, diente auch als monumentaler Zugang zu weiteren königlichen Palästen dahinter (Ali Qapu bedeutet „Tor des Ali"). Die Architektur sollte vor allem eines, beeindrucken. Mit sechs Stockwerken und 38 m Höhe, einer imposanten erhöhten Terrasse mit 18 schlanken Säulen, dominiert das Bauwerk diese Seite des Naqsh-e-Jahan-Platz.

Von der Terrasse genießt man einen wunderbaren Blick über den Platz, die Masjed-e Shah und die Berge dahinter. Die kunstvolle Holzdecke mit reichen Intarsien und freiliegenden Balken wurde bereits sorgfältig restauriert, derzeit sind die Wände dran. Wer hinter die Abhängung am Baugerüst blickt, kann den Handwerkern bei der Arbeit zuschauen und wird verstehen, warum das seine Zeit braucht.

Viele der Gemälde und Mosaiken, die einst die 52 kleinen Zimmer, Korridore und Treppen schmückten, wurden unter den Kadscharen und nach der Revolution von 1979 zerstört. Zum Glück blieben ein paar schöne Exemplare im Thronsaal hinter der Terrasse erhalten. Das Highlight des Palastes ist das Musikzimmer im oberen Stock. In die Stuckdecke sind Formen von Vasen und Rosenwasserbehältnissen eingeprägt, um die Akustik zu verbessern. Diese charakteristische Handwerksarbeit, die zu den schönsten

Beispielen säkulärer persischer Kunst zählt, setzt sich an den Wänden fort, wo sie wie ein Mosaik aus Schatten wirkt.

◉ Stadtzentrum

★ Masjed-e Jameh   MOSCHEE

(مسجد جامع; Karte S. 172; Allameh Majlesi St; 200 000 IR; ◷ 9–11 & 13.15–16.30 Uhr) Der Komplex der Jameh-Moschee ist regelrecht ein Museum islamischer Architektur und zugleich ein viel besuchtes Gotteshaus. Sie präsentiert die schönsten künstlerischen und religiösen Werke, die neun Jahrhunderte hervorgebracht haben, von der geometrischen Eleganz in den Schöpfungen aus der Seldschuken-Zeit bis zur blumigeren Raffinesse der Handwerker und Künstler der Safawiden. Ihre Arbeit aus der Nähe zu betrachten, lohnt sich – fein kannelierte Säulen, reiche Mosaiken, perfektes Mauerwerk. Die Moschee ist mit 20 000 m² die größte in Iran.

Es wird angenommen, dass hier schon sassanidische Zoroastrier beteten und die erste größere Moschee im 11. Jh. von den Seldschuken auf Tempelfundamenten gebaut wurde. Die zwei großen Kuppeln (im Norden und Süden) stammen aus dieser Zeit und blieben erhalten, aber der Rest der Moschee wurde im 12. Jh. durch ein Feuer zerstört und 1121 wieder aufgebaut. Die Ausschmückungen kamen im Lauf der Jahrhunderte hinzu.

In der Mitte des Haupthofs, der von vier einander gegenüberliegenden *iwans* umgeben ist, befindet sich ein **Waschbrunnen**, der nach dem Vorbild der Kaaba in Mekka gestaltet wurde. Angehende Pilger nutzten den Brunnen einst, um vor dem Hadsch die entsprechenden Rituale auszuüben. Die zweistöckigen Vorhallen um den Innenhof entstanden Ende des 15. Jhs.

Der **südliche Iwan** ist mit seinem Stalaktitenstuck aus der Mongolenzeit, einigen prachtvollen Mosaiken aus dem 15. Jh. an den Seitenwänden und zwei Minaretten äußerst kunstvoll gestaltet. Dahinter befindet sich die grandiose **Nezam-al-Molk-Kuppel**, flankiert von Gebetshallen aus der Seldschuken-Zeit.

Der **nördliche Iwan** zeichnet sich durch seine monumentale Vorhalle mit den üblichen seldschukischen Kufi-Inschriften und schlichten Ziegelpfeilern im Heiligtum aus. Dahinter (durch eine Tür neben dem *iwan* zu erreichen) liegt eine Gebetshalle mit einem ganzen Säulenwald. Sämtliche Ziegel dieser Säulen sind mit den Handwerkersignaturen versehen. Die **Taj-al-Molk-Kuppel** ganz hinten gilt als schönste Ziegelkuppel in Persien. Sie ist zwar relativ klein, soll aber statisch perfekt sein und hat über 900 Jahre Dutzende Erdbeben ohne Schaden überstanden.

Der **westliche Iwan** wurde von den Seldschuken erbaut, aber später von den Safawiden ausgeschmückt. Die Mosaiken hier sind geometrischer als jene in der südlichen Vorhalle. Oberhalb des Innenhofs befindet sich ein *maazeneh,* eine kleine erhöhte Plattform mit einem kegelförmigen Dach, von der die Gläubigen einst zum Gebet gerufen wurden.

Die **Kammer des Sultan Uljeitu** (ein schiitischer Konvertit aus dem 14. Jh.) neben dem westlichen Iwan birgt einen der größten Schätze der Moschee – einen exquisiten

Mihrab aus Stuck, dicht bedeckt mit Inschriften aus dem Koran und Blumenmustern. Daneben befindet sich der **Wintersaal** (Beit al-Shata) aus der Timuriden-Zeit 1448, in den das Tageslicht durch Oberlichter aus Alabaster fällt.

Kakh-e Chehel Sotun   PALAST

(کاخ چهل ستون, Chehel-Sotun-Palast; Karte S. 172; Ostandari St; 200 000 IR; ⊙ 9–16 Uhr) Der wohlproportionierte Palast wurde als Lustschloss und Empfangshalle nach dem Vorbild einer achämidischen *talar* (Säulenvorhalle) gebaut. Die elegante Terrasse, über die er betreten wird, stellt die ideale, nahtlose Verbindung zwischen Gartenkunst und prachtvoller Innenausstattung dar, beides wurde von den Persern sehr geschätzt. 20 schlanke, kannelierte Säulen stützen eine prächtige Decke mit Querbalken und feinsten Intarsien. Chehel Sotun bedeutet „40 Säulen" –

Masjed-e Jameh

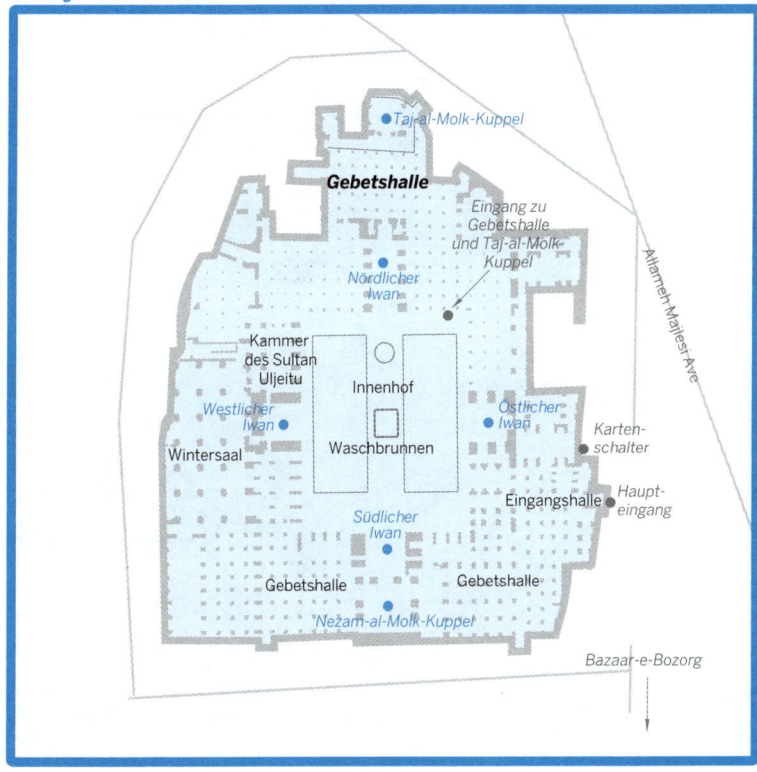

Taj-al-Molk-Kuppel

Gebetshalle

Eingang zu Gebetshalle und Taj-al-Molk-Kuppel

Nördlicher Iwan

Kammer des Sultan Uljeitu

Innenhof

Westlicher Iwan

Östlicher Iwan

Karten-schalter

Wintersaal

Waschbrunnen

Eingangshalle

Haupt-eingang

Südlicher Iwan

Gebetshalle

Gebetshalle

Nezam-al-Molk-Kuppel

Allameh Majlesi Ave

Bazaar-e-Bozorg

Isfahan Zentrum

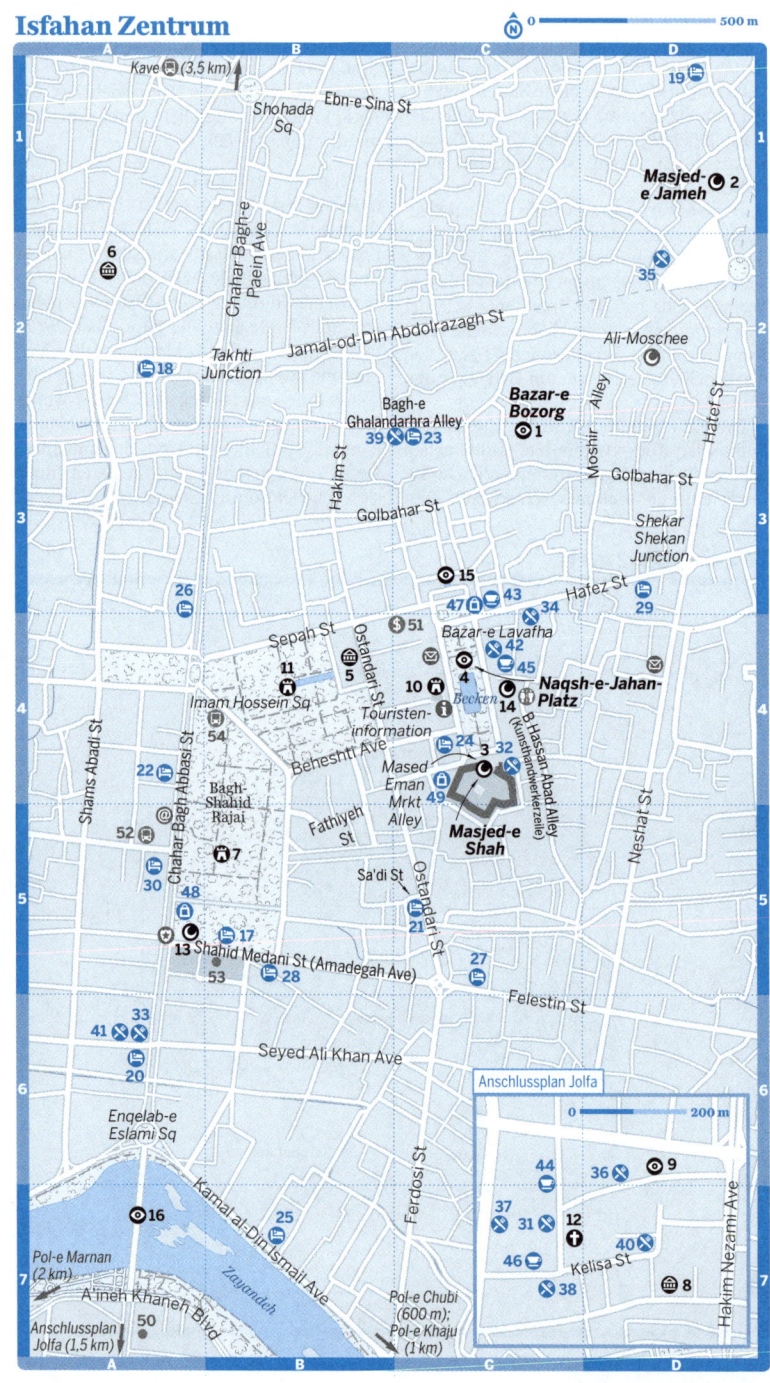

N 0 — 500 m

Kave (3,5 km)

Ebn-e Sina St

Shohada Sq

19

Masjed-e Jameh 2

6

35

Ali-Moschee

Chahar Bagh-e Paein Ave

Takhti Junction

18

Jamal-od-Din Abdolrazagh St

Hatef St

Bagh-e Ghalandarhra Alley

Bazar-e Bozorg

39 23

1

Moshir Alley

Golbahar St

Hakim St

Golbahar St

Shekar Shekan Junction

26

15

Sepah St

47 43

34

Hafez St

29

51

Bazar-e Lavafha

Ostandari St

5

42

11

10

4

45

Naqsh-e-Jahan-Platz

Imam Hossein Sq

54

14

Becken

Shams Abadi St

Touristen-information

Beheshti Ave

24 3 32

B Hassan Abad Alley (Kunsthandwerkerzelle)

22

Bagh-Shahid Rajai

Mased Eman Mrkt Alley

49

Masjed-e Shah

Chahar Bagh Abbasi St

52

7

Fathiyeh St

Ostandari St

Neshat St

30

48

Sa'di St

21

17

13 Shahid Medani St (Amadegah Ave)

27

53

28

Felestin St

33

41

20

Seyed Ali Khan Ave

Anschlussplan Jolfa

0 — 200 m

Enqelab-e Eslami Sq

44

36

9

Ferdosi St

37

31

12

40

Kamal al-Din Ismail Ave

16

25

46

Kelisa St

38

8

Pol-e Marnan (2 km)

Zayandeh

A'ineh Khaneh Blvd

50

Pol-e Chubi (600 m); Pol-e Khaju (1 km)

Hakim Nezami Ave

Anschlussplan Jolfa (1,5 km)

Isfahan Zentrum

ZENTRALIRAN ISFAHAN

die Spiegelung in dem langen Becken vor dem Palast verdoppelt ihre Anzahl.

Die Anlage aus der Safawiden-Zeit, der einzige erhaltene Palast auf dem Regierungsgelände, das sich zwischen dem Naqsh-e-Jahan-Platz und der Chahar Bagh Abbasi Street erstreckte, soll aus dem Jahr 1614 stammen. Eine 1949 entdeckte Inschrift besagt jedoch, dass er 1647 unter Schah Abbas II. vollendet wurde. Wie auch immer, der Palast, der heute hier steht, ist ein Wiederaufbau nach einem Feuer 1706.

Der **Große Saal** (Thronsaal) ist ein echtes Schmuckstück, das üppig mit Fresken, Miniaturen und Keramiken ausgestattet ist. Die oberen Wände dominieren Fresken, die ausfernd das Hofleben und einige der großen Schlachten der Safawiden-Zeit darstellen. Die zwei mittleren Fresken (Nr. 114 und

115) stammen aus der Kadscharen-Zeit, aber die anderen vier sind Originale. Von rechts nach links ab der Eingangstür: Die Armeen von Schah Ismail kämpfen mit den Usbeken, Schah Nadir bekämpft Sultan Mohammed (auf einem weißen Elefanten reitend) auf einem indischen Schlachtfeld und Schah Abbas II. begrüßt König Nader Khan von Turkistan mit Musikern und Tänzerinnen.

An der Wand gegenüber der Tür, ebenfalls von rechts nach links: Schah Abbas I. gibt ein pompöses Bankett, Schah Ismail bekämpft die Janitscharen (Fußtruppen) des Sultans Selim und Schah Tahmasp empfängt Humayun, den indischen Fürsten, der 1543 nach Persien floh. Die außergewöhnlichen Fresken überstanden die Invasion der Afghanen im 18. Jh., die die Gemälde übertünchten, um ihre Missbilligung solcher Extravaganz Ausdruck zu geben. In einem kleinen Museum werden Gegenstände wie die Kopfbedeckung des safawidischen Urahnen Safi od-Din aufbewahrt.

Der Palastgarten **Bagh-e Chehel Sotun** ist ein hervorragendes Beispiel eines klassischen persischen Gartens und wurde jüngst von der Unesco in die Welterbeliste aufgenommen. Eine uralte umgestürzte Kiefer, die auf einem Sockel ruht, vermittelt einen Eindruck vom Alter des Gartens. Die abgewetzten Löwennasen der Wasserspeier am oberen Ende des Zierbrunnens weisen darauf hin, dass dies ein populärer Standort für ein Fotomotiv ist, das die perfekte Symmetrie des Gartens zeigt. Kunststudenten betreiben am Garteneingang einen Laden, der die beliebten landestypischen Baumwolldrucke verkauft.

Madraseh-ye Chahar Bagh   ISLAMISCHE STÄTTE
(مدرسه چهارباغ, Madraseh-ye Mazadar-e Shah, Theologische Schule der Mutter des Schahs; Karte S. 172; Ecke Chahar Bagh Abbasi & Shahid Medani St) Die Medrese, die zwischen 1704 und 1714 als Teil einer weitläufigen Anlage gebaut wurde, zu der auch eine Karawanserei (heute das Abbasi Hotel) und der Bazar-e Honar gehörten, ist architektonisch eines der bedeutendsten Bauwerke in Isfahan. Leider ist sie die meiste Zeit des Jahres für die Öffentlichkeit nicht zugänglich (außer während des Nouruz), aber es ist möglich, die hübsche, blau gekachelte Kuppel und die Minarette aus der Safawiden-Zeit anzuschauen – zwei der schönsten in Isfahan.

**Hammam-e
Ali Gholi Agha**   HISTORISCHES GEBÄUDE
(حمام علیقلی آقا, Ali-Gholi-Agha-Badehaus; Karte S. 172; Ali Gholi Agha Alley, abseits der Masjed-e Sayyed St; 150 000 IR; ☉ 21. März–22 Sept. 8.30–14.30 & 15.30–18 Uhr, 23. Sept.–20. März Sa–Do 8.30–13.30 & 14.30–17 Uhr, Fr 9–13 Uhr; 📷) Das schön restaurierte Hamam-Museum im historischen Viertel Bid Abad wird von kostümierten Puppen bevölkert, die zeigen, was in den einzelnen Bereichen des Hamans passiert. Es gibt einige wirklich schöne Details zu sehen, wie Kacheln, die eine Jagdszene zeigen, die Wasserfontäne über der großen Wanne, die aus einem Entenkopf austritt, und der prächtige Marmorboden. Das Hamam liegt etwas abseits des Stadtzentrums und ist schwer zu finden; ein Taxi ist daher die beste Option.

Kunstgewerbemuseum   MUSEUM
(Muze-ye Honarha-ye Tazeini; Karte S. 172; Ostandari St; 150 000 IR; ☉ Sa–Mi 8–13.30, Do bis 13 Uhr)

Das kleine Kunstgewerbemuseum in einem ehemaligen Stallungs- und Lagerhaus der Safawiden-Herrscher birgt eine schöne Sammlung mit Objekten aus der Safawiden- und Kascharen-Zeit. Dazu gehören Miniaturen, Gläser, Lackarbeiten, alte Koranexemplare, Kalligrafie, Keramiken, Holzschnitzereien, traditionelle Trachten, Waffen und Pferdegeschirr. Zu den Highlights zählen ein einige zierliche Perlenarbeiten, kostbaren Intarsienkästchen und ein Wahrsagespiegel mit Emailledekor. Es gibt auch eine Ausstellung von Schlössern. Die Schlosserei ist ein uraltes Handwerk in Isfahan.

Ali-Moschee   MOSCHEE
(Karte S. 172; an der Moshir Alley) Die Moschee neben dem Bazar-e Bozorg zeichnet ein charakteristisches Merkmal aus: Sie hat ein enormes Minarett aus Backstein, das sich über den angrenzenden Platz erhebt. Es mag nicht die Extravaganz der benachbarten gekachelten Minarette besitzen, aber bei genauerem Betrachten zeigt sich, dass das Mauerwerk sehr fein und mit kunstvollen Mustern auf der Oberfläche versehen ist. Auf jeden Fall ist es ein prima Orientierungspunkt, um sich im Basar zurechtzufinden, besonders da es bei Sonnenuntergang wie ein Leuchtturm erstrahlt.

In der Umgebung stehen zahlreiche historische Häuser mit Holzbalkonen. Zwischen ihnen führt ein alternativer Weg von der Jameh-Moschee zurück zum Naqsh-e-Jahan-Platz.

Hasht-Behesht-Palast   PALAST
(Kakh-e Hasht Behesht; Karte S. 172; 150 000 IR; ☉ 9–16 Uhr) Die Räume im kleinen Hasht-Behesht-Palast, der einmal der am luxuriösesten ausgestattete Palast in Isfahan war, haben im Lauf der Jahre arg gelitten. Einige spektakuläre Details blieben jedoch erhalten, z. B. eine großartige, fein bemalte Stalaktitendecke. In kleinerem Rahmen ist hier die gleiche Stuckdekoration wie im Kakh-e Ali Qapu zu sehen. Die hohen Holzsäulen auf der offenen Terrasse sind fast so hoch wie die Bäume, die im Park um den Palast wachsen. Der Park ist ein beliebter Treffpunkt für pensionierte Männer und verspricht Ruhe in einer hektischen Stadt.

◉ Der Zayandeh & seine Brücken

Ein Nachmittag lässt sich kaum schöner verbringen als mit einem Spaziergang am Ufer des Flusses Zayandeh, den man dabei auf

ISFAHAN IN ...

... zwei Tagen

Der erste Weg führt zum **Bazar-e Bozorg** (S. 168), um ein Gespür für das schlagende Herz von Isfahan zu bekommen. Nach *beryani* (Schaffleisch im Fladenbrot) zum Mittagessen wird die **Masjed-e Jameh** (S. 170) besichtigt, eine der prächtigsten Moscheen des Landes. Dann geht es den schlendernden Pärchen hinterher über die **Si-o-Seh Pol** (S. 175) und auf gepflegten Wegen das trockene Flussbett entlang. Zum Abendessen muss es dann *shashlik* sein – das berühmte und bevorzugte Gericht im **Shahrzad** (S. 181). Der Abend wird mit einem Stück *gaz* (Nougat) von **Fereni Hafez** (S. 180) auf dem herrlichen Naqsh-e-Jahan-Platz abgerundet.

Am zweiten Tag folgen Besuche der **Masjed-e Shah** (S. 167), der **Masjed-e Sheikh Lotfollah** (S. 169) und des **Chehel-Sotun-Palastes** (S. 171) mit seinem Garten, der zum Unesco-Welterbe gehört. Am Abend gibt's eine *ash-e reshte* (Nudelsuppe mit Bohnen) im **Abbasi Traditional Restaurant** (S. 181).

... vier Tagen

Der dritte Tag beginnt mit einem Gang durch das armenische Viertel, um die Fresken in der **Kelisa-ye Vank** zu bewundern. Nach dem Mittagessen in einem der schicken Restaurants in der Nähe, folgt der Ausflug zum **Ateshkadeh-ye Esfahan** (S. 177) mit seiner schönen Aussicht auf die Stadt.

Am vierten Tag gehts's zum **Nazhvan Park** (S. 177) auf ein Picknick am Fluss oder zum Vogelhaus, Aquarium oder Muschelmuseum. Nach der Rückkehr ins Getümmel wird ein Teppich gekauft – oder wenigstens ein Tee in einem Teppichgeschäft getrunken, während die Farben und Muster das Auge bezirzen und der Verkäufer die komplizierte Kunst des Knüpfens erklärt.

---

elf Brücken hin und her überqueren kann, wenn es nicht sogar möglich ist, im oft trockenen Flussbett zu schlendern. So ein Bummel ist besonders bei Sonnenuntergang und am frühen Abend reizvoll, wenn die meisten Brücken, von denen fünf aus safawidischer Zeit stammen, strahlend beleuchtet sind und viele Isfahanis hier herkommen, um sich zu entspannen und auszutauschen.

Pol-e Khaju   BRÜCKE

(پل خواجو, Khaju-Brücke) Die Pol-e Khaju ist zweifellos die schönste Brücke Isfahans und zeigt noch Spuren der originalen Bemalung sowie Kacheln, die einst ihre Doppelarkade schmückten. Sie wurde unter Schah Abbas II. um 1650 gebaut, aber es wird angenommen, dass hier schon zur Zeit Timur Lenks eine Brücke den Fluss überquerte. Die Brücke wird als Verkehrsstraße genutzt, ist aber auch ein Treffpunkt. Nachts versammeln sich unter den Bögen Isfahanis zu einer Art Sängerwettbewerb. Die mit den überzeugendsten Stimmen (oder auch Liedern) locken viele Zuhörer an.

Si-o-Seh Pol   BRÜCKE

(سی و سه پل, Si-o-Seh-Brücke, Brücke der 33 Bögen; Karte S. 172; Pol-e Allahverdi) Die 298 m lange Si-o-Seh-Brücke wurde zwischen 1599 und 1602 von Allahverdi Khan gebaut, einem Lieblingsgeneral von Schah Abbas I. Sie war Brücke und Damm in einem und wird noch heute zum Stauen von Wasser genutzt. Sie ist ein beliebter Treffpunkt, um den Sonnenuntergang zu betrachten und einen romantischen Augenblick unter den Bögen zu erhaschen.

Pol-e Shahrestan   BRÜCKE

(پل شهرستان) Die älteste Brücke Isfahans ist Pol-e Sharestan. Ein Großteil des Stein- und Ziegelbauwerks mit elf Bögen soll aus dem 12. Jh. stammen, aber die Pfeiler sind viel älter und trugen bereits eine Brücke der Sassaniden. Sie befindet sich fast 4 km östlich der Pol-e Khaju, aber es ist ein netter Spaziergang dorthin.

Pol-e Chubi   BÜCKE

(پل چوبی, Chubi-Brücke) Die fast 150 m lange Chubi-Brücke mit 21 Bögen wurde 1665 von Schah Abbas II. gebaut, hauptsächlich, um von hier über Kanäle die Palastgärten in der Gegend zu bewässern. Nur der Schah und sein Gefolge durften die Brücke und zwei eingebaute Empfangssäle betreten.

◉ Jolfa und Großraum Isfahan

Das armenische Viertel von Isfahan stammt aus der Zeit von Schah Abbas I., der eine

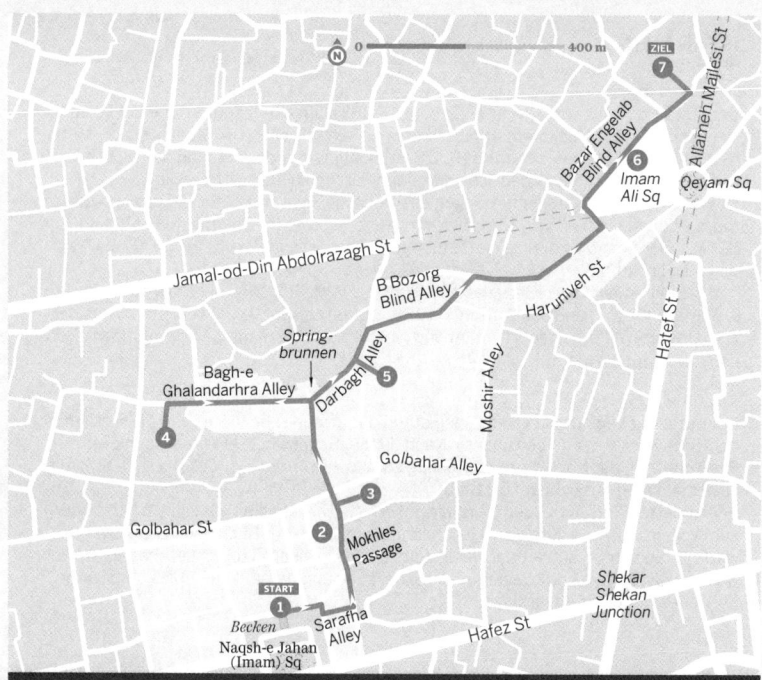

Spaziergang
Bazar-e Bozorg

START QEYSARIEH-PORTAL
ZIEL MASJED-E JAMEH
LÄNGE/DAUER 1,1 KM; ZWEI STUNDEN

Start ist am Becken vor dem imposanten **1 Qeysarieh-Portal** (S. 168) am Nordende des Naqsh-e-Jahan-Platzes. Statt durch das Portal geht es in die Sarafha Alley rechts vom Becken (Osten) und am Ende der Gasse nach links. Geradeaus führt der Weg erst vorbei am spektakulären **2 Malek Timcheh**, einem Gewölbe mit drei Kuppeln aus der Kadscharen-Zeit (links) und dann an der alten Karawanserei **3 M S Khan** (rechts). An einem gekachelten Springbrunnen weiter geradeaus gabelt sich der Weg. Links (Westen) führt die Bagh-e Ghalandarha Alley zur **4 Masjed-e Hakim** (Hakim-Moschee) auf der linken Seite. Sie wurde vor 1000 Jahren gebaut und ist die älteste Moschee in Isfahan, aber nur das schöne Portal neben dem Nordeingang blieb original erhalten.

Zurück am Springbrunnen geht es jetzt in östlicher Richtung in die Darbagh Alley. Ein paar Schritte weiter führen einige Stufen in ein modernes *khan* (Karawanserei) mit einem zwar nicht schönen, aber zweifellos authentischen **5 Teehaus** voller *bazaris* (Verkäufer im Basar), die hier Tee, *qalyans* (Wasserpfeifen) und preiswerte Teller *dizi* (Lamm und Gemüse, am Tisch zu Brei gestampft) genießen. Zu erkennen ist die Karawanserei an einem Schild mit einer Wasserpfeife. Wieder in der Darbagh Alley biegt der Weg nach ein paar Metern rechts in die B Bozorg Blind Alley ab, eine der geschäftigsten und ältesten Gassen im Basar.

Eine Pause vom Einkaufsgedränge gewährt der Weg über den **6 Imam Ali Square** mit schönem Blick auf das Ziegelminarett der Ali-Moschee, um dann am Ende des Platzes in die Gasse zurückzukehren. Beachtenswert ist die gewölbte Decke in der Gasse, die sternförmige oder sechseckige Öffnungen zieren. Die gewundene B Bozorg Blind Alley führt an einem sehr beliebten *beryani*-Restaurant vorbei zum letzten Ziel der Tour, zur prachtvollen **7 Masjed-e Jameh** (S. 170). Wer es nicht vor der Mittagsschließung der Moschee um 11 Uhr schafft, kann sich in die Schlange für ein *beryani* anstellen.

große Kolonie Christen aus Jolfa (heute an der Nordgrenze Irans) hier ansiedelte und das Dorf „Neu-Jolfa" nannte. Abbas wollte von ihrem Geschick als Kaufleute, Unternehmer und Künstler profitieren und garantierte ihnen dafür Glaubensfreiheit – wenn auch weit ab vom islamischen Zentrum der Stadt. Einst lebten über 42 000 armenische Christen hier.

Heute bildet die Kelisa-ye Vank (Vank-Kathedrale) das Zentrum des schicken Viertels, in dem es weitere Kirchen und einen alten Friedhof der christlichen Gemeinde gibt, die schätzungsweise 6000 Mitglieder hat. Viele Besucher kommen am Nachmittag und bleiben zum Abendessen in der relativ liberalen Dorfatmosphäre.

Kelisa-ye Vank   KATHEDRALE
(کلیسای وانک), Vank-Kathedrale, Kathedrale des Heiligen Erlösers; Karte S. 172; Kelisa St; 200 000 IR; ⊙ Sa–Do 8.30–17.30, Fr bis 12.30 Uhr) Die Kelisa-ye Vank im armenischen Viertel Jolfa wurde zwischen 1648 und 1655 mit Unterstützung der Safawiden-Herrscher erbaut und ist der historische Mittelpunkt der armenischen Kirche in Iran. Der opulente Kirchenraum ist mit restaurierten lebhaften und farbenprächtigen Wandgemälden üppig geschmückt, darunter grausame Martyrien- und Dämonendarstellungen. Das Highlight im Museum (gesonderter Eintritt 80 000 IR) ist eine fabelhafte Sammlung von illuminierten Evangelien und Bibeln, einige stammen aus dem 10. Jh.

Musikmuseum   MUSEUM
(Karte S. 172; ☑031-3625 6912; www.isfahan musicmuseum.com; Mehrdad St (Shahid Ghandi); 300 000 IR; ⊙ 9–13 & 15.30–21 Uhr) Das schöne neue Musikmuseum im armenischen Viertel in Jolfa besitzt eine ausgezeichnete Sammlung traditioneller persischer Instrumente. Seine Existenz ist der Leidenschaft eines Privatsammlers zu verdanken, der die Volksmusikinstrumente zusammengetragen hat. Es veranstaltet regelmäßig Konzertabende mit bekannten Musikern. Für Menschen, die sich für Musik interessieren oder ein Auge für schöne Objekte haben, lohnt sich der relativ hohe Eintrittspreis.

Jolfa Square   PLATZ
(Karte S.172) Auf dem reizenden Platz im Zentrum des armenischen Viertels, ein kurzes Stück zu Fuß von der Vank-Kathedrale entfernt, kann man sich niederlassen und das Treiben beobachten. Außer einer Arkade mit Ziegelpfeilern und alltäglichen Läden sowie einer kunstvollen Sonnenuhr gibt es kaum etwas zu sehen oder zu tun, außer auf dem Mäuerchen zu sitzen und die kleine Oase gemeinsam mit den Einheimischen zu genießen.

Taubentürme   HISTORISCHES GEBÄUDE
(کبوتر خانه) Isfahan war jahrhundertelang auf Tauben angewiesen, um Guano als Düngemittel für die berühmten Wassermelonenfelder der Stadt zu gewinnen. Der Guano wurde in knapp 3000 gedrungenen, runden Taubentürmen gesammelt, in denen jeweils rund 14 000 Vögel unterkommen konnten. Heute sind sie ungenutzt, da Kunstdünger sie überflüssig gemacht hat, aber in der Umgebung der Stadt stehen noch über 700 dieser Lehmziegeltürme. Am besten sind sie am Ufer des Zayandeh südlich des Ateshkadeh-ye Esfahan (Feuertempel) zu sehen.

Ateshkadeh-ye Esfahan   TEMPEL
(اتشکده اصفهان), Isfahan-Feuertempel, Marbin-Festung; Saremiyeh St; 150 000 IR; ⊙8.30–16.30 Uhr, im Sommer bis 18.30 Uhr) Die bröckelnden Lehmziegel des Ateshkadeh-ye Esfahan aus der Sassaniden-Zeit liegen am Stadtrand auf einem Hügel über dem Zayandeh. Vom alten Feuertempel und der angrenzenden Festung ist nicht viel zu sehen, aber an klaren Tagen lohnt sich der 20-minütige Aufstieg wegen der Aussicht. Gutes Schuhwerk ist erforderlich, da der obere Teil des Pfads steil und rutschig ist. Ein Taxi nach oben kostet rund 280 000 IR. der Tempel gehört auch zur Besichtigungsroute mit Fahrer/Guide.

★Nazhvan Cultural & Recreational Resort   PARK
(Nazhvan-Park; ☑031-3784 0034; www.nazhvan park.ir; freier Eintritt in den Park, durchschnittlich 180 000 IR pro Attraktion; Ermäßigung für Kinder unter 5 J.; ⊙8 Uhr–Sonnenuntergang) GRATIS In dem riesigen Park am Stadtrand gibt es eine geballte Ladung Freizeitangebote, die angenehme Abwechslung zu Stadterkundung bieten. Ein Vogelgarten (180 000 IR) gehört dazu, das Isfahan-Aquarium (500 000 IR), ein Muschelmuseum (150 000 IR), ein Reptilienhaus (150 000 IR) und eine Schmetterlingssammlung (80 000 IR). Jede Sehenswürdigkeit kostet Eintritt und es gibt keine Kombitickets.

Ein Tagesausflug mit Picknick lohnt sich besonders im Herbst, wenn die Blätter sich verfärben. Zu den weiteren Attraktionen im Park gehören ein kleiner Sessellift über den Fluss, Pferdekutschen, eine Miniaturbahn und ein Wasserpark für Kinder. Ein Frau-

ZENTRALIRAN ISFAHAN

engarten (8 Uhr bis Sonnenuntergang) bietet Frauen, die unerwünschte Aufmerksamkeit vermeiden wollen, einen Rückzugsort. In Kiosken wird eine begrenzte Imbissauswahl verkauft, im Vogelpark gibt es ein Restaurant und auf dem Gelände saubere Toiletten. Ein Taxi zum Park kostet ab dem Stadtzentrum rund 160 000 IR.

👉 Geführte Touren

Geprüfte Stadtführer vermitteln viel Wissen über eine Stadt, deren Schätze allein kaum zu entdecken sind. Sie verlangen 55 bis 65 US$ für einen ganz- oder halbtägigen Stadtrundgang durch Isfahan. Ein Fahrer/Guide kostet 80 bis 90 US$.

We Go Persia
STADTRUNDGANG
(☑0903 209 7700; www.wegopersia.com) Stadtführer und Reiseveranstalter Mojtaba Salsali kennt Isfahan wie seine Westentasche und genießt es, seinen Gästen die Geheimnisse der Stadt zu zeigen. Er bietet diverse Touren durch Iran an – auch Vogelbeobachtung – und ist bei Hotelbuchungen behilflich.

Maryam Nekoie
STADTRUNDGANG
Die Englischlehrerin mit über zehn Jahren Erfahrung als Stadtführerin ist auf Stadtrundgänge durch Isfahan spezialisiert.

Azade Kazemi
STADTRUNDGANG
(☑0913 327 9626; azadekazemi@hotmail.com) Äußerst professionelle, Englisch und Spanisch sprechende Stadtführerin.

Maryam Shafiei
STADTRUNDGANG
(☑0913 326 6127; marie13572002@yahoo.fr) Die Stadtführerin spricht Englisch und Französisch.

Mohammad Shahsavandi
STADTRUNDGANG
(☑0913 313 1974; Mohammad_Shahsavandi@yahoo.com) Kenntnisreicher Stadtführer, der exzellent Englisch spricht.

🛏 Schlafen

Eine gute und bezahlbare Unterkunft in Isfahan zu finden, kann schwierig sein, besonders von Mitte März bis Ende August. In diesem Zeitraum ist eine vorherige Reservierung notwendig. Ratsam ist sie das ganze Jahr über, da es erstaunlich wenige Zimmer gibt, obwohl die Stadt für einheimische und internationale Besucher das beliebteste Reiseziel im Land ist. In der Nebensaison sind Preisnachlässe von 20 % üblich.

🛏 Stadtzentrum

⭐ Iran Hotel
HOTEL $
(Karte S. 172; ☑031-3220 2740; www.iranhotel.biz; Chahar Bagh Abbasi St; EZ/DZ/3BZ/4BZ 26/42/54/66 US$; ❋🅟) Das bescheidene Hotel in einer stillen Gasse in hervorragender Lage hat ein stilvolles Foyer und komfortable Zimmer mit niedrigen Betten, Perserteppichen und Kühlschrank. Dank des freundlichen, hilfsbereiten und Englisch sprechenden Managements ist es eine erstklassige Wahl. Die Zeitungsausschnitte, die am Aufzug aushängen, zeigen, wie viel Mühe man sich hier mit seinen Gästen gibt.

Azady Hotel
HOTEL $
(Karte S. 172; ☑031-3220 4056; www.azadi-hotel.com; Masjed-e Sayyed St; DZ/3BZ 41/70 US$; ❋🅟) Das gut geführte, komfortable Azady mit einem Foyer, das mit Objekten aus kleinen Handwerksbetrieben dekoriert ist, ist eine gute Wahl, trotz der Lage in einer der verkehrsreichsten Straßen von Isfahan. Die Zimmer zur Straße hin sind doppelverglast, aber ein Zimmer nach hinten raus ist der Nachtruhe zuträglicher. Kein Preisnachlass in der Nebensaison.

Naghshe Jahan Hotel
HOTEL $
(Karte S. 172; ☑031-3221 9619; Chahar Bagh Abbasi St; EZ/DZ 30/45 US$, Zusatzbett 11 US$; @🅟) Das bewährte Mittelklassehotel an der größten Durchfahrtsstraße Isfahans (ein Zimmer nach hinten raus ist ratsam) bietet frisch renovierte Zimmer und auf Vordermann gebrachte Flure. Im Restaurant im Untergeschoss wird Frühstück serviert. Ein Schuhputzer und Isfahaner Emaillekunst heben das ansonsten unscheinbare Hotel in die Mittelklassekategorie.

⭐ Isfahan Traditional Hotel
HOTEL $$
(Samaeian Historical House; Karte S. 172; ☑031-3223 6677; www.ethotel.ir; Bagh-e Ghalandarha Alley, abseits der Hakim St; EZ/DZ/3BZ 1 530 000/2 610 000/4 250 000 IR; ❋🅟) Das Hotel im Basar in der Nähe der alten Masjed-e Hakim (Hakim-Moschee) hat zwei Innenhöfe in nebeneinanderliegenden historischen Häusern aus der Safawiden- und der Kadscharen-Zeit. Die atmosphärischen Zimmer sind sauber und komfortabel und mit Satelliten-TV und modernen Badezimmern ausgestattet. Das riesige Restaurant wird zu Mittag gern von Reisegruppen aufgesucht.

Ebnesina Traditional Hotel
TRADITIONELLES HAUS$$

(Karte S. 172; ☑0913 408 2557; hoseinomidzad@ gmail.com; abseits der Ebnesina St, hinter der Masjed-e Jameh; DZ/3BZ 1 950 000/2 550 000 IR) Das hübsche, alte Haus mit großartigen Wandbildern im Foyer und reichlich Spiegelmosaiken ist ein Genuss in einer Stadt, die wenig atmosphärischen Unterkünfte zu bieten hat. Neben einem schönen Blick vom Dachcafé (im Sommer geöffnet) bietet es 60 Zimmer hinter mit Rosen- und Paisley-Mustern handbemalten Türen. Das Management ist freundlich, spricht aber kaum Englisch.

In einer kleinen Werkstatt werden *minakari* (Emaillearbeiten) hergestellt. Bei dem uralten Isfahaner Handwerk wird (meist blaue und weiße) Emaille in sehr detaillierten Verzierungen auf Kupferplatten gebrannt.

Jaam Firouzeh Hotel
HOTEL $$

(Karte S. 172; ☑031-3224 5215; www.firouzehhotel. com; Saadi St, abseits der Ostandari St, nahe dem Naqsh-e Jahan (Imam) Sq; DZ/3BZ 50/65 US$) Läge dieses Hotel noch näher an dem berühmten Platz von Isfahan, könnten die Gäste genausogut gleich in den Ali-Qapu-Palast einziehen. Abgesehen von der perfekten Lage bietet das neue Hotel freundlichen Service, eine stilvolle Sitzecke im Foyer und blitzblanke Zimmer. Ein kleiner Nachteil: Es gibt keine Aussicht – die Fenster sind sehr klein und einige Zimmer haben gar keins.

Safir Hotel
HOTEL $$

(Karte S. 172; ☑031-3222 2640; www.safirhotel. net; Shahid Medani St; Zi. ab 120 US$; P ✱ @ ☎ ✉) Der Besitzer und Manager Herr Bagherian ist extrem stolz auf sein Hotel. Kein Wunder: Es hat eine hervorragende Lage im Stadtzentrum, die 60 geräumigen Zimmer sind mit Fliesenböden und Doppelfenstern und die Bäder mit Badewannen ausgestattet. Hinzu kommen ein Restaurant im obersten Stock und ein schickes, modernes Internetcafé in der Lobby.

★Hasht Behesht Apartment Hotel
APARTMENTS $$

(Karte S. 172; ☑031-3221 4869; www.hbahotel. com; Ecke Ostandari St & Aghili Alley; DZ/3BZ/ 4BZ-Apt. 54/69/84 US$; ✱ ☎) Ohne besonderen Stil, aber zentral gelegen, ist das Hasht Behesht, das von einer reizenden Familie geführt wird, eine der besten Unterkünfte in der Stadt. Geboten werden saubere und gut gepflegte Apartments mit komfortablen Betten, voll eingerichtete Kochnischen und Satelliten-TV. Der Eingang liegt abseits der Aghili Alley. Abholung vom Flughafen ist möglich, auf Wunsch werden auch Tickets gebucht. Das Frühstück kostet 200 000 IR.

Sheykh Bahaei Hotel
HOTEL $$

(Karte S. 172; ☑031-3220 7714; www.sheykhbahaeihotel.com; 4 Sheykh Bahaei St; DZ/3BZ 100/ 129 US$; P ✱ ☎) Das moderne Hotel, ein Stück zurückgesetzt von der verkehrsreichen Sheykh Bahaei Street (der Eingang liegt befremdlicherweise direkt neben einer viel genutzten Parkrampe), hat ruhige Zimmer mit schicken Bädern und erfreut sich einer zentralen Lage. Dachrestaurant und Teehaus (im Sommer) bieten einen Blick Richtung Berge.

Safavi Hotel
HOTEL $$

(Karte S. 172; ☑031-3220 8600; www.safavihotel. ir; Felestin St; Zi. ab 90 US$; ✱ @ ☎) Das attraktiv eingerichtete Hotel hat eine tolle Lage zwischen dem (Imam-) Platz und dem Fluss Zayandeh. Wandbilder und Spiegelmosaiken in den Gemeinschaftsräumen machen viel her, die Zimmer sind zwar nüchterner, aber komfortabel und mit Satelliten-TV und halbwegs großen Badezimmern ausgestattet. Das Hotel liegt zurückgesetzt von der Felestin Street, was den Lärm vermindert.

Esfahan Tourist Hotel
HOTEL $$

(Karte S. 172; ☑031-3220 4437; www.etouristhotel. com; Abbas Abad St; EZ/DZ/3BZ 60/65/70 US$; ✱ ☎) Das hilfsbereite, Englisch sprechende Management gewährleistet, dass diese Unterkunft ihren Ruf als solides Mittelklassehotel aufrechterhält. Die Zimmer wurden jüngst gründlich überholt und im Foyer gibt es einige hübsche neue Wandbilder, die Spatzen darstellen.

Melal Hotel
HOTEL $$

(Karte S. 172; ☑031-3221 8347; www.hotelmelal. net; Kamal al-Din Ismail Ave; EZ/DZ/3BZ 50/85/ 110 US$, Zusatzbett 23 US$; P ✱ @ ☎) Das mehrstöckige Businesshotel am Fluss östlich der Si-o-Seh Pol wird von gut gelaunten Angestellten professionell geführt. Am besten ist ein Zimmer mit Flussblick, die Aussicht lässt sich aber auch vom Restaurant im obersten Stock genießen. In der Lobby gibt's 200 MB kostenloses WLAN.

Setareh Hotel
HOTEL $$

(Karte S. 172; ☑031-3220 7060; www.setareh hotel.ir; Hafez St; EZ/DZ 1 540 000/2 610 000 IR; P ✱ @ ☎) Unmittelbare Nähe zum Naqsh-e-

Jahan-Platz, professionelles Management, Rezeptionisten in Uniform und Ausstattung mit Satelliten-TV und modernen Badezimmern machen dieses Hotel zu einem, das sein Geld wert ist. Das Dachrestaurant (nur im Sommer) ist herrlich. Eine einzelne Lotussäule und der reich geschmückte Eingang sind von der Straße aus leicht zu erkennen.

★ **Abbasi Hotel** HOTEL $$$
(Karte S. 172; ☎ 031-3222 6010; www.abbasihotel. ir; Shahid Medani St; Zi./Deluxe ab 150/200 US$, Suite ab 260 US$; P ❄ @ ☎ ✉) Das Hauptgebäude des Abbasi war einst eine Karawanserei der Madraseh-ye Chahar Bagh. Es liegt um einen großen Garten mit Teichen und hohen Zedern und einem Blick auf die hübsche Kuppel der Medrese – eine ganz besondere Unterkunft. Leider gilt das nicht für das gesichtslose neue Gebäude an der Ostseite des zentralen Hofgartens.

Zum Haus gehören ein gemütliches, traditionelles Restaurant, ein einladendes Café, Kunsthandwerksläden und ein Hallenbad mit Sauna und Fitnessraum. Frühstück wird in der Frühstückshalle auf der Galerie des Hauptrestaurants serviert, die von entzückenden Wandbildern umgeben ist, Abendessen gibt's im verspiegelten Saal darunter. Angesichts der geschwungenen Treppe, der extravaganten Kronleuchter und der Klaviermusik ist das durchschnittliche Essen fast verzeihlich. Keine Preisnachlässe in der Nebensaison.

✖ Essen

Auf dem und um den Naqsh-e-Jahan-Platz gibt es Dutzende wunderbarer Lokale für einen Imbiss oder ein Abendessen.

Isfahan hat drei typische Spezialitäten: *beryani* (gehacktes Schaffleisch und Innereien über Kohlenfeuer gegart, mit Zimt gewürzt und in Fladenbrot eingewickelt), *khoresht-e mast* (eine merkwürdige Mischung aus Lamm, Yoghurt, Ei, Safran, Zucker und Orangenschalen, oft als Dessert gegessen) und *gaz* (Nougat mit Safran, gehackten Pistazien oder Mandeln gemischt).

✖ Stadtzentrum

★ **Bastani Traditional Restaurant** IRANISCH $
(Karte S. 172; ☎ 031-3220 0374; www.bastani traditionalrestaurant.ir; Charsogh Maghsod Bazar, Naqsh-e Jahan (Imam) Sq; Hauptgerichte ab 250 000 IR; ⊙ 11.30–22 Uhr; ✍) Isfahans atmosphärischstes Restaurant liegt im Schatten der Masjed-e Shah und zeichnet sich durch einen Innenhof mit Springbrunnen, Kachelarbeiten an den Wänden und bemalten Gewölbedecken mit Spiegelintarsien aus – wirklich hinreißend. Gerichte wie *khoresht-e beh* (geschmortes Lamm mit Quitten) und *khoresht-e alu* (geschmortes Huhn mit Pflaumen) sind durchgehend köstlich. Für Tee wird Eintritt verlangt, lohnt sich aber, allein um den wunderbaren Raum zu sehen.

★ **Haj Mahmood Beryani** IRANISCH $
(Karte S. 172; www.beryaniazam.com; Bazar Engelab Blind Alley; Beryani 140 000 IR; ⊙ Sa–Do 9–15 Uhr) Das Azam, berühmt für sein *beryani* (das mit einem Glas *dugh* serviert wird, Sauermilch oder Joghurt mit Wasser verquirlt), hat eine Reihe Filialen. Diese hier im Basar ist für ein Mittagessen zu empfehlen – Schlangestehen, zügig Platznehmen, zügig Essen und dabei ganze Zwiebeln vertilgen, das alles gehört zum vergnüglichen Erlebnis.

Fast Food Restaurant FALAFEL $
(Karte S. 172; Ecke Chahar Bagh-e Abbasi & Abbas Abad Sts; Falafel-Sandwich 50 000 IR) Das bescheidene Lokal in der Nähe der Si-o-Seh Pol soll das beste Fast Food in der Stadt servieren – es macht auf jeden Fall ein Bombengeschäft. Die Falafel sind besonders köstlich.

Fereni Hafez SÜSSWAREN $
(Eiscreme Hafez; Karte S. 172; Hafez St; Schale Fereni 20 000 IR; ⊙ 8–24 Uhr) Einheimische drängen sich vor dem bescheidenen Laden, um sich ein nachmittägliches *fereni* zu gönnen – eine Tapioka-ähnliche Süßspeise mit Honig. Einige essen im Stehen, andere hocken sich auf die Plastiksitze auf dem Bürgersteig und wieder andere nehmen Familiengrößen in Bechern mit nach Hause. Ein Happen und sofort ist klar, warum sich das Anstehen lohnt.

★ **Malek Soltan Jarchi Bashi** IRANISCH $$
(Karte S. 172; ☎ 031-3220 7453; www.jarchibashi. com; Bagh-e Ghalandarha Alley, Hakim St; Hauptgerichte 450 000 IR; ⊙ 12–15.30 & 19.30–22.30 Uhr) Das aufwendig renovierte, 400 Jahre alte Badehaus ist ein höchst romantischer Ort für ein Essen, besonders mittwoch- und samstagabend (oder donnerstag- und freitagmittag), wenn Livemusik zur Atmosphäre beiträgt. Der Gewölberaum mit Springbrunnen und Wandbildern wurde wunderschön restauriert. Das Essen ist nicht das beste, aber es lohnt sich, wenigstens eine Kleinigkeit zu bestellen, um das Ambiente genießen zu können.

★ Abbasi Teahouse & Traditional Restaurant
IRANISCH $$

(Karte S. 172; www.abbasihotel.ir; Abbasi Hotel, Shahid Medani St; Nudelsuppe 200 000 IR; ☺16–22.30 Uhr; 🕾) Das hübsche kleine Restaurant (nicht zu verwechseln mit dem Hauptrestaurant des Hotels) an einer Seite des eleganten Innenhofs im Abbasi Hotel wird am frühen Abend von Scharen von Einheimischen besucht. Das meist bestellte Gericht ist *ash-e reshte* (Nudelsuppe mit Bohnen und Gemüse). Wenn es draußen kalt ist, werden große Schalen dieser nahrhaften Suppe in Rekordzahl aus der Küche getragen.

★ Shahrzad
IRANISCH $$

(Karte S. 172; ☑031-1220 4490; www.shahrzad-restaurant.com; Abbas Abad St; Hauptgerichte 500 000 IR; ☺11.30–22.30 Uhr) Opulente Wandmalerei im Kadscharen-Stil, Buntglasfenster und Horden von Kellnern in schwarzen Anzügen tragen zum Ruf des Shahrzad bei, das beste Restaurant in Isfahan zu sein. Zu den Hausspezialitäten gehören Lammkoteletts und *chelo fesenjan* (Schmorgericht aus Granatapfel und Walnüssen). Zum Abschluss der Mahlzeit gibt es kostenlos kleine Stücke *gaz* mit Mandeln und Rosenwasser. Reservierungen werden nicht angenommen, Anstehen ist daher üblich.

Chehel Sotun Restaurant
IRANISCH $$

(Karte S. 172; www.abbasihot 9el.ir; Abbasi Hotel, Shahid Medani St; Hauptgerichte 450 000 IR; ☺19–22.30 Uhr) Um ehrlich zu sein, ist das Essen in diesem schönen Restaurant nicht gerade das beste. Aber wenn das nicht die Hauptsorge ist, lässt sich der Abend in Gesellschaft von Isfahanis genießen, die hier in einem Ambiente, das eines Schahs würdig ist, besondere Anlässe feiern. Die geschwungene Treppe zur Galerie, Spiegelmosaiken und farbenprächtige Wandbilder sind ein visuelles Vergnügen.

Traditional Banquet Hall
IRANISCH $$

(Karte S. 172; ☑031-3220 0729; Naqsh-e Jahan (Imam) Sq; Hauptgerichte 400 000 IR; ☺12–16 & 19–22.15 Uhr) Das Restaurant gleich abseits des Naqsh-e-Jahan-Platz schafft mit Buntglas, bunten Kacheln und *takhts* (Sitztischen) ein Ambiente wie zur Kadscharen-Zeit. Das Lokal ist bei Iranern ebenso beliebt wie bei ausländischen Besuchern; die Angestellten sind freundlich. Es befindet sich im Obergeschoss eines Hauses im Karree nördlich der Masjed-e Sheikh Lotfollah.

✕ Jolfa

Romanos
IRANISCH $

(Karte S. 172; ☑031-3624 0094; abseits des Jolfa Sq; Hauptgerichte 250 000 IR; ☺11–24 Uhr; 🕾) In dem restaurierten Badehaus gleich abseits des Jolfa Square (in einer überwölbten Gasse) sind ein Teehaus und ein Restaurant untergebracht, beide beschaulich und romantisch. Zu essen gibt es u. a. leckere Fischgerichte und Salat vom Buffet.

Honey Restaurant
BUFFET $

(Karte S. 172; ☑031-3627 1227; Hakim Nezami Ave; Buffet mit Suppe 100 000 IR; ☺12–15.30 & 18.30–23 Uhr) Das schlichte und beliebte Restaurant nahe der Kelisa-ye Vank residiert im Kellergeschoss und ist mit Kiefernholzmöbeln, angestrahlten Dioramen und Plastikblumen heiter eingerichtet. Bekannt ist es hauptsächlich für das tägliche Buffet mit einer breiten Auswahl leckerer iranischer Klassiker, aber auch für deftige Suppen – hier geht garantiert niemand hungrig raus.

Arc A
CAFÉ $$

(Karte S. 172; ☑031-3629 0920; Vank Church Alley, Kalissa St; Hauptgerichte 450 000 IR; ☺9–24 Uhr) Das elegante Etablissement im Herzen des armenischen Viertels liegt um einen großen Innenhof. Moderner Terrassenboden und moderne Möbeln geben dem traditionellen Haus einen zeitgenössischen Anstrich. Das Essensangebot ist weitaus breiter als die Bezeichnung „Café" erwarten lässt und beinhaltet moderne Gerichte mit traditionellen Einflüssen und Zutaten wie Tamarinde und Granatapfel. Es liegt so gut wie direkt gegenüber dem Eingang der Kelisa-ye Vank.

Khan Gostar Restaurant
IRANISCH $$

(Karte S. 172; ☑031-1627 8989; Erdgeschoss, Julfa Hotel, abseits der Hakim Nezami Ave, Jolfa; Hauptgerichte 500 000 IR; ☺12–15.30 & 19.30–22.30 Uhr) Das einer Cafeteria ähnliche Restaurant serviert enorme Portionen. Neben einer großen Salatbar zur Selbstbedienung stehen mehrere *tahchin*-Gerichte zur Auswahl. Besonders empfehlenswert ist *tahchin barreh* (knuspriger Reiskuchen mit Lammbraten, garniert mit Berberitze und Nüssen). Im Untergeschoss gibt es ein weiteres Restaurant mit traditionellen Sitzgelegenheiten (gleiche Öffnungszeiten und Preise).

Hermes
CAFÉ $$$

(Karte S. 172; ☑031-3555 5555; www.hermescafe.ir; Jolfa Alley; Hauptgerichte 650 000 IR; ☺11–23.30 Uhr; 🕾) Das helle, moderne Design-

ZENTRALIRAN ISFAHAN

Café bietet ein schickes Esserlebnis im Zentrum des armenischen Viertels. Auf der Karte stehen hauptsächlich westliche Imbissklassiker wie Burger und Pizza, aber mit iranischem Touch.

Ausgehen & Nachtleben

In der Altstadt gibt es zwar jede Menge wundervoller Teehäuser, aber die wohl zwanglosesten Lokale für einen geselligen Abend befinden sich im armenischen Viertel, wo jede zweite Tür in ein schickes Café oder Restaurant zu führen scheint. In der ganzen Stadt wird fast überall zum Abendessen traditionelle Livemusik gespielt.

Marseille Café CAFÉ
(Karte S. 172; ☑ 031-3628 0252; Kalissa St; Kaffee 200 000 IR; ⊙ Sa–Do 9.30–14 & 17–23 Uhr) Das freundliche, familiengeführte kleine Café ist in einem teetrinkenden Land ganz und gar dem Kaffee gewidmet. Die meisten Sorten kommen aus Brasilien, es werden auch Kaffebohnen, Mischungen und Barista-Zubehör verkauft. Ein Stück vom Kuchen des Hauses passt bestens zu den köstlichen Kaffees.

Sharbat Khan Bahar Nareng CAFÉ
(Bitterorangen-Café; Karte S. 172; ☑ 031-3627 5269; Kalissa St, abseits der Hakim Nezami Ave, gegenüber dem Julfa Hotel; ⊙ 8–22 Uhr) Das prachtvoll ausgemalte Café um die Ecke von der Kelisa-ye Vank mit einer fein gemusterten Decke und Wandbildern wirkt wie eine Isfahan-Miniatur. Es ist bei der Besichtigung des armenischen Viertels der perfekte Anlaufpunkt für eine Tasse Kaffee und bietet zudem ein leckeres Frühstück (10 000 IR; 8–11 Uhr) für jene an, die genug vom normalen Hotelangebot haben.

Roozegar CAFÉ
(Karte S. 172; ☑ 031-3223 4357; Espadana Inn, abseits des Naqsh-e Jahan (Imam) Sq; ⊙ 10–22.45 Uhr; ☎) Nach ein paar Runden um und über den Platz ist das kleine Café genau das Richtige zum Auftanken. Sanfte Musik, schwerer Honigkuchen, guter Kaffee und Kräutertees mit *nabat* (Kandiszucker) spenden neue Energie. Das Café befindet sich in einem kleinen Innenhof nördlich der Masjed-e Sheikh Lotfollah und ist ein zwangloser Ort, an dem man andere Reisende trifft.

Azadegan Teahouse TEEHAUS
(Chaykhaneh-ye Azadegan; Karte S. 172; abseits des Naqsh-e Jahan (Imam) Sq; ⊙ 7–24 Uhr) Das beliebte Teehaus in einer Gasse hinter der Nordostecke des Naqsh-e Jahan-Platz ziert

eine riesige Sammlung Krimskrams, der an den Wänden und von der Decke hängt; zu betreten ist es von einem Durchgang aus, den Motorroller, Lampen und alten Radios säumen.

Shoppen

Das Kunsthandwerk blickt in Isfahan auf eine lange Tradition zurück und ist auch heute noch ein blühendes Gewerbe. Vielerorts sind Kunsthandwerker bei der Arbeit zu beobachten, z. B. in der Hassan Abbad Alley, die von der Südostecke des Naqsh-e-Jahan-Platz abzweigt, und in den vielen *khans* (Karawansereien) im Bazar-e Bozorg. Wer durch ein Ladenfenster blickt, sieht jemanden beim Malen von Miniaturen mit einem einhaarigen Pinsel, hinter dem nächsten wird Baumwolle bedruckt. In Teilen des Basars ist das stete Klopfen auf Metall ebenso einprägsam wie die schimmernde Auslage des in Form gehämmerten Kupfergeschirrs.

In der Stadt, in der Geschäfte mit handgefertigten Waren und Läden mit billigeren Souvenirs Tür an Tür existieren, ist Einkaufen ein Vergnügen. Angesichts der größten Auswahl an Kunsthandwerk im ganzen Land und in schönster Umgebung sieht man es den Ladenbesitzern nach, dass sie für einige Waren höhere Preise verlangen als die Läden in Teheran oder Shiraz, besonders da sie das mit einer Tasse *chay* (Tee) und (überwiegend) gutmütigem Feilschen wiedergutmachen. Die besten Einkäufe sind Teppiche, handbemalte Miniaturen aus Kamelknochen sowie filigrane Metall- und Emaillewaren, die im Basar und unter den Arkaden um den Naqsh-e-Jahan-Platz erhältlich sind. Die Konkurrenz unter den Händlern ist erbittert. Was ein Ladenbesitzer über seine Konkurrenten sagt, nur um einen Handel abzuschließen, ignoriert man besser.

Die verschiedenen Gewerbe konzentrieren sich in bestimmten Gegenden. Der **Bazar-e Honar** (Karte S. 172; Chahar Bagh Abbasi St; ⊙ Sa–Do 8.30–13 & 16–21 Uhr) ist ein Zentrum für Schmuck, ein Eldorado aus Goldarmbändern, extravaganten Ketten und Edelsteinanhängern in klassischer Form. In der Posht Matbakh Street, abseits des Naqsh-e-Jahan-Platz, werden Miniaturen verkauft, so bei Fallahi Miniatures, Photo Vat Miniatures und Unique Gallery (Emaillekunst). In den Arkaden nahe dem Masjed-e Shah haben Irans bekannteste Teppich- und Textilhändler ihre Geschäfte, und das Kupferhandwerk ist in den Gassen neben dem Chehel-Sotun-Palast zuhause.

Ein Teppich mag für den Koffer zu groß sein, *gaz* (traditionelles persisches Nougat aus Isfahan) in einer kunstvoll gestalteten Schachtel ist ein Souvenir, das sich leicht transportieren lässt. Die meisten Einheimischen halten Kermani Gaz für die beste Marke. Sie ist fast überall erhältlich, aber ganz sicher in den Geschäften in der Chahar Bagh Abbasi Street und um den Naqsh-e-Jahan-Platz.

Hossein Fallahi KUNSTAHNDWERK
(Miniature Art Gallery and Workshop; Karte S. 172; 031-3220 4613; www.miniatureart.org; Posht Matbak St, abseits des Naqsh-e Jahan (Imam) Sq; mit Miniaturen bemaltes Kästchen ab 25 US$; ☺9–21 Uhr) In dieser Werkstatt lässt sich der Meister dabei zuschauen, wie er mit einem Katzenhaar und einer Taubenfeder durch ein Vergrößerungsglas guckend mit winzigen Pinselstrichen Farbe auf ein Miniaturgemälde oder Kästchen aus Knochen aufträgt. Mit nur einem einzigen Pinselstrich alle diese Ornamente hervorzubringen, ist wirklich große Kunst.

Paradise Handicrafts TEPPICHE
(Karte S. 172; 031-3220 4860; paradisecarpets @yahoo.com; 19 Afarinesh Bazaar, Naqsh-e Jahan (Imam) Sq; ☺Sa–Do 9–13 & 15–19 Uhr) Das sehr freundliche Vater-Sohn-Gespann hat sich auf Nomadenteppiche aus ganz Iran spezialisiert. Die Stücke sind von hoher Qualität und auf Wunsch wird der Versand organisiert.

Aladdin Carpets TEPPICHE
(Karte S. 172; 031-3221 1461; aladdin_shop@yahoo.com; 160 Naqsh-e Jahan (Imam) Sq; ☺Sa–Do 9–13 & 15–19 Uhr) Der kleine Laden hat eine interessante Auswahl an Teppichen und erfahrene Verkäufer.

🛈 Praktische Informationen

GELD
In der Sepah Street abseits des Naqsh-e Jahan (Imam) Sq gibt es mehrere Wechselstuben.

Jahan-e Arz Money Changer (Karte S. 172; Sepah St; ☺Sa–Do 8.30–15 Uhr) Bietet gute Wechselkurse.

INTERNET
Coffeenets (Karte S. 172; pro Std. 40 000 IR; ☺8–22 Uhr) gibt es in der Chahar Bagh Abbasi Street.

MEDIZINISCHE VERSORGUNG
Al-Zahra Hospital (☎ 031-3620 2020; Soffeh St) Bestes Krankenhaus in Isfahan mit Englisch sprechenden Ärzten.

NOTFALL
Die Notfallrufnummer wählen und nach der **Tourist Police (Touristenpolizei)** (Karte S. 172; ☎110; Chahar Bagh Abbasi St; ☺24 Std.) fragen. Eine Englisch sprechende Kontaktperson wird behilflich sein. Englisch sprechende Beamte sind auch in dem Häuschen auf der Mitte der Straße vor der Madraseh-ye Chahar Bagh zu finden.

POST
Hauptpostamt (Karte S. 172; www.post.ir; Neshat St) Östlich des Naqsh-e Jahan (Imam) Sq, Aufgabe große Versandstücke, z. B. eines Teppichs, möglich.

Postamt (Karte S. 172; www.post.ir; Naqsh-e Jahan (Imam) Sq; ☺8–18 Uhr) Für Postkarten und Briefe.

REISEBÜROS
Donyaye Parvaz Tour & Travel Agency (Karte S. 172; ☎ 031-3667 3101; donyaye parvaz@aol.com; 8 Chahar Bagh-e Bala St; ☺So–Do 8.30–17 Uhr) Das professionelle Büro am Südende der Si-o-Seh Pol organisiert Touren und Visa, bucht Unterkünfte und beschafft Tickets für Flugzeug, Zug und Fähre. Der Angestellte Herr Morshedi spricht hervorragendes Englisch und ist äußerst hilfsbereit.

Iran Travel & Tourism (Karte S. 172; ☎ 031-3222 3010; irantravel1964@yahoo.com; Shahid Medani St; ☺Sa–Do 8.30–19 Uhr) Das Büro gegenüber dem Abbasi Hotel bucht Tickets für Flugzeug, Zug und Fähre.

FLÜGE AB ISFAHAN

ZIEL	TICKETPREIS (US$)	HÄUFIGKEIT	FLUGGESELLSCHAFT
Ahvaz	75	10-mal wöchentl.	Iran Air, Aseman
Bandar Abbas	87	2-mal wöchentl.	Iran Air, Aseman
Kish	96	5-mal wöchentl.	Iran Air, Taban
Mashhad	84	tgl.	Iran Air, Taban, Kish
Shiraz	50	2-mal wöchentl.	Iran Air
Teheran	80	tgl.	Iran Air, Taban, Qeshm

TOURISTENINFORMATION

Touristeninformation (Karte S. 172; ✆ 031-3221 6831; Naqsh-e Jahan (Imam) Sq; ☺ Sa–Do 7.30–14 Uhr) Unten im Ali-Qapu-Palast. Die Englisch sprechenden Mitarbeiter geben Karten, Stadtpläne und Broschüren für Stadt und Umgebung aus.

VISAVERLÄNGERUNGEN

Die **Ausländerbehörde** (Rudaki St; ☺ Sa–Do 8–14 Uhr) befindet sich in einem großen, trostlos aussehenden Regierungsgebäude. Reisepässe müssen am Tor vorgezeigt werden und Formulare sind im Büro auf dem Innenhof erhältlich. Wird der Antrag früh eingereicht, wird er am gleichen Tag (in drei bis vier Stunden) bearbeitet. Frauen müssen auf den erforderlichen Fotos einen Hijab tragen. Hilfreich ist die Vorlage eines Flug- oder Bustickets für die Weiterreise.

ⓘ An- & Weiterreise

BUS

In Isfahan gibt es mehrere Busbahnhöfe. Der **Kave-Busbahnhof** (Kave Blvd) im Norden wird von Reisenden am häufigsten genutzt. Hier fahren die Busse nach Teheran, Kashan und Yazd ab. Die meisten Fahrgäste kaufen ihre Tickets kurz vor der Abfahrt am Kartenschalter im Bahnhofsgebäude, aber in der Ferienzeit und an Feiertagen ist es ratsam, Tickets ein oder zwei Tage zuvor über ein Reisebüro zu besorgen. Ein Taxi *dar baste* vom Zentrum zum Kave-Busbahnhof sollte etwa 160 000 IR kosten.

Busse zu nähergelegenen Zielen fahren von zwei kleineren Busbahnhöfen ab.

Busbahnhof Zayandeh Rud (✆ 031-3775 9182) Busse nach Shahr-e Kord (VIP 130 000 IR), die zwischen 6 und 21 Uhr etwa jede Stunde abfahren. Vom Stadtzentrum zum Busbahnhof fahren Shuttletaxis ab der Nazar Street (East) gleich südlich der Si-o-Seh Pol (160 000 IR).

Jey-Busbahnhof (Jey St) Stündliche Fahrten nach Yazd zwischen 6 und 1 Uhr (VIP 260 000 IR, 6 Std.) und Na'in (Minibus 60 000 IR, ☺ 3–4 Std.). Shuttletaxis fahren ab der Takhti Junction (20 000 IR) hierher.

FLUGZEUG

Der internationale Flughafen von Isfahan (http://enisfahan.airport.ir/) liegt etwa 25 km nordöstlich der Stadt. Es gibt keinen Flughafenbus. Ein Taxi *dar baste* kostet rund 9 US$.

Das Büro von **Iran Air** (Karte S. 172; ✆ 222 8200; www.iranair.com; Shahid Medani St) befindet sich im Einkaufszentrum gegenüber dem Abbasi Hotel.

ZUG

Der Bahnhof (*istgah-e ghatah*) befindet sich am Südrand der Stadt und ist mit dem Bus von einer Haltestelle vor dem Kowsar International Hotel zu erreichen. Allerdings können das Warten auf den Bus und die Fahrt über eine Stunde dauern. Ein Taxi kostet 300 000 IR. Fahrkarten müssen sehr frühzeitig gekauft werden (am einfachsten über ein Reisebüro, besonders an Wochenenden und an Feiertagen).

ⓘ Unterwegs vor Ort

Seit vielen Jahren ist eine U-Bahn im Bau. Leider gibt es keine Anzeichen, dass das ambitionierte Projekt in absehbarer Zeit fertiggestellt sein wird. Es bedeutet aber, dass einige Teile des Stadtzentrums, auch die Takhti Junction, riesige Baustellen sind.

BUS & MINIBUS

Stadtbusse und Minibusse fahren alle paar Minuten am **Busbahnhof** (Karte S. 172) nahe dem Chehel-Sotun-Palast ab. Man muss nur fragen und nochmals fragen, welcher in die gewünschte Richtung fährt. Auch an den Haltestellen in der Stadt nennt man sein Ziel und lässt sich von Passanten den korrekten Bus zeigen. Busse zum Ateshkadeh-ye Esfahan (Feuertempel) fahren am **Busbahnhof** (Karte S. 172) in der Sheykh Bahaei Street ab.

Eine Fahrt kostet 0,40 bis 0,90 US$, in den Häuschen entlang der Strecke werden Mehrfahrtenkarten verkauft.

TAXI

Je nach Entfernung – und Verhandlungsgeschick – kostet eine Fahrt in einem privaten Taxi innerhalb Isfahans zwischen 120 000 und 320 000 IR. Taxifahrer vor den großen Touris-

ZÜGE AB ISFAHAN

ZIEL	TICKETPREIS (IR; NORMAL)	FAHRZEIT (STD.)	ABFAHRT
Bandar Abbas	600 000	15	1. Woche – So, Di & Do; 2. Woche – Mo, Mi, Fr & Sa
Kashan	220 000	4½	1. Woche – So, Di & Do; 2. Woche – Mo, Mi, Fr & Sa
Mashhad	100 000	18	tgl.
Teheran	370 000	7½	tgl.

BUSSE AB ISFAHAN (KAVE)

ZIEL	TICKETPREIS (IR; VIP/MAHMOOLY)	FAHRZEIT (STD.)	ABFAHRT
Bandar Abbas	600 000 (VIP)	12	16.30 & 18.30 Uhr
Hamadan	400 000 (mahmooly)	7	13.15 & 22.45 Uhr
Kashan	115 000/80,000	3	häufig 5–19 Uhr
Kermanshah	470 000 (mahmooly)	10	8.45 & 21.45 Uhr
Khorramabad	335 000 (mahmooly)	6	14.15 & 23.55 Uhr
Mashhad	780 000/515 000	16	5-mal tgl. 15.30–19.30 Uhr
Orumiyeh	750 000 (VIP)	17	14.30 Uhr
Sanandaj	340 000 (mahmooly)	10	21 Uhr
Shiraz	360 000 (mahmooly)	6	häufig 24 Std.
Tabriz	650 000 (VIP)	12	5-mal tgl. 18–19.30 Uhr
Teheran	330 000 (VIP)	6	häufig 24 Std.
Flughafen Teheran (Internationaler Flughafen Imam Khomeini)	350 000 (VIP)	5	3-mal tgl. 20–22 Uhr
Yazd	260 000 (mahmooly)	5	häufig 1–19 Uhr

tenzentren, z. B. am Naqsh-e Jahan (Imam) Square und an der Kelisa-ye Vank (Vank-Kathedrale), verlangen grundsätzlich mehr als jene, die in den Vororten fahren.

Die lange Chahar Bagh Abbasi Street ist die Hauptdurchfahrtstraße der Stadt; alle paar Sekunden kommt hier für etwa 500 IR pro Kilometer ein Gemeinschaftstaxi *mostaghim* (geradeaus) entlang.

Zu abseits gelegenen Zielen wie dem Bahnhof und den Busbahnhöfen fahren Taxis von Halteplätzen an Takhti Junction, Laleh, Qods und Ahmad Abad Square (Richtung Osten), Imam Hossein und Shohada Square (Richtung Norden) sowie vom südlichen Ende der Si-o-Seh Pol und Azadi Square (nach Süden und Westen).

Zagros-Gebirge

Eine Fahrt durch die karge Landschaft des Zagros-Gebirges bildet eine interessante Alternative zu den direkten Bus- oder Flugverbindungen zwischen Isfahan und Shiraz. In den Bergen leben Perser, Luren und Kurden sowie zahlreiche Nomaden (hauptsächlich Bachtiaren und Kaschgai). Nomadische Traditionen bestimmen mal mehr mal weniger den täglichen Rhythmus des Bergdaseins. Eine faszinierende Gegend, um die Unterschiede zwischen dem landwirtschaftlich genutzten Hochland und den Wüstenebenen dazwischen zu beobachten.

Nur wenige Menschen sprechen Englisch, öffentliche Verkehrsmittel sind selten oder gar nicht vorhanden, und Unterkünfte sind sehr schlicht in diesem Teil Irans, was die Region wirklich als „abseits der ausgetretenen Pfade" kennzeichnet. Die beste Zeit, um hier zu reisen, ist von April bis November, wenn die Nomaden ihre Lager an den Berghängen aufschlagen. Im Winter ziehen sie in die Täler südlich von Shiraz, und viele der Hochgebirgsstraßen sind wegen Schnee unpassierbar.

Shahr-e Kord شهر كرد

☎ 038 / 380 312 EW. / HÖHE 2070 M

Shahr-e Kord, die verschlafene Hauptstadt der Provinz Chahar Mahal va Bakhtiyari, liegt 30 Minuten Fahrt von Isfahan entfernt. Sie wird wegen ihrer Höhenlage als „Dach Irans" bezeichnet und ist vorrangig eine alltägliche, bäuerliche Stadt. Seit die Dörfer in der Umgebung ihr Potenzial für Outdoor-Aktivitäten entdecken, wandelt sich die Zwischenstadt jedoch mehr und mehr zu einem eigenen Reiseziel.

Shahr-e Kord selbst besitzt auch ein paar Anlaufstellen: ein bescheidenes **Museum** (☎ 038-3333 1245; Valiasr St, nördlich der Valiasr Junction; 150 000 IR; ☻ Sa–Do 10–16 Uhr) in einem schön restaurierten alten Hamam und das **Ferdosi Soffrekhaneh** (☎ 038-3225 4355; Ferdosi Sq; Tee 20 000 IR; ☻ 8–22 Uhr), eines der stimmungsvollsten original erhaltenen Teehäuser Irans. Lohnenswert ist auch eine Visite beim **Wollhändler** (Ferdosi Sq; ☻ 8–

18 Uhr), der traditionelle Ziegenhaarjacken für Männer verkauft. Die Jacken sind schwarz-weiß und ärmellos und bieten einen erstaunlich windfesten Schutz gegen die Winterkälte.

Hauptattraktion des Dorfes **Chaleshtar** (چالشتر) ist eine **Burg** (80 000 IR ⊗8–16 Uhr) ganz in der Nähe. Das großartige kleine Museum befindet sich in der Residenz eines einstigen *khan*, der für jeden seiner beiden Söhne jeweils einen opulenten Flügel um mehrere Innenhöfe herum bauen ließ. Interessant sind die alten Grabsteine mit zwei Vertiefungen für Wasser und Körner für die Vögel.

Die ländliche Umgebung bietet Gelegenheiten zum Wandern, Rafting (ohne Stromschnellen) und Reiten. Alles kann über die recht gute Pension **Khan-e Mosafer** (☏0913 106 5637; Zi. bis zu 5 Pers. 1 600 000 IR, Frühstück 80 000 IR) in Chaleshtar organisiert werden.

Es gibt häufige Busverbindungen nach Shahr-e Kord und von Isfahan (80 000 IR) mit dem Taxi kostet die gleiche Strecke 1 200 000 IR. Ein lokales Taxi ist das beste Verkehrsmittel, um Chaleshtar von Shahr-e Kord (20 000 IR) zu erreichen.

Chelgerd   چلگرد

☏038 / 2708 EW. / HÖHE 2319 M

Chelgerd ist das Skizentrum in diesem Teil des Zagros-Gebirges. Das **Koohrang Ski Resort** hat nur einen 800 m langen Schlepplift, der einen Hang in der Nähe des Koohrang-Tunnels hochfährt. Von Ende Dezember bis Februar gibt es in der Regel genug Schnee zum Skifahren und die Hänge sind an Werktagen meist leer.

Die **Zardkuh-Gletscher** südlich von Chelgerd auf einer Höhe von 4050 m tauchen allmählich auf vereinzelten Reiserouten auf, allerdings gibt es derzeit noch keine touristischen Angebote, sodass man die Formationen nur aus sicherer Distanz bewundern kann. Der größte Gletscher, der erst 1933 entdeckt wurde, ist 500 m breit und 150 m lang und eine merkwürdige Erscheinung inmitten einer überwiegend tropischen (statt polaren) Wüstenregion.

Der Ort ist ein guter Ausgangspunkt, um auf einen der vielen Gipfel in der Umgebung zu steigen, die bis zu fast 4000 m hoch sind. Es gibt zudem einige ungewöhnliche Attraktionen im und um das kleine Dorf, in der entsprechenden Jahreszeit auch Besuche bei den Nomaden der Gegend.

Das alte Dorf **Sar Aqa Seyyed**, von Chelgerd 25 km über eine Piste entfernt, ist ein beliebtes Ausflugsziel. Es zieht sich wie Stufen einen Berghang hinauf, wobei das Flachdach eines jeden Hauses eine begehbare Plattform vor dem Haus darüber bildet. Manchmal ist das Dorf im Winter wegen Schnee von den unteren Tälern abgeschnitten. Viele Einheimische stehen Besuchern skeptisch gegenüber, am besten wird das Dorf mit einem Guide besucht.

Das **Koohrang Hotel** (☏0912 114 4030, 038-3362 2302; www.koohranghotel.com; DZ/3BZ/4BZ 2 000 000/2 700 000/3 332 000 IR; ❄) liegt in einem hübschen Tal in der Nähe eines Flusses und entschädigt für ein wenig anziehendes Äußeres mit einem herzlichen Empfang. Es werden etliche Aktivitäten angeboten und der Englisch sprechende Manager ist eine ergiebige Informationsquelle zur ganzen Region.

An den meisten Wochentagen verkehrt einmal täglich ein Minibus zwischen Chelgerd und Shahr-e Kord (120 000 IR, 1½ Std.).

Ein Taxi *dar baste* kostet 800 000 IR nach/von Shahr-e Kord und 160 000 nach/von Isfahan.

Sepidan   سپیدان

☏071 / 87 801 EW. / HÖHE 2250 M (ARDAKAN), 2818 M (POOLADKAF)

Der Verwaltungsbezirk Sepidan, rund 80 km und eine Stunde Fahrt sowohl von Shiraz als auch Yasuj entfernt, bietet viele Möglichkeiten für Outdoor-Aktivitäten, die in den meisten Fällen am besten von Shiraz aus organisiert werden. Stützpunkt ist das traditionelle Städtchen **Ardakan** am Rand des Zagros-Gebirges, wo Ausrüstung für Wanderungen und Camping gekauft werden können. Viele Frauen tragen die schweren, gefütterten Samtröcke der Region, die mit leuchtenden Perlenstickereien oder Spitze verziert sind. Im Sommer besuchen Nomaden den Basar.

Die meisten passieren Ardakan auf dem Weg zum **Pooladkaf Hotel** (☏0917 601 5053, 071-3625 8025; www.pooladkafhotel.com; Zi. 3 000 000 IR mit Frühstück; 🅿 ❄ ☎), einem Skiresort etwa 15 km bergauf vom Dorf. Das Resort besitzt einen 2100 m langen Skilift an einem 3400 m hohen Berghang. Eine Übernachtung in Arkadan ist im schlichten und originellen **Partaknah Motel** (☏0917 100 6319; Ardakan–Pooladkaf Rd; 800 000 IR pro Pers.) möglich.

Herr Raeisi von **Iran Sightseeing** (☏071-1235 5939, 0917 313 2926; www.iransightseeing.com) in Shiraz organisiert im Winter Abfahrts- und Skilanglauf-, im übrigen Jahr Trekking- und Mountainbiketouren. Er hat auch beste Kontakte zu den Nomaden und kann individuelle Besuche und Übernachtungen in Nomadenlagern arrangieren.

❶ An- & Weiterreise

Mit öffentlichen Verkehrsmitteln ist Sepidan nur schwer zu erreichen; ein Taxi für die einstündige Fahrt von Shiraz nach Ardakan kostet rund 500 000 IR, die 15 km von Ardakan nach Pooladkaf rund 100 000 IR.

Qalaat

☏ 071 / 2613 EW. / HÖHE 1956 M

Das verfallende Dorf Qalaat (oder Ghalat) in den Ausläufern des Zagros-Gebirges, nur 15 km nordwestlich von Shiraz, füllt sich allmählich wieder mit Leben, seit Besucher aus Shiraz hier ein wenig Landleben genießen wollen. Viele der Stein- und Lehmhäuser werden Stück für Stück restauriert, einige wurden zu Restaurants umgebaut, wie das herrliche **Kooch Traditional Restaurant** (☏0917 116 7028, 071-3670 6907; Mahlzeiten 400 000 IR).

Es lohnt sich, zum oberen Teil des Dorfs hinaufzusteigen, der am gekachelten Minarett einer betagten Moschee zu erkennen ist, um den schönen Blick über die Berge der Umgebung zu genießen. Wie in einer Obstbauregion nicht anders zu erwarten, ist es hier im Frühling besonders hübsch.

Für Besucher eignet sich Qalaat gut für einen netten nachmittäglichen oder abendlichen Ausflug von Shiraz oder einen kurzen Spaziergang oder eine Teepause auf dem Weg nach Ardakan im Bezirk Sepidan. Es fahren keine öffentlichen Verkehrsmittel nach Qalaat; ein Taxi hin und zurück von Shiraz (35 km) kostet um 400 000 IR einschließlich Wartezeit. Zum oberen Teil des Dorfs geht es ziemlich steil bergauf, weswegen es sich lohnt, weiter oben im alten Viertel auszusteigen statt unten.

Dasht-e Kavir   دشت کویر

Die Dasht-e Kavir, eine von zwei Wüsten, die die Landschaft dieser Region beherrschen, besteht aus einer Mischung aus Sand und Salz und ist ebenso blendend weiß wie ohrenbetäubend still. Allen Erwartungen zum Trotz gibt es in dieser trostlosen Umwelt Oasen mit Dörfern, die von Südwasserquellen versorgt werden, wie sie seit Jahrhunderten Teil des Wüstenmythos sind.

Die Wüste reicht fast bis an alle Straßen östlich von Isfahan und lockt manche Reisende 400 km bis ins Zentrum der Dasht-e Kavir in und um den Hauptort Khur. Aber die Wüste lässt sich auch ohne eine lange Reise in die endlose Leere genießen: Auf der Fahrt zwischen Isfahan und Yazd bieten die kleinen Ortschaften Kuhpayeh, Toudeshk und Na'in Karawansereien, bildhübsche Lehmhäuser und spannende Landschaften.

Nur wenige wollen sich im Sommer für längere Zeit in der Wüste aufhalten, da die Temperatur regelmäßig 50° C erreicht und Klimaanlagen kaum vorhanden sind.

Kuhpayeh & Toudeshk   کوهپایه تودشک

☏ 031 / 4587 EW. (KUHPAYEH), 3940 EW. (TOUDESHK) / HÖHE 2200 M

Östlich von Isfahan an der Hauptstraße nach Na'in laden zwei kleine Dörfer Reisende zu einer Unterbrechung ihrer Fahrt nach Yazd ein, die dort in zwei außerordentlich gastlichen Häusern übernachten können.

🛏 Schlafen

⭐ **Tak-Taku Guesthouse**   PRIVATUNTERKUNFT $
(☏0913 365 4420, 031-4643 2586; www.taktaku.com; B mit Frühstück 15 US$, VP pro Pers. 35 US$; ◉@🛜) Der Englisch sprechende Besitzer Mohammad Jalali und seine Familie bieten mit viel Charme und Herzlichkeit ihren Gästen ein authentisches Erlebnis iranischer Gastfreundschaft. Die Zimmer in dem traditionellen Haus liegen um einen Innenhof und die Gäste schlafen und essen auf iranische Art, nämlich auf dem Boden. Die hausgemachten Gerichte gehören zu den kulinarischen Highlights eines Besuchs in Zentraliran.

Im Preis für die Unterkunft sind eine interessante Führung durch das Dorf und die Benutzung von Fahrrädern enthalten. Gäste können auch das Hamam im Ort besuchen (nur donnerstags und freitags). Ebenfalls angeboten werden Tagesausflüge zu einem Salzsee (45 US$) und Campingtouren zu den Sanddünen der Varzaneh-Wüste (30 US$ oder 65 US$ für Ausrüstung, Abendessen und Frühstück). Ebenfalls beliebt sind Reitausflüge auf Kamelen und Sternebeobachtung bei Nacht.

Kuhpayeh
Caravansary Hotel KARAWANSEREI $$

(☏0913 411 5632, 031-4642 4791; www.koupa
hotel.ir; Khojaste Bakht St; EZ/DZ/VIP 1 500 000/
1 750 000/3 200 000 IR) Die alte Karawanserei
mit zwei eindrucksvollen Toren an beiden
Seiten eines großen Innenhofs wurde behut-
sam restauriert, um die Unterkunft in den
alten Lehmmauern nahezu unverändert er-
scheinen zu lassen. Große Zimmer, einige mit
Betten und modernen, gefliesten Badezim-
mern, ein prächtiger Speisesaal mit tradi-
tionellen und modernen Sitzgelegenheiten
sowie ein Garten mit knorrigen Weiden ma-
chen das Haus zu einer Spitzenunterkunft.

🛈 An- & Weiterreise

Busse, die vom Jey-Busbahnhof in Isfahan
nach Yazd und Na'in fahren, halten auch in
Toudeshk (VIP/*mahmooly* 90 000/70 000 IR,
1 Std.). Gelegentlich fahren auch Minibusse
nach Toudeshk (35 000 IR). Ein Taxi *dar baste*
kostet 850 000 IR.

Busse von Yazd nach Isfahan halten in
Toudeshk (*mahmooly* 260 000 IR, 3½ Std.).

Taxis *dar baste* von Toudeshk nach Na'in
kosten 450 000 IR, nach Isfahan 850 000 IR
und nach Yazd 1 900 000 IR.

Na'in نائين

⌖ 031 / 25 329 EW. / HÖHE 1545 M

Die Stadt Na'in (oder auch Naein, Naeen),
die für ihr Kunsthandwerk geschätzt wird,
ist 2000 Jahre alt und somit die älteste,
durchgehend besiedelte Stadt in Iran. Sie
liegt am Abzweig der Wüstenstraße nach
Tabas und Mashhad und war seit der Sas-
saniden-Zeit Kreuzungspunkt von Handels-
wegen. In der Vergangenheit war sie für
Keramik und Textilien bekannt, heute ist sie
es hauptsächlich für schöne, handgeknüpfte
Teppiche und handgewebte Kamelhaarmän-
tel, die im Nachbardorf **Mohamadieh** her-
gestellt und in Yazd verkauft werden.

⊙ Sehenswertes

Ein neu angelegter Fußweg führt vom Ein-
gang der Masjed-e Jameh vorbei an einer
Hussainia (Versammlungsort für Rituale zum
Gedenken an den Tod des Imam Hossein),
unterirdischen Zisternen und Windtürmen
bis zur Ruine der Narej-Festung, des ältes-
ten Bauwerks der Stadt. Gemeinsam bilden
diese alten Bauten ein attraktives Ensemble,
besonders im goldenen Licht des Spätnach-
mittags.

Masjed-e Jameh MOSCHEE

(مسجد جامع, Jameh-Moschee; Kreuzung Naini & Dr
Taba St; 100 000 IR; ⊙Di–So 9 Uhr–Sonnenunter-
gang, im Sommer für das Freitagsgebet geschl.) Die
Besichtigung der Freitagsmoschee der Stadt
ist das Highlight eines Besuchs in Na'in. Sie
entstand zwischen dem 10. und 11. Jh. und
war eine der ersten Moscheen, die in Iran
gebaut wurden. Ungewöhnlich ist, dass sie
nicht nach dem damals üblichen Vier-Iwan-
Schema gebaut wurde (wie z. B. die Masjed-e
Jameh in Isfahan). Fassade und Minarett sind
von strenger Schönheit und viele Innenberei-
che, auch der Mihrab, sind mit schönem, de-
tailreichem Stuck ausgeschmückt.

Kavir Ethnology Museum MUSEUM

(Pirnia Mansion; www.naeinsun.ir/info; gegenüber
der Masjed-e Jameh, Kreuzung Naini & Dr Taba St;
100 000 IR; ⊙9 Uhr–Sonnenuntergang) Das kleine
ethnologische Museum in einer prächtigen
alten Villa aus der Safawiden-Zeit zeigt einige
ganz interessante Artefakte, u. a. Handweb-
stühle und Zubehör für die Wollspinnerei.
Wirklich sehenswert sind die Stuckarbeiten
und die bemalten Decken (mit Pfauen und
zarten Blattmotiven).

👉 Geführte Touren

Mahmood Mohammadipour GESCHICHTE

(☏0939 863 6090; www.naeinsun.ir; Stadtrund-
gänge ab 25 US$, Trekking ab 23 US$) Der staat-
lich anerkannte Stadtführer ist das offizielle
Orakel von Na'in und seine Touren sind
höchst empfehlenswert. Er bietet zwei Füh-
rungen an: einen zweistündigen Stadtrund-

🛈 **REISEZEIT**

Viele Besucher kommen in die Dasht-e
Kavir, um die Ruhe und den Frieden der
Wüste zu erleben, aber eine Zeit lang
war diese Abgeschiedenheit von unge-
wöhnlicher Seite bedroht: Ganze Grup-
pen hipper Jugendlicher kamen aus Te-
heran hierher, um ausgelassen zu feiern.
Dieses Verhalten galt bei einigen Leuten
als Verstoß gegen kulturelle Werte und
Normen, was die Aufmerksamkeit der
Behörden weckte, die solchen „Ghetto-
blaster-Safaris" weitgehend ein Ende
bereiteten. Trotzdem sollten Besucher,
die nur den Wind, der über die Dünen
pfeift, oder das gelegentliche Brüllen
eines Kamels hören wollen, Feiertage
und Wochenenden besser meiden.

gang durch Na'in (25 US$) und eine dreistündige Tour ins benachbarte Mohamadieh (30 US$). Er organisiert auch Trekking- und Campingtouren, u. a. eine vierstündige Tour zu den höchsten (62 m) Sanddünen Irans (35 US$). Ermäßigungen gibt's für Gruppen mit zwei, drei oder vier Teilnehmern.

🛏 Schlafen

Camper können ihr Zelt auf dem offenen Gelände nahe der Hussainia bei der Masjed-e Jameh aufschlagen. Die öffentlichen Toiletten in der Nähe sind rund um die Uhr zugänglich.

Naein Tourist Hotel HOTEL **$**
(Jahangardi Inn; ☑ 031-4625 3081; Fax 031-4625 3665; Ahmar Shahid Rajaie St; DZ 1 640 000 IR, Zusatzbett 500 000 IR; ☑❄) Das Hotel aus der Pahlavi-Zeit ist eine Stufe besser als die durchschnittliche Touristenunterkunft und macht eine Übernachtung in Na'in ziemlich verlockend. Acht Suiten mit zwei Ebenen liegen um einen hübschen Innenhof und das Hotelrestaurant (Mahlzeiten ab 250 000 IR, 12–15 & 18.30–21.30 Uhr) mit seiner gepflegten Tischwäsche und schönen Wandbehängen wird von Einheimischen wie von Touristen geschätzt.

Das Hotel liegt 150 m südwestlich des Naqsh-e-Jahan-Platzes.

Mosaferkhaneh Gholami HOSTEL **$**
(Gholami Hostel; ☑ 0913 223 4667; Imam Khomeini Ave; EZ/DZ 600 000/700 000 IR) Das preiswerte und gute Hostel befindet sich etwa 300 m östlich von Naqsh-e-Jahan-Platz über einem Eisladen. Die einfachen Zimmer haben harte Betten und Gemeinschaftsbäder, die Gäste können die Küche benutzen. Kein Frühstück und kein Englisch.

🛍 Shoppen

Aba Bafi KLEIDUNG
(Mohamadieh Caves; Kelims ab 25 US$; ☉ Sonnenaufgang–13.30 Uhr & 14.30 Uhr–Sonnenuntergang) Schwere Mäntel aus Schafswolle und Kamelhaar (berühmt unter arabischen Kunden) werden in diesem Vorort von Na'in in unterirdischen Webereien hergestellt. Sie kosten je nach Größe um 80 US$, besser transportierbare Kelims kosten 25 US$.

Die Öffnungen der von Menschen angelegten Höhlen wenden sich der aufgehenden Sonne zu und wurden wohl von Zoroastriern gebaut, die traditionell Lichtquellen verehrten. Heute dienen die Höhlen als Raum für ein über 700 Jahre altes Kleingewerbe.

ℹ An- & Weiterreise

Busse und Minibusse verkehren von 6 bis 16 Uhr alle 30 Minuten zwischen Na'in und dem Jey-Busbahnhof in Isfahan (Minibus 60 000 IR, 2–2½ Std.). Ein Gemeinschaftstaxi zwischen Na'in und Isfahan kostet 130 000 IR.

Drei Busse fahren täglich über Kashan nach Teheran (VIP/*mahmooly* 430 000/260 000 IR; 6 Std.). Zwei davon fahren zwischen Na'in und Jonub und einer zwischen Na'in und Beihaghi (Arjantin).

Einige Busse aus Isfahan Richtung Yazd halten in Na'in. Die Fahrt von Na'in nach Yazd mit diesen Buslinien kostet VIP/*mahmooly* 430 000/260 000 IR und dauert drei Stunden.

Garmeh گرمه

☑ 031 / 244 EW. / HÖHE 889 M

Garmeh, umgeben von Dattelpalmen um eine kleine, warme Quelle voller Fische, ist die klassische Wüstenoase. Das 1500 Jahre alte Dorf mit Häusern aus Lehmziegel inmitten der Oase erlebt derzeit so etwas wie einen Aufschwung, den es geschäftstüchtigen Einheimischen verdankt, die den Reiz des Ortes für Touristen erkannt haben. Es gibt einen netten Spazierweg durch Dattelpalmenhaine und Obstgärten (die Einheimischen beginnen allerdings, ihre Gärten zum Schutz vor obstpflückenden Touristen zu ummauern), auch werden Kameltrecks, Wanderungen zu heißen Quellen und Besuche von Bergdörfern angeboten. Im Sommer wird es hier unglaublich heiß, was ein authentisches Wüstenerlebnis bedeutet.

In Garmeh gibt es gleich mehrere Unterkunftsmöglichkeiten im traditionellen Stil (und ganz in der Nähe auch ein Atelier), die der vorausschauende Besitzer der erfolgreichen und höchst beliebten Pension **Ateshooni** (☑ 0935 422 4748; www.ateshooni. com; VP in der Pension pro Pers. 35 US$, Hostel pro Pers. 15 US$, Preis für Apt. auf Nachfrage; @❄❢) auf die Beine stellte. Der Künstler und Musiker Maziar Ale Davoud bewahrte Garmeh fast im Alleingang vor dem Schicksal vieler kleiner Wüstendörfer, indem er etliche Lehmziegelhäuser als Wohnhäuser für Mitglieder seiner Familie restaurierte und neben der Pension ein Backpacker-Hostel und eine Ferienwohnung mit zwölf Betten einrichtete. Dabei schuf er Arbeitsplätze für die Einwohner, brachte dringend benötigte Einkünfte und Infrastruktur ins Dorf und dämmte die Abwanderung der Jugend in die Großstädte ein.

ZENTRALIRAN DASHT-E KAVIR

❶ An- & Weiterreise

Vom Terminal-e Jonub in Teheran fahren zwischen 13.30 und 17.30 Uhr häufig Busse nach Tabas oder Birjand, die in Khur, 28 km nördlich von Garmeh an der Straße zwischen Na'in und Tabas (VIP/*mahmooly* 720 000/540 000 IR, 9/10 Std.), halten.

Die Busse vom Kave-Busbahnhof in Isfahan nach Khur fahren um 13 Uhr ab (220 000 IR, 7 Std.), zurück von Khur ebenfalls um 13 Uhr.

Von Yazd fährt um 13 Uhr ein *mahmooly*-Bus nach Khur, zurück nach Yazd um 7.30 Uhr (150 000 IR, 5 Std.).

Ab Khur kann das Ateshooni einen Transfer nach Garmeh für 220 000 IR organisieren.

Das Ateshooni arrangiert auf Wunsch auch private Transporte von größeren Städten nach Garmeh. Ab Isfahan kostet das 3 200 000 IR, ab Yazd 2 600 000 IR und ab Na'in 1 800 000 IR.

Khur

🔲 031 / 6126 EW. / HÖHE 1045 M

Es gibt so wenige Siedlungen und Dörfer in der Dasht-e Kavir, dass die Existenz der geschäftigen Stadt Khur (auch Khor geschrieben) ziemlich überrascht. In dem Wüstenort selbst gibt es zwar nicht viel zu sehen, aber er dient als wichtigster Verkehrsknotenpunkt der Region. Auch gibt es hier eine hervorragende Unterkunft: Das prächtige, traditionell eingerichtete **Bali Desert Hotel** (🔲 0913 125 4828; www.hotelbali.ir; Fatemi Sq; DZ/3BZ 1 850 000/2 550 000 IR, Frühstück 20 000 IR; ▣❉☎) ist ein attraktiver Zwischenstopp auf dem Weg zu Zielen tiefer in der Wüste.

In der Nähe befindet sich an der Straße von Khur nach Tabas ein riesiger Salzsee, der zum Abbau von Phosphaten genutzt wurde.

Die große Fläche dehnt sich weit über die Wüste aus und ist frühmorgens und abends, wenn die Schatten am längsten sind, ein interessantes Fotomotiv.

❶ An- & Weiterreise

Ein Bus fährt einmal täglich um 13 Uhr von Isfahan (Kave-Busbahnhof) und Yazd (Homafar Square) nach Khur; die Fahrt dauert sieben Stunden. Busse ab Teheran (9 Std.) fahren vom Terminal-e Jonub (Richtung Süden) via Khur nach Tabasr. Von Khur nach Mesr oder Farahzad gibt es keine öffentlichen Verkehrsmittel, aber Taxis machen die 60 km lange Fahrt in etwa einer Stunde (720 000 IR).

Mesr & Farahzad   مصر

🔲 031 / 200 EW. / HÖHE 853 M

Das kleine Dorf Mesr, 425 km von Isfahan, ist eine Oase mitten in den Sanddünen der Dasht-e Kavir. Nur ein paar Kilometer über eine Sandpiste weiter in die Wüste hinein liegt die noch kleinere Siedlung Farahzad. Die Bewohner beider Orte sind alle Mitglieder einer Sippe, die ihren Lebensunterhalt mit Landwirtschaft sowie mit verschiedenen Unterkünften und Wüstentouren bestreiten.

Beide Siedlungen, die vor über 150 Jahren entstanden, bilden das Tor zu einem großartigen Abschnitt der Dasht-e Kavir, mit Dünen, einem 3 km langen Fluss, der aus dem Sand entspringt, vereinzelten Flecken mit Schilf, Salzpfannen, verwitterten Felsabbrüchen und erodiertem Sandstein. Eine Exkursion in diese bemerkenswerte Landschaft, sei es mit dem Geländewagen, auf dem Kamel oder zu Fuß, ist höchst empfehlenswert und einfach über eine der Unterkünfte zu organisieren.

ABSEITS DER ÜBLICHEN PFADE

BAYAZEH

Das halb vergessene Dorf **Bayazeh**, das am besten unterwegs zwischen Khur (oder Garmeh) und Yazd, z. B. auf einer Wüstenrundfahrt mit Fahrer/Guide, besucht werden kann, wäre kaum eine Erwähnung wert, wäre da nicht die enorme Lehmziegelburg **Narin Ghale** (Burg Bayazeh; abseits des Hwy 81; 50 000 IR; ⊘ nach Vereinbarung, am Eingang Telefonnummer anrufen) aus der Sassaniden-Zeit. Das verfallene Labyrinth mit über 700 Räumen bildet eine spektakuläre Kulisse für das winzige Dorf darunter.

Es gibt noch einen anderen guten Grund, sich hierher zu begeben: Das **Yata Traditional Hotel** (🔲 031-4634 6189, 0912 219 6216; www.yatahotel.ir; Hwy 81, Bayazeh; EZ/DZ/Zusatzbett 1 100 00/1 500 000/400 000 IR; ▣❉☎) bietet einen kühlen, abgesenkten Innenhof, einen schönen Windturm und hinreißende Zimmer mit richtigen Betten und eigenem Bad. Selbst wenn keine Übernachtung geplant ist, lockt der Duft von hausgemachtem *fesenjan*-Eintopf mit Rindfleischbällchen zum Mittag- oder Abendessen (ab 150 000 IR).

☞ Geführte Touren

Mojtaba Heidari
WÜSTENTOUREN

(☑ 0935 066 2366; www.mesrvillage.ir) Der Tourführer ist ein Experte für diesen Teil des Dasht-e Kavir. Seine Website informiert über Touren und Dienstleistungsangebote, die darauf ausgerichtet sind, möglichst viel von dieser Wüstenregion erlebbar zu machen.

🛏 Schlafen

★ Barandaz Lodge
PENSION $

(☑ 0913 323 4188; www.mesr.info; Rd End, Farahzad; B&B pro Pers. 15 US$; P🛜) 🖉 Die Pension mit elf Zimmern in dem winzigen, abgelegenen Dorf Farahzad in der Nähe von Mesr besteht aus zwei schön restaurierten Lehmziegelhäusern. Die einfachen Zimmer mit traditionellem Bettzeug, Warmwasserheizung und sauberen Badezimmern liegen um einen kleinen Innenhof. Hausgemachte Mahlzeiten (abends 10 US$) aus Zutaten der Umgebung werden im mit Teppich ausgelegten Iwan serviert.

Afzal Ecotourism Residence
PENSION $

(☑ 0910 302 0465; mesrafzalhouse@gmail.com; Main St, Mesr; Zi. mit Bad 14 US$) Das große, ansehnliche Lehmhaus mit Schilfdach und einem Springbrunnenbecken im Garten wird von zwei gastfreundlichen Brüdern geführt und hat eine etwas bessere Ausstattung als andere Unterkünfte. Einige Zimmer haben eine Klimaanlage, andere einen Ventilator und die meisten ein eigenes Bad. Das Essen, zum Beispiel Kamel-Kebabs (5 US$), gehört zu den kulinarischen Highlights eines Besuchs in Mesr.

Shenzar II Resort
PENSION $

(☑ 0912 399 7252; www.persiantourismservice.com; Mesr Rd, Mesr; VP pro Pers. 27 US$) Die gut geführte Unterkunft ist das größte Lehmziegelhaus in Mesr und bietet traditionelle Zimmer um einen Innenhof (im Sommer dürfen die Gäste auch auf dem Dach nächtigen) und einen behaglichen Speiseraum. Sie veranstaltet auch Wüstenaktivitäten, u. a. einen vierstündigen Besuch in den benachbarten Dörfern Aroosan und Korgaz (88 US$).

Teeda Hotel
HOTEL $$

(☑ 031-3220 6970, 0912 467 1237; www.teeda-hotel.com; Rd End, Farahzad; DZ/3BZ 2 350 000/3 350 000 IR; P❄🛜) Das Hotel besitzt zwar nicht ganz den Charme der alten traditionellen Unterkünfte, aber mit komfortablen Betten, frischer Bettwäsche und Klimaanlage ist hier auch einen Besuch im Sommer noch schön, wenn andere Unterkünfte drückend heiß sein können. Restaurant (Essen pro Pers. 25 000 IR) und Café sind in einem ehemaligen *ab anbar* (Wasserreservoir) aus Lehmziegeln untergebracht.

❶ An- & Weiterreise

Die Taxifahrt über 60 km von Khur nach Mesr kostet rund 720 000 IR. Farahzad liegt ein paar Kilometer von Mesr entfernt, über eine Piste erreichbar.

Yazd
یزد

(☑ 035 / 1 110 000 EW. / HÖHE 1229 M

Yazd mit seinen verwinkelten Gassen, unzähligen *badgirs,* Lehmziegelhäusern und wunderbaren Unterkünften gehört definitiv in die Kategorie „nicht versäumen". Die Stadt auf einer flachen, von Bergen umgebenen Ebene liegt zwischen der Dasht-e Kavir im Norden und der Dasht-e Lut im Süden und ist in jeder Hinsicht eine Stadt der Wüste. Sie mag keine großen Attraktionen wie Isfahan und Shiraz besitzen, aber mehr noch als diese beiden bezaubert sie mit einem pittoresken Stadtbild und ihrer jahrhundertealten Geschichte. Yazd erfordert eine gemächliche Annäherung: in das Gewirr der Sträßchen (in Yazd als „historisches Gewebe" der Stadt bezeichnet) eintauchen, im ein oder anderen Teehaus einkehren oder sich immer mal wieder in die kalligrafischen Rätsel auf den wunderschönen Fliesendekor überall in der Stadt versenken.

Im 5000 Jahre alten Yazd lebt ein interessantes Bevölkerungsgemisch, von dem 10 % der uralten Religion des Zoroastrismus anhängen. Ein eleganter *ateshkadeh* (Feuertempel) in der Nähe des Stadtzentrums birgt eine ewige Flamme und ist offen für Besucher.

Geschichte

Yazd hat eine lange und bedeutende Geschichte als Handelsstation. Marco Polo, der hier im 13. Jh. vorbeikam, beschrieb er Yazd als „eine sehr schöne und prachtvolle Stadt und ein Zentrum des Handels". Sie entging der Zerstörung durch Dschingis Khan und Timur Lenk und erlebte im 14. und 15. Jh. eine Blütezeit, vor allem als Produzent von Seide, Textilien und Teppichen. Wie fast ganz Iran verkümmerte auch Yazd nach dem Ende der Safawiden-Dynastie. Die Stadt war nicht mehr als ein provinzieller Außenpos-

Yazd

ten, bis unter dem letzten Schah die Eisenbahnstrecke von Teheran bis hierher verlängert wurde. Heute ist Yazd eine blühende Stadt mit über einer Million Einwohnern.

◉ Sehenswertes

◉ Altstadt

Die **Altstadt** (بافت قديم; Karte S. 192) von Yazd, die laut Unesco eine der ältesten Siedlungen der Welt ist, taucht wie ein Phönix aus der Asche aus der Wüste auf. Sie ist der perfekte Ort, um ein Gefühl für die Vergangenheit der Region zu bekommen, da hier so ziemlich alles – einschließlich der 2000 Häuser aus der Kadscharen-Zeit – aus sonnengetrockneten Lehmziegeln besteht. Die hellbraune und dichte Silhouette wird von hohen *badgirs* (Windtürmen) auf fast jedem Dach dominiert, ein Hinweis auf die extreme Sommerhitze. Die Wohnviertel wirken wegen der hohen Mauern, die die Häuser von den en-

gen und labyrinthischen *kuches* (Gassen) abschirmen, fast verlassen. Kaum jemand, der sich hier nicht verläuft – aber das ist Teil des Reizes.

Auf einem Stadtrundgang oder einfach nur beim Umherschlendern gibt es ständig Schätze urbaner Architektur zu entdecken – ein überdachter Gang, ein einfacher Innenhof, eine kunstvoll geschnitzte Türblatt, ein Lichtstrahl, der auf einer gekachelten Wand tanzt. Doch so bezaubernd der Anblick auf Augenhöhe auch ist, das wahre Erlebnis ist jedoch der Blick über die Dächer: Am Spätnachmittag ergießt sich das Sonnenlicht über die Skyline aus Lehmziegeln und bis in die Wüste dahinter.

★ Masjed-e Jameh
MOSCHEE

(مسجد جامع, Jameh-Moschee; Karte S. 192; Masjed-e Jameh St; 80 000 IR; ⊙8–20 Uhr, Museum 8–11 Uhr) GRATIS Das prachtvolle Gebäude, das sich hoch über die Altstadt erhebt, ziert ein monumentales mit Fliesen verkleidetes Ein-

Yazd

gangsportal (eines der höchsten in Iran), es wird von zwei 48 m hohen Minaretten flankiert und ist mit Inschriften aus dem 15. Jh. verziert. Die kunstvollen Mosaiken auf der Kuppel und am Mihrab und die Kacheln über dem Westeingang zum Innenhof sind Meisterwerke der Kalligrafie, die in komplexen Flächenmustern heilige Namen beschwören.

Die Moschee, die im 15. Jh. für Sayyed Roknaddin errichtet wurde, steht auf Fundamenten eines ehemaligen Feuertempels aus dem 12. Jh. und hat Zugang zum Zarch Qanat (eine Treppe führt hinab zu einem Arm des alten Wasserlaufs, ist aber für die Öffentlichkeit nicht zugänglich).

Bemerkenswert ist die Jameh-Moschee vor allem wegen der Fayencenmosaiken, bei denen verschiedenfarbige einzelne Fliesen zu einem Muster zusammengefügt wurden. Die komplizierte Technik ist älter als spätere Verfahren, bei denen einheitliche Kacheln mit aufgemalten Mustern verwendet wurden. Das *gardoneh mehr* (Swastika) ist bei einigen Kacheln symbolisiert Unendlichkeit, Zeitlosigkeit, Geburt und Tod und ist auf iranischen Bauwerken zu finden, die aus einer Zeit bis 5000 v. Chr. stammen.

Die Moschee ist eine Sehenswürdigkeit, bei deren Besichtigung ein Guide (und im Idealfall ein paar Grundkenntnisse der arabischen Schrift) sehr bereichernd ist, da er eine sachkundige Interpretation der Schriftbänder und Koranzitate besteuern kann.

Das am meisten verehrte Objekt im kleinen, nur vormittags geöffneten Museum ist ein Stück handgewebter Stoff, der einst die Kaaba in Mekka schmückte.

★ Amir-Chakhmaq-Moscheekomplex GEBÄUDE
(مجموعه امیر چخماق; Karte S. 192; Amir Chakhmaq Sq) Die beeindruckende dreistöckige Fassade dieser Hussainia ist eine der größten ihrer Art in Iran. Die Reihen der perfekt proportionierten Nischen sind am Nachmittag am schönsten und fotogensten, wenn sich in jeder einzelnen kupferfarbenes Sonnenlicht fängt und die hohe Fassade vor dem Hintergrund des dunkler werdenden Himmels zu erglühen scheint. Neue, zweistöckige Arkaden säumen den verkehrsfreien Platz und beleuchtete Springbrunnen bilden einen schönen Vordergrund beim wirklich großartigen Anblick bei Nacht. Nur der erste Stock des Gebäudes ist zugänglich.

Im Untergeschoss der Amir Chakhmaq steht ein großer *nakhl* (hölzernes Objekt in Gestalt einer Zypresse), Herzstück der schiitischen Ashura-Riten. Er ist über 200 Jahre alt und wird nicht mehr bewegt. Während der Feierlichkeiten wird er für ein oder zwei Tage in ein schwarzes Tuch gehüllt, um den Sarg des Imam Hussein zu repräsentieren. Die Zypresse – und damit auch der *nakhl* (was eigentlich Dattelpalme heißt) – war schon in vorislamischer Zeit ein Symbol für Unsterblichkeit, Widerstand und Freiheit – Eigenschaften, die auch dem schiitischen Imam Hossein zugeschrieben werden.

Im Untergeschoss der Moschee befindet sich ein Basar mit *kababis*, deren Spezialität *jigar* (gegrillte Leber) ist.

★ **Saheb A Zaman Zurkhaneh** KULTURZENTRUM
(زورخانه صاحب الزمان; Karte S. 192; abseits des Amir Chakhmaq Sq; 200 000 IR; ☉ Wasserspeicher 6–21 Uhr, Training Sa-Do 19–20 Uhr) Der riesige *ab anbar* (Wasserspeicher), um 1580 errichtet, gleicht innen einem 29 m hohen, aufrecht stehenden Ei. Der eindrucksvolle Bau mit fünf stämmigen *badgirs* diente für weite Teile der Stadt als Wasserspeicher, bis ihn die moderne Wasserversorgung überflüssig machte. Das Gebäude fand eine Nachnutzung als *zurkhaneh* (Haus der Stärke), einer Art Kraftraum, in dem *javan mard* (Herren) mit schweren Holzknüppeln traditionelle iranische Kraftsportarten praktizieren. Von den Ausübenden wird auch moralische Stärke, Ritterlichkeit und hohe Integrität erwartet.

★ **Wassermuseum Yazd** MUSEUM
(Karte S. 192; Amir Chakhmaq Sq; 150 000 IR; ☉ 8–14.30 & 15.30–19 Uhr) Yazd ist berühmt für seine *qanats* (unterirdische Wasserläufe) und dieses Museum, eines der besten seiner Art, ist den tapferen Männern gewidmet, die sie anlegten. Das Museum in einer restaurierten Villa mit einem sichtbaren *qanat* darunter bietet mittels Exponaten, Bauzeichnungen und Fotografien einen faszinierenden Einblick in die verborgene Welt der Wasserläufe, die blühendes Leben in der Wüste ermöglichen.

Die Kleidung der *qanat*-Bauarbeiter stellt bereits eine frühe Form der Persönlichen Schutzausrüstung (PSA) dar, mit gepolsterten Baumwollmützen und weißen Anzügen, die in der Dunkelheit leuchteten und im Fall eines tödlichen Unfalls zum Leichensack umfunktioniert wurden.

Das Museum, das sich mit 2000 Jahren befasst, in denen dieses einzigartige Bewässerungssystem in Iran in Betrieb war, beschreibt das Anbohren von Grundquellen (die in einer Tiefe von 300 m liegen können, wie beim *qanat* bei Mashad) und den Gebrauch von Wasserzählern. Diese Zähler (im Prinzip Schüsseln mit einem Loch im Boden) dienten dazu, 15- bis 20-minütige Wasseranteile zu messen, die Haushalte oder Bauern kaufen konnten.

Qanats verliefen durch viele Häuser reicher Bürger in Yazd. Das Wasser sammelte sich in einem Becken im Untergeschoss, dem sogenannten *sardob*. Diese Räume waren die kühlsten im Haus und oft wunderschön gestaltet. Mehrere schöne Beispiele befinden sich heute noch in den alten traditionellen Hotels von Yazd. Die *qanats* sind der Grund, warum in iranischen Städten die reichsten Viertel am dichtesten bei den Bergen liegen, nämlich um das frische Wasser am nächsten zu sein.

Khan-e Lari HISTORISCHES GEBÄUDE
(خانه لاری; Karte S. 192; nahe dem Zaiee Sq; 80 000 IR; ☉ 8–20 Uhr) Das 150 Jahre alte Gebäude ist eines der am besten erhaltenen Häuser aus der Kadscharen-Zeit in Yazd. Seine Windtürme, eleganten Torbögen und Nischen, traditionellen Türen und Buntglasfenster machen es zum stattlichsten Privathaus der Stadt. Besonderes Augenmerk verdient der äußerst feine, weiß- und cremefarbene Stuckdekor der Iwans im Innenhof, der von Spiegelsplittern durchsetzt ist. Die Kaufmannsfamilie, die die Villa erbauen ließ, existiert seit Langem nicht mehr. Heute sind hier mehrere Archive untergebracht. Das Haus ist westlich des Zaiee Square ausgeschildert.

Der Sohn des Hausbesitzers hatte eine Schwäche für westliche Frauen und so sind Wände und Decken eines Raums sittsamen (und nicht so sittsamen) Porträts derselben gewidmet. Eine weitere Besonderheit ist der Sitztisch, dessen vier Beine im Wasser stehen, um lästige Skorpione fernzuhalten – eine Mahnung daran, dass die Wüste in dieser Wüstenstadt nicht weit weg ist.

Ateshkadeh TEMPEL
(آتشکده, Heilige Ewige Flamme; Kashani St; 80 000 IR; ☉ 8–11.45 & 16–18.45 Uhr, während des Sommers bis 19.45 Uhr) Das elegante, klassizistische Gebäude, das sich in einem ovalen Wasserbecken im Hofgarten spiegelt und oft als zoroastrischer Feuertempel bezeichnet wird,

birgt eine Flamme, die angeblich seit 470 n. Chr. brennt. Das Feuer, die durch ein Fenster in der Eingangshalle zu sehen ist, wurde 1174 nach Ardakan, 1474 nach Yazd und 1940 an die heutige Stätte verbracht. Sie wird von den Zoroastriern, einer der ältesten monotheistischen Religionen, in Ehren gehalten, aber nicht angebetet.

Bagh-e Dolat Abad   PAVILLON, GÄRTEN
(باغ دولت آباد; Karte S. 192; ☑ 035-3627 0781; Shahid Raja'i St; 150 000 IR; ☺7–23 Uhr) Der kleine Pavillon in einem Garten, der zum Unesco-Welterbe zählt, wurde 1750 gebaut und war die Residenz des persischen Herrschers Karim Khan Zand. Innen ist er mit aufwendigen dekorativen Holzgittern und schönen Buntglasfenstern phantastisch ausgestattet. Auch hat er den höchsten *badgir* in Iran; er ist 33 m hoch und wurde in den 1960er-Jahren wieder aufgebaut. Der nach traditionellen Gartenformen symmetrisch angelegte Garten ist mit hohen, immergrünen Bäumen und dazwischen Bitterorangen- und Granatapfelbäumen bepflanzt.

Bogheh-ye Sayyed Roknaddin   SCHREIN
(بقعه سید رکن الدین, Mausoleum des Sayyed Roknaddin; Karte S. 192; abseits der Masjed-e Jameh St; ☺Sa–Do 8–13 & 16–20, Fr 10–12 Uhr) GRATIS Die blau gekachelte Kuppel des Grabmals des islamischen Würdenträgers Sayyed Roknaddin Mohammed Qazi ist von jedem erhöhten Punkt in der Stadt sichtbar. Die 700 Jahre alte Kuppel (derzeit in Renovierung)

ist ein bemerkenswertes Bauwerk, auch der mit Stuck verzierte Innenraum lohnt einen Blick.

Imamzadeh Jafar   SCHREIN
(Karte S. 192; ☺8–20 Uhr) GRATIS Der prachtvolle moderne Schrein lässt sich am schönsten bei Nacht besichtigen, denn die Beleuchtung, sowohl außen auf dem Hof als auch im Innern des kunstvoll mit Spiegelmosaiken ausgeschmückten Heiligtums mit Grab, ist einmalig. Frauen müssen einen Tschador tragen (am Eingangstor zu leihen) und einen besonderen Eingang benutzen.

☻ Vororte von Yazd

Spiegel- & Lampenmuseum   MUSEUM
(Kashani St; 80 000 IR; ☺8–20 Uhr) Die elegante Villa aus den 1940er-Jahren wurde nach der Revolution von 1978 konfisziert und in ein originelles und kurzweiliges Museum über das Wunder der Reflexion umgewandelt. Gezeigt werden einige schöne Spiegel und Lampen, und ein Fotoautomat mit zwei gegenüberliegenden Spiegeln macht das ultimative Selfie möglich. Trotz des Namens ist das Highlight des Museums jedoch weder ein Spiegel noch eine Lampe, sondern eine prachtvolle Stuckarbeit in Form eines Vorhangs. Der 46-jährige Handwerksmeister brauchte vier Jahre, um sie zu vollenden.

Henna-Mühlen   MÜHLE
(Mazari-ha Alley) GRATIS In den Gassen abseits der Kashani Street in der Nähe des Spiegel-

ZENTRALIRAN YAZD

DIE BADGIRS VON YAZD

Jeder Besucher in Yazd wird im Sommer sofort verstehen, warum die Dachlandschaft der Stadt ein Wald aus *badgirs* (Windtürmen bzw. Belüftungsschächten) ist. Diese uralten umweltfreundlichen Klimaanlagen sind so konstruiert, dass sie selbst die leichteste Brise einfangen und direkt in die Zimmer leiten. Um den Effekt würdigen zu können, muss man sich nur einmal unter eine Öffnung stellen.

Iranische *badgirs* gibt es in drei Ausführungen: Türme ardakanischer Bauweise fangen den Wind nur aus einer Himmelsrichtung ein, kermanische aus zwei Richtungen und yazdidische aus allen vier Richtungen. Weitere Varianten können Wind aus bis zu acht Richtungen einfangen. Alle Türme bestehen aus Lüftungskanälen, Einlegeböden, die das Eindringen heißer Luft verhindern, Klappen zur Steuerung der Luftzirkulation und einer Dachabdeckung. Die Windströme werden oft über einem Becken mit kaltem Wasser unten ins Haus geleitet und kühlen dort die Luft, während die warme Luft aufsteigt und über einen anderen Lüftungskanal aus dem Haus abgeführt wird. Genial!

Die horizontalen Holzstangen übrigens, die auf beiden Seiten der Ventilationskanäle herausragen, haben mehrere Funktionen. In erster Linie werden sie als Gerüst und Hebevorrichtung für Instandhaltungsarbeiten genutzt, aber sie dienen auch als Taubenstangen, um Guano als Dünger zu gewinnen. Schließlich sind sie auch Teil der Ästhetik des Bauwerks und verleihen jedem Turm Charakter, Ausgewogenheit und Individualität.

Spaziergang
Die Altstadt

START AMIR-CHAKHMAQ-MOSCHEE-KOMPLEX
ZIEL FAHADAN MUSEUM HOTEL
LÄNGE 3 KM
DAUER ZWEI BIS DREI STUNDEN

Gestartet wird in der Fußgängerzone vor dem ❶ **Amir-Chakhmaq-Moscheekomplex** (S. 193) mit Kauf von traditionellen Süßigkeiten im ❷ **Haj Khalifeh Ali Rahbar** (S. 202) an der Nordostecke des Amir Chakhmaq Square. So gestärkt geht's die Imam Khomeini Street entlang und links in die Masjed-e Jameh Street, wo geradeaus ein toller Blick zu bewundern ist. Noch vor Erreichen der imposanten Moschee, nach der die Straße benannt ist, biegt man rechts in eine Gasse ein, um das herrliche Portal des türkis überkuppelten ❸ **Bogheh-ye Sayyed Roknaddin** (S. 195) zu sehen. In der ❹ **Masjed-e Jameh** (S. 170) überwältigen die prachtvollen architektonischen Details.

Nach Verlassen der Moschee durch die nordöstliche Tür (nahe dem *qanat*) geht's rechts, dann links und etwa 75 m geradeaus bis zu einer Kreuzung mit Bögen und offenen Dächern. Die Gasse nach links führt zu einem Platz mit Spielplatz; am Rand des Platzes führt ein Torweg zu einer Bücherei und einem Krimskramsladen. Am Laden geht's rechts ab in die Gasse Richtung Nordosten. Nach etwa 250 m über die Fazel Street führt eine kleine Gasse nach rechts zu einem ❺ **ab anbar (Wasserspeicher)** mit vier *badgirs* (Windtürmen) neben einem Park.

Weiter geht's links (Nordosten) am Kohan Traditional Hotel vorbei und weitere 100 m bis zur Mirzazadeh Street. Nach links (Nordwesten) führt der Weg am Ziaee Square vorbei, dann 150 m geradeaus und schließlich rechts in eine Gasse zum ❻ **Khan-e Lari** (S. 194), einem hinreißenden traditionellen Haus. Zurück am Ziaee Square geht's rechts ab zur Kuppel des ❼ **Zendan-e Iskander** (Gefängnis von Alexander) und gleich dahinter zum ❽ **Grabmal der zwölf Imame**. Die benachbarten Läden verkaufen interessante alte Kacheln und neue Keramiken.

Die Tour endet gegenüber am ❾ **Fahadan Museum Hotel** (S. 198), mit seinem hübschen Teehaus im Hof und dem schönen Innendekor bereits selbst eine Sehenswürdigkeit. Wer mag, kann vom Dach aus versuchen, die Strecke nachzuvollziehen – viel Erfolg!

und Lampenmuseums haben sich etliche Henna-Mühlen niedergelassen. Diese Mühlen mit ihren riesigen Mahlsteinen, die sich auf einer flachen Scheibe auf einem Ziegelsockel drehen, zermahlen seit gut über 100 Jahren Henna. Ein paar sind noch in Betrieb und interessant für einen kurzen Besuch auf dem Weg zum Mittagessen in einer der renovierten Mühlen, die heute Restaurants sind.

Dakhmeh-ye Zartoshtiyun TURM
(برج خاموشی, Türme des Schweigens; 80 000 IR; ⊙ Winter 7–14 Uhr, Sommer 8–12 Uhr) Die stimmungsvollen Türme des Schweigens, die in den 1960er-Jahren aufgegeben wurden, stehen auf zwei einsamen, kahlen Bergkuppen am südlichen Stadtrand von Yazd. Zum Areal gehören mehrere Gebäude, in denen die zeremonielle Vorbereitung der Leichname vorgenommen wurde und in der Nähe befindet sich auch der moderne zoroastrische Friedhof. Ein alter Mann am Eingang steht oft für Fotos bereit. Er ist der letzte verbliebene Leichenträger, deren Verantwortung es war, die Verstorbenen den steilen Pfad zu ihrer letzten Ruhestätte hochzutragen.

Am einfachsten lassen sich die Türme ab dem Zentrum von Yazd mit einem Taxi *dar baste* (einfach/hin und zurück mit Wartezeit 100 000/350 000 IR) erreichen. Es dauert etwa 45 Minuten bis zur Spitze der Türme und wieder zurück.

Verborgene Wüste AUSSICHTSPUNKT
Der Streifen gewellter Sanddünen, vom Stadtzentrum von Yazd aus in 30 Minuten Fahrt (15 km) zu erreichen, ist eine beliebte Stelle, um den Sonnenuntergang über der Wüste zu beobachten. Während die Farben der rosa getönten Berge dahinter mit den letzten Strahlen der Sonne intensiver werden, bilden die Schatten der Dünen ein scharfes Relief und somit ein perfektes Fotomotiv. Es mag möglich sein, einen Taxifahrer zu überreden, bis zum Rand der Wüste zu fahren, aber es ist besser, einen anerkannten Fahrer/Guide zu engagieren, der das Fahren auf dem weichen Terrain sicher beherrscht.

👉 Geführte Touren

Eine ganztägige Führung durch Yazd kostet 70 US$. Beliebte Ausflüge ab Yazd sind z. B. die Rundfahrt über Meybod, Chak Chak und Kharanaq (70–80 US$) und die Rundfahrt über Zein-o-din, Saryazd und Fahraj (65 US$). Eine Tour von Yazd nach Shiraz über Persepolis, Naqsh-e Rostam und Naqsh-e Rajab kostet 135 US$. Im Preis sind generell keine Mahlzeiten und Eintrittsgelder enthalten. Die Guides kommen für ihr Essen selbst auf und brauchen keine Eintrittsgelder zu zahlen.

Zwar bieten einige Hotels Touren an, aber die sind nicht staatlich anerkannt und beeinträchtigen das Geschäft der geprüften Guides und Fahrer/Guides. Geprüfte Guides müssen eine Zulassung (mit Foto und Hologramm, auf dem das Ablaufdatum deutlich zu sehen ist) vorlegen können.

Mojtaba Heidari TOUREN
(☎0935 066 2366; www.mojirantrip.com) Der exzellente Fahrer/Guide besitzt detailliertes Wissen über Yazd und die gesamte Region von Zentraliran und vermittelt gerne eine Fülle von kulturellen Einblicken. Außerdem spricht er fließend Englisch und behandelt jeden Auftrag als eine persönliche Mission. Allerdings hat er auch einige Eigenwilligkeiten, aber die sind Teil seiner einnehmenden Persönlichkeit – und eines unvergesslichen Ausflugs.

Er kennt sich auch mit dem Beantragen von diversen Visa aus.

Mazieh Mandegari WANDERN
(☎0913 453 3833; maziehmandegari@gmail.com; Tages- oder 24-Std.-Bergaufstieg pro Pers. 100 US$, bis zu 6 Pers.) Die anerkannte, ausgebildete und sehr erfahrene Bergführerin bietet zu jeder Jahreszeit Wanderungen auf den Shirkou an. Allerdings empfiehlt sie Frühling und Herbst als die beste Zeit, um Wildblumen zu sehen, und aus klimatischen Gründen. Der Aufstieg auf den 4074 m hohen Berg ist anstrengend, aber ohne technische Schwierigkeiten und kann auch in Turnschuhen bewältigt werden (im Sommer nur mit Wanderschuhen).

Mohsen Hajisaeid TOUREN
(☎035-3622 7828, 0913 351 4460; www.iranpersiatour.com) Mohsen genießt den wohlverdienten Ruf, einer der besten staatlich geprüften Guides im Iran zu sein. Er lebt in Yazd und ist der Kopf des Yazd Tourism Associations Council. Als Mittelsmann ist er unbezahlbar und er hat ein enormes kulturelles und praktisches Wissen. Auf seiner Website steht die komplette Liste seiner Touren in Yazd und im ganzen Land.

Mehran Toosizadeh TOUREN
(☎0913 359 7003; www.mehran-2c.blogfa.com) Der freundliche und hilfsbereite Mehran spricht gut Englisch und ist ein anerkannter Guide, der seine Kunden mit interessanten Stadt- und Umlandtouren für sich einzunehmen weiß.

Pegah Latifi TOUREN
(☎ 0935 935 7079; traveltoyazd@gmail.com; halb-/
ganztägige Stadtführung inkl. Fahrt 45/80 US$) Pe-
gah ist eine sichere Autofahrerin und ent-
husiastische Führerin, die sich auf Touren
für Frauen spezialisiert hat, aber genauso
gerne Männer oder gemischte Gruppen bzw.
Familien führt. Sie arbeitet in Yazd und Umgebung.

🛏 Schlafen

Nicht jedermanns Sache, aber für viele Besucher ein Highlight ist eine Übernachtung
in einem der vielen restaurierten traditionellen Häuser, die zu Hotels umgebaut wurden. Für die, die mehr Annehmlichkeiten
und weniger Treppen, sowie Aufzüge und
Fenster vorziehen, hat Yazd auch ein paar
moderne Unterkünfte zu bieten. In der Nebensaison bieten die meisten Mittelklasse-
und Spitzenhotels eine Ermäßigung von 20
bis 30 % an.

★ **Narenjestan**
Traditional House PRIVATUNTERKUNFT $
(Karte S. 192; ☎ 035-3627 3231, 0913 455 6598;
www.narenjestanhouse.com; Shahid Sadoughi Alley, abseits der Imam Khomeini St; Zi. ab 35 US$)
Die staatlich genehmigte Privatunterkunft
im Herzen der Altstadt ist eine echte Entdeckung. Das Paar, das sie betreibt, spricht
hervorragend Englisch (der Ehemann promovierte in Neuseeland) und hat, mit einem Händchen für Innenausstattung, viel
Zeit und Energie in die Restaurierung des
200 Jahre alten Einfamilienhauses gesteckt,
ebenso wie in die Perfektionierung der Gastfreundschaft.

Yazd Backpack Hostel HOSTEL $
(Karte S. 192; ☎ 0913 520 5100, 035-3627 2458;
www.yazdbackpacker.com; Amir Chakhmaq Sq; EZ/
DZ 15/25 US$, EZ ohne Bad 10 US$) Das Hostel,
das 2017 von einer lebhaften, jungen Truppe
eröffnet wurde, ist wegen seiner sauberen
Privatzimmer zum Preis eines Schlafsaal-
betts eine tolle Wahl. Die meisten der acht
Zimmer sind kompakt und praktisch fens-
terlos, aber mit nagelneuen Betten und ordentlich gefliesten Böden ausgestattet. Es
gibt eine Gemeinschaftsküche, einen spektakulären Blick vom Dach und in der Nebensaison Rabatt.

Kourosh Traditional Hotel HOTEL, HOSTEL $
(Karte S. 192; ☎ 035-3620 3560; www.yazdhotel
kourosh.com; abseits der Imam Khomeini St, nahe
dem Zendan-e Iskander, Stadtteil Fahadan; EZ/DZ
1 050 000/1 350 000 IR; ❈🛜) Das herzliche
und zwanglose Hotel tief in der Altstadt liegt
um einen hübschen Hofgarten, in dem man
an heißen Tagen im Sommer ein angenehmes, schattiges Plätzchen finden und im
Winter ein Sonnenbad nehmen kann. Die
einfachen Zimmer sind traditionell gehalten,
einige mit ein wenig mehr Komfort als andere.

Kohan Traditional Hotel HOTEL $
(Kohan Kashaneh; Karte S. 192; ☎ 035-3621 2485;
www.kohanhotel.ir; Alley 40, abseits der Imam Khomeini St, Stadtteil Fahadan; B/EZ/DZ 480 000/
900 000/1 300 000/1 800 000 IR; ❈@🛜) Schilder weisen den Weg zu diesem historischen
Wohnhaus mit herzlichem Empfang und
hausgemachtem Essen. Die 18 schmucklosen,
aber komfortablen Zimmer liegen um einen
sehr schönen Garten herum, in dem Bana-
nen- und Bitterorangenbäume und Bougain-
villea wachsen. Der Schlafsaal oben mit 17
Betten (nur eine Dusche und eine Toilette)
ist dunkel und schäbig, aber die Zimmer sind
ihr Geld wert.

Orient Hotel HOSTEL, HOTEL $
(Hotel Shargh; Karte S. 192; ☎ 035-5626 7783;
www.orienthotel.ir; 6th Alley, abseits der Masjed-e
Jameh St; B/EZ/DZ/VIP 15/25/45/70 US$; ❈@
🛜) Das Orient, dessen Inhaber auch das
Silk Road Hotel führen, ist um zwei Höfe
mit hohen Mauern angelegt. Es bietet diverse Zimmer und einen relativ preisgüns-
tigen Schlafsaal mit sechs Betten und Gemeinschaftsbad. Das Dachrestaurant Marco
Polo (S. 201) hat einen schönen Blick über
die Masjed-e Jameh.

★ **Fahadan Museum Hotel** HOTEL $$
(Karte S. 192; ☎ 035-3630 0600; www.mehrchain
hotels.com; Fahadan St; EZ/DZ/3BZ 2 120 000/
3 160 000/4 000 000 IR; ❈🛜) Die schöne
kleine Unterkunft mit elegant gestrichenen
Innenhöfen ist mehr ein Museum als ein
Hotel. Einige Zimmer sind exquisit. Das
Hotel mit einem extravaganten, schnurr-
bärtigen Manager, schöner Lage im Herzen
der Altstadt, einem beliebten Teehaus im
großen Innenhof und einem Dach mit spek-
takulärer Aussicht lohnt auf jeden Fall eine
frühzeitige Buchung.

Für Hochzeitsreisende gibt es romantische
VIP-Zimmer mit Himmelbetten, Spiegelmo-
saiken und Wandbildern – einige Zimmer
haben sogar einen eigenen *badgir*. An hei-
ßen Tagen ziehen sich Eingeweihte in ei-
nen gefliesten Raum im Untergeschoss zu-
rück, durch das ein *qanat* fließt, der den
Raum auch im Hochsommer kühl hält.

Hotel Vali
HOTEL $$

(Karte S. 192; ☎035-3622 8050; www.valihotel.com; abseits der Imam Khomeini St; EZ/DZ/3BZ 58/70/94 US$; P ⊠ ⊜) Die restaurierte Karawanserei zieht zahlreiche Reisende aus dem ganzen Land an, die sich bei einem *chay* aus dem Samowar im planenüberdachten Innenhof aufhalten. Es gibt ein verwirrend breites Zimmerangebot, einige mit Bad außerhalb und in Größen von geräumig bis kompakt. Das Juwel dieses alten Etablissements ist jedoch ein mit vielen Sitzgelegenheiten eingerichteter Raum im Untergeschoss mit einem Wasserbecken, das von einem *qanat* gespeist wird.

Silk Road Hotel
HOSTEL, HOTEL $$

(Karte S. 192; ☎035-3625 2730, 091 3151 6361; www.silkroadhotel.net; 5 Tal-e Khakestary Alley, abseits der Masjed-e Jameh St; B/EZ/DZ/3BZ 10/35/60/70 US$; ✳⊠⊜) Das Silk Road, zwei Minuten zu Fuß von der Masjed-e Jameh entfernt, mit seiner traditionellen Innenhofanlage, dem köstlichen indischen Essen und einer geselligen Atmosphäre zieht viele Backpacker an. Die Standardzimmer sind hier nicht die Hauptattraktion. Es ist das Umfeld, das zählt: Zweifellos eine der geselligsten Unterkünfte in der Stadt. Vorsicht, Überbuchung kommt vor.

Yazd Traditional Hotel
HOTEL $$

(Hotel Sonnati; Karte S. 192; ☎035-3622 8500; www.yazdhotel.com; Amir Chakhmaq Sq; DZ/3BZ 1 830 000/2 300 000 IR; ✳⊠⊜) Die Zimmer in dieser 200 Jahre alten Villa gegenüber dem Amir-Chakhmaq-Moscheekomplex liegen um zwei große Innenhöfe und verströmen mit Buntglasfenstern und niedrigen Türen einen altertümlichen Charme – sie sind so zauberhaft, dass sie vor Kurzem als Filmkulisse für eine iranische Fernsehproduktion dienten. Das jüngst renovierte Hotel mit hübschen Wandbildern in allen Zimmern, freundlichem Personal und in guter Lage bietet ein gutes Preis-Leistungs-Verhältnis.

Mehr Traditional Hotel
HOTEL $$

(Karte S. 192; ☎ 035-3622 7400; www.mehrhotel.ir; Labe Khandaq Alley, abseits der Qeyam St; DZ/3BZ 95/120 US$; P⊠@⊜) Das 250 Jahre alte Khan-e Zargar-e Yazdi, ein Haus mit Tradition, das wunderschön restauriert wurde, gehört zur noblen Mehr-Kette. Mit seinen großen, gut ausgestatteten Zimmern, köstlichem Essen und weitem Blick vom Dach ist es eine gute Wahl in der mittleren Preiskategorie.

Fazeli Hotel
HOTEL $$

(Karte S. 192; ☎035-3620 8955; fazelihotel@yahoo.com; abseits der Masjed-e Jameh St; EZ/DZ/3BZ/VIP 1 750 000/2 680 000/3 225 000/4 960 000 IR) Das attraktive Mittelklassehotel im Stadtzentrum in einem Zweckbau, der den traditionellen Stil nachahmt, bietet all die Annehmlichkeiten, die umgebauten Häusern oft fehlen, z. B. Zimmer mit eigenem Bad und Treppen, die leicht zu steigen sind. Das neue, freundliche und attraktive Haus ist dabei, zur besten Wahl in seiner Kategorie zu werden.

Moshir-al-Mamalak
HOTEL $$

(Moshir-Gärten; ☎035-35239760; www.hotelgardenmoshir.com; Enqelab Ave; EZ/DZ/3BZ 2 250 000/3 470 000/4 650 000 IR; P✳⊜) Das Hotel

ZENTRALIRAN YAZD

UNTERKUNFT IN EINEM TRADITIONELLEN HAUS

Über 20 *khan-e sonnati* (traditionelle Häuser) wurden in Yazd zu Hotels umgebaut und sind die reizvollsten und romantischsten Unterkünfte im ganzen Land. Ein Aufenthalt in einer dieser alten Villen bedeutet ein völliges Eintauchen in die hiesige Kultur, wobei die Gäste tagsüber durch die Gassen der historischen Stadt schlendern können und abends an *takhts* (Sitztischen) Tee trinken und heimische Gerichte essen, wie es die Iraner seit Jahrhunderten tun.

Wie bei Häusern, die vor über 100 Jahren gebaut wurden, zu erwarten, gibt es einige Nachteile. Dazu gehören Gemeinschaftstoiletten oder steile Treppen hinunter zu einem eigenen Bad, kaum Fenster oder Zimmer, die sich direkt zum allgemein zugänglichen Innenhof öffnen. Dazu können lärmende Nachbarn oder nächtliche Teetrinkerversammlungen kommen.

Für die meisten Gäste sind dies jedoch geringfügige Unannehmlichkeiten, die sie bereit sind hinzunehmen für die Schönheit der Innenausstattung, den Zauber von Springbrunnen im Innenhof, die in Becken mit Fischen plätschern, und die Geselligkeit in einem *khan*, das seine Gäste mit traditioneller persischer Gastlichkeit empfängt, wie sie seit der Zeit, als Yazd eine Zwischenstation auf der alten Seidenstraße war, hier gepflegt wird.

ZENTRALIRAN YAZD

NARTITEE ECOLODGE

Ein lohnendes Erlebnis und höchst empfehlenswert ist eine Übernachtung in der zauberhaften, zugelassenen Privatunterkunft **Nartitee Ecolodge** (Granatapfelblüten-Ecolodge; ☑ 0919 405 7118, 035-3262 2853; www.nartitee.ir; Khayam Alley, abseits der Rahatabad St, Taft; pro Pers. 15 US$, inkl. Tee & Obst aus dem Garten, Abendessen 200 000 IR; P❄🛜) 🍴. Die Ecolodge im Dorf **Taft** in der Nähe von Yazd ist in einem 100 Jahre alten Lehmziegelbau untergebracht, der von den Enkeln der zoroastrischen Besitzerfamilie sorgfältig restauriert wurde. Ein Aufenthalt ist hier ist ein kulturelles Erlebnis.

Mit öffentlichen Verkehrsmitteln ist Taft mit dem Bus (alle 20 Min.) ab dem Imam Ali Square in Yazd (150 000 IR) bis zur Kokabiye Street zu erreichen. Von dort bekommen die Gäste eine Wegbeschreibung.

Das Haus hat seinen Obstgarten, in dem sich die Gäste aufhalten dürfen. Wer Zeit für eine Erkundungsfahrt hat, kann Fahrräder (80 000 IR pro Std.) mit Karte leihen – und es gibt in der Gegend einiges zu sehen, z. B. ein Museum, eine alte Wassermühle und eine uralte Zypresse im Nachbarort Cham, dessen Bewohner ebenfalls Zoroastrier sind.

mag zwar nachgemacht traditionell, die Musikberieselung nervig und die Begrüßung des bärtigen, kostümierten Portiers ziemlich routiniert sein, aber an den guten Absichten des schicken Hotels ist nichts unecht. Eine gute Wahl im Sommer, da die hochwertig eingerichteten Zimmer um einen weitläufigen baumbestandenen Garten mit Springbrunnen und Wasserbecken liegen. Die Lage (4 km nordwestlich des Amir Chaqhmaq Square) ist etwas ungünstig.

Dad Hotel   HOTEL $$
(Karte S. 192; ☑ 035-3622 9438; www.dadhotel. com; 214 10th Favardin Ave; EZ/DZ 71/110 US$; P❄@🛜♨) Die 54 geräumigen, aber etwas dunklen Zimmer in diesem attraktiven Hotel liegen um einen prächtigen Innenhof und sind mit komfortablen Betten, Satelliten-TV und guten Badezimmern ausgestattet. Die Infrastruktur ist herausragend – es gibt ein Reisebüro im Haus und eine Freizeitanlage mit Pool, Spa, Sauna und Tischtennis.

Laleh Hotel   HOTEL $$
(Karte S. 192; ☑ 035-5622 5048; www.yazdlaleh hotel.com; Basij Blvd, abseits der Darvazeh-e Ghassabha Alley; Zi. ab 90 US$; P❄@🛜) Das prachtvolle Laleh mit 40 Zimmern um drei große Innenhöfe ist zweifellos eines der eindrucksvollsten restaurierten Häuser in Yazd. Es mag nicht das behagliche Flair und die zentrale Lage einiger seiner Konkurrenten besitzen, aber die hilfsbereiten Angestellten und das schöne Restaurant und Teehaus gleichen das wieder aus.

★ **Malek-o Tojjar**   HOTEL $$$
(Karte S. 192; ☑ 035-3622 4060; www.mehrchain hotels.com; Panjeh-ali Bazar, Qeyam St; DZ/3BZ/

VIP 3 530 000/4 470 000/8 400 000 IR; P❄🛜) Das erste unter den traditionellen Hotels in Yazd liegt verborgen in einem engen, von Lampen erleuchteten Durchgang des Panjeh-ali Bazar. Das kleine Schild über einer bescheidenen Tür gibt keinen Hinweis auf den Schatz an wunderbaren Details, die dieses Haus aus der Kadscharen-Zeit birgt. Für Hochzeitsreisende oder andere Menschen, die einen speziellen Anlass zu feiern haben, sind die VIP-Zimmer mit ihren großartig bemalten Decken, extravaganten Spiegelmosaiken und Badezimmern mit Whirlpool etwas wirklich Besonderes.

🍴 Essen

Die Innenhöfe der meisten traditionellen Hotels dienen als Restaurants, die alle iranische Küche in einem wunderbaren Ambiente anbieten. Im Winter werden die Höfe mit einer Plane überdacht, was einen gemütlichen, wenn auch nicht gerade warmen Innenraum schafft.

Der Klassiker sind Kebabs aus Kamelfleisch. Sie schmecken am besten im *kababi* vis-à-vi der Moschee in der Kashani Street.

Silk Road Hotel Restaurant   INDISCH $
(Karte S. 192; ☑ 035-3625 2730; www.silkroad hotel.ir; 5 Tal-e Khakestary Alley, abseits der Masjed-e Jameh St; Hauptgerichte ab 150 000 IR; ⌚7–22.30 Uhr) Das iranische Essen hier ist zwar sehr gut, aber die köstlichen indischen Currys sind unter Reisenden, besonders bei denen, die genug von Kebabs haben, die beliebtesten Gerichte. Die gesellige Innenhofatmosphäre sorgt für einen angenehmen Abend. Dank der breiten Auswahl an Tees und frischen

Säften lässt sich hier auch gut eine Pause beim Stadtrundgang einlegen.

★ Talar Yazd

IRANISCH $$

(☏035-3522 6661; www.talareyazd.ir; Ghandehaeri Alley, abseits des Jomhuri-e Eslami Blvd; Hauptgerichte 250 000 IR; ⊙12–16.30 & 19–23 Uhr) Das elegante, aber unkomplizierte Talar hat mit seinen förmlichen weißen Tischdecken und Kellnern, die Servierwagen rollen, den Charme der 1950er-Jahre. Die klassischen iranischen Gerichte auf der kurzen Speisekarte, z. B. Lammbraten, sind köstlich und die Kebabs perfekt. Es liegt zwar 8 km vom Zentrum von Yazd entfernt (150 000 IR mit dem Taxi), aber es lohnt sich, Zeit in der Gesellschaft von Yazdis zu verbringen, die hier am Wochenende zu Mittag essen.

Malek-o Tojjar

IRANISCH $$

(Karte S. 192; ☏035-3622 4060; www.mehrchain hotels.com; Panjeh-ali Bazar, abseits der Qeyam St; Buffet ab 450 000 IR; ⊙Frühstück 7.30–9.30, mittags 12–15, abends 19–22 Uhr) Der üppig ausgeschmückte Hauptsaal dieses klassischen iranischen Restaurants bildet einen romantischen Rahmen für einen besonderen Abend. Das Speiseangebot ergänzen mehrere regionale Variationen wie *kufteh Yazdi* (Hackfleischbällchen aus Yazd).

Shah-e Mardan

IRANISCH $$

(☏035-3824 4039; Ecke Mazari-ha & Kashani St; Platte für 3 Pers. 510 000 IR; ⊙11–16 & 19–23 Uhr) Das Restaurant, das köstliche Platten mit Gegrilltem (Fleisch und Gemüse) serviert, ist im Henna-Viertel von Yazd in einer ehemaligen Henna-Mühle untergebracht.

Marco Polo Restaurant

RESTAURANT $$

(Karte S. 192; ☏035-5626 7783; Orient Hotel, 6th Alley, abseits der Masjed-e Jameh St; Hauptgerichte um 150 000 IR; ⊙11–23 Uhr) Das beliebte, verglaste Restaurant mit sensationellem Blick auf die Masjed-e Jameh und blau gekachelte Kuppeln in der Umgebung, sitzt wie eine Krone oben auf dem Orient Hotel und serviert köstliches iranisches Essen in einem romantischen Ambiente.

Caesar

ITALIENISCH, IRANISCH $$

(☏035-5826 5600; Sonbol Alley, 140 Saderat Bank St, abseits der Abuzar Sq; Hauptgerichte 250 000 IR; ⊙11.30–15.30 & 19.30–23.30 Uhr) Das Caesar ist bei der Schickeria schwer angesagt und Welten von der Altstadt von Yazd entfernt. Die klassischen italienischen Gerichte sind gut, die iranischen Speisen aber auch lecker. Empfehlenswert ist die köstliche frische Limonade, auch der Kaffee ist spitze. Der Raum

oben ist ruhiger. Es liegt recht weit draußen im Südwesten; eine Taxifahrt vom Stadtzentrum kostet 150 000 IR.

🍷 Ausgehen & Nachtleben

★ Art Center

TEEHAUS

(Haus von Mehdi Malek Zadeh; Karte S. 192; neben der Chehel-Mehrab-Moschee, Stadtteil Fahadan; ⊙8–21 Uhr) Das winzige, freundliche Teehaus auf dem Dach ist der ideale Ort, um bei einem der schönsten Ausblicke der Stadt eine Suppe oder schlicht nur Tee und Kuchen (160 000 IR) zu genießen. Unten befindet sich ein Kunsthandwerksladen mit Werkstatt.

Fooka Café

CAFÉ

(Karte S. 192; ☏035-3620 8520; Masjed Jameh St; ⊙8–24 Uhr) Das stilvolle Café mit seiner Installation aus hängenden Kaffeetassen ist eine erfrischend moderne Alternative zu den traditionellen Teehäusern des alten Yazd und ein beliebter Treffpunkt der jüngeren Schickiszene von Yazd. Es gibt ein großes Speiseangebot mit traditionellen Klassikern (Hauptgerichte ab 150 000 IR) sowie Tische auf dem Dach.

Laleh Teahouse Restaurant

TEEHAUS

(Karte S. 192; www.yazdlalehhotel.com; gegenüber dem Abanbar Golshan, abseits der Basij Ave; ⊙19–23 Uhr) Persische Musik, Springbrunnen im Innenhof und eine sanfte Brise sind angenehme Begleiter in diesem beschaulichen Teehaus-Restaurant. Tee und Süßigkeiten (400 000 IR) können im Innenhof oder im hübschen Saal genossen werden.

☆ Unterhaltung

Traditional Persian Night

LIVEMUSIK

(Karte S. 192; ☏0935 935 7123; www.tpersian night.com; Kohan Traditional Hotel, Alley 40, abseits der Imam Khomeini St, Stadtteil Fahadan; Kind/ Erw. 550 000/690 000 IR; ⊙19–22 Uhr, saisonal) Das Kohan Traditional Hotel veranstaltet im schönen Ambiente seines herrlichen Hofgartens einen Abend mit klassischer Unterhaltung bei einem persischen Abendessen. Im Preis enthalten sind Sitarmusik, Geschichtenerzählen, ein Essen mit drei Gängen, darunter Yazd-Kuchen und Tee aus Bitterorangenblüten. Die Veranstaltung hängt von ausreichenden Buchungen ab.

Shoppen

Als Marco Polo 1272 durch Yazd kam, erwähnte er die Seidenherstellung. Dieses Erbe wird noch heute gepflegt und die Basare sind voll mit wunderschönen Brokatstoffen, die daran erinnern, dass Yazd einmal Kreuzungspunkt vieler Handelswege war. Andere Stoffe, die hier produziert werden, sind *ejrami* (handgewebter Baumwollstoff), *termeh* (eine Mischung aus Seide, Baumwolle und Wolle), *daraie* (ein zarter Seidenstoff) und *zilu* (leichte Teppiche).

Yazd ist auch bekannt für Süßwaren wie exotische Gelees und Baklava mit Mandeln, Pistazien und Kokosnuss. Sie sind in Hunderten Geschäften in der ganzen Stadt erhältlich.

Haj Khalifeh Ali Rahbar SÜSSWAREN

(Karte S. 192; www.hajkhalifehalirahbar.com; Ecke Amir Chakhmaq Sq & Imam Khomeini St; ⊘ Sa–Do 9–13 & 17–21 Uhr) In diesem 100 Jahre alten Laden gibt es die besten und berühmtesten Süßigkeiten von Yazd. Die Kunden schauen sich die Auswahl an, schreiben auf einem Formblatt auf, was sie wünschen, geben dieses an der Ladentheke zum Einpacken ab, zahlen an der Kasse und nehmen beim Hinausgehen die Schachtel mit den Süßigkeiten in Empfang.

Khan Bazaar MARKT

(Karte S. 192; Eingang in der Imam Khomeini St; ⊘ Sa–Do 9–13 & 15.30–20 Uhr) Die Gassen in dieser Markthalle gibt es seit dem 9. Jh. und lassen sich wunderbar in einem kurzweiligen Stündchen durchschlendern. Viele Geschäfte verkaufen Stoffe von verschiedener Qualität, wie sie seit Jahrhunderten in Yazd handgewebt werden.

ⓘ Praktische Informationen

GEFAHREN & ÄRGERNISSE

Yazd und die Wüste der Umgebung sind Backpackerziele und so gibt es einige unseriöse und unverantwortliche Veranstalter, die sich besonders auf dieses Segment des Tourismusmarkts konzentrieren. Zu den Problemen gehören das Angebot von billigen, aber nicht genehmigten (und mithin illegalen) Privatunterkünften, der Verkauf von Touren mit Guides ohne Lizenz durch Hotels, die massive, unbegründete Bevor-

zugung einiger Einrichtungen, das Umbuchen in weniger charaktervolle Unterkünfte und bei einigen Dienstleistungen das Vortäuschen einer Empfehlung durch Lonely Planet.

Es mag sich wie eine Ersparnis oder ein Abenteuer anhören, wenn billige Hostels in Teheran, Shiraz und Yazd angeboten werden, wo es auch Alkohol und Drogen gibt, aber es versteht sich von selbst, dass Reisende, die bei einer Polizeirazzia in einer illegalen Privatunterkunft mit Alkohol und Drogen erwischt werden, in ziemliche Schwierigkeiten geraten. Kurz gesagt, wie billig das Angebot auch sein mag, es lohnt das Risiko auf keinen Fall.

Wichtig ist auch, sich vor allzu freundlichen Fremden in Acht zu nehmen, auch vor anderen Ausländern, und sich immer die Zulassung eines Führers zeigen zu lassen. Auf einer echten Zulassung befinden sich stets ein Foto, ein Hologramm und ein Ablaufdatum.

GELD

Hadad Exchange (☑ 035-3624 7220; Kashani St; ⊘ Sa–Mi 9.30–14 & 16–19, Do 9.30–14 Uhr) Die Wechselstube befindet sich im 2. Stock eines Gebäudes gegenüber dem *ateshkadeh* (Feuertempel).

Khaki Exchange (Karte S. 192; Imam Khomeini St) Gute Wechselkurse.

MEDIZINISCHE VERSORGUNG

Dr Mogibiyan Hospital (☑ 035-5624 0061; Kashani St) Notfallversorgung.

NOTFALL

Polizeipräsidium (Karte S. 192)

Touristenpolizei (☑ 110; Kashani St, nahe dem Abuzar Sq; ⊘ Sa–Mi 8–14, Do bis 12 Uhr)

POST

Postamt (Karte S. 192; Imam Khomeini St) In der Nähe der Bank Melli.

REISEBÜROS

Persian Odyssey (Shirdal Airya Travel & Tours; Karte S. 192; ☑ 0912 427 9943, 035-3627 1620; www.persianodyssey.com; 6th Alley, Masjed-e Jameh St) Die hervorragende, preisgekrönte Reiseagentur wird von einem dynamischen Team von Jungunternehmern betrieben, die jahrelange Erfahrung mit staat-

ZÜGE AB YAZD

ZIEL	TICKETPREIS (IR; NORMAL)	FAHRZEIT (STD.)	ABFAHRT
Bandar Abbas	360 000	11	3-mal tgl. 8–23.30 Uhr
Kerman	220 000	7	2-mal tgl.
Mashhad	900 000	14	jeden 2. Tag
Teheran via Kashan & Qom	310 000	8	häufig

BUSSE AB YAZD

ZIEL	TICKETPREIS (IR; VIP/MAHMOOLY)	FAHRZEIT (STD.)	ABFAHRT
Bandar Abbas	295 000 (*mahmooly*)	9	3-mal tgl. 8–20.30 Uhr
Isfahan	260 000 (*mahmooly*)	5	häufig 1–19.30 Uhr
Kashan	500 000/300 000	5	häufig 8.30–23 Uhr (hält an der Fernstraße)
Kerman	200 000/160 000	5	4-mal tgl. 7.45–14.30 Uhr
Mashhad	600 000/410 000	12	8-mal tgl. 16–20 Uhr
Shiraz	360 000/200 000	6	häufig 24 Std.
Tabriz	800 000 (VIP)	14	18 Uhr
Teheran	490 000/295 000	7	häufig 8.30–23 Uhr

lich anerkannter Reiseleitung haben. Zu den interessanten Kulturführungen gehören eine Tour zum religiösen Leben in Iran, eine Tour zum Zoroastrismus und Dorfbesichtigungen im Umland, z. B. in Fahraj, Saryazd und Zeino-din. Die Agentur organisiert auch Weiterreisen nach Shiraz, Isfahan und Kerman mit interessanten Unterbrechungen.
Starsland Tour & Travel (Karte S. 192; ☑ 035-1827 0091; starsland91@yahoo.com; Masjed-e Jameh St; ⊘ 9–14.30 & 15.30–18 Uhr) Das kleine Büro im 1. Stock hilft bei der Buchung von Touren und Tickets für die Weiterreise per Flugzeug, Bahn oder Bus.

TOURISTENINFORMATION
Virtuelle Besichtigungen der wichtigsten Bauwerke der Stadt gibt es auf der Website (meist auf Farsi) der **Yazd Cultural Heritage, Handicrafts and Tourism Organization** (www.yazd chto.ir).

In der Altstadt befinden sich zwei privat betriebene Touristeninformationen. Beide haben Englisch sprechendes Personal. Keine ist offizieller als die andere, egal, was einem gesagt wird.
Touristeninformation (Karte S. 192; Amir Chakhmaq Sq; ⊘ Sa–Do 17–20 Uhr, nur in der Hochsaison; ☎) Das Informationsbüro im Amir-Chakhmaq-Moscheekomplex hat Stadtpläne, Karten und Tipps parat, übernimmt Hotelreservierungen, bucht Touren und bietet kostenloses WLAN.
Touristeninformation Yazd (Karte S. 192; ☑ 035-621 6542; Ziaee Sq; ⊘ 8.30–19 Uhr, im Sommer bis 20 Uhr) Hält einige Stadtpläne und Broschüren bereit, kümmert sich aber vorrangig um den Verkauf von Touren. Verleiht auch Fahrräder für 60 000 IR pro Stunde.

VISAVERLÄNGERUNG
In Yazd dauert eine Visumsverlängerung nur knapp eine Stunde. Die **Touristenpolizei** (S. 202) in der Nähe des Abuzar Square bearbeitet Anträge am gleichen Tag.

 **An- & Weiterreise**

BUS
Die meisten Busse fahren am **Hauptbusbahnhof** (Shahrak-e Sanati) etwa 10 km westlich der Altstadt ab (150 000 IR, 20 Min. mit dem Taxi *dar baste*). Vom Beheshti und Azadi Square fahren auch Gemeinschaftstaxis dorthin.

Eine von weiteren Haltestellen ist die **Haltestelle Fahraj** (Shohadaye Mehrab Sq). **Busse nach Bazm** (Imam Ali Sq) bei Bavanat fahren täglich außer freitags um 12 Uhr los (160 000 IR).

FLUGZEUG
Vom **Internationalen Flughafen Shahid Sadooghi** (Flughafen Yazd; ☑ 035-3721 4444; www.yazd.airport.ir; Azadegan St) westlich des Stadtzentrums gibt es ein paar nützliche Verbindungen. Iran Air und ATA fliegen nach Teheran (ab 62 US$, 70 Min., 2-mal tgl.), Bandar Abbas (ab 75 US$, 80 Min., jeden Dienstag) und Mashad (ab 75 US$, 80 Min., 4-mal wöchentl.). Aseman bietet wöchentliche Flüge nach Bandar Abas für 75 US$.

ZUG
Vom **Bahnhof** (Rah Ahan) im Süden der Stadt gibt es nur wenige Verbindungen. Der Kauf von Zugtickets ist in Reisebüros einfacher.

 **Unterwegs vor Ort**

Taxis *dar baste* kosten ab 100 000 IR für Kurzstrecken und 150 000 bis 200 000 IR vom Flughafen oder Busbahnhof ins Stadtzentrum. Nachts sind Taxis teurer.

Stadtbusse (30 000 IR) verkehren zwischen dem Hauptbusbahnhof und der **Haltebucht** (Karte S. 192) nahe der Ecke Imamzadeh-ye Ja'far und Shahid Raja'i Street in der Nähe der Altstadt.

ZENTRALIRAN YAZD

Rund um Yazd

Es gibt zwei beliebte Ausflüge ins Umland von Yazd: die lange Rundfahrt über Kharanaq, Chak Chak und Meybod (ganzer Tag) im Nordosten und die kürzere Rundfahrt über Zein-o-din, Saryazd und Fahraj (etwa ein halber Tag) im Südosten. Beide sind am lohnendsten als Teil einer organisierten Tour oder mit einem privaten Fahrer/Guide.

Kharanaq خرانق

Das nahezu verlassene Lehmziegeldorf Kharanaq (Kharanagh) zerbröckelt wieder in das Tal, aus dem es vor über 1000 Jahren entstand. In dieser Geisterstadt 70 km nördlich von Yazd stehen nur noch eine **Moschee** aus der Kadscharen-Zeit, ein zylindrisches „**schwankendes Minarett**" aus dem 17. Jh. und eine **Karawanserei** (zur Zeit der Recherche geschlossen) in der Nähe des Dorfeingangs. Diese Bauwerke wurden zwar restauriert, aber die meisten umliegenden Gebäude befinden sich in verschiedenen Stadien des Verfalls. Es ist daher hilfreich, einen Guide dabeizuhaben, der einen über sichere Pfade zu den Highlights geleitet.

Vom Zentrum des alten Viertels eröffnen sich herrliche Aussichten über das Tal (das noch immer landwirtschaftlich genutzt wird) auf die Berge. Besonders stimmungsvoll ist der Blick bei Sonnenuntergang, wenn die alten Lehmziegel sich im Abendlicht in Staub aufzulösen scheinen.

Chak Chak چک چک

 035 / 156 EW.

Hoch über dem Wüstenboden unter einem Felsvorsprung mit einem altehrwürdigen Baum darauf liegt eine wichtige Pilgerstätte der Zoroastrier. Der Legende nach soll die sassanidische Prinzessin Nikbanuh nach der arabischen Invasion im Jahr 637 n. Chr. hierher geflohen sein. Aber es gab kein Wasser und so warf sie ihren Stab gegen den Felsen und Wasser begann zu fließen – *chak, chak* bedeutet „tropf, tropf".

An gleicher Stelle befindet sich der Feuertempel **Pir-e-Sabz** (50 000 IR; ⊘ 7.30 Uhr–Sonnenuntergang). Der Aufstieg über 230 Stufen lohnt sich, um die Abgeschiedenheit des Ortes zu spüren. Den Eingang zur Höhle, in der eine ewige Flamme brennt, schmückt ein Bronzetor, in das ein Abbild Zarathustras gestanzt ist.

Zwischen dem 14. und dem 18. Juni zieht die Stätte anlässlich eines jährlichen Festes Tausende Pilger an und ist dann für Besucher gesperrt.

Meybod میبد

 035 / 58 295 EW. / HÖHE 1070 M

Meybod, etwa 52 km nördlich von Yazd, ist eine ausgedehnte Lehmziegelstadt, die mindestens 1800 Jahre alt ist. Im Stadtzentrum befinden sich mehrere Sehenswürdigkeiten, die wichtigste ist die alte Festung. Teilnehmer einer Kurztour werden in knapp einer Stunde zu den Sehenswürdigkeiten gehetzt, aber die atmosphärische Stadt verdient einen gemächlicheren Besuch.

⊙ Sehenswertes

Narin-Festung BURG

(Rashiddadin Ave; 150 000 IR; ⊘ 8 Uhr–Sonnenuntergang) Die verfallene Narin-Festung im Zentrum von Meybod ragt imposant über der Stadt empor, die um sie herum gewachsen ist. Die Festung offenbart drei zeitliche Bauabschnitte, die ältesten Fundamente weisen auf eine Art Siedlung hin, die 4000 v. Chr. errichtet wurde. Der Legende nach soll die Festung König Salomon gehört haben und von Dschinns (Geistern) gebaut worden sein. Aber was auch immer die Ursprünge der Fundamente sein mögen, der überwiegende Teil, dessen, was heute zu sehen ist, stammt aus der Sassaniden-Zeit.

Meybod Yakhchal HISTORISCHES GEBÄUDE

(Eishaus; 100 000 IR; ⊘ 8.30 Uhr–Sonnenuntergang) Das prachtvolle, jüngst renovierte 400 Jahre alte Bauwerk (eines der eindrucksvollsten Eishäuser im Iran) steht unübersehbar gegenüber dem ehemaligen Posthaus und der Karawanserei an der nördlichen Straßenseite. Das enorme, sorgfältig gebaute Lehm- und Ziegelgebäude besteht aus zwei seichten Teichen, die im Winter zufrieren, hohen, 2 m dicken Wänden, die verhindern, dass die Sonne die Teiche erreicht, einer Grube, um das Eis aus den Teichen zu lagern, und einer Kuppel, um das Eis vor der Sommerhitze zu schützen.

Taubenturm TURM

(Kaboutar-Khaneh-Turm; 50 000 IR; ⊘ 8 Uhr–Sonnenuntergang) Er macht zwar auf den ersten Blick den Eindruck, aber der wunderbar restaurierte Turm hatte keinen militärischen Zweck, sondern einen weitaus prosaischeren: Er ist ein Taubenhaus, ein riesiger Sammelplatz für Guano. Der Guano wurde als Düngemittel verwendet und war vor der Einführung von Kunstdünger ein kostbares Gut. Je mehr Tauben sich hier niederließen desto besser. Dieses Exemplar mit seinem schönen Mauerwerk ist rund 200 Jahre alt und bot 4000 Vögeln einen Nistplatz.

Zeilo-Museum   MUSEUM
(80 000 IR inkl. Kaffee; ⊗ 9.30 Uhr–Sonnenuntergang) Das Zeilo-Museum in der alten Karawanserei von Meybod ist der Handweberei von Gebetsteppichen gewidmet. Einige schöne Exemplare stammen aus dem 16. Jh. und in den Werkstätten in einigen der alten Unterkünfte der Karawanserei kann man zuschauen, wie sie hergestellt werden. Die Kelims aus Baumwolle sind doppelseitig und oft mit Zypressenmotiven gemustert. Nur ein Dutzend *zeilo*-Meister übt das alte Handwerk noch aus; die Preise (ab etwa 40 US$ pro Stück) richten sich nach der Komplexität der Muster.

Zein-o-din   زين الدين

Der einzige Grund, sich an diesen einsamen Ort zu begeben, ist ein Besuch der 400 Jahre alten **Karawanserei Zein-o-din** (☑0912 306 0441; HP pro Pers. 1 680 000 IR, nur Eintritt & Abendessen 380 000 IR, nur Eintritt für Besichtigung 100 000 IR; ℙ🐾), die auf Befehl von Schah Abbas I. gebaut wurde. Die Karawanserei liegt zwei Tagesritte mit dem Kamel südlich von Yazd (rund 60 km) an der Hauptstraße nach Kerman in einer ansonsten leeren Wüstenebene. Sie war Teil eines Netzes von 999 solcher Herbergen, die zur Förderung des Handels gebaut wurden.

Nach einer dreijährigen Renovierung, für die 13 000 Bimssteine benutzt wurden, um den Schmutz aus Jahrhunderten von den Mauern zu scheuern, befindet sich die schlichte Unterkunft fast wieder in ihrem ursprünglichen Zustand. Die mit Teppichen belegten Podeste, die als Schlafstätten dienen, sind durch Vorhänge vom Flur abgeschirmt. Der Empfang ist mal so mal so, aber das Essen vom warmen und kalten Buffet ist gut. Reservierung ist unbedingt notwendig.

Berühmt ist die Zein-o-din dafür, dass sie eine von nur zwei Karawansereien mit einem runden Grundriss ist (die andere bei Isfahan ist weitgehend zerstört). Sie dient weiterhin als Unterkunft für Reisende. Für alle mit soviel Phantasie, dass sie sich die alte Zeit mit mürrischen Kamelen vor der Tür vorstellen können, bietet eine Übernachtung hier einen unvergesslichen Eindruck vom Leben eines Karawanenhändlers auf der Seidenstraße.

Die abgelegene Lage der Karawanserei bedeutet auch minimale Lichtverschmutzung bei Nacht, also einen kristallklaren **Sternenhimmel**. Der begeisterte Amateur-Astronom Reza Tamehri nutzt die klare Sicht und bietet eine zweistündige Astronomievorführung auf dem Dach der Karawanserei an. Im Preis enthalten ist der Transport von Yazd und die Benutzung der Apparaturen unter Anleitung. Eine Buchung – über **Mohsen Hajisaeid** (☑0913 351 4460, 035-3622 7828; www.iranpersiatour.com) in Yazd – ist erforderlich. Am klarsten ist der Himmel im Winter, aber dann ist es auch eisig kalt.

Saryazd   سريزد
☑ 035 / 421 EW.

Saryazd, was „Kopf von Yazd" bedeutet, liegt rund 6 km östlich der Fernstraße 71 und war einst die letzte Station auf der berühmten Seidenstraße aus dem Osten vor der Ankunft in der Stadt. Heute ist es nur schwer vorstellbar, dass irgendetwas anderes als Wind hier durchzog. Aber einige eindrucksvolle Gebäude, darunter eine Burg, zwei Karawansereien und ein schönes Wasserreservoir, beweisen das Gegenteil.

Die wunderbare alte **Saryazd-Festung** (100 000 IR; ⊗ 9 Uhr–Sonnenuntergang) diente einst als gigantischer Tresor für Getreide, Schmuck und andere Wertsachen. Die aufwendigen Befestigungsanlagen bestehen aus zwei konzentrischen Mauern, hohen Türmen und einem Burggraben (heute trocken).

Der Ursprung des **Farafar-Tors** ist umstritten. Es ist vermutlich mindestens 1000 Jahre alt und könnte der einzige erhaltene Rest der Mauer eines überkuppelten Mausoleums sein, vielleicht aber auch ein Stadttor. Wie auch immer, es ist ein gutes Fotomotiv, da es den Rahmen für die moderne Skulptur des **Bogenschützen Arash**, eines Helden aus der persischen Mythologie, auf einem Feld dahinter bildet.

Ein reicher Wohltäter, der aus dem Dorf stammt, hat ein Vermögen für die Restaurierung der alten Wahrzeichen von Saryazd ausgegeben und baute eine der Karawansereien in ein Restaurant um. Keramiken, die aus der Gegend stammen, werden hier ebenfalls verkauft.

ZENTRALIRAN RUND UM YAZD

Fahraj

📱 035 / 2700 EW. / HÖHE 1272 M

Das Bauerndorf 35 km südöstlich von Yazd am Rand der Dasht-e Lut hat einige Sehenswürdigkeiten zu bieten, darunter einen schön restaurierten alten Dorfkern und die **Masjed-e Jameh** (Jameh-Moschee; ⏱ 24 Std.) `GRATIS`, die wohl älteste zweckgebaute Moschee Irans. Der Innenhof der Moschee, das überkuppelte Heiligtum und die Arkaden stammen aus der Sassaniden-Zeit, das zylindrische Minarett aus Lehmziegeln hingegen ist jünger – es wurde vor 400 Jahren als Signalturm für Karawanen gebaut. In der Umgebung befinden sich eine Burgruine, ein Hamam und ein *ab anbar* (Wasserspeicher) mit vier *badgirs*.

Im Ort gibt es nichts Besonderes zu unternehmen, außer durch die Lehmziegelgassen zu schlendern. Aber wer hier unbedingt übernachten will, kann dies in einer kleinen traditionellen Unterkunft tun.

Regionalbusse nach Fahraj fahren in Yazd zwischen 6 und 20 Uhr jede volle Stunde am Shohadaye Mehrab Square ab (20 000 IR, 50 Min.). Ein Taxi *dar baste* (privat) kostet 300 000 IR.

Shiraz شیراز

📱 071 / 1 460 665 EW. / HÖHE 1506 M

Shiraz gilt seit über 2000 Jahren als Hochburg der persischen Kultur und ist mittlerweile gleichbedeutend mit Bildung, Nachtigallen, Dichtung und Wein. Die Stadt war ein bedeutendes Zentrum der mittelalterlichen islamischen Welt und in der Zand-Dynastie (1747–1779 n. Chr.), als viele der schönsten Gebäude gebaut oder restauriert wurden, die iranische Hauptstadt.

Hier, in der Stadt der Dichter, sind Hafis und Saadi bestattet, deren Gräber wichtige Pilgerstätten für die Iraner sind. Auch gibt es prachtvolle Gärten, großartige Moscheen und den Nachklang einer alten Hochkultur zu entdecken, zur Belohnung für all jene, die ein wenig länger bleiben, als ein Ausflug zum üblichen Touristenziel, Persepolis – der größten Attraktion der Region –, dauert.

Wie üblich herrscht das iranische Verkehrschaos, aber das verträgliche Klima in der Stadt und die Lage in einem fruchtbaren Tal, das einst für seine Weingärten berühmt war, machen Shiraz zu einem angenehmen Aufenthaltsort (außer während des feuchten Hochsommers und des eisigen Winters).

Geschichte

Shiraz wird bereits in elamitischen Inschriften von etwa 2000 v. Chr. erwähnt, war ein bedeutendes regionales Zentrum unter den Sassaniden und hat seine Hochs und Tiefs erlebt. Nach der arabischen Eroberung von Istachr, der letzten sassinidischen Hauptstadt (8 km nordöstlich von Persepolis, heute aber völlig zerstört) um 693 n. Chr. wurde Shiraz zur Provinzhauptstadt. 1044 soll die Stadt bedeutender als Bagdad gewesen sein und im 12. Jh. entwickelte sie sich unter den Atabaken zu einem kulturellen Zentrum.

Shiraz entging der Zerstörung durch Timur Lenk und die marodierenden Mongolen, da die Herrscher der Stadt klugerweise entschieden, dass eine Tributzahlung besser sei als ein Massengemetzel. Knapp der Katastrophe entgangen, erblühte Shiraz unter der mongolischen und timuridischen Herrschaft und wuchs rasant. Dank der Förderung aufgeklärter Herrscher und des Wirkens von Hafis, Saadi und vielen anderen brillanten Dichtern und Gelehrten entwickelte sich Shiraz im 13. und 14. Jh. zu einer der bedeutendsten Städte in der islamischen Welt.

Während der Safawiden-Zeit, als europäische Händler sich als Exporteure des berühmten Weins der Region hier niederließen, war Shiraz immer noch Provinzhauptstadt. Aber Mitte des 17. Jhs. begann eine lange Zeit des Niedergangs. Mehrere Erdbeben, Überfälle der Afghanen Anfang des 18. Jhs. und ein Aufstand unter Führung des Statthalters von Shiraz im Jahr 1744, der nach einer Belagerung von Schah Nadir auf typisch schonungslose Weise niedergeschlagen wurde, trugen zum Verderben der Stadt bei. Als Schah Nadir 1747 ermordet wurde, war Shiraz eine heruntergekommene Stadt mit einer dezimierten Population von gerade mal 50 000 Einwohnern, das entsprach nur einem Viertel der Bevölkerungszahl 200 Jahre zuvor.

Der aufgeklärte Karim Khan lenkte die Geschicke von Shiraz erneut in glücklichere Bahnen. Er war der erste Herrscher der kurzlebigen Zand-Dynastie, der Shiraz 1750 zu seiner Landeshauptstadt machte und entschlossen war, ihr den Glanz zu verleihen, den unter Schah Abbas I. einst Isfahan besessen hatte. Obwohl er Herrscher über fast ganz Persien war, lehnte Karim Khan es ab, einen höheren Titel als *vakil* (Regent) anzunehmen – daher der Name vieler Baudenkmäler in der Stadt. Er gründete das königliche Viertel um die Arg-e Karim Khan und beauftragte den Bau vieler schöner Gebäude, darunter auch der prächtigste Basar Persiens seiner Zeit. Nach Karim Khans Tod überfielen und zerstörten seine Erzfeinde, die Kadscharen, die Befestigungsanlagen der Stadt. 1789 wurde die Landeshauptstadt – und der Leichnam von Karim Khan – nach Teheran verlegt.

Obwohl Shiraz keine Hauptstadt mehr war, blieb die Stadt noch für eine Weile wohlhabend, da sie an der Handelsstraße nach Bushehr lag. Aber dieser Umstand verlor mit der Eröffnung der transiranischen Eisenbahn in den 1930er-Jahren weitgehend seine Bedeutung. Ein Großteil des architektonischen Erbes von Shiraz, besonders das königliche Viertel der Zand, wurde unter der Herrschaft der Pahlevi entweder vernachlässigt oder durch unverantwortliche Stadtplanung zerstört. Die Stadt, die kaum industrielle, religiöse oder strategische Bedeutung hat, ist heute überwiegend ein Verwaltungszentrum, bekannt für ihre Universitäten und den Geist der Dichter, die hier ewige Ruhe fanden.

⊙ Sehenswertes

Die meisten Sehenswürdigkeiten, Hotels, der Basar und die wichtigen Moscheen und Schreine in der Altstadt befinden sich in Laufnähe der Festung Arg-e Karim Khan mitten auf dem Shohada-Platz, der allgemein als Stadtzentrum gilt. Der Platz liegt an der Hauptstraße der Stadt, dem Karim Khan-e Zand Boulevard (meist nur Zand Boulevard genannt). Im Norden fließt der Fluss Khoshk und nördlich davon befinden sich die Gräber von Hafis und Saadi sowie das moderne Wahrzeichen von Shiraz, das Darvazeh-ye Quran (Korantor).

◉ Rund um den Shohada-Platz

★ Bagh-e Nazar   GÄRTEN
(باغ نظر); Auffallender Garten; Karte S. 208; Karim Khan-e Zand Blvd; ⊙8.30–13.30 & 14.30–17.30 Uhr) In dem formalen Garten steht ein achteckiger Pavillon, in dem heute das **Pars-Museum** (موزه پارس; Karte S. 208; 150 000 IR; ⊙8.30–13.30 & 14.30–17.30 Uhr) untergebracht ist. Karim Khan empfing in diesem Pavillon einst ausländische Würdenträger. Mit seiner großartigen Stalaktitendecke und den herrlichen Wandbildern von turtelnden Liebenden, lesenden Gelehrten und jagenden Rei-

tern ist er bereits selbst ein Glanzlicht. Zu den Exponaten zählen Karim Khan Zands Schwert und einige interessante alte Keramiken.

Bazar-e Vakil   BASAR
(بازار وکیل); Karte S. 208; abseits des Karim Khan-e Zand Blvd; ⊙Sa–Do 8–21 Uhr) Im alten Handelsviertel der Stadt befinden sich mehrere Basare aus verschiedenen Epochen. Der schönste und berühmteste ist der kreuzförmig angelegte Bazar-e Vakil, der von Karim Khan in Auftrag gegeben wurde, als Teil seines Plans, Shiraz zu einem großen Handelszentrum zu machen. Die breiten Straßen unter Ziegelgewölben sind Meisterwerke der Zand-Architektur und sind so gebaut, dass der Innenbereich im Sommer kühl und im Winter warm bleibt. Heute verkaufen in dem Basar fast 200 Geschäfte Teppiche, Kunsthandwerk, Gewürze und Kleidung.

Am besten lässt sich der Basar beim ziellosen Schlendern und mit viel Zeit erkunden, wobei man sich nach Lust und Laune in das atmosphärische Gassenlabyrinth stürzen kann, das von den Hauptwegen abzweigt. Mit etwas Glück landet man im Gewölbe mit ethnischem Kunsthandwerk, dem Shamshirgarha-Basar (S. 216) oder am Seraye Moshir (S. 216; einer restaurierten Karawanserei) und dem stimmungsvollen kleinen Seray-e Mehr Teahaus (S. 215) nebenan, um eine Pause zum Mittagessen einzulegen.

Der Bazar-e Vakil setzt sich an der Nordseite des Karim Khan-e Zand Boulevard fort, ist dort aber nicht so spannend.

Masjed-e Vakil   MOSCHEE
(مسجد وکیل, Regentenmoschee; Karte S. 208; abseits des Karim Khan-e Zand Blvd; 150 000 IR; ⊙8–20 Uhr) Mit dem Bau der Moschee neben dem *timcheh* für ethnisches Kunsthandwerk im Bazar-e Vakil wurde zu Karim Khans Zeit begonnen. Sie hat ein beeindruckendes gekacheltes Portal, einen zurückgesetzten Eingang, der mit rosa Kacheln aus Shiraz geschmückt ist, zwei große Iwans, einen prächtigen Innenhof, der von gekachelten Nischen und Vorhallen gesäumt ist, und eine wohl proportionierte, 75 mal 36 m große Gebetshalle mit Kuppeldach. Charakteristisch ist jedoch der Wald aus 48 diagonal gerieffelten Säulen. Die Stützpfeiler in der Gebetshalle ziehen den Betrachter in einen hypnotischen Rhythmus aus Vertikalen und Arabesken.

Hammam-e Vakil   HISTORISCHES GEBÄUDE
(حمام وکیل, Regentenbad; Karte S. 208; abseits der Taleqani St; 150 000 IR; ⊙Sa–Do 7.30–20 Uhr)

Shiraz

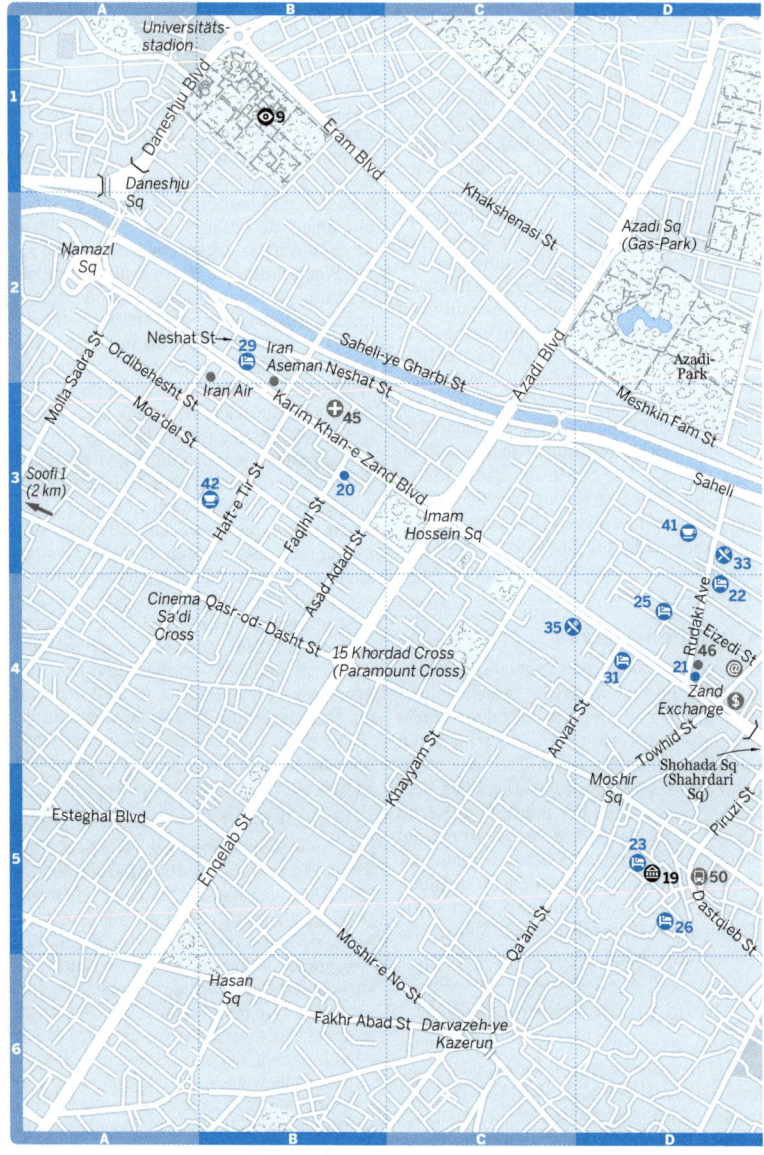

Der überkuppelte zentrale Raum des Badehauses aus der Zand-Zeit besitzt einige
schöne Stukkaturen und gezwirbelte Säulen. Kostümierte Puppen sitzen entspannt
um den Springbrunnen, wie früher die Bewohner von Shiraz, nachdem sie im schönen
Heißwasserraum mit Kuppeldecke, Säulen

und einem kleinen (heute leeren) Wasserbecken ein Bad genommen hatten.

Arg-e Karim Khan FESTUNG

(ارگ کریمخان), Zitadelle des Karim Khan; Karte
S. 208; Shohada Sq; 200 000 IR; ⏱ Sommer 7.30–
21 Uhr, Winter 8–20 Uhr) Die wuchtige Festung

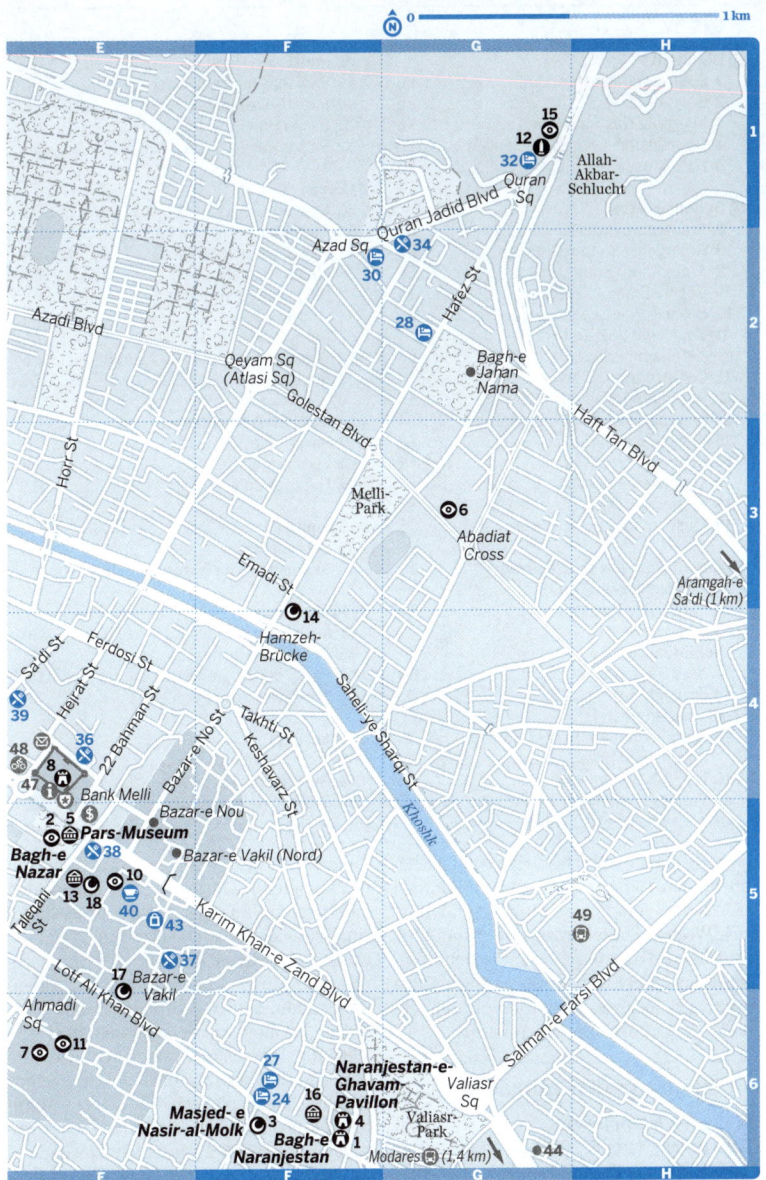

N 0 — 1 km

ZENTRALIRAN SHIRAZ

15
12
32
Allah-Akbar-Schlucht
Quran Sq
Quran Jadid Blvd
Azad Sq 34
30
Hafez St
28
Bagh-e Jahan Nama
Haft Tan Blvd
Qeyam Sq (Atlasi Sq)
Golestan Blvd
Azadi Blvd
Hor St
Melli-Park
6
Abadiat Cross
Emadi St
Aramgah-e Sa'di (1 km)
14
Hamzeh-Brücke
Sa'di St
Ferdosi St
Hejrat St
Takhti St
Bazar-e No St
Saheli-ye Sharqi St
Khoshk
39
48
36
8
47
Bank Melli
22 Bahman St
Keshavarz St
Bazar-e Nou
2 5
Pars-Museum
38
Bazar-e Vakil (Nord)
Bagh-e Nazar
13 18
10
49
40
43
Karim Khan-e Zand Blvd
Taleqani St
37
17 Bazar-e Vakil
Lotf Ali Khan Blvd
Ahmadi Sq
7
11
Salman-e Farsi Blvd
27
Naranjestan-e-Ghavam-Pavillon
24
16
Valiasr Sq
Masjed- e Nasir-al-Molk
3
4
Valiasr-Park
Bagh-e Naranjestan
1
Modares (1,4 km)
44

die das Stadtzentrum dominiert, wurde in
der frühen Epoche der Zand-Zeit gebaut
und war Teil des königlichen Hofs, von dem
Karim Khan hoffte, er würde Isfahan über-
treffen. Die hohen Mauern zeigen ornamen-
tales Ziegelwerk und sind von vier schönen,
14 m hohen Rundtürmen unterbrochen. Der

Südostturm neigt sich merklich, da er in die
unterirdischen Zisterne eingesackt ist, die
als Badehaus der Festung diente.

Museum für iranische Kunst MUSEUM

(Karte S. 208; Namazi Junction, Dastgheib St;
200 000 IR; ☉ 8.30–12 & 15.30–20 Uhr) Das Mu-

Shiraz

seum in einem hübschen Haus mit vielen Innenhöfen, Gängen und bemalten Räumen besitzt eine ständige Sammlung und zeigt auch Wechselausstellungen. Die Sammlung historischer Fotos mag ausländischen Besuchern nicht viel sagen, aber das Haus selbst mit seinen liebevoll restaurierten architektonischen Details lohnt einen Besuch.

◉ Rund um den Ahmadi-Platz

★ **Bagh-e Naranjestan**   PALAST
(Zitrusgarten; Karte S. 208; Lotf Ali Khan Blvd; 200 000 IR; ☺8–19 Uhr) Der kleinste, aber hübscheste Garten in Shiraz erhielt seinen Namen nach den Bitterorangenbäumen im zentralen Innenhof. Er wurde um den entzückenden **Naranjestan-e-Ghavam-Pavillon** (Karte S. 208) als Teil eines Komplexes angelegt, der damals einer der reichsten Familien in Shiraz zur Kadscharen-Zeit gehörte. Hinter der verspiegelten Eingangshalle liegen

Zimmer, die mit unzähligen Kachelarbeiten mit komplexen Mustern, Intarsienpaneelen aus Holz und Buntglasfenstern ausgestattet sind. Besonders bemerkenswert sind die Decken in den oberen Zimmern, die mit europäischen Motiven bemalt sind, wie Alpenkirchen und drallen deutschen Mädels.

Der Pavillon wurde zwischen 1879 und 1886 für den reichen und mächtigen Mohammad Ali Khan Qavam al-Molk als *buruni* (öffentliche Empfangshalle) seines Wohnhauses gebaut und ist durch einen unterirdischen Gang (für Besucher nicht zugänglich) mit dem **Khan-e Zinat ol-Molk** (Zinat-ol-Molk-Museum; Karte S. 208; ☎071-1224 0035; abseits des Lotf Ali Khan Blvd; 150 000 IR; ☺8–19 Uhr) 🏻 verbunden, in dem sich die *andaruni* (Privaträume) der Familie befanden.

Das Untergeschoss des Pavillons beherbergt eine archäologische Sammlung, die von Arthur Upham Pope zusammengestellt wurde, einem amerikanischen Gelehrten, der von 1969 bis 1979 am Asieninstitut in Shiraz lehrte. Ebenfalls im Untergeschoss wird auch hervorragendes Kunsthandwerk verkauft, darunter Miniaturen, die auf Kamelknochen gemalt wurden, und Kacheln mit klassischen Ornamenten.

Wer gerne bei der jüngsten Welle mitmachen möchte, nämlich sich in Kadscharen-Gewänder zu werfen, kann dies an am Stand in einer Ecke des Innenhofs tun. Das Teehaus, das hier die letzten Sonnenstrahlen des Tages erhascht, ist ein gutes Plätzchen, um das über die Gartenmauer entschwindende Licht zu genießen; es verkauft auch feines Gelee mit Rosen- und Granatapfelgeschmack.

★ Masjed-e Nasir-al-Molk   MOSCHEE

(مسجد نصیرالملک, Nasir-al-Molk-Moschee, Rosa Moschee; Karte S. 208; abseits des Lotf Ali Khan Blvd; 150 000 IR; ⊙ 7.30–11.30 & 14.30–17 Uhr) Die Rosa Moschee mit ihren herrlichen farbigen Kacheln (ein ungewöhnlich tiefes Blau) wurde Ende des 19. Jhs. gebaut und ist eines der elegantesten und meistfotografierten Gebäude im südlichen Iran. Es gibt ein paar besonders schöne *muqarnas* im kleinen äußeren Portal und im nördlichen Iwan, aber einfach überwältigend sind das Buntglas, die gemeißelten Säulen und mehrfarbigen Fayencen in der Wintergebetshalle, wenn die Sonne sie anstrahlt.

Die meisten Besucher kommen am frühen Morgen (beste Zeit ist 9 bis 11 Uhr), wenn die mit persischen Teppichen ausgelegte Halle von einem kaleidoskopischen Muster aus Lichtsprenkeln überzogen ist. Ein magisches Erlebnis – und ein unwiderstehliches Fotomotiv.

Hinter dem Museum in der gegenüberliegenden Gebetshalle befindet sich der *gav cha* (Kuhbrunnen), an dem mit Zugrindern Wasser aus dem unterirdischen *qanat* hochgezogen wurde. Das Gebäude hat zahlreiche Erdbeben überstanden, auch dank der Bauweise mit Strebebalken aus elastischem Holz in den Mauern – bemerkenswert sind die Holzziegel in den Iwan-Säulen. Die rosa Kacheln mit Blumenmuster sind typisch für Shiraz.

Aramgah-e Shah-e Cheragh   SCHREIN

(آرامگاه شاهچراغ, Mausoleum des Sayyed Mir Mohammad; Karte S. 208; Ahmadi Sq; ⊙ unterschiedl., oft 24 Std.) GRATIS Sayyed Mir Ahmad, einer der 17 Brüder des Imam Reza, floh nach Shiraz, wo er 835 n. Chr. gefangen und getötet wurde. Seine sterblichen Überreste sind in einem funkelnden Schrein mit kunstfertigen Spiegelarbeiten beigesetzt. Im 12. Jh. wurde das Mausoleum über dem Grab errichtet, aber der Innenhof und das Fliesendekor sind wesentlichen jüngeren Datums stammen aus der späten Kadscharen-Zeit und der Islamischen Republik. Die blau gekachelte Kuppel und die Minarette mit goldenen Spitzen bilden einen prachtvollen Rahmen für die schiitischen Rituale an dieser verehrten Pilgerstätte.

Das Museum in der Nordwestecke des Innenhofs neben dem Schrein zeigt eine interessante Sammlung von Objekten, die in Verbindung mit dem Schrein stehen, darunter ein wertvoller alter Koran im oberen Stock und ein exquisites Türblatt, das mit Silber, Gold und Lapislazuli verziert ist, unten.

Das Bogh'e-ye Sayyed Mir Mohammed

(Mausoleum des Sayyed Mir Mohammad; Karte S. 208) in der Südostecke des Innenhofs birgt die Gräber von zwei Brüdern von Mir Ahmad. Die Kuppel des Schreins hat die für Shiraz typische Zwiebelform, aufwendige Spiegelmosaiken und vier schlanke Holzsäulen mit nahezu perfekten Proportionen.

Besucher dürfen gerne den Innenhof im Zentrum des Komplexes besuchen und diskret fotografieren (keine großen Kameras und keine Stative), aber Zutritt zu den Schreinen war Nichtmuslimen bei Redaktionsschluss nicht erlaubt. Frauen müssen in der gesamten Anlage einen Tschador tragen (kostenlos am Fraueneingang erhältlich).

Madraseh-ye Khan   ISLAMISCHE STÄTTE

(مدرسه خان; Karte S. 208; Dastqeib St, abseits des Lotf Ali Khan Blvd; ⊙ an die Tür klopfen; Trinkgeld willkommen) Der Imam Gholi Khan, Gouverneur von Fars, gründete 1615 für 100 Schüler diese beschauliche Religionsschule. Im Lauf der Jahre wurde das Gebäude durch Erdbeben stark beschädigt, aber zum Glück blieb das eindrucksvolle Eingangsportal intakt. Es ist mit seinen ungewöhnlichen *muqarnas* im äußeren Bogen und einigen komplexen Kachelmosaiken ein Meisterwerk früher Gestaltungskunst. Die noch genutzte Schule besitzt einen schönen ummauerten Innenhof mit den typischen rosa und gelben Kacheln mit floralen Motiven, für die Shiraz bekannt ist.

◉ Nördlich des Flusses

Aramgah-e Hafez   MAUSOLEUM

(آرامگاه حافظ, Grab des Hafis'; Karte S. 208; Golestan Blvd; 200 000 IR; ⊙ 7.30–22 Uhr, im Sommer bis 22.30 Uhr) Es gibt keinen besseren Ort, um Hafis' Bedeutung für die nationalen Psyche zu verstehen, als sein Grab in einem Gedenkgarten. Ein iranisches Sprichwort besagt, dass in jedes Haus zwei Dinge gehören, erstens der Koran, und zweitens die Schriften von Hafis. Der iranische Volksheld aus dem 14. Jh. wird geliebt und verehrt, und fast jeder Iraner kann aus seinem Werk zitieren, das dabei je nach sozialer oder politischer Überzeugung zurechtgebogen wird.

Hafis starb 1389 im mittleren Alter. Seine Grabstätte, in deren Marmor ein langer Vers des Dichters gemeißelt ist, wurde 1773 von Karim Khan hier angelegt. 1935 kam der achteckige Pavillon mit acht Steinsäulen unter einer gekachelten Kuppel dazu. Sonnenuntergang ist bei den Iranern die beliebteste Tageszeit, um den Garten zu besuchen und dem Dichter Respekt zu zollen. Einige vollziehen das *faal-e Hafez*, ein beliebtes Ritual, bei dem ein Buch von Hafis an irgendeiner Stelle aufgeschlagen wird und daraus die Zukunft gedeutet wird. In einem Teehaus auf dem Gelände sitzen Bewunderer, um bei einem Teller *ash* (Nudelsuppe) oder *faludeh* (Sorbet aus dünnen Glasnudeln und Rosenwasser) die Rezitationen zu genießen, die in den Garten übertragen werden. Das Grab liegt 2 km vom Stadtzentrum entfernt (80 000 IR mit dem Taxi).

Aramgah-e Sa'di   MAUSOLEUM

(آرامگاه سعدی, Grab des Saadi; Bustan Blvd; 200 000 IR; ⏱7.30–22 Uhr, im Sommer bis 22.30 Uhr) In Shiraz gibt es einige Schreine. Einer, in der Pahlavi-Zeit mit einer offenen Kolonnade überbaut, ist Sheikh Mohammed Shams-ed-Din, kurz Saadi genannt, geweiht – einem volkstümlichen Dichter, der von 1207 bis 1291 lebte. Der stille Ort inmitten üppiger Gärten gewährt Ruhe und Erholung vom Lärm der Großstadt. Die immergrünen Pflanzen, Bitterorangenbäume und Rosen, die hier prächtig gedeihen, sind einem Mann, der so viel über Blumen schrieb, nur angemessen.

Das Grab ist vom Schrein des Dichters Hafis aus leicht zu erreichen. Vom Golestan Bouelevard fahren Shuttletaxis (15 000 IR) südostwärts zum Sa'di Square, von dort sind es noch rund 1,3 km zu Fuß hoch zum Grab.

Imamzadeh-ye Ali Ebn-e Hamze   ISLAMISCHES GRAB

(امامزاده علی ابن حمزه; Karte S. 208; ☎071-1222 3353; Hafez St, nahe der Hamzeh-Brücke; ⏱Sonnenaufgang–Sonnenuntergang) Der Schrein ist der jüngste von mehreren älteren Bauten, die durch Erdbeben zerstört wurden. Er wurde im 19. Jh. über dem Grab des Emir Ali errichtet, eines Neffen von Schah Cheragh, der ebenfalls in Shiraz starb, als er nach Khorosan eilte, um dem Imam Reza beizustehen. Zu den Highlights gehören die typische Shiraz-Kuppel, funkelnde venezianische Spiegelmosaiken, Buntglasfenster und eine kunstvolle Holztür. Besucher sind willkommen (Tschadors für Frauen werden an der Tür verliehen) und Fotografieren ist gestattet.

Bagh-e Eram   GÄRTEN

(باغ ارم, Paradiesgarten, Eram-Garten; Karte S. 208; Eram Blvd; 200 000 IR; ⏱8 Uhr–Sonnenuntergang) Der für seine hohen Zypressen berühmte Garten gehört zum Unesco-Welterbe und wurde um ein Wasserbecken und einen Palast (für Besucher nicht zugänglich) aus der Kadcharen-Zeit unter Einbeziehung von Elementen eines früheren Parks aus der Seldschuken-Zeit angelegt. Es gibt ein kleines mineralogisches Museum auf dem Gelände, aber der Garten ist überwiegend als Ort für heimliche Rendezvous zwischen den Rosenbüschen bekannt. Die Anlage ist recht einfach mit einem Shuttletaxi (15 000 IR) über den Karim Khan-e Zand Boulevard bis zum Namazi Square und dann zu Fuß nordwärts über den Fluss zu erreichen.

Darvazeh-ye Quran   BAUDENKMAL

(Korantor; Karte S. 208; Quran Sq) Das moderne, dreibogige zeremonielle Tor barg bis vor Kurzem einen hochgeschätzten, alten Koran, der nun im Pars-Museum gegenüber der Festung im Stadtzentrum ausgestellt wird. Traditionell schritten Reisende durch dieses Tor, bevor sie sich auf den Weg machten. Heute kommt man hierher, um **Khaju Garden** (Karte S. 208; oberhalb des Darvazeh-ye Quran; 115 IR000; ⏱7.30–24 Uhr) und sein Teehaus zu besuchen oder auf die Aussichtspunkte an beiden der Straße zu steigen.

👆 Geführte Touren

Geführte Touren, die auch über die meisten Hotels in der Stadt gebucht werden können, werden für Shiraz und Orte im Umland wie Persepolis und Bishapur angeboten. Staatlich geprüfte Guides verlangen generell Standardpreise, die von der Touristenführervereinigung festgelegt sind. Sie betragen 35 bis 40 US$ für einen halben Tag und 75 bis 90 US$ für einen ganzen Tag mit Fahrer/Guide.

Shahram Rafie   TOUREN
(☑ 0939 625 0511; www.steptoiran.com) Sharam ist Experte für Persepolis und die Region um Shiraz, weiß aber auch sehr viel über ganz Iran. Er ist ein erfrischend ruhiger und dennoch sehr zuvorkommender Fahrer/Guide, der sich durch sein Auftreten ebenso empfiehlt wie durch seine Kenntnisse.

Iran Travel Service   TOUREN
(☑ 0917 300 3249; www.irantravelservice.com) Die Agentur wird von Mojtaba Rahmanian geführt, der hervorragendes Englisch spricht und eine sprudelnde Informationsquelle zum Land ist. Im Angebot sind Touren rund um Shiraz sowie einmonatige, individuell zusammengestellte Reiserouten.

Pars Tours Agency   TOUREN
(Karte S. 208; ☑ 071-3223 2428; www.key2persia. com; Karim Khan-e Zand Blvd; ◉ Sa–Do 9–21, Fr bis 13 Uhr) Die Agentur hat ein breites Angebot an Kultur-, Abenteuer- und umweltfreundlichen Touren (Genaueres auf der Website). Besonders empfehlenswert sind die beliebten halbtägigen Gruppenausflüge nach Persepolis. Sie kosten 30 US$ pro Person und beginnen täglich um 8 Uhr.

Bahman Mardanloo   TOUREN
(☑ 0917 910 0943; b_mardanloo@yahoo.com; Touren mit HP und Übernachtung im Nomadenzelt pro Pers. 95 US$, ab 4 Pers. 55 US$) Der staatlich geprüfte Guide ist der Sohn von Nomaden und Experte für Touren, die eine einfühlsame kulturelle Interaktion mit Nomaden einschließen.

MTB2R Mountainbiking in Iran   RADFAHREN
(☑ 0913 951 6835; www.mtb2r.com) Yaghoob Afshariani, ein begeisterte Führer von Mountainbiketouren mit zwölf Jahren Erfahrung, organisiert Wander- und Radtouren ins Zagros-Gebirge.

Iran Sightseeing Tours   ABENTEUER
(Karte S. 208; ☑ 071-3235 5939; www.iransightseeing.com; 3 Alley, Sooratgar Ave, abseits des Karim Khan-e Zand Blvd; ◉ Sa–Do 9–21, Fr bis 13 Uhr) Spezialist für Skifahren, Bergsteigen, Trekking, Mountainbiken, Klettern und Reitausflüge. Das Unternehmen hat eigene Pferde, eine Skihütte und Ausrüstung. Auch Touren zu den Nomaden sind im Angebot.

Nadia Badiee   TOUREN
(☑ 0917 307 4682; nadiabadiee@ymail.com) Englisch sprechende Führerin mit Schwerpunkt Shiraz.

Azadeh Khademi   TOUREN
(☑ 0917 105 2191; tbs-azadehkhademi@hotmail.com) Kenntnisreiche, Englisch und Französisch sprechende Führerin.

Maryam Zare   TOUREN
(☑ 0936 022 1513; zare.maryam1368@yahoo.com) Fremdenführerin, die gutes Englisch spricht und einen Abschluss als Englisch-Übersetzerin hat.

Farkhondeh Zareie   TOUREN
(☑ 0917 715 5850; farkhondeh_yas_zareie@yahoo.com) Erfahrene Fahrerin/Guide mit Schwerpunkt Essen und Nomadenbesuche.

🛏 Schlafen

Shiraz hat zahlreiche Hotels, die meisten in den Straßen, die vom Karim Khan-e Zand Boulevard abzweigen und in Laufnähe zu den Hauptsehenswürdigkeiten liegen. Da die Konkurrenz groß ist, bieten die meisten in der Nebensaison ermäßigte Preise an. Es gibt ein oder zwei Hotels in traditionellen Häusern, aber die meisten sind nichtssagende, moderne Betonklötze.

★**Forough Hotel**   BOUTIQUEHOTEL $
(Karte S. 208; ☑ 071-3222 5877; foroughhotel@gmail.com; Namazi Junction, Dastghieb St; DZ/3BZ 45/65 US$; ❄ 🛜) Das frisch restaurierte alte Haus mitten in der Altstadt besitzt zwei Innenhöfe und verströmt schon beim Betreten Gastlichkeit. Das wunderschön eingerichtete Hotel ist ein friedliches Refugium in der trubeligen Basargegend und hat heimelige Zimmer mit neuen Bettdecken und frisch gewaschenen Handtüchern. Hotelgäste zahlen für einen Besuch in dem hübschen kleinen Museum für iranische Kunst gleich nebenan nur den halben Eintritt.

★**Niayesh Boutique Hotel**   BOUTIQUEHOTEL $
(Karte S. 208; ☑ 071-3223 3622; www.niayeshhotels.com; 10 Shahzadeh Jamaili Lane; EZ/DZ/3BZ/4BZ 35/50/68/85 US$; 🅿 ❄ 🛜) Das hübsche, ungezwungene Hotel in der Altstadt ist eines von nur wenigen traditionellen Hotels in Shiraz und der absolute Favorit unter Backpackern. Die nettesten Zimmer liegen um den zentralen Innenhof des ursprünglichen Hauses; andere befinden sich in einem neueren Zweckbau vor dem Gebäude.

Parhami Traditional House   HOTEL $
(Karte S. 208; ☑ 071-3223 2015; www.parhamihouse.com; abseits des Lotf Ali Khan Zand Blvd; EZ/DZ 30/35 US$; 🛜) Das attraktive Hotel in einem traditonellen Haus um einen Innenhof

voller Zitrusbäume und einem blauen Wasserbecken wird von einer geschäftstüchtigen Familie geführt, die in den vergangenen fünf Jahren die Gassen um das Haus renoviert hat. Die gemütlichen Zimmer sind mit Teppichen ausgestattet und das hausgemachte Essen lockt einheimische junge Leute in das Hofrestaurant. Gäste sollten vor der Anreise im Hotel anfragen, wie es von der Hauptstraße aus zu finden ist.

Golshan Hostel — HOSTEL, HOTEL $

(Karte S. 208; ☑ 071-3222 0715; www.golshanhos tel.com; Alley 38, Lotf Ali Khan Blvd; B/DZ/3BZ/4BZ 15/45/55/65 US$; 🛜) Das Golshan Hostel um einen Innenhof in der Nähe des Basars hat eine atmosphärische Lage, die günstig ist, um die Altstadt zu erkunden. Wie bei den meisten Unterkünften in traditionellen Häusern dringt der Lärm aus dem Innenhof in den Schlafsaal und die Zimmer, aber die sind recht komfortabel und machen den Ort zu einem angenehmen und zwanglosen Refugium.

Sasan Hotel — HOTEL $

(Karte S. 208; ☑ 071-3230 2028; www.sasan-hotel. com; Anvari St; EZ/DZ/3BZ 35/50/64 US$; ❄ @🛜) Ein besonders gut gepflegtes Hotel mit einem freundlichen Manager, der gerne quatscht. Es ist der Budgetkategorie näher, als der Preis vermuten lässt, aber für die Lage in Zentrumsnähe, die mit Teppich ausgelegten Flure und das stilvolle kleine Restaurant lohnt es sich, mehr als üblich zu zahlen.

★ Shiraz Hotel — HOTEL $$

(Karte S. 208; ☑ 071-3227 4820; www.shiraz-hotel. com; Quran Sq; Zi. ab 95 US$) Die derzeit begehrteste Unterkunft in Shiraz zieht wegen der vorhandenen Konferenzräume internationale Besucher sowie betuchte iranische Geschäftsleute an. Die Zimmer sind luxuriös und geräumig mit Panoramablick über die Stadt und es gibt etliche Restaurants, darunter auch ein Drehrestaurant. Die Preise in der mittleren Kategorie sind ein Schnäppchen: Anderswo würde es als Spitzenhotel eingeordnet.

★ Karim Khan Hotel — HOTEL $$

(Karte S. 208; ☑ 071-3223 5001; www.karimkhan hotel.com; Rudaki Ave; DZ 63 US$; P ❄ @🛜) Das zentral gelegene Hotel mit Buntglasfenstern, die in einer modernen Variante eines traditionellen Stilelements Lichtflecken über das Foyer streuen, ist eine atmosphäri-

sche Unterkunft in einer Stadt mit wenigen herausragenden Hotels. Die Zimmer erfüllen die Verheißung der Lobby nicht wirklich und sind wegen der gleichen Buntglasfenster dunkel – aber das ist eine Nebensächlichkeit. Frühstück wird im Schwesterhotel ein paar Schritte weiter serviert.

Royal Shiraz Hotel — HOTEL $$

(Karte S. 208; ☑ 071-3227 4356; www.royalshiraz hotel.com; Quran Jadid Blvd; DZ/Suite/Zusatzbett 2 870 000/7 325 000/760 000 IR; P ❄ @🛜❄) Das neue und stilvolle Hotel mit seinem beliebten Restaurant im 6. Stock, einem Sportkomplex samt schönem Pool, Sauna und Whirlpool macht den größeren Spitzenhotels starke Konkurrenz. Es liegt am Darvazeh-ye Quran und bietet eindrucksvolle Aussichten über die Stadt und schicke Restaurants in der Nähe.

Chamran Grand Hotel — HOTEL $$

(☑ 071-3626 2000; www.hotelchamran.com; Chamran Blvd; EZ/DZ/Suite 3 520 000/4 956 000/ 7 263 760 IR; P ❄ @🛜❄) Die Zimmer und das Restaurant im oberen Stock dieses 5-Sterne-Hotels bieten schöne Aussichten, aber die Lage neben dem baumbestandenen Ghasr-e-Dasht-Garten ist ziemlich weit weg vom Stadtzentrum. Ein Taxi ins Zentrum kostet rund 300 000 IR. Diesen Umstand macht das Hotel allerdings mit einer beeindruckenden Wellnessanlage und der Nähe zu einigen der besten Restaurants der Stadt wett.

Aryo Barzan Hotel — HOTEL $$

(Karte S. 208; ☑ 071-3224 7182; www.aryohotel. com; Rudaki Ave; EZ/DZ 65/105 US$; ❄ @🛜) Das zentral gelegene Aryo ist dank des hervorragenden Service, dem prächtigen Eingang und dem breiten Angebot persischer Klassiker am Frühstücksbuffet bei Geschäftsreisenden beliebt. Die Zimmer sind klein, aber gut ausgestattet. Der Aroyo Travel Agent in der Lobby (Sa–Do 8.30–16 Uhr) bucht Tickets und organisiert Touren.

Park Saadi Hotel — HOTEL $$

(Karte S. 208; ☑ 071-3227 4901; www.parksaadiho tel.com; Hafez St; EZ/DZ 63/105 US$; P ❄ @🛜) Das Saadi in ruhiger Lage gegenüber dem wunderbaren Bagh-e Jahan Nama hat große, helle Zimmer, ein anständiges Restaurant und ein erfahrenes Management. Es ist ein nüchternes Hotel, etwas außerhalb des Stadtzentrums, wofür jedoch der angrenzende beschauliche persische Garten vollstens entschädigt.

Jaam-e-Jam Apartment Hotel   HOTEL $$

(Karte S. 208; ☑ 071-3231 6607; www.jaamejamho tel.com; Eizedi St; EZ/DZ/3BZ 1 700 000/2 870 000/ 3 620 000 IR; ▣❋@⬤) Die Zimmer in dem dunklen, im Stil an Persepolis orientierten Hotel mit einem riesigen Foyer im Dunkelrot sind hübsch eingerichtet. Das Haus in einer ruhigen Straße in zentraler Lage bietet auch Apartments mit Hotelservice. Das freundliche und professionelle Management lässt über so manche ungewöhnliche Wahl bei der Inneneinrichtung hinwegsehen.

Pars International Hotel   HOTEL $$$

(Karte S. 208; ☑ 071-3233 2255; www.parsinterna tionalhotel.com; Karim Khan-e Zand Blvd; EZ/DZ/ Zusatzbett 2 810 000/4 570 000/1 270 000 IR; ▣ ❋@⬤⬛) Das stilvolle Hotel, in dessen Marmorfoyer ein Pianola vor sich hinklimpert, ist eines der wenigen Nobelhotels in Shiraz. Es liegt ein Stückchen weiter weg vom Stadtzentrum als andere Hotels, aber gleichwohl günstig genug an der Hauptstraße. Die Zimmer sind langweilig, aber gut ausgestattet, zudem gibt es im Hotel vier Restaurants, ein Reisebüro und ein Teppichgeschäft.

✖ Essen

Shiraz ist bekannt als kulinarische Hochburg, aber in den vergangenen Jahren haben sich die Einwohner ganz offensichtlich dem westlichen Fast Food zugewandt. Viele dieser Ketten befinden sich am Chamran und am Sattar Khan Boulevard und in den nobleren Vororten nordwestlich des Stadtzentrums. Ein paar nettere Lokale gibt es im Stadtzentrum, auch ein oder zwei im ganzen Land bekannte iranische Restaurants.

★ Seray-e Mehr Teehaus   TEEHAUS $

(Karte S. 208; Seray-e Mehr, gleich am Rouhollah-Basar, Bazar-e Vakil; Mahlzeiten ab 250 000 IR, Tee 40 000 IR; ⊙9.30–21.30 Uhr) Das unverhoffte kleine Juwel mitten im Bazar-e Vakil verbirgt sich hinter einer kleinen Tür neben der Karawanserei Seray-e Moshir. Das Teehaus mit Empore, das mit bemalten Paneelen und Antiquitäten dekoriert ist, hat ein kleines Speiseangebot mit leckeren Klassikern (z. B. *dizi, kubideh, zereshk polo*) und es herrscht eine herrlich relaxte Atmosphäre, um sich niederzulassen, etwas zu essen und Tee zu trinken.

Mahdi Faludeh   SÜSSWAREN $

(Karte S. 208; Naser Khosrow St; pro Becher 40 000 IR; ⊙ Sa–Do 14–22 Uhr) Das Mahdi gegenüber dem Arg-e Karim Khan ist der be

rühmteste *faludeh*-Laden in Shiraz. Er verkauft auch leckeres *bastani* (persisches Eis).

Niayesh Restaurat & Coffee Shop   IRANISCH $

(Karte S. 208; 10 Shahzadeh Jamaili Lane; Mahlzeiten ab 150 000 IR; ⊙9–24 Uhr) Der stille Innenhof des Boutiquehotels Niayesh ist ein nettes Fleckchen, um dem Gewimmel zu entkommen und bei einem Tee, Espresso oder Essen zu entspannen. Es gibt ein kleines Angebot an guter Hausmannskost, alles recht preisgünstig. Das Hotel ist nicht einfach zu finden – ab dem Imamzadeh Bibi Dokhtar ist es ausgeschildert.

Haji Baba Restaurant   IRANISCH $

(Karte S. 208; ☑071-1233 2563; Karim Khan-e Zand Blvd; Rouladen-Kebab 200 000 IR; ⊙7–22 Uhr) Die freundlichen Kellner in diesem winzigen, hübsch eingerichteten Restaurant in einem belebten Teil der Stadt verdienen ihren Lohn: Sie eilen treppauf, treppab, um einen ständigen Strom von Gästen zu bedienen. Ein Lieblingsgericht der Einheimischen ist *khoresht-e mast* (ein merkwürdiges Gemisch aus Lamm, Yoghurt, Ei, Safran, Zucker und Orangenschale, oft als Dessert gegessen). Männer sitzen unten, Frauen und Familien oben.

★ Shater Abbas   IRANISCH $$

(Karte S. 208; ☑ 071-3227 1617; Sa'di St; Hauptgerichte 4–13 US$; ⊙7–24 Uhr; ⬤) Das Restaurant ist ein riesiger Speisesaal mit gigantischen Wandbildern und kantinenartigen Salatbars. Nahe dem Eingang wird Brot gebacken, dessen Duft potenzielle Gäste lockt. Typische Speisen sind Lammgerichte wie *shandiz lary kabab* (gewürztes Lamm) oder *kubideh* (Kebab aus Lammhackfleisch). Für Leute, die kein Fleisch essen, gibt es Fisch.

Soofi 1   IRANISCH $$

(☑ 071-3649 0000; www.soofirestaurant.com; Sattar Khan St; Mahlzeiten ab 400 000 IR; ⊙12–24 Uhr) Im Soofi in der Vorstadt feiern bürgerliche Familien große Anlässe und am Wochenende kann es bei Livemusik sehr vergnüglich werden. Die bevorzugte Order lautet „Kebab", besonders beliebt ist das berühmte „Spezial-Kebab", das theatralisch serviert wird. Ein Taxi zwischen dem Lokal und dem Shohada Square kostet rund 160 000 IR.

Sharzeh Traditional Restaurant   IRANISCH $$

(Karte S. 208; ☑ 071-3224 1963; Vakil St, abseits des Karim Khan-e Zand Blvd; Mahlzeiten 5–13 US$; ⊙12–15 & 20–23 Uhr) Das äußerst beliebte Res taurant in der Nähe der Masjed-e Vakil befindet sich im Untergeschoss einer Arkade mit einer Empore als zweiter Etage. Am interessantesten ist es mittags, wenn hier die *bazaris* (Ladeninhaber) einkehren, um herzhafte heimische Kost, wie *baghela machicheh* (Reis mit Saubohnen, Schaffleisch und Dill) und *kalam polo Shirazi* (Rindfleischbällchen) zu genießen. Meist gibt's Livemusik.

★ Haft Khan
IRANISCH $$$
(Karte S. 208; ☏ 071-3227 0000; www.haftkhanco. com; Ecke 17th Alley & Quran Jadid Blvd; Buffet 750 000 IR, Hauptgerichte 250 000 IR; ⊙10–24 Uhr; 🅿✳🐾🚲) Der riesige Restaurantkomplex in der Nähe des Darvazeh-ye Quran ist bei schicken Shirazis ausgesprochen angesagt. Zur Wahl stehen vier Gastronomiebereiche: ein üppiges Buffet im Erdgeschoss, Fast Food im 1. Stock, ein Restaurant im 2. Stock und ein Teehaus auf dem Dach.

★ Ghavam
IRANISCH
(Karte S. 208; ☏ 071-3235 9271; Rudaki Ave; Dizi 210 000 IR; ⊙6.30–13.30 & 16.30–23 Uhr; ✳🚲) Das winzige Restaurant, eigentlich eher ein Laden, ist bei den Einheimischen, Expats und gelegentlich Reisegruppen, deren Reiseleiter sich auskennen, ungemein beliebt. Die Leute stehen auf der Straße Schlange, um einen Platz an den dicht gestellten Tischen zu ergattern und das köstliche, hausgemachte Essen zu genießen. Die Auberginengerichte sind eine Freude für Vegetarier.

🍷 Ausgehen & Nachtleben

Hedayat Café
CAFÉ
(Karte S. 208; ☏ 071-3234 9152; Hedayat St; Kaffee & Kuchen 80 000 IR; ⊙9–24 Uhr; ☎) Das trendige Lokal in der Nähe des Geschäftsbezirks der Stadt wird hauptsächlich von jungen Leuten besucht, die eine internationale Café-Atmosphäre schätzen. Der akkurat zubereitete Kaffee wird mit der zur Bohne passenden Temperatur aufgebrüht.

Ferdowsi Café
CAFÉ
(Karte S. 208; Ferdosi St; ⊙9–23 Uhr; ☎) Das Café mit einem freundlichen Chef und einer treuen Stammkundschaft liberaler junger Shirazis serviert großartige aromatisierte Tees – der saure Tee ist ein besonderer Anschlag auf die Geschmacksknospen.

Bazar Café
CAFÉ
(Karte S. 208; Seray-e Fil, Bazar-e Vakil; Kaffee 40 000 IR; ⊙Sa–Do 9–19 Uhr; ☎) Das zwanglose Café in einer alten Karawanserei bietet

mitten im geschäftigen Basar einen erstaunlich stillen Open-Air-Raum – ideal für eine Pause zum E-Mails-Checken (kostenloses WLAN). Gleich am Shamshirgarha-Basar, dem Bereich für ethnisches Kunsthandwerk, gelegen, ist es von einigen farbenfrohen Teppichläden umgeben, die Nomaden-Läufer verkaufen.

🛍 Shoppen

Im Bazar-e Vakil gibt es gute Metallwaren und bedruckte Baumwollstoffe, Tischdecken und Teppiche aus Kattun, die von Fars-Nomaden gewebt werden.

Shamshirgarha-Basar
KUNSTHANDWERK
(Karte S. 208; Bazar-e Vakil; ⊙Sa–Do 8–21 Uhr) Für ausländische Besucher ist einer der interessantesten Teile der überdachten Gassen im Bazar-e Vakil der Shamshirgarha-Basar. In diesem Gewölbe abseits der Hauptwege sind die Läden für ethnisches Kunsthandwerk versammelt. Die Kelims, Teppiche und Kameltaschen hier sind hauptsächlich in Primärfarben gehalten und machen aus dem Anblick eine einzige Farborgie.

Seray-e Moshir
KUNSTHANDWERK
(Karte S. 208; gleich am Rouhollah-Basar, Bazar-e Vakil; ⊙Sa–Do 8–21 Uhr) Die geschmackvoll restaurierte zweistöckige Karawanserei um einen hübschen, baumbestandenen Innenhof mit Wasserbecken und Springbrunnen hat sich zum Treffpunkt der Einheimischen entwickelt, die die wichtige Beschäftigung des Einkaufens unterbrechen, um hier eine Pause einzulegen. In den ehemaligen Schlafnischen des *khan* sind ein paar Souvenir- und Schmuckgeschäfte im Schatten von bunten Markisen untergebracht.

ℹ Praktische Informationen

GELD

Es gibt zwei hervorragende Wechselschalter am Karim Khan-e Zand Boulevard:

Bank Melli (Karte S. 208) Am Shohada Square neben dem Arg-e Karim Khan. Der Wechselschalter befindet sich im 1. Stock.

Zand Exchange (Karte S. 208; ☏ 071-3222 2854; ⊙Sa–Mi 8–13 & 16–19, Do 8–13 Uhr) Gute Wechselkurse, keine Provision, schnell und länger geöffnet als die meisten Wechselstuben.

INTERNET

Es gibt eine schwindende Anzahl **coffeenets** (Karte S. 208; pro Std. 40 000 IR) in der Sa'adi Street, einer Nebenstraße des Karim Khan-e Zand Boulevards.

MEDIZINISCHE VERSORGUNG

Dena Hospital (☎ 628 0418, 628 0411; www.
denahospital.com; Dena Alley, Motahari Blvd)
Bestes Krankenhaus in Shiraz. Es liegt westlich
des Stadtzentrums.

Dr Faghihi Hospital (Karte S. 208; ☎ 071-1235
2220; Karim Khan-e Zand Blvd) Das zentralste
Krankenhaus und öffentlich.

NOTFALL

Touristenpolizei (Karte S. 208; Karim Khan-e
Zand Blvd) Vor dem Arg-e Karim Khan, aber das
Häuschen ist außerhalb der Hauptsaison selten
besetzt.

POST

Postamt (Karte S. 208; ☎ 071-3726 9070;
Modarres Blvd) Das dem Stadtzentrum nächstgelegene Postamt.

REISEBÜROS

Pars Tourist Agency (Karte S. 208; ☎ 071-
3222 2428; www.key2persia.com; Karim Khan-e
Zand Blvd; ☺Sa–Do 9–21, Fr bis 13 Uhr) Neben
der Organisation von Touren bietet das mehrsprachige Team auch die Buchung von Flug-,
Bus- und Zugtickets an.

TOURISTENINFORMATION

Touristeninformation (Karte S. 208; ☎ 071-
3224 1985; Karim Khan-e Zand Blvd; ☺Sa–
Do 9.30–16.30 Uhr) Stand vor dem Arg-e
Karim Khan. Halbwegs hilfreich, aber die
Angestellten scheinen zu willkürlichen Zeiten
zu arbeiten. Sie bieten kostenlose Stadtpläne
und/oder Wegbeschreibungen an und kennen
die aktuellen Öffnungszeiten und Preise aller
Sehenswürdigkeiten.

VISAVERLÄNGERUNG

Ausländerbehörde (Karte S. 208; 57 St, abseits des Modares Blvd; ☺Sa–Mi 8–13, Do 8–
11 Uhr) Die Bearbeitung eines Verlängerungs-
antrags dauert mindestens zwei Stunden und
kostet 340 000 IR. Das Geld muss auf der Bank
Melli (Shohada Sq) eingezahlt werden. Zu erreichen ist das Amt mit dem Bus 70 vom Karim

Khan-e Zand Boulevard zum Valiasr Square,
von wo es noch ein kurzes Stück zu Fuß ist.
Das Büro befindet sich im 3. Stock.

❶ An- & Weiterreise

BUS

Shiraz hat gute Anbindungen an andere große
Städte in Iran, sowohl mit VIP- als auch mit normalen Bussen, die vom relativ zentralen **Busbahnhof Karandish** (Terminal-e Bozorg;
Karte S. 208; Salman-e Farsi Blvd) abfahren.
Der **Busbahnhof Amir Kabir** (Amir Kabir Blvd)
am südlichen Stadtrand wird für Ziele westlich
und südwestlich von Shiraz genutzt.

Minibusse (80 000 IR) und Taxis *dar baste*
(1 000 000 IR) nach Firuz Abad fahren vom
Busbahnhof Modares (Modares Blvd) ab.

FLUGZEUG

Eine Reise lässt sich gut in Shiraz beginnen oder
beenden, da mehrere Fluggesellschaften Direktflüge vom **Internationalen Flughafen Shiraz**
(☎ Fluginformation 071-3711 8890; www.shiraz.
airport.ir) in Städte in den Golfstaaten und nach
Istanbul anbieten.

Fly Dubai fliegt von Shiraz nach Dubai (einfach 100 US$), Turkish Airlines nach Istanbul
(einfach 260 US$), Air Arabia nach Sharjah
(einfach 95 US$) und Qatar Airways nach Doha
(einfach 330 US$). Flugpläne sind im Reisebüro
zu erfragen.

Bewährte iranische Fluglinien sind **Iran Air**
(Karte S. 208; ☎ 071-3233 0040; www.iranair.
com; ☺7.30–14.30 Uhr), **Iran Aseman** (Karte
S. 208; ☎ 071-3722 6009; www.iaa.ir; Karim
Khan-e Zand Blvd; ☺Sa–Do 7.30–20 Uhr), Kish
Airlines, Naft, Caspian Tabar und Mohan. Sie
verbinden Shiraz mit anderen Großstädten in
Iran, auch mit der Hauptstadt Teheran und mit
Mashhad im Osten.

SAVARI

Für die Fahrt nach Marvdasht bei Persepolis ist
die Nutzung eines Savaris ab Shiraz ratsam, da
dorthin kein Bus fährt. Die Sammeltaxis fahren

ZENTRALIRAN SHIRAZ

FLÜGE AB SHIRAZ

ZIEL	TICKETPREIS	HÄUFIGKEIT	FLUGGESELLSCHAFT
Bandar Abbas	ab 75 US$	tgl.	Iran Air, Iran Aseman
Bandar-e Lengeh	ab 50 US$	3-mal wöchentl.	Iran Air
Isfahan	ab 35 US$	2-mal wöchentl.	Iran Air, Naft
Kish	ab 60 US$	4-mal wöchentl.	Iran Aseman, Kish Airlines
Mashhad	ab 70 US$	2-mal wöchentl.	Iran Aseman, Caspian Tabar, Iran Air
Teheran	ab 82 US$	tgl.	Iran Aseman, Iran Air, Kish Airlines, Mohan

BUSSE AB SHIRAZ

ZIEL	TICKETPREIS (IR; VIP/MAHMOOLY)	FAHRZEIT (STD.)	ABFAHRT
Bandar Abbas	440 000/240 000	11	häufig 8–23 Uhr
Isfahan	300 000/200 000	8	häufig
Hamadan	515 000 (VIP)	15	14 Uhr
Kashan	450 000 (VIP)	10	19 Uhr
Kazerun (nach Bishapur)	80 000 (*mahmooly*)	2½	stündl. 9.30–20.30 Uhr
Kerman	360 000/210 000	10	6-mal tgl. 6.30–21.20 Uhr
Kermanshah	650 000 (VIP)	16	13.30 & 14.30 Uhr
Mashhad	790 000/470 000	20	4-mal tgl. 14.30–16 Uhr
Rasht	655 000 (VIP)	16	14 Uhr
Sanandaj	600 000 (*mahmooly*)	19	13.30 Uhr
Tabriz	790 000 (VIP)	20	14 & 14.30 Uhr
Teheran	570 000/350 000	13	häufig 13–23 Uhr
Yazd	300 000/200 000	6½	häufig 7.30–23.55 Uhr

mehr oder weniger regelmäßig am Südrand des Busbahnhofs Karandish ab und kosten rund 80 000 IR. Ein Taxi *dar baste* kostet 400 000 IR. Noch empfehlenswerter ist die Buchung eines Fahrer/Führers für einen komfortablen und sachkundigen Ausflug.

❶ Unterwegs vor Ort

Die meisten Leute bewegen sich in der Stadt mit Shuttletaxis fort, die rund 20 000 IR pro Fahrt kosten. Eine Kurzstrecke mit dem Taxi *dar baste* im Stadtzentrum kostet rund 100 000 IR.

Ein Taxi *dar baste* zwischen Flughafen und Stadtzentrum kostet rund 250 000 IR.

Kurzstrecken mit dem Bus innerhalb der Stadt beginnen am **Stadtbusbahnhof** (Karte S. 208); eine Fahrt kostet rund 10 000 IR.

Eine **Fahrradstation** (Karte S. 208; Karim Khan-e Zand Blvd; pro Std. 60 000 IR; ☺7.30– 20 Uhr) gleich westlich des Shohada Square verleiht Fahrräder an jene, die mutig genug sind, sich in den Verkehr zu stürzen. Ein Reisepass oder ein ähnliches Dokument wird als Kaution verlangt. Verleih nur in der Hochsaison.

Die **Shiraz Metro** (www.shirazmetro.ir) ist noch im Bau und wird bei Fertigstellung aus drei Linien mit 40 Bahnhöfen an 47 km Schienenwegen bestehen. Die Linie 1 wird von Südosten nach Nordwesten verlaufen, ein Streckenabschnitt wird an der Zand Avenue entlang zwischen Valiasr Square (günstig für Visaverlängerungen) und Imam Hossein Square verlaufen.

Persepolis

پرسپولیس

🔊 071 / HÖHE 1634 M

Persepolis (Takht-e Jamshid; Eintritt 200 000 IR, Parkplatz 80 000 IR; ☺ Nov.–März 8–17 Uhr, April– Okt. bis 19 Uhr), eines der Weltwunder der der Antike, verkörpert nicht nur einen grandiosen architektonischen Plan, sondern auch eine grandiose Idee. Dahinter stand Dareios der Große, der 520 v. Chr. die Aufgabe erbte, über das erste persische Großreich zu herrschen, das von seinem Vorgänger Kyros dem Großen gegründet worden war. Dareios, der sich Prinzipien wie kulturelle Toleranz und gerechte Behandlung aller Untertanen auf die Fahnen geschrieben hatte, wollte diese auch im Entwurf der prachtvollen Palastanlage widergespiegelt sehen und bat Architekten aus den fernsten Ecken des Reiches, daran mitzuwirken. Das Ergebnis ist ein eklektischer Gebäudekomplex mit monumentalen Treppen, feinen Reliefs und imposanten Toren, der von der Ausdehnung des Herrschaftsbereichs von Dareios zeugt.

Geschichte

Persepolis liegt an den Hängen des Bergs Rahmat (Gnadenberg). Die Anlage sollte das Achämenidenreich repräsentieren und mit seiner Größe und Schönheit Besucher mit Ehrfurcht erfüllen. Dieser zeremoniellen Funktion diente sie vor allem während des Nouruz (Neujahrs- und Frühlingsfest), wenn die Untertanen aus dem ganzen Land anreisten, um dem Herrscher ihre Ehrerbietung zu erweisen – und Tribut zu zahlen. Manche Historiker meinen, dass zu anderen Zeiten die Verwaltung des Reichs zurück nach Shush verlegt wurde.

Im Verlauf von 150 Jahren wurde die Stadt von den nachfolgenden Königen weiter ausgebaut, unter ihnen Xerxes I. und II. sowie Artaxerxes I., II. und III. Im 4. Jh. v. Chr. war Persepolis schließlich ein Komplex aus Palästen, Schatzhäusern und einer Nekropole, deren Bauwerke eine einzigartige Kunstfertigkeit aufwiesen.

Die prächtige Stadt zog zwangsläufig den Neid mächtiger Gegner auf sich und wurde schließlich 330 v. Chr. von den Armeen Alexanders des Großen nahezu dem Erdboden gleichgemacht. Die Mauern der Hauptgebäude waren zwar aus Stein gebaut, aber die Decken wurden vermutlich von Holzbalken getragen, die Feuer fingen, das die Zwingen aus Eisen und Blei schmelzen ließ, die die Steinblöcke zusammenhielten.

Die Ruinen von heute vermitteln zwar nur einen Hauch von der einstigen Herrlichkeit von Persepolis, aber nach Ausgrabungen in den 1930er-Jahren konnten einige Besonderheiten wieder in ursprünglicher Pracht restauriert werden. In Anerkennung der historischen Bedeutung, der Größe und der künstlerischen Meisterhaftigkeit der Steinreliefs erhielt Persepolis den begehrten Status einer Unesco-Welterbestätte.

Einen Eindruck, wie die Stadt in ihrer einstigen Pracht ausgesehen haben mag, vermittelt **Persepolis3D.com** (www.persepolis3d. com), eine überzeugende Computersimulation des Orts.

⊙ Sehenswertes

Um die Stätte angemessen zu würdigen, lohnt es sich, den Ruinen einen halben Tag zu widmen. Das gibt genug Zeit, um einige Details zu betrachten, das Museum zu besuchen, zu den Felsengräbern über dem Schatzhaus hochzusteigen und einfach nur dazusitzen und den Anblick hoher Säulen vor dem blauen Himmel zu genießen. Noch besser ist in der Hochsaison eine Übernachtung im Hotel, da es dann möglich ist, die Ton- und Lichtshow am Abend zu erleben und am frühen Morgen durch die Ruinen zu schlendern, bevor die Reisegruppen eintreffen.

Es macht durchaus Spaß, auf eigenen Faust durch die Stätte zu laufen und Einzelheiten zu entdecken – z. B. ein Greifvogel-Kapitell, das nie genutzt wurde, aber heute das Logo einer Fluglinie ist, den Kameltross auf einem Fries auf der Treppe, die Verwandtschaft der Felsengräber mit jenen der nabatäischen Kultur in Jordanien und Arabien. Aber es zahlt sich aus, gerade an diesem Ort die Dienste eines engagierten Experten in Anspruch zu nehmen. Staatlich anerkannte, Englisch sprechende Guides (15 US$ für 1½ Std.) halten sich am Eingangstor zur Verfügung.

In Persepolis gibt es wenig Schatten und von Mai bis Anfang Oktober kann es sehr heiß werden. Wasser und eine Kopfbedeckung sind erforderliche Vorkehrungen gegen Hitzeschäden.

★ Tor des Xerxes TOR

Die Bronzefanfaren, die einst die Ankunft wichtiger ausländischer Delegationen ankündigten (ein Überrest ist im Museum ausgestellt) mögen heute schweigen, aber es ist immer noch möglich, beim Herannahen an das kolossale Haupttor das Gefühl der Ehrfurcht nachzuvollziehen, dass die Gäste ergriffen haben dürfte. Der von Säulen getragene Eingang entstand unter der Herrschaft von Xerxes I., der es als „Tor aller Länder" bezeichnete. Es wird von mythischen Figuren mit Bart und Hufen im Stil der assyrischen Torwächter bewacht.

Das Tor trägt eine Keilschrift auf Altpersisch, Neubabylonisch und Elamitisch, die u. a. besagt, dass Xerxes für den Bau dieses und vieler anderer herrlicher Wunder in Parsa verantwortlich ist. Über Jahrhunderte hinterließen auch Graffitikünstler ihre Spuren, darunter der Forschungsreisende Henry Morton Stanley.

★ Apadana-Treppe RUINE

Die Treppe, die von steinernen Soldaten bewacht wird, ist mit einem außergewöhnlich schön gearbeiteten Fries auf drei Tafeln geschmückt. Jede Tafel ist in mehrere Reihen aufgeteilt, die den Empfang verschiedener Besucher in Persepolis darstellen. Sie können, zumindest von Menschen mit Fachkenntnissen, fast wie ein Geschichtsbuch gelesen werden, und sind eine der Sehenswürdigkeiten, für die sich das Anheuern eines Führers wirklich lohnt.

★ Apadana-Palast PALAST

Der Apadana-Palast, der von Xerxes I. auf einer Steinterrasse errichtet wurde, ist fast nur noch eine Ruine. Es wird vermutet, dass

Persepolis

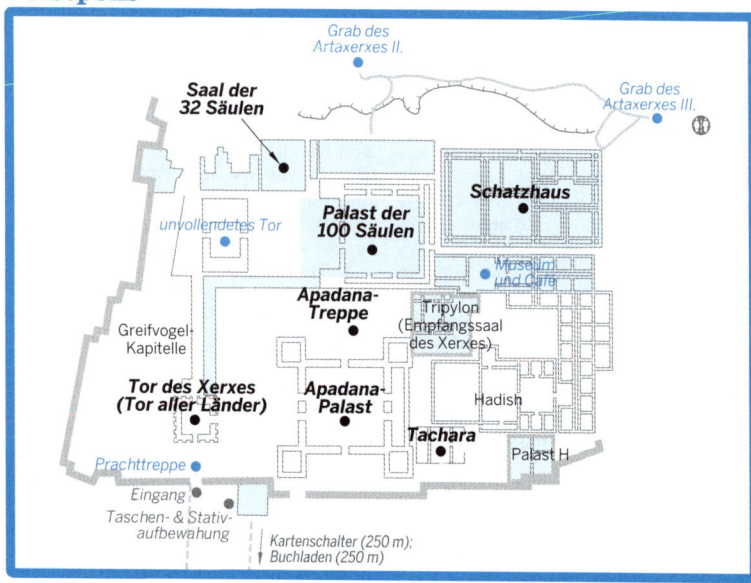

Grab des Artaxerxes II.

Saal der 32 Säulen

Grab des Artaxerxes III.

Schatzhaus

Palast der 100 Säulen

unvollendetes Tor

Museum und Café

Apadana-Treppe

Tripylon (Empfangssaal des Xerxes)

Greifvogel-Kapitelle

Tor des Xerxes (Tor aller Länder)

Apadana-Palast

Hadish

Tachara

Palast H

Prachttreppe

Eingang

Taschen- & Stativaufbewahung

Kartenschalter (250 m); Buchladen (250 m)

hier ausländische Delegationen vom König empfangen wurden. Die Pracht, die mit der Audienz einherging, zeigt sich in den Basreliefs an der Nordwand. Die Hauptattraktion sind jedoch die Reliefs am östlichen Treppenaufgang. Sie sind eine Art Protokoll der Besuche aus dem ganzen achämenidischen Reich und ziehen noch heute Menschen aus der ganzen Welt an.

Grab des Artaxerxes II.   GRAB
Auf dem Hügel oberhalb des Schatzhauses befinden sich zwei Felsengräber. Das größere und kunstvollere der beiden ist das Grab des Artaxerxes II. Ein Aufstieg zu diesem Bauwerk ermöglicht einen Blick auf Persepolis aus der Vogelperspektive und führt zu einem besseren Verständnis sein Größe.

Wohnpaläste   PALAST
Die Paläste in der Südwestecke der Stätte entstanden vermutlich unter der Herrschaft von Dareios und Xerxes. Der Tachara ist der beeindruckendere: Viele seiner monolithischen Türrahmen, die von Basreliefs und Keilschriften bedeckt sind, stehen noch. Die Treppe an der Südseite ist mit äußerst kunstvollen Reliefs geschmückt und ist ein schönes Fotomotiv. Hinter dem Palast öffnet sich ein Hof, der von zwei weiteren Palästen flankiert ist.

Der Hadish, der Palast an der Ostseite, wurde unter Xerxes vollendet und ist über eine weitere monumentale Treppe zugänglich. Einige Wissenschaftler mutmaßen, dass seine hölzernen Säulen auf Steinsockeln als Zündhölzer für Alexanders Feuersbrunst dienten – es war schließlich Xerxes, der Athen niedergebrannt hatte. An der Südseite des Platzes stehen die Reste eines unvollendeten Palastes, der als Palast H bezeichnet wird.

Palast der 100 Säulen   PALAST
Der Palast mit einem extravaganten Saal von fast 70 m² Größe und mit 100 Säulen war einer der beiden wichtigsten Empfangsbauten in Persepolis. Er entstand unter der Herrschaft von Xerxes und Artaxerxes I. und soll nach Meinung mancher Experten zum Empfang der militärischen Elite gedient haben, die für die Sicherheit des Reichs verantwortlich war. Es sind noch Säulentrümmer genug erhalten, um einen Eindruck von der einstigen Pracht des Palastes zu geben. Schöne Reliefs zeigen einen König, Soldaten und Repräsentanten von 28 unterworfenen Ländern.

Vom angrenzenden Saal der 32 Säulen, der gegen Ende der achämenidischen Periode gebaut wurde, ist nur wenig erhalten. Das Erscheinen Alexanders des Großen und seiner Armeen bereitete dem Bau einer größeren Version von Xerxes' Tor (Tor aller Länder) im großen Hof vor dem Palast der 100 Säulen ein Ende. Das unvollendete Tor steht noch immer – ein Zeugnis des plötzlichen Niedergangs der Stadt.

Prachttreppe TOR

Persepolis liegt auf einem großen Sockel aus Steinblöcken und auch heute noch müssen sich Besucher, wie einst in der Antike, der hoch gelegenen Stadt über eine baumgesäumte Straße auf der Ebene annähern und dann die monumentale Prachttreppe zum Eingang hochsteigen. Die Treppe besteht aus massiven Steinblöcken, aber die Stufen sind flach, sodass die Perser in ihren langen, eleganten Roben die 111 Stufen mit Stil beschreiten konnten.

Schatzhaus RUINE

Die Südostecke der Stätte wird vom Schatzhaus des Dareios dominiert, einem der ältesten Gebäude in Persepolis. Archäologen haben Steintafeln mit elamitischen und akkadischen Inschriften entdeckt, die die Löhne von Tausenden Arbeitern detailliert aufführen. Als Alexander das Schatzhaus plünderte, soll er Berichten zufolge 3000 Kamele benötigt haben, um den Inhalt anzutransportieren. Die Fundamente der Mauern und die Sockel von 250 Säulen sind alles, was geblieben ist.

Grab des Artaxerxes III. GRAB

Nur wenige Besucher steigen zum kleineren der beiden Gräber über dem Schatzhaus hoch, aber es hat seinen eigenen Reiz, nicht zuletzt wegen des großartigen Aussicht über die Ebene. Es ist nicht möglich, das Grab zu betreten, aber der Fries über dem Türsturz ist in gutem Zustand. Der obere Teil der Felswand wird von einem Basrelief geschmückt, das einen geflügelten Fravashi (Schutzgeist) darstellt.

Persepolis-Museum MUSEUM

(200 000 IR; ◷8–17.30 Uhr) In dem Gebäude, das mutmaßlich einmal der königliche Harem war und in den 1930er-Jahren restauriert wurde, sind heute das Museum und die Verwaltungsbüros untergebracht. Das Museum stellt eine steinerne Fundamenttafel und diverse Artefakte aus, die während der Ausgrabungen entdeckt wurden: Alabastergefäße, Zedernholz, Lanzen und Pfeilspitzen.

☞ Geführte Touren

So ziemlich jedes Hotel in Shiraz bietet Touren nach Persepolis an, deren Preise sich meist nach denen richten, die von der Behörde für Kulturerbe und Tourismus festgesetzt sind. Amtlich geprüfte Guides sprechen generell Fremdsprachen und müssen ein Ansteckschildchen mit Hologramm, Foto und Ablaufdatum tragen und viele fahren ihr eigenes Auto. Ihre Fachkenntnis berechtigt sie, einen höheren Preis als die Fahrer ohne staatliche Zulassung zu verlangen.

Ein Fahrer/Guide verlangt in der Regel 60 US$ (für bis zu 3 Pers.) für eine Halbtagstour nach Persepolis, Naqsh-e Rostam und Naqsh-e Rajab. Ein ganzer Tag einschließlich Pasargadae kostet 85 US$.

Die Pars Tourist Agency (S. 217) in Shiraz bietet täglich eine halbtägige Gruppenbustour mit Guide für 30 US$ pro Person an, einschließlich Eintrittsgeld (55 US$ für eine Tagestour auch nach Pasargadae).

Einige Reisende entscheiden sich für einen Fahrer, der Englisch spricht und sie einen halben Tag lang herumfährt (800 000 IR plus 160 000 IR für jede zusätzliche Stunde). Der Fahrer wird sie in der Regel in keine der Sehenswürdigkeiten begleiten, aber die Informationen oben sind zumindest ein erster Anhaltspunkt. Ein Taxi von Persepolis nach Pasargadae und zurück kostet 2 300 000 IR.

🛏 Schlafen

Hotel Persepolis HOTEL $$

(☎071-4334 1550; www.persepolis-apadana-hotel.com; EZ/DZ 43/74 US$, DZ mit Blick auf Persepolis 96 US$; ⓟ✲) Gäste in diesem eleganten Hotel mit attraktiver Vorhalle und einem schönen Garten können im Schatten bei einem Tee aus weißen Porzellantassen den perfekten Blick auf die Ruinen von Persepolis genießen. Die Zimmer sind komfortabel und der Service ist zuvorkommend. Es gibt auch ein schickes Restaurant, das persische Klassiker anbietet, z. B. ein Eintopf des Tages mit Reis (250 000 IR).

ℹ An- & Weiterreise

Geführte Touren, besonders mit anerkannten Fahrer/Führern, sind zwar die lohnendste Art, Persepolis zu besichtigen, aber die Ruinen lassen sich auch auf andere Art besuchen. Ein Taxi hin und zurück von Shiraz kostet 400 000 IR, einschließlich einer Stunde Wartezeit. Minibusse vom Busbahnhof Karandish in Shiraz nach Marvdasht kosten 40 000 IR, von wo ein Taxi *dar baste* nach Persepolis 160 000 IR kosten sollte, allerdings verlangen dortige Taxifahrer von Ausländern oft einen Aufpreis.

Taxis für die Rückfahrt nach Shiraz warten vor dem Eingangstor von Persepolis und sind meist bereit, für 800 000 IR zusätzlich einen kurzen

Halt in Naqsh-e Rostam und Naqsh-e Rajab einzulegen.

Es gibt keine öffentlichen Verkehrsmittel zwischen Persepolis und Pasargadae, 84 km Richtung Nordosten.

Naqsh-e Rostam & Naqsh-e Rajab

An den Felshängen neben Persepolis befinden sich zwei antike Stätten mit Felsengräbern, die eine Besichtigung lohnen und meist in einer geführten Tour von Shiraz nach Persepolis enthalten sind.

Unbedingt sehenswert ist **Naqsh-e Rostam** (Marv Dasht–Sarooie Rd; 200 000 IR; ☺ Winter 8–18 Uhr, Sommer 7.30–20 Uhr). Die vier Gräber sind vermutlich die von Dareios II., Artaxerxes I., Dareios I. und Xerxes I. (von links nach rechts vor dem Felsen stehend), einig sind sich die Historiker darüber jedoch nicht. Die sieben sassanidischen Steinreliefs in der Felswand zeigen anschauliche Szenen von Eroberungen und königliche Zeremonien dar; Tafeln unter jedem Relief geben eine genaue Beschreibung auf Englisch.

Die Reliefs oberhalb der Öffnungen zu den Grabkammern ähneln jenen in Persepolis: Die Könige stehen auf Thronen mit Figuren darunter, die die unterworfenen Länder repräsentieren.

Gegenüber der Felswand steht das **Bun Khanak** (zentrale Haus). Es wurde lange für einen achämenidischen Feuertempel gehalten, aber Wissenschaftler gehen mittlerweile davon aus, dass es ein Schatzhaus war. Die Wände sind mit Inschriften versehen, die spätere sassanidische Siege auflisten.

Die Felsritzungen von **Naqsh-e Rajab** (abseits der Marv Dasht–Sarooie Rd; 80 000 IR; ☺ Winter 8–18, Sommer 7.30–20 Uhr) wären leicht zu übersehen, gäbe es nicht das Schild und den Eingangskiosk. Hier befinden sich vier schöne sassanidische Basreliefs, die von der Straße aus gesehen hinter den Bruchkanten eines Felsvorsprungs verborgen sind. Sie zeigen Schlüsselszenen aus der Herrschaftszeit von Ardashir I. und Shapur dem Großen.

Im Winter ist es möglich, die 6 km von Persepolis nach Naqsh-e Rostam zu laufen und unterwegs Naqsh-e Rajab zu besuchen, aber in der Hitze des Sommers ist das nicht machbar. Taxis, die vor dem Eingangstor von Persepolis auf die Rückfahrt nach Shiraz warten, können überredet werden, für 800 000 IR einen Abstecher nach Naqsh-e Rostam und Naqsh-e Rajab mit jeweils kurzen Aufenthalt zu machen.

Pasargadae پاسارگاد

🎵 071 / 400 EW. / HÖHE 1847 M

Die Ruinen von **Pasargadae** (Pasargad Rd, abseits des Hwy 65; 200 000 IR; ☺ 8–17 Uhr), der älteren Residenzstadt, deren Bau etwa 546 v. Chr. unter Kyros dem Großen begann, liegen in der Nähe des Dorfs gleichen Namens, etwa 60 km nördlich von Persepolis, in einer windigen Ebene, die von kahlen Bergen umgeben ist.

Die Ruinen, die sich durch strenge Schönheit auszeichnen, begeistern Historiker und alle mit einem detektivischen Interesse an Hinweisen auf eine antike Zivilisation, die es zu entschlüsseln gilt. Auch wenn so viele Hinweise gar nicht vorhanden sind, sind es immer noch genug um zu ahnen, dass dieses Volk der Antike einen hochentwickelten Schönheitssinn hatte und vermutlich großartige Bauten schuf.

Das **Grab des Kyros**, das stolz und einsam in der Morghab-Ebene steht, ist das erste Bauwerk, das beim Betreten des antiken Pasargadae in den Blick fällt. Das Grab besteht aus einer bescheidenen, rechteckigen Grabkammer, die auf einem sechsfach gestuften Sockel steht. Diese einzigartige Architektur ist ein Symbol der Eroberung, denn in ihr verschmelzen die Bautraditionen aller großen Zivilisationen, die von Kyros unterworfen wurden. I

„Ich bin Kyros, der achämenidische König" lautet die Keilschrift auf einer Säule der **Palastanlage des Kyros**. Die wenigen Ruinen eines wohl einst prachtvollen Gebäudekomplexes liegen etwa 1 km nördlich vom Grab des Königs. Archäologen haben den ungewöhnlichen Bauplan des Palastes mit einem zentralen Saal mit 30 Säulen (deren Sockel noch vorhanden sind) und zwei großen, gegenüberliegenden Veranden rekonstruiert. Aber es braucht schon etwas Phantasie, um sich das eingestürzte Gemäuer wieder als Ganzes vorzustellen.

Etwa 250 m Richtung Südosten steht der rechteckige **Audienzpalast**, der eine 18 m hohe Säulenhalle besaß, die von niedrigeren Söllern umgeben war. Eine von acht weißen Kalksteinsäulen wurde auf einem Sockel aus seltenem schwarzen Kalkstein rekonstruiert.

Etwa 500 m nördlich von Kyros' Wohnpalast befinden sich die Reste des **Zendan-e Soleiman** (Gefängnis von Salomon), das wechselnd für einen Feuertempel, ein Grab, eine Sonnenuhr oder einen Speicher gehalten wird. Auf dem Hügel dahinter steht der

Tall-e Takht – eine 6000 m² große Zitadelle, die von der Zeit des Kyros bis zum Ende der Sassaniden-Zeit genutzt wurde. Iranische Historiker glauben, dass die Einwohner von Pasargadae zur Zeit der arabischen Eroberung die antiken Stätten mit islamischen Namen versahen, um ihre Zerstörung zu verhindern.

Die schwer zu erkennenden Reste von **Dareios' Garten**, der gemeinsam mit anderen persischen Gärten ins Welterbe der Unesco aufgenommen wurde, zeigen ein ausgeklügeltes Bewässerungssystem. Die Wasserrinnen, die von quadratischen Becken unterbrochen sind, laufen um die Eingrenzung des Gartens, was einen Eindruck der enormen Größe der gesamten Palastanlage gibt.

ⓘ An- & Weiterreise

Mit öffentlichen Verkehrsmitteln ist Pasargadae am besten zu erreichen, indem man den Bus zwischen Shiraz und Yazd oder Isfahan (oder umgekehrt) über die Fernstraße 65 nimmt und am Abzweig nach Pasargadae aussteigt. Von hier fahren Taxis die 5,5 km lange Strecke auf der Pasargad Road bis zu den Ruinen (100 000 IR). Bequemer ist es mit einem Taxi von Shiraz, das für die 84 km lange Hin- und Rückfahrt mit einer Stunde Wartezeit rund 2 400 000 IR kostet.

Bavanat بوانات

☏ 071 / 45 000 EW.

Die wunderschöne Region Bavanat, 230 km nordöstlich von Shiraz, besteht aus einem 20 km langen Tal mit Walnussplantagen zwischen dem Zagros-Gebirge im Süden und den öden Wüsten im Norden. Die Hauptstadt ist Suryan, ebenfalls bekannt als Bavanat, aber die meisten Besucher zieht es nach **Shah Hamzeh Bazm** (oder nur Bazm) 18 km weiter im Osten. In den Bergen bei Bazm leben Khamseh-Nomaden, ein Verbund aus fünf Gruppen von Arabisch, Türkisch und Farsi sprechenden Menschen. Etwa von April bis Oktober schlagen sie ihre Zelte in den Hügeln auf und leben mit nur wenigen der „Luxusgüter", die in den Zelten der Qashqai-Nomaden nördlich von Shiraz zu finden sind.

Abbas Barzegar, ein geschäftstüchtiger Dorfbewohner, der selbst halber Khamseh ist, und seine Familie betreiben eine tolle **Privatunterkunft** (☏0917 317 3597, 071-4441 2357; www.bavanattravel.com; Unterkunft mit HP 2 000 000 IR, inkl. Museumseintritt & Berg-/Nomadenwanderung; Ⓟ☎🛏) 🍴 mit 35 traditionellen oder modernen Zimmern, einige mit ei-

genem Bad. Sie liegt auf einem 8 ha großen Gelände mit Garten, in dem Kürbisse, Pfirsiche, Walnüsse und Weintrauben wachsen. Im Angebot eingeschlossen sind köstliche hausgemachte Mahlzeiten und eine Wanderung oder ein Nomadenbesuch. Zwischen April und Oktober organisieren sie auch Übernachtungen bei den Nomaden im Ziegenhaarzelt der Familie, etwa 25 km (30 Min. Fahrt) von Bavanat entfernt. Reservierung ist erforderlich. Abbas Barzegars fließend Englisch sprechende Tochter führt durch das einzigartige **Museum** (200 000 IR, 9 Uhr-Sonnenuntergang), das die Familie zum Thema Landleben in der Region eingerichtet hat, sowie durch das Dorf.

Vom Imam Ali Square in Yazd fährt täglich außer freitags um 12 Uhr ein Bus nach Bazm (160 000 IR, 4 Std.), vom Busbahnhof Karandish in Shiraz täglich um 12, 19 und 20 Uhr. Von Bazm ruft man Abbas Barzegars an, um sich abholen zu lassen.

Firuz Abad فیروز آباد

☏ 071 / 64 969 EW. / HÖHE 1329 M

Die monumentalen Ruinen rund um das moderne Firuz Abad sind Reste von Bauten, die im 3. Jh. v. Chr. vom Gründer des Sassanidenreichs Ardashir Babakan errichtet wurden. Firuz Abad war einst eine wichtige Station auf der Handelsstraße zwischen Shiraz und der antiken Hafenstadt Shiraf. Heute ist es hauptsächlich eine Marktstadt der Qashqai.

Bei der Anfahrt von Shiraz ist die erste Stätte der **Qal'eh-e Doktar**, ein dreistufiger Palast auf einem steilen Hügel, zu erreichen in einem 20-minütigen Aufstieg ab oberhalb der Fußgängerbrücke über die Straße. Der Bau aus Fels und Gips war Ardashirs erster Versuch, einen Palast zu errichten, dessen Standort und Befestigungsanlagen von der schwelenden Bedrohung durch die Parther zeugen. Er ist zwar verfallen, aber es ist nicht schwer, sich den Grundriss vorzustellen.

Sehr dicht an Firuz Abad durchquert eine Piste den Fluss Tang Ab und führt zum **Palast des Ardashir**. Das viel prächtigere, 1800 Jahre alte Gebäude mit Kuppeln, hohen Iwans und klaren Linien ist eines der ältesten Beispiele klassischer sassanidischer Architektur. Im Winter ist der Tang Ab unpassierbar, was einen längeren Umweg durch Firuz Abad mit dem Taxi erforderlich macht.

Die Stätte **Gur** in der Nähe lohnt einen kurzen Abstecher auf dem Weg zum Palast: Die Siedlung, ein ehrgeiziges Stadtplanungsprojekt, wurde in gleich großen Abschnitten angelegt, die durch hohe Mauern getrennt waren. Es braucht aber einige Phantasie, um aus den Ruinen schlau zu werden.

❶ An- & Weiterreise

Minibusse (80 000 IR, 2½ Std.) und Taxis *dar baste* (1 000 000 IR, 2¼ Std.) fahren vom Busbahnhof Modares in Shiraz (in der Nähe der Ausländerbehörde) nach Firuz Abad. Die letzten Verbindungen zurück gehen am frühen Abend. Ein Fahrer/Guide ab Shiraz verlangt 75 bis 80 US$ für eine halbtägige Tour.

Kazerun & Bishapur

📱 071 / 889 685 EW. / HÖHE 860 M

Die moderne Stadt Kazerun liegt abseits der alten Königsstraße zwischen Shiraz und Bushehr inmitten von fruchtbaren Feldern in den südlichen Ausläufern des schroffen Zagros-Gebirges. Die Umgebung ist besonders im Frühling schön, wenn die Narzissen, die in der Ebene angebaut werden, süß duften und unter den berühmten Eichen der Region wilde Mohnblumen im rauen Mengen blühen. Der **Parishan-See**, 12 km von der Stadt entfernt, wird von Flamingos, Enten, Pelikanen, Gänsen und Kranichen aufgesucht, zudem leben in ihm vier endemische Fischarten.

So schön die Landschaft auch ist, Besucher begeben sich gewöhnlich von Shiraz nach Kazerun, um die Monumente zu sehen, die einmal zur antiken Stadt **Bishapur** (Stätte 200 000 IR, Museum 80 000 IR; ⏰ 7.30–18 Uhr) gehörten. Die Ruinen rund 30 km nördlich von Kazerun verteilen sich auf einem weitläufigen Areal und schließen auch sechs

Basreliefs aus der Sassaniden-Zeit an den Felswänden der **Chogan-Schlucht** ein.

Das Highlight ist die 7 m hohe **Statue von Shapur I.** in einer Höhle hoch über dem Talboden. Die Skulptur aus der Sassaniden-Zeit mit einem Gewicht von 30 t wurde aus einem einzigen Kalksteinblock gemeißelt. Die vermutlich durch ein Erdbeben beschädigte Statue wurde 1958 wieder aufgerichtet und wenig einfühlsam mit Beton verstärkt.

Die Höhle ist über die Straße durch die Chogan-Schlucht mit Überquerung des trockenen Flussbetts im Dorf Shapur (6 km von den Ruinen von Bishapur entfernt) zu erreichen. Von hier ist es eine holprige Fahrt (oder 30 Minuten zu Fuß) bis zum Startpunkt des steilen Pfads bergauf, auf dem man weitere 1½ Stunden bis zur Höhle braucht (am Ende gibt es einige befestigte Stahlleitern). Wanderschuhe, eine Kopfbedeckung, Wasser und ein früher Start im Sommer sind ratsam, da es keine Infrastruktur gibt.

❶ An- & Weiterreise

Am einfachsten ist ein ganztägiger Ausflug nach Bishapur mit einem Fahrer/Guide (115–130 US$), aber bei einem sehr frühen Start ist der Weg auch mit öffentlichen Verkehrsmitteln machbar. Der Bus (*mahmooly* 80 000 IR, 2½ Std., häufig) nach Kazerun fährt am Busbahnhof Amir Kabir in Shiraz ab. Von Kazerun geht es weiter mit einem Taxi *dar baste* (1 200 000 IR), das für ein paar Stunden für die Besichtigung der Sehenswürdigkeiten von Bishapur angeheuert werden kann.

Auf der Strecke hinter Shiraz lohnt es sich, nach der Karim-Khan-Brücke Ausschau zu halten. Die 15-bogigen Brücke aus der Zand-Ära liegt etwa 40 km westlich von Shiraz.

Persischer Golf
خليج فارس

Gut essen

➜ Bandar (S. 234)

➜ Fanoos (S. 233)

➜ Kolbeh Darvish (S. 229)

➜ Mir Mohanna (S. 230)

➜ Shabhaye Talai – Golden Nights Beach Restaurant (S. 238)

➜ Kaleng (S. 239)

Schön übernachten

➜ Atilar Hotel (S. 233)

➜ Mr. Aminis Haus (S. 237)

➜ Mrs. Fattahis Haus (S. 237)

➜ Toranj Marine Hotel (S. 229)

➜ Ecotourism Hotel (S. 231)

Auf an den Persischen Golf

In dieser Region wartet ein allumfassendes Reiseerlebnis, das nur sehr wenige Besucher im Fokus haben. Die meisten planen ihren Iranaufenthalt mit den Glanzstücken aus der reichen Geschichte des Landes (Isfahan, Shiraz, Yazd), aber der Persische Golf im Südosten lohnt sich gleichermaßen. Da sind die wunderbaren Inseln Kish, Qeshm und Hormus, die sich ganz leicht kombinieren lassen und vollkommen unterschiedlich sind: Kish ist glamourös und glanzvoll, auf Qeshm und Hormus gibt es wohltuenderweise keine Großbebauung, stattdessen die Gelegenheit, eine traditionellere Lebensweise zu erleben und etliche geologische Wunder. An der Küste bietet Bandar Abbas eine lebhafte Atmosphäre, und die Altstadt des reizenden Kong steckt voller alter Häuser und Monumente. Also alles da, was das Herz begehrt.

Reisezeit

Die Golfregion ist zwischen April und November heißer als der Hades, mit Durchschnittstemperaturen von 35 °C und gelegentlich bis zu 50 °C. Ganz klar, dass sich das Leben entsprechend anpasst: Die meisten Geschäfte öffnen früh und schließen von etwa 12 bis 17 Uhr.

Während des Nouruz (iranisches Neujahr; 21. März bis 3. April) ist die gesamte Küste voll mit iranischen Touristen, und die meisten Hotels sind ausgebucht – diese Zeit sollte vermieden werden. Am besten ist ein Besuch im Winter, wenn die Temperaturen bei durchschnittlich 18 bis 25 °C liegen, die Luftfeuchtigkeit relativ niedrig ist und sich hier keine Menschenmassen tummeln.

Kish

جزیره کیش

♫ 076 / 27 000 EW.

Willkommen an der iranischen Sonnenküste bzw. Irans Costa del Sol. Wie man es auch bezeichnen mag, die schöne Insel ist seit den 1970er-Jahren ein Strandresort, wo Urlauber schwimmen, einkaufen und einen relaxten, relativ freizügigen Lebensstil genießen können. Die Insel ist die hedonistischste Ecke in Iran und sie boomt. Hotels, Wohnblöcke und Einkaufszentren (Kish ist Freihandelszone) beherrschen die einst leere Wüstenlandschaft, und die Zahl iranischer Touristen nimmt immer weiter zu, besonders im Winter, wenn es auf dem Festland eisig kalt ist. Von ausländischen Touristen wird Kish allerdings weitgehend übersehen. Dabei bietet ein Besuch hier eine tolle Gelegenheit, Iran aus einer völlig anderen Perspektive zu erleben. Weit weg von den Festlandsstädten mit ihren vielen Sehenswürdigkeiten lassen sich auf der Insel Meer, Sand und Sonne in einer entspannten Atmosphäre genießen.

Geschichte

Kish wird erstmals in den Memoiren des griechischen Admirals Nearchos erwähnt, der 325 v. Chr. von Alexander dem Großen den Auftrag erhielt, den Persischen Golf zu erkunden. Im Mittelalter wurde Kish zu einem wichtigen Handelszentrum und hatte zu Höchstzeiten um die 40 000 Einwohner. Die Hauptstadt war Harireh, vermutlich jene Stadt, auf die sich der Dichter Saadi in seinem berühmten Werk *Golestan* (Rosengarten) bezog.

Kish war für seine hochwertigen Perlen bekannt. Als Marco Polo den kaiserlichen Hof in China besuchte, erwähnte er die Schönheit der Perlen, die eine der Frauen des Kaisers trug, und man sagte ihm, sie stammten aus Kish. Vom 14. Jh. an verlor Kish an Bedeutung, bis die Insel in den 1970er-Jahren als halbprivater Rückzugsort für den Schah und seine Gäste ausgebaut wurde – samt internationalem Flughafen, Luxushotels und einem Casino.

Highlights

❶ Bandar Abbas (S. 232) Beim Schlendern durch die Straßen und über den Fischmarkt in die lebhafte Atmosphäre eintauchen.

❷ Kong (S. 231) Eine alte Hafenstadt mit historischen Bauten kennenlernen.

❸ Harireh (S. 227; Kish) Die Ruinen dieser prächtigen alten Stadt mit Herrenhäusern und Hafen erkunden.

❹ Chahkooh-Schlucht (S. 236) Die malerisch zerklüftete Schlucht

bestaunen, eines der geologischen Wunder auf der Insel Qeshm.

❺ Regenbogental (S. 240) Auf der Insel Hormus durch eine Marslandschaft schweifen.

👁 Sehenswertes

Ein kurzes Stück mit dem Fahrrad vom Hafen Richtung Westen liegt **Harireh** (Historische Stadt & Hafen; Karte S. 228; 🕐 24 Std.)

Die großartige archäologische Stätte besteht aus den Resten eines großen Adelshauses mit eigenem *qanat* (unterirdischer Wasserlauf), einem öffentlichen Hamam und einer Moschee. Ihr Standort war ursprünglich neben dem geschäftigen Handelshafen; auf der anderen Straßenseite sind noch heute Stufen am Felsufer zum Wasser zu sehen, ebenso aus den Felsen gehauene Brunnen und Wasserrinnen. Diese gehörten zu Werkstätten, die Dattelnektar herstellten, einst eines der wichtigen Exportgüter der Insel.

Kariz-e-Kish (unterirdisches Kish; Karte S. 228; 500 000 IR; 🕐 8.30–22.30 Uhr) gleich neben dem Tennisstadion befindet sich ein unterirdisches Netz aus Steingängen um einen historischen *qanat*. Es heißt, dass es vor etwa 2500 Jahren gebaut wurde, um Wasser für die Einwohner von Harireh zu sammeln, aufzubereiten und zu speichern. Wegen des trockenen Klimas war Wasser ein kostbarer Rohstoff.

🏃 Aktivitäten

🚴 Radfahren

Kish ist nur 15 km lang, 8 km breit und an der höchsten Stelle 45 m hoch. Deswegen ist Radfahren auf dem ebenen Fahrradweg entlang der gesamten 40 km langen Küste ein beliebtes Freizeitvergnügen. Fahrräder werden für rund 50 000 IR pro Stunde an verschiedenen Ständen in der Stadt verliehen.

Tauchen

Kish ist zwar nicht mit dem Roten Meer vergleichbar, aber die Insel hat die besten Tauchreviere Irans mit etlichen unversehrten Riffen und zahlreichen Fischen. Auf der Insel gibt es auch ein paar Tauchzentren. Der Standard ist gut, aber wer tauchen geht, sollte vorher die Ausrüstung überprüfen. Zu berücksichtigen ist auch, dass die Tauchlehrer nicht immer Englisch sprechen. Frauen müssen einen speziellen Neoprenanzug tragen, der auch den Kopf bedeckt (wird zur Verfügung gestellt).

Kish Diving Center   TAUCHEN
(Karte S. 228; 📞 0912 854 3246; www.kishdiving.com; 🕐 7–18 Uhr) Das älteste Tauchzentrum von Kish am Strand vor dem Shayan Hotel verlangt etwa 2 300 000 IR für einen ein-

stündigen Tauchgang einschließlich Ausrüstung und 12 500 000 IR für einen viertägigen PADI-Kurs im offenen Wasser. Es bietet auch anderen Wassersport an.

🏊 Schwimmen & Wassersport

Kish ist einer der sehr wenigen Orte in Iran, wo Schwimmen aktiv gefördert wird. An nahezu der ganzen Küste gibt es fast leere Sandstrände. Frauen müssen den **Ladies' Beach** hinter dem Gebäude der Kish Free Trade Organization benutzen. Der offizielle **Gentlemen's Beach and Beach Volleyball Sports Complex** liegt in der Nähe des Twins Park. Männer können überall (außer am Ladies' Beach) baden.

Ocean Water Park   WASSERPARK
(Karte S. 228; www.oceanwaterpark.com; abseits der Jahan Rd; Erw./Kind 1 400 000/500 000 IR; 🕐 10–16 Uhr) Adrenalinstöße sind in diesem Wasserpark, der Anfang 2017 an der Südküste von Kish eröffnet hat, garantiert. Glanzstück ist der 28 m hohe Turm mit mehreren Rutschen. Für Essen und Trinken ist gesorgt. Es gibt übrigens Tage für Frauen und Tage für Männer – telefonisch erfragen.

Aquacom Cable Park   WASSERSPORT
(Karte S. 228; abseits des Ferdosi Blvd; pro 30 Min./Std. 30/40 US$; 🕐 11–18 Uhr) Aquacom in der Nähe des Grand Recreational Pier bietet am Hauptstrand Wasserski- und Wakeboardfahren an. Die Kabelzuganlage ist 860 m lang und 160 m breit und läuft mit einer Geschwindigkeit von bis zu 62 km/h (Anfänger können eine niedrigere Geschwindigkeit von 28 km/h ansagen). Männer und Frauen können mitmachen, aber Frauen müssen einen islamisch korrekten Neoprenanzug tragen.

🛏 Schlafen

Auf Kish gibt es ein riesiges Angebot an Hotels, Resorts und Ferienwohnungen, aber praktisch nichts für Budgetreisende. Die Preise sind erheblich höher als anderswo in Iran, können aber je nach Saison sehr variieren. Zu vermeiden ist auf jeden Fall ein Besuch während des Nouruz-Fests, wenn die Preise in die Höhe schießen. Außerhalb der Spitzenzeiten hat der Hotelschalter am Flughafen gute Angebote im Mittelklassebereich.

Im Preis enthalten sind gewöhnlich Flughafen- oder Hafentransfers.

Jam-e-Jam Kish Hotel   HOTEL $$
(Karte S. 228; 📞 076-4442 4801; jamejamkishhotel@yahoo.com; abseits des Amir Kabir Sq; DZ mit Frühstück 2 600 000 IR; 🅿❄📶) Das Jam-e-Jam,

Kish

2 km

Persischer Golf

Speedboote nach Bandar-e Charak;
Katamarane nach Bandar-e Lengeh

Ladies'
Beach

Mir Mohanna Recreational Pier

Grand Recreational Pier

Sanaee Blvd

Marjan Beach
Park

Darya Beach Park

Gentlemen's
Beach

Dariush

Marjan
Sq

Molavi St

Siri Sq

Ferdosi Blvd

Sanaee Sq

Sahel
Sq

Andisheh St

Morvarid Blvd

Qeshm
Sq

Dolphin
Park

Lavan
Sq

Ashena
Sq

Sadaf
Sq

Sadaf Blvd

Kish
Hospital

Hormoz
Sq

Imam
Sq

Olympic
Sq

Olympic
Blvd

Harrieh

Sport-
komplex

Faroor
Sq

Ghorub St

Khatam
Blvd

MIR
MOHANNA

Mir Mohanna Blvd

Jask
Sq

Khark
Sq

Jahan Rd

16 20 17 18 15 9 8 19 13 6 3 4

11 12 14 10 1 2 5

Kish

ein attraktives, niedriges Gebäude in einer ruhigen Gegend, ist das preiswerteste Hotel auf Kish. Viel Luxus wird nicht geboten, und einige der Möbel haben schon bessere Zeiten gesehen, aber die Zimmer sind gut ausgestattet, hell und blitzsauber.

★ **Toranj Marine Hotel**   RESORT $$$
(Karte S. 228; ☎ 076-4445 0601; www.toranj-hotel. com; DZ mit Frühstück ab 330 US$; ⓟ ✽ 🛜) Das Toranj ist Irans erstes (und einziges) Hotel über dem Wasser und eines der besten Resorts von Kish. Die 100 Bungalows sind auf Pfählen gebaut und haben den obligatorischen Glasboden zum Fischegucken und Terrassen mit hinreißendem Blick auf die Lagune. Zur Anlage gehören fünf Restaurants (eines ein Pfahlbau auf dem Wasser), ein Kinderclub, ein Fitnessstudio und kostenlose Kajaks.

Maryam Sorinet Hotel   HOTEL $$$
(Karte S. 228; ☎ 076-4446 7511; www.sorinethotels. com/en; abseits des Amir Kabir Sq; DZ mit Frühstück

310–350 US$; ⓟ ✽ 🛜) Das vornehme Haus mit dem Flair eines Boutiquehotels hat eine ganz eigene Atmosphäre und Klasse, auch dank der luxuriösen Innenausstattung und des Spitzenrestaurants. Die schicken und gediegenen Zimmer sind in wohltuenden Erdtönen gehalten.

Shayan Hotel   HOTEL $$$
(Karte S. 228; ☎ 076-4442 2771; shayan@pars-hotels.com; Sahel Sq; DZ mit Frühstück 6 700 000– 7 500 000 IR; ⓟ ✽ 🛜 ⊠) Als das Haus 1973 als Casino-Hotel des Schahs eröffnete, war es die glamouröseste Bude am Golf. Es hat sich nicht viel verändert seitdem, und die kantige Architektur, die Plexiglasmöbel und die Spritzbeton-Verzierungen sind ohne Frage retro-cool. Die Zimmer, meist mit Balkon, sind komfortabel und haben hervorragende Badezimmer. Ein weiterer Pluspunkt ist die super Lage dicht am Strand.

Die Zimmer mit Meerblick lohnen auf jeden Fall den Aufpreis.

Dariush Grand Hotel   RESORT $$$
(Karte S. 228; ☎ 076-4444 4995; www.dariushgrand hotel.com; Dariush Sq; DZ mit Frühstück 490– 590 US$; ⓟ ✽ @ 🛜 ⊠) Das Monument aus Marmor im Stil der Achämenidenzeit wird oft als bestes Hotel Irans bezeichnet, allerdings wird der Las-Vegas-Pomp nicht jedem gefallen. Die Zimmer sind komfortabel und gut ausgestattet, aber die Einrichtung zeigt allmählich Altersschwäche, und die Badezimmer sind klein. Zum Haus gehören ein gutes Fitnessstudio, ein Außenpool (nur für Männer), zwei Restaurants und ein Café. Es liegt dicht am Strand.

🍴 Essen

Unbedingt empfehlenswert sind ein Tee, kaltes Getränk oder Eis in einem der Strandcafés südlich des Grand Recreational Pier – sie sind klasse zum Leute beobachten. Am Morvarid Boulevard gibt es auch viele Fast-Food-Lokale. Die meisten Hotels haben Restaurants, falls man keine Lust hat, auszugehen.

★ **Kolbeh Darvish**   IRANISCH $$
(Karte S. 228; ☎ 0913 325 3338; Jahan Rd; Hauptgerichte 150 000–320 000 IR; ⊕14–1 Uhr) Das viel gelobte Restaurant mit traditionellem iranischen Essen ist perfekt, um *kubideh kebab* (Lammhack, serviert mit Reis) oder *ghorme sabzi* (Fleisch mit Bohnen, Gemüse und Reis) zu probieren. Vegetarier sollten sich *mirza ghasemi* (pürierte Aubergine, Tomate und Ei) bestellen. Lecker! Ein Pluspunkt ist auch die Lage – es liegt direkt am Meer.

DIE BANDARI

Etwa 3 % der Iraner sind Araber, und die meisten von ihnen leben in den Provinzen Bushehr, Khuzestan und Hormozgan nahe oder an der Küste des Persischen Golfs. Traditionell wohnen sie in den Hafenstädten des Golfs (den *bandars*) und werden oft „Bandari" genannt. Araber in Khuzestan sind überwiegend Schiiten, von denen viele während des Ersten Golfkriegs aus dem Irak hierher kamen, die am Persischen Golf sind hauptsächlich Sunniten.

Diese iranischen Araber sprechen einen arabischen Dialekt und haben in der Regel eine dunklere Haut als andere Iraner. Sie kleiden sich auch anders – die Frauenkleider sind erfrischend bunt, und manche Frauen tragen eine Burka (Gesichtsmaske aus Metall oder Stoff), die sich von Dorf zu Dorf und von Stadt zu Stadt unterscheiden kann. Burkas sind heute nicht mehr sehr üblich, aber in Bandar Abbas, auf der Insel Qeshm und in der südöstlichen Stadt Minab noch immer zu sehen. Männer tragen die *abba*, eine lange, ärmellose, meist weiße Tunika, Sandalen und manchmal einen arabischen Turban. Anderswo sind Männer in einem *dishdasha* (das traditionelle, bodenlange Hemd) und einem *gutra* (langes Kopftuch) zu sehen.

Die iranischen Araber haben ihre eigene Musik, die sich durch die *ney ammbooni* (eine Art Dudelsack) und einen starken, schnellen Rhythmus auszeichnet, oft begleitet von einem Tanz, ähnlich wie Bauchtanz.

Burger House
BURGER $$

(Karte S. 228; ☎076-4445 8411; Morvarid Blvd; Hauptgerichte 180 000–310 000 IR; ⊙12–24 Uhr) Wer bei einem weiteren Fleischgericht mit Reis nur noch schreien möchte, mag in diesem schicken Fast-Food-Laden eine Alternative finden. Es gibt hier ein breites Angebot schmackhafter Burger und Sandwiches sowie durchschnittliche Pizza.

★ Mir Mohanna
FISCH & MEERESFRÜCHTE $$$

(Karte S. 228; ☎076-4442 2855; abseits des Ferdosi Blvd; Hauptgerichte 550 000–900 000 IR; ⊙12–15 & 20.30–24 Uhr) Der beständige Favorit mit großen Fenstern zum Strand raus serviert spannende Fischgerichte und Garnelen sowie exzellente Salate. Das Essen ist superfrisch und gut zubereitet, die Einrichtung ist heiter und der Service aufmerksam. Es ist zweifellos das beste Restaurant auf der Insel.

Shandiz Safdari Saheli
IRANISCH $$$

(Karte S. 228; ☎0934 769 1460; Jahan Rd; Hauptgerichte 630 000–890 000 IR; ⊙12–16 & 20–24 Uhr) Das Shandiz Safdari ist nicht nur ein Restaurant, es ist ein Erlebnis, besonders am Abend. Das riesige Lokal am Meer wird von betuchten iranischen Touristen bevorzugt, die sich hier schön angerichtete Fisch- und Fleischgerichte schmecken und sich unterhalten lassen (ab 21 Uhr werden meist Livemusik und Comedy-Shows geboten). Das Restaurant bietet kostenlose Abholung vom Hotel an.

❶ Praktische Informationen

Bank Melli (Karte S. 228; Sanaee Blvd; ⊙7.30–13.30 Uhr) Wechselt Geld.

Kish Hospital (Karte S. 228; ☎076-4442 3711; Hormoz Sq) Ein gut ausgestattetes Krankenhaus im Nordosten der Insel.

Ministerium für auswärtige Angelegenheiten, Abteilung Insel Kish (Karte S. 228; ☎076-4445 5670; Sanaee Blvd; ⊙Sa–Do 7.30–14 Uhr) Kish ist (mit Qeshm) der einzige Ort in Iran, den Ausländer ohne Visum besuchen können. Wer mit Flugzeug oder Schiff einreist, erhält ein kostenloses, einen Monat gültiges „Kish-Visum". Auf Kish selbst kann die Vertretung des Ministeriums für auswärtige Angelegenheiten wohl auch normale Touristenvisa für die Weiterreise nach Iran ausstellen, aber es ist besser, sich das iranische Visum vorab oder bei Ankunft auf einem internationalen Flughafen in Iran ausstellen zu lassen.

Touristeninformation (Karte S. 228; ☎076-4442 5768; http://tourism.kish.ir/en; Kish Free Zone Organization Bldg, Sanaee Blvd; ⊙Sa–Do 8–14 Uhr) Die hilfsbereiten, Englisch sprechenden PR-Angestellten der Kish Free Zone Organization versorgen Touristen mit Informationen, Karten und Broschüren. Das Büro befindet sich im Erdgeschoss des Gebäudes; der Eingang ist hinten am Haus, nicht über die Vordertreppe.

❶ An- & Weiterreise

FLUGZEUG

Nach Teheran gibt es täglich mindestens drei Flugverbindungen (etwa 4 000 000 IR) von mindestens drei Fluggesellschaften: **Kish Airlines** (Karte S. 228; ☎ 076-4445 5729; http://en.kishairlines.ir; Sanaee Sq; ☺ Sa–Do 8–19, Fr 9–12 Uhr), **Iran Air** (Karte S. 228; ☎ 076-4445 5683; www.iranair.com; Sanaee Sq; ☺ Sa–Do 8–14.30, Fr 9–12 Uhr) und **Mahan Air** (Karte S. 228; ☎ 076-4444 2930; www.mahan.aero/en; Ferdosi Blvd). Hinzu kommen täglich mehrere Flüge nach Isfahan (3 700 000 IR) und Bandar Abbas (2 300 000 IR) sowie einige pro Woche nach Shiraz (2 300 000 IR) und Mashhad (4 400 000 IR).

Kish Airlines fliegt auch täglich nach Dubai (einfach 5 700 000 IR, 30 Min.).

SCHIFF/FÄHRE

Bei ruhigem Wetter fahren Passagierfähren von/nach Bandar-e Charak (einfach 220 000 IR, ca. 1½ Std.). Sie legen am Hafen von Kish zwischen 8 und 16 Uhr ab, je nach Wetterbedingungen und Anzahl der Passagiere.

Valfajr Shipping Co (Karte S. 228; ☎ 076-1542 5120; http://valfajr.ir; Kish Shipping Bldg, Sanaee St) betreibt Katamarane, die zwischen Kish und Bandar-e Lengeh verkehren (einfach 900 000 IR, 4 Std.) – allerdings nur, wenn in Kish viel los ist, also meist nur an Nouruz. Wenn sie fahren, legen die Katamarane morgens ab und kehren von Bandar-e Lengeh um 13 Uhr zurück.

ⓘ Unterwegs vor Ort

Mittel- und Spitzenklassehotels bieten ihren Gästen kostenlosen Flughafentransfer. Ansonsten kostet ein Taxi vom Flughafen zu den meisten Zielen auf der Insel 190 000 IR.

Hervorragende klimatisierte Minibusse (20 000 IR) verkehren auf den nördlichen und östlichen Straßen zwischen dem Mir Mohanna und der Marjan Mall. Man hält sie einfach an, steigt ein und bezahlt beim Fahrer beim Aussteig. Am Fährhafen besteht die Möglichkeit, sich in einen Minibus zu quetschen oder ein Taxi zu nehmen. Eine Kurzstrecke im Taxi kostet 115 000 IR.

Wer mag, kann sich ein Fahrrad leihen (50 000 IR pro Std.) und auf einem ausgewiesenen Fahrradweg über die Insel radeln.

Bandar-e Lengeh بندر لنگه

☎ 076 / 27 000 EW.

Bandar-e Lengeh ist als Durchgangsort für Reisende nützlich, die weiter zur benachbarten malerischen Hafenstadt Kong wollen oder auf eine Fähre nach Kish oder Dubai warten.

Vorausgesetzt, das Meer ist nicht allzu aufgewühlt, geht es meist schneller mit der **Fähre** (einfach 230 000 IR, etwa 1½ Std.) von **Bandar-e Charak** (89 km westlich von Bandar-e Lengeh) nach Kish. Von Lengeh fahren Savaris nach Charak und halten dort am Fährhafen. Es gibt täglich vier bis fünf Fährverbindungen zwischen Bandar-e Charak und Kish.

Die **Valfajr Shipping Co** (☎076-4222 0252; http://valfajr.ir; Imam Khomeini Blvd; ☺ Sa–Do 8–14.30 Uhr) bietet auch eine Katamaranverbindung mit Dubai und den Vereinigten Arabischen Emiraten an, gewöhnlich samstags

PERSISCHER GOLF BANDAR-E LENGEH

KONG بندر کنگ

Wie ist es möglich, dass das unglaublich malerische Hafenstädtchen **Kong** (5500 Ew.), nur 5 km östlich von Bandar-e Lengeh, von Touristen noch nicht entdeckt wurde? Kulturliebhaber und alle, die das Außergewöhnliche suchen, werden mit Freude das Gassenlabyrinth, die historischen Gebäude und alten traditionellen Häuser mit kunstvoll geschnitzten Holztüren erkunden – nicht zu vergessen die über 300 *badgirs* (Windtürme), ein kleines Seefahrtmuseum und ein Kunsthandwerkszentrum.

Unterkünfte sind nur wenige vorhanden, aber es gibt das wunderbare **Ecotourism Hotel** (☎0917 993 6542; kongtourismnetwork@gmail.com; Kong; EZ/DZ mit Frühstück 700 000/1 100 000 IR; ✳ 🛜) mitten in der Altstadt. Das gut geführte Hotel ist eine Gelegenheit, in einem traditionellen Haus mit lokalem Charme zu nächtigen. Die Zimmer sind supersauber und gut eingerichtet, die meisten haben ein eigenes Bad. Der Hausherr Mohammad kann auch diverse Touren organisieren und holt nach vorheriger Absprache gern seine Gäste von der Savari-Station in Kong ab.

Am Meeresufer und in der Nähe des Markts befinden sich ein paar Cafeterias und bescheidene Restaurants. Mahlzeiten werden auch im Ecotourism Hotel serviert.

Alle Savaris zwischen Bandar Abbas und Bandar-e Lengeh halten auf Wunsch in Kong (200 000 IR pro Pers., 2¼ Std.). Ein Taxi nach Bandar-e Lengeh kostet 20 000 IR. Ideen gibt die Website www.kongtourism.com.

und mittwochs. Die Tickets kosten einfach 2 200 000 IR (4 Std.). Tickets sind im Schifffahrtsbüro oder in anerkannten Verkaufsagenturen erhältlich.

Der **Busbahnhof** von Lengeh liegt etwa 2 km östlich der Stadt an der Hauptstraße (Golfseite). Busse von/nach Bandar Abbas (*mahmooly* 200 000 IR, 3 Std., 3-mal tgl.) halten hier auf dem Weg von/nach Busehr (350 000 IR, 8½ Std.), verkehren aber meist nur am Nachmittag. Savaris sind eine bessere Alternative.

Savaris nach Bandar Abbas (200 000 IR pro Pers., 2¼ Std.) fahren zwischen 6 und 20 Uhr regelmäßig vor dem Busbahnhof los. Savaris nach Bandar-e Charak (120 000 IR pro Pers., 80 Min.) warten vor der Tankstelle etwa 1,8 km westlich des Hafens in der Nähe des **Diplomat Hotels** (☏ 076-4424 5526; Diplomat_Hotel@yahoo.com; Janbazan Blvd; DZ mit Frühstück 1 850 000 IR; 🅿 ❄ 🛜), das saubere Zimmer, westliche Toiletten und Meerblick bietet.

Bandar Abbas بندر عباس

☏ 076 / 445 000 EW.

Bandar Abbas, das die meisten Iraner einfach nur „Bandar" nennen, liegt strategisch an der Straße von Hormus und am Zugang zum Persischen Golf. Es ist die Hauptstadt der Provinz Hormozgan und verfügt über den wichtigsten Hafen Irans. Bandar bietet zwar nicht gerade viele wichtige Sehenswürdigkeiten, ist aber sehr viel mehr als nur ein Verkehrsknotenpunkt für die Weiterreise zu den Inseln Qeshm oder Hormus. Es ist eine lebhafte Stadt mit einem tollen Basar, einem reizvollen Fischmarkt und ganz viel Atmosphäre.

Geschichte

Aufstieg, Fall und erneuter Aufstieg von Bandar Abbas in den letzten 500 Jahren ist unmittelbar mit der Rolle europäischer Großmächte verbunden. Das einstige winzige Fischerdorf namens Gamerun wurde als südlicher Haupthafen und Marinewerft Persiens gewählt, nachdem Schah Abbas I. 1622 die Portugiesen auf der nahen Insel Hormus besiegt hatte. Die Britische Ostindien-Kompanie erhielt, ebenso wie niederländische und französische Kaufleute, eine Handelserlaubnis, und im 18. Jh. hatte sich Bandar zum wichtigsten persischen Hafen und Hauptumschlagplatz für den Handel mit Teppichen aus Kerman entwickelt.

Nach dem Ende der Safawiden-Dynastie und dem Rückzug der Britischen Ostindien-Kompanie 1759 verlor die Hafenstadt an Bedeutung. Der Sultan von Oman übernahm 1793 die Macht in Bandar und herrschte bis 1868. Die Rolle der Stadt blieb untergeordnet, bis im Ersten Golfkrieg zwischen Iran und Irak die iranischen Hafenstädte Busehr, Bandar-e Imam Khomeini und Khorramshahr entweder erobert oder für den normalen Schiffsverkehr zu gefährlich wurden. Dank der Straßen- und Eisenbahnverbindungen mit Teheran und Zentralasien hat Bandar Abbas seine Bedeutung erneut etabliert.

◉ Sehenswertes

Bandar Abbas hat ein dynamisches Fischereiwesen, und der lebhafte **Fischmarkt** (Karte S. 233; Sayyadan St; ⊘ Sa–Do 7–20, Fr bis 11 Uhr) ist ein unvergesslicher Anblick. Frühmorgens ist die beste Zeit für einen Besuch, wenn Fischhändler ihre erstaunliche Vielfalt an Meeresfrüchten, von Barrakudas bis Zackenbarsche, präsentieren. Der Markt ist außergewöhnlich fotogen. Auch alte Seebären posieren gern mit ihrem Fang für Fotos.

Der wuselige **Basar** (Karte S. 233; Taleqani Blvd; ⊘ 8–20 Uhr) erstreckt sich in einer Farborgie über zwei Straßenzüge gleich hinter dem Meeresufer. Einen Kontrast dazu bildet der bescheidene **indische Tempel** (Karte S. 233; Imam Khomeini St; ⊘ 8–17 Uhr) GRATIS. Das kleine Steingebäude mit einer konischen Kuppel steht etwas zurückgesetzt von der Hauptstraße und wurde Ende des 19. Jhs. für die Hindugemeinde gebaut, die für die Britische Ostindien-Kompanie arbeitete.

🛏 Schlafen

Hotel Darya HOTEL $
(Karte S. 233; ☏ 076-3224 1942; Eskele St; EZ/DZ ohne Bad 700 000/1 000 000 IR; ❄ 🛜) Das Darya hinter einem Parkplatz in der 17 Shahrivar Street ist vermutlich das beste Budgethotel der Stadt. Die Zimmer sind zwar nicht so schick wie das Foyer, haben aber komfortable Betten und saubere Gemeinschaftsbäder (nur Hocktoiletten). An der Rezeption wird etwas Englisch gesprochen.

Naz Hotel 2 HOTEL $$
(Karte S. 233; ☏ 076-3222 6969; EZ/DZ mit Frühstück 2 000 000/2 500 000 IR; ❄ 🛜) Das diskrete Haus, versteckt am Ende der Haleh Alley, die von der Imam Khomeini Street abgeht (und daher ruhig ist), ist ein solides

Bandar Abbas

Mittelklassehotel mit effizientem Personal und guter Ausstattung. Pragmatische Zimmer ohne kitschige Ausschmückung – gutes Licht, starke Klimaanlage, rückenfreundliche Matratzen und saubere Badezimmer. Zum Hotel gehört auch ein Restaurant.

★ **Atilar Hotel** HOTEL $$$
(Karte S. 233; ☎ 076-3222 7420; abseits der 17 Shahrivar St; DZ mit Frühstück 3 700 000 IR; ❄ 🛜) Das professionell geführte Atilar ist eine prima Unterkunft im Zentrum. Sie bietet gut funktionierenden Service, hervorragende Betten, blitzblanke Badezimmer, ein gutes Restaurant und sehr hilfsbereite, Englisch sprechende Angestellte. Die zentrale Lage ist ideal, um sich in den Alltag von Bandar zu stürzen. Die Zimmer in den oberen Stockwerken haben einen tollen Meerblick.

✖ Essen

Sajjad KEBAB $
(Karte S. 233; ☎ 076-3223 0576; Imam Khomeini St; 80 000–160 000 IR; ⊘ Sa–Do 8–16 & 19–22, Fr 8–14 Uhr) Der umtriebige Laden an der Hauptstraße, der die besten Kebabs der Stadt haben soll, hat ein preiswertes Speisenangebot und effiziente Kellner. Empfehlenswert ist der *barg*-Kebab, eine üppige (und leckere) Mischung aus Rindfleisch (oder Lamm), Zwiebeln und Olivenöl.

Bandar Abbas

◉ Highlights
1 Fischmarkt A3

◉ Sehenswertes
2 Basar C2
3 Indischer Tempel C2

🛏 Schlafen
4 Atilar Hotel C2
5 Hotel Darya C1
6 Naz Hotel 2 ....D1

✖ Essen
7 Bandar A3
8 Fanoos C2
9 Fast Food Kavooki A3
10 Qasr Honar A2
11 Sajjad B2

ℹ Praktisches
Atilar Safar Tour & Travel
  Agency...(s. 4)
12 Darya Money Exchange C2
Morvarid Money
  Exchange ....(s. 12)

★ **Fanoos** IRANISCH $$
(Karte S. 233; ☎ 076-3225 4501; Imam Khomeini St; Hauptgerichte 100 000–320 000; ⊘ 11–23 Uhr) Das trendige Restaurant mit farbenfrohen Tischen hat ein breites Angebot pikanter

Vorspeisen und Hauptgerichte zu sehr angenehmen Preisen. Für einen schnellen Imbiss gibt es einen gut zubereiteten Salat oder ein Sandwich. Es liegt direkt im Zentrum gegenüber dem City Center Shopping Center. Die Speisekarte ist nur auf Farsi.

Qasr Honar
IRANISCH **$$**

(Karte S. 233; ☐076-3223 7475; Shohada Sq; Hauptgerichte 300 000–400 000 IR; ⏱11.30–16 & 19–23 Uhr) Darf es etwas Besonderes sein? Bei der leicht protzigen Einrichtung in diesem traditionsreichen Restaurant – mit künstlichen Wasserfällen, Ranken und Steinen, die ein opulentes Ambiente schaffen – wird einem ganz schwurbelig. Der ganze Kitsch ist jedoch beim ersten Bissen der schmackhaften Fisch- und Fleischgerichte vergeben. Auf der umfassenden Speisekarte (auf Englisch) stehen auch vegetarische Gerichte.

Bandar
FISCH & MEERESFRÜCHTE **$$**

(Karte S. 233; ☐076-3355 2530; Sayyadan St; Hauptgerichte 160 000–400 000 IR; ⏱Sa-Do 12–14 & 20–22, Fr 12–14 Uhr) Auf Nachdruck werden eingeweihte Einheimische zugeben, dass dieses diskrete Restaurant in der Nähe des quirligen Fischmarkts ihr Lieblingslokal für Meeresfrüchte ist. Auf der Speisekarte (auf Farsi) werden u. a. Zackenbarsch, Barrakuda und Garnelen angeboten.

Fast Food Kavooki
FAST FOOD **$$**

(Karte S. 233; Taleqani Blvd, neben der 15 Moj Alley; Hauptgerichte 160 000–350 000 IR; ⏱18–23.30 Uhr) Das enorm beliebte Lokal hat eine tolle Lage an der Strandpromenade und ein Angebot, das eine Stufe besser ist als das der Konkurrenz. Hier werden gut gemachte Burger, Pizza und Brathähnchen serviert, entweder im burgähnlichen Gebäude oder draußen auf der Terrasse mit Blick aufs Meer.

ℹ Praktische Informationen

Atilar Safar Tour & Travel Agency (Karte S. 233; ☐ 076-3224 4033; atilar_safar@yahoo. com; Atilar Hotel, abseits der 17 Shahrivar St; ⏱Sa-Do 8–20, Fr bis 12 Uhr) Die äußerst effiziente Reiseagentur mit Englisch sprechenden Angestellten befindet sich im Foyer des Atilar Hotels. Sie organisiert Touren und bucht Tickets für Flug, Bahn und Fähre.

Darya Money Exchange (Karte S. 233; Imam Khomeini St; ⏱Sa-Do 9–14 & 17–19.30 Uhr) Die Wechselstube in einem Bogengang neben dem indischen Tempel hat gute Wechselkurse.

Morvarid Money Exchange (Karte S. 233; Imam Khomeini St; ⏱Sa-Do 8–13 & 16–20.30, Fr 16–20.30 Uhr) Gute Wechselkurse und keine Umstände. Befindet sich in einem Bogengang neben dem indischen Tempel.

Hauptpostamt (Karte S. 233; 17 Shahrivar St; ⏱Sa-Do 8–14 Uhr) Etwa 50 m nördlich des 17 Shahrivar Square.

ℹ An- & Weiterreise

BUS

Von Bandar fahren Busse in fast jede Stadt in Iran. Fahrkarten werden am Busbahnhof verkauft, der etwa 4 km östlich des Zentrums liegt.

FLUGZEUG

Tickets verkauft die **Atilar Safar Tour & Travel Agency**.

Inlandsflüge

Iran Air, Aseman, Mahan Air und Kish Airlines fliegen alle von und nach Bandar. Es gibt etwa fünf Flüge pro Woche nach Isfahan (einfach 2 900 000 IR) und Mashhad (einfach 3 500 000 IR), zwei Flüge täglich nach Shiraz (einfach 2 270 000 IR), vier bis sechs Flüge täglich nach Teheran (einfach 3 700 000 IR) und zwei Flüge pro Woche nach Yazd (einfach 2 700 000 IR).

Internationale Flüge

Einen 30-minütigen Flug nach Dubai bieten Iran Air (Do & Sa), Kish Air (2-mal wöchentl.) und FlyDubai (Mo, Mi, Fr & So). Einfachtickets kosten ab 100 US$.

BUSSE AB BANDAR ABBAS

ZIEL	TICKETPREIS (VIP/MAHMOOLY)	FAHRZEIT (STD.)	ABFAHRT
Bushehr	550 000 IR (mahmooly)	8–12	3-mal tgl., nachmittags
Isfahan	700 000/520 000 IR (VIP/mahmooly)	14–16	5-mal tgl., nachmittags
Kerman	460 000/300 000 IR (VIP/mahmooly)	7–8	9 –mal tgl.
Shiraz	350 000 IR (mahmooly)	11	häufig
Sirjan	230 000 IR (mahmooly)	4½	9-mal tgl. (Bus nach Kerman)
Teheran	650 000 IR (mahmooly)	14–17	häufig
Yazd	350 000 IR (mahmooly)	11	1- bis 2-mal tgl.

ZÜGE AB BANDAR ABBAS

ZIEL	TICKETPREIS (GHAZAL/NORMAL)	FAHRZEIT (STD.)	ABFAHRT
Isfahan	616 000 IR (normal)	15½	1. Woche Sa, Mo, Mi & Fr, 2. Woche So, Di & Do
Mashhad	1 168 000 IR (ghazal)	22	tgl.
Sirjan	357 000/259 000 IR (ghazal/normal)	5	tgl. (Zug nach Teheran)
Teheran	1 135 000/681 000 IR (ghazal/normal)	19	tgl.
Yazd	649 000/454 000 IR (ghazal/normal)	9	tgl. (Zug nach Teheran)

SAVARI

Savaris nach Bandar-e Lengeh (200 000 IR pro Pers., 2¼ Std.) fahren an einem Stand etwa 4 km westlich des Zentrums ab.

SCHIFF/FÄHRE

Inlandsstrecken

Fähren von Bandar zu den Inseln Hormus (80 000 IR, 40 Min.) und Qeshm (150 000 IR, 45 Min.) legen am **Shahid-Haqani-Passagierhafen** (Karte S. 233; Taleqani Blvd) in der Nähe des Basars ab.

Internationale Strecken

Valfajr Shipping Co (☎ 076-3342 5034; http://valfajr.ir; IRISL Bldg, Eskeleh Shahid Bahonnar Blvd, nahe der Jahangardi Crossroads) bietet dreimal wöchentlich eine Katamaranüberfahrt nach Sharjah in den Vereinigten Arabischen Emiraten. Ein Einfachticket in der Economy-Klasse kostet 2 900 000 IR; Buchung und Ticketkauf können über das Schifffahrtsbüro oder eines der zugelassenen Ticketagenturen erledigt werden. Es bestehen Pläne, eine einmal wöchentliche Verbindung mit Dubai einzuführen.

ZUG

Der Bahnhof liegt 8 km nordwestlich des Zentrums; ein Taxi ins Stadtzentrum kostet 200 000 IR.

Fahrkarten für alle Zugfahrten müssen sehr frühzeitig besorgt werden, besonders für Wochenenden oder Feiertage – am besten in einem Reisebüro.

UNTERWEGS VOR ORT

Bandar lässt sich gut zu Fuß bewältigen. Ein Taxi ist im Sommer sinnvoll – eine Fahrt innerhalb der Stadt in einem Privattaxi kostet etwa 100 000 IR, vom Flughafen ins Stadtzentrum 200 000 IR.

Qeshm جزیره قشم

☎ 076 / 117 000 EW.

Qeshm, die größte Insel im Persischen Golf, ist von ökologisch abwechslungsreichen Mangrovenwäldern, schönen Stränden und 60 Bandari-Dörfern gesäumt. Das sonnenverbrannte Innere der Insel besteht aus geologisch interessanten Schluchten, Hügeln, Höhlen und Tälern, die überwiegend als Teil des von der Unesco anerkannten Qeshm Island Geoparks geschützt sind – ein Glücksfall für Naturfreunde.

Qeshm ist eine Freihandelszone, aber in einer Golfregion, in der immer mehr schimmernde Wolkenkratzer entstehen, bleibt die Insel wohltuend der Lebensweise der Bandari verbunden. Wer eine authentische Insel erleben will, wird von Qeshm nicht enttäuscht. Die Einheimischen tragen hier traditionelle Kleidung, leben in Häusern, die von einem *badgir* (Windturm) gekühlt werden, und stellen in Werften die großen, hölzernen Frachtboote *(lenges)* her, die schon seit Jahrhunderten den Golf durchqueren.

Die Insel und das umliegende Meer weisen ein reiches Tierleben auf, darunter Vögel, Reptilien, Delfine und Schildkröten.

⊙ Sehenswertes & Aktivitäten

⊙ Qeshm (Ort) شهر قشم

Die größte Ortschaft von Qeshm liegt an der östlichen Spitze der Insel. Viele Iraner kommen hierher, um in den zahlreichen zollfreien Einkaufszentren im Zentrum zu shoppen. Zu den Hauptsehenswürdigkeiten gehören die verfallene **Ghal'e-ye Portoghaliha** (Portugiesenburg; 20 000 IR; ⊙7–15 Uhr), der weitläufige **Bazar-e Bozorg** (abseits des Pasdaran Sq; ⊙8–22 Uhr), der sich an der Hauptstraße entlang hinzieht, und der familienfreundliche **Zeytoun Park**, eine Grünanlage an einem großen Strand.

⊙ Laft لافت

Das Fischerdorf an der Nordküste von Qeshm ist der beste Ort in Iran, um mit der rasant schwindenden traditionellen Kultur des Persischen Golfs in Berührung zu kommen. Laft liegt an einem felsigen Hang ober-

Qeshm

halb der Khouran-Straße und ist mit seiner Dachlandschaft aus *badgirs* und Minaretten herrlich fotogen. Der schönste Blick bietet sich vom Hügel nahe den Ruinen der **Naderi-Festung**, die einst von den Portugiesen gebaut wurde. Von hier aus sind Dutzende antike Brunnen und ein *ab anbar* (Wasserspeicher) mit weißer Kuppel zu sehen.

Hara-Mangroven-wälder

حرا جنگل دریا

Harra ist im lokalen Dialekt das Wort für „Knopfmangrove", und dieses Naturschutzgebiet ist der größte Mangrovenwald am Persischen Golf – ganz klar ein Ziel für Naturfreunde. Im Frühjahr lassen sich hier über 150 Zugvogelarten nieder, darunter auch Silberreiher und Küstenreiher. Glattschweinswale, Buckeldelfine, Große Tümmler und gefährdete Grüne Meeresschildkröten werden ebenfalls häufig gesichtet. Bootstouren lassen sich in Tabl oder Laft organisieren.

Qeshm Island Geopark

پارک زمین شناسی قشم

2006 wurde das 300 km² große bergige Gebiet in der westlichen Hälfte von Qeshm zum Qeshm Island Geopark erklärt, der erstes Mitglied Irans im Global Geopark Network der Unesco ist. Um aufgenommen zu werden, müssen Parks ein geologisches Erbe von internationaler Bedeutung haben und dieses Erbe dazu nutzen, um die nachhaltige Entwicklung der dort lebenden Menschen zu fördern. Ob bei einer Fahrt durch dieses Gebiet oder einem Blick auf Google Earth,

die geologische Bedeutung ist leicht zu erkennen. Die Natur hat steile Felsschluchten geschaffen, abgeflachte Hügel zu Sanddünen und spektakulären Orgelpfeifenfelsen erodiert und tief in die Insel Höhlen gebildet, darunter die **Khare Namaki** (Namakdan-Höhlen). Sie ist mit 6,8 km das längste bekannte Salzhöhlensystem der Welt.

Der Park wird von einem kleinen, aber äußerst motivierten Team verwaltet, das mit der Qeshm Free Zone Orgelization, der Unesco, NGOs, Ökotourismusveranstaltern, Naturkundlern und der lokalen Gemeinde zusammenarbeitet, um die einzigartige Geologie und Tradition der Insel zu erhalten. Zum Programm gehören ein Projekt zur Schaffung von Arbeitsplätzen und Integrationsmöglichkeiten für Frauen, nachhaltige Aufzucht von Perlen durch die Bewohner des Dorfs Berkeh Khalaf und die Vermehrung heimischer Pflanzen und Mangroven durch die Bewohner der Dörfer Shibderaz und Dayrestan. Weitere Informationen über den Geopark sind in seiner **Geschäftsstelle** (☎076-3525 2237; www.qeshmgeopark.ir/en; Imam Gholi Khan Sq, Qeshm (Ort); ☉Sa–Do 8–15 Uhr) erhältlich.

Ein Highlight des Parks ist die formenreiche **Chahkooh-Schlucht** (nahe dem Dorf Chahkooh; 20 000 IR; ☉8–19 Uhr), die wirkt, als sei sie von einem Baumeister in die Erde gemeißelt worden. Der nackte Fels und das Fehlen jeglicher Vegetation sind ebenso verblüffend wie erfurchtsgebietend. Die abgerundeten Kanten und spitzen Ecken bilden eine Sinfonie in Stein von imposanten Proportionen. Man kann zum Schnittpunkt von zwei engen, vertikalen Schluchten hochlaufen und aus einem *chah* (Brunnen) trinken, den Schäfer seit Jahrhunderten nutzen.

Eines der Projekte des Geoparks in Zusammenarbeit mit den Bewohnern ist der Schutz von Karettschildkröten und Grünen Meeresschildkröten auf dem Land. Zu beobachten ist das im malerischen Dorf **Shibderaz**: An dem langen Strand des Dorfs, wo die Schildkröten zwischen April und Juli ihre Eier ablegen, bewachen die Einheimischen in Schichtarbeit rund um die Uhr die Eier, um sie vor Räubern zu schützen.

⊙ Hengam جزيره هنگام

Die herrliche Insel vor der Südküste von Qeshm ist von beeindruckenden Weichkorallenriffen umgeben, die toll zum Tauchen sind. Hengam ist auch für Wildtiere bekannt, darunter Vögel, Gazellen und Delfine. Die Strände sind unberührt, nur Männer dürfen hier baden. Im kleinen Fischerdorf am Hauptstrand gibt es eine Reihe einfacher Lokale, die Fisch und Meeresfrüchte servieren. Zu erreichen ist es mit dem Boot ab dem Dorf Shibderaz.

Um Hengam lassen sich auch verlässlich Delfinschwärme blicken, in der Regel vor der Nordostküste der Insel, wo sie um Boote herumtollen – ein magisches Erlebnis. In Shibderaz lassen sich mit einheimischen Schiffern Ausflüge zu den Delfinen und rund um die Insel vereinbaren. Sie kosten 1 560 000 IR pro Boot (bis zu 10 Pers.).

⊙ Weitere Sehenswürdigkeiten

Sternental   SCHLUCHT
(20 000 IR; ◷8–19 Uhr) Das Sternental, eine der spektakulärsten Naturerscheinungen auf Qeshm, besteht aus einer Reihe majestätischer Schluchten, die über Jahrhunderte durch Erosion entstanden sind. Ein Gang durch das Tal ist so zauberhaft, als würde man ein Dalí-Gemälde betreten.

Naz-Strand   STRAND
Der 3 km lange, goldene Strand, an den klares, flaches und meist ruhiges Wasser plätschert, ist mit Abstand der beliebteste Strand auf Qeshm. In der Hochsaison ist er voller urlaubender iranischer Familien. Es gibt keine Infrastruktur, aber wer will, kann am Strand Motor-Gleitschirm fliegen und auf Kamelen reiten. Bei Ebbe ist es möglich, zu den drei winzigen Naz-Inseln zu laufen, die gleich vor dem Strand liegen.

Khorbas-Höhlen   HÖHLE
(60 000 IR ◷8–19 Uhr) Die fast vertikalen Kalksteinfelsen im Südosten von Qeshm sind durchsetzt von Höhlen. Es heißt, dass sie als Unterschlupf für die Dorfbewohner vor den Piraten und Banditen dienten, die in den vergangenen Jahrhunderten die Insel überfielen.

🏃 Aktivitäten & Geführte Touren

Mangroventouren   BOOTSTOUR
(Tabl; pro Boot 700 000 IR; ◷Sa–Do 7 Uhr–Sonnenuntergang, Fr bis 12 Uhr) Im Dorf Tabl südlich von Laft bieten Bootsfahrer 45-minütige Touren mit ihren motorisierten Schlauchbooten durch den Mangrovenwald an. Die Zeiten können sich je nach Jahreszeit ändern. In jedes Boot passen sechs Passagiere.

🛏 Schlafen

Die meisten Unterkünfte befinden sich im Ort Qeshm. Es sind einfache Resorts, nichtssagende Mittelklassehotels und ein paar Nobelherbergen. Außerhalb des Orts gibt es praktisch gar keine Unterkünfte, außer einige Privatzimmer, die einen Blick auf ein eher traditionelles Leben ermöglichen und für Reisende zu empfehlen sind. Diese Familienunterkünfte bieten schlichte Betten und Bäder, sind aber sehr sauber. Die ausgesprochen freundlichen Besitzer servieren leckeres Essen.

★**Mrs. Fattahis Haus**   PRIVATUNTERKUNFT $
(☏0936 783 9692, 0936 077 3467; Shibderaz; pro Pers. mit HP 700 000 IR; ✲) Die nette Privatunterkunft im Dorf Shibderaz liegt nur ein paar Schritte vom Strand entfernt, wo die Schildkröten zwischen April und Juli ihre Eier ablegen. Abends wird das Bettzeug im Wohnzimmer hergerichtet und die Gemeinschaftsdusche und Hocktoilette, die vom Flur abgehen, werden ordentlich geschrubbt. Etwas mehr Privatsphäre bietet das Zimmer mit eigenem Bad im Innenhof.

Die Besitzerin Leila Fattahi organisiert gerne, dass Gäste Frauen bei der Herstellung von Kunsthandwerk zuschauen oder sich von ihnen ein Bandari-Henna-Tattoo malen lassen. Verschiedene Touren über die Insel werden ebenfalls angeboten, auch Transfers vom/zum Anleger im Ort Qeshm.

★**Mr. Aminis Haus**   PRIVATUNTERKUNFT $
(☏0917 767 7601; Tabl; pro Pers. mit HP 900 000 IR; ✲) Esmael Amini und seine Familie nehmen

Reisende in ihrem hübschen Haus in Tabl in der Nähe des Hara-Mangrovenwalds auf. Sie sind großartige Gastgeber. Bettzeug wird abends auf dem Boden in einem der zehn blitzblanken Zimmer hergerichtet, die um den Innenhof liegen. Gemeinschaftsbäder (Hock- und westliche Toiletten) sind bestens in Schuss, und die hausgemachten Mahlzeiten sind köstlich.

Transfers vom Ort Qeshm (500 000 IR pro Auto) sowie diverse Touren lassen sich vereinbaren.

Shabhaye Talai – Golden Nights Beach Restaurant   HÜTTE $

(☎ 0933 597 9673, 0936 397 4103; www.shabhaye talai.com; Zeytoun Park, Qeshm (Ort); DZ mit Gemeinschaftsbad 850 000–1 100 000 IR; Ⓟ❂📶) Sprachprobleme gibt's hier keine: Inhaber sind Annelie, die aus Deutschland stammt, und ihr Ehemann Ali Reza, der fließend Englisch spricht. Beide sind äußerst hilfsbereit. Sie vermieten vier Zimmer in zwei Wohnwagen hinter ihrem renommierten Restaurant (S. 239). Die Zimmer sind etwas beengt, aber sehr ordentlich und zudem günstig für Leute, die ihre Rials zählen müssen.

Geplant ist der Bau von Ferienhäuschen. Annelie bietet auch angesehene Touren und Tagesausflüge auf der Insel an.

Alvand 2   HOTEL $$

(☎ 076-3522 8906; info@hotelalvand.com; Barg-e Sabz St, Qeshm (Ort); DZ mit Frühstück 2 800 000 IR; ❂📶) Das Anfang 2017 eröffnete, sehr gepflegte Hotel kann eine protzige Lobby und Zimmer mit Teppichboden, die eleganter sind als meist für diesen Preis in Iran zu erwarten ist. Das Frühstücksbuffet ist hervorragend, ein weiterer Pluspunkt ist die Cafeteria im Haus. Das Hotel liegt abseits einer verkehrsreichen Kreuzung nördlich des Zentrums – es gibt etwas Straßenlärm, aber nichts, was einem schlaflose Nächte bereiten könnte.

Golden Beach Hotel   RESORT $$

(☎ 0902 534 2900; www.goldenbeachhotel.ir; DZ 2 750 000–3 500 000 IR; Ⓟ❂📶) Das einfache, gepflegte Resort direkt an einem netten Strand (mit Frauenbereich) etwa 15 km südwestlich vom Ort Qeshm hat eine familiengerechte Atmosphäre und eignet sich prima, um für ein paar Tage zu entspannen. Die

---

INSIDERWISSEN

STICKEREIKUNST: GOLABTOUN DOUZI

Die Frauen auf der Insel Qeshm sind in ganz Iran für ihre Kunstfertigkeit in *golabtoun douzi* bekannt, dem Sticken oder Nähen von bunten Mustern auf Stoff, manchmal als Stickarbeit und manchmal als Applikationen aus Pailletten und/oder handgewebten Biesen. Die Verzierungen stellen oft Blumen oder heimische Meerestiere wie Schildkröten und Seesterne dar.

Traditionell arbeiteten die Frauen daheim an *golabtoun douzi* und verließen selten das Haus, wodurch sie sozial isoliert und wirtschaftlich völlig von Männern abhängig waren. Das änderte sich 2003, als eine Gruppe Frauen aus den Dörfern Shibderaz und Berkeh Khalaf durch das UN-Kleinkreditprogramm und eine Teheraner Ökotourismus-Initiative, das Avaye Tabiate Paydar Institute, unterstützt wurden, um gemeinsam Kleidung und Accessoires mit *golabtoun douzi* herzustellen. Das Projekt wurde „Art for Conservation" genannt, und die Produkte wurden an Touristen verkauft. Die Erlöse gehen an die Frauen und an lokale Naturschutzprojekte.

Das Programm war derart erfolgreich, dass die Frauen nun mehrere Läden eröffnet haben und maßgeblich zur Finanzierung des Naturschutzes auf der Insel beitragen. Sie haben heute die Möglichkeit, finanziell unabhängig zu sein. Mit dem Zusammenbruch der lokalen Fischerei und des Bootsbaus sind viele die Hauptverdiener in ihren Haushalten. Auch verlassen sie jeden Tag für eine Weile ihr Haus, um mit anderen Frauen zusammenzuarbeiten und die Läden zu betreiben. Das gibt ihnen eine bislang unvorstellbare Bewegungsfreiheit und Gelegenheiten, außerhalb ihrer Familien soziale Kontakte zu pflegen.

Einer der Läden befindet sich in einer Kunsthandwerkshütte am Eingang von Shibderaz, zwei sind im Dorf Berkeh Khalaf (einer neben dem Supermarkt, ein weiterer am Eingang zum Dorf in der Nähe der Schule). Alle drei sind täglich von 9 bis 20 Uhr geöffnet, allerdings meist um die Mittagszeit für ein paar Stunden geschlossen. Die Läden verkaufen handverzierte Schals, Taschen, Stirnbänder, Haarspangen und Kleider.

56 Zimmer sind nicht schick, aber funktional und mit Meerblick. Zudem werden sie gerade renoviert. Das Restaurant serviert einfaches, iranisches Essen.

Geopark Hotel HOTEL $$
(076-3522 1630; Eskele St, Qeshm (Ort); DZ mit Frühstück 2 500 000–3 000 000 IR; ✷☎) Das altbewährte Hotel in Zentrums- und Anlegernähe wurde gründlich überholt und hat nun helle Zimmer mit peinlich sauberen Bädern und hervorragenden Betten, angenehmen Erd- und Beigetönen sowie ein gutes Restaurant. Am schönsten sind die Zimmer mit Meerblick.

Essen

Im Ort Qeshm gibt es reichlich Restaurants und billige Esslokale, auf der übrigen Insel sind sie ziemlich spärlich. Es empfiehlt sich, Proviant mitzunehmen. Alle Privatunterkünfte versorgen ihre Gäste mit Essen.

Nansito BÄCKEREI $
(076-3522 2592; Barg-e Sabz St, Qeshm (Ort); Gebäck ab 30 000 IR; ⊙8–23 Uhr) Nansito ist zweifellos die beste Bäckerei-Konditorei in Qeshm und hat ein verlockendes Angebot an Krapfen, Kuchen und Broten. Sie liegt gegenüber dem Hotel Alvand 2 (S. 238) und ist am Schild „30" zu erkennen.

★ Shabhaye Talai – Golden Nights Beach Restaurant FISCH & MEERESFRÜCHTE $$
(0936 397 4103; www.shabhayetalai.com; Zeytoun Park, Qeshm (Ort); Hauptgerichte 170 000–380 000 IR; ⊙12–16 & 17–24 Uhr; ☎) Shabhaye Talai, das „Restaurant der Goldenen Nächte", liegt günstig am Rand des Zeytoun-Parks mit erstklassigem Blick auf den Strand. Es ist ohne Frage das stimmungsvollste Restaurant im Ort. Spezialitäten sind Meeresfrüchte, z. B. Hummer (von der Insel Larak) und Garnelen, sowie Salate und Burger, alles perfekt zubereitet. Vegetarier finden eine Auswahl auf der Speisekarte, die es auch auf Englisch gibt.

Toll für einen abendlichen Drink in einer trendigen Atmosphäre.

★ Kaleng FISCH & MEERESFRÜCHTE $$
(Hengam (Insel); Hauptgerichte 15 000–350 000 IR; ⊙8–17 Uhr) Die schlichte, familiengeführte Hütte liegt wunderbar direkt am sandigen Strand auf der Insel Hengam. Serviert werden nur frischer Fisch und Meeresfrüchte sowie einmaliges *naan temoshi* (Fladenbrot mit Fischgehacktem und Gewürzen) und *sambouseh* (Teigtaschen) nach Wunsch.

Ghaleh Restaurant FISCH & MEERESFRÜCHTE $$
(Qeshm (Ort); Hauptgerichte 200 000–260 000 IR; ⊙19–23 Uhr) Das einfache Restaurant am Meer gegenüber der Ghal'e-ye Portoghaliha (S. 241) (*ghaleh* bedeutet auf Farsi „Burg") serviert am kühlen Abend köstliche arabische Fisch- und Meeresfrüchtegerichte. Es gibt keine Speisekarte, aber wenn im Angebot, lohnt sich der berühmte *morakab* (Tintenfisch). Die Terrasse hat einen tollen Meerblick.

 Praktische Informationen

Es gibt etliche Bankfilialen in Qeshm. Private Wechselstuben, die den besten Wechselkurs haben, sind schwerer zu finden. Eine befindet sich am Valiasr Boulevard gegenüber dem Qeshm Ferdosi Complex (am Schild „Exchange" zu erkennen), eine weitere im Qeshm Ferdosi Complex.

An- & Weiterreise

FLUGZEUG

Der Internationale Flughafen Qeshm liegt in Dayrestan, rund 43 km südwestlich von Qeshm (Ort). Etliche Fluggesellschaften, darunter Iran Air, Qeshm Airlines und Mahan Air, fliegen täglich von/nach Teheran Mehrabad (einfach ab 3 100 IR, 2¼ Std.).

Qeshm Air und Mahan Air haben einige Flugverbindungen pro Woche mit Dubai.

SCHIFF/FÄHRE

Regelmäßige Fährverbindungen (150 000 IR, 45 Min.) bestehen zwischen dem Passagierhafen Shahid Haqani in Bandar Abbas und dem Bahman Dock in Qeshm. Weiterhin verkehren zweimal täglich Fähren (90 000 IR) zwischen Hormus und Qeshm (Ort).

Eine Autofähre (100 000 IR hin & zurück für ein Auto und 2 Pers., 7 Min.) pendelt zwischen Bandar-e Pol, 89 km westlich von Bandar Abbas, und Laft-e Kohneh in der Nähe des Dorfs Laft. Die Fähre ist rund um die Uhr in Betrieb und legt ab, wenn sie voll ist.

Unterwegs vor Ort

Hier ist es wirklich sinnvoll, ein eigenes Auto zu haben. Mietwagen gibt's am Flughafen Bandar Abbas, die dann mit der Autofähre ab Bandar-e Pol mitgenommen werden können.

Auf Qeshm gibt es keine öffentlichen Verkehrsmittel. Die einzige Möglichkeit, ohne eigenes Auto auf der Insel herumzukommen oder von einem Ort zum nächsten zu gelangen, ist ein Taxi. Das kostet zwischen 3 300 000 und 4 800 000 IR pro Tag. Eine andere Möglichkeit ist eine Inseltour des **Shabhaye Talai – Golden Nights Beach Restaurant** (S. 239).

Hormus

جزیره هرمز

📷 076 / 6000 EW.

Die kleine und zauberhafte Insel hat es wirklich in sich. Was ihr an Größe fehlt, macht sie mit Schönheit und Atmosphäre mehr als wett. Es gibt nur eine Straße und praktisch keine Autos, nur Motorräder und Motorrikschas, auch keine protzigen Resorts, nur ein paar einfache Privatunterkünfte. Die meisten Inselbesucher sind Tagesausflügler aus Bandar Abbas oder Qeshm. So ist also die einzige Ortschaft, Hormus, ein verschlafenes Dörfchen, das jeden Abend die Bürgersteige hochklappt und sich der friedlichen Betrachtung der untergehenden Sonne ergibt. Der Rest der 42 km² großen Insel ist praktisch unbewohnt. Das schroffe Inselinnere ist ein reizvolles geologisches Wunderland aus verschiedenfarbigen vulkanischen Felsen und Erdreichen, die Küste hingegen eine hinreißende Mischung aus goldfarbenen Stränden und phantastischen Klippen.

Geschichte

Bis zum 14. Jh. hieß die Insel Jarun – Hormus war der Name einer alteingesessenen Handelsstadt auf dem Festland. Das änderte sich, als wiederholte brutale Überfälle der Mongolen den 15. Emir von Hormus dazu veranlassten, seinen Sitz dorthin zu verlegen, wo er eine größere Chance sah, nicht einen Kopf kürzer gemacht zu werden. Er und viele seiner Untertanen zogen erst auf die Insel Kish, ließen sich dann aber letztendlich auf Jarun nieder.

Das neue Hormus, das am schmalen Zugang zum Persischen Golf wacht, wurde bald zum großen Handelszentrum, das Immigranten vom Festland und Kaufleute sogar aus Indien und Afrika anlockte. Besucher beschreiben Hormus als stark befestigt, geschäftig und opulent. Europäische Kaufleute trafen ein, und bald darauf übernahmen die Portugiesen die Macht.

Die Portugiesen wurden zu Beginn des 17. Jhs. vertrieben. Schah Abbas I. verlegte das Handelszentrum ins Fischerdorf Gamerun auf dem Festland, das er prompt nach sich selbst benannte (das heutige Bandar Abbas). Ohne Handel zerbrach die Machtposition von Hormus, und die Bewohner wandten sich wieder der traditionellen Fischerei zu. Heute ist die Fischerei der Insel bedeutungslos, was die lokale Wirtschaft schwer angeschlagen hat.

⊙ Sehenswertes

★ Regenbogental

SCHLUCHT

(Hormus) Das Regenbogental ist ein Traum für Geologen und eine Inspiration für Künstler und Naturliebhaber. Man stelle sich ein schmales Tal aus vielfarbiger Erde und Sand und farbenprächtigen Bergen in den Tönen Rot, Violett, Gelb, Ocker und Blau vor – hervorgerufen durch ungleichmäßige Abkühlung flüssigen Gesteins. An allen Seiten bilden Farbflecken geometrische Muster. Dieses

---

DIE PORTUGIESEN AUF HORMUS

1507 belagerte und besiegte der portugiesische Admiral und Reichsgründer Afonso de Albuquerque (auch Afonso der Große genannt) Hormus als Teil seines Plans, den portugiesischen Machtbereich bis nach Asien auszuweiten. Die Seefestung von Hormus, deren Bau er im gleichen Jahr befahl, wurde 1515 fertiggestellt.

Die Portugiesen wurden mit Hormus als Festungsstützpunkt rasch zur führenden Macht am Persischen Golf. Praktisch jeder Handel mit Indien, dem Fernen Osten, Maskat (Oman) und den Hafenstädten am Persischen Golf verlief über Hormus. Der Insel brachte das für über ein Jahrhundert großen Wohlstand – dank einer portugiesischen Verwaltung, die für Gerechtigkeit und religiöse Toleranz bekannt war.

Aber die totale Kontrolle Portugals über wichtige internationale Handelswege sorgte unvermeidlich für Unmut in Persien und anderen aufstrebenden Reichen. 1550 belagerten osmanische Truppen einen Monat lang die Festung von Hormus, konnten die Insel aber nicht einnehmen. Zu Beginn des 17. Jhs. verlieh Schah Abbas I. der Britischen Ostindien-Kompanie Handelsrechte mit Persien über den Festlandshafen Jask, was das portugiesische Monopol brach. Der Schah, der keine Seestreitmacht besaß, um den Portugiesen entgegenzutreten, behielt 1622 listigerweise die Seidenladungen der Kompanie ein, bis die Engländer zustimmten, eine Truppe zur Befreiung von Hormus zu schicken. Die Portugiesen wehrten sich zwar tapfer, wurden aber letztendlich von der Insel vertrieben.

phantastisch fotogene Naturschauspiel ist am späten Nachmittag am schönsten.

Tal der Statuen WAHRZEICHEN
(Hormus) Die hinreißend schöne Naturlandschaft wird Tal der Statuen genannt, weil die Elemente hohe Felsen zu merkwürdigen Gebilden geformt haben. Mit ein bisschen Vorstellungskraft sind ein Drache, Vögel und mythische Kreaturen zu erkennen. Das Tal liegt auf einem Felsvorsprung, der phantastische Ausblicke auf die Küste gewährt.

Ghal'e-ye Portoghaliha FESTUNG
(قلعه پرتغالیها; Hormus; 50 000 IR; ⊙8–18 Uhr) Etwa 750 m nördlich des Hafens steht die berühmte portugiesische Festung, die wohl beeindruckendste und anspruchsvollste Kolonialfestung in Iran. Ein Großteil des ursprünglichen Baus ist durch Jahrhunderte der Vernachlässigung ins Meer gebröckelt, aber die dicken, massiv wirkenden Mauern und rostenden Kanonen verleihen ihm eine bewegende Schönheit. Vom Hafen geht es am Ufer entlang bis zu den Mauern der Festung, dann weiter mit den Mauern zur Linken.

Das Tor führt in einen weiten Hof zum Meer raus. Rechts vom Eingang steht das alte Zeughaus. In der Mitte des Hofs befindet sich eine unterirdische Kirche mit einigen prächtigen Bogendecken. Bevor es auf dem mit Steinen markierten Pfad hoch auf die Festungsmauern weitergeht, kann noch der Raum im Erdgeschoss des Wachturms besichtigt werden (falls die Tür offen ist). Weiter oben geht noch eine Tür zur „Wasserversorgung", einer überraschend tiefen und beeindruckenden Zisterne mit einem inneren Laufsteg. Die verfallenen oberen Teile der Burg bieten einen schönen Blick zurück über das Dorf zur schroffen Schönheit der Berge, alles umgeben von den blauen Golfgewässern. Ein nettes Fleckchen, um die Stille zu genießen und die Gedanken ein paar Hundert Jahre zurückschweifen zu lassen.

Salzkaskaden WAHRZEICHEN
(Hormus) GRATIS Die vielfarbigen geologischen Formationen, die aus Steilhängen und Türmen aus versteinertem Salz und verschiedenen Felsarten bestehen, haben einen nahezu surrealen Reiz. Sie sind eine der Hauptattraktionen von Hormus und liegen inseleinwärts, sind aber leicht von der Hauptstraße aus zu erreichen.

Salzgletscher WAHRZEICHEN
(Hormus) Es ist schwer, nicht von der gespenstischen Mondlandschaft im Südwesten der Insel hingerissen zu sein. Die Hügel sind mit endlosen Feldern aus Salzkristallen bedeckt und sehen wie verschneite Berge aus.

Mofanegh-Strand BUCHT
(Hormus) Die gebogene Bucht im Süden der Insel ist gesäumt von einem herrlichen, goldenen Strand.

Museum & Galerie von Ahmad Nadalian MUSEUM
(☑076-3532 3187; www.riverart.net/hormoz; Hormus (Dorf); 20 000 IR) Das originelle Museum ist in einem farbenfroh gestrichenen Haus mitten im Dorf untergebracht. Es zeigt die Werke des lokalen Künstlers Ahmad Nadalian. Zu den Kunstwerken zählen Sandbilder und Puppen aus recyceltem Material. Ein Video auf Englisch stellt sein Engagement für die Inselgemeinde vor.

🛏 Schlafen & Essen

Auf der Insel gibt es keine offiziellen Unterkünfte, aber es ist kein Problem, ein Zimmer bei den Einheimischen zu mieten – zu rechnen ist mit etwa 950 000 IR mit Frühstück. Am besten fragt man am Fährhafen oder bei einem der Autorikschafahrer nach. Es ist auch möglich, an einem Strand oder in einem Tal zu zelten, allerdings gibt es dort keine Infrastruktur – alles Nötige muss selbst mitgebracht werden.

❶ Praktische Informationen

Es gibt keine Wechselstuben auf der Insel. Ausreichend Rial müssen mitgebracht werden.

❶ Anreise & Unterwegs vor Ort

Hormus ist nur mit der Fähre ab dem Shahid-Haqani-Passagierhafen in Bandar Abbas zu erreichen (einfach 80 000 IR, ca. 40 Min.). Sie fährt meist viermal täglich. Die letzte Fähre kehrt in der Regel zwischen 16 und 18 Uhr nach Bandar zurück. Um sicherzugehen, empfiehlt es sich, viel früher zurückzukehren. Es gibt auch zweimal täglich Fährverbindungen zwischen Hormus und Qeshm (90 000 IR, ca.1½ Std.).

Die Winde um die Insel sind notorisch unbeständig, und der Fährverkehr kann zu jeder Zeit eingestellt werden. Vor dem Ablegen von Bandar Abbas sollte unbedingt die lokale Wettervorhersage gecheckt werden.

Beim Anlegen der Fähre warten vermutlich bereits motorisierte Karren (die lokale Version der thailändischen Tuk-Tuks). Mit dem Fahrer muss gefeilscht werden, wenn er zur Festung und über die Insel fahren soll – für eine 90-minütige Tour, einschließlich Regenbogental, ist mit 800 000 IR zu rechnen.

Südostiran
جنوب شرقی ایران

Gut essen

➜ Hamam-e Vakil Chaykhaneh (S. 249)

➜ Shamsol Emare (S. 256)

➜ Keykhosro (S. 248)

➜ Shah Nematollah Sofrakhane (S.252)

➜ Sofrakhane Sonati Qaleh (S. 256)

Schön übernachten

➜ Motevibashi Hotel (S. 252)

➜ Keykhosro (S. 248)

➜ Kashkiloo Lodge (S. 254)

➜ Parvin Homestay (S. 254)

Auf nach Südostiran

Die Stadtjuwele in Zentraliran sind sicher mit Recht die weitaus größeren Attraktionen des Landes, doch der Südosten wartet mit Wohnhöhlen, klassischen Gärten, Festungen, verlassenen Dörfern, Oasen und sensationellen erodierten Formationen auf. Landschaftlich lösen sich ausgedehnte Wüstengebiete mit Gebirgsketten ab. Besonders für Reisende, die mit einem eigenen Fahrzeug unterwegs sind, ist der Südostiran eine spannende Region, in der man sich wie ein Entdecker fühlt. Zeitlose alte Stätten warten auf Erkundung – und man kann sie ganz für sich genießen.

Wer eine mehrtägige Rundtour plant, sollte diese gegen den Uhrzeigersinn unternehmen: Birjand und Kerman sind viel reizvoller, wenn man noch nicht in Yazd und Isfahan gewesen ist. Und wer die Wüste Lut Richtung Westen durchquert, verschafft sich ein landschaftliches Crescendo, dass mit den Kaluts den Höhepunkt erreicht.

Reisezeit

Die beste Reisezeit sind in der Regel der zeitige Frühling und der späte Herbst. In der Bergstadt Kerman (ca. 1750 m) und in den umliegenden Orten werden die sommerlichen Temperaturen zwar durch die Höhe gemildert, doch in der Wüste Lut ist es im Sommer unerträglich heiß. Von Juni bis August sollte man vor Sonnenaufgang in der Wüste sein und sie bis 9 Uhr wieder verlassen haben.

Im Winter sind die Temperaturen in der Wüste tagsüber angenehm, können aber nachts auf -10 °C fallen – dann braucht man selbst in den Privatunterkünften in Oasendörfern Heizgeräte. Wer von Kerman aus die Wüste ansteuert, muss die Berge auf fast 2700 m Höhe durch einen Tunnel durchqueren, der im Winter bei Schneestürmen vorübergehend blockiert sein kann.

Meymand

ميمند

📷 034 / 50 EW. / 2220 M

Das seit mehreren Jahrtausenden bewohnte Meymand – die konservativste Schätzung liegt bei 2000 Jahren – ist ein einzigartiges Höhlendorf mit *kiche* (Wohnhöhlen) in sanft abfallenden Felsen, umgeben von einer Wildwestlandschaft mit verwitterten Felsspitzen und tafelberggleichen Gesteinsformationen. Die Unesco-Welterbestätte rund um die Obstbäume, die von einem Bach gespeist werden, ist ein schöner Zwischenstopp auf dem Weg zwischen Kerman und Yazd (oder Shiraz).

SÜDOSTIRAN MEYMAND

Highlights

1 **Die Kaluts** (S. 252) Die Wüstensonne hinter erodierten Felsen untergehen sehen und unter den Sternen schlafen.

2 **Rayen** (S. 255) Den großartigen Arg und andere Teile der kleinen Stadt erkunden, die zu den nettesten Irans zählt.

3 **Meymand** (S. 243) In einer Wohnhöhle schlafen und etwas über den traditionellen Lebensstil der Hirten erfahren.

4 **Alt-Deyhuk** (S. 254) Rund um Boshrooyeh eine Reihe verlassener Geisterdörfer erkunden.

5 **Hamam-e Vakil Chaykhaneh** (S. 249) Bei traditioneller Musik in einem Badehaus im historischen Basar von Kerman speisen.

6 **Festung von Qa'en** (S. 257) Von der Festung herabsteigen, wenn der Muezzin zum Abendgebet ruft und die Lichter angehen.

Das **Meymand Guesthouse** (☑0913 392 6199; www.maymand.ir; Meymand; ohne Bad Ausländer/Iraner ab 500 000/280 000 IR pro Pers.) bietet die Möglichkeit, in einer halb restaurierten alten Wohnhöhle zu nächtigen. Die Zimmer sind mit sauberem Bettzeug, Baumastregalen, Heizgerät und Lampen ausgestattet. Mit den Teppichen auf unebenen Böden und den vom Rauch geschwärzten Gesteinsdecken kann man sich leicht in eine andere Zeit zurückversetzt fühlen. Die gemeinschaftlichen Dorftoiletten sind ganz in der Nähe, mit Sitzklo in der Frauentoilette.

Bei Touren ist Meymand oft ein Stopp zwischen Kerman und Yazd, ebenso wie die Karawanserei Zein-o-din (S. 205) und Saryazd (S. 205). Auf einigen Touren wird auch der eindrucksvollen, kürzlich entdeckten **Rageh-Schlucht** (www.rageh.ir) bei Rafsanjan oder dem exzentrischen **Bagh-e Sangi** (Steingarten; bei Balvard) ein Besuch abgestattet. Den Steingarten, vielleicht das faszinierendste Werk zeitgenössischer Kunst in Iran, schuf der taubstumme Hirte Darvish Khan Esfandiarpur über Jahrzehnte: Er behängte rund 150 tote Obstbäume mit Steinen, von denen einige 30 kg schwer sind. Er wurde später durch Parviz Kimiavis Filmklassiker *Garten der Steine* bekannt und starb 2007. Seine abgeschieden liegende Schöpfung in einer Halbwüste 6 km östlich von Balvard wird von seinem Sohn gepflegt.

ℹ️ An- & Weiterreise

Vom kleinen **Busbahnhof** (☑034-3412 0557; Mehr Park Rd) von Shahr-e Babak fahren um 7.30 und 13 Uhr Busse nach Yazd (110 000 IR, 4½ Std.) und um 5, 7, 13 und 14.15 Uhr nach Kerman (110 000 IR, 4 Std.). Nach Shiraz oder Bandar Abbas nimmt man erst ein Savari nach Sirjan (Sitz vorne/Sitz hinten/gesamtes Fahr-

zeug 140 000/120 000/500 000 IR, 1½ Std.), organisiert von **Kiar Safar** (☑034-3412 0217; Mehr Park Rd) beim Busbahnhof von Shahr-e Babak.

Taxis nach Meymand von Yazd oder Kerman verlangen rund 2 000 000 IR. Wer Geld sparen möchte, nimmt erst einen Bus nach Shahr-e Babak, dann für die 35 km nach Meymand ein Taxi *dar baste* (ca. 250 000 IR, nach Einbruch der Dunkelheit 300 000 IR).

Kerman كرمان

☑034 / 621 000 EW. / 1760 M

Das große, ausufernde Kerman ist eine Art kultureller Schmelztiegel: Neben Persern leben hier auch Belutschen, die in den Gebieten östlich der Stadt vorherrschen. Die ethnische Mischung zeigt sich besonders in dem langen, alten überdachten Basar der Stadt, dem zauberhaften Highlight von Kerman. Die anderen wichtigen Attraktionen der Region – besonders Mahan, Rayen und die Kaluts – liegen weit außerhalb der Stadt. Alle drei sind zusammen im Rahmen eines langen Tagesausflugs ab Kerman zu besuchen, doch inzwischen gibt es in den Orten jeweils recht gute Unterkünfte für Leute, die dem städtischen Trubel entfliehen wollen.

◎ Sehenswertes

Kerman ist eine große, eher unförmige Stadt. Das Zentrum bildet grob der 3 km lange Abschnitt der Shari'ati/Beheshti Street zwischen Azadi und Shohada Square (Letzterer liegt näher beim Basar).

★ Bazar-e Sartasari MARKT

(بازار سرتاسری, Großer Basar; Karte S. 246; Tohid Sq) Der großartige Sartasari-Basar ist einer der ältesten und eindrucksvollsten Handels-

---

ℹ️ UMSICHTIG REISEN

➡️ Jenseits von Kerman verkehren die Busse nur unregelmäßig, und es wird fast kein Englisch gesprochen.

➡️ Kerman und die Region östlich davon gelten wegen Kleinkriminalität, Opiumschmuggel und der verstärkten Polizei- und Armeepräsenz als weniger sicher als der restliche Iran. In den letzten zehn Jahren hat sich die Lage erheblich verbessert, doch die Straße von Bam nach Zahedan und besonders die Strecke von Zahedan zur pakistanischen Grenze sind nach wie vor bedenklich.

➡️ Derzeit raten mehrere auswärtige Ämter, darunter auch das deutsche, von Reisen nach Bam und in die Gegend weiter östlich ab. Wer diese Reisewarnungen ignoriert, riskiert eventuell seinen Versicherungsschutz – also vorher genau abklären! Aktuelle Berichte von Reisenden sind im Forum **Thorn Tree** (www.lonelyplanet.com/thorntree) zu finden.

plätze in Iran. Die Hauptgasse erstreckt sich über 1200 m vom Tohid Square bis zum Shohada Square. Der größte Teil davon ist mit klassischen Gewölben überdacht, im Norden gibt es mehrere Karawanserei-Höfe. Im Basar befinden sich einige Museen, Hamams und religiöse Bauten, und der Trubel allein ist schon einen ein- bis zweistündigen Besuch wert, idealerweise morgens oder am späten Nachmittag.

Am besten beginnt man seinen Bummel am Tohid Square. Am ersten *charsoq* (12-seitige Gassenkreuzung) liegt der **Ganj Ali Khan Square** mit Rasenflächen. In den Kolonnaden verbergen sich z. B. ein **Hamam-Museum** (Karte S. 246; ☑ 034-3222 5577; Ganj Ali Khan Sq; Ausländer/Iraner 150 000/25 000 IR; ☺ 9–13 & 15–18 Uhr), der Kupferbasar **Bazar-e Mesgari Shomali** (Markt der Kupferschmiede; Karte S. 246; Ganj Ali Khan Sq), die ungewöhnliche kleine **Masjed-e Ganj Ali Khan** (Karte S. 246; Ganj Ali Khan Sq; ☺ Di–So 9–13 & 15–18 Uhr) GRATIS und ein **Münzmuseum** (Karte S. 246; Ganj Ali Khan Sq; Ausländer/Iraner 150 000/20 000 IR; ☺ Di–So 9–13 & 15–18 Uhr), wobei der hohe Windturm interessanter ist als die Münzsammlung selbst. Dahinter erstreckt sich der Goldbasar **Bazar-e Zaragaran** (Karte S. 246) bis hinein in zwei echte Karawanserei-Höfe.

Ein tolles Plätzchen fürs Mittagessen, für einen Tee oder einfach nur zum Staunen ist der Hamam-e Vakil Chaykhaneh (S. 249). Von hier aus zieht sich der überwölbte Hauptbasar rund 600 m weiter, bevor man zu einem einfacheren Bereich mit offenen Ständen kommt. Dort kann man durch die **Masjed-e Jameh** (مسجد جامع, Jameh-Moschee; Karte S. 246; abseits des Shohada Sq; ☺ etwa 7.30–19.30 Uhr) den Shohada Square erreichen.

Verteidigungsmuseum · · · · · · · · MUSEUM

(موزه دفاع مقدس; Karte S. 246; Felestin St; Ausländer/Iraner 150 000/25 000 IR; ☺ 7–12.30 & 16.30–18 Uhr) Dieses Museum erinnert mit Landkarten, (grausamen) Fotos, Waffen, Briefen und nachrichtendienstlichen Dokumenten an den acht Jahre dauernden Ersten Golfkrieg zwischen Iran und Irak. Es gibt kurze Zusammenfassungen auf Englisch, aber wer tiefer in die Materie eintauchen möchte, braucht einen Guide. Draußen stehen Panzer und Raketenwerfer an einem nachgebauten Schlachtfeld mit Bunkern, Minenfeldern und Pontonbrücken.

Moshtari-ye Moshtaq Ali Shah · · MAUSOLEUM

(مشتری مشتاق علی شاه; Karte S. 246; Shohada Sq; ☺ 8–13 & 16–18 Uhr) Das schöne Mausoleum, dessen blau-weiß gekachelte Dächer aus der späten kadscharischen Zeit stammen, beherbergt die sterblichen Überreste mehrerer Honoratioren aus Kerman. Besonders bedeutsam ist der Barde und Derwisch Moshtaq Ali Shah aus dem 18. Jh., nach dem das Mausoleum auch benannt ist.

Masjed-e Imam · · · · · · · · · · · MOSCHEE

(مسجد امام, Imam-Moschee; Karte S. 246; Imam Khomeini St, Ecke 14th Alley; ☺ 10.30 Uhr bis 1 Std. nach Sonnenuntergang) Der weitläufige Hof der Imam-Moschee hat eine Fläche von 6000 m² und ist von drei gekachelten Iwanen gesäumt. Die eigentliche Attraktion hier ist der Südwestiwan, ein gewaltiger seldschukischer Bau aus zumeist ungefärbtem Backstein aus dem 10. Jh. Vereinzelt ist noch der ursprüngliche kufische Stuck zu erkennen. Bei einer Renovierung wurde der fehlende Teil ergänzt, jedoch in einem neuen, vom alten leicht zu unterscheidenden Stil.

Muzeh Sanati · · · · · · · · · · · · GALERIE

(موزه صنعتی هنرهای معاصر, Sanati-Museum für zeitgenössische Kunst; Karte S. 246; ☑ 034-3222 1882; Dr. Beheshti St, zw. 18th & 20th Alley; Ausländer/Iraner 80 000/30 000 IR; ☺ Winter Di–So 9–14 & 16–18 Uhr, Sommer 9–14 & 17–19 Uhr) Die „zeitgenössische" Abteilung dieser vielfältigen Galerie beherbergt in den hinteren Sälen Fotos und Illustrationen zur Lage der Gesellschaft, die zum Nachdenken anregen. Außerdem gibt es eine interessante moderne Abteilung, u. a. mit einer Skulptur einer greifenden Hand, die etwas zweifelhaft Auguste Rodin zugeschrieben wird, zwei Aquarellen von Béla Kádár und einer kleinen Landschaft von Kandinsky. Fesselnder sind einige der iranischen Arbeiten, besonders die halbkubistische ländliche Szene von Mohammad Javadipour und Rajbalis Darstellung von Schah Nematollah Vali im klassischen persischen Stil.

Yakkchal Moayedi · · · · · HISTORISCHES GEBÄUDE

(یخچال معایدی, Moayedi-Eishaus; Karte S. 246; Kamyab St) Das Eishaus aus safawidischer Zeit verfügt nicht nur über seine ursprüngliche gestufte konische Lehmziegelkuppel, sondern auch über die alten hohen Lehmmauern, die im Winter den seichten Eisbecken Schatten spendeten. Das Eis wurde dann für die wärmeren Jahreszeiten tief unten im *yakkchal* (Eisgrube) zwischen Strohschichten gelagert.

Nationalbibliothek Kerman · · HISTORISCHES GEBÄUDE

(کتابخانه ملی کرمان; Karte S. 246; Shahid Qarani St; ☺ Sa–Mi 7–21, Do bis 15 Uhr) GRATIS Die stille

Kerman

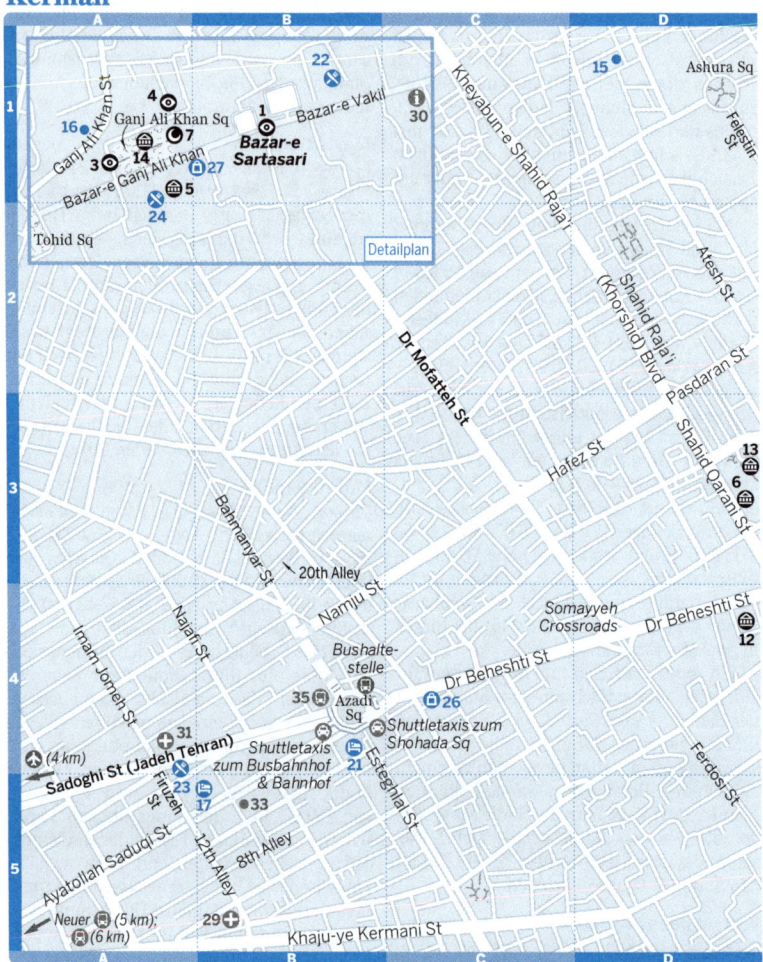

SÜDOSTIRAN KERMAN

Kerman-Nationalbibliothek bezeichnet sich selbst bescheiden als Irans „bestes Informationsforschungszentrum", doch Menschen, die nicht Farsi können, spricht vor allem die Architektur an, eine harmonische Variante spätkadscharischer Baukunst mit einem Wald aus Säulen im Innern, die Gewölbe aus nacktem Backstein tragen. Ursprünglich war dies eine Spinnerei, erbaut von 1929 bis 1934.

Gonbad-e Jabaliye HISTORISCHES GEBÄUDE
(گنبد جبلیه, Steinturm; Shohada St, KM 3; Ausländer/Iraner 100 000/20 000 IR; ☉ Di–So 8–12.30 & 15–18 Uhr) Wo sich die Shohada Street den kargen Felsen nähert, die den östlichen Stadt-

rand markieren, steht dieser wuchtige achteckige Bau geheimnisvoller Herkunft. Einige Wissenschaftler datieren seine Entstehung ins 2. Jh. n. Chr. Sie gehen davon aus, dass es sich um eine Sternwarte gehandelt haben muss. Andere glauben, es sei ein Grabmal gewesen. Ungewöhnlich ist es hier in der Gegend dadurch, dass es zumeist aus Bruchstein besteht – wenn auch die 150 Jahre später hinzugefügte Doppelschalenkuppel aus Backstein erbaut wurde.

Heute ist hier ein **Museum alter Grabsteine** untergebracht. (Achtung: Nicht den benachbarten Armeestützpunkt fotografieren!) Vom Turm aus gesehen auf der ande-

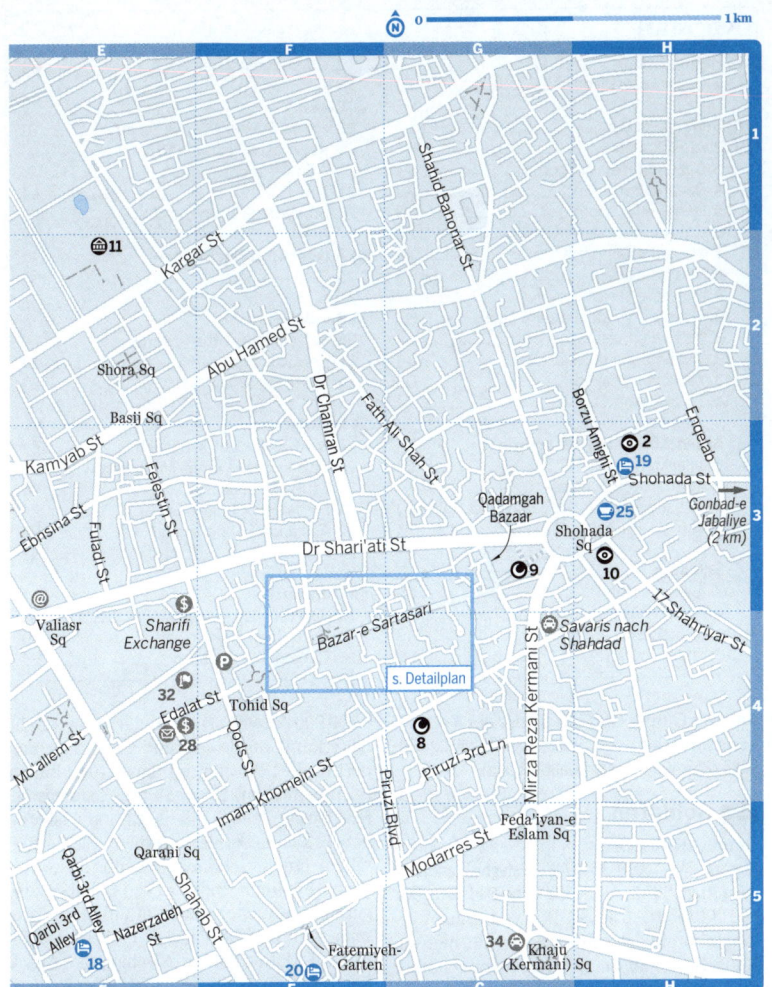

N 0 ————————— 1 km

11

Kargar St

Shora Sq

Basij Sq

Abu Hamed St

Kamyab St

Dr Chamran St

Fath Ali Shah St

Shahid Bahonar St

Felestin St

Ebnsina St

Fuladi St

Valiasr Sq

Sharifi Exchange

Dr Shari'ati St

Qadamgah Bazaar

2

19

Shohada St

25

Shohada Sq

9

10

Borzu Amjeh St

Enqelab

Gonbad-e Jabaliye (2 km)

17 Shahriyar St

@

32

P

28

Edalat St

Tohid Sq

Oods St

Mo'allem St

Imam Khomeini St

Qarani Sq

Qarbi 3rd Alley

Qarbi 3rd Alley

Nazerzadeh St

Shahab St

18

20

Fatemiyeh-Garten

Bazar-e Sartasari

s. Detailplan

Piruzi Blvd

Piruzi 3rd Ln

8

Mirza Reza Kermani St

Savaris nach Shahdad

Feda'iyan-e Eslam Sq

Modarres St

34

Khaju (Kermani) Sq

---

ren Seite der Ringstraße führt die Shohada Street Richtung Osten durch einen großen Park zur neuen **Saheb-Zaman-Moschee**.

Shuttle-Taxis vom Shohada Square fahren in diese Richtung.

👉 Geführte Touren

Die meisten Hotels können Taxis für Tagestouren organisieren, besonders für Touren nach Mahan, Rayen und zu den Kaluts. Das Akhavan Hotel (S. 249) bot uns ein Taxi für 40/43 € für eine Gruppe von drei/vier Personen.

Wer sich selbst einen Englisch sprechenden Guide besorgen möchte: Zuverlässig sind

z. B. **Iraj Rahmani** (☎ 0913 341 7865; www.tourguide.blogfa.com) und **Jalal Mehdizadeh** (Karte S. 246; ☎ 034-3271 0185, 0913 142 3174; jalalguesthouse@yahoo.de; Jalal Guesthouse, 11 Gharbi 3rd St, beim Ashura Sq) – beide bieten Kalut-Trips mit Übernachtung in Privatzimmern in Shafiabad (ca. 150 US$ pro Fahrzeug). Bei den Kalut-Touren von **Vatan Caravan** (Karte S. 246; ☎ 0913 343 5265; www.vatancaravan.com; Pasazh Ganj Ali Khan, Ganj Ali Khan St; ⊙ telefonisch erfragen) wird in der Wüste gezeltet. Der Fotograf **Amir Mahani** („Saba"; ☎ 0913 342 5815; www.instagram.com/mahani59) hat zahlreiche interessante Ideen für Touren auf Lager. Dutzende

Kerman

weiterer Guides sind Mitglieder der **Kerman Tour Guides Association** (Karte S. 246; ☑034-3223 2855; Karawanserei Ganj Ali Khan).

🛏 Schlafen

Omid Guesthouse
HOTEL **$**

(Karte S. 246; ☑034-3244 7488; Esteghlal Lane No. 2 beim Azadi Sq; EZ/2BZ/3BZ ohne Bad 350 000/ 460 000/550 000 IR; 🅿) Das von Frauen geführte Omid ist sauberer als die meisten Billig-Gästehäuser. Die einfachen Zimmer verfügen über einen Fernseher und einen Kühlschrank sowie steinharte Betten. Die Gäste können außerdem die Küche benutzen. Die Gemeinschafts-Hockklos und die überraschend guten Duschen befinden sich in einer Wellblechhütte im Innenhof, der Weinreben ein wenig Schatten spenden.

Die kleine Rezeption ist durch die fünfte Tür rechts zu erreichen, wenn man von der Estaghlal Street die 2nd Alley entlanggeht. Für Autos erfolgt die Zufahrt über die Saduqi 1st Alley.

★ Keykhosro
HERITAGE-HOTEL **$$**

(Karte S. 246; ☑034-3312 7264; www.keykhosro house.com/default.aspx; Borzu Amighi St; B 60 000– 80 000 IR, EZ/DZ/3BZ 1 000 000/2 000 000/

3 000 000 IR; ❇🖢) Die wunderbar originelle Unterkunft wurde vor rund einem Jahrhundert für den Priester des nahen (und immer noch genutzten) **Ateshkadeh** (zoroastrischer Feuertempel; Karte S. 246; Borzu Amighi 1st Alley; ⊙8–12 & 15–18 Uhr) GRATIS erbaut. Sie verfügt neben einem schönen Restaurant/Coffeeshop (S. 249) im traditionellen Stil über zwei geräumige Gästezimmer mit Betten. Oder man zahlt den „Schlafsaal“-Preis und nächtigt auf Matten in den Nischen, die eigentlich als Speisebereiche genutzt werden und dann ab 23 Uhr zur Verfügung stehen.

Khane Pedari
GÄSTEHAUS **$$**

(Karte S. 246; ☑0913 142 3174; jalalguesthouse@ yahoo.de; Shahab 3rd Alley; B/EZ/DZ 10/20/40 €) Der Deutsch sprechende Tourguide Jalal hat dieses alte Wohnhaus im klassischen Stil liebevoll in ein nettes kleines Gästehaus verwandelt. Die beiden größeren Zimmer haben 80 cm dicke Wände, andere sind in kleinen Nischen versteckt. Der „Schlafsaal“ besteht aus zwei überkuppelten Kellerräumen.

Hezar Hotel
BOUTIQUEHOTEL **$$**

(Karte S. 246; www.hezarhotel.ir; Qarbi 3rd Alley/Neshat 5th Alley; DZ/3BZ/4BZ 2 300 000/ 3 500 000/4 000 000 IR; ❇🖢) Das kleine, kaum ausgeschilderte Hotel in einem einigermaßen zentralen Wohngebiet wartet mit dem minimalistischen Retro-Stil der 1960er-Jahre auf. Es gibt eine große Lounge sowie an einem kleinen Wasserspiel im Untergeschoss ein Restaurant. Die Zimmer verfügen über ausgezeichnete Matratzen und recht gute Bäder in zwei braunen Marmortönen. Die 3- und 4-Bett-Zimmer sind Mini-Apartments, allerdings mit ihrer kleinen Küche im zweiten Schlafzimmer.

Akhavan Hotel HOTEL $$
(Karte S. 246; ☏034-3244 1411; akhavanhotel@yahoo.com; Ayatollah Saduqi St; DZ/3BZ 1 950 000/2 470 000 IR; P🅰🅰🅰) Pseudokorinthische Säulen und König-Kurosh-Reliefs verleihen dem Hotel ein Flair leicht kitschigen Glamours. Die gemütlich eingerichteten Zimmer sind komfortabel, aber schon ein bisschen in die Jahre gekommen. Die Hauptattraktion besteht darin, andere Reisende zu treffen: Das Hotel ist dank der leutseligen, Englisch sprechenden Brüder Akhavan die inoffizielle Informationszentrale in Kerman für ausländische Reisende. Außerdem organisieren die Brüder beliebte Tagesausflüge zu Sehenswürdigkeiten in der Region.

Essen

Die Stadt wartet mit mehreren ansprechenden Teehaus-Restaurants im traditionellen Stil und einigen kulinarischen Spezialitäten auf, besonders *boz ghormeh*, einer mit Minze gewürzten Mischung aus Fleisch, Bohnen und Molke, sowie *qatoq*, Frikadellen und Kartoffeln an Kreuzkümmelsauce.

★ Hamam-e Vakil Chaykhaneh TEEHAUS $
(Karte S. 246; ☏034-3222 5989; Bazar-e Vakil; Hauptgerichte 150 000 IR; ⏰Sa–Do 9–18, Fr bis 14 Uhr) Das architektonisch großartige unterirdische Teehaus mit eleganten Bögen wurde 1820 als Badehaus errichtet. Den ganzen Tag über erklingt hier Livemusik, gewöhnlich wird ein Sänger von einer Santur (einer Art Hackbrett) begleitet. Essen ist von 13 bis 16 Uhr erhältlich. Zu anderen Zeiten kann man sich an die Kräuter- und Früchtetees halten oder eine *qalyan* (120 000 IR) paffen. Es wird eine kleine Eintrittsgebühr erhoben (Ausländer/Iraner 30 000/10 000 IR).

Keykhosro Restaurant & Coffeeshop IRANISCH $
(Karte S. 246; www.keykhosro.com; Borzu Amighi St; Hauptgerichte 110 000–250 000 IR, Kaffee 70 000 IR; ⏰Café 6–23 Uhr, Hauptgerichte 13–22 Uhr) Das Keykhosro serviert in einem reizenden Garten und in mit Teppichen ausgelegten Sitznischen traditionelle Spezialitäten aus Kerman wie *qatoq* und *boz ghormeh* sowie iranische Standardgerichte. Nachts dienen die Nischen als Schlafplätze (S. 248).

Max IRANISCH, PIZZA $$
(Karte S. 246; ☏Pizzeria 034-3245 5595, Restaurant 034-3245 8004; Jomhuri-ye Eslami Blvd; Hauptgerichte 100 000–240 000 IR; ⏰Pizzeria 17–24 Uhr, Restaurant 11–23 Uhr) Der große, moderne Imbiss serviert in dem in fröhlichem Gelb und Grün gehaltenen Bereich oben ungewöhnlich gute iranische Pizza. Im Untergeschoss befindet sich das leicht zu übersehende stimmungsvolle traditionelle iranische Restaurant: Hier erläutern die freundlichen, Englisch sprechenden Eigentümer ihren Gästen gern die Speisekarte. Zu fairen Preisen ist auch die örtliche Spezialität *boz ghormeh* zu finden.

Sofrakhane Zirebazarche IRANISCH $$
(Karte S. 246; ☏0913 191 2169; Zirebazarche Alley; Hauptgerichte 100 000–250 000 IR, Schaschlik 385 000 IR, qalyan 100 000 IR; ⏰Mitte März–Sept. 9–20.30 Uhr, Okt.–Mitte März bis 18 Uhr) Wenn man es findet, bildet dieses unterirdische Restaurant mit Backsteinkuppel eine wunderbar untouristische Alternative zum wuchtigeren Teehaus Hamam-e Vakil. Es ist nicht ganz so stimmungsvoll, doch es ist länger Essen erhältlich und die Preise liegen etwas niedriger.

Vom Tohid Square aus kommend, geht man beim ersten *charsoq* (12-seitige Gassenkreuzung) rechts, dann bei der ersten Gasse links und hält nach Bannern mit der Aufschrift „Traditional Restaurant" Ausschau.

Ausgehen & Nachtleben

Sonati Kohan TEEHAUS
(Karte S. 246; Shohada St, Ecke 2nd Alley; qalyan/Tee 100 000/70 000 IR; ⏰10.30–23 Uhr) Dieser Teegarten hinter einem halbhistorischen Gebäude bietet eine interessante Mischung aus Palmwedelhütten, alten nischenartigen Räumen und Plastikplanen-Schutzräumen für Raucher, die für ihre Wasserpfeifen unter 27 Aromen wählen können.

Paeiiz Café KAFFEE
(www.instagram.com/paeiiz_cafe; Hamze Blvd, Ecke 26th Alley; Kaffee 80 000–120 000 IR; ⏰Sa–Do 9–23.30, Fr 17–23.30 Uhr) Die hiesigen Baristas, deren Bärte eher nach Hipster als nach Mullah aussehen, brühen tollen Kaffee. Als Tische dienen alte Kabelrollen, an der Wand hängt ein Fahrrad und die weiblichen Gäste

wirken ungewöhnlich entspannt, tragen Jeans und erlauben einen Blick auf ihren Haaransatz.

Shoppen

Neben Teppichen ist Kerman bekannt für *pate* genannte bunte Stickereien. Beliebte Souvenirs sind auch *kolompeh* (Kekse mit Dattelfüllung), die es bei **Shirin Saroy-e Novin** (Karte S. 246; Bazar-e Sartasari; ⊙9–20.30 Uhr) gibt, und *gaz* (Nougat mit Pistazien) nach lokaler Art.

Organisation für iranisches Kunsthandwerk
KUNST & KUNSTHANDWERK
(Karte S. 246; Dr. Beheshti St, zw. 2nd & 4th Alley; ⊙Sa–Do 9–13 & 16.30–20.30 Uhr) Der staatliche Kunstgewerbeladen bietet schöne Emailwaren, Hamadan-Töpferwaren und Leder- und Glasarbeiten von hoher Qualität und zu festen Preisen. *Khatam*-Kästchen mit feinen Intarsien kosten ab 120 000 IR.

Praktische Informationen

GEFAHREN & ÄRGERNISSE

➜ Kerman ist einigermaßen sicher, doch nach Einbruch der Dunkelheit sollte man wegen der hohen Zahl an Drogenabhängigen etwas mehr Vorsicht walten lassen.

➜ Die Iraner scherzen darüber, dass die hiesigen Fahrer besonders viel Gottvertrauen besitzen. Wer selbst hinter dem Steuer sitzt, sollte vorsichtig fahren.

➜ Seit Jahren schon macht der Bau einer Hochstraße den Azadi Square zu einem chaotischen Verkehrsengpass, sodass Fahrzeuge weite Umwege in Kauf nehmen müssen.

GELD

Sharifi Exchange (Karte S. 246; ☑ 0913 341 6474, 034-3222 3502; Qods St, Ecke 1st Alley; ⊙9–13 & 15–18 Uhr) Eins von drei Wechselstuben am westlichen Ende des Basars.

INTERNETZUGANG

Signal (Karte S. 246; Valiasr Sq, Atlas Shopping Center; 70 000 IR pro Std.; ⊙8.30–14.30 & 16–21 Uhr) ist eins von zwei *coffeenets* (Internetcafés) im Einkaufszentrum auf der Nordostseite des Valiasr Square. Weitere gibt's in der Nähe des Hotel Omid.

MEDIZINISCHE VERSORGUNG

Emam Reza Pharmacy (Karte S. 246; Imam Jameh 1st Alley; ⊙24 Std.) Im Untergeschoss unter einem Kleiderladen.

Darmangah-e Amir Almomenin (Karte S. 246; ☑ 034-3252 0668; Firuze St, zw. 12th & 14th Alley; ⊙24 Std.)

POST

Postamt (Karte S. 246; Edalat St; ⊙Sa–Do 8–14 Uhr)

REISEBÜROS

Parse Owj (Karte S. 246; ☑ 034-3244 6003; www.parseowj.com; Ayatollah Saduqi St, Ecke 7th Alley; ⊙Mo–Do 8–19.30, Fr 9–12.30 Uhr) Das zuverlässige Reisebüro verkauft Flug-, Bahn- und Bustickets.

TOURISTENINFORMATION

Das hinter einem schönen Eingang gelegene **Econo Museum** (Karte S. 246; Kerman Bazaar; ⊙9–13 & 15.30–18 Uhr) besteht aus einer Reihe von Kunstgewerbeläden und Werkstätten an versteckten Innenhöfen. Der Kartenschalter ist zugleich eine Art Touristeninformation, wo es auf Nachfrage kostenlose Stadtpläne gibt.

VISUMSVERLÄNGERUNG

Ausländerbehörde (Karte S. 246; ☑ 034-3218 3269; Mo'allem St; ⊙Sa–Do 8–13.30 Uhr) Für Visumsverlängerungen. Man sollte so früh wie möglich hier sein. Wenn der Antrag angenommen worden ist, muss man in der nur schlecht beschilderten Filiale der **Bank Melli** (Karte S. 246; Adalat St; ⊙Sa–Mi 7.30–13.30 Uhr) um die Ecke die Gebühr begleichen. Wenn alles gut geht, hat man die Verlängerung noch am selben Tag in der Tasche.

An- & Weiterreise

BUS, MINIBUS & SAVARI

Der **neue Busbahnhof** (Terminal Adine Kariman) liegt weit außerhalb des Zentrums im Südwesten von Kerman, doch einige große Busunternehmen unterhalten Büros rund um den Azadi Square, so auch **Taavoni 7** (Karte S. 246; www.adlt7.ir; Behmanyar St; ⊙Sa–Do 8.30–20.30, Fr 9–12 Uhr) und **Seiro Safar** (Karte S. 246; Behmanyar St; ⊙7.30–13 & 16–20.30 Uhr). Reisebüros wie **Parse Owj** (S. 250) können ebenfalls Busfahrkarten buchen.

Nach Shahr-e Babak nimmt man entweder am Hauptbusbahnhof einen Direktbus oder über Sirjan mehrere Savaris; los geht's in diesem Fall am Azadi Square.

Nach Shahdad (für die Kaluts) warten eine Handvoll **Savaris** (Karte S. 246; ☑ 0913 398 1708; Mirza Reza Kermani St, Ecke 5th Alley; Sitz vorne/hinten 120 000/100 000 IR, 1¾ Std.) auf einem kleinen Gelände hinter dem Gebäude der Torse'e Ta'avoni Bank (bei der Imam-Khomeini-Kreuzung). Geht man die Mirza Reza Kermani Street Richtung Süden zum Khaju Square hinunter, findet man die **Savaris nach Mahan** (Karte S. 246; Khaju (Kermani) Square; 40 000/160 000 IR pro Pers./Auto, 40 Min.). Oder man geht über die Straße und nimmt für die 5 km hinaus zum Sarasiyab Square einen Stadtbus

BUSSE AB KERMAN

ZIEL	TICKETPREIS (IR; VIP/MAHMOOLY)	FAHRZEIT (STD.)	ABFAHRT
Bandar Abbas	370 000/250 000	7–8	10.15, 11.30, 14.30, 21–23 Uhr
Birjand	250 000 *(mahmooly)*	10	20.30 Uhr
Isfahan	490 000/280 000	9–11	12, 17, 21–22.30 Uhr
Mashhad	690 000/420 000	13–15	14–20.30 Uhr
Shahr-e Babak	110 000 *(mahmooly)*	3–4	8.30, 12.30, 14, 17 Uhr
Shiraz	490 000/215 000	8	6.15, 7.15, 20.30, 21.30 Uhr
Teheran	690 000/420 000	14–16	14.30–22 Uhr häufig
Yazd	280 000/160 000	4–5	5–17 Uhr regelmäßig

– dort fahren Busse nach Rayen (Bus/Savari 60 000/120 000 IR, 1¼/1½ Std.).

FLUGZEUG
Der Flughafen liegt am westlichen Stadtrand. Es gibt keinen Flughafenbus; ein Taxi in die Innenstadt kostet etwa 150 000 IR.

Flüge u. a. nach:
Teheran (1 500 000–3 500 000 IR) Mind. 2-mal tgl.
Isfahan (1 980 000 IR) Mo, Mi, Fr und Sa
Mashhad (1 880 000 IR) Mi und So
Shiraz (1 500 000 IR) Di, Do, Fr und So

ZUG
Züge nach Teheran fahren tgl. um 15 Uhr (503 000 IR, Ankunft 5 Uhr) sowie an manchen Tagen entweder um 16 Uhr (930 000 IR, Ankunft 7 Uhr) oder 23.45 Uhr (429 000 IR, Ankunft 14.20 Uhr). Die Züge um 15 und 23.45 Uhr halten in Yazd (215 000 IR, 6¼ Std.), jedoch nicht in Isfahan.

Züge nach Mashhad (640 000–810 000 IR) fahren Mo, Di, Fr und So um 13.10 Uhr, Ankunft um 4.40 Uhr.

Wer seine Fahrkarten in einem Reisebüro kauft, spart sich die lange Fahrt hinaus zum **Bahnhof** (☑ 034-3211 0762) 8 km südwestlich der Stadt (80 000 IR mit Privattaxi vom Azadi Square).

ⓘ Unterwegs vor Ort
Taxis warten rund um den Azadi Square. **Shuttle-Taxis zum Busbahnhof und Bahnhof** (Karte S. 246; Ayatollah Saduqi St, Jadeh Tehran) halten direkt westlich des Platzes auf der Nordseite der Saduqi (Tehran) Street, doch ein Sammeltaxi zu finden, kann eine Weile dauern, da es den meisten Fahrgästen nichts auszumachen scheint, die 80 000 IR für ein Taxi *dar baste* zu bezahlen.

Zum Basar halten **Shuttle-Taxis Richtung Shohada Square** (Karte S. 246) kurz auf der Südseite des Azadi Square, um Fahrgäste auf-

zusammeln; Busse fahren ab dem ansonsten gesperrten Nordosten des Platzes. (Das kann sich bald ändern, wenn die Bauarbeiten am Azadi Square beendet sind.)

Rund um Kerman

Mahan ماهان
☑ 034 / 19 600 EW. / 1905 M
Das malerische Mahan 35 km südöstlich von Kerman ist eine ruhige Stadt, die für ihren Schrein und den persischen Garten, eine Unesco-Welterbestätte, bekannt ist. Dank eines hervorragenden kleinen Heritage-Hotels und eines guten und unprätentiösen Teehauses im Schreinviertel bietet sich Mahan als alternative Basis für die Region Kerman an.

⊙ Sehenswertes

Aramgah-e Shah Ne'matollah Vali MAUSOLEUM
(آرامگاه شاه نعمت الله ولی; Imam Khomeini St, gegenüber 18th Alley; ⊙ 8–22 Uhr) GRATIS Das geografische und spirituelle Herz von Mahan ist das eindrucksvolle Mausoleum des Sufi-Dichters Schah Ne'matollah Vali, der 1431 im Alter von über 100 Jahren starb. Den Komplex ließ fünf Jahre nach dem Tod des Sufis ein indischer Potentat errichten, der dessen Lehren anhing. Im Lauf der Zeit wurde die Grabanlage wiederholt erweitert, vor allem durch die **abbasidische blaue Kuppel** und die **beiden kadscharischen Minarette**. In den Bäumen in den beiden reizenden Höfen mit Teichen brüten Vögel, die in der Abenddämmerung ein Konzert anstimmen.

Das Hauptgrab liegt unter einer 17 m hohen Kuppel und ist von Teppichen mit Pentagramm-Symbolen umgeben, einige davon mit Spiegelschrift versehen. Ein leicht zu übersehendes Highlight ist ein klitzekleiner **Gebetsraum**, dessen Wände und Decke mit Kalligrafien in Spiralmustern bedeckt sind.

Das kleine **Museum** (mit Eintrittsgebühr) wurde zur Zeit der Recherche gerade renoviert. Um in den hinteren abbasidischen Hof zu gelangen, muss man vielleicht einen Wärter bitten, die schweren Tore hinter dem Hauptschreinsaal zu öffnen (Trinkgeld nicht vergessen!).

Bagh-e Shahzde   GARTEN

(باغ شازده, Shah-Zadeh-Garten; Ausländer/Iraner/ Parkplatz 300 000/200 000/30 000 IR; ⏱9–22 Uhr) In dem hübschen Garten fühlt man sich wie auf einem anderen Planeten. Eben noch befand man sich in der ariden Halbwüste, jetzt sprudelt umgeben von hohen Bäumen das Bergwasser. Die 1873 angelegten Gärten erheben sich hin zu einer kleinen Villa, der einstigen Residenz von Abdul Hamid Mirza, einem der letzten Prinzen der Kadscharen-Dynastie. Heute sind hier ein Kunstgewerbeladen, ein Restaurant (S. 252) und ein Teehaus untergebracht. Wenn das Haus abends angeleuchtet ist, sieht es wirklich reizend aus.

Die Gärten liegen außerhalb von Mahan 1,2 km südlich der Ringstraße und 5 km vom Mausoleum. Auf dem Parkplatz gibt es einen kleinen Taxistand; für ein Taxi nach Mahan/ Kerman/Rayen bezahlt man 50 000/300 000/ 600 000 IR.

🛏 Schlafen

Mahan Tourist Inn   HOTEL $

(Hotel Jahangardi; ☎034-3377 2700; aminhotel@ yahoo.com; Qarani Sq; EZ/DZ/Suite 650 000/ 890 000/1 420 000 IR; 🅿❄@) Das Hotel ahmt mit Spitzbogenarkazenten den lokalen Stil nach und bietet verlässliche Mittelklassequalität zu sehr erschwinglichen Preisen. Es liegt an einem Kreisverkehr 800 m nördlich des Aramgah die Imam Khomeini Street hinauf.

⭐ **Motevibashi Hotel**   HERITAGE-HOTEL $$

(☎034-3377 8613; www.motevibashi.ir; Mahan Aramgah; DZ/3BZ/4BZ 1 600 000/2 400 000/ 3 200 000 IR) Das klassische, 180 Jahre alte Haus des einstigen *motevibashi* (Verwalter) des Aramgah wurde geschmackvoll in ein 8-Zimmer-Boutiquehotel verwandelt, mit traditionellen Stoffen und Steingutdekoration sowie allen modernen Annehmlichkeiten. Frühstück auf der schönen Veranda gegenüber dem Schrein. Die meisten Zimmer haben 3 Betten; das einzige Doppelzimmer ist ein wenig klein, aber wunderschön eingerichtet.

🍴 Essen & Ausgehen

Sofrakhane Shah Zadeh   IRANISCH $$$

(☎0913 664 8213; Bagh-e Sharzde; Hauptgerichte 138 000–497 000 IR; ⏱12–16 & 18–21 Uhr) Das Restaurant im oberen Bereich des Shahzde-Gartens (S. 252) bietet private Hofnischen und zwei Speisesäle mit zahlreichen Kuppeln, der eine davon gemütlicher, wenn auch dunkler und mit lampenbeschienenen Tischen. Neben den üblichen Kebabgerichten gibt's auch *boz ghormeh* mit Fleisch, Bohnen und *kashk-e* (Molke) – köstlich, auch wenn die Portionen hier etwas klein sind. Im Preisen ist der Aufschlag von 15 % für Bedienung und Steuer noch nicht inbegriffen.

⭐ **Shah Nematollah Sofrakhane**   TEEHAUS

(⏱Sa–Do 9–22, Fr 12–22 Uhr) Das im Aramgah-Komplex versteckte Teehaus mit Backsteinkuppel bietet spirituelle Musik und eine kleine Karte mit gut zubereiteten iranischen Klassikern wie *kashk-e bademjan* (pürierte Aubergine mit Molke; 70 000 IR). Zu erreichen ist das Teehaus zwischen dem ersten und zweiten Hofgarten durch ein Tor gegenüber dem kleinen Museum.

ℹ An- & Weiterreise

Savaris nach Kerman (Imam Khomeini St; 40 000/160 000 IR pro Pers./Auto) fahren 600 m nördlich des Aramgah-Schreins ab, und zwar vor einem mit „Apple Mobile" beschrifteten Laden rund 200 m südlich des Tourist Inn. Beim kleinen „VIP Scania"-Büro gegenüber handelt es sich um ein Reisebüro: Hier sind Fahrkarten für Anschlussbusse ab Kerman erhältlich.

Nach Rayen kosten Taxis rund 800 000 IR hin und zurück, inklusive Wartezeit an der Zitadelle (Arg).

Ein Taxi vom Zentrum von Mahan/Kerman zum Bagh-e Shahzde kostet 50 000/300 000 IR (einfach). Man braucht es nicht warten zu lassen – gewöhnlich stehen hier immer ein oder zwei Taxis, zumindest bis etwa 20 Uhr.

Die Kaluts (Wüste Lut)

Atemberaubende verwitterte Tafelberge wie im Monument Valley, große Sanddünen, die es mit denen in Arabien durchaus aufnehmen können, und die vielleicht höchsten Wüstentemperaturen der Welt – kein Wunder, dass die Dasht-e Lut (Wüste Lut) zu den spannendsten Abenteuerzielen in Iran zählt.

Einen guten Eindruck von der Großartigkeit der Region erhält man von der Straße von Nehbandan nach Shahdad aus. Dafür unternimmt man ab Kerman einen Tagesausflug oder mietet in Shahdad ein Taxi. Um zu den Dünen vorzustoßen, muss man jedoch an einer Tour mit Allradwagen und erfahrenem Guide teilnehmen. Im Sommer sollte man sich tagsüber hier besser nicht aufhalten: Mittags kann es unvorstellbare 65 °C heiß werden!

Von der großen, aber verschlafenen Stadt Shahdad bis zum Doppeldorf Shafiabad-Dehseif zieht sich über 25 km ein grüner Bogen aus Dattelpalmen mit rund 30 Oasendörfern, die zusammen als „Takhab" bekannt sind. Hier findet man eine „Karawanserei" mit Lehmwänden, eigentlich eine **Zitadelle** (Dehseif) mit den Resten zahlreicher Gebäude innerhalb der stimmungsvoll verfallenen Erdmauern. Ähnlich faszinierend sind wegen ihrer rustikalen Einfachheit die **Lehmziegelhäuser** in der Nähe.

Nördlich davon reicht bis die Wüste. Der eindrucksvollste Teil der Landschaft sind die fünf bis zehn Stockwerke hohen *yardangs* (Sandburgen) mit senkrechten oder gestuften Seiten. Besonders spektakulär präsentieren sie sich zum Sonnenauf- und Sonnenuntergang: Dann verwandeln Licht und Schatten die Szenerie in ein schimmerndes Bild aus Gold und Braun.

„Kalut" ist eigentlich ein allgemeiner Begriff für eine Reihe verschiedener Erosionsformen – am dramatischsten sind die burgähnlichen Türme und gestuften Tafelberge. Die schönsten Exemplare befinden sich bei einem mit „Kalout" ausgeschilderten Parkplatz. Weiter östlich liegen *tokhmemorghi* (eierförmige Lehmhügel) und die sehr ähnlichen *merikhi* (auf einer Seite abgerundet,

jedoch senkrecht abgeschnitten auf der anderen).

Und es fließt auch tatsächlich Wasser durch die Wüste: Auf der **Rud-Shur-Brücke** überquert man ein echtes, wenn auch winziges Flüsschen. Weitere 30 km östlich sind durch Erosion vertikal gezackte Felsen entstanden.

In der Wüste gibt es noch eine ganze Palette weiterer Erosionsmuster, sichtbar auf über 80 km an der Straße von Birjand über Kalout nach Kerman, die man am besten von Ost nach West befährt, sodass die Kaluts das große Finale darstellen. Wer hier mit dem Auto unterwegs ist: Eine schöne Entdeckung ist das Oasendorf **Deh Salm** (Nehbandan–Shahdad Rd, KM 80), und im Rahmen einer gut organisierten Allradtour kann man auch die gewaltigen **Rigi-Yalan-Sanddünen** erleben.

🏃 **Aktivitäten**

Kalut Bike & Camel Rides   ABENTEUERSPORT
(Kalout; 100 000 IR pro Fahrt/Ritt; ☺Okt.–März Do & Fr) In den kühleren Monaten werden für Touristen und Wochenendbesucher donnerstags ganztägig und freitags bis Sonnenuntergang in Kalout fünfminütige Quad- und Endurofahrten sowie Kamelritte angeboten. Das reicht nicht, um hinter das nächste *yardang* (Sandburg) zu kommen, doch es macht trotzdem irgendwie Spaß.

☞ **Geführte Touren**

Ab Kerman sind organisierte Touren (S. 247) zu den Kaluts möglich, die auch Rayen und Mahan mit einschließen. Man kann einen Tagesausflug machen oder auch in Shafiabad übernachten – oder sogar in der offenen Wüste zelten.

Ab Birjand bietet Asia Parvaz (S. 256) mehrtägige Touren in die Wüste Lut an.

Mojtaba Heidari (www.mojirantrip.com) hat eine schöne Tour im Programm, bei der die Kaluts Teil einer längeren Wüstentour sind.

🛏 **Schlafen**

Ein wichtiger Bestandteil des Wüstenerlebnisses war in der Vergangenheit, eine Nacht unter dem Sternenhimmel zu verbringen. Jedoch halten einige Einheimische Zelten in der Wüste u. a. wegen giftiger Spinnen für gefährlich. Hossein Vatani (S. 247) ist einer der Guides, die das volle Outdoorerlebnis noch immer anbieten.

KHORASANS GEISTERDÖRFER

Seit der Landbevölkerung hygienischere Behausungen zur Verfügung stehen, sind einige Dörfer mehr oder weniger vollständig aufgegeben worden. Eine neue Siedlung ist jeweils entweder direkt neben der alten oder ein, zwei Kilometer weiter entfernt entstanden. In vielen Fällen werden die alten Häuser heute als Tierställe genutzt oder sie verfallen einfach – auf jeden Fall strömen sie ein ganz eigenes Flair aus.

Ein gutes Beispiel in der Gegend um Boshrooyeh ist der 17-Familien-Weiler **Haogand** (abseits der Boshrooyeh–Raqeh Rd). Hier wird außerdem eine Festung mit Lehmmauern als Scheune benutzt, und am Horizont ist die Burg **Qaleh Dokhtar** zu sehen. Im größeren **Eresk** (Deyhuk–Raqeh Rd, Km 51) vermischen sich die alten und neuen Teile ein bisschen, doch viele der überkuppelten Lehmziegelhäuser werden noch bewohnt; sie sind um drei auf Felsen stehende Wachtürme herum fast eins auf dem anderen errichtet. **Alt-Deyhuk** befindet sich nur 1 km von der Straße von Kerman nach Mashhad entfernt und ist daher leicht zu erreichen. Der Ort liegt an einem kleinen felsigen Hügelkamm mit einem einzelnen Rundturm und bietet ein malerisch intaktes Gesamtbild. Die weiter südlich gelegenen Dörfer **Marghoob** (abseits des Kerman–Mashhad Hwy) – hübsch, aber sehr verfallen – und besonders **Esfandiar** (abseits des Kerman–Mashhad Hwy) – mit bis zu drei Stockwerke hohen Ruinen – schmiegen sich hoch oben an Berghänge. Vor ihnen breiten sich terrassierte Gärten aus, und sie liegen weit genug von ihren jeweiligen neuen Siedlungen entfernt, um ein wirklich zauberhaftes Bild abzugeben.

Rund um Qa'en (S. 257) sind weitere Entdeckungen zu machen: Hier wird **Afin** (Effin) als mögliches Touristendorf gepriesen, doch schöner sind das kleinere und leichter zu erreichende **Khonik Sofla** (abseits der Qa'en–Taybad Rd) mit seinem intakten Kuppelpanorama und der zerfallende „Palastturm" im nahen **Khonik Olya**.

Das sogenannte **Shahdad Desert Camp** (Desert Camp Rd, KM 8, Shafiabad; 100 000 IR pro Pers.), 8 km von Shafiabad, ist zwar günstig, doch sind die Schlafplätze überdacht und nur halboffen. Durch die Beleuchtung und die gepflasterten Bereiche ist hier die Nacht unter den Sternen nicht ganz so zauberhaft und authentisch.

★ Parvin Homestay
PRIVATZIMMER **$**

(☑Zahra Parvin 0915 740 0872; Deh Salm; mit Frühstück 500 000 IR pro Pers.) Das sehr einfache, 40 Jahre alte Lehmziegelhaus besteht nur aus 2 Zimmern mit dicken Wänden, eins geschmückt mit bestickten Reissäcken und das andere mit etwas unpassender Deko aus recycelten Plastikflaschen. Geschlafen wird auf sauberen Bodenmatten; die Toilette befindet sich auf der anderen Seite des klassischen Hofes im Wüstenstil. In 2 Minuten gelangt man an verfallenen Gebäuden vorbei in die schönen Dattelpalmenhaine.

Kalut Ecolodge
PRIVATZIMMER **$**

(☑0913 764 8279; Shafiabad; mit HP 500 000 IR pro Pers.) Die Kalut Ecolodge ist ganz knapp die reizendste von einem halben Dutzend Privatunterkünften im Dorf Shafiabad, u. a. dank der freundlichen Gastgeberin Sekina Hajiabadi, die auch ein paar Worte Englisch

spricht. Es gibt einen kleinen schattigen Hof und einen großen Aufenthaltsbereich um die Küche herum. Die Schlafzimmer sind sauberer als der Durchschnitt – zu viel darf man allerdings nicht erwarten.

Yadegar Ecolodge
PRIVATZIMMER **$**

(☑0913 396 6839; 3rd Alley, Dehseif; mit HP 500 000 IR pro Pers.) Das Yadegar ist die einzige Privatunterkunft in der faszinierend zeitlosen Siedlung Dehseif, versteckt hinter der Ruine der Karawanserei bzw. Zitadelle des Dorfs. Die Lodge liegt nur 800 m nördlich der Shafiabad-Kreuzung, doch ist sie oft leer, da sie etwas schwieriger zu finden ist als die Alternativen in Shafiabad.

★ Kashkiloo Lodge
BOUTIQUEHOTEL **$$**

(☑0913 744 4614, 034-3375 0110; www.kashkiloo.ir; Shafa St, Ecke 7th Alley, Shahdad; DZ/3BZ 1 200 000/ 1 700 000 IR; ᴾ❈ᴪ) Das Kashkiloo ist die bei Weitem komfortabelste Unterkunft in der Kaluts-Region, ein sehr professionelles 6-Zimmer-Minihotel mit stilvoll modernisierten traditionellen Elementen. Es grenzt an einen ummauerten Palmengarten, der am Abend bunt beleuchtet ist. Dank der Klimaanlage eignet sich die Lodge bestens für Sommergäste. Außerdem werden unterschiedlichste Ausflüge organisiert.

ⓘ An- & Weiterreise

Es gibt keine öffentlichen Verkehrsmittel zu den Kaluts. Der nächste Zugangspunkt mit Savari-Anbindung ist Shahdad, 24 km südlich von Shafiabad: Dorthin fahren Savaris (Sitz vorne/hinten 120 000/100 000 IR) vom **Chahara Imam** (S. 250) in Kerman. In Shahdad fahren die Savaris vom leicht zu übersehenden Büro von **Golestan va Dustan** (☎034-3375 0022; Qavam St; ⊙5–16 Uhr) 300 m östlich des großen Kreisverkehrs. Von hier sollte ein Taxi (hin und zurück) zur Rud-Shur-Brücke mit Zwischenstopp in Kalout nicht mehr als 800 000 IR kosten.

Rayen راين

☎034 / 11 000 EW. / 2200 M

Das Highlight der reizvollen kleinen Stadt 100 km südöstlich von Kerman gelegen ist das **Arg-e Rayen** (Valiasr 2nd Alley; Ausländer/Iraner 150 000/25 000 IR; ⊙8 Uhr bis Sonnenuntergang), eine der beeindruckendsten Zitadellen Irans. Die gewaltigen Lehmziegelmauern des Arg stehen an der Spitze eines sanft ansteigenden Hangs unmittelbar südlich des Zentrums von Rayen. Drinnen befindet sich eine Burg inmitten der Burg. Einige Abschnitte sind sehr verfallen, doch wer durch die umfassend restaurierten Gouverneursquartiere bummelt, kann sich leicht die Furcht vorstellen, mit der sich die Untertanen durch dunkle Korridore und versteckte Innenhöfe dem mächtigen Regionalherrscher näherten, um ihr Anliegen vorzubringen.

Von den Zinnen oberhalb des Torhauses bietet sich ein schöner Ausblick auf den **Hezar** (4420 m).

In Rayen finden sich am östlichen Ende der 17 Shahrivar Street (bei der Bergsteigerstatue von der Imam Street abbiegen) **traditionelle Häuser** mit sechs Kuppeln sowie ein kleines Labyrinth aus Pfaden, die von Lehmmauern gesäumt sind und zwischen Granatapfelgärten verlaufen.

Im **Shabhayeh Rayen** (☎Ruhollah 0913 298 6516; Imam St, Ecke 11th Alley; DZ/4BZ 1 450 000/2 000 000 IR; ❄), drei Minuten zu Fuß vom Arg, stehen fünf schön eingerichtete, moderne Apartments zur Verfügung. Für Budgetreisende gibt's das weit weniger ansprechende **Hotel Tala Arg** (☎034-3376 1578; Modarres St, Ecke 8th Alley; EZ/2BZ 350 000/450 000 IR; ❄); es liegt zwischen Handwerker-Werkstätten 300 m nördlich des Azadi Square. Im Frühjahr und Sommer kann man auch in den Teecottages des

Shahriyar (☎0913 841 5846; Qarbi St; qalyan & Tee 100 000 IR; ⊙März–Sept.) nächtigen.

Die Imam Street und den Azadi Square säumen mehrere Imbisse und Sandwichläden. Das **Khansalar** (Imam St, Imamzadeh Sq; Hauptgerichte 80 000–190 000 IR; ⊙12–16 & 19.30–23 Uhr) serviert in nettem Ambiente sehr preisgünstige Kebabmahlzeiten. Von März bis September sind noch weitere Gartenrestaurants geöffnet.

ⓘ An- & Weiterreise

Rayen liegt 22 km abseits der Straße von Kerman nach Bam, gleich hinter einem großen Kontrollposten der Polizei (Pass mitnehmen!).

Savaris nach Kerman (120 000 IR, 1¼ Std.) fahren vom Azadi Square, 1 km nördlich des Arg in Rayen. Rund 30 m vom Abfahrtsort der Savaris den Modarres Boulevard hoch hat **Peykis Savar** (☎0913 197 6950) Busse nach Kerman (60 000 IR, 1½ Std.), die etwa jede Stunde abfahren.

Birjand بيرجند

☎056 / 184 000 EW. / 1530 M

Für Reisende, die die lange Wüstendurchquerung zwischen Mashhad und Kerman über die Kaluts wählen, ist Birjand ein logischer Zwischenstopp. Die Hauptstadt der Provinz Südkhorasan ist bekannt für Safran, Berberitze und besonders *annab* (Jujube, Chinesische Dattel), das als Heilmittel gegen Husten und Erkältung gilt. Im Winter stellen die schneebedeckten Berge im Süden der Stadt eine eindrucksvolle Kulisse dar, während im Norden durch Bergkämme und dreieckige geologische Vorsprünge ein Wüstenflair entsteht – ein schöner Gegensatz!

Die großflächige Stadt hat sich um ihre einst faszinierenden alten Lehmziegelhäuser nicht sonderlich gut gekümmert. Restauriert wurde immerhin die Festung **Qaleh Tarikhi** (Burg; Imam Hossein Sq, Jomhuri-e Eslami Blvd; 10 000 IR; ⊙8–12 & 15.30–23 Uhr), die besonders nach Einbruch der Dunkelheit imposant erscheint: Dann erglüht sie im Licht des Teehaus-Restaurants in ihrem Erdgeschoss. Dazu kommen ein paar bemerkenswerte historische Gebäude und der als Unesco-Welterbe gelistete **Akhbarieh-Garten** (Valiasr Sq; ⊙Di–So 9–13 & 16–19 Uhr, Fr vormittags geschl.) **GRATIS** – auch wenn man sich vor Ort fragt, warum er zum Weltkulturerbe gehört.

Birjand ist außerdem ein möglicher Ausgangspunkt für Touren nach Forg, Boshrooyeh und zu den Sanddünen von Rigi Yalan (nur im Rahmen von Touren erreichbar).

SÜDOSTIRAN RAYEN

🛏 Schlafen

Hotel Ghaem
HOTEL $

(☑ 056-3221 1244; Jomhuri 15th S, Imam Khomeini Sq; EZ/DZ/3BZ 670 000/966 000/1 290 000 IR; ❄🛜) Das Ghaem, in einem schmucklosen neuen, grau-weißen Gebäude etwas zurückversetzt vom Imam Khomeini Square, erfreut sich einer exzellenten Lage. Die Zimmer bieten ein gutes Preis-Leistungs-Verhältnis: Sie sind schnörkellos und recht komfortabel, mit WLAN und Bad sowie in den besseren Zimmern mit Sofa. In zwei der Suiten gibt's Sitzklos.

Birjand Mountain Grand Hotel
RESORT $$

(☑ 056-5832 3368; www.bmgh.ir; Band Amir Shah; EZ/DZ/3BZ ohne Ausblick 1 374 000/1 810 000/ 2 224 500 IR, mit Ausblick 1 526 000/2 125 000/ 2 66 000 IR; P 🛜) Versteckt in den zerklüfteten Hügeln eines Flusstals rund 4 km südwestlich von Birjans Ringstraße bietet das gehobene Hotel jede Menge. Die reizende Lage ist ideal für Spaziergänge zwischen den bunten kleinen Teehäusern in der Nähe - allerdings ist man hier 20 Autominuten vom Zentrum entfernt.

Birjand Tourist Hotel
HOTEL $$

(Hotel Jahandardi Birjand; ☑ 056-3222 2320; www.jahangardi-birjand.ir; Artesh St; EZ/DZ/3BZ 1 650 000/2 354 000/2 940 000 IR; ❄🛜) Das Hotel wurde kürzlich renoviert und verfügt nun über ein nettes Restaurant und einen Coffeeshop. Einige Zimmer sind etwas unruhig mit großen Fototapeten eingerichtet, doch viele verfügen über Bäder mit Sitztoiletten. Außerdem gibt's ein Körbchen mit Toilettenartikeln. Mindestens eine Person an der Rezeption spricht Englisch. Die Lage ist nicht ideal, doch in der Nebensaison locken Ermäßigungen von bis zu 40 %.

🍴 Essen & Ausgehen

★ Sofrakhane Sonati Qaleh
IRANISCH $$

(Birjand-Festung; Hauptgerichte 120 000–220 000 IR; ⊘Mitte März–Sept. 8.30–13 Uhr, Okt.–Mitte März 16–24 Uhr) Zwar ist auf der Karte mehr oder weniger nur die iranische Standardkost versammelt, doch in den kleinen Alkovenräumen in der restaurierten Festung von Birjand zu speisen, ist schon ein Erlebnis – besonders abends, wenn das Ganze in goldenes Licht getaucht ist. Oder man kommt nur auf eine Wasserpfeife (mit Tee-Set 250 000 IR).

Pie
ITALIENISCH $$

(Modarres Blvd, Ecke 50th Alley; Hauptgerichte 180 000–230 000 IR) Das kühle, nette Einraum-Restaurant, das sich gut für Paare eignet, ist sparsam mit alten Tellern und Topfpflanzen eingerichtet und serviert interessante Variationen italienischer Klassiker: Die Pasta mit Pesto z. B. hat als Dreingabe Huhn, Walnuss und Pfeffer.

★ Shamsol Emare
IRANISCH $$$

(☑ 056-3244 4720; Valiasr Sq, Akhbarieh-Garten; Hauptgerichte 145 000–490 000 IR; ⊘12–15 & 19–22.30 Uhr) Um einen hübschen Brunnenhof mit künstlichen Wasserläufen und traditioneller Musik sind private Speiseräumlichkeiten arrangiert, in denen man auf Teppichen sitzt und sich auf Kissen stützt; im Winter sorgen Kamine für Wärme. Eine Kebabspezialität ist *juje kabab ba ostefan* (mit Huhn am Knochen). Die kleine frittierte Forelle wird filetiert mit Sesamkruste serviert, und das *mirza ghasemi* (Auberginenpüree) ist göttlich.

Caffe Chi
KAFFEE

(Modarres Blvd, Ecke 66th Alley; Kaffee ab 40 000 IR, Kuchen 60 000 IR; ⊘Sa–Do 9.30–13 & tgl. 17–23.30 Uhr) In einem frauenfreundlichen Café, das mit Pfeifen, Kaffeeausrüstung und Schwarzweißfotos von Filmstars eingerichtet ist, kommt aus einer Wega-Maschine ausgezeichneter Kaffee.

🛍 Shoppen

Der Basar ist architektonisch nicht gerade elegant, doch in Läden wie **Yas Saffron** (Jomhuri 12th Alley, Birjand Bazar; ⊘Sa–Do 8.30–13 & 16–20 Uhr) kann man gut die für Birjand typischen Produkte erstehen: Safran, Berberitze und Jujube.

Birjand genießt auch einen guten Ruf für Teppiche. Großhändler, die billiger als die schicken Teppichläden sein sollten, befinden sich neben ein paar Teppichausbesserungsläden an der Ghaem Street.

ℹ Praktische Informationen

Asia Parvaz (☑ 056-3223 3090, Ahmad Kashani 0912 870 1726; http://en.asiaparvaz.com; Sayyad Shirazi Blvd; ⊘Sa–Do 8–14.30 & 17–20 Uhr) Das gute Reisebüro bietet Erkundungstouren in die Umgebung (im Oktober z. B. Safrantouren) sowie Ausflüge in die Wüste Lut mit Quadfahren auf den Dünen.

ℹ An- & Weiterreise

Der seit 1933 bestehende kleine Flughafen von Birjand (XBJ) bietet tgl. Flüge nach Teheran-Mehrabad (ab 2 300 000 IR, 1 Std. 40 Min.). Der Flughafen liegt 1 km östlich des Busbahnhofs gleich hinter der nordöstlichen Ringstraße.

Vom großen **Busbahnhof** (Mostafer Blvd), 4 km nordöstlich des Stadtzentrums, fahren Busse zu allen wichtigen Zielen:

Boshrooyeh (130 000 IR, 4 Std., 13.30 Uhr)

Kerman (250 000 IR, 8 Std., 20.30 & 21 Uhr) Alternativ nimmt man den Bus nach Hamsafar um 14.30 Uhr, der das Fernziel Bandar Abbas hat.

Mashhad (über Qa'en; 348 000 IR, 7 Std., 8–23.30 Uhr stündl.)

Teheran (über Tabas; *mahmooly*/VIP 480 000/ 810 000 IR, 15 Std., 14.30–16.30 Uhr)

Yazd (350 000 IR, 11 Std., 19 Uhr)

Sarina Safar (☑ 056-3231 9392; Mosafer Blvd; 5500 IR pro km; ☉ 6–21 Uhr), unmittelbar beim Ausgang des Busbahnhofs (nach links gehen, also weg vom Stadtzentrum), ist ein Überlandtaxi-Unternehmen mit guten Preisen.

❶ Unterwegs vor Ort

Birjand ist ziemlich weitläufig. Tagsüber verkehren auf einer Unzahl von Strecken jede Menge Stadtbusse – doch ohne Streckennummern sind sie für Ausländer schwer zu benutzen. Glücklicherweise sind Taxis bemerkenswert billig: Eine Fahrt quer durch die Stadt kostet nur 40 000 IR. Ein Taxi kann man unter ☑ 133 bestellen, oder man geht zum zentral gelegenen **Taxistand am Aboozar Square** (www.taxibirjand.ir; Aboozar Sq).

Qa'en قائن

☑ 056 / 64 800 EW. / 1440 M

Qa'en (auch Ghayen, Ghaen und Qayen) ist eine der größeren Wüstenstädte zwischen Mashhad und Zahedan. Wie Birjand genießt es einen guten Ruf für Filz, Teppiche und Safran. Wer im September/Oktober hier ist, kann auf den Safranfeldern die Krokusse violett blühen sehen und auf der Ebene Richtung Afin die rote Berberitze.

Am südöstlichen Stadtrand sind die zerklüfteten Berge von den schönen Ruinen der **Festung von Qa'en** (قلعه کوه قاین; Abouzar-Park; ☉ 24 Std.) GRATIS gekrönt. Sie wurde von usbekischen Besatzungstruppen im 16. Jh. angelegt. Hier in der Nähe steht das alte, gut

restaurierte **Grabmal** des Kanzlers und Philosophen Burzoe (Bozorgmehr). Am besten kommt man zum Sonnenuntergang von der Festung herunter: Dann gehen die Lichter des Grabmals an, und der Muezzin ruft zum Gebet.

Qa'en wartet außerdem mit einer ungewöhnlichen **Jameh-Moschee** (Imam Khomeini St) GRATIS aus dem 9. Jh. auf: Der offene Sommerhof in der Mitte ist schachbrettartig in Weiß und Sepia gehalten; der später hinzugefügte Mihrab (Gebetsnische) ist leicht versetzt, da man festgestellt hatte, dass die Moschee um mehrere Grad von der korrekten Ausrichtung nach Mekka abwich.

🛏 Schlafen & Essen

Es gibt nur ein einfaches Hotel in der Stadt, das **Mehmanpazir Saeed** (☑ 056-3252 3735, 0915 561 8831; Mahdiyeh 1st Alley; EZ/2BZ 290 000/400 000 IR; ✳).

Die besten Speiselokale der Stadt sind das **Sofrakhane Sonati Hezardastan** (Sahel St, Enghelab Park, beim Taleghani Sq; Hauptgerichte 50 000–90 000 IR; ☉ tgl. 6–15 & Sa–Do 18–22 Uhr), ein halbtraditionelles, überkuppeltes Teehaus im Enghelab-Park, und das verlässliche **Sahel** (☑ 054-3253 2002; Gendarmerie-Brücke, Beheshti St; Hauptgerichte 90 000–220 000 IR; ☉ 7–1 Uhr) mit sehr guten Kebabs. Das Teehaus **Bozajomehr** (Abouzar-Park; Hauptgerichte 150 000–200 000 IR; ☉ tgl. 19–23 & Fr 12–15 Uhr) serviert einfache Mahlzeiten; recht guten Kuchen und preiswerten, aber erstaunlich guten Kaffee gibt's im **Coffeeshop Fenjoon** (Rajai-i St; ☉ 15–24 Uhr).

❶ An- & Weiterreise

Busse nach Mashhad (über Gonabad; 90 000 IR, 5½ Std.) fahren um 7, 9.30, 14.30, 22.30 und 23 Uhr vom kleinen, relativ zentral gelegenen **Hauptbusbahnhof** (Mobarezan St) 500 m westlich des Imam Khomeini Square. **Savaris nach Birjand** (90 000 IR, 1¼ Std.) starten 200 m weiter westlich an der Ringstraße.

Nordostiran
شمال شرقی ایران

Gut essen

➡ Café Sonati Tadaion (S. 265)

➡ Babaghodrat (S. 278)

➡ Karawanserei Dehnamak (S. 267)

➡ Flamingo (S. 267)

➡ Zendegi (S. 266)

➡ Bagh-e Salar (S. 282)

Schön übernachten

➡ Setar-e Kavir (S. 267)

➡ Radkan Arg Ecolodge (S. 283)

➡ Javad Hotel (S. 277)

➡ Vesal Homestay (S. 285)

➡ Vali's Non-Smoking Homestay (S. 275)

Auf nach Nordostiran

Die bedeutendste Sehenswürdigkeit des Nordostens ist der prächtige Haram-e-Razavi-Komplex – der Schrein des Imam Reza – in Mashhad. Er zieht Millionen von Pilgern an. Die wichtigste Fernstraße von Teheran nach Mashhad verläuft parallel zur Seidenstraße mit alten Karawansereidörfern und -orten am Rand der weiten, leeren Kavir-Wüste. Eine andere Strecke führt übers Elburs-Gebirge hinunter an die stark erschlossene kaspische Küste. Dann geht es durch die Turkmensahra mit ihrer turkmenisch geprägten Kultur und vorbei an den uralten Eichenwäldern des Golestan-Nationalparks mit seiner kleinen Leopardenpopulation.

Hier gibt's viel zu entdecken. Wer über Land nach Turkmenistan reist, kommt durch diese Region, doch ausländische Touristen sind nach wie vor extrem selten anzutreffen. Quirlige Städte wie Semnan, Shahrud, Gorgan und Mashhad werden immer moderner. Viele Leute, die Englisch sprechen, darf man dennoch nicht erwarten, genauso wenig wie lateinische Umschriften auf Straßenschildern.

Reisezeit

Schön sind April und Mai: Dann präsentieren sich Steppen und Berge als buntes Blütenmeer. Im Frühjahr und Herbst kann man sich am Wochenende (Do/Fr) in Gonbad-e Kavus Pferderennen anschauen. Im Dezember sinken die Temperaturen teils auf -20 °C, doch meist liegen sie eher um die 0 °C. Einige Nebenstrecken wie von Kordkuy nach Radkan sind im Winter durch Schneefälle blockiert, im Golestan-Nationalpark sind dann allerdings die Spuren der scheuen Leoparden einfacher zu finden.

Rund um Nouruz, das iranische Neujahr Ende März, und die religiösen Feste sollte man Mashhad meiden – dann verwandeln die zahllosen Pilger die Stadt in ein Tollhaus. Im Juli und August ist es brütend heiß, und an der kaspischen Küste erreicht die berüchtigte Luftfeuchtigkeit ihren Höhepunkt.

Geschichte

Historisch bestand der Nordosten aus den Gebieten Khorasan („Wo die [iranische] Sonne aufgeht") und Tabarestan/Mazandaran, der südöstlichen kaspischen Küstenregion. Eine kulturelle Blütezeit erreichte das Gebiet vor rund tausend Jahren: Damals lebten und wirkten hier viele der bedeutendsten Wissenschaftler und Dichter-Philosophen der Epoche. Im 13. und 14. Jh. wurde die Region von den Mongolen und Timur Lenk so umfassend verwüstet, dass die Stadtkulturen Tabarestans vielerorts einfach verschwanden – selbst heute sind von einst wohlhabenden Städten nur Erhebungen in der Steppe übrig. Vom einstigen Ruhm zeugen noch einige prächtige, einsame Türme wie vor allem in Radkan und Gonbad-e Kavus.

Dass sich das safawidische Herrschaftshaus im 16. Jh. für den schiitischen Islam als Staatsreligion entschied, trug mit dazu bei, dass Mashhad sich von einem Dorf zur wichtigsten Stadt der Region entwickelte.

Sari ساری

☑ 011 / 299 000 EW.

Die weitläufige Hauptstadt von Mazandaran ist ein brodelnder, im Verkehr erstickender Ort, der sicher keinen großen Umweg lohnt. Für alle, die Badab-e Surt mit öffentlichen Verkehrsmitteln erreichen möchten, ist Sari jedoch ein wichtiger Anschlusspunkt. Hier kommen wahrscheinlich auch die an, die mit der eindrucksvollen Trans-Elburs-Bahn gefahren sind, die sich von der zentralen Hochebene steile Talflanken zur kaspischen Küste hinunterwindet.

Die besten Übernachtungsmöglichkeiten bieten das **Hotel Badeleh** (☑ 011-3388 4497; www.hotelbadeleh.ir; Sari–Gorgan Hwy KM 10; 2BZ/Suite 2 834 000/3 924 000 IR; P❄☎) und das **Hotel Asram** (☑ 011-3325 5090; asramco@gmail.com; Valiasr Hwy; EZ/2BZ/3BZ/Suite Ausländer 40/55/80/100 €, Iraner 997 000/1 635 000/2 087 000/2 152 000 IR; P❄☎☎) mit gutem Restaurant und Teehaus im obersten Geschoss.

❶ An- & Weiterreise

Der **Flughafen von Sari** (☑ 011-3372 2133; http://sari.airport.ir; abseits des Sari–Gorgan Hwy, KM 11) liegt 14 km östlich der Stadt. Mit dem Zug von Teheran oder Garmsar nach Sari zu fahren ist eine Möglichkeit, mit der **Trans-Elburs-Bahn** (www.rai.ir) bei Tageslicht zu fahren (140 000 IR, 5 Std., Abfahrt ab Garmsar 10.40 Uhr).

Die meisten Fernbusse nutzen den großen **Dolat-Busbahnhof** (Valiasr Hwy). Der Minibus nach Orost um 8 Uhr (für Bardab-e Surt) fährt jedoch vom **Savari-Stand Mazandaran-Semnan** (Terminal Rahband; ☑ 011-3323 1661; Keshavarz Blvd), einer leicht zu übersehenden kleinen Werkstatt/Tankstelle rund 800 m vom Bahnhof entfernt auf der Westseite des Keshavarz Boulevard. Hier fahren auch die Savaris und die Busse (2-mal tgl.) nach Damghan (250 000 IR, 4 Std.) ab, die in Telma Dareh (95 km) eine Pause machen.

Savaris nach Gorgan (Sitzplatz vorne/hinten 150 000/140 000 IR) und Gonbad-e Kavus (250 000/235 000 IR) fahren am Gorgan Highway 2 km östlich des Golha Square/Hotel Asram ab.

Gorgan گرگان

☑ 017 / 343 000 EW. / 135 M

Die nette, rapide wachsende Stadt verströmt dank ihrer ethnisch gemischten Einwohnerschaft und ihrer schönen Lage am Übergang des Elburs-Gebirges zur Steppe des Nordostens ein munteres und buntes Flair.

Gorgan war der Geburtsort des „Eunuchenkönigs" Aga Mohammad, der die expansionistische kadscharische Dynastie (1779–1925) begründete. Deren architektonisches Erbe ist recht beschränkt, doch ist Gorgan eine gute Ausgangsbasis für Touren in die turkmenische Steppe und die bewaldeten Berge Golestans.

⊙ Sehenswertes

Gorgan-Turm TURM

(Borj-e Basij; Basij Sq; 50 000 IR; ⊘ 8–24 Uhr) Der dreibeinige Turm am Basij Square sieht ein bisschen aus wie ein Raumschiff, das einer Kinderphantasie entsprungen ist, doch darin verbergen sich ein Restaurant und ein Coffeeshop, die sich in 45 Minuten etwas ruckelig einmal um die eigene Achse drehen – falls man den Barista davon überzeugen kann, das Ganze in Gang zu setzen. Oben kann man auch unter freiem Himmel sitzen. Mit einem Kaffee (80 000 IR) bewaffnet darf man sich außerdem ins kostenlose Gäste-WLAN einklinken.

Mit dem Auto ist der Turm problemlos zu erreichen, ohne allerdings etwas umständlich: Man muss einen Häuserblock nördlich des Basij Square an der Straße, die parallel zum Sari Highway verläuft, den **Fußgänger-Zugangstunnel** (Basij Sq) finden.

Taqavi-Haus HISTORISCHES GEBÄUDE

(Karte S. 262; Imamzadeh Nur Alley; ⊘ 8–14 Uhr) ⟨GRATIS⟩ Dieser prächtige Komplex historischer

NORDOSTIRAN SARI

Kaspisches Meer
(Darya-ye Khazar)

Makhtumkuli-
Mausoleum

Atrak

Marave
Tappeh

Khalid-Nibi-
Schrein

Karim Esha
Madraseh
Turkme
Ecolod

Etrek
Dasht
Borun
Tamar

Khoja
Yaparghi

Incheh Borun
Pol
Malaisheikh

Hajji Qoshan

Kalaleh

Tangera

Sadd-e Eskander
(Alexanders Mauer)

Alagöl

Gonbad-e
Kavus

2 Mil-e Gonbad

Minudasht

Dash

Bandar-e
Torkaman
Ashuradeh

Aq Qal'eh

Azadshahr

Golesta
Nationalpark
Wildschutzgeb

Gohar
Baran

Gorgan

Aliabad

Garm

Chalus
Nowshahr

Mahmudabad

Babolsar

Babol

Sari

Behshahr

Galugah

Gaz
Kordkuy

Nahar
Khoran

Amol

Qàemshahr

Mil-e Radkan
Qarbi

Badab-e Surt

Dibaj

Bastam

Shahrud

Mayamey

A8

Shirgah

Orost

4

Cheshmeh Ali

Kiyasar
Telma Dareh

Elburs-Gebirge

Alasht

Pol-e Safid

Langar

Damghan

Biyarjormand

Darband
Sar (4542 m)

Damavand
(5671 m)

Lar-Damm

Chashm

Pollur

Veresk

TEHERAN

Mahdishahr

Shahmirzad

Ahowan

SEMNAN

Salzmine
Kuhdasht

Garmsar

6

Kondab

Semnan

Sorkheh

IRAN

Lasjerd

Deh Namak

Padeh

DASHT-E KAVIR

Namak-
See

DASHT-E KAVIR

N
0
100 km

Jandaq

YAZD

ISFAHAN

Khoor
(Khur)

Highlights

1 **Haram-e Razavi** (S. 272)
Im prächtigen Heiligtum in
Mashhad die tiefe, emotionale
Religiosität der Pilger erleben.

2 **Mil-e Gonbad** (S. 268)
Am und im gewaltigen,

tausend Jahre alten Grab-
turm in Gonbad-e Kavus
überraschende Echos er-
zeugen.

3 **Belqays** (S. 285)
Sich angesichts der Ruine

dieser einsamen Zitadelle
aus Lehmmauern wie ein
Entdeckungsreisender
fühlen.

4 **Badab-e Surt** (S. 263)
In den Sinterterrassen-Becken

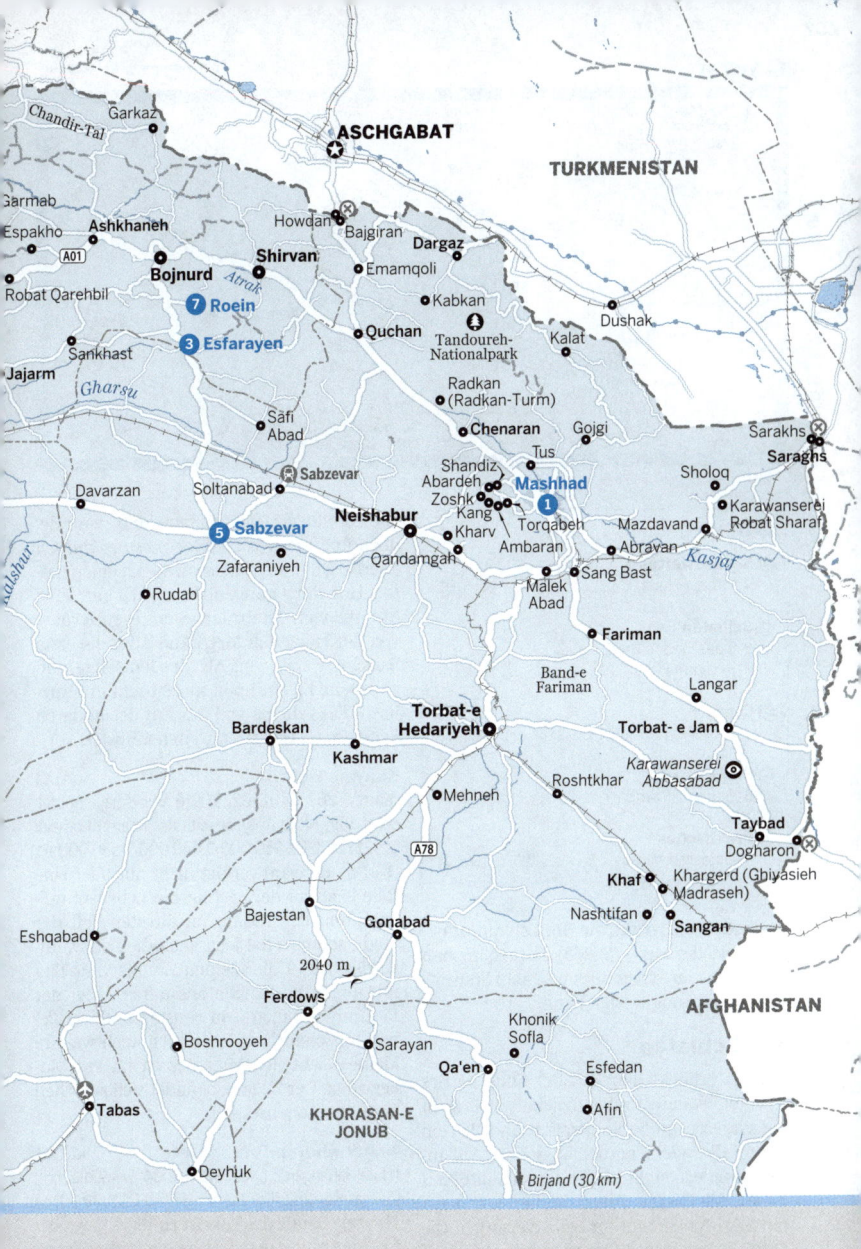

die wechselnden Farben des Himmels gespiegelt sehen.

5 Zafaraniyeh (S. 285)
In diesem vergessenen

Karawanserei-Dorf in alten Lehmbauten nächtigen.

6 Garmsar (S. 267)
Am Grunde eines riesigen mittelalterlichen Wasser-

speichers ausgezeichneten Kaffee trinken.

7 Roein (S. 285) Von diesem terrassierten Dorf aus in die Berge wandern.

Gorgan

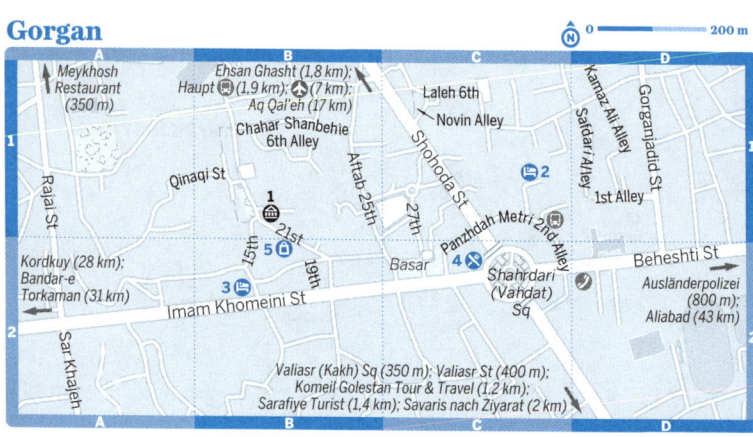

Gorgan

Gebäude beherbergt die Touristeninformation Golestan Miras (S. 263). Hier sollte man fragen, ob man einen Blick ins „Acht Frauen"-Haremsgebäude werfen kann.

🛏 Schlafen

Abends erblickt man auf der Südseite des Mofateh Square und möglicherweise auch auf anderen größeren Straßen und Plätzen Leute, die wie Tramper aussehen. Auf ihren Schildern steht jedoch سویت („Suite" auf Farsi). Sie bieten Privatzimmer an, meist ein Mini-Apartment für Selbstversorger. Die Qualität des Angebotenen schwankt, doch für rund 500 000 IR bekommt man in der Regel ein Bad, eine kleine Küche und ein oder zwei Betten.

Guesthouse Pars　　　HOSTEL $

(Karte S. 262; ☎017-3222 9550; abseits der Panzhdah Metri 2nd Alley; 2BZ/3BZ 350 000/450 000/

500 000 IR; ❄) Das saubere und zentrale, doch überraschend ruhige *mosaferkhaneh* (Herberge) mit Zimmern rund um einen netten Hof mit Orangenbäumen ist nur eine Minute vom Shahrdari Square entfernt – von der Panzhdah Metri 2nd Alley die erste Sackgasse nehmen. Ali, der leutselige und gelassene Eigentümer, spricht sehr gut Englisch. Falls dieses voll ist: Auf der anderen Seite der Gasse ist ein weiteres Hostel.

Khayam Hotel　　　HOTEL $$

(Karte S. 262; ☎ 017-3225 0916; www.khayamhotel. com; 15th Aftab Alley, abseits der Imam Khomeini St; EZ/DZ/3BZ 950 000/1 440 000/1 880 000 IR; ❄) Das Khayam verfügt nicht nur über eine tolle Lage vor der wichtigsten Lebensmittelabteilung des Basars im ältesten Teil der Stadt, sondern hat jetzt auch die Lobby aufgefrischt und die kleinen Zimmer mit Bad mit neuen Vorhängen ausstaffiert. Vier der 13 Zimmer haben kein Fenster, und wer genau hinschaut, entdeckt auch noch weitere kleine Nachteile. Frühstück ist im Preis inbegriffen. Der Zugang befindet sich zwischen zwei Pharaonenstatuen.

Nahar Khoran Tourist Hotel　　　HOTEL $$

(Hotel Jahangardi; ☎017-3254 0034; www.ittic.com; Ziyarat Rd; 2BZ/Bungalows 42/55 US$; ❄) Das Hauptgebäude des Tourist Hotel in bewaldeter Lage hinter dem Garten des netten **Telar-Teehauses** (geöffnet ab 15 Uhr) wartet mit renovierten Zimmern auf, die besser sind, als die schäbige 1970er-Jahre-Fassade vermuten lässt. Die dicht beieinanderstehenden pastellfarbenen Bungalowkästen sind billig, könnten jedoch trotzdem eine Verjüngungskur vertragen.

Das Hotel liegt 200 m hinter dem Kreisverkehr **Nahar Khoran** in Richtung des Dorfs Ziyarat, 9 km vom Zentrum von Gorgan entfernt. WLAN gibt's nur im Hauptgebäude.

✗ Essen & Ausgehen

Meykhosh Restaurant　　INTERNATIONAL $$
(☏ 017-3243 7964; www.instagram.com/meykhosh.restaurant.gorgan; Resalat St, Ecke 12th Alley; Hauptgerichte 130 000–350 000 IR; ⊙12–16 & 19.30–23.30 Uhr) Das hell erleuchtete und mit seinen klaren Linien, Globelampen und Holzeinrichtungen mühelos zeitgenössische Restaurant bietet auf seiner Karte Pasta, Steak, Shrimps und ein paar Salate sowie die üblichen iranischen Klassiker.

Eros Restaurant　　IRANISCH $$
(Absha Restaurant; Karte S. 262; ☏ 017-3223 3303; Imam Khomeini St; Hauptgerichte 90 000–320 000 IR; ⊙8–22.30 Uhr) Das Eros (früher Absha) ist das schönste der vielen Esslokale rund um den Shahrdari Square. Es befindet sich im Besitz eines Metzgerei-Unternehmens und erfreut sich daher eines guten Rufs für seine frischen Fleischgerichte. Man kann hier auch prima *ghorme sabzi* probieren: gewürfeltes Fleisch, Bohnen und Gemüse mit Reis.

Jersey Caffe　　KAFFEE
(2. OG, Surmayeh-Komplex, Valiasr Sq; ⊙10–23 Uhr) Stilisierte Stadtsilhouetten sind die einzigen Einrichtungslaunen in diesem dezenten, frauenfreundlichen Coffeeshop (Kaffee 70 000–100 000 IR). Außerdem gibt's Kräutertees, Kuchen und Fastfood, serviert an Glastischen mit blattförmigen Stühlen. Eine kurze Treppe im Surmayeh-Turm hinauf.

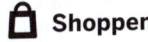 Shoppen

Bagheri-Komplex　　KUNST & KUNSTHANDWERK
(Kunstgewerbezentrum Gorgan; Karte S. 262; Aftab 19th Alley, abseits der Imam Khomeini St; ⊙8–19 Uhr) Eine leicht zu übersehende Tür führt zum Innenhof dieses historischen Hauses mit fünf Kunstgewerbeläden, in denen Holz- und Kupferarbeiten, Töpferwaren und vieles mehr verkauft werden.

Inzwischen sollte hier auch ein traditionelles Restaurant im *sonati*-Stil eröffnet haben. Außerdem ist ein kleines Heritage-Hotel geplant.

ℹ Praktische Informationen

Sharab Coffeenet (☏ 017-3223 8298; Panzhdah Metri 2nd Alley; 25 000 IR pro Std.; ⊙8–21 Uhr) Oben durch die gelbe Tür neben dem Staubsauger-Reparaturladen an der Panzhdah Metri 2nd Alley gleich bei der Beheshti Street.

Münztelefone (Karte S. 262; Beheshti St) Draußen vorm Telekombüro gibt's einige öffentliche Telefone.

Ausländerpolizei (Modairiyat Gozarnameh atbae Khareje; Behzisti 4th Alley; ⊙Sa–Do 8–14 Uhr) Für Visumsverlängerungen. Wer die Verlängerung bis 9.30 Uhr beantragt, bekommt sie noch am selben Tag. Das Büro befindet sich zwei kurze Häuserblocks südlich des großen Turms der Bank Melli, wo man auch seine Gebühr bezahlen muss.

Golestan Miras (Karte S. 262; ☏ 017-3226 1802; www.golestanchto.ir; Taqavi House, Imamzadeh Nur Alley; ⊙Sa–Do 8–14 Uhr) Das Kultur- und Tourismusbüro befindet sich im wundervoll renovierten **Taqavi-Haus** (S. 259) aus dem 19. Jh. und hält zahlreiche bunte Broschüren bereit.

Sarafiye Turist (Tourist Exchange; Valiasr St, Ecke Edalat 23rd St; ⊙10–13 & 17–20 Uhr) Geldwechsel.

ℹ An- & Weiterreise

BUS, MINIBUS & SAVARI

Die Busse zu den meisten wichtigen Zielen fahren vom großen **Hauptbusbahnhof** (Enqelab Sq) nördlich des Zentrums. Ganz in der Nähe organisiert **Ehsan Ghasht** (☏ 017-3268 0280; Haupt-

---

ABSEITS DER ÜBLICHEN PFADE

BADAB-E SURT　باداب سورت

Diese fotogenen **Sinterterrassen** (bei Orost) sind kleiner als die berühmten Terrassen von Pamukkale in der Türkei, doch dafür sind sie bunter und befinden sich in wunderbar abgeschiedener Lage in einem von Bergen gesäumten Tal. Sie sind von Sari aus mit dem Minibus zu erreichen.

Der ortsansässige Minibusfahrer **Shaaban-Ali Bagheri** (☏ 0911 776 0190; Dorf Orost) kann die Übernachtung in Privatzimmern (500 000 IR) in **Orost**, dem Badab-e Surt nächstgelegenen Dorf, arrangieren, aber am besten ruft man ihn vorher an (auf Farsi). Auf der Website www.badabsoort.com sind fast ein Dutzend Häuser für Kurzaufenthalte im Dorf verzeichnet.

BUSSE AB GORGAN

ZIEL	TICKETPREIS (IR; VIP/MAHMOOLY)	FAHRZEIT (STD.)	ABFAHRT & UNTERNEHMEN
Isfahan	620 000/350 000	14	3–17 Uhr
Mashhad	470 000/260 000	9–10	7–10 & 20–23 Uhr
Rasht	394 000/250 000	10	12 (Hamsafar) & 23 Uhr (Seiro Safar)
Semnan	185 000 (mahmooly)	6	7.30 & 15.30 Uhr (Taavoni 8)
Tabriz	760 000 (VIP)	15	13 Uhr (Seiro Safar)
Teheran	430 000/220 000	7–8	7.30–23 Uhr häufig

busbahnhof, Enghelab Sq; ⊙ 6–20 Uhr) Savaris
Richtung Westen. Viele Busse, die auf dem Weg
von oder nach Mashhad durch die Stadt kommen, fahren nicht den Busbahnhof an, sondern
setzen Fahrgäste am Enqelab Square und/oder
unmittelbar östlich des Mofateh Square (westlich des Zentrums) ab und nehmen dort auch
neue Passagiere auf.

Savaris nach Gonbad-e Kavus (Sitzplatz vorne/
hinten 90 000/80 000 IR, 1½ Std.) sowie Minibusse nach Aliabad sollten den **Istgah Gonbad**
(Blvd Jorjan) nutzen, einen kleinen Platz auf der
Nordseite des Boulevard Jorgan am östlichen
Stadtrand. Doch die meisten sammeln ihre Fahrgäste auf der anderen Straßenseite in ihrer anvisierten Fahrtrichtung auf.

FLUGZEUG

Es gibt tgl. Flüge nach Teheran, 3-mal wöchentl. nach Mashhad, 2-mal nach Isfahan
(So und Mi) und jeweils einen nach Rasht (Fr)
und Kish (Di). Tickets verkauft das Reisebüro
Komeil Golestan Tour & Travel (☑ 017-3232
6664; Valiasr St, Ecke Edalat 21st St; ⊙ Sa–Mi
8–18.30, Do bis 13.30 Uhr) mit Englisch sprechendem Personal.

ZUG

Die Züge zwischen Gorgan und Teheran fahren
in beiden Richtungen über Nacht, Abfahrt in
Gorgan um 19 oder 20.20 Uhr und Ankunft in
Teheran zur Morgendämmerung. Fahrkarten
verkauft **Komeil Golestan Tour & Travel**.

❶ Unterwegs vor Ort

Viele **Stadtbusse** (Karte S. 262) fahren von der
Panzhdah Metri 2nd Alley, einer Straße, die im
Bogen parallel zur Nordostseite des Shahrdari
Square verläuft. **Busse nach Nahar Khoran**
(100 000 IR; ⊙ 6.20–20 Uhr) fahren zwischen
6.20 und 20 Uhr 4- oder 5-mal stündl. vom Valiasr (Kakh) Square.

Shuttletaxis fahren von verschiedenen Stellen beim Shahrari Square ab. **Savaris nach
Ziyarat** (20 000 IR) fahren von der Ecke Valiasr
Street und Edalat 47th Alley, 1,5 km südöstlich
des Valiasr Square.

Semnan سمنان

☑ 023 / 163 000 EW. / 1130 M

Das boomende Semnan bietet schnellen Zugang zum Elburs-Gebirge und zur riesigen
Kavir-Wüste und ist auch nur 240-Autobahn-
kilometer von Teheran entfernt. Seit sassanidischer Zeit war Semnan eine wichtige Zwischenstation an der Seidenstraße, was ihm
sowohl Wohlstand als auch Zerstörung ein-
brachte.

Auf den ersten Blick ist Semnan eine ausufernde, gesichtslose Stadt mit niedrigen modernen Gebäuden und breiten Boulevards.
Doch rund um den netten überdachten Basar befindet sich ein interessanter Komplex
historischer Gebäude.

⊙ Sehenswertes

Basar   BASAR

Der kreuzförmige überdachte Basar von
Semnan bildet das alte Herz der Stadt. Zwar
ist er bei Weitem nicht so groß wie die wunderbaren Basare von Kerman oder Tabriz,
doch es gibt jede Menge Gewölbe aus dem
19. Jh. Die Nord-Süd-Achse, die von der
Imam Khomeini Street in zwei Teile geteilt
wird, verbindet zwei *takiyeh* (dreistöckige
überdachte Hallen) mit Holzsäulen. Die südliche der beiden, **Takiyeh Pehneh**, bildet den
Zugang zu den meisten der wichtigen historischen Sehenswürdigkeiten der Stadt und
ist während des Muharram das Zentrum religiöser Trauer.

Schöner ist vielleicht die nördlichere **Takiyeh Nasar** von 1926. Noch interessanter
wäre es, wenn der nicht mehr genutzte Wasserspeicher *(ab anbar)* und das unterirdische
Hamam (Badehaus) in der Nähe zugänglich
wären.

Masjed-e Jameh   MOSCHEE

(Jameh-Moschee; Semnan-Basar; ⊙ 1 Std. vor/
nach Gebetszeiten) Der außergewöhnlich hohe,

wenn auch nüchterne Westiwan der Masjed-e Jameh stammt von einem Wiederaufbau der Moschee im Jahr 1424 und erhebt sich über einem achteckigen Gebetssaal aus nackten Backsteinen. Der schönste Teil der Moschee – das wundervolle, 32 m hohe **Minarett** mit Ziegelmustern – ist noch älter. Und obwohl es etwas schief steht und geknickt ist, steht es auch nach über einem Jahrtausend noch.

Masjed Imam MOSCHEE

(Sultani-Moschee; Semnan-Basar; ☉Sonnenauf- bis Sonnenuntergang) Diese von Fath Ali Schah in den 1820er-Jahren in Auftrag gegebene Moschee besitzt einen großen Innenhof mit vier Iwanen an den verschiedenen Himmelsrichtungen – die höheren Ost- und Westiwane sind zurückhaltend mit bunten Ziegelsteinen verziert. Freitagvormittags wird der Hof für das Mittagsgebet mit bunten Teppichen ausgelegt.

🏃 Aktivitäten

★**Gootkemall Water Park** WASSERPARK

(www.gootkemall.com; Daneshgah St; 150 000 IR für 3 Std.; ☉17–20 & 20–23 Uhr, Männer/Frauen an ungeraden/geraden Tagen) Dieser 20 Mio. US$ teure, innovative neue Hotelkomplex verfügt im Innern über acht Wasserrutschen – eine endet in einem rotierenden Kreisel. Dazu kommen einige kleinere Einrichtungen und ein „Tubing-Bach". Der Eintrittspreis ist die Nutzung einer Sauna und türkischer Bäder sowie der Schließfächer inbegriffen. Handtücher sind selbst mitzubringen.

🛏 Schlafen

Die wenigen Hotels von Semnan decken recht gut, wenn auch ohne großes Flair, die einzelnen Preissegmente ab. Eine schlichte Billigherberge ist das **Mehmanpazir Kumesh** (☎023-3332 3647; Imam Khomeini 18th Alley; EZ/2BZ ohne Bad 400 000/600 000 IR) im Zentrum. Im mittleren Preissegment wartet das **Semnan Tourist Inn** (Mehmansara Jahangardi; ☎023-3344 1433; Basij Blvd; DZ/3BZ/Suite 1 664 000/2 070 000/3 500 000 IR; P❄🛜) 3 km vom Zentrum mit geräumigen Zimmern auf. Die Gäste im komfortablen **Gootkemall Hotel** (☎023-3333 3338; www.gootkemall.com; Daneshgah St; EZ/DZ/3BZ/Suite 2 200 000/3 100 000/3 800 000/4 500 000 IR; ❄🛜) können abends kostenlos die Einrichtungen des angeschlossenen Spaßbads nutzen.

Wenn das **Tarherian-Haus** nach langem Umbau eröffnet wird, wird es sicher mit mehr historischem Flair als die anderen Unterkünfte aufwarten.

🍴 Essen & Ausgehen

Das **Darchin** (Cinnamon Restaurant & Coffee; abseits des Qods Blvd, nahe Mashahir Sq; ☉8–24 Uhr; 🛜) hinter der Mashahir-Zisterne bietet ab 20 Uhr Livemusik. Im **Kalantar-Haus** (Abuzar Sq) mit seinem markanten Turm soll bald ein Teehaus eröffnet werden.

★**Café Sonati Tadaion** IRANISCH $

(☎023-3332 1097; Tadayon-Haus, Taleqani St; Hauptgerichte 45 000–60 000 IR, dizi 100 000 IR; ☉8–22 Uhr) Dieses charmante Familienrestaurant residiert in einem überkuppelten

---

INSIDERWISSEN

IN DEN AUSLÄUFERN DES ELBURS

Shahmirzad (شهميرزاد) ist ein beliebtes Wochenendziel für die Einwohner von Semnan: eine stille, reizende Oase inmitten spitzer Felsgrate. Der obere Teil des Ortes rund um den Naqsh-e Jahan Square weist sprudelnde Bäche und ein paar Überreste von Lehmziegelhäusern auf.

Darband zwischen Shahmirzad und Mahdishahr ist ein etwas mickriger Picknickplatz. Dahinter führt ein Pfad zu einer Höhle: Sie ist in dem Fels oberhalb und in der Gegend berühmt.

Das in felsige Talfalten eingebettete **Mahdishahr** (مهدي شهر) wird vom imposanten, wenn auch größtenteils modernen Al-Mahdi Hosseinieh mit einer blauen Kuppel beherrscht. Ein Museum befasst sich mit der Kultur der Nomaden.

Alle diese Orte sind im Rahmen eines einigermaßen interessanten Tagesausflugs von Semnan zu erreichen. Minibusse (20 000 IR) und Savaris (40 000 IR) fahren vom **Mo'allem Square** in Semnan, die Rückfahrt ab Shahmirzad erfolgt von der Imam Street (500 m bergab vom Naqsh-e Jahan Square). Auf der guten Straße ist es nur eine Viertelstunde nach Mahdishahr bzw. eine halbe Stunde nach Shahmirzad.

Kellerraum, der vom hinteren Hof des historischen **Tadayon-Hauses** abgeht – hier gibt's außerdem einen Andenkenladen, ein Edelsteingeschäft und das Kulturinformationsbüro Semnan Miras (S. 266). Zu den köstlichen Spezialitäten dieses Restaurants zählt *khorak-e gushk* (Hackfleisch mit Kartoffeln), zu dem man am besten das göttliche *mirza ghasemi* (Knoblauch-Auberginen-Paste) bestellt.

★ Zendegi   IRANISCH $$

(☑ 0919 132 5438; www.instagram.com/zendegi_complex; Kohneh Dezh 13th Alley; Kebabmahlzeiten 150 000–350 000 IR, Salate 40 000–65 000 IR; ⊙ 12–23 Uhr, begrenzte Auswahl 16–19 Uhr) Das gehobene Restaurant residiert in mehreren kleinen Räumen und auf zwei offenen Terrassen des **Zendegi-Hauses**, das um einen Brunnen herum errichtet ist. Das 180 Jahre alte Haus eines Müllers und Kaufmanns beherbergt außerdem einen Museumsraum mit allerlei Sachen aus dem 20. Jh., einen Kristallladen und ein Glasmalerei-Atelier. Das Haus lohnt auch dann einen Blick, wenn man hier nicht essen möchte. Auf der Karte stehen zumeist Kebabs, aber auch Salate und Auberginengerichte. Für donnerstags sollte man vorbuchen.

Sofrakhane Kohamdezh   IRANISCH $$

(☑ 023-3333 8333; Kohneh Dezh St; Hauptgerichte 125 000–350 000 IR; ⊙ 8.30–23.30 Uhr, vor 12 Uhr nur Frühstück) In dem Haus aus spätsafawidischer Zeit mitsamt *badgir* (Windturm) wurde Anfang 2017 ein gehobenes Restaurant mit Teehaus eröffnet. Zu den Spezialitäten hier gehören Fischfilets und Shrimps, zu denen frisch gebackenes *tanour*-Brot gereicht wird, das mit Gelbwurz eingefärbt und dezent mit Hammelfett aromatisiert ist. Tee für zwei Personen kostet 40 000 IR, plus 5000 IR für ein Stück des köstlichen *shirini* (Dattelgebäck) des Hauses.

Restaurant Sonati Mashahir   IRANISCH $$

(☑ 023-3333 0463; Mashahir Sq; Hauptgerichte 80 000–320 000 IR; ⊙ 9–23 Uhr) Die Fassade wirkt nichtssagend, doch dahinter verbirgt sich eine wunderbar kitschige Einrichtung. An achämenidischen Figuren vorbei geht's hinunter in einen Gewölbekeller, eine künstliche Grotte und einen runden Essbereich mit auf Alt getrimmten Porträtreliefs. Neben den Standardkebabs wird hier auch *tahchin* (Schichten aus Reis und mariniertem Fleisch; 300 000 IR) in seiner nomadischen Sangesar-Version gereicht, mit Lamm statt Huhn.

ⓘ Praktische Informationen

Sadi Coffeenet (Sadi Sq; Internet 40 000 IR pro Std.; ⊙ Sa–Mi 10–19 Uhr)

Semnan Miras (☑ 023-3332 1602; www.mirassemnan.ir; Tadayon-Haus, Taleqani St, zw. 3rd & 5th Alley; ⊙ So–Mi 8–14.30, Do bis 13.30 Uhr) Das Kulturinformationsbüro von Semnan befindet sich in einem Raum einer hübschen kadscharischen Villa, die auch den schönsten verbleibenden Windturm der Stadt umfasst, außerdem einen Andenkenladen und ein Edelsteingeschäft. Im Kellergeschoss am hinteren Hof ist ein leicht zu übersehendes **traditionelles Café** (S. 265) ansässig.

ⓘ An- & Weiterreise

Am Flughafen von Semnan, 6 km östlich der Stadtgrenze, wird noch gebaut. Nach Mashhad nimmt man besser die Bahn als den Bus – bei Letzteren handelt es sich meist um Busse, die auf dem Weg von und nach Teheran die Ringstraßen um die Stadt herum abfahren.

BUS & SAVARI

Semnans **Hauptbusbahnhof** (Imam Reza Expressway) liegt 3 km westlich des Sa'di Square, 100 m hinter dem Imam Hossein Square. Zwischen 5 und 19 Uhr fahren jede halbe Stunde Busse nach Teheran (140 000 IR, 3 Std.), außerdem Savaris (Sitzplatz vorne/hinten 240 000/220 000 IR, *dar baste* 900 000 IR), betrieben von vier Unternehmen am Busbahnhof. Jedes der Unternehmen hat einen eigenen Warteraum. **Mohebban** (☑ 023-3346 8585; www.mohebban.ir; ⊙ 24 Std.) bietet außerdem ein paar Autos tgl. nach Sari (Sitzplatz vorne/hinten 310 000/270 000 IR, *dar baste* 1 120 000, 5 Std.). **Hedayate** (☑ 023-3346 7620; ⊙ 24 Std.) hat von 6 bis etwa 17 Uhr Sammelfahrten nach Garmsar (Sitzplatz vorne/hinten 115 000/105 000 IR, *dar baste* 450 000 IR, 1¼ Std.) im Programm.

Busse von Mola-i (Jahadieh Blvd; ⊙ 7–18 Uhr) nach Damghan (70 000 IR, 1¾ Std.) und Shahrud (100 000 IR, 2½ Std.) fahren von 7 bis 18 Uhr fast stündl. zur vollen Stunde von einem kleinen Terminal 200 m südlich des Standard Square (3 km östlich des Zentrums). **Savaris** nach Damghan und Shahrud starten an der Südostecke des Standard Square.

ZUG

Es fahren tgl. mehrere Züge nach Teheran (3 Std.) sowie drei Züge nach Mashhad (10.10, 15.30 und 18.30 Uhr, 9 Std.). Der **Bahnhof** (Motahari St) ist 1,5 km südlich des Imam Khomeini Square. Mehr Verbindungen hat man ab Shahrud.

Garmsar

گرمسار

023 / 58 000 EW.

Wer hier mit dem Auto vorbeikommt oder mit der Elburs-Bahn nach Sari fahren möchte, kann in Garmsar eine Kaffeepause einlegen. Besonders schön ist es im einzigartigen **Café Abenbar** (Aftab Alley, Imam Khomeini Sq; 9–13 & 15.30–22.30 Uhr) ganz unten in einem tiefen historischen Wasserspeicher, versteckt hinter der Jameh-Moschee. Das schummrig beleuchtete Café präsentiert sich frauenfreundlich. Serviert werden Getränke, Kuchen und Eisbecher (65 000–90 000 IR). Für eine ganze Mahlzeit lohnt sich vielleicht ein Abstecher hinaus nach Dehnamak mit einer **Karawanserei** (0912 611 3387, 0911 805 3814; www.dehnamak.net; Garmsar–Semnan Hwy; Hauptgerichte 100 000–320 000 IR; 11–22 Uhr) aus dem 16. Jh.

Ansonsten kann man Garmsar schnell wieder vergessen. Fast 20 km von Garmsar lädt die **Salzmine Kuhdasht** (Qom–Garmsar Hwy; nach Vereinbarung) GRATIS zu einem Besuch ein. Manchmal dürfen Besucher (in Begleitung) vorbei an 70 riesigen, künstlichen, kaum beleuchteten Pfeilern die 700 m langen, gewaltigen Tunnel entlangfahren. Gegebenenfalls sollte man vorher im **Aghvam-Museum** (Baghavi-Haus, Faisali Hossein Alley; Ausländer/Iraner 100 000/20 000 IR; Di–So 8–16 Uhr) in Garmsar um Erlaubnis fragen.

Einer der besten Gründe für einen Abstecher in diese Gegend ist eine Übernachtung im **Setar-e Kavir** (023-3453 4095, 0912 531 9327, Herr Famili 0912 121 0959; www.ssdg.ir; Haji Abad, bei Garmsar; ab 1 299 000 IR pro Pers.; ✳ ☎) in einer kleinen Siedlung an der Straße von Mashhad nach Teheran, rund 9 km nordöstlich von Garmsar. Das Boutiquehotel bietet sechs gemütliche und komfortable Mini-Suiten in einem pseudohistorischen Stil, aber mit kompletter Ausstattung. Außerdem gibt's hier einen Hofgarten, in einem alten Badehaus ein kleines Restaurant/Teehaus und über dem Souvenirlädchen einen doppelten Windturm.

➊ An- & Weiterreise

2,4 km außerhalb des Zentrums gibt es einen kleinen **Busbahnhof** (Rah-Ahan Blvd) für Busse nach Teheran (60 000 IR, stündl.) sowie davor einen informellen **Taxistand** (Rah-Ahan Blvd) mit Savaris nach Teheran (Sitzplatz vorne/hinten 120 000/110 000 IR) und Semnan (110 000/100 000 IR).

Am **Bahnhof Garmsar** (051-3420 0655; Taheri St; Ticketschalter tgl. 8–13 & Sa–Do 16–18 Uhr), 1,1 km hinter dem Busbahnhof, fährt um 10.40 Uhr ein Zug nach Sari (140 000 IR, 5 Std.) – ideal für Eisenbahnfreunde, die tagsüber mit der Trans-Elburs-Bahn fahren möchten. Um 23 Uhr fährt ein Nachtzug nach Gorgan (380 000 IR). Nach Mashhad verkehrt um 9 Uhr ein Regionalzug (380 000 IR), um 14.30 und 17.30 Uhr fahren luxuriösere Züge (720 000 IR). Züge nach Teheran (50 000 IR, 1¼ Std.) fahren um 7.20, 16.20, 17 und gegen 24 Uhr.

Shahrud

شاهرود

023 / 150 000 EW. / 1410 M

Wer zwischen Semnan und Mashhad mit Bussen unterwegs ist, muss gewöhnlich in Shahrud umsteigen. Es ist eine hübsche, florierende Stadt mit vielen Studenten und schattigen Straßen. Die wichtigste Sehenswürdigkeit hier ist der **Bezayit-Bastami-Komplex** (Taleqani St, Bastam; Sonnenauf- bis Sonnenuntergang) GRATIS mit historischen Gebäuden zumeist aus dem 13. Jh., rund 7 km vom Stadtzentrum.

Im Rahmen eines halbtägigen Ausflugs gelangt man hoch zur **Jangali Abr**, einer Straße, die sich durch europäisch anmutende Wälder windet, bis man oberhalb der Wolken wieder herauskommt.

An Unterkünften gibt es hier das einfache Gästehaus **Mehmanpazir Pars** (023-3223 3546; 22nd Bahman St, Jomhuri-e Eslami Sq; EZ/DZ/3BZ/4BZ ohne Bad 245000/342000/414000/470 000 IR; P) neben dem überdachten Basar, das in die Jahre gekommene, behagliche und zentral gelegene **Shahrud Tourist Inn** (023-3223 1288; http://en.ittic.com; abseits der Ferdowsi St; EZ/DZ/Suite 1 310 000/1 640 000/2 800 000 IR; P ✳ ☎) und das kleine, zweckmäßige **Bastam Tourist Hotel** (023-3252 4596; http://en.ittic.com; Motahari Park, South Shohada St, Bastam; DZ/3BZ/Suite 1 664 000/2 070 000/3 500 000 IR; P ✳ ☎).

Gut für Kebabs oder eine Kanne Tee zum Entspannen ist das **Sofrakhane Sonati Emarat** (Ferdowsi St; Hauptgerichte 90 000–400 000 IR; 12–24 Uhr). Gehobenere iranische Mahlzeiten serviert das charmante, dezent im modern-traditionellen Stil gehaltene **Haft Khan Restaurant** (023-3107, 023-3222 2440; www.7khanco.com; Ferdowsi St; Hauptgerichte 150 000–400 000 IR; 7–1 Uhr).

Wer es gern auch etwas schrulliger mag, kommt in der Café-Bar **Flamingo** (Pishvar St; 10–24 Uhr) auf seine Kosten. Hier gibt's so

ⓘ GRENZÜBERGÄNGE NACH TURKMENISTAN

Incheh Borun

Der Grenzübergang Incheh Borun befindet sich in **Pol**, 4 km abseits der Straße von Gorgan nach Incheh Borun: Man biegt 12 km vor dem Dorf Incheh Borun Richtung Norden ab. Auf iranischer Seite verkaufen Händler auf einem Grenzmarkt Filzteppiche. Freitags sind die Seen in der Gegend beliebt bei Picknickern, doch es verkehren keine öffentlichen Verkehrsmittel. Vor dem turkmenischen Grenzposten erstrecken sich 1,5 km Niemandsland. 2016 wurde eine neue Bahnstrecke von Gorgan nach Balkanabat eröffnet, die ebenfalls diese Route nutzt. Bisher verkehren hier nur Güterzüge, aber vielleicht gibt's in der Zukunft auch Personenzüge.

Bajgiran

Vom unteren Grenztor in Bajgiran geht es 1,7 km hoch zu den **Grenzposten** (Bajgiran; 🕒 7.30–15.30 Uhr iranischer Zeit, 9–17 Uhr turkmenischer Zeit); ein Taxi kostet 50 000 IR. Vor dem Grenzübertritt sollte man vielleicht mindestens 20 US$ in turkmenische Manat wechseln, entweder bei Händlern im Dorf Bajgiran oder in einem Laden neben der iranischen Zollstation. Die turkmenische Zollstation ist nur 50 m entfernt. Wie an allen turkmenischen Grenzposten muss man 12 US$ (in US-Dollar-Scheinen) für die Einreisekarte zahlen. Wenn man mit einem Touristenvisum an der Passkontrolle ankommt, muss den Grenzbeamten die Visumsgenehmigung vorliegen und ein Vertreter der Agentur sollte warten – also die Uhren in Einklang bringen. Das alles ist nicht nötig, wenn man ein Transitvisum hat.

Die turkmenischen Einreiseprozeduren können nervig langwierig sein, selbst wenn alles in Ordnung ist. Howdan, der obere Zollposten auf turkmenischer Seite, ist kein Dorf, es gibt hier keine Einrichtungen und vom unteren turkmenischen Grenztor (Berzhengi Tamozhna) sind es noch 25 km hierher. Minibusse (umgerechnet 10 US$ pro Pers.) pendeln durch dieses Niemandsland; sie fahren ab, wenn sie eine Handvoll Fahrgäste zusammen haben. Nach weiteren Passkontrollen kann es weiter nach Aschgabat gehen (ca. 5 US$ mit dem Taxi).

viel zu sehen, dass man vielleicht bis zum Abendessen bleibt (Burger 220 000 IR, Pizza 160 000 IR). Das burgähnliche Teehaus **Kahkeshan** (تفریحی کهکشان; 🕿 025-3252 5200; Gorgan Rd, Bastam; 🕒 12–24 Uhr) bietet von seiner Dachterrasse aus ein Bergpanorama.

ⓘ An- & Weiterreise

BUS & SAVARI

Vom **Teheraner Terminal** (Shahrud–Damghan Hwy) am westlichen Stadtrand, 6 km vom Azadi Square, fahren Busse nach Teheran: vormittags stündl. (*mahmooly* 180 000 IR) und 14–18 Uhr alle 30 Min. (meist VIP 330 000 IR, 6 Std.), von denen fünf den Teheraner Busbahnhof Arjentin (und nicht Janub) ansteuern. Iran Peyma hat um 22 Uhr einen Nachtbus nach Mashhad (210 000 IR, 7 Std.) sowie um 17 Uhr einen Bus nach Isfahan (430 000 IR, 12 Std.). Savaris nach Semnan und Teheran fahren vor dem Busbahnhof ab.

Savaris nach Gorgan (Sitzplatz vorne/hinten 230 000/210 000 IR) und Azad Shahr (180 000/160 000 IR) fahren vor einem mit „Garazh" beschilderten **Minibus-Terminal** gleich hinter dem Imam Reza Square, ca. 1 km östlich des Azadi Square.

ZUG

Züge nach Mashhad (270 000–370 000 IR) fahren um 3, 4, 9.40, 11.20, 12.50, 13.30, 15.43, 18.30 und 20.32 Uhr. Die meisten brauchen 5½ Std., der um 15.43 Uhr ist schneller „Pardiz" – der braucht nur 4 Std. Außerdem verkehren neun Züge am Tag nach Teheran.

ⓘ Unterwegs vor Ort

Sammeltaxis (22 Bahman St) zum Imam Reza Square und „Garazh" (10 000 IR) fahren in der Nähe des Jomhuri-e Eslami Square ab. Andere Taxis vom Imam Reza Square fahren nach Bastam und dann zurück von der Taleqani Street direkt vor dem historischen Komplex.

Ein Taxi *dar baste* vom der Innenstadt von Shahrud nach Bastam kostet 50 000 IR. Viele Stadtbusse nutzen einen **zentralen Busbahnhof** (Jomhuri-e Eslami Sq) beim Mehmanpazir Pars.

Gonbad-e Kavus گنبد کاووس

🕿 017 / 146 000 EW. / 39 M

Aus einer ansonsten gesichtslosen, wuchernden Stadtlandschaft sticht der 53 m hohe **Grabturm Mil-e-Gonbad** (www.gonbad-eqa

bus-whb.ir; Imam Blvd; Ausländer/Iraner 200 000/30 000 IR; ⊙ 7.30–20 Uhr) hervor, ein Weltkulturerbe. Sonst ist die Stadt nur für ihre Rennen mit turkmenischen Pferden sowie ein in Iran bekanntes Volleyballteam bekannt.

Der Turm sieht aus wie eine Backsteinrakete mit Pfeilern und dem Grundriss eines zehnspitzigen Sterns. Er ist so gut erhalten, dass man sich kaum vorstellen kann, dass er hundert Jahre alt sein könnte, dabei sind es sogar tausend Jahre. Drinnen im schmucklosen Inneren des Turms kann man dem Echos lauschen, ebenso draußen von einer mit einem Kreis markierten Stelle rund 40 Schritte vor dem Turm.

Als der Grabturm 1006 erbaut wurde, war hier die blühende Stadt Jorjan. Im 13. Jh. wurde sie im Zuge der Mongolenangriffe fast vollständig dem Erdboden gleichgemacht. Der einzige andere Überrest des alten Jorjan, der heute noch zu sehen ist, sind die Ausgrabungen hinter dem riesigen, reich verzierten **Imamzadeh-ye Yahya** (Imamzadeh Blvd), 4 km südwestlich vom Zentrum von Gonbad-e Kavus. Wer Zeit hat, kann sich noch das kleine, aber gut konzipierte **Teppichmuseum** (☎ 017-3322 7769; Imam Blvd; Ausländer/Iraner 80 000/20 000 IR; ⊙ Sa–Do 7.30–14 Uhr) anschauen.

🛏 Schlafen & Essen

Es gibt zwei passable Unterkünfte rund um den Imam Ali Square an der Ringstraße, 2,5 km südlich des Zentrums: das saubere, einfache **Mehmanpazir Ferdows** (☎ 017-3333 0364; Imam Ali Sq; DZ ohne/mit Bad 400 000/600 000 IR; 🅿❋) und das komfortablere **Hotel Ghaboos** (☎ 017-3334 5402; hotelghaboos @gmail.com; Imam Ali Sq; EZ/DZ/3BZ 750 000/1 100 000/1 450 000 IR; 🅿❋❋). Ganz in der Nähe wird ein besseres Hotel erbaut – bis das fertig ist, findet man gute Übernachtungsmöglichkeiten in Minudasht und Azadshahr, jeweils etwa 20 km entfernt.

Beiderseits des Grabturm-Areals gibt's an der Imam Street Kebabläden und Imbisse sowie bessere Speiselokale im gesichtslosen modernen Viertel Danshju. Wer im Gebiet rund um den Imam Ali Square nächtigt, ist nur 300 m entfernt vom **Havash** (☎ 017-3172; Südöstliche Ringstraße; Vorspeisen 60 000–120 000 IR, Kebabs 200 000–410 000 IR), dem besten Restaurant in Gonbad; es liegt abseits der südöstlichen Umgehungsstraße etwa auf halber Strecke zum Supermarkt Havash.

In Turmnähe gibt's ausgezeichneten Kaffee mit Ausblick im **Café Night Star** (2. OG,

Keykabus Shopping Center, Qabus St; ⊙ Sa–Do 11–24, Fr 16–24 Uhr; ❋)), während sich das weniger trendbewusste **Safa Café** (Imam Blvd; Säfte 50 000–70 000 IR; ⊙ Sa–Do 8–24, Fr 9–24 Uhr) für frisch gepresste Säfte und Eiscreme anbietet.

❶ Praktische Informationen

Amarken (Blvd Entezami; ⊙ Sa–Mi 7.30–14, Do bis 12 Uhr) Das Mehmanpazir Ferdaws bat uns, uns in diesem recht abschreckenden Polizeirevier zu melden, um über Nacht bleiben zu dürfen. Es ist durch das zweite graue Tor auf der linken Seite zu erreichen, wenn man vom 17 Shahrivar Square nach Westen geht, etwa auf halbem Weg zwischen dem Zentrum und dem Imam Ali Square.

❶ An- & Weiterreise

Savaris nach Gorgan (Sitzplatz vorne/hinten 90 000/80 000 IR, 1½ Std.) bietet **Qabus Safar** (☎ 017-3334 5008; Imam Blvd) ab einem sehr versteckten Platz. **Savaris nach Kalaleh** (Basij Sq) kosten 30 000 IR, brauchen 45 Min. und fahren von der Südostecke des Basij Square; hier verkauft **Akhlaghi** (☎ 017-3355 7770; Enghelab St, Basij Sq; ⊙ 8.30–13 & 16–18 Uhr) Flugtickets und Bahnfahrkarten für Reisen ab Gorgan.

Golestan-Nationalpark

پارک ملی گلستان

Der nur begrenzt zugängliche **Golestan-Nationalpark** östlich von Gonbad-e Kavus birgt (teils kultivierte) Steppe und dichte Bergwälder mit Eichen-, Buchen- und Persischen Eisenholzbäumen, deren Blätter im Herbst bunt leuchten. Der bewaldete Westteil des Parks steigt von etwa 500 m steil an und erreicht auf den gestuften Klippen umringten **Beyli-Plateau** eine Höhe von über 1600 m. Die Ostteile des Parks sind aride, dafür besser zur Tierbeobachtung: Hier leben mindestens 22 große Leoparden.

Unmittelbar jenseits der Ostspitze des Parks befinden sich die Ruinen der Karawanserei **Robat Qarehbil** sowie das reizende kleine Dorf **Espakho** mit der Ruine eines Feuertempels aus sassanidischer Zeit.

Um den Park zu erkunden, muss man eigentlich eine offizielle Genehmigung einholen – was Tage, wenn nicht gar Wochen dauern kann. Eine schöne, wenn auch etwas teure Art, den Park zu besuchen, ist im Rahmen von Wander-, Reit- oder Tierbeobachtungstouren, die die **Turkmen Ecolodge** (☎ 0912 720 6741; www.turkmenecolodge. com; Tootli Tamak, Golestan-Nationalpark; ohne

Bad 29 US$ pro Pers.; ⊙Sept.–Juni) 🖋 organi-siert. Die reizende Furukh und ihr leutseli-ger Ehemann Kamran haben ein rustikales Lehmziegelhaus mit dicken Mauern zu ei-ner hübschen Ökolodge mit vier Zimmern umgebaut, kunstvoll mit alten Möbeln und regionalem Kunsthandwerk eingerichtet. Keinerlei Schilder weisen auf die Lodge hin: Sie liegt in einem winzigen turkmenischen Weiler am Park. Kamran führt verschiedene Parktouren in fließendem Englisch durch. Die Gäste schlafen und essen auf Bodenmat-ten; die Bäder befinden sich draußen (Hand-tücher selbst mitbringen). Die Preise gelten jeweils pro Person, und die Mahlzeiten kos-ten extra (Frühstück/Mittagessen/Abendes-sen 10/15/15 US$) – zum Essen in der Lodge gibt's eigentlich keine Alternative in der Ge-gend. Das gemeinschaftlich eingenommene Abendessen ist gesund, besteht meist aus Biozutaten und wird von zahlreichen Pickles begleitet, ist aber für iranische Verhältnisse sehr teuer; das einfache Mittagessen kostet merkwürdigerweise genauso viel wie das Abendessen. Wenn größere Gruppen (max. 20 Pers.) untergebracht werden, schlafen in den großen Zimmern bis zu sechs Gäste ne-beneinander. Mindestens drei Wochen im Voraus buchen.

Zweimal im Jahr (Mai und Ende Sept.) bietet **Persian Voyages** (www.persianvoy ages.com) Gruppentouren durch dieses fas-zinierende Gebiet, u. a. fünftägige Reit- und Camping-Expeditionen.

Ein Taxi ab Gonbad kostet ca. 500 000 IR. Auf dem Weg zwischen Gorgan und Bojnurd eröffnen sich Ausblicke auf den Park.

Bajgiran باجگيران

🔲 051 / 410 EW. / 1630 M

Das Dorf ist der wichtigste Übergang nach Aschgabat, der surreal anmutenden turk-menischen Hauptstadt. Unter Umständen lohnt es sich, hier zu übernachten, um früh-morgens loszukommen. Das **Hotel Bajgiran** (🔲 051-3372 3212; Bajgiran; 2BZ 450 000 IR) bie-tet neun akzeptable, aber recht karge Zim-mer mit Gemeinschaftstoiletten. Es befindet sich 800 m vor dem unteren Grenztor in Baj-giran. Die Verpflegungsmöglichkeiten sind begrenzt, daher lohnt es sich, für die unter Umständen längeren Wartezeiten an der Grenze Proviant einzupacken.

Eine größere Auswahl an Unterkünften und Speiselokalen bietet sich in **Quchan**, der nächsten größeren Stadt.

ℹ️ An- & Weiterreise

Ein direktes Taxi von Mashhad nach Bajgiran kostet 1 500 000 IR. Oder man begibt sich zunächst zum Felestin Square in Quchan: Von hier fahren Savaris nach Bajgiran (200 000/700 000 IR pro Pers./Auto, 1¼ Std.) zum unteren Grenztor (S. 268).

Busse nach Quchan fahren regelmäßig von Bojnurd (80 000 IR, 2 Std.) und vom Meraj-Busbahnhof in Mashhad (80 000 IR, 1¾ Std.); Ankunft ist am Azadi Square oder am **Hauptbusbahnhof** (Modarres Blvd) von Quchan. Ein Taxi zum Felestin Square kostet jeweils 50 000 IR.

Mashhad مشهد

🔲 051 / 2 965 000 EW. / 975 M

Mashhad ist die heiligste Stadt Irans und die zweitgrößte des Landes. Die bedeutendste Sehenswürdigkeit ist der schöne, große und stets wachsende Haram (Schreinkomplex), der an das Martyrium des achten Imam des schiitischen Islam, Imam Reza, im Jahr 818 erinnert. Den Schmerz über den Tod des Imam Reza verspüren die Gläubigen auch nach einem Jahrtausend noch sehr stark – mehr als 20 Mio. Pilger kommen im Jahr hierher, um dem Imam ihre Ehrerbietung zu erweisen. Ihre Tränen zu sehen ist sehr be-wegend, auch für Menschen, die nicht mus-limischen Glaubens sind.

In Mashhad kann man gut Teppiche kau-fen. Die Stadt ist auch eine Zwischenstation für Reisen nach Turkmenistan und Afgha-nistan sowie in die kaum besuchte Region Khorasan.

Während des Neujahrsfests Nouruz und an großen islamischen Feiertagen sind fast alle Unterkünfte und öffentlichen Verkehrs-mittel schon Monate im Voraus ausgebucht. Zu anderen Zeiten kann Mashhad dagegen recht preisgünstig sein.

Geschichte

Nach der Bestattung des Imam Reza hier lockte das kleine Dorf Sanabad schiitische Pilger an und war bald als Mashhad („Ort des Martyriums") bekannt. Bis 1389, als Timur Lenk und sein Trupp das ganze Ge-biet plünderten, war das nahe Tabaran (das heutige Tus) jedoch bedeutender. Danach erlangte Mashhad den Status der neuen Hauptstadt von Khorasan.

Das Heiligtum wurde im frühen 15. Jh. unter Timurs Sohn Schah Rokh und seiner außergewöhnlichen Frau Gohar Shad ausge-

Großraum Mashhad

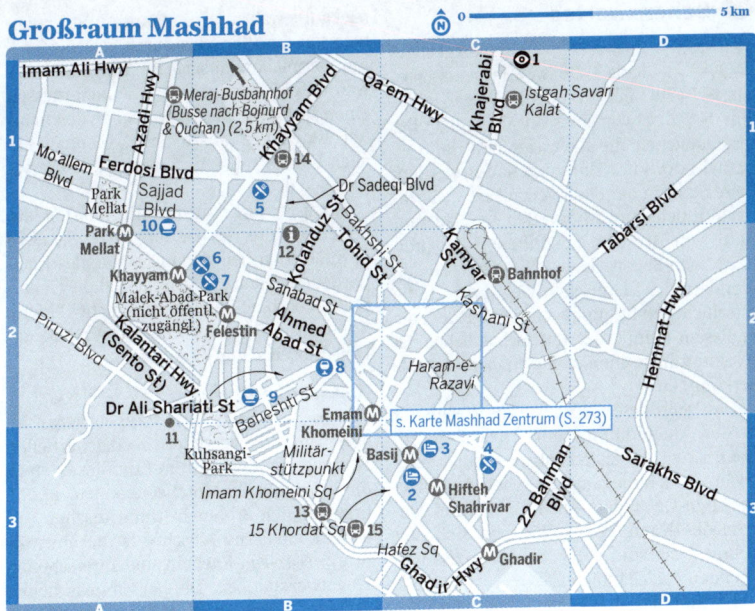

baut. Nach dieser einflussreichen Ehefrau ist die Hauptmoschee des Komplexes benannt. Nachdem die Safawiden den schiitischen Islam als Staatsreligion etabliert hatten, wurde Mashhad zur wichtigsten Pilgerstätte Irans. Um das Jahr 1612 herum ließ Schah Abbas I. dann den neuen Kern des Heiligtums errichten.

Auf politischer Ebene erreichte Mashhad seinen Höhepunkt unter Nadir Schah, für dessen Reich Khorasan das Kernland bildete. Zwar war Nadir ein Sunnit mit missionarischem Eifer, doch er unterstützte das Heiligtum weiter, das 1928, in den 1970er-Jahren und seit 1979 fast ohne Unterbrechung ausgebaut wurde. Die wohltätige Stiftung des Heiligtums, Astan-e Qods e Razavi, ist heute ein mächtiges Geschäftskonglomerat, das Unternehmen in den Branchen Backwaren, Teppiche, Mineralien und Transport verwaltet. Doch der größte Teil der Einnahmen des Heiligtums stammt aus Spenden, Erbschaften und dem Verkauf von Grabstätten: In der Nähe des Imam begraben zu liegen ist eine große Ehre (und entsprechend teuer). Auffallend sind die vielen jungen Paare hier – an diesem Ort die Flitterwochen zu verbringen soll zu einer glücklichen Ehe beitragen.

Großraum Mashhad

⊙ Sehenswertes

★ Haram-e Razavi
ISLAMISCHE STÄTTE

(حرم امام رضا; Karte S. 276; www.imamrezashrine.com; ⊙ 24 Std.) GRATIS Das Imam-Reza-Heiligtum (S. 275) ist von einer Unzahl heiliger Bezirke umgeben, die alle zusammen Haram-e Razavi oder kurz Haram genannt werden. Diese Stadt in der Stadt verzaubert – mit ihren Kuppeln und Minaretten in Blau und Gold, von Brunnen gekühlten Höfen und prächtigen Bogenarkaden. Sie gehört zu den Wundern der islamischen Welt, und um die verschiedenen Stimmungen zu genießen, die in diesem Komplex zu unterschiedlichen Tageszeiten herrschen, sollte man mehrmals herkommen.

Das geordnete Gedränge zur Gebetszeit in der Abenddämmerung etwa steht im Kontrast zu der märchenhaften Stille eines nächtlichen Rundgangs zwischen den angestrahlten Gebäuden. Auch für die drei Museen des Komplexes sollte man sich Zeit nehmen, sie sind voller Schenkungen und Spenden von Gläubigen.

Im Komplex sind keine Taschen und Kameras erlaubt – mit Smartphones Fotos zu machen scheint jedoch okay zu sein. Bei den meisten Eingängen befinden sich Gepäckaufbewahrungen. Männer und Frauen betreten den Komplex durch verschiedene, mit Teppichen ausgelegte Eingänge und werden höflich durchsucht. Frauen müssen einen Tschador tragen, sie sind an den meisten Eingängen auszuleihen. Männer wie auch Frauen müssen sauber und konservativ gekleidet sein.

Nicht-Muslime dürfen die meisten der äußeren Höfe des Haram betreten, doch in die beiden heiligsten Gebäude des Komplexes, den Heiligen Schrein und die Gohar-Shad-Moschee, dürfen sie nicht hinein. Auch die prächtigen Enqelab- und Azadi-Höfe dürfen sie nicht betreten.

Haftado-Tan-Moschee
MOSCHEE

(مسجد هفتاد و دو شهيد; Karte S. 276; Andarzgu 13th Alley) Unmittelbar außerhalb der offiziellen Begrenzung des Haram-Komplexes steht diese prachtvolle Moschee aus dem 15. Jh., ursprünglich erbaut in timuridischer Zeit als Grabmal. Die Moschee ist bekannt für ihre *mo-ar-raq*-Kacheln und ihre schönen Flechtwerklampen. Die beiden gekachelten Minarette scheinen gestutzt worden zu sein; das größere ist mit rechteckigen, tiefblauen Inschriftenfeldern bedeckt, auf denen in vier Richtungen „Mohammad" steht.

DAS MARTYRIUM DES IMAM REZA

Im Heiligtum in Mashhad bricht aus den Pilgern immer wieder die tief empfundene Trauer um den Tod des Imam Reza hervor, als ob seine Ermordung mit vergifteten Weintrauben und Granatapfelsaft erst gestern stattgefunden hätte. Sie geschah aber schon vor über tausend Jahren, im Jahr 818.

Die Geschichte beginnt 20 Jahre früher mit Harun ar-Raschid, dem großen, in *Tausendundeine Nacht* verewigten Kalifen. Harun beherrschte das abbasidische Kalifat und entfaltete große Wirkung, denn er brachte das analytische Denken der Griechen und eine kosmopolitische Kultiviertheit in die arabisch-muslimische Gesellschaft. Seine weltliche Macht war unanfechtbar. Doch er begehrte die spirituelle Vorherrschaft von Musa, dem siebten schiitischen Imam. Musa wurde schließlich in Haruns Bagdader Gefängnis geworfen und getötet.

Musas 35-jähriger Sohn Ali al-Raza (Razavi) erbte die Rolle seines Vaters und wurde zum Imam Reza. Derweil fochten Haruns Söhne Ma'mun und Amin nach dessen Tod einen Krieg um die Nachfolge ihres Vaters als Kalif aus. Ma'mun, der sein Lager vorübergehend in Merv im heutigen Turkmenistan aufgeschlagen hatte, ging als Sieger aus der Auseinandersetzung hervor, allerdings benötigte er Rezas Hilfe bei der Niederschlagung einiger Revolten. Nachdem er erfolglos versucht hatte, den Imam davon zu überzeugen, ihn freiwillig zu unterstützen, schleppten Ma'muns Schergen ihn als Zeichen seiner herrschaftlichen Macht unter Zwang durch die rebellischen Regionen. Der Schuss schien nach hinten loszugehen. Mit seiner charismatischen Erscheinung zog der Imam den königlichen Hof in seinen Bann, sodass Ma'mun fürchtete, in den Schatten gestellt zu werden. Und so kamen die tödlichen Trauben zum Einsatz. Ma'mun verschleierte das Verbrechen, indem er Rezas Leichnam als Zeichen der Ehrerbietung in Sanabad (dem heutigen Mashhad) ganz in der Nähe seines eigenen Vaters, des Kalifen Harun, beisetzen ließ.

Mashhad Zentrum

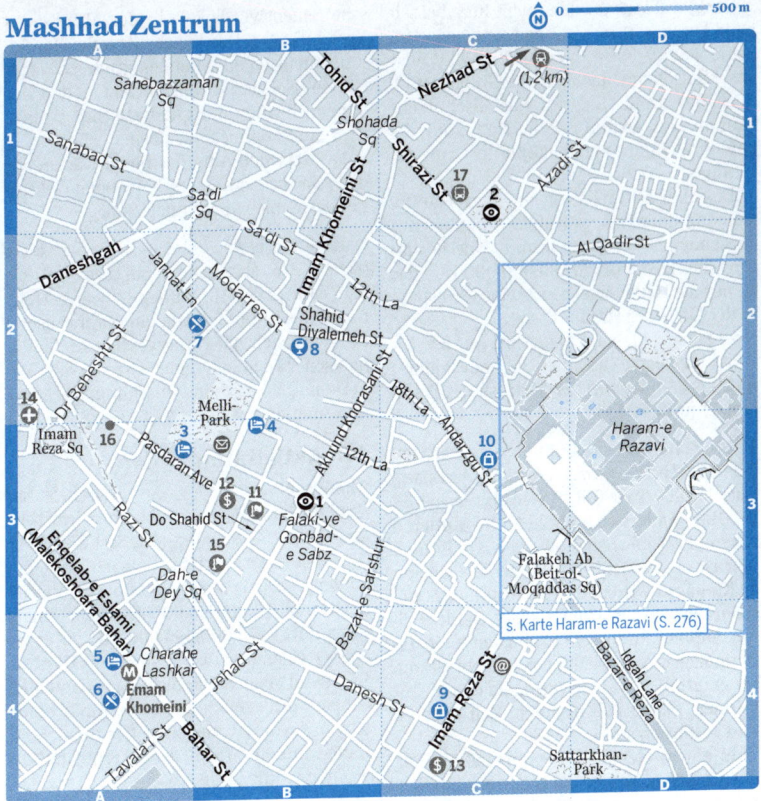

0 ————————— 500 m

Boq'eh-ye Khajeh Rabi   MAUSOLEUM
(بقعه خواجه ربیع); Karte S. 271; Khajerabi Blvd;
⏱5 Uhr bis Sonnenuntergang; 🚌 34, 38, 99) GRATIS
Das schön proportionierte Mausoleum mit
blauer Kuppel erinnert an einen Gefährten

des Propheten Mohammed, der sich später
nach Khorasan zurückzog. Er ging so Konflikten innerhalb der damaligen Gefolg-
schaft des Propheten aus dem Weg. Seinem
Grabmal Ehrerbietung zu erweisen soll der

„wichtigste Trost" für den Imam Reza bei seinem Aufenthalt in Mashhad gewesen sein. Seine heutige Form mitsamt Kuppel erhielt das Mausoleum nach einem Umbau 1612, doch der große Teil des Kachelschmucks stammt aus späterer Zeit. Nett sind die beiden kleinen Drachenköpfe in Grün am Westiwan.

Das Mausoleum ist von einem großen Bogengang umgeben, der einen Friedhof mit Tausenden Grabplatten säumt. Eine Bestattung hier kostet bis zu 180 000 000 IR – das ist nur die Hälfte dessen, was eine Grabstätte in der Nähe des Haram kostet.

Anfahrt ab Tabarsi Boulevard mit Bus 34, vom Kuh-e Sangi (über den Shohada Square) mit Bus 38 oder von der Metrostation Vakilabad mit Bus 99.

Nadir-Schah-Mausoleum
MAUSOLEUM

(Karte S. 273; Ecke Shirazi & Azadi St; Ausländer/ Iraner 150 000/25 000 IR; ⏱ 8–16 Uhr, Sommer bis 18.30 Uhr) Anderswo im Nahen und Mittleren Osten gilt Nadir Schah als eine Art Tyrann, hier ist er ein Held: Für kurze Zeit machte er Khorasan wieder zum Zentrum eines riesigen zentralasiatischen Reiches. Nadirs Reiterstandbild krönt sein ansonsten eher unfreundliches Mausoleum aus grauem Granit, errichtet 1956 in einer Form, die an ein Zelt erinnert (Nadir soll in einem Zelt geboren und gestorben sein).

In einem kleinen **Museum** sind Waffen, ein Schild aus Nashornhaut und ein Teppichporträt von Nadir zu Pferde zu sehen. „Beschützt" wird das Museum von einer portugiesischen Kanone aus den 1590er-Jahren, die 30 Jahre später in Hormus eingeheimst wurde.

Anthropologisches Museum
MUSEUM

(موزه انسان شناسی, Astan Quds Razavi, Mehdi Gholibek Hamam; Karte S. 276; www.aqm.ir; Andarzgu 13th Alley, Haram-Komplex; 5000 IR; ⏱ Mo–Do 8-14, Fr bis 13 Uhr) Der größte Reiz des geräumigen Museums in einem ehemaligen Badehaus sind die naiven Wandbilder von 1922 an der Hauptkuppel: Sie zeigen menschenähnliche Figuren, die sich zwischen riesigen Fahrrädern tummeln, ein altes russisches Auto, einen frühen Flugzeug-Doppeldecker und das merkwürdig unbeteiligt wirkende Opfer eines Erschießungskommandos.

Gonbad-e Sabz
MAUSOLEUM

(Karte S. 273; Akhund Khorasani St; ⏱ 7.30–21 Uhr) GRATIS Das kleine, mit einer blauen Kuppel gekrönte Grabmal (17. Jh.) des Gelehrten und Mystikers Momen Mashhadi bildet eine hübsche Sehenswürdigkeit in der Mitte eines Kreisverkehrs. Das letzte safawidische Monument in einem ehemals großen *wakuf*-Garten (Nachlassgarten) verfügt an den vier kleinen Iwanen der quadratischen Anlage über bunte Blümchenkacheln.

Der reizende Aufseher bietet Gästen vor den anachronistisch erscheinenden elektronischen Schiebetüren oft Tee an.

Karawanserei Azizolaof
BASAR

(Karte S. 276; Abbasqolikhan 6th Lane; ⏱ Sa–Do 8–19, Sa bis 12 Uhr) Hinter den schweren Holztüren dieser 90 Jahre alten Karawanserei tummeln sich die Unterwäschestände afghanischer Händler – eine faszinierende Szenerie und eine schöne Mischung aus Alltag und Architektur.

⚐ Aktivitäten

Chalidareh
BUNGEEJUMPING

(☏ 0915 009 1434; www.chalidareh.ir; Torqabeh-Kang Rd KM 2; ⏱ Mitte März–Mitte Sept. 8.30–2 Uhr, Mitte Sept.–Mitte März bis 19 Uhr) Der mit einer kurzen, wackeligen **Standseilbahn** (Ausländer/Iraner 70 000/35 000 IR) oder einem **Sessellift** (370 000/185 000 IR) zu erreichende Chalidareh ist ein **See mit Booten**. Er ist von einer Reihe nicht so bedeutender Sehenswürdigkeiten umgeben. Am bekanntesten davon ist vielleicht der 38 m hohe Bungeejumping-Turm, der im Frühjahr 2017 eröffnet worden sein müsste.

⚐ Geführte Touren

Faramarz Aminian
OUTDOORAKTIVITÄTEN

(☏ 0915 508 5420; aminian.faramarz@gmail.com) Der lizenzierte, Englisch sprechende Fahrer/ Guide, ursprünglich aus Torbat-e Heydarieh, bietet phantasievolle maßgeschneiderte Touren, u. a. im Oktober Safranfeldtouren und im Frühjahr Touren zu den Nomadengebieten um Kalat.

Vali Ansari Astaneh
TOUREN

(☏ 0915 100 1324; vali32@imamreza.net) Vali bietet preisgünstige Rundgänge, Radtouren und Stadttouren mit öffentlichen Verkehrsmitteln, Besuche in Dörfern und Bergwanderungen. Er ist ein faszinierender, stets enthusiastischer, nur manchmal ein wenig zu vertraulicher Typ.

Towhid Foroozanfar
TOUREN

(☏ 0915 313 2960; towhidfroozan@yahoo.com) Der gut informierte und einnehmende Towhid ist ein zertifizierter Fahrer/Guide in Mashhad.

ⓘ **BESUCH DES HARAM-KOMPLEXES**

Es lohnt sich, das Haram mehrere Male zu besuchen, um die verschiedenen Stimmungen zu erleben. Das Heiligtum ist besonders zur Gebetszeit bei Sonnenuntergang beeindruckend, ebenso spätabends. Einige Bereiche sind für Nicht-Muslime allerdings tabu. Wer tagsüber eine kostenlose Führung durch den Komplex wünscht, mit vielen Hintergrundinformationen und einem Video, kann beim **Büro für ausländische Pilger** (مرکز توریستی زائران خارجی); Karte S. 276; ☑ 051-3221 3474; www.imamrezashrine.com; Jomhuri-Hof; ⊙ 7–18 Uhr) nachfragen.

Wer selbst nicht als Pilger hier ist, für den bildet der Platz **Falakeh Ab** einen guten Ausgangspunkt. Von hier aus betritt man den riesigen, sehr imposanten **Großen Razavi-Hof**. Besonders abends dürfen Besucher dann in den **Imam Khomeini Ravagh** (Karte S. 276; ⊙ 24 Std.) weitergehen, einen Gebetssaal für Männer und Frauen, der mit Spiegelsäulen und Deckenfacetten verziert ist. Die Pilger gehen weiter zum **Hauptschrein** (Karte S. 276) mit dem Grab des Imam Reza. Hier wird unter Tränen gebetet und meditiert; der emotionale Höhepunkt einer jeden Pilgerfahrt nach Mashhad besteht darin, das *zarih* (goldene Gitter) des Schreins um das Grab des Imam Reza herum zu berühren und zu küssen. Nicht-Muslime sollten sich dem Gitteraufbau nicht nähern und dürfen in der Regel sowieso nicht weiter als bis zu den Eingängen der beiden prächtigsten Höfe, **Azadi-** und **Enghelab-Hof**, gehen; von beiden geht es durch goldene Iwane (Eingangsportale) ins innere Heiligtum.

Vielleicht kann man einen Blick auf die 50 m hohe Kuppel und das riesige goldene Portal der klassischen timuridischen **Moschee Azim-e Gohar Shad** (Karte S. 276) erhaschen, erbaut von 1405 bis 1418. Von den drei **Museen** ist vielleicht das beste das mit einer schönen Sammlung an **Teppichen** (موزه فرش; Karte S. 276; Kausar-Hof; 5000 IR; ⊙ Sa–Mi 8–12.30, Do bis 11.30, Fr bis 12 Uhr). Angesichts der niedrigen Eintrittsgebühren kann, wer Zeit hat, auch noch einen Blick in die anderen werfen.

Am Eingang zum Haram durchläuft man wie am Flughafen eine – höfliche – Sicherheitskontrolle; Taschen, Computer, Netzteile usw. müssen in den kostenlosen Gepäckaufbewahrungen abgegeben werden, die es am **Haupteingang** und an den meisten anderen Eingängen gibt. Frauen ohne eigenen Tschador können an den meisten Eingängen einen leihen. Die Eingänge sind u. a. **Tusi** (Nordwest), **Tabarsi** (Nord), **Javad** und **Hadi** (West) und **Navvab Safavi** (Ost).

🛏 Schlafen

Für einen Besuch in Mashhad sollte man die richtige Zeit wählen: In der Hauptsaison sind die Unterkünfte übervoll, in der Nebensaison verlangen die vielen Apartmenthotels für eine Suite, die zu Nouruz 3 000 000 IR kostet, vielleicht nur 500 000 IR. Die besten Schnäppchen verstecken sich oft in kleinen Gassen. Die Übernachtungspreise in größeren Hotels sind in der Regel stabiler, dennoch bieten einige in der Nebensaison Ermäßigungen von bis zu 50 %.

★ **Vali's Non-Smoking Homestay** HOSTEL $ (Karte S. 273; ☑ 051-3851 6980, 0939 250 1447; www.valishomestay.com; 277, Malekoshoara Bahar 38th Alley; B/EZ/DZ ohne Bad 400 000/800 000/ 1 000 000 IR, Frühstück/Abendessen 80 000/ 180 000 IR; ☺☎; 🚌83, 86, Ⓜ Emam Khomeini) Der exzentrische, ohne Ende enthusiastische Vali ist ein gastfreundlicher, Englisch sprechender Teppichhändler und Guide. In sei-

nem mit Teppichen ausgelegten Haus bietet er einen gemischten Schlafsaal mit sechs Betten und ein Doppelzimmer. Im Sommer nächtigen einige Gäste auch auf der offenen Terrasse. Dies ist die einzige echte Backpacker-Unterkunft in Mashhad, sie ist sehr viel persönlicher und kommunikativer als die meisten Hostels. Es gibt tolle Familienmahlzeiten und interessante Touren in die Region.

Die Preise bleiben das ganze Jahr über gleich. Zu erreichen ist die Unterkunft mit Bus 86 von der Andarzgu-Haltestelle (S. 282) im Haram-Viertel zur Metrostation Imam Khomeini oder mit Bus 83 vom Busbahnhof Imam Reza (S. 282) zur (weniger praktischen) Docharkhe-Kreuzung.

Pars Hotel HOTEL $ (Karte S. 273; ☑ 051-3222 4030; Imam Khomeini St, 26th Alley; 12 US$ pro Pers.; ✳☎) Das Pars, Mashhads ältestes Hotel, residiert in einem Backsteinbau von 1935. Es hat schon bessere

Haram-e-Razavi

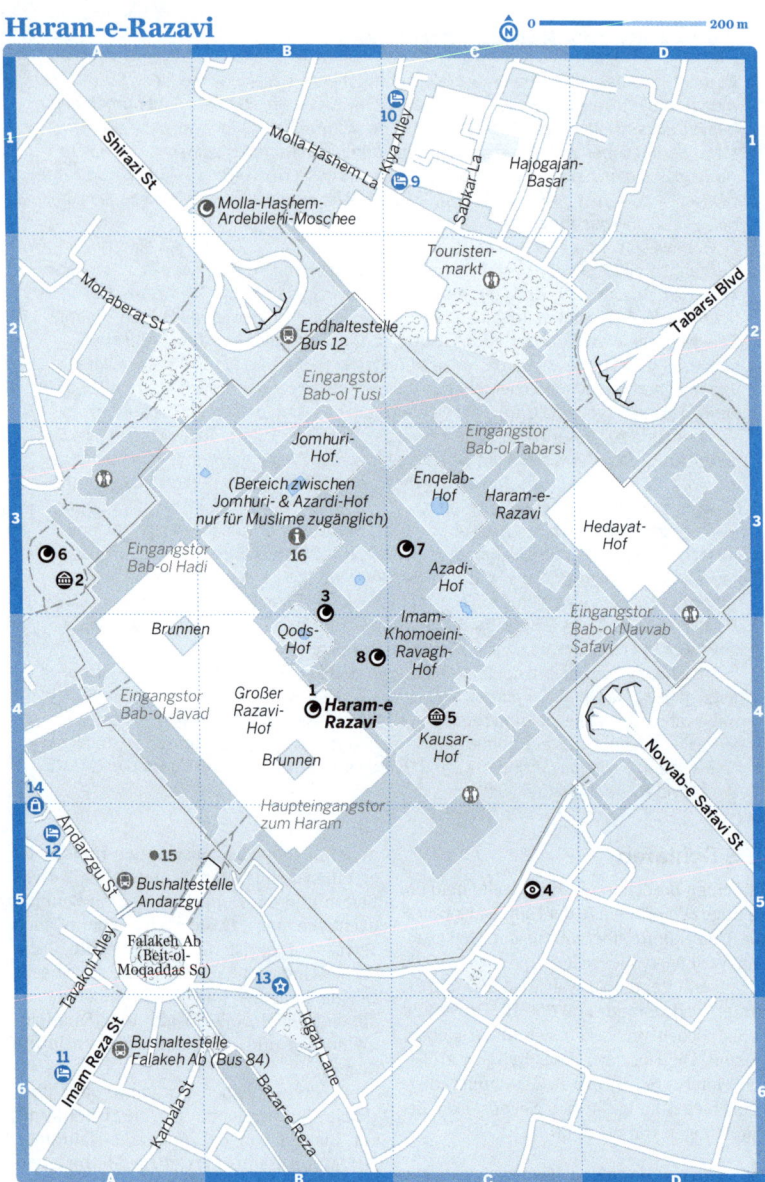

0 — 200 m

10

9

Molla Hashem La

Shirazi St

Kiya Alley

Sabhar La

Hajogajan-Basar

Molla-Hashem-Ardebileh-Moschee

Touristen-markt

Mohaberat St

Endhaltestelle Bus 12

Eingangstor Bab-ol Tusi

Tabarsi Blvd

Jomhuri-Hof.

Eingangstor Bab-ol Tabarsi

(Bereich zwischen Jomhuri- & Azardi-Hof nur für Muslime zugänglich)

Enqelab-Hof

Haram-e-Razavi

Hedayat-Hof

6

2

Eingangstor Bab-ol Hadi

16

7

Azadi-Hof

3

Eingangstor Bab-ol Navvab Safavi

Brunnen

Qods-Hof

8

Imam-Khomoeini-Ravagh-Hof

Eingangstor Bab-ol Javad

Großer Razavi-Hof

1 ● **Haram-e Razavi**

5

Kausar-Hof

Brunnen

Novvab-e Safavi St

Haupteingangstor zum Haram

14

12

Andarzgu St

15

Bushaltestelle Andarzgu

4

Falakeh Ab (Beit-ol-Moqaddas Sq)

Tavakoli Alley

13

Idgah Lane

11

Imam Reza St

Bushaltestelle Falakeh Ab (Bus 84)

Karbala St

Bazar-e Reza

Tage gesehen, doch der Preis für die alternden Zimmer mit Bad sind okay. Manager Hassan spricht gut Englisch. Das Restaurant im *sofrakhane-sonati*-Stil liegt im Untergeschoss. Dort ist ein Ofen (*tanour*), aus dem das frische Brot kommt, das zum Essen gereicht wird.

Khorshid Taban Hotel   HOTEL **$$**
(Karte S. 273; ☏051-3222 2263; www.khorshidtaban hotel.com; Pasdaran Ave; EZ/DZ/3BZ 1 480 000/ 2 560 000/3 150 000 IR; ❄☎❄) Das für den Preis luxuriöse neunstöckige Hotel wartet in der Lobby und im Coffeeshop wie auch in den komfortablen modernen Zimmer mit

Haram-e Razavi

einer dezenten Pracht auf, mit dunklem Furnier und roten Samtpaneelen.

Wenn man auf das Frühstück verzichtet, winkt in der Nebensaison ein Rabatt von etwa 10 %. Die Nutzung des Swimmingpools kostet 160 000 IR. Das Personal spricht ein wenig Englisch.

Hotel Hejrat
HOTEL **$$**

(Karte S. 276; ☑051-3222 6513; Molla Hashim Lane (Shirazi 3rd); Zi. 1 000 000–1 700 000 IR; ✳☎) Das saubere, neue Hejrat ist das ansprechendste von mehreren kleinen Hotels unmittelbar nördlich des Haram-Komplexes. Es richtet sich an Paare, Familien und Frauen – alleinreisende Männer werden nicht aufgenommen. Die kompakten Zimmer sind sehr gut mit kleiner Küche ausgestattet, die Gäste können die Toilettenart wählen.

Kosar Ghods Hotel
HOTEL **$$**

(Karte S. 276; www.kosaronline.com; Andarzgu St, zw. 2nd & 4th Alley; EZ/DZ 994 000/1 520 000 IR; ✳) Das Kosar Ghods besticht mit einer unschlagbaren Lage direkt gegenüber den Haupteingangstoren des Haram-Komplexes. Seine kompakten Zimmer sind eher bescheiden, aber hell und sauber, mit glänzenden Kachelböden.

Das Hotel liegt zwischen der 2. und 4. Gasse und ist auf Farsi und Arabisch, aber nicht auf Englisch beschildert.

Hotel Zamzam
HOTEL **$$**

(Karte S. 276; ☑051-3228 2828; Zeiya Lane; 2BZ/ 3BZ ganzjährig 35/40 US$) Das komfortable, wenn auch stilistisch demente 51-Zimmer-Hotel verbirgt sich in einer unscheinbaren Gasse. Die einladende und moderne Lobby-Lounge bildet einen schönen Kontrast zum Goldrand-Klassizismus der Flure und dem 1960er-Jahre-Retro-Akzent in den makellosen Zimmern. Die Bäder könnten größer sein.

★ Ghasr Talaee International
HOTEL **$$$**

(Karte S. 271; ☑051-38038; www.ghasrtalaee.com; Imam Reza St; EZ 2 790 000 IR, DZ 3 990 000– 4 990 000 IR; ☻✳☎☲) Ein gigantischer Kronleuchter, klimpernde Klaviermusik und zuvorkommendes, Englisch sprechendes Personal heißen die Gäste in diesem opulenten 650-Zimmer-Hotel mit über 20 Stockwerken willkommen. Im Preis inbegriffen ist die Nutzung eines Swimmingpools (Frauen 9– 15 Uhr, Männer 16–22 Uhr), von Whirlpools (nach Geschlechtern getrennt) und eines Salzraumes.

★ Javad Hotel
HOTEL **$$$**

(Karte S. 276; ☑051-3222 4135; www.javadhotel. com; Imam Reza St; Hauptsaison EZ/DZ 2 200 000/ 3 800 000 IR, Nebensaison 1 500 000/2 800 000 IR; ℗✳@☎☲) Das ausgezeichnete Hotel, eine Oase kühler, moderner Eleganz, wartet mit höflichem Englisch sprechendem Personal, einem tollen Coffeeshop im Untergeschoss und komfortablen Zimmern auf, die nicht exzessiv glitzernd eingerichtet sind, denen aber goldene Vorhänge Extravaganz verleihen.

Hotel Darvishi
RESORT **$$$**

(Karte S. 271; ☑051-3855 4008; www.darvishi ho tel.com; Imam Reza St; DZ ab 5 000 000 IR; ℗✳ ☎☲) Das gigantische Foyer des luxuriösen Darvishi soll die ankommenden Gäste zum Staunen bringen: Es wirkt wie aus dem Las Vegas des 21. Jhs., allerdings ohne Spielautomaten. Eine mehrstöckige abstrakte Skulptur erinnert an ineinander verschlungene Glasschlangen, im Atrium-Restaurant erheben sich vier hohe Palmen – überzeugend auf Echt gemacht –, und das kleinere Restaurant im zweiten Stock befindet sich in einem Treibhausgarten.

✕ Essen

Im Haram-Viertel gibt es zahllose billige Essmöglichkeiten in zumeist Kellerrestaurants. Gehobene Restaurants findet man eher in den westlichen Vororten um den Sajjad Boulevard herum, in den am Fluss gelegenen Teehäusern von **Torqabeh** oder in den prachtvollen Esstempeln von **Shandiz**.

Sholeh Mashhadi ist ein ortstypischer Eintopf mit Fleisch und Linsen, ursprünglich serviert an Trauertagen nach einer Beerdigung.

Chahar Fasl   IRANISCH $

(Karte S. 273; ☎051-3853 1010; Imam Khomeini St, 45th Alley; Kebabmahlzeiten 125 000–220 000 IR; ⏰5–8, 11–16 & 18.30–24 Uhr; Ⓜ Imam Khomeini) Oben in diesem gewöhnlich aussehenden Kebabladen mit Thekenservice befindet sich ein nettes Restaurant aus Stein und Backstein. Zum Frühstück (bis 8 Uhr) ist auch *halim* (85 000 IR) erhältlich: iranischer Porridge.

Fanous-e Abi   AFGHANISCH, IRANISCH $$

(Karte S. 271; ☎051-3768 0345; Ferdosi Blvd; Hauptgerichte 100 000–290 000 IR; ⏰12–16 & 20–23 Uhr; 🚌 12 bis Aparteman Haye Mortafa) Das Fanous ist nicht so zentral gelegen und auch nicht so authentisch wie die anderen *sonati* (Esslokale im traditionellen Stil) in Mashhad, hat dafür aber erheblich vernünftigere Preise. Serviert werden afghanisch-usbekische und iranische Speisen in einem malerischen Untergeschoss-Teehaus, das mit Wagenrädern, Paraffinlampen, Wandbildern mit Szenen aus dem „Alten Orient" und sogar einem Pseudobrunnen eingerichtet ist. Wasserpfeifen gibt's hier offiziell nicht, dafür hervorragenden Kaffee (70 000–100 000 IR).

Das Restaurant befindet sich unter einem modernen Gebäude direkt bei der Haltestelle der Buslinie 12 zum Haram.

Food Factory   INTERNATIONAL $$

(Karte S. 271; ☑ Shahrab Nikpour 0915 504 0338; Hooshiyar St, gegenüber 10th Alley; Hauptgerichte 180 000–400 000 IR; ⏰11–24 Uhr; ⓂKhayyam) Mit seiner Decke aus Fässern und seinen grünen Tischen, rüschigen Lampen und nackten Backsteinwänden ist der Hauptgastraum sehr einladend, doch das junge Publikum zieht es eher nach oben in den dunkleren Raum mit Glaswänden: Hier gibt's verschiedene Fleischsorten in Pilzsauce, Salat, Pasta und Burger. Auf der Karte stehen keine Preise und sie ist auch nur auf Farsi, doch Eigentümer Shahrab spricht Englisch.

Olive Garden   ITALIENISCH $$

(Karte S. 271; Khayyam 1st Alley; Hauptgerichte 150 000–340 000 IR; ⏰18–23 Uhr) Wem der Sinn nach einer gehobenen Mahlzeit mit nichtiranischen Gerichten steht, für den lohnt sich vielleicht die Fahrt zur Metrostation Khayyam, um in diesem gemütlichen, kleinen – und renommierten – italienischen Restaurant zu speisen.

Es gibt eine weitere Filiale nicht weit vom Sajjad Boulevard.

Naseem Lebanon   LIBANESISCH $$

(Karte S. 271; Imam Reza St, Ecke 24th Alley; Mezze-Speisen 50 000 IR, Kebabs 140 000–240 000 IR; ⏰12.15–16 & 19–24 Uhr) Das Restaurant mit hoher Decke, Speisekarte mit Fotos und englischer Übersetzung über der langen Barbecue-Theke bietet libanesische Kost mit exzellentem Preis-Leistungs-Verhältnis.

★ Babaghodrat   IRANISCH $$$

(Karte S. 271; ☎051-3344 0124; www.babaghodrat. com; Sadr 16; Hauptgerichte 320 000–600 000 IR; ⏰12–16 & 19.30–24 Uhr) Das Restaurant in einem eindrucksvollen Kulturkomplex serviert in den geräumigen Backsteingewölben einer Karawanserei aus kadscharischer Zeit Kebabs, Forellen und riesige Schüsseln mit *mirza ghasemi* (160 000 IR). Es befindet sich rund 10 Minuten zu Fuß vom südöstlichen Ende des überdachten Reza-Basars.

★ Hezardestan   IRANISCH $$$

(Karte S. 273; ☎051-3222 2943; Jannat Lane; Hauptgerichte 287 500–540 500 IR; ⏰11–16 & 18–23 Uhr) Das Hezardestan ist eins der schönsten Teehaus-Restaurants in Iran, mit einem museumsähnlichen Untergeschoss angefüllt mit Teppichen, Samowaren, alten Metallarbeiten und Schnickschnack rund um einen kleinen Brunnen. Auf der Karte stehen nur *ghormeh*, Hühner-Kebab, *dizi* und *halim bademjan* (Lamm und pürierte Aubergine). Vorsicht bei der Teebestellung: Eine Tasse kostet 23 000 IR, das Tee-„Set" zehnmal so viel!

Abends wird meist Livemusik geboten. Der Manager spricht etwas Englisch.

🍷 Ausgehen & Nachtleben

Das Babaghodrat (S. 278) und das Hezardestan locken mit Teehausflair im *sofrakhane*-Stil, doch beide sind teuer. Günstiger, aber auch weiter außerhalb ist das Fanous-e Abi (S. 278).

Zu empfehlen ist der **Coffeeshop** (Karte S. 276; Imam Reza St, Ecke 3rd Alley; ⏰7–1 Uhr;

@) im Hotel Javad, ansonsten befinden sich die moderneren Cafés von Mashhad zumeist weit entfernt vom Pilgerviertel: In **Kuh-e Sangi** gibt's in einem Labyrinth aus Wohnstraßen nordwestlich des Parkgebiets einige der interessanteren Coffeeshops der Stadt. Im nobleren Viertel rund um den **Sajjad Boulevard** liegen die besten Cafés und Restaurants meist versteckt in Arkaden oder kleinen Gassen. Nicht zuletzt kann man bei der **Metrostation Khayyam** Ausschau nach Cafés halten.

The Wall   KAFFEE
(Karte S. 271; Reza Blvd, Ecke 40th Alley; ⊙9–23 Uhr) Das Logo des Cafés ahmt das Cover des klassischen Pink-Floyd-Albums nach, aber die Musik, die in diesem Coffeeshop gespielt wird, reicht von persischen Liebesliedern bis zu Shoegazing. Dazu gibt's ausgezeichneten Kaffee und sehr gute getoastete Sandwiches. Das Café liegt rund 400 m nordöstlich der Metrostation Kuh-e Sangi.

Toranj Café   KAFFEE
(Karte S. 271; Sajjad Blvd, Höhe Bozorgmehr 10th St; ⊙9–24 Uhr) Die getäfelte Decke und der Kamin verleihen dem Toranj das Flair eines modernen Gentlemen's Club mit afrikanischen Masken. Neben Milchshakes, Eiscreme und Säften gibt's Kaffee (ab 80 000 IR) aus einer Conti-Maschine. Das Personal spricht nur wenig Englisch.

Wenn man von der Kreuzung mit der Bozorgmehr 10th Street den Sajjad Boulevard Richtung Westen geht, ist das Café in der vierten Passage drei Treppen hinauf.

Malas   SAFTBAR
(Karte S.271; Shariati Sq; ⊙9–3 Uhr; Ⓜ Shariati) Die kleine moderne Saftbar ist ein wahres Granatapfelparadies – vom Saft (ab 50 000 IR) über den Kuchen bis zur roten Fassade.

Vitamin Sara   SAFTBAR
(Karte S. 273; 🖉 051-3222 6712; Shahid Diyalemeh (Bahonar) St; ⊙ Sa–Do 9–23, Fr bis 14 Uhr) Die unscheinbare Saftbar serviert das beste *maajun* (80 000–150 000 IR) in Mashhad, einen wunderbaren Mischmasch aus Walnüssen, Pistazien, Eiscreme, Sahne, Banane und Honig – alles zusammengerührt zu einer der absolut spektakulärsten Süßspeisen Irans.

Unterhaltung

Zurkhaneh   ZUSCHAUERSPORT
(Karte S. 276; Idgah Lane; erbetene Spende 20 000 IR; ⊙18.30–21 Uhr) Diese Kammer ist zwar weniger exotisch als das Gegenstück in Yazd, doch dieses *zurkhaneh* ist ein sehr reales – und surreales – iranisches Erlebnis: Hier vollführen mehr als ein Dutzend Stammbesucher zu eindringlichen Perkussionsklängen eine Abfolge von verschiedenen meditativen Posen und Körperübungen. Die seltenen Besucher, die sich hierher verirren, werden gewöhnlich mit Tee bewirtet (dafür wird ein kleines Trinkgeld erwartet).

 Shoppen

🛍 Teppiche
Sowohl der **Bazaar-e Farsh** (Karte S. 273; Imam Reza St; ⊙ Sa–Mi 9–20.30, Do bis 13 Uhr) als auch der **Saroye Saeed** (Karte S. 276; Andarzgu St; ⊙ Sa–Mi 8–14 & 16–20, Do 8–14 Uhr) sind halb versteckte, durch kleine Eingänge zu erreichende Teppichmärkte, die sich zumeist an Teppichhändler richten – daher können die Preise hier ausgezeichnet sein. Architektonisch haben beide Märkte nichts zu bieten, doch im obersten Geschoss befinden sich jeweils **Reparaturwerkstätten** – und es scheint auch kein Verkaufsdruck zu herrschen.

Der **alte Teppichbasar** (Karte S. 273; Andarzgu 13th Alley; ⊙ ca. 9–13 & 16 Uhr bis Sonnenuntergang) hat zwar mehr Flair, aber hier geht's auch kommerzieller zu.

MASHTI

Zwar ist eine Pilgerreise nach Mashhad nicht so bedeutend wie eine Wallfahrt nach Mekka, Nadschaf oder Kerbala, doch ist sie für schiitische Muslime eine bedeutende Glaubensbekundung. Nach dem *wudu* (Waschung) betritt der Pilger den Heiligen Schrein, dabei bittet er den Imam Reza in speziellen Gebeten und Rezitationen um „Erlaubnis". Nach tränenreichen Meditationen und Koran-Lesungen erreicht die Wallfahrt ihren Höhepunkt mit der Rezitation des Gebets *ziyarat nameh* vor dem Grabmal des Imam.

So wie die Haddsch-Pilger respektvoll als Haddschi bekannt sind, dürfen diejenigen, die die Pilgerfahrt nach Mashhad absolviert haben, ihrem Namen das Präfix *mashti* hinzufügen.

🔒 Safran

Kleopatra fügte Safran ihren Stutenmilchbädern hinzu. Indische Buddhisten färbten mit ihm ihre Roben. Die Römer nutzten ihn gegen Krätze. Und Alexander der Große verarztete damit seine Kampfwunden. Heute verleiht Safran z. B. spanischer Paella Geschmack und Farbe, genauso wie *chelo* (Reis) in Iran, wo es weiterhin das klassische Gewürz der persischen Küche ist.

Safran stammt von den getrockneten Griffeln der Blüten des *Crocus sativus*. Diese Krokus-Art wird in den südlichen Regionen von Khorasan großflächig angebaut. Doch für ein Kilogramm Safran benötigt man rund 200 000 Blüten – daher ist das Gewürz auch so ungemein teuer. Es gibt eine große Bandbreite unterschiedlicher Qualitäten, je nachdem, welcher Teil des Griffels gesammelt wurde und ob es sich um echten Safran handelt oder nicht. In den Läden um den Falakeh Ab werden vergleichsweise preisgünstige Varianten verkauft und die renommierte Firma **Bahraman** (Karte S. 271; Imam Reza St, Ecke 8th Alley; Safran ab 82 000 IR pro g; ☺Sa-Do 8–22, Fr 9–14 & 17–20 Uhr) betreibt schicke Safran-Boutiquen. Einige Gewürzläden verkaufen außerdem erheblich billigeren *golerang* („falscher Safran"), der zum Färben von Reis und einigen Brotsorten verwendet wird.

ℹ Praktische Informationen

GELD

An der Pasdaran und der Imam Khomeini Street befinden sich mehrere Geldwechsler, darunter **Baghoi Exchange** (Karte S. 273; ☑ 051-3853 3438; Imam Khomeini St; ☺ Sa-Mi 9–14 & 17–19, Do 9–13 Uhr). Wer spät abends oder freitags Geld wechseln muss, kann es im **Ghasr International Hotel** (Karte S. 273; Imam Reza St, Ecke 16th Alley; ☺ 24 Std.) versuchen.

INTERNETZUGANG

Einige gehobene Coffeeshops bieten kostenloses Internet. **Cafenet Khayyam** (Karte S. 273; 2. OG, Imam Reza St, zw. 4th & 6th Alley; Internet 30 000 IR pro Std. (Downloads extra); ☺9–23 Uhr) ist ein relativ zentral gelegenes Internetcafé; es befindet sich über einem mit „Hosne Yousouf Foto" beschrifteten Fotostudio.

KONSULATE

Turkmenisches Konsulat (Karte S. 273; ☑ 051-3854 7066; Do Shahid St, abseits des Dah-e Dey Sq; ☺ Mo–Do & Sa 8.30–12 Uhr) Um ein fünf Tage gültiges Transitvisum (55–85 US$, je nach Staatsangehörigkeit) zu bekommen, muss man mindestens zehn Tage einplanen. Dafür benötigt man Farbkopien der Datenseite des Reisepasses und des Visums für die Weiterreise (Usbekistan, Kasachstan), und gewöhnlich muss man auch die Ein- und Ausreisepunkte und -daten für Turkmenistan angeben, die dann nicht mehr geändert werden können. Für den Antrag muss man an einen winzigen Fensterspalt klopfen; manche Angestellte sprechen Englisch. Oder man stellt den Antrag hier und holt sich das Visum bei der **Botschaft** (Karte S. 52; ☑ 021-2220 6306; http://iran.tmembassy. gov.tm; ☺So–Do 9.30–11 Uhr; Ⓜ Tajrish, dann Taxi) in Teheran ab (oder umgekehrt). Die Visumsgebühr muss bei der Abholung des Visums bezahlt werden, selbst wenn man sie z. B. schon in einem europäischen Land vor der Abreise nach Iran beglichen hat – Pech! Der Visumsantrag muss persönlich gestellt werden. 300 m nördlich des Konsulats gibt's einen Copyshop.

MEDIZINISCHE VERSORGUNG

Imam Reza Hospital (Karte S. 273; ☑ 051-3854 3031; www.mums.ac.ir; Ibn-e Sina St) Gutes und gut erreichbares Krankenhaus mit rund um die Uhr geöffneter Apotheke.

POST

Postamt (Karte S. 273; Imam Khomeini St) Nach 14 Uhr, wenn die Hauptschalterhalle schließt, sind an einem kleinen Kiosk vor der Post noch bis 18 Uhr Briefmarken erhältlich.

REISEBÜROS

Das sehr professionelle Reisebüro **Adibian Travel & Tours** (Karte S. 273; ☑ 051-5513 2539; www.adibian.com; Pasdaran Ave, Ecke 4th Alley; ☺ Sa–Mi 8–19, Do bis 18, Fr 9–12 Uhr) hat Englisch sprechendes Personal und verkauft Flugtickets und Bahnfahrkarten. Gut für Flugtickets sind außerdem **HGH724** (Karte S. 273; ☑ 051-3806 9000; www.hgh724.com; Malekoshoara Bahar St; ☺ Sa–Do 8.30–19 Uhr; Ⓜ Imam Khomeini) und das zentrale Büro von Mahan Air.

TOURISTENINFORMATION

Miras Ferhangi Khorasan (Karte S. 271; ☑ 051-3725 9311; www.razavichto.ir; Sadeghi Blvd; ☺ Sa–Do 8–14 Uhr) Druckt opulente zweisprachige Broschüren für jeden Bezirk in Khorasan Razavi, doch die Fahrt hier hinaus zum Büro lohnt sich nur für Leute, die Farsi sprechen und ganz spezielle Fragen haben.

VISUMSVERLÄNGERUNG

Edareh-ye Gozarnameh (Karte S. 271; ☑ 051-3218 3907; 45 Metri-ye Reza St, Piruzi Blvd; ☺ Sa–Mi 8–13, Do bis 10.30 Uhr) Die unpraktisch gelegene Visumsstelle verschanzt sich hinter einem wehrhaften grünen Zaun. Sie sieht eher wie ein Gefängnis aus, nur dass alle rein- und nicht rauswollen. Dies ist nicht der beste Ort, um eine Visumsverlängerung zu beantragen. Ein Visum kann man auch bei der Teheraner **Ausländerbehörde** (S. 68) verlängern lassen.

❶ An- & Weiterreise

In der Hauptsaison können Transportmittel für die Weiterreise schon Monate vorher ausgebucht sein.

BUS, MINIBUS & SAVARI

Alle Busbahnhöfe liegen weit außerhalb des Zentrums von Mashhad. Die meisten Fernbusse steuern den riesigen **Imam-Reza-Busbahnhof** (Karte S. 271; am Ende der Imam Reza St; 🚍84) an. Für die meisten Strecken kauft man Tickets im Voraus, nur nach Neishabur (80 000 IR, Bus fährt ab, wenn er voll ist, Bussteig 8) bezahlt man direkt beim Fahrer.

Busse nach Quchan, Esfarayen und Bojnurd fahren vom **Meraj-Busbahnhof** (Meraj Sq, Toos Blvd), ebenso Minibusse nach Chenaran (gut für Radkan).

Savaris nach Bajgiran (1 500 000 IR *dar baste*), Quchan (100 000 IR) und Chenaran fahren vom abschreckend trubeligen **Park Savar Shahid** (✆ Tirzo Tarobar Taxis 051-3666 3101; www. mashhadterminals.ir; Azadi Expressway, Höhe 99th Azadi Alley).

Savaris (130 000 IR) und acht Busse tgl. (70 000 IR, 2½ Std.) nach Kalat nutzen den kleinen **Istgah-Savari-Kalat-Busbahnhof** (Karte S. 271; Khajerabi Blv, Ecke 11th St) 600 m südlich des Khajerabi-Schreins.

Die Dörfer westlich von Mashhad wie Torqabeh und Kang werden zumeist ab dem **Busbahnhof** (🚍10, Ⓜ Vakilabad) bei der Metro-Endstation Vakilabad angesteuert.

Bus 202 zum Ferdosi-Museum in Tus fährt ab **Falakeh Ferdosi** (Karte S. 271; Toos Blvd).

FLUGZEUG

Inlandsflüge

Nach Teheran gibt's tgl. über zwei Dutzend Flüge (2 000 000–2 800 000 IR) von mindestens sieben Fluglinien. Es gibt außerdem mindestens drei Flüge tgl. nach Ahvaz, Isfahan, Kish, Shiraz, Tabriz und Yazd (bis 3 000 000 IR). Dazu kommen einige wöchentliche Verbindungen nach Bandar Abbas, Kerman und Qeshm.

In der Hauptsaison werden mehr Flüge angeboten, doch die Nachfrage ist besonders um Nouruz und die wichtigen religiösen Feiertage ebenfalls sehr hoch.

Auslandsflüge

Iran Aseman (www.iaa.ir) hat Flüge nach Duschanbe in Tadschikistan (ab 6 100 000 IR, Do).

Nach Afghanistan gibt's dreimal pro Woche Flüge nach Kabul (6 000 000 IR) mit Mahan Air und einen nach Mazar-i-Sharif (6 000 000 IR) mit **KamAir** (www.flykamair.ca).

Weiter entfernte Ziele sind mit Air Arabia, Qatar Airways oder Turkish Airlines über den Golf oder Istanbul zu erreichen. **Jazeera Airways** (www.jazeeraairways.com) bietet in der Hauptsaison 2-mal wöchentl. Flüge nach Kuwait.

ZUG

Die Bahn ist eine wunderbar komfortable Alternative zum Fliegen, besonders die 1. Klasse mit bequemen Betten, TV und allen Mahlzeiten. So weit wie möglich im Voraus buchen!

Isfahan (720 000–859 000 IR) Zwei Nachtzüge, Abfahrt jeweils gegen 13 Uhr, Ankunft 7 Uhr.

Teheran (440 000–1 500 000 IR) 13 Züge tagsüber mit verschiedenen Klassen. Die meisten brauchen 11–12 Std., der Express um 7 Uhr (1 100 000 IR) braucht nur 7. Am billigsten ist der Zug um 7.20 Uhr (nur Sitzplätze), der um 19.30 Uhr ankommt.

Tabriz (1 130 000 IR) Alle zwei Tage um 20.15 Uhr, Ankunft 20.30 Uhr.

Yazd (900 000 IR) Abfahrt 19.30 Uhr, Ankunft 9.25 Uhr.

BUSSE AB IMAM-REZA-BUSBAHNHOF IN MASHHAD

ZIEL	TICKETPREIS (IR; VIP/MAHMOOLY)	FAHRZEIT (STD.)	ABFAHRT & UNTERNEHMEN
Birjand	350 000/205 000	7	5.30–14 Uhr
Boshrooyeh	180 000 (VIP)	6	15 Uhr (Taavoni 12)
Gorgan	500 000/265 000	9	5.30–10, 14 & 18–21 Uhr
Isfahan	780 000/550 000	22	7, 15, 18–20 Uhr
Kerman	643 000/405 000	14	13–20 Uhr
Qa'en	265 000/147 000	5	5.30–14.30 Uhr
Teheran	685 000/420 000	12	7–22 Uhr häufig
Yazd	645 000/400 000	16	15–20 Uhr (Saadet Peyma)

❶ Unterwegs vor Ort

Es gibt jede Menge Buslinien durch die Stadt. Die Metro sollte durch die Eröffnung der Linien 2 (2017) und 3 (geplant 2018/19) auch für Besucher interessanter werden.

BUS

Busse kosten 5000 IR pro Fahrt bzw. 3500 IR mit der elektronischen Prepaid-MAN-Karte (50 000 IR Pfand). Die meisten Busse verkehren bis 21 Uhr.

Nützliche Busse sind die Linie 83 vom Hauptbusbahnhof durch das Zentrum von Mashhad zum Bahnhof und die 84 mit ähnlicher Strecke in umgekehrter Richtung und tollem Ausblick auf die Sehenswürdigkeiten im Zentrum; Abfahrt Richtung Süden am **Falakeh Ab** (Karte S. 276; Imam Reza St). Bus 86 fährt vom Falakeh Ab nach Kuh-e Sangi.

Bus 12 (Karte S. 276; Nordwestausgang des Haram) fährt vom Haram ab und hält unterwegs am **Nadir-Schah-Mausoleum** (Karte S. 273; Shirazi St), Shohoda Square, Ferdosi Square und **Fanous-e Abi** (S. 278; eine Haltestelle hinter dem großen Saba Hotel).

Einige Busse mit Routen quer durch die Stadt fahren auch von der **Andarzgu-Bushaltestelle** (Karte S. 276; Andarzgu St) südlich des Haram.

VOM/ZUM FLUGHAFEN

Der Flughafen, 5 km östlich des **Imam-Reza-Busbahnhofs** (S. 282), hat drei Terminals. Die Metrostation ist am Terminal 1. Terminal 3 (Internationale Ankünfte) befindet sich etwa 350 m südöstlich. Terminal 2 (Internationale Abflüge) ist 800 m westlich.

Metrofahren hört sich zwar praktisch an, doch die Verbindungen in die Stadt sind eher beschränkt, und zwar nur um 7.58, 8.22, 8.46 und 9.11 Uhr, dann von 15.22 bis 21.25 Uhr etwa 2-mal stündl.

Bus 77 fährt jeweils zur vollen Stunde (6–20 Uhr) von Haltestellen unmittelbar westlich des Terminals 1 und vor dem Terminal 2. Vom **Enghelab-Stadtbus-Terminal** (Karte S. 271) fährt er jeweils zu halben Stunde.

Die meisten Reisenden nutzen Taxis, die in die Innenstadt rund 120 000 IR kosten sollten.

METRO

Die Linie 1 (24 Stationen) fährt vom Flughafen im Südosten unter Feda'iyen-e Eslami, Malekoshoara Bahar, Enqelab-e-Eslami und Ahmedabad Street hinweg zum Park Mellat, dann überirdisch mitten auf dem Vakilabad Boulevard entlang nach Vakilabad. Bei Redaktionsschluss sollte die Linie 2 zwischen Kuh-e Sangi und dem Bahnhof über die Umsteigestation Shariati gerade eröffnet werden. Die Linie 3 wird, wenn sie fertig ist, den Busbahnhof mit dem Haram verbinden und die Linie 1 am Basij Square kreuzen.

Oft müssen die Tickets in Läden in den Stationen gekauft werden, da die Ticketautomaten nur mit iranischen Bankkarten funktionieren.

Zwar fährt die Linie 1 bis zum Flughafen, doch auf dieser Strecke verkehren morgens nur vier Züge (7.30–8.40 Uhr von der Station Imam Khomeini) und dann von 14.53 bis 20.49 Uhr etwa 2-mal stündl. Die Flughafen-Metrostation befindet sich beim Terminal 1 (Inlandsflüge); Terminal 2 (Internationale Abflüge) ist 800 m zu Fuß entfernt.

Rund um Mashhad

Durch das unaufhaltsame Wachsen Mashhads werden nun auch umliegende Dörfer geschluckt und einst urige Weiler wie **Shandiz** verwandeln sich in Vororte mit gehobenen Restaurants – das beste Restaurant hier ist das **Bagh-e Salar** (☎051-3432 3866; www.baghselar.com; Mashhad–Shandiz Rd; Buffet 600 000 IR, Fleischspieße 637 700 IR; ⏲12–16.30 & 18.30–23 Uhr). Das hübschere Teehaus-Örtchen **Torqabeh** ist nach wie vor recht rustikal, doch wer der städtischen Wucherung deutlich entfliehen möchte, dem bietet sich das Terrassendorf Kang an – besonders für Wanderer schön.

Freunden der großen persischen Dichter des Mittelalters gefallen die Gartenmausoleen von **Omar Khayyam** (Ausländer/Iraner 150 000/25 000 IR; ⏲Garten 8–21 Uhr, Museum Di–So 8–14 Uhr; 📷10) in **Neishabur** und von **Firdausi** (Blvd Shahnameh; Ausländer/Iraner 200 000/30 000 IR; ⏲8 Uhr bis Sonnenuntergang; Museum schließt 30 Min. früher) in **Tus**; beide Mausoleen stammen aber aus dem 20. Jh.

Längere Tagesausflüge zu Orten abseits der Touristenpfade kann man zu Nadir Schahs unvollendetem Grabpalast in Kalat unternehmen; hierher führt eine schöne einsame Bergstraße. Oder man steuert über die Autobahn einen astronomischen Turm (13. Jh.) bei Radkan an; in dem Dorf befindet sich auch eine der besten kleinen Ökolodges der Region.

Kang كنگ

📍 051 / 2300 EW. / 1710 M

Das malerische Kang ist ein recht homogenes **Terrassendorf** – mit gestapelten Lehmziegelhäusern, zumeist mit Balkonen und Erddächern. Unter Überhängen verstecken sich Treppen, während in der Mitte der Gassen steile Bäche mit Schieferbett entlangrinnen. Zum Fuß des Dorfs gelangt man, indem man beim Teehaus, wo der Bus ankommt, links geht. Zum besten Aussichtspunkt geht man 400 m weiter, überquert den Fluss und klettert rund drei Minuten – und blickt dann von einem kleinen Obstgarten zurück.

Eine schöne 1½-stündige **Wanderung** von Kang führt auf einer holprigen Allradpiste über einen kargen kleinen Bergpass zur Straße von Shandiz nach Zoshk. Die Wanderung wird auch von dem Guide Vali Astaneh (S. 274) aus Mashhad angeboten; enthalten ist eine Mahlzeit bei einer Familie in Abardeh. Eine weitere Option ist die Besteigung des **Shirabad** (3211 m).

🛏 Schlafen & Essen

In Kang gibt's keine Hotels, aber man kann sich nach Privatzimmern erkundigen, in denen auf Bodenmatten geschlafen wird. Am leichtesten zu finden ist die Privatunterkunft von **Majid Asayesh** (📞 0915 908 7381; Zi. im neuen/alten Gebäude 800 000/600 000 IR, Hauptsaison 1 100 000/900 000 IR), der über dem kleinen Laden unten im Dorf wohnt. Er bietet zwar auch ein neueres (akzeptables) Apartment an, doch günstiger und stimmungsvoller ist ein Zimmer in seinem „traditionellen" Haus in einer Gasse um die Ecke.

Am Fuß des Dorfs gibt's ein einfaches Teehaus, das nur im Sommer geöffnet ist. Weitere findet man an dem Bach an der Straße nach Torqabeh. Es handelt sich stets um einfache, familiengeführte Häuser mit ländlichem Flair. Unser Favorit, das **Ehsan** (📞 0915 643 3965; Kang–Torqabeh Rd, KM 3; ⏰ 8 Uhr bis spät), ist auch im Winter geöffnet.

ℹ An- & Weiterreise

Von der Metro-Endstation **Vakilabad** (S. 281) in Mashhad fahren 3-mal tgl. Busse nach Kang (15 000 IR, 40 Min.), und zwar um 6.50, 10.50 und 14.50 Uhr. Die Rückfahrt von der nicht beschilderten **Bushaltestelle** (400 m nordöstlich der beiden Geschäfte) in Kang ist um 9.20, 13 und 17 Uhr.

Radkan رادكان

📞 051 / 2270 EW. / 1190 M

Das rund 9 km abseits der Straße von Quchan nach Mashhad gelegene Dorf Radkan wartet mit faszinierenden alten Lehmbautenruinen und alten Stätten auf, z. B. einem konischen ehemaligen **Eishaus** im Herzen des Dörfchens. Interessant und am besten erhalten ist der **Radkan-Turm** aus dem 13. Jh., er liegt umgeben von Feldern 3 km südöstlich. Der 25 m hohe Backsteinturm mit konischer Spitze verblüfft Besucher schon seit Jahrhunderten. War es ein Grabturm? Eine Krönungsstätte?

Dem iranischen Archäoastronomen Manoochehr Arian (www.jamejamshid.com) zufolge handelte es sich bei dem Turm um ein raffiniertes Instrument zum Studium der Sterne, 1261 errichtet von Astronomen unter der Führung von Khajeh Nasir Al-Tusi (Nasruddin Tusi; 1201–1274). Die Sonne scheint zur Winter- und Sommersonnenwende direkt durch die Türen und Nischen. Vielleicht hat Tusi mit hier und in der berühmteren Sternwarte in Maraqeh gesammelten Daten den Durchmesser der Erde berechnet und die Diskrepanzen zwischen den Theorien von Aristoteles und Ptolemäus zur Bewegung der Planeten erklärt.

Die **Radkan Arg Ecolodge** (📞 Dr. Kazemian (Eigentümer) 0915 122 3247; www.radkanarg. ir; mit VP 1 200 000 IR pro Pers.) ist ein reizendes Gästehaus auf dem Land. Sie hat rund um einen Brunnen und ein Wasserbecken zwölf Zimmer, in denen man auf dem Boden schläft, zwei davon mit Bad. Die Lehmziegelvilla eines ehemaligen Dorfverwalters lag lange verlassen da und ist heute liebevoll restauriert, mit kleinen Windtürmen, Dachterrassen, zinnenbewehrten Mauern und sogar einem kleinen Taubenhaus. Mindestens zwei Tage im Voraus buchen, da hier nicht durchgehend jemand anwesend ist.

ℹ An- & Weiterreise

Radkan liegt 9 km abseits des Mashhad–Bojnurd Highway; die Abzweigung ist 58 km vor Quchan (ca. 75 km nordwestlich von Mashhad).

Unmarkierte **Taxis** warten dort, wo die Dorfhauptstraße eine Rechtskurve beschreibt, 100 m nördlich der Turm-Kreisverkehrs (Imam Khomeini Sq.). Nach Chenaran verlangen sie 100 000 IR pro Auto direkt oder 130 000 IR mit kurzem Halt unterwegs zur Besichtigung des Turms. Minibusse nach Chenaran fahren bis zu 2-mal stündl. zum **Meraj-Busbahnhof** (S. 281; 15 000 IR, 50 Min.) von Mashhad. In die Innenstadt von Mashhad verlangen Taxis 400 000 IR bzw. 500 000 IR mit Stopp unterwegs in Tus.

Kalat كلات

📞 051 / 11 600 EW. / 880 M

Wer die Kulisse aus fast senkrechten Bergklippen erblickt, braucht kein Militärstratege zu sein, um zu erkennen, warum Kalat in der Vergangenheit immer wieder als Zufluchtsstätte für flüchtige Rebellen gedient hat. Dies war einer der wenigen Orte, die Timurs Armeen die Stirn bieten konnten. Der Ort ist auch als „Kalat Naderi" bekannt, da Nadir Schah hier in der Gegend die unschätzbar wertvolle Beute aus seinen Indienfeldzügen versteckt haben soll.

Neben der Lage ist die Hauptattraktion von Kalat der inmitten gepflegter Rasenflächen stehende **Khorshid-Palast** (Kakh-e Nader, Ghasr-e Khorshid; ☑ 051-3272 2239; Imam Khomeini St; Ausländer/Iraner 80 000/20 000 IR; ☉ Sonnenauf- bis Sonnenuntergang). Dabei handelt es sich nicht um einen Palast im herkömmlichen Sinn, sondern um einen kannelierten runden Grabturm für Nadir Schah. Der Name „Khorshid" (wörtlich „Sonne") bezieht sich übrigens auf eine von Nadirs Frauen, nicht auf astronomische Zwecke. Der Turm wurde nie fertiggestellt, daher die merkwürdigen Proportionen und die fehlende Kuppel. Im Innern des Turms erwecken Gold und jede Menge Farbe – wenn auch teils verblasst – die 16 Alkoven mit Stalaktiten-Gewölbe zum Leben.

Am Ortseingang von Kalat führt die Hauptstraße durch einen langen Tunnel und kurz vor der Savari- und Bushaltestelle über eine Brücke. Wenn man auf der Nordseite des Flusses zurückgeht und ihm 500 m Richtung Südwesten folgt, erblickt man oben auf den Felsen den **Borg-argavan Shah**, einen runden Lehmziegelturm. Kurz dahinter ist **Katibeh Nader**, eine unvollendete Inschrift auf einem geglätteten Stück Felsen, in der Nadir Schah mit einem Gedicht auf Türkisch und Farsi gepriesen wird.

In der Zeit der Safawiden-Dynastie wurden viele Kurden in Kalat angesiedelt, um das Reich gegen Eindringlinge aus dem Norden zu schützen. Einige Frauen tragen auch heute noch kurdische Trachten. Am besten kommt man im Frühjahr hierher: Dann färbt sich die Landschaft smaragdgrün, und das Grasland der Bergausläufer ist mit Nomadenzelten gespickt, besonders entlang der Straße von Kalat nach Dargaz.

🛏 Schlafen

Sandati House APARTMENTS $$
(☑ Verwalter 0910 576 4458, Eigentümer in Mashhad 0915 245 6413; Shahid Alipur St, gegenüber 17th Alley; Hochsaison DZ/3BZ 1 135 000/1 500 000 IR, sonst 800 000/950 000 IR) In dem weißen Gebäude neben der Ambulanzstation befinden sich fünf geräumige neue Suiten, in denen der meiste Platz für die Küche und den Wohnbereich draufgeht – die Schlafzimmer

wirken eher wie ein Anhängsel. Das Haus liegt an der oberen Straße vom Khorshid-Palast, die bei der Moschee mit der Imam Khomeini Street zusammenläuft. In der Nebensaison sollte man unbedingt vorher anrufen!

ℹ An- & Weiterreise

Kalat ist 150 km von Mashhad entfernt. Unterwegs führt die Straße 35 km vom Khajerabi Square durch **Gojgi**, ein Lehmziegeldorf umgeben von ariden Hügeln vor rotem Fels. Danach führt die Straße über einen Pass und anschließend zwischen erodierten Hügelspitzen und durch kleinere Schluchten hinunter ins winzige **Taherabad** (80 km von Mashhad). Von hier biegt die Straße abrupt gen Westen Richtung **Dargaz** ab, immer am Fuß kleiner arider Berge vorbei.

Savaris (130 000 IR, 2 Std.) und acht Busse tgl. (70 000 IR, 2½ Std., letzte Abfahrt 16 Uhr) verkehren zwischen dem **Savari-Stand** (Imam Khomeini St) von Kalat am Ortseingang und einem besonderen Busbahnhof in Mashhad, 600 m südlich des Khajerabi-Schreins (von hier fährt Bus 38 über den Shohada Square nach Kuh-e Sangi).

Bojnurd بجنورد

☑ 058 / 207 200 EW. / 1060 M

Das schnell wachsende Bojnurd, die Hauptstadt Nordkhorasans, ist vor allem als Umsteigeort zwischen Esfarayen und Roein nützlich. Während des Aufenthalts kann man sich im Zentrum etwa das hübsche **Aynekhane** (Spiegelhaus; Shari'ati St; Aynekhane/Museum Ausländer 100 000/150 000 IR, Iraner 20 000/30 000 IR; ☉7–16.30 Uhr) anschauen. Das auffallende Gebäude besitzt eine mit kadscharischen Fliesen verzierte Fassade und einen bemerkenswerten Spiegelraum.

👉 Geführte Touren

Farhad Soleymani OUTDOORAKTIVITÄTEN
(☑ 0902 777 0117; FarhadSoleymani7@gmail.com) Der in Bojnurd ansässige fachkundige Guide und Filmemacher Farhad hat schon in vielen Ländern gelebt, spricht ausgezeichnet Englisch und bietet Autotouren und kurze Wanderungen nach Wunsch seiner Gäste.

ℹ An- & Weiterreise

Der **Busbahnhof** (Defa-e Moqaddes Sq) liegt an der Südspitze der Ringstraße. Busse nach Mashhad (100 000 IR, 4 Std.) fahren von 5 bis 18 Uhr mindestens 2-mal stündl. Nach Gorgan bietet Seiro Safar einen Bus um 6.30 Uhr (170 000 IR, 6 Std.), oder man nimmt einen der Busse nach

ZAFARANIYEH

Das zeitlose und so gut wie verlassene **Zafaraniyeh** (Sabzevar–Neishabur Rd KM 37,3) ist ein seltenes Beispiel für ein Seidenstraßendorf, das sich nicht nur seine **Karawanserei** erhalten hat, sondern auch eine Reihe von Gebäuden mit Lehmkuppeln. Darunter befinden sich ein **Eishaus** GRATIS in der Form eines Bienenstocks, das bis in die 1970er-Jahren hinein benutzt wurde, ein Badehaus, ein *chaparkhane* (Pferdehof) und eine große **Zitadelle**, in der die zerstörten Überreste des alten Dorfs in einem faszinierenden Stadium des malerischen Verfalls verharren.

Gemäß der dörflichen Überlieferung war die Karawanserei von Zafaraniyeh aus Backsteinen gebaut, die von zwei weit älteren Versionen stammten. Um den Bau zu segnen, wurde vorbeiziehenden Händlern ein Sack Safran (*zafara*) abgekauft und in den Schlamm gemischt, mit dem die Steine zusammengebacken wurden – dieser Besonderheit verdankt das Dorf seinen Namen.

Zafaraniyeh ist ein schöner halbstündiger Abstecher für alle, die auf der Straße von Sabzevar nach Mashhad unterwegs sind, doch man kann hier auch gut übernachten, und zwar in der sehr preiswerten **„Ökolodge"** (☑ Herr Arabkhani 0915 171 3065, Herr Fakhor 0915 707 2639; Zafaraniyeh; 400 000 IR pro Pers.) der Dorfkooperative: In der winzigen ehemaligen Schule gibt's drei Gästezimmer.

Ab Sabzevar fährt tgl. um 13 Uhr von der Seraheh Mosallah beim Shohoda Square ein gelber Minibus (20 000 IR, 1 Std.) nach Zafaraniyeh; zurück geht's am nächsten Morgen um 7 Uhr. Taxis *dar baste* (300 000 IR) fahren an der Südseite des Sarbedoran Square ab.

Teheran, die von 16 bis 19.30 Uhr fahren. Um 18 Uhr fährt ein Bus nach Isfahan (800 000 IR, ca. 18 Std.), um 13.30 Uhr einer nach Sabzevar (100 000 IR, 3 Std.).

Savaris nach Esfarayen (Chamran Blvd; 55 000 IR, 1 Std.) fahren von einer Stelle 2 km Richtung Südwesten den Chamran Boulevard hinunter an der Kreuzung mit der Daneshgah Street; außerdem fahren von hier zwei Minibusse tgl. (25 000 IR). **Savaris nach Mashhad** (Mashhad Hwy; 200 000 IR, 3½ Std.) fahren unmittelbar nordöstlich vom Imam Reza Square ab.

Vom Flughafen von Bojnurd, direkt nordwestlich des Stadtzentrums, gibt es tgl. Flüge nach Teheran.

Esfarayen اسفراین

☑ 058 / 63 900 EW. / 1180 M

Esfarayen wird in der Ferne im Süden überschattet vom mächtigen Gipfel des **Shahjahan** und schmiegt sich im Osten an buntes, zerklüftetes Ödland. Es liegt am Rand eines weiten Plateaus mit der Ruine der gigantischen Zitadelle von **Belqays** (Alt-Esfarayen) GRATIS. Viel kleiner ist das selten besuchte Dorf **Dowlatabad** (Sabsevar Hwy, KM 10) mit Ruinen von Lehmbauten.

Das Dorf **Roein** (Rooin; abseits des Esfarayen–Bojnurd Hwy) besitzt mehrere Viertel, die sich hinter der neuen Moschee den Hang hochziehen und vorwiegend aus Lehmhäusern bestehen. Vor der Moschee steht eine 800 Jahre alte Platane. Eine weitere, einst hohle

Platane ist inzwischen zugemauert worden, diente aber einmal als Metzgerei. Gegenüber befinden sich die Kuppeln eines hundert Jahre alten Badehauses.

Ein Highlight auf einem Dorfrundgang mit Ali, Eigentümer des **Vesal Homestay** (Eqamatgah Bumgardi Vesal Roein; ☑ Ali Vesal 0915 652 7079; www.vesal-rooin.ir; Roein; 10-Pers.-Apt. 1 100 000 IR; ☎), ist ein Tee im Haus seiner Großmutter. Hier kann man dabei zuschauen, wie traditionell Handtücher gewebt werden, und es gibt mit die besten Ausblicke auf das alte Roein. Noch schönere Aussichten bieten sich ganz in der Nähe von einem Huckel mit Rundumpanorama.

Der selten besuchte Weiler **Araghi** an dem Zugangsweg nach Roein, nur 1 km von der Straße von Bojnurd nach Esfarayen, ist sehr viel kleiner als Roein. Hier gibt es überhaupt keine Neubauten, und ganz in der Nähe plätschert ein malerischer Bach.

✗ Essen & Ausgehen

Parsisches Restaurant   IRANISCH $$
(Valiasr St, Ecke 13th Alley, Esfarayen; Hühnchen-Mahlzeiten 90 000–135 000 IR, Kebabs 110 000–325 000 IR; ◷ 12–16 & 18.30–23 Uhr) Das dezent in zwei dunklen Furnierfarben eingerichtete Restaurant bietet riesige Portionen *akhbar juje* (zartes, langsam gegartes Huhn) sowie die üblichen Kebabs. Eine Gerstensuppe gibt es zu jedem Hauptgericht als Vorspeise gratis dazu.

Café Dastan
KAFFEE

(☎935 376 4821; Imam Khomeini Sq; ☉16–23 Uhr) Das ansprechend eingerichtete jugendliche Café (Kaffee 60 000–110 000 IR) liegt sehr zentral, jedoch versteckt an einer winzigen Gasse neben der Bank Sepah. Es zeichnet sich besonders durch seine van-Gogh-Decke aus.

☆ Unterhaltung

Koshti Bachukeh
ZUSCHAUERSPORT

(Ringen; Godeh-Zeynalkhan-Amphitheater, Imam Reza 40th Alley, Esfarayen; ☉2. April) *Koshti bachukeh*, eine hiesige Form des Ringens, ist in der ganzen Region beliebt. Jedes Jahr findet zwei Wochen nach Nouruz die Jahresmeisterschaft ihren Abschluss im Godeh-Zeynalkhan-Amphitheater von Esfarayen mit seinen steilen Sitzstufen und der merkwürdig einsamen Lage am Rand des Ödlands.

❶ An- & Weiterreise

Von Esfarayens kleinem **Busbahnhof** (Ringstraße, Esfarayen) fahren um 7, 8, 9, 13.30 und 14.30 Uhr Busse nach Mashhad (über Bojnurd; 115 000 IR), dazu einer um 24 Uhr über Sabzevar. Zwischen 16.30 und 20.30 Uhr fahren Nachtbusse über Sabzevar nach Teheran (330 000–560 000 IR), mit Stopps bei Shahrud (175 000 IR), Damghan (210 000 IR) und Semnan (240 000 IR).

Savaris nach Bojnurd (Safar Seir Arya; Modarres Blvd; 55 000 IR) fahren 250 m vom Pahlavan Keshveri Square entfernt ab. In der Vorlesungszeit gibt es außerdem zwei oder drei Minibusse, vor allem für Studenten, für 25 000 IR. **Savaris nach Sabzevar** (Blvd Azadi; 95 000 IR, 90 Min.) fahren schräg gegenüber vom Sarigol Hotel am Südrand der Stadt ab.

Ein Taxi von Bojnurd nach Roein kostet etwa 200 000 IR.

Savaris vom **Istgah-Bojnurd-Taxistand** von Esfarayen fahren von der Morgen- bis zur Abenddämmerung nach Roein (25 000/100 000 IR pro Pers./Fahrzeug).

Sabzevar
سبزوار

☑ 051 / 242 000 EW. / 960 M

Sabzevar ist eine Stadt mit mehreren interessanten historischen Bauten an der Hauptstraße, der Beyhagh Street. Darunter sind ein eindrucksvoll gekacheltes Mausoleum und eine große Moschee. Drei Grabmäler und eine Karawanserei befinden sich ein paar Gehminuten vom Kargar Square entfernt. Die Preise – vom Einkaufen übers Übernachten bis zum Kaffee – sind hier erheblich niedriger als anderswo in der Region.

Selbst wer Sabzevar links liegen lässt, sollte vielleicht eine Pause oder Übernachtung im rund 40 km östlich gelegenen Zafaraniyeh (S. 285) in Betracht ziehen, um ein eher unbekanntes Karawanserei-Dorf zu erkunden: Die dortigen zahlreichen verfallenden Bauten aus Lehm und Backstein sind sehr fotogen.

❶ An- & Weiterreise

Der **Busbahnhof** (Sarbedoran Blvd) und die Abfahrtsorte der Savaris nach Esfarayen, **Mashhad** (Sarbedoran Sq) und Shahrud befinden sich alle am Sarbedoran Square am westlichen Stadtrand oder in der Umgebung des Platzes.

Busse nach Teheran (300 000–510 000 IR, 3 Std.) fahren von 19 bis 22 Uhr. Nach Mashhad verkehren sie von 6 bis 18 Uhr halbstündl. (95 000 IR, 3½ Std.). Nach Gorgan fahren Busse um 8 und 20 Uhr (245 000 IR, 8 Std.).

Vom Flughafen von Sabzevar gibt's 4-mal wöchentl. Flüge nach Teheran. Zum Flughafen fährt man vom Busbahnhof zunächst 4 km Richtung Westen, dann 3 km Richtung Süden.

Iran verstehen

Iran aktuell

Der moderne Iran liegt irgendwie „dazwischen" – zwischen dem Islam und dem Westen, zwischen Reformern und Konservativen, zwischen unbarmherzigem Staat und internationaler Verantwortung. Unabhängig davon, welche dieser Strömungen gerade die Oberhand gewinnt, ist Iran einer der wichtigsten Staaten im Machtgefüge des Nahen Ostens. Und zu einem Zeitpunkt, als sich die Beziehungen zum „großen Satan" (USA) tendenziell verbesserten, erschien Donald Trump auf der politischen (Welt)Bühne.

Top-Filme

Der Geschmack der Kirsche (1997) Regisseur Abbas Kairostami nimmt sich des Tabuthemas Selbstmord an.
The Apple (1998) In ihrem Erstlingswerk erzählt Samira Makhmalbaf die Geschichte zweier Mädchen, die von ihrem Vater eingesperrt werden.
Nader und Simin – Eine Trennung (2012) Film von Asghar Farhadi über das Scheitern einer Ehe, mit einem Oscar ausgezeichnet.
Taxi Teheran (2015) In der Dokufiktion von Jafar Panahi kommen normale Iraner in einem Teheraner Taxi zu Wort.
The Salesman (2016) Farhadis zweiter oscarprämierter Film handelt vom Angriff auf eine Ehe.

Top-Bücher

Shah of Shahs (Ryszard Kapuściński; 1982) Dokumentation über Herrschaft und Rücktritt des letzten Schahs.
Mirrors of the Unseen (Jason Elliot; 2006) Unterhaltsame, scharfsichtige Betrachtung der Geschichte Irans in Form eines Reiseberichts.
Iranian Rappers and Persian Porn: A Hitchhiker's Adventures in the New Iran (Jamie Maslin; 2013) Respektloser Blick auf die iranische Gegenkultur.
Stadt der Lügen (Ramita Navai; 2014) Spannender Bericht über das Leben im modernen Iran aus Sicht verschiedener Teheraner.

Einfluss in der Region

Derzeit ist Iran wohl der mächtigste Staat im Nahen Osten. Als Verteidiger des schiitischen Islam hat das Land jahrzehntelang ihm freundlich gesinnte Regierungen und Bewegungen finanziell unterstützt und sich dadurch eine gewichtige Stimme in der Region erworben. Die von Iran massiv unterstützte Hisbollah gilt als Stütze der syrischen Regierung in ihrem Kampf gegen den IS und andere Gruppierungen, die das Assad-Regime stürzen wollen. In Libanon und Irak, die ebenfalls mehrheitlich schiitisch sind, hat Iran Berater installiert, die auch mit finanziellen Mitteln dafür sorgen, dass sich gewisse politische Vorstellungen durchsetzen. Dadurch fühlen sich Saudi-Arabien und die Golfstaaten als weitere führende Mächte der Region herausgefordert, zumal Iran auch lautstark die Interessen der schiitischen Bevölkerung in Bahrain und Saudi-Arabien vertritt. Weit mehr als je zuvor in der jüngeren Geschichte ist Iran heute der wichtigste Königsmacher der Region, seine politischen Entscheidungen werden die Zukunft des Nahen Ostens entscheidend bestimmen.

Iran & USA

Lange Zeit wurden die iranischen Beziehungen zum Westen und insbesondere zu den USA von dem Bild geprägt, das Iran von sich selbst und seiner Rolle auf der Weltbühne hatte. Dabei kam es immer wieder zu bedrohlichen Krisen, wie etwa beim Staatsstreich der CIA 1953 und bei der Besetzung der US-Botschaft in Teheran 1979. Seit der Islamischen Revolution haben sich die Beziehungen kontinuierlich verschlechtert und sind vor allem geprägt von gegenseitigem Misstrauen. Unter Präsident Chatami entspannte sich die Lage etwas. Nach jahrelangen zähen Verhandlungen, Sanktionen und riskanten Spielchen einigten sich die Kontrahenten schließlich auf die Aufhebung der Sanktionen, im Gegenzug wurde eine internationale Kontrolle des iranischen Atomprogramms zugelassen. Die Eiszeit zwischen Iran und USA schien vorbei. Dann kam Donald Trump, machte eben diese Vereinbarung zum außenpolitischen Schwerpunkt seines Wahlkampfes und versprach, sie sofort rückgängig zu machen, sollte er Präsident werden. Er wurde Präsident. Bei Redaktionsschluss hatte er diesen Punkt noch nicht umgesetzt, aber er bleibt auf seiner politischen Agenda. Dazu kommt noch das Einreiseverbot für Angehörige aus sechs großen muslimischen Ländern (darunter Iran) – die iranisch-amerikanischen Beziehungen dürften sich auf jeden Fall wieder deutlich verschlechtern.

Liberale versus Konservative

In den letzten hundert Jahren wechselte die Macht in Iran zumeist zwischen zwei sehr unterschiedlichen Lagern: Auf der einen Seite waren da die Liberalen und Reformer, die die sozialen Freiheiten des Schah-Regimes schätzten und die Grüne Bewegung von 2009 unterstützten. Obwohl Verallgemeinerungen immer gefährlich sind, gehören diesem Lager vor allem junge Städter an. In klarem Widerspruch zu ihnen stehen die Konservativen unter Führung des Klerus und der Wächter der Islamischen Revolution, die zumeist von der ländlichen Bevölkerung unterstützt werden. Es sind die Helfer und Wegbereiter des Ajatollah Chomeini, die 2005 den konservativen Ahmadinedschad zum Präsidenten wählten und dafür sorgten, dass er es bis 2013 blieb. Rückblickend lässt sich feststellen, dass sich die beiden Lager zumeist gegenseitig geschadet haben. Es ist der ewige Kampf der Ideen in Iran, der auch immer wieder zu Gewalt führt.

Präsidentschaftswahl im Mai 2017

Nach dem obersten religiösen und politischen Führer Ali Chamenei ist der Präsident der zweitmächtigste Mann im Staat. Bei den Wahlen im Mai 2017 konnte der gemäßigte amtierende Präsident Hassan Rohani mit einer Mehrheit von 57 % der 41 Mio. Stimmen seinen wichtigsten Gegner, den religiös-konservativen Ibrahim Raisi, deutlich schlagen.

Rohani, der eigentlich Hassan Fereydun heißt und das Farsi-Wort für „spirituell" als Namen annahm, ist Jurist mit einem Doktortitel der Glasgow Caledonian University. Unter seiner Führung hat sich die iranische Wirtschaft stabilisiert. 2016/17 verzeichnete sie ein Wachstum von 6,6 % bei einer Inflation von 8 % im Jahr 2016. Allerdings liegt die Arbeitslosigkeit weiterhin bei 12,5 %, unter Jugendlichen sogar bei 30 %.

Rohani wurde vor allem wiedergewählt, weil er bürgerliche Freiheiten gewährte. Doch Chamenei hat ein Vetorecht bei allen politischen Entscheidungen und auch die Kontrolle über die Sicherheitskräfte. So bleibt abzuwarten, inwieweit Rohani seinen Liberalisierungskurs fortsetzen kann. Eine weitere offene Frage ist die Nachfolge des betagten obersten Führers, der schon seit Jahren gesundheitlich angeschlagen ist.

BEVÖLKERUNG: **82,8 MIO.**

FLÄCHE: **CA. 1,648 MIO. KM²**

BIP: **1,459 MRD. US$**

INFLATION: **8 %**

ARBEITSLOSIGKEIT: **12,5 %**

Gäbe es nur 100 Iraner, wären ...

61 Perser
16 Aserbaidschaner
10 Kurden
6 Luren oder Bachtiaren
2 Turkmenen
2 Araber
2 Belutschen
1 Sonstige (inkl. Armenier)

Religionszugehörigkeit
(% der Bevölkerung)

90-95 — schiitische Muslime

5-10 — sunnitische Muslime

weniger als 1
Zoroastrier, Christen und Juden

Einwohner pro km²

IRAN   DEUTSCHLAND   USA

≈ 32 Personen

Geschichte

Irans unglaublich lange, großartige Geschichte ist vor allem die Geschichte uralter Hochkulturen, der komplexen Entwicklung des Islam und einiger der größten Helden der Vergangenheit, wie Kyros der Große, Alexander der Große und Dschingis Khan. Sie setzt sich fort bis ins 20. und 21. Jh., in denen Iran wieder auf die Weltbühne zurückkehrte und heute eine Schlüsselrolle in einer der turbulentesten Regionen der Welt spielt.

Die Elamiten & Meder

Das Reich Elam erstreckte sich in der weiten Ebene der heutigen Provinz Khuzestan. Die ersten Siedlungen wurden offenbar bereits 2600 v. Chr. gegründet. Da es an Mesopotamien grenzte, wurde es von der Kultur der Sumerer beeinflusst, denen es aber auch regelmäßig auf dem Schlachtfeld gegenüberstand. Die Elamiten errichteten ihre Hauptstadt in Susa und bezogen ihre Stärke aus einem ausgeklügelten föderalen Regierungssystem, das es den Regionen erlaubte, ihre jeweiligen Bodenschätze miteinander zu tauschen.

Sie glaubten an eine Vielzahl von Göttern und errichteten prachtvolle Tempel für sie. Die bemerkenswerte Stufenpyramide von Choqa Zanbil aus dem 13. Jh. v. Chr., die dem obersten Gott gewidmet war, ist bis heute sehr gut erhalten. Im 12. Jh. v. Chr. dürfte ihr Reich den größten Teil des Westens des heutigen Iran, das Tigris-Tal und die Küste des Persischen Golfes umfasst haben.

Um diese Zeit begannen indoeuropäische, arische Stämme von Norden in das Gebiet einzuwandern. Während sich diese Perser in der heutigen Provinz Fars, rund um Shiraz, niederließen, siedelten sich die Meder weiter nördlich, im Nordwesten des heutigen Iran an. Hauptstadt des medischen Reichs war Ekbatana, das heutige Hamadan, das bei den Assyrern 836 v. Chr. erstmals erwähnt wurde. Danach treten sie nicht mehr in Erscheinung, bis der griechische Historiker Herodot von der Vertreibung des Mederkönigs Kyaxares durch die Skythen um 625 v. Chr. berichtet.

> Die Elamiten besaßen ein für ihre Zeit sehr fortschrittliches System der Erbfolge und Machtverteilung. So war sichergestellt, dass die Herrschermacht stets an verschiedene Familienzweige überging.

ZEITACHSE	3200–2100 v. Chr.	3000–2000 v. Chr.	ca. 1340–1250 v. Chr.
	Die Stadt Schahr-e Suchte (Verbrannte Stadt) in der Nähe des heutigen Zabol brennt dreimal nieder und erreicht jedes Mal wieder ihre alte Blüte, bevor sie endgültig aufgegeben wird.	Bei den erst vor kurzem entdeckten Inschriften von Dschiroft im Südosten Irans handelt es sich wahrscheinlich um die ältesten der Welt, denn sie sind noch älter als mesopotamische Schrifttafeln.	Die Elamiten erbauen die riesige Zikkurat von Choqa Zanbil zu Ehren ihres höchsten Gottes Inshushinak. Das Heiligtum wird bereits um 640 v. Chr. aufgegeben und erst 1935 wiederentdeckt.

Unter Kyaxares wurden die Meder zu einer starken Militärmacht, die immer wieder ihre assyrischen Nachbarn überfiel. Zusammen mit den Babyloniern eroberten die Meder 612 v. Chr. Ninive, die Hauptstadt der Assyrer, und zerstörten deren einst mächtiges Reich endgültig.

Die Achämeniden & Kyros der Große

Im 7. Jh. v. Chr. vereinigte König Achämenes die persischen Stämme im südlichen Iran und gründete das erste persische Reich der Achämeniden. Als 559 v. Chr. sein Urenkel Kyros II. mit 21 Jahren den Thron bestieg, war Persien bereits ein mächtiger Staat und 20 Jahre später das größte Reich der damaligen Welt.

Kyros der Große (wie er schon damals genannt wurde) baute sofort eine starke Militärmacht auf und zerstörte 550 v. Chr. das Reich der Meder, indem er seinen eigenen Großvater, den verhassten König Astyages in der Schlacht von Pasargadae schlug. Elf Jahre später zerschlug Kyros auch das Reich der Babylonier östlich vom heutigen Pakistan. Mit diesem Sieg 539 v. Chr. wollte Kyros seinen Ruf als wohlwollender Eroberer begründen. Wie Herodot in *Die Persischen Kriege* schreibt, verkündete Kyros „die Traditionen, Sitten und Religionen aller Völker meines Reiches zu respektieren und keinem Gouverneur oder Untertanen zu erlauben, auf sie herab zu sehen oder sie zu beleidigen. Auch werde ich meine Herrschaft keinem Volk aufzwingen und sie keinesfalls mit kriegerischen Handlungen durchsetzen".

Kyros kolonisierte die alte medische Hauptstadt Ekbatana, baute Susa wieder auf und sich selbst einen neuen Palast in Pasargadae. Damit begründete er die Tradition der persischen Herrscher, zwischen diesen drei Hauptstädten hin und her zu reisen. Als sich der Skythenkönig Massagetae im Nordosten des Reiches gegen die ihm aufgezwungene Herrschaft auflehnte, ließ Kyros Massagetaes Ehefrau Tomyris seine ganze Wut spüren: Nachdem er ihren Sohn gefangen genommen hatte (und dieser sich das Leben nahm), metzelte er die Soldaten des Königs in einer für sie aussichtslosen Schlacht nieder, da sie vom Wein der Achämeniden völlig betrunken waren. Herodot schreibt dazu:

„Als Tomyris hörte, was mit ihrem Sohn und der Armee ihres Mannes geschehen war, schickte sie einen Boten zu Kyros und ließ ihm ausrichten: Oh, blutrünstiger Kyros, schäme dich für diesen armseligen Erfolg, den du nur dem Traubensaft verdankst. Es war auch dieses Gift, mit dem du mein Kind gefangen und überwältigt hast, statt es im offenen Kampf zu besiegen. Drum höre, was ich dir zu sagen habe, denn es ist zu deinem besten. Gib mir meinen Sohn zurück und wir lassen dich unbehelligt ziehen. Weigerst du dich, so schwöre ich bei der Sonne, werde ich dich so blutrünstig, wie du selber es bist, in deinem eigenen Blut ertränken."

Das antike Persien (1996) von Josef Wiesehöfer ist eine umfassende Darstellung des altpersischen Reiches von den Ursprüngen bis zu seinem dramatischen Untergang nach dem Einfall der Araber im 7. Jh.

GESCHICHTE DIE ACHÄMENIDEN & KYROS DER GROSSE

In *Cyrus the Great* (1850) erzählt Jacob Abbott die Geschichte des Reichsgründers Kyros des Großen anhand der Überlieferungen des griechischen Historikers Herodot, wobei er dessen allgemeinen Fremdenhass ausführlich kommentiert.

ca. 1125 v. Chr.	ca. 836 v. Chr.	625–585 v. Chr.	559 v. Chr.
Der babylonische König Nebukadnezar I. marschiert in Elam ein und erobert die Hauptstadt Susa (Shush).	Die Meder gründen die Residenzstadt Ekbatan (das heutige Hamadan) und wetteifern in Handel und Einfluss mit Babylon, Lydien, den Skythen und dem Neuassyrischen Reich.	Der Mederkönig Kyaxares der Große verbündet sich mit Babylon, um Ninive und das Neuassyrische Reich zu erobern. Damit erstreckt sich sein Reich von Kleinasien im Westen bis Kerman im Osten.	Mit nur 21 Jahren wird Kyros II. König des Achämeniden-Reichs. In den folgenden 30 Jahren baut er es zum Vielstaatenreich aus, in dem Pasargadae, Babylon, Susa und Ekbatana über begrenzte Autonomie verfügen.

DIE ERSTE CHARTA DER MENSCHENRECHTE?

Bei Ausgrabungen in der antiken Tempelanlage Marduk in Babylonien fand der assyrisch-britische Archäologe Hormuzd Rassam 1879 einen Tonzylinder mit einer Inschrift in Keilschrift. Diese besagte, dass Kyros „für den Frieden in Babylon und an all seinen heiligen Stätten kämpfte" und für alle (Juden), die in Babylon versklavt waren, „die Zwangsarbeit abgeschafft" habe.

Nach dieser Inschrift galt Kyros allgemein als Verteidiger der Menschenrechte, und viele sehen in dem sogenannten Kyros-Zylinder die erste Charta für Menschenrechte der Welt. Daher befindet sich eine Nachbildung des Zylinders in der UNO-Zentrale in New York (das Original ist im Britischen Museum). 1971 stand der Zylinder auch im Mittelpunkt der 2500-Jahr-Feiern der iranischen Monarchie. Doch diese Ansicht ist nicht unumstritten. Anderen Wissenschaftlern zufolge pflegten die Könige Mesopotamiens schon im 3. Jahrtausend v. Chr. die Tradition, populäre Erklärungen abzugeben und soziale Reformen anzukündigen, wenn sie den Thron bestiegen. Damit wäre die Erklärung von Kyros weder neu noch einzigartig.

Ob der Zylinder nun die erste Menschenrechtserklärung der Welt war oder nicht, Kyros war auf jeden Fall ein für seine Zeit ungewöhnlich wohlwollender Herrscher, der bei Menschen aller Glaubensrichtungen großes Ansehen genoss. Sogar die Propheten Esra und Jesaja erwähnen in der Bibel den gütigen Herrscher Kyros, der den Tempel in Jerusalem wieder aufbauen ließ. Und im jüdischen Tanach wird er als einziger nicht-jüdischer König von Gottes Gnaden oder sogar als Messias anerkannt.

Kyros hörte nicht auf sie, und so führte Tomyris ihr Heer in die schlimmste Schlacht, die die Achämeniden jemals schlugen, wie Herodot weiter schreibt. Kyros selbst und die meisten seiner Soldaten wurden getötet. Als ihr der Leichnam gebracht wurde, befahl Tomyris, einen Sack aus Haut mit menschlichem Blut zu füllen und tauchte Kyros' Kopf hinein, um ihre Drohung wahrzumachen. Dann wurde Kyros im bis heute erhaltenen Mausoleum in Pasargadae beigesetzt.

Kambyses & Dareios

525 v. Chr. eroberte der Sohn von Kyros, Kambyses, den größten Teil Ägyptens und drang entlang der Küste bis weit in das heutige Libyen vor. Späteren Berichten zufolge hatte Kambyses vor seinem Aufbruch noch schnell die Ermordung seines Bruders Smerdis in Auftrag gegeben. Angeblich soll an ein niederer Beamter namens Magus Gaumata, der Smerdis verblüffend ähnlich sah, den Thron bestiegen haben, während Kambyses Ägypten eroberte. 522 v. Chr. kam Kambyses in Ägypten unter mysteriösen Umständen ums Leben. Angeblich war er aus irgendeinem unerfindlichen Grund mit seiner gesamten Armee in die Sahara mar-

550 v. Chr.	539 v. Chr.	529–522 v. Chr.	522–486 v. Chr.
Mit Kyros II. endet die Meder-Dynastie, als er seinen eigenen Großvater, den verhassten König Astyages, in der Schlacht von Pasargadae besiegt. Fünf Jahre später hat er auch Lydien erobert.	In Opis vernichten die Achämeniden das babylonische Reich. Kyros befreit die von den Babyloniern versklavten Juden. Solchen Aktionen legen den Grundstein für gute Beziehungen zu besiegten und unterworfenen Völkern.	Sein Sohn Kambyses II. erobert in nur wenigen Jahren Ägypten, Nubien und die Cyrenaika. Als er in Ägypten unter mysteriösen Umständen ums Leben kommt, bricht der Kampf um seine Nachfolge aus.	Mit dem Schwert und Organisationstalent schafft Dareios I. (der Große) die erste Supermacht der Welt. Er teilt das persische Reich in Provinzen auf und sorgt für einheitliche Währung und gemeinsame Sprache.

schiert und nicht zurückgekehrt. Nach dem Tod des Königs reagierte ein entfernter Verwandter, Dareios I., blitzschnell und ermordete kurzerhand den auf dem Thron sitzenden Gaumata. Diese „ausgleichende Gerechtigkeit" wurde in einem gigantischen Felsrelief in Bisotun bei Hamadan verewigt, in dem Dareios auf Gaumatas Kopf steht. Bis heute ist nicht geklärt, ob Dareios wirklich den Thronräuber Gaumata getötet oder tatsächlich den echten Smerdis ermordet und die ganze Geschichte nur erfunden hat, um den Königsmord zu vertuschen.

Auf jeden Fall befand sich das Reich in einem heillosen Durcheinander und Dareios verbrachte die nächsten Jahre damit, es wieder zu ordnen. Dafür unterteilte er das inzwischen riesige, weitläufige Reich in 23 Provinzen (Satrapien), um es leichter regieren zu können. Als religiöses und politisches Zentrum ließ er die herrliche Residenzstadt Persepolis errichten, die vor allem dem zoroastrischen Schöpfergott Ahura Mazda gewidmet war. Die Mederstädte Ekbatana und Shush (Susa) wurden zu einfachen Verwaltungszentren, während die Residenzstadt Persepolis die imperiale Macht des Königs repräsentierte und mit ihrer Schönheit und den prachtvollen Gebäuden Fremde und Untertanen beeindrucken sollte. Nachdem Dareios sein Reich bis nach Indien und zur Donau ausgeweitet hatte, war es das größte der Antike. Bis in die entferntesten Winkel des Reiches führten gepflasterte Straßen mit Karawansereien in regelmäßigen Abständen, die den Reisenden Schutz boten und sie mit Essen versorgten. Die Achämeniden unterhielten auch den ersten Postdienst der Welt. Dafür bauten sie ein Netzwerk von Pferdestationen auf, die Post innerhalb von zwei Wochen im gesamten Reich zustellten.

Doch es war nicht alles eitel Sonnenschein. Als sich die griechischen Kolonien in Kleinasien gegen ihren persischen Statthalter erhoben, beschloss Dareios ein Exempel zu statuieren und überfiel die Staaten auf dem griechischen Festland, konnte sie aber nicht erobern. 490 v. Chr. wurde Dareios in der berühmten Schlacht von Marathon bei Athen geschlagen. Vier Jahre später starb er.

Mit der Niederlage seines Sohnes Xerxes beim griechischen Salamis 480 v. Chr. begann der langsame Niedergang des ersten Perserreiches, der mit einigen ruhmreichen Unterbrechungen insgesamt 150 Jahre dauern sollte.

Alexander der Große & das Ende von Persepolis

Sein Ende wurde schließlich von Alexander dem Großen aus Mazedonien besiegelt, der ein ebenso junger und charismatischer Herrscher wie seinerzeit Kyros war. Nach seinen Siegen über die Griechen und Ägypter besiegte er auch die Perser in der Schlacht von Issos in der heutigen Tür-

Persisches Feuer (2005) von Tom Holland ist die spannende Geschichte der persischen Kriege als erste Schlachten zwischen Ost und West, sowie des Achämeniden-Reichs auf dem Höhepunkt seiner Macht. Vor einem Besuch von Susa und Persepolis sollte man dieses Buch unbedingt gelesen haben.

Bis heute streiten Wissenschaftler darüber, ob der verheerende Brand in Persepolis wirklich versehentlich von einem Betrunkenen gelegt wurde oder aber die Vergeltung Alexanders des Großen für die Zerstörung von Athen durch Xerxes war.

486–465 v. Chr.	358 v. Chr.	334–330 v. Chr.	323–162 v. Chr.
Die Herrschaft von Xerxes I. ist vom Krieg gegen die Griechen geprägt. Nachdem sie 480 v. Chr. Athen niedergebrannt haben, verlieren die Perser die Herrschaft über Mazedonien, Thrakien und Ionien.	Nach dem Mord an acht Halbbrüdern besteigt Artaxerxes III. (358–338 v. Chr.) den Thron. 343 v. Chr. besiegt er Ägypten, das wieder zu einer persischen Provinz wird.	Alexander der Große besiegt die Perser am Granikos, bei Issos und Guagamela. Danach erobert er Susa und Persepolis, womit er die Herrschaft der einst übermächtigen Achämeniden endgültig beendet.	Nach Alexanders Tod in Babylon 323 v. Chr. zerfällt sein Reich in drei Teile, von denen eines die Seleukiden bis 162 v. Chr. beherrschen. Griechisch wird die Verkehrssprache.

kei (333 v. Chr.) und Guagamela im heutigen Irak (331 v. Chr.), bevor er die mageren Reste der Armee von Dareios III. hinwegfegte. Dareios floh nach Baktrien im Osten, wo er von einem Cousin ermordet wurde. Nach seinem Sieg über die Perser blieb Alexander für einige Monate in Persepolis, bevor das glanzvolle Aushängeschild des Achämeniden-Reiches bis auf die Grundmauern niederbrannte.

Schon bald darauf erstreckte sich das Reich von Alexander dem Großen über Afghanistan und Pakistan bis nach Indien, doch nach seinem Tod 323 v. Chr. stritten sich drei Dynastien um sein Erbe und das Reich zerfiel in drei Teile, wobei Persien unter die Herrschaft der mazedonischen Seleukiden geriet. So wurde Griechisch allmählich zur Verkehrssprache, immer mehr Griechen gründeten neue Siedlungen und die griechische Kultur verdrängte nach und nach die ältere persische. Doch einige ehrgeizige Statthalter und selbstbewusste Minderheiten, insbesondere die Parther, lehnten sich gegen die neuen Herrscher auf.

Das Partherreich

Die Parther waren vor vielen Jahrhunderten in das Gebiet zwischen Kaspischem Meer und Aralsee eingewandert. Unter ihrem großen König Mithridates (171–138 v. Chr.) eroberten sie den größten Teil Persiens und das gesamte Gebiet zwischen dem Euphrat im Westen und Afghanistan im Osten, sodass ihr Reich praktisch dem alten Achämeniden-Reich entsprach. Das Partherreich hatte die beiden Hauptstädte Rey in Persien und Ktesiphon im heutigen Irak.

Danach kämpften die hervorragenden Reiter und Bogenschützen mit Rom um die Herrschaft in Syrien, Mesopotamien und Armenien. 53 v. Chr. trafen die Parther bei Carrhae in der heutigen Türkei auf den römischen General Crassus, der nach seinem Sieg über Spartakus einer der drei führenden Männer in Rom war. Die römische Armee wurde vernichtend geschlagen und Crassus gefangen genommen und geköpft. Zur Strafe für seine allseits bekannte Gier flößte man ihm zuvor flüssiges Gold ein. Es folgte eine lange Zeit des Friedens zwischen Römern und Parthern, in der beide aber immer wieder kurz davor standen, einander zu bekriegen.

Die sehr aufgeklärten Parther führten Architektur und Kunst zu ungekannter Blüte, wovon heute leider kaum etwas erhalten ist.

Die Sassaniden & das zweite persische Reich

Genau wie die Achämeniden stiegen die Sassaniden von einer unbedeutenden Dynastie zu Herrschern eines Imperiums auf. Es begann in der Provinz Fars, als Adashir I. (224–241) die schon schwachen Parther be-

Das „Parthische Manöver", auch der „Partherschuss", ist nach den Parthern benannt. Dabei entfernten sich reitende Bogenschützen von ihren Feinden, um sich plötzlich umzudrehen und nach hinten Feuerpfeile auf ihre überraschten Verfolger abzuschießen. Ein Taktik, die sich andere kriegführende Völker bei ihnen abschauten.

247 v. Chr.	123–88 v. Chr.	53 v. Chr.	25 n. Chr.
Die Parther, die ursprünglich aus dem Gebiet südöstlich des Kaspischen Meeres stammen, lehnen sich gegen die Seleukiden auf und begründen das mit 471 Jahren am längsten währende Reich in der Geschichte Irans.	Unter Mithridates II. erstreckt sich das Partherreich von den Grenzen des römischen Reichs bis nach China und Indien. Er nimmt die ersten diplomatischen und Handelsbeziehungen zu China auf.	Die Parther besiegen die Römer bei Carrhae. Überlebende römische Soldaten berichten von den bunten Fahnen, unter denen die Parther gekämpft haben – die ersten Seidentücher, die Europäer zu sehen bekommen.	Parthische Gesandte bringen Löwen an den Hof der Han-Dynastie in China. Diese Löwen gelten als Ursprung der traditionellen Löwentänze, die bis heute beim chinesischen Neujahrsfest getanzt werden.

siegte und die Herrschaft in Persien übernahm. In den nächsten 40 Jahren wurden die Sassaniden zur neuen Bedrohung für das römische Reich.

Von 241 bis 272 annektierte Adashirs Sohn Shapur I. Baktrien und lieferte sich mehrere Schlachten mit den Römern. Eine dieser Schlachten wurde zum meist gefeierten persischen Sieg aller Zeiten: 260 v. Chr. besiegte Shapur die Römer bei Edessa und nahm Kaiser Valerian gefangen. Die Städte Bishapur und Shushtar, wo Valerian inhaftiert war, sind ebenso erhalten wie verschiedene Steinreliefs, die den Sieg Shapurs zeigen (z. B. in Naqsh-e Rostam).

Die Sassaniden betrieben Kleingewerbe, förderten die städtische Entwicklung und nutzten den Persischen Golf als Handelsweg, bis sie schließlich ebenfalls im scheinbar endlosen Konflikt mit Byzanz unterlagen. Dabei erreichte das Reich gerade in der Endphase unter Chosrau II. (590–628) seine größte Ausdehnung, nachdem er Teile Ägyptens, Syriens, Palästinas und der Türkei erobert hatte. Doch nachdem Chosrau von seinem eigenen Sohn ermordet worden war, bestiegen in den folgenden fünf Jahren insgesamt sechs Könige den Thron, darunter die beiden einzigen Herrscherinnen des persischen Reichs. Persien konnte kaum Widerstand bieten, als 633 die Araber einfielen.

Die Araber & der Islam

Mit dem Sieg der Araber über die Sassaniden in der Schlacht von Qadisiya 637 beginnt ein entscheidendes Kapitel in der Geschichte Persiens, denn mit dem Sieg in Nahavand bei Hamadan endete die Herrschaft der Sassaniden.

Zur Zeit des Todes von Mohammed 632 waren die Araber fest im neuen Glauben des Islam geeint. Auch die Perser waren so überzeugt von der islamischen Kultur und Religion, dass sie Zarathustra für die Lehren Mohammeds sofort aufgaben. Nur die Städte Yazd und Kerman sowie einige Stämme in abgelegenen Bergdörfern blieben der alten Religion Zarathustras – teilweise noch jahrhundertelang – treu. Bei ihrer raschen Ausbreitung im gesamten Nahen Osten übernahmen die Araber jedoch die Architektur, Kunst und Verwaltung der Sassaniden.

Nachdem die Umayyaden-Kalifen Persien zunächst von ihrer Hauptstadt Damaskus aus regierten, begann mit einem Aufstand der Schiiten 750 der Aufstieg der Abbasiden, die ihre Hauptstadt in die Nähe von Bagdad verlegten. Unter den Abbasiden-Kalifen kam es zu einer Blüte der Geisteswissenschaften, bei der die persische Kultur eine wichtige Rolle spielte. Viele hohe Ämter bei Hofe waren mit Persern besetzt, während im täglichen Umgang und in Geschäftsbeziehungen immer stärker die arabische Sprache und Schrift verwendet wurden.

Die Sassaniden erhoben den Zoroastrismus wieder zur Staatsreligion, fügten aber Elemente aus der griechischen Götterwelt, dem Mithraskult und animistischen Naturreligionen hinzu. Sie hatten auch eine eigene Sprache, Pahlawi, die Wurzel des modernen Farsi, und hatten eine Vorliebe für offene Hallen mit Tonnengewölben. Seither prägten Iwans die persische Architektur.

GESCHICHTE DIE ARABER & DER ISLAM

224	241–272	ca. 250	387
Adashir Babakan besiegt lokale Heeresführer, die den Partherkönig Artabanos V. geschlagen haben, und übernimmt die Herrschaft über Teile des Partherreiches. Er baut die Hauptstadt der Sassaniden in Firuzabad.	Adashirs Nachfolger Shapur I. weitet das Sassaniden-Reich bis nach Baktrien aus. Er besiegt die Römer 260 in der berühmten Schlacht von Edessa und nimmt Kaiser Valerian gefangen.	Der Zoroastrismus wird Staatsreligion im Sassaniden-Reich, andere Religionen werden verboten. Shapur I. selbst interessiert sich allerdings für die Philosophie des Mani (216–276), die Grundlage des Manichäismus werden soll.	Persien und Byzanz lösen ihren uralten Streit um Armenien, indem sie es einfach unter sich aufteilen. Die erste (und letztendlich erfolglose) Teilung dieser Art in der Weltgeschichte.

DIE SEIDENSTRASSE

Der Siegeszug der Seide von China Richtung Westen begann vor mehr als 2000 Jahren. Damals verliebten sich die Parther in den weichen, feinen Stoff. Um 100 v. Chr. unterhielten Parther und Chinesen jeweils eine Botschaft im anderen Reich, und über diese Route wurde auch der Handel mit Seide und vielen anderen Gütern abgewickelt. Nach ihrer Niederlage bei Carrhae 53 v. Chr. waren auch die Römer ganz besessen von dem neuen Stoff, aus dem die Parther ihre Feldzeichen machten, und der Handel kam so richtig in Schwung. In Rom war Seide schließlich kostbarer als Gold, sodass die Römer ihre Versorgung zu sichern versuchten, indem Kaiser Justinian im 6. Jh. ganze Armeen von Spionen nach China sandte, um die Eier des Seidenspinners zu stehlen.

Die insgesamt 8000 km lange Seidenstraße war nicht nur eine einzige Straße, sondern ein ganzes Netz von Karawanenrouten mit Karawansereien im Abstand von etwa 30 km, was damals ungefähr einer Tagesetappe auf der monatelangen Reise entsprach. Diese Karawansereien waren gut befestigte Relaisstationen, in denen die Händler mit ihren Kamelen Kost und Logis fanden. Der östlichste Punkt dieses Netzes war die chinesische Hauptstadt Chiang-an (das heutige Xian). Die Grenzen des heutigen Iran überquerten die Karawanen erstmals zwischen Merv (heute Turkmenistan) und Herat (Afghanistan), bevor sie dann über Mashhad, Neishabur, Damghan, Semnan, Rey, Qazvin, Tabriz und Maku ihre Endstation in Konstantinopel (heute Istanbul) erreichten. Im Winter bogen die Karawanen bei Rey oft nach Westen ab und reisten über Hamadan nach Bagdad.

Im Gegensatz zum berühmtesten Reisenden auf der Seidenstraße Marco Polo legten die Karawanen zumeist nur kurze oder mittlere Strecken zurück und handelten mit ihren Waren innerhalb eines festen Radius'. Zu den in den Osten transportierten Gütern gehörten Gold, Silber, Elfenbein, Jade und andere Edelsteine, Wolle, Buntglas aus dem Mittelmeerraum, Trauben, Wein, Gewürze und – damals bei den Parthern höchst beliebte – Akrobaten und Strauße. Im Westen sehr gefragt waren Seide, Porzellan, Gewürze, Edelsteine und Duftöle. Auf halber Strecke der Seidenstraße lagen Zentralasien und Iran, wo große Clearinghäuser auch Pferde und baktrische Kamele für die Weiterreise bereithielten.

Durch die Seidenstraße nahm der Handel einen einzigartigen Aufschwung, doch bestand ihre Bedeutung auch vor allem im Austausch von Ideen. Allein so unterschiedliche Religionen wie Manichäismus, Zoroastrismus, Buddhismus, Nestorianismus, Judentum, Christentum, Konfuzianismus, Taoismus und Schamanentum existierten entlang der Seidenstraße friedlich nebeneinander, bis der Islam kam.

Die Seidenstraße bestand bis weit ins 15. Jh. hinein, als die Europäer den alternativen Seeweg entdeckten.

Im 9. Jh. begann der Niedergang der Abbasiden, und die Gouverneure der einzelnen Provinzen bauten nach und nach ihre Machtbasis aus. So entstanden im Osten Irans die neuen iranischen Dynastien der Tahiriden (820–872), Safarriden (868–903) und Samaniden (874–999), die Bukhara zu ihrer Hauptstadt machten und die persische Sprache neu belebten.

529	590–628	632	661–750
Mazdak, einer der ersten Sozialisten der Geschichte, erhält viel Zulauf mit seiner Forderung, Adelige sollen Wohlstand und Frauen mit dem einfachen Volk teilen. Bei einem Aufstand der Adeligen wird er ermordet.	Unter Chosrau II. erreicht das Sassaniden-Reich seine größte Ausdehnung und erstreckt sich von Ägypten bis zu den Grenzen des heutigen China. Nachdem er 628 von seinem Sohn ermordet wird, zerfällt das Reich schnell.	Der Prophet Mohammed stirbt, und schon ein Jahr später dringen die Araber im Namen ihrer neuen Religion nach Persien vor. 651 ist der letzte Sassaniden-König tot und sein Reich Geschichte.	Die Umayyaden-Kalifen beherrschen den größten Teil des ehemaligen Sassaniden-Reichs und verbreiten von ihrer Hauptstadt Damaskus aus den sunnitischen Islam.

Der Aufstieg der Seldschuken

Doch diese kleinen, regionalen Dynastien konnten sich nicht gegen den Ansturm der türkischen Seldschuken behaupten, die 1051 Isfahan eroberten und zu ihrer Hauptstadt machten. Innerhalb nur weniger Jahre hatten sie sich auch den Osten der Türkei einverleibt und schafften es, dank einer riesigen, gut bezahlten Armee und trotz zahlreicher Aufstände ein eigenes Reich aufzubauen.

Die Seldschuken förderten die persische Kunst, Literatur und Wissenschaft, die in dieser Zeit so einzigartige Genies wie den Mathematiker und Dichter Omar Chayyam hervorbrachten. Außerdem wurden im ganzen Reich theologische Schulen zur Verbreitung des sunnitischen Islam gegründet. Die streng geometrischen Backsteinbauten und kunstvollen kufischen Inschriften der seldschukischen Moscheen und Gebäude sind noch heute zu bewundern, vor allem bei der Jameh-Moschee in Isfahan.

Mit dem Tod von Malik Schah 1092 endete die Herrschaft der Seldschuken, und wieder zerfiel ein großes Reich in kleine Teile.

Das große Epos *Schahname* (Buch der Könige) von Firdausi entstand zwischen 990 und dem Tod des Dichters 1020. Mit seinen 60 000 Reimpaaren gilt es als Nationalepos der persischsprachigen Welt.

Dschingis Khan & Timur Lenk

Anfang des 13. Jhs. setzten die wilden Reiterheere der Mongolen dem seldschukischen Reich ein endgültiges, blutiges Ende. Bei ihrem Sturm über das iranische Hochland hinterließen sie eine blutige Spur der Verwüstung und Tausende von Enthaupteten.

Unter der Führung von Dschingis Khan und seinen Enkeln, darunter vor allem Hülegü, eroberten die Mongolen ganz Persien und dehnten ihr Reich dann bis Peking (China) und Istanbul (Türkei) aus. Schließlich errichteten sie ihre Hauptstadt in Tabriz, was aber zu nahe am osmanischen Reich war, wie sich herausstellen sollte. Hülegü Khan beendete auch die heimliche Macht der Assassinen, indem er ihre Bergfestungen rund um Alamut zerstören ließ. Nach einem kurzen Flirt mit Christentum und Buddhismus musste Hülegü aufgrund des gesellschaftlichen Drucks in Persien schließlich zum Islam übertreten. Er nannte sich dann *il khan* (Khan oder Herrscher einer Provinz und Vertreter des Großkhan in der Mongolei) und begründetet damit die spätere Ilchaniden-Dynastie (1256–1335).

Da die Mongolen viele der von ihnen eroberten persischen Städte komplett zerstörten, vernichteten sie auch die allermeisten schriftlichen Quellen zur Geschichte Persiens. Andererseits förderten sie großzügig die Künste und hinterließen viele prachtvolle Monumente, wie das Oljeitu-Mausoleum in Soltaniye. Unter der mongolischen Herrschaft ersetzte Farsi auch endgültig das Arabische als Verkehrssprache.

Nachdem Abu Said ohne Nachfolger gestorben war, zerfiel das Reich und wurde von Timur Lenk (Tamerlan) erobert, der dann weiterzog und 1402 auch die Osmanen besiegte. Timur Lenk gehörte zu einem Clan türki-

680	749–830er-Jahre	820–999	928–1140
Zusammen mit 72 Kampfgenossen wird Imam Hossein, der Sohn von Imam Ali, in Kerbela getötet. Dies begründet die Glaubensrichtung des schiitischen Islam.	Ein Aufstand in Chorasan beendet die Herrschaft der Ummayaden und bringt die Abbasiden-Kalifen an die Macht. Die stark von der persischen Kultur beeinflussten Abbasiden machen Bagdad zu ihrer Hauptstadt.	Das Reich gerät unter die Kontrolle einer Reihe regionaler Dynastien: die Tahiriden in Khorasan (820–872), die expansionistischen Saffariden in Sistan (868–903) und die Samaniden in Bukhara (874–999).	Die persischen Ziariden (928–1077) und Buyiden (945–1055) sind bemerkenswerte Förderer der Kunst, verlieren ihre Macht aber ab 962 zunehmend an türkische Clans wie die Ghaznawiden.

sierter Mongolen im heutigen Usbekistan und verlegte seine Hauptstadt nach Qazvin. Auch er war einer der vielen großen widersprüchlichen Herrscher, die Persien regierten: ein begeisterter Förderer der Künste und zugleich ein grausamer Tyrann (nach einem Aufstand sollen allein in Isfahan 70 000 Menschen hingerichtet worden sein).

Sofort nach seinem Tod 1405 begann der Kampf um seine Nachfolge. Die Timuriden, die sich im Osten Irans in unterschiedlicher Stärke einige Jahrzehnte lang an der Macht halten konnten, förderten weiterhin die persische Kunst, insbesondere die einzigartige Miniaturenmalerei in Shiraz. So ließ Gohar Schad, die Frau eines Timuriden-Herrschers, die wunderbare kleine Moschee im Inneren des Heiligen Schreins des Imam Reza in Mashhad errichten.

Die Safawiden & das dritte persische Reich

Der Sufi Scheich Safi ad-Din (gest. 1334) war Begründer und geistiger Vater der Safawiden, einer mächtigen schiitischen Sekte aus Ardabil. Doch erst Ismail Safawi, ein entfernter Nachfahre von Safi ad-Din, sollte schließlich das alte Kernland des persischen Reiches von Bagdad bis Herat erobern. Er herrschte gut 20 Jahre als Schah über Persien (1502–1524) und führte mit seiner Dynastie der Safawiden Iran in eine neue Blütezeit, obwohl er vom osmanischen Sultan Selim dem Grausamen in der schrecklichen Schlacht von Chaldoran besiegt wurde, die der Beginn eines 41 Jahre andauernden Krieges um die Herrschaft in Ostanatolien und im heutigen Irak war.

Unter Ismails Sohn Tahmasp (1524–1576) wurde die Hauptstadt von Tabriz nach Qazvin verlegt und die europäischen Monarchen begannen, sich für Persien zu interessieren. Glanzvoller Höhepunkt der Safawiden-Herrschaft war die endgültige Vernichtung der letzten Turkmenen und türkischen Gruppierungen durch den brillanten Schah Abbas I. (den Großen; 1587–1629) mithilfe des englischen Militärberaters und Abenteurers Robert Shirley und der Begründung des dritten persischen Reichs.

Die Safawiden machten den schiitischen Islam zur Staatsreligion und begründeten damit den erneuten Konflikt mit dem sunnitischen osmanischen Reich. Gleichzeitig führten sie die persische Kunst und Architektur zu neuer Blüte. Abbas verlegte die Hauptstadt wieder nach Isfahan und begann sofort mit dem Wiederaufbau der Stadt rund um den Naqsh-e-Jahan-Platz.

Die europäischen Großmächte begannen, Persien als Markt zu entdecken. Vor allem englische Unternehmen erhielten Konzessionen und der Handel nahm schnell zu. Nach dem Tod von Schah Abbas bestand das Safawiden-Reich noch fast hundert Jahre, die jedoch von politischen

---

Dschingis Khan machte die schönsten Frauen aus den von ihm eroberten Ländern zu seinen Ehefrauen oder Konkubinen und zeugte mit ihnen Hunderte von Kindern. Eine vor kurzem in Asien durchgeführte DNA-Studie ergab, dass etwa 16 Mio. der heute lebenden Männer mit einiger Wahrscheinlichkeit entfernte Nachfahren des großen Herrschers sind.

980–1037	1051	1079	1092
Der Arzt und Philosoph Abu Ali Sina (latinisiert Avicenna), der überwiegend in Hamadan und Isfahan lebt, veröffentlicht 250 Bücher, darunter den *Canon Medicinae*, der an europäischen Universitäten bis ins 17. Jh. verwendet wird.	Die Seldschuken (1051–1220), nomadische Türken aus Zentralasien, erobern Persien und errichten ein Reich, das über Syrien und Palästina bis zu den Toren der byzantinischen Hauptstadt Konstantinopel reicht.	Mathematiker und Dichter Omar Chayyam (1048–1123) berechnet die Dauer eines Jahres mit 365,242198 Tagen und erstellt knapp 500 Jahre vor dem Gregorianischen Kalender einen Sonnenkalender.	Die Herrschaft der Seldschuken geht mit dem Tod des Malik Schah zuende und ihr Reich zerfällt.

Machtkämpfen und internen Konflikten geprägt waren. 1722 belagerten Afghanen Isfahan und konnten die Stadt schließlich erobern. Dabei metzelten sie Tausende von Einwohnern nieder, verschonten aber die wunderbare Architektur.

Nadir Schah & Karim Khan Zand

Für kurze Zeit schien es, als hätten die Safawiden in einem Glücksritter namens Tahmasp Quli ihren Retter gefunden. Mithilfe von russischen und türkischen Soldaten konnte er die Afghanen 1729 aus dem Norden vertreiben und regierte von da an de facto in Persien, bevor er 1736 den Königstitel annahm und als Nadir Schah die Herrschaft der Safawiden endgültig beendete. Nadir Schah war nicht nur ein kriegslüsterner, wenngleich genialer Feldherr, er mag wohl auch als größenwahnsinnig bezeichnet werden. Auf jeden Fall war er mit einem übersteigerten Selbstbewusstsein ausgestattet. Als er 1738 Indien überfiel, kehrte er mit nicht weniger als dem Kooh-ye-Nur- und dem Darya-ye-Nur-Diamanten als Beute zurück. Letzterer ist heute Teil der iranischen Kronjuwelen. Seine ständigen Kriege bluteten das Land aus. Seine Ermordung 1747 brachte ein willkommenes, wenn auch nur kurzfristiges Ende der Feindseligkeiten.

Die Macht übernahm ein Stammesführer aus dem westlichen Iran, Karim Khan Zand (1750–1779). Er zeigte wenig Interesse am Krieg, sondern widmete sich lieber dem Ausbau seiner Hauptstadt Shiraz, wo er die imposante Zitadelle Arg-e Karim Khan und die bemerkenswerte Vakil-Moschee (Masjed-e Vakil) errichten ließ.

Die Kadscharen & die Konstitutionelle Revolution

Die Kadscharen-Dynastie erwies sich als Katastrophe für Iran, denn sie schaffte es, innerhalb nur weniger Jahre das Land zu ruinieren und international zum Gespött zu machen. Nach Karim Khans Tod 1779 einigte der Eunuch Aga Mohammad Khan die Kadscharen in Aserbaidschan und baute das Dorf Teheran zu seiner neuen Hauptstadt aus. Bis 1795 hatte er die Herrschaft über ganz Persien von Lotf Ali Khan übernommen.

Zu diesem Zeitpunkt war Iran aber auch zum Zankapfel zwischen Russland und Großbritannien geworden. Russland wollte unbedingt Zugang zum Persischen Golf erhalten, was Großbritannien ebenso entschieden ablehnte. Unter der eher schwachen Herrschaft des bärtigen Fath Ali Shah (1797–1834) eroberte Russland die halbautonomen persischen Provinzen Georgien, Schirwan (das heutige Aserbaidschan), den Osten Armeniens und Dagestan.

Der an der Modernisierung des Landes interessierte Naser ad-Din Schah (1848–1896) widmete sich vor allem dem Sammeln von Kunst, dem

Ein beständiger Strom von europäischen Reisenden und Abenteurern kam, sah und schrieb über das persische Safawiden-Reich im 17. Jh., darunter vor allem die französischen Goldschmiede Jean-Baptiste Tavernier (1605–1689) und John Chardin (1643–1713) sowie die englischen Freibeuter Sir Anthony Shirley (1565–1635) und Sir Robert Shirley (1581–1628).

1218	1256	1271–1295	1380
Unter Dschingis Khan erobern die Mongolen den größten Teil des persischen Reiches, zerstören Städte wie Tus und Nischabur, und metzeln Zehntausende nieder.	Hülegü Khan führt den zweiten Mongolensturm in den Nahen Osten und zerstört die Bewegung der ismailitischen Assassinen. Danach herrschen die Ilchaniden bis 1335, zuerst von Maraqeh, dann von Soltaniye aus.	Auf seinen Reisen nach China durchquert Marco Polo Persien und hält sich unter anderem in Tabriz, Kashan, Yazd, Kerman, Hormus, Bam, Tabas und Neishabur auf.	Der kriegslüsterne Tatar Timur Lenk übernimmt die Herrschaft über Persien. Die Timuriden erweisen sich als große Förderer der Kunst. Ihre Hauptstadt ist zunächst Samarkand, dann Herat und schließlich Qazvin.

Bau von Museen und seinem riesigen Harem. Dabei lebten er und die anderen Schahs der Dynastie in solch verschwenderischem Luxus, dass schon bald Teile des Staatsvermögens verkauft werden mussten. Darüber freuten sich vor allem ausländische Investoren, zumal die Iraner stark unter Druck zu stehen schienen. So wollte Naser ad-Din die Exklusivrechte an der Nutzung der iranischen Produktionsmittel (inklusive Banken, Minen und Eisenbahnen) gegen eine Einmalzahlung von 40 000 £ und 25 Jahresraten von jeweils 10 000 £ verkaufen. Nachdem sein Plan bekannt geworden war, musste er das Angebot jedoch sofort zurückziehen.

Als er dann auch noch versuchte, das Tabakmonopol zu verkaufen, gipfelte die allgemeine Unzufriedenheit in einer Revolte. 1906 wurde der dritte Kadscharen-Schah, Mozaffar ad-Din (1896–1907) gezwungen, eine Art Miniparlament, die erste beratende Versammlung (Majlis) zu errichten und eine Verfassung zu erlassen. Diese Reformen waren der Beginn der Konstitutionellen Revolution.

Sein Nachfolger, der skrupellose Schah Mohammad Ali, war jedoch mit der Majlis nicht einverstanden und ließ sie mit Artillerie beschießen. 1908 verhängte er das Kriegsrecht, was zu weiteren Aufständen 1909 in Tabriz führte. Schließlich wurde Mohammad Ali gezwungen, zugunsten seines Sohnes, der noch im Kindesalter war, abzudanken.

Im Ersten Weltkrieg besetzten Großbritannien und Russland Teile Irans, während die Osmanen den teilweise christlichen Nordwesten überfielen und verwüsteten. Unter dem Einfluss des neuen sowjetischen Regimes in Russland, löste sich die an das Kaspische Meer angrenzende Provinz Gilan 1920 aus dem Reich, um unter Kuchuk Khan eine eigene Sowjetrepublik zu werden. Da der Schah offenbar zu schwach war, um zu reagieren, unterstützte Großbritannien kurzerhand den charismatischen Offizier Reza Khan, der Gilan zurückeroberte und Schah Ahmad stürzte.

Die Pahlavi-Dynastie
Reza Khan

Nachdem Reza Khan 1921 die Kadscharen-Herrschaft mit einem Staatsstreich beendet hatte, regierte er Persien, ohne jedoch den Königstitel zu tragen. Er setzte zunächst eine Marionette als Premierminister ein, übernahm das Amt 1923 aber selbst und krönte sich zwei Jahre später, wie einst Napoleon, zum ersten Schah der Pahlavi-Dynastie.

Reza Schah hatte ein großes Ziel: er wollte Iran ins 20. Jh. führen, wie sein Nachbar Mustafa Kemal Atatürk die moderne Türkei geschaffen hatte. Dafür durften die Alphabetisierung, Verkehrsinfrastruktur, das Gesundheitswesen, Industrie und Landwirtschaft nicht weiter vernachlässigt werden. Genau wie Atatürk wollte auch Reza Schah die Stellung der Frau verbessern und verbot per Gesetz den Tschador. Außerdem be-

Den Namen „Persien" erhielt das Land im 5. Jh. von den Griechen. Doch Reza Schah verabscheute diesen Namen und änderte ihn 1934 in Iran um, nach dem mittelpersischen Wort „Eran", wie die Einheimischen ihr Land schon seit dem 1. Jahrtausend v. Chr. nannten.

1502	1514	1587	1736–1747
Der junge Ismail Sawafi (reg. 1502–1524) erobert Tabriz und errichtet innerhalb von zehn Jahren das Safawiden-Reich, das von Bagdad bis nach Usbekistan reicht.	Die türkischen Osmanen besiegen die Safawiden in der Schlacht von Chaldoran. Damit beginnt der Krieg um Ostanatolien und den Irak, in dem Persien nach 41 Jahren schließlich unterliegt.	Der starke, aber paranoide Safawiden-Schah Abbas I. (der Große; 1587–1629) verlegt seine Hauptstadt nach Isfahan und lässt dort so monumentale Architektur wie den Naqsh-e-Jahan-Platz errichten.	Schah Nadir krönt sich selbst, verlegt seine Hauptstadt nach Mashhad, vertreibt die Osmanen aus Georgien und Armenien sowie die Russen vom Kaspischen Meer, fordert Afghanistan zurück und macht reiche Beute in Indien.

stand er auf dem Tragen westlicher Kleidung und begann den einflussreichen Klerus zu entmachten.

Reza Schah verfügte jedoch nicht über die geschickten Strategien eines
Atatürk und machte sich mit seinen Neuerungen deshalb viele Feinde.
Viele Frauen begrüßten seine Kleidervorschriften, aber andere fanden
sie völlig inakzeptabel. Noch heute erzählen ältere Iraner, wie ihre Mütter Jahre lang das Haus nicht verließen, weil sie nicht ohne Kopftuch
hinausgehen wollten, sich damit aber eigentlich strafbar machten.

Obwohl im Zweiten Weltkrieg offiziell neutral, verärgerte die offene
Unterstützung des Nazi-Regimes durch den Schah Großbritannien und
Russland so sehr, dass er 1941 gezwungen war, ins Exil nach Südafrika
zu gehen, wo er 1944 verstarb. Großbritannien sorgte dafür, dass ihm sein
21-jähriger Sohn Mohammed Reza auf den Thron folgte. Bei der Konfe-
renz von Teheran 1943 unterzeichneten Großbritannien, Russland und
die USA die Unabhängigkeitserklärung Irans. Damit errang der junge
Mohammed Reza wieder die absolute Macht, allerdings unter dem starken Einfluss Großbritanniens.

Mohammed Reza

Nach der Ermordung von Premierminister Ali Razmara 1951, wurde der
70-jährige Nationalist und Führer der Nationalen Front Dr. Mohammed
Mossadegh sein Nachfolger. Er versprach, die hochprofitable anglo-irani-
sche Ölgesellschaft (die spätere BP) zu verstaatlichen. Doch schon zwei
Jahre später wurde er durch einen von CIA und Großbritannien organisierten Staatsstreich gestürzt.

Die US-Regierung verlangte vom Schah die Fortsetzung der Modernisierung von Wirtschaft und Gesellschaft des Landes, der sogenannten Weißen Revolution, da sie ohne Blutvergießen durchgeführt werden
sollte. Viele Iraner erinnern sich gerne an diese Zeit der Reformen, in
denen sowohl die Emanzipation der Frau als auch die Alphabetisierung
vorangetrieben wurden. Nur dem konservativen, hauptsächlich ländlich-
muslimischen Teil der Bevölkerung ging alles viel zu schnell. Die Ulema,
die Religionsgelehrten, war gegen die Landreform, durch die sie Eigentumsrechte verlor, und auch gegen die Wahlrechtsreform, nach der auch
Nichtmuslime stimmberechtigt waren.

1962 war der damals in Qom lebende Ajatollah Ruhollah Chomeini
zum Anführer der Opposition gegen den Schah geworden. Als der Schah
1964 den im Iran stationierten US-Soldaten absolute Immunität vor
Strafverfolgung zusicherte, erklärte Chomeini, der Schah habe das iranische Volk zu weniger als amerikanischen Hunden degradiert, denn wenn
jemand in Amerika einen Hund überfahre, mache er sich damit strafbar,
doch wenn ein Amerikaner nun einen Iraner in Iran überfahre, könne
er dafür nicht bestraft werden. Chomeini wurde des Landes verwiesen.

Im Gegensatz zu
vielen seiner Vor-
gänger, die den
Schwerpunkt auf
religiöse Bauten
legten, ließ Schah
Mohammed Reza
Pahlavi vor allem
säkulare Bauten
in modernem
Stil errichten. Zu
den schönsten
gehören das
Teppichmuseum,
das Museum für
zeitgenössische
Kunst, das Teatr-e
Shahr und der
Azadi-Turm, alle
in Teheran.

1750	1795	1797–1834	1848–1896
Nach drei Jahren Krieg kommt Karim Khan Zand an die Macht. Er verlegt die Hauptstadt nach Shiraz und geht als bescheidener Herrscher, der sich selbst nur *vakil* (Regent) statt Schah (König) nennt, in die Geschichte ein.	Nach jahrelangem Krieg wird Zand schließlich vom Kadscharen-Herrscher Aga Mohammad Khan besiegt. Dieser verlegt seine Hauptstadt nach Teheran und wird kurz darauf von Dienern ermordet.	Schah Fath Ali führt zwei verlustreiche Kriege gegen das expansionistische Russland. Schließlich muss Iran die kaukasischen Gebiete (das heutige Aserbaidschan und Armenien) abtreten.	Naser ad-Din Schah versucht, Iran zu modernisieren, während er Hunderte von Söhnen zeugt, die sich an den Schätzen des Palastes bedienen. Russland und Großbritannien kontrollieren die Innenpolitik und den Handel.

MOHAMMED MOSSADEGH & DER ERSTE STAATSSTREICH DER CIA

Vor Lumumba im Kongo, Sukarno in Indonesien und Allende in Chile war Mohammed Mossadegh der erste demokratisch gewählte Regierungschef, der in einem durch die CIA herbeigeführten Staatsstreich gestürzt wurde. Der hochgebildete Jurist Mossadegh musste dafür büßen, dass er von der anglo-iranischen Ölgesellschaft (der späteren BP) für Iran einen größeren Anteil an den äußerst profitablen Ölfeldern verlangte. Als die Briten dies ablehnten, verstaatlichte er die Gesellschaft und wies die britischen Diplomaten aus, weil er sie zu Recht verdächtigte, seinen Sturz zu planen. Diese Aktion schlug weit über Iran hinaus hohe Wellen, und Mossadegh wurde vom US-Magazin *Time* wegen seiner Verdienste um die Beendigung der Kolonialherrschaft in der Dritten Welt zum Mann des Jahres 1951 gekürt.

Die Briten wollten unbedingt „ihr" Öl zurück und riefen zum weltweiten Boykott des iranischen Öls auf. Außerdem versuchten sie mit allen Mitteln, Mossadegh in Iran und der ganzen Welt zu verunglimpfen. Nachdem der Erzkolonialist Winston Churchill 1952 wiedergewählt worden war, konnte er die neue US-Regierung unter Präsident Eisenhower davon überzeugen, dass Mossadegh beseitigt werden müsse. So begann die Operation Ajax der CIA. Kermit Roosevelt Jr, Enkel des ehemaligen Präsidenten Theodore Roosevelt und ein führender Agent, schleuste sein Team in den Keller der US-Botschaft in Teheran ein und wurde schon bald vom Schah unterstützt. Doch das reichte noch nicht, und so gingen weitere 2 Mio. US$ an führende Geistliche, Offiziere, Redakteure, *bazaris* (Händler im Suk) und auch Kriminelle.

Die CIA war aber neu im Geschäft, und so gelang es den Anhängern von Mossadegh, die führenden Köpfe des geplanten Staatsstreichs am 16. August zu verhaften. Prompt floh der Schah nach Rom, doch drei Tage später versuchte es die CIA noch einmal und stürzte Mossadegh. Der Schah kam zurück und die Ölindustrie wurde wieder privatisiert, doch das britische Monopol war beseitigt und zum Entsetzen Großbritanniens forderten die USA nun einen 40%igen Anteil an der Gesellschaft. Mossadegh verbrachte den Rest seines Lebens unter Hausarrest.

Durch üppige Feierlichkeiten zum Jubiläum der Gründung des persischen Großreiches vor 2500 Jahren hoffte der Schah 1971 den aufkeimenden Nationalismus unter Kontrolle bringen zu können. Zu der Feier in einer eigens errichteten prunkvollen Zeltstadt in Persepolis kamen mehr als 60 Monarchen und Regierungschefs aus aller Welt. Die Zeitungen berichteten über den großen Einfluss der iranischen Kultur, doch die Iraner sahen in der Jubelorgie nur eine weitere Geldverschwendung.

Zum weiteren Ruin des Schahs trug auch die Ölkrise von 1974 bei. Innerhalb eines Jahres stiegen die Öleinnahmen von 4 auf 20 Mrd. US$, doch der Schah ließ sich von US-Waffenhändlern überreden, einen Großteil des

1879	1906	1921	1941
Der Archäologe Hormuzd Rassam entdeckt bei Ausgrabungen in der antiken Tempelanlage Marduk den Kyros-Zylinder, die möglicherweise erste Charta für Menschenrechte.	Als die Entrüstung über seine Verschwendungssucht in eine offene Revolte umzuschlagen droht, lenkt Mozaffar ad-Din Schah ein. Er erlässt die erste Verfassung des Nahen Ostens und stimmt der Bildung eines Parlaments zu.	Der Soldat Reza Khan übernimmt in einem Putsch die Armeeführung. 1925 krönt sich selbst zum ersten Schah der Pahlavi-Dynastie und beginnt Iran zu modernisieren.	Reza Schah Pahlavi unterstützt offen die Nationalsozialisten, was den Einmarsch sowjetischer und britischer Truppen zur Folge hat. Reza Schah geht ins Exil und sein erst 21-jähriger Sohn Mohammed Reza wird Schah.

Geldes in Kriegsgerät zu investieren, das dann in der Wüste verrottete. Im Zuge der weltweiten Rezession fielen dann die Ölpreise ins Bodenlose und viele der geplanten sozialen Reformen wurden gestrichen.

Die Islamische Revolution

Von Anfang an schwelte der Widerstand gegen die Pahlavi-Dynastie und entlud sich teilweise auch in gewalttätigen Auseinandersetzungen. Studenten wollten die schnellere Umsetzung der Reformen, gläubige Muslime waren grundsätzlich gegen die Reformen, und alle empörten sich über die offene Verschwendungssucht der Pahlavis.

Widerstand kam auch aus säkularen Kreisen, von Arbeitern, Kommunisten und Islamisten, deren gemeinsames Ziel die Abschaffung der Monarchie war. Der im Exil lebende Ajatollah Chomeini hatte zwar großen Einfluss, seine Anhänger waren aber, im Gegensatz zur offiziellen Lesart in Iran, keineswegs so gut organisiert wie etwa Gewerkschaften, Kommunisten und selbst Angehörige der Mittelschicht.

Mit zunehmender Verschlechterung der wirtschaftlichen Lage wurde diese Opposition immer mutiger und organisierte schließlich massive Proteste und kleinere Sabotageakte. Der Schah reagierte mit brutaler Gewalt und sein Sicherheitsdienst Sawak folterte und tötete. Im November 1978 verhängte er das Kriegsrecht und ließ Hunderte von Demonstranten in Teheran, Qom und Tabriz töten. Die USA reduzierten ihre Unterstützung, und im Dezember ernannte der Schah in seiner Not den Kriegsveteranen und Oppositionspolitiker Shapur Bachtiar zum Premierminister. Doch es war schon zu spät. Am 16. Januar 1979 (der seitdem Nationalfeiertag ist) verließ Schah Mohammed Reza Pahlavi mit seiner Frau Farah Diba schließlich das Land..

Dank regelmäßiger Ansprachen und Auftritte im persischen Radio der BBC war Chomeini mittlerweile zum geistigen Führer der Opposition geworden. Da er schon 76 Jahre alt war, wurde allgemein erwartet, dass er nach der Absetzung des Schahs eher die Rolle eines repräsentativen Staatsoberhauptes abseits der aktuellen Politik übernehmen würde. Doch das war ein Irrtum. Bei seiner Rückkehr am 1. Februar 1979 erläuterte Chomeini den begeisterten Massen seine Vision eines neuen Iran, frei von ausländischen Einflüssen und ganz im Sinne des Islam und sagte: „Von jetzt an werde ich die Regierung ernennen."

Die Folgen der Revolution

Sehr schnell setzte Chomeini die Redensart „Nach der Revolution ist vor der Revolution" in die Tat um. Er wollte eine von der Ulema beherrschte Islamische Republik aufbauen und setzte dies mit brutalen Mitteln durch.

Gruppierungen wie die Volksfedajin, Volksmodschahedin und die kommunistische Tudeh-Partei, die wesentlich am Sturz des Schahs be-

Unter der neuen islamischen Regierung hatten die iranischen Frauen in den 1980er-Jahren durchschnittlich sechs Kinder, und die Bevölkerung verdoppelte sich innerhalb von zehn Jahren nahezu.

GESCHICHTE DIE ISLAMISCHE REVOLUTION

1943	1951	1953	1962
Bei der Konferenz von Teheran garantieren Großbritannien, Russland und die USA die Unabhängigkeit Irans nach Kriegsende.	Nach der Verstaatlichung der britischen Anglo-Iranian Oil Company wird Mohammad Mossadegh neuer Premierminister.	Premierminister Mohammad Mossadegh wird in einem von der CIA organisierten Staatsstreich wieder abgesetzt.	Mohammed Reza beginnt das ehrgeizige Reformprogramm der „Weißen Revolution" um Bildung und Stellung der Frau zu verbessern, eine Landreform durchzuführen und die Macht des Klerus zu beschränken.

AJATOLLAH RUHOLLAH CHOMEINI

Der ernste, skrupellose, zutiefst gläubige Ajatollah wird im Westen oft verschmäht und nicht verstanden, von vielen Iranern aber wie ein Heiliger verehrt. Er war ein Familienmensch, der ein bescheidenes, unauffälliges Leben führte, ein religiöser Führer, der das Alter, in dem Mädchen heiraten durften, auf neun Jahre absenkte, ein oberster Kriegsherr, der blutjunge Männer in den Irak schickte, wo sie den Märtyrertod starben, und er verhängte die berüchtigte Fatwa gegen Salman Rushdie.

Sayid Ruhollah Musawi Chomeini wurde um das Jahr 1902 im Dorf Chomein in Zentraliran geboren. Er folgte der Familientradition und studierte Theologie, Philosophie und Recht in der heiligen Stadt Qom. Als er in den 1920er-Jahren den Titel Ajatollah (die höchste Stufe in der Hierarchie des schiitischen Klerus) erworben hatte, begann er als Lehrer und Schriftsteller zu arbeiten.

Die breite Öffentlichkeit nahm erstmals Notiz von ihm, als er 1962 in Opposition zum Schah ging, der die Eigentumsrechte des Klerus beschneiden und den Frauen die Gleichberechtigung zugestehen wollte. 1964 ging er ins Exil in die Türkei, später dann in den Irak und 1978 schließlich nach Paris. Als der Schah 1979 Iran verließ, kehrte Chomeini zurück, um dank seiner starken Persönlichkeit die Herrschaft im Land zu übernehmen und bis zu seinem Tod 1989 sein oberster Führer zu bleiben.

Heute wird Chomeini ganz offiziell als Imam Chomeini bezeichnet und fast wie ein Heiliger verehrt. Es gibt kaum eine Stadt in Iran, die nicht mindestens eine Straße oder einen Platz nach ihm benannt hätte. Sein Bild ist allgegenwärtig und hängt zumeist neben dem des derzeitigen Führers Ajatollah Ali Chamenei, der dadurch erst wirklich legitimiert wird.

Lolita lesen in Tehran (2003) von Azar Nafisi ist ein autobiografischer Roman, in dem die Dozentin für Literatur auf kritisch-literarische Weise ihr Leben in Iran nach der Revolution verarbeitet hat.

teilig waren, wurden verboten und aufgelöst. Menschen verschwanden oder wurden nach kurzen Scheinprozessen hingerichtet, niedere Beamte nahmen das Gesetz in ihre Hand. Historische Fakten – wie die Tatsache, dass die Revolution das Ergebnis der großen Unzufriedenheit in der Bevölkerung war – wurden geleugnet und durch den Sieg der Islamischen Revolution ersetzt.

Nachdem 98,2 % der Bevölkerung im Referendum vom März 1979 mit „Ja" gestimmt hatten, wurde die erste Islamische Republik der Welt mit Ajatollah Chomeini als oberstem Führer ausgerufen.

Sofort wurde die Islamische Republik misstrauisch beobachtet und geriet schon bald in den Verdacht, auf Konfrontationskurs zu gehen, um die Ausbreitung der Islamischen Revolution zu fördern. Im November 1979 stürmten konservative Studenten die US-Botschaft in Teheran und nahmen 52 Angestellte als Geiseln. Chomeini billigte die Aktion ausdrücklich und gab ihr nachträglich seinen Segen. Eine Rettungsaktion

---

1964	1971	16. Jan. 1979	1. Feb. 1979
Ajatollah Chomeini wird des Landes verwiesen. Er geht ins Exil in die Türkei, ab 1965 in den Irak und hält sich ab 1978 in Paris auf.	Zum 2500-jährigen Bestehen der iranischen Monarchie lässt der Schah mitten in der Wüste in Persepolis, der Hauptstadt des antiken Perserreichs, eine Reihe prunkvoller Feierlichkeiten abhalten.	Nach monatelangen Demonstrationen, gewalttätigen Auseinandersetzungen mit unzähligen Toten verlässt Mohammed Reza Schah Pahlavi mit seiner Familie Iran. In Ägypten stirbt er 1980 an Krebs.	Ajatollah Chomeini kehrt 77-jährig aus dem Exil zurück und verwandelt eine vielfältige Revolutionsbewegung in einen Sieg der islamischen Hardliner. Ein Referendum im April bestätigt Iran als Islamische Republik.

mit Spezialkräften der USA misslang, als Hubschrauber, die die Geiseln befreien und in Sicherheit bringen sollten, in der Wüste bei Tabas zusammenstießen. Erst nach 444 Tagen konnte US-Präsident Jimmy Carter die Geiselnahme endlich beenden.

Der Erste Golfkrieg

In der Hoffnung, vom Chaos in Iran profitieren zu können, marschierte der irakische Präsident Saddam Hussein 1980 in die ölreiche Provinz Khuzestan ein und beanspruchte sie als historischen Teil des Irak. Diese katastrophale Fehleinschätzung der Lage in Iran führte zu acht Jahren Krieg.

Tatsächlich trug der Einmarsch sogar zur Stabilisierung der noch nicht gefestigten Islamischen Revolution bei, denn nun galt es, gemeinsam gegen den äußeren Feind vorzugehen und die Revolution mit Waffengewalt zu verteidigen. Die irakische Armee war zwar besser ausgerüstet und versorgt, doch Iran hatte die größere Bevölkerung, die mit viel religiösem Eifer, in dem sie von den Mullahs (islamische Geistlichen) kräftig unterstützt wurde, für ihre gerechte Sache kämpfte.

Die Kämpfe waren sehr heftig, und zum ersten Mal seit dem Ersten Weltkrieg wurde wieder Giftgas eingesetzt und ein Stellungskrieg geführt. Islamische Freiwillige, die teilweise kaum 13 Jahre alt waren (die sogenannten Basidschi) spürten Feldminen auf, da sie überzeugt waren, als Märtyrer sofort ins Paradies einzugehen. Im Juli 1982 hatte Iran die irakische Armee wieder bis zur Grenze zurückgedrängt, doch anstatt einen Friedensvertrag zu schließen, beschloss Iran die Besetzung der beiden schiitischen Pilgerstätten Nadschaf und Kerbela im Irak.

So dauerte der Krieg weitere sechs Jahre. Millionen Iraner verloren ihre Häuser und Arbeitsplätze, gut 1,2 Mio. Menschen verließen ihre umkämpfte Heimat für immer und flohen bis ins weit entfernte Mashhad. Mitte 1988 wurde schließlich ein Waffenstillstand vereinbart, die letzten Gefangenen wurden aber erst 2003 ausgetauscht.

Während des Krieges kämpften in Iran verschiedene Fraktionen und Gruppen um die Vorherrschaft. Im Juni 1981 gab es einen Bombenanschlag auf die Zentrale der Islamisch Republikanischen Partei, bei dem ihr Gründer Ajatollah Beheschti und 71 weitere Menschen ums Leben kamen, darunter vier Minister des Kabinetts. Bei einem zweiten Bombenanschlag im August wurden Präsident Radschai und der soeben ernannte Premierminister getötet. Für die Anschläge wurden die Volksmodschahedin verantwortlich gemacht, die von einstigen Revolutionären zu erbitterten Feinden der Ulema geworden waren. Trotz allem war bis 1983 der gesamte Widerstand gegen Chomeini und seinen Gottesstaat zusammengebrochen.

In Iran wird der Erste Golfkrieg als „auferlegter Krieg" bezeichnet, den der Irak Iran aufbürdete, und spielt immer noch eine große Rolle im Land. In jeder Stadt hängen Fotos von den Märtyrern, und fast jeden Tag werden Veteranen im Fernsehen interviewt.

4. Nov. 1979	1980–1988	1989	1997
Konservative Studenten stürmen die US-Botschaft in Teheran und nehmen 52 Amerikaner als Geiseln. Sie bleiben 444 Tage in ihrer Gewalt und kommen erst am Tag der Amtseinführung von Präsident Ronald Reagan frei.	Mit einer Invasion der irakischen Armee von Sadam Hussein in Iran beginnt der erste Golfkrieg. In Iran werden 87 Städte und fast 3000 Dörfer bombardiert. Insgesamt kommen über 900 000 Menschen ums Leben.	Am 3. Juni stirbt Ajatollah Ruhollah Chomeini mit 86 Jahren. Die oberste Führung geht an Ajatollah Ali Chamenei über, während Ajatollah Akbar Haschemi Rafsandschani zum Präsidenten gewählt wird.	Mit überwältigender Mehrheit wird Reformer Mohammed Chatami zum Präsidenten gewählt. Die strikten Gesetze zu Kleidung und sozialen Kontakten werden nicht mehr so streng überwacht.

DIE REVOLUTION IN STRASSENNAMEN

Straßen in Iran sind entweder nach einigen wenigen Märtyrern der Islamischen Revolution, historischen Persönlichkeiten (zumeist Dichtern) oder Schlagwörtern der Revolution benannt. Zur Verdeutlichung ließ die Regierung teilweise riesige Wandgemälde oder Mosaiken in der Nähe der Straßen anbringen, die den Namen einer (zumeist männlichen) Person tragen. Doch wer sind diese Männer?

Ajatollah Beheschti gründete 1979 die Islamisch Republikanische Partei IRP und war an den Verhandlungen über die Geiseln in der US-Botschaft beteiligt. Ein Jahr später wurde er bei einem von den Modschahedin-e Chalgh (MEK) verübten Bombenanschlag auf die Parteizentrale getötet.

Ajatollah Mahmud Taleghani Der hoch angesehene Geistliche wurde mehrmals des Landes verwiesen und vom Geheimdienst des letzten Schah gefoltert. Er hielt noch die ersten Freitagsgebete nach der Revolution ab, starb jedoch kurz darauf.

Amir Kabir war der Rufname des reformistischen Premierministers Mirza Taghi Khan (1848–1851), der auf Befehl des misstrauischen Schahs im Fin-Garten bei Kashan hingerichtet wurde.

Dr. Ali Schariati promovierte in Soziologie an der Sorbonne und kehrte 1964 nach Iran zurück. Dort verband er seine radikalen politischen Ansichten mit einem traditionellen Sozialbewusstsein und wurde zu einer Inspiration für viele Frauen. Da ihm die Lehrbefugnis entzogen wurde, ging er 1977 nach England, wurde jedoch drei Wochen später tot in seiner Wohnung aufgefunden – auch er wohl ein Opfer der Geheimpolizei des Schahs.

Ajatollah Morteza Motahhari Der enge Vertraute von Ajatollah Chomeini wetterte vor allem gegen den Kommunismus und seine Wirkung auf den Islam. Nach der Revolution wurde er Präsident des Revolutionsrats, wurde jedoch schon im Mai 1979 von einer rivalisierenden islamischen Gruppierung ermordet.

Zu den Schlagwörtern, die viele Straßen im Namen tragen, gehören Valiasr („Prinz dieser Zeit", ein Beiname des zwölften Imam Mahdi), Azadi („Freiheit"), Jomhuri-ye Eslami („Islamische Republik") und Enghelab („Revolution").

Weitere Information zu diesen und anderen Persönlichkeiten der iranischen Geschichte findet man auf www.iranchamber.com, wo man über den Link „History" zu „Historic Personalities" gelangt.

Nach Chomeini

Als Ajatollah Chomeini am 3. Juni 1989 starb, wurde dessen Funktion als oberste geistliche und politische Instanz vom ehemaligen Präsidenten Ali Chamenei übernommen. Das bis dahin weitgehend repräsentative Präsidentenamt änderte sich mit der Wahl Ali Akbar Haschemi Rafsandschanis, der sofort eine Reihe überfälliger Wirtschaftsreformen in

2001	2003	2003	2005
Chatami wird im Amt des Präsidenten bestätigt. Doch die Reformbewegung gerät immer wieder ins Stocken. Viele seiner Anhänger, die er vor allem unter Studenten hat, wenden sich enttäuscht ab.	Bei einem schweren Erdbeben am 26. Dezember, bei dem mehr als 31 000 Menschen getötet werden, wird die antike Oasenstadt Bam mit der weltberühmten Zitadelle weitgehend zerstört.	Shirin Ebadi, Begründerin des Iranischen Zentrums zur Verteidigung der Menschenrechte, erhält als erste muslimische Frau den Friedensnobelpreis, der damit zum ersten Mal nach Iran geht.	Der populistische Bürgermeister von Teheran, Mahmud Ahmadinedschad, wird vor dem regimetreuen, ehemaligen Präsidenten und einflussreichen Geschäftsmann Rafsandschani zum Präsidenten gewählt.

Angriff nahm. Und obwohl er als reichster – und korruptester – Mann des Landes galt, wurde Rafsandschani 1993 wiedergewählt. Religion und Gesellschaft Irans waren weiterhin streng konservativ, doch die Innenpolitik wurde insgesamt etwas pragmatischer. So wollte man das steil ansteigende Bevölkerungswachstum mithilfe einer aggressiven Kampagne zur Empfängnisverhütung bremsen, und auch die unter dem Schah immer vernachlässigten ländlichen Gebiete sollten endlich Strom, fließendes Wasser, Telefon und befestigte Straßen erhalten.

Chatami & die Reformisten

1997 wurde der gemäßigte Reformer und Hodschatoleslam Sajid Mohammad Chatami mit überwältigender Mehrheit zum Präsidenten gewählt. Sein Vorgänger Rafsandschani blieb aber bis zu seinem Tod Anfang 2017 eine Schlüsselfigur und ein wichtiger Drahtzieher der Politik. Chatamis Sieg war ein großer Schock für das ganze Land, vor allem aber für die führenden Geistlichen. Für iranische Verhältnisse war Chatami sehr liberal, er war aber auch ein erfahrener Politiker. Er hatte Theologie in Qom studiert und während des Iran-Irak-Kriegs einige bedeutende Posten bekleidet. Zehn Jahre lang war er auch Minister für islamische Kultur, bevor er 1992 hatte zurücktreten müssen, weil er zu liberal war.

Die regierenden islamischen Konservativen interpretierten seinen Wahlsieg als Ausdruck der massiven Unzufriedenheit in der Bevölkerung und versuchten, eine spontane Liberalisierung jenseits der Gesetzgebung durchzuführen. Chatami versprach „Veränderungen von innen". Er vermied die Konfrontation mit den Geistlichen und versuchte, das theokratische System auf diese Weise zu verändern. Als die Reformer 2000 die Mehrheit in der Majlis gewannen und Chatami ein Jahr später mit 78 % wiedergewählt wurde, waren die Hoffnungen groß. Doch was Chatami und die Majlis in der Lage waren zu liefern, entsprach nicht dem, was die Menschen erwartet hatten. Die Konservativen im Wächterrat legten in der folgenden (vierjährigen) Legislaturperiode gegen mehr als 35 % der in die Hunderte gehenden Gesetzesvorlagen des Parlaments ihr Veto ein.

Doch damit nicht genug. Reformistische Intellektuelle wurden ermordet, demonstrierende Studenten verprügelt, Dutzende von reformerischen Zeitungen geschlossen und die Redakteure inhaftiert. Als sich die Reformer als unfähig oder zu ängstlich erwiesen, die versprochenen Reformen durchzuführen, verlor die Bevölkerung das Vertrauen in sie und die „Veränderungen von innen".

Die Ära Ahmadinedschad

Nachdem die Reformisten nicht zur Wahl zugelassen und die Öffentlichkeit von der Politik gründlich enttäuscht war, wurde der Teheraner Bürgermeister Mahmud Ahmadinedschad, ehemaliges Mitglied des Wäch-

In den 1980er-Jahren und Anfang der 1990er-Jahre wurden viele führende Oppositionelle in ihrem Exil in Europa ermordet, darunter auch der kurdische Menschenrechtsaktivist Dr. Kazem Rajavi (1990 in der Schweiz erschossen) und der frühere Premierminister Shapur Bachtiar (1991 in Paris erstochen).

Bei den Parlamentswahlen 2004 ließ der Wächterrat mehr als 2000 Kandidaten der Reformisten nicht zu, darunter auch 82 Abgeordnete. Daraufhin gingen viele Iraner nicht zur Wahl, und die Konservativen kamen wieder an die Macht.

2006	2008	2009	2012
Das Regime in Iran bemüht sich die internationalen Kritik an seinem Atomprogramm zu entkräften und erntet neue als Gastgeber einer Konferenz zur Holocaustforschung, die Holocaust-Leugnern eine Plattform bietet.	Bei den Parlamentswahlen dürfen viele reformfreundliche Kandidaten nicht antreten, sodass die Konservativen über zwei Drittel der Sitze gewinnen. Der UN-Sicherheitsrat verschärft die Sanktionen gegen Iran.	Mahmud Ahmadinedschad wird als Präsident wiedergewählt. Liberale Reformer, die die populäre Grüne Bewegung unterstützen, werfen den Anhängern Ahmadinedschads Manipulationen bei der Wahl vor.	Bei den von reformistischen Kandidaten boykottierten Parlamentswahlen erringen die Konservativen einen überwältigenden Sieg.

Rosewater (2014) thematisiert die Grüne Bewegung von 2009 und ihre Folgen. Erzählt wird die Geschichte eines iranisch-kanadischen Journalisten (gespielt von Gael García Bernal), der während seiner Arbeit in Iran verhaftet und als Spion angeklagt wird. Der Film wurde von Jon Stewart, dem früheren Moderator von *The Daily Show* in den USA, produziert. Er schrieb auch das Drehbuch und führte Regie.

terrats, 2005 völlig überraschend zum Präsidenten gewählt. Trotz seines religiösen Konservativismus sprach er mit seinem Image des einfachen Mannes die Menschen an, die zutiefst frustriert und verärgert über den Klerus, das Militär und ihre Sippschaften waren, die die neue Elite Irans darstellten.

Sein Versprechen, „die Öleinnahmen für das Volk zu verwenden" kam zwar gut an, war aber nicht bezahlbar. Brennstoffpreise, Inflation und Arbeitslosigkeit stiegen, Widerspruch wurde nicht geduldet, die internationalen Sanktionen wegen des Atomprogramms wurden härter und viele Iraner, vor allem in den Städten, hielten Ahmadinedschad und seine Regierung zunehmend für unfähig. Im Hintergrund ersetzte Ahmadinedschad stillschweigend die Gouverneure in einigen Provinzen mit erfahrenen Bürokraten aus den Reihen seiner ehemaligen Wächterrat-Kollegen.

Im Präsidentschaftswahlkampf 2009 einigte sich die Opposition auf den Reformisten und ehemaligen Premierminister Mir Hossein Mussawi. Als Ahmadinedschad frühzeitig zum Wahlsieger erklärt wurde, kam es zu massiven Protesten und Demonstrationen in den Straßen Teherans und im ganzen Land, die von der Grünen Bewegung per Twitter und SMS organisiert wurden. Bei ihrer brutalen Niederschlagung kamen Hunderte ums Leben.

Kampf um Reformen und Freiheit

Ahmadinedschad blieb an der Macht und die massive Repression zermürbte allmählich die Opposition. Die Grüne Bewegung löste sich auf bzw. ging in den Untergrund. Im gleichen Jahr bestätigte die iranische Regierung den Verdacht des Auslandes, dass sie tatsächlich eine Anlage zur Anreicherung von Uran in der Nähe von Qom errichtete, betonte aber gleichzeitig, dass diese Anlage und das gesamte Atomprogramm

ARGO

In dem eindrucksvollen (oscarprämierten) Film *Argo* (2012) geht es um eine Gruppe amerikanischer Geiseln in der Teheraner Botschaft, die im Laufe der mehr als einjährigen Geiselnahme aus Iran fliehen konnte. Die Geschichte ist zum größten Teil wahr, und die realen Umstände werden recht genau wiedergegeben. Dennoch ist einigen Kritikern der Umgang mit den Fakten zu freizügig. So seien die Geflohenen u. a. niemals von der neuseeländischen oder britischen Botschaft abgewiesen worden, und die dramatischen Szenen auf dem Teheraner Flughafen rein fiktiv. Außerdem würde der Film die zweifelhafte These vertreten, die CIA und nicht Kanada hätten die sechs Geflohenen schließlich außer Landes gebracht.

2013	2015	2016	2017
Mit absoluter Mehrheit gewinnt Hassan Rohani die Präsidentschaftswahlen. Er wird von der liberalen Reformbewegung unterstützt. Präsident Rohani verkündet, Iran werde niemals Atomwaffen bauen.	Iran vereinbart mit der internationalen Gemeinschaft die Reduzierung und Kontrolle seines Atomprogramms. Im Gegenzug werden die Wirtschaftssanktionen aufgehoben.	Das mit Iran vereinbarte Atomabkommen wird zum heißen Thema im Präsidentschaftswahlkampf der USA, denn Donald Trump kündigt an, das Abkommen nach seiner Wahl sofort rückgängig zu machen.	Bei der Präsidentschaftswahl im Mai wird Hassan Rohani im Amt bestätigt.

des Landes ausschließlich friedlichen Zwecken diente. Damit gelang es der Regierung – absichtlich oder unbeabsichtigt – die Aufmerksamkeit vom Problem der sozialen und politischen Reformen abzulenken und die Bevölkerung im Konflikt mit der Weltgemeinschaft und Kampf um die Souveränität des Landes zu vereinen. Doch bis heute leiden die internationalen Beziehungen Irans unter dem Atomprogramm, das seine Anerkennung als zuverlässiger Partner immer noch verhindert.

Von dem verpassten Wahlsieg der Grünen Bewegung 2009 erholte sich die reformistische Bewegung nie wieder. In den folgenden Jahren löste sie sich allmählich auf. Doch die iranische Gesellschaft ist weiterhin tief gespalten in liberale Reformer, die vor allem von der städtischen Bevölkerung unterstützt werden, und konservative Geistliche mit ihren Unterstützern im ländlichen Raum. Bei den Wahlen 2013 gewannen wieder die Reformer die Oberhand, der gemäßigte Hassan Rohani wurde zum Präsidenten gewählt. Zuletzt wurde er im Mai 2017 im Amt bestätigt.

Die Menschen

Iran ist einer der größten Schmelztiegel des Nahen Ostens. In der langen Geschichte dieser Region kreuzten sich hier die Wege unendlich vieler Völker. Ihre Traditionen und Kulturen flossen in die Gesellschaft ein und trugen zur iranischen Identität der heutigen Zeit bei. Ihre lange gemeinsame Geschichte, die jahrhundertelange Nachbarschaft und die Kämpfe und Konflikte der letzten Jahrzehnte haben all die grundverschiedenen Völker zu einem großen, iranischen Ganzen geeint.

Perser

Die Perser oder Farsi sind die Nachfahren der Elamiten und Arier, die im 3. Jahrtausend v. Chr. in das Gebiet des heutigen Iran einwanderten. Sie begründeten das riesige Achämenidische Reich. Nimmt man die Volksgruppen der Gilaki und Mazanderani dazu (die ethnische Perser sind und eine Variante des Farsi sprechen), so macht diese Volksgruppe rund 60 % der Bevölkerung aus. Sie sind im gesamten Iran vertreten, vor allem jedoch in Städten wie Teheran, Mashhad, Isfahan, Yazd und natürlich Shiraz. Ihre Sprache Farsi ist die Haupt- und Amtssprache in Iran, und die persische Kultur wird oft mit der iranischen gleichgesetzt.

> Die höchsten Regierungsämter werden meist mit Persern – der größten und einflussreichsten Volksgruppe – besetzt. Angehörige der meisten anderen ethnischen (und nicht religiösen) Gruppen können dennoch hohe Positionen erreichen. So ist der derzeitige oberste Religionsführer Ali Chamenei ein Aserbaidschaner.

Aserbaidschaner

Zu den in Iran oft als „Türken" bezeichneten Aserbaidschanern gehören etwa 16 % der Bevölkerung. Ihre Sprache ist eine Mischung aus Türkisch und Farsi. Sie pflegen enge Kontakte zu den beiden Nachbarländern Türkei und Aserbaidschan. Sie leben hauptsächlich im Nordwesten Irans rund um Tabriz und sind überwiegend schiitische Muslime.

Kurden

In Iran leben mehr als 7 Mio. Kurden. Sie betrachten sich als das älteste iranische Volk der Region, da sie von den Medern abstammen, die das Land im 7. Jh. v. Chr. beherrschten. Ihr Siedlungsgebiet erstreckt sich vom Nordwesten Irans bis in den Südosten der Türkei (20 % der türkischen Bevölkerung sind Kurden), den Nordosten von Syrien (7–8 % der Bevölkerung) und den nördlichen Irak (15 %). Insgesamt leben mehr als 20 Mio. Kurden in diesem Gebiet, sie stellen damit die größte Volksgruppe dar, die jedoch über kein eigenes Land verfügt. In Iran leben die Kurden, die überwiegend sunnitische Muslime sind, vor allem in den Bergen im Westen, wo die Provinz Kurdistan an den Irak grenzt.

Araber

Die Araber, die nur etwa 3 % der Bevölkerung ausmachen, leben zumeist in Khuzestan an der Grenze zum Irak sowie an den Küsten und auf den Inseln des Persischen Golfs. Wegen ihrer traditionellen Verbindung zum Meer werden sie oft als *Bandaris* (*bandar* für „Hafen") bezeichnet. Aufgrund ihrer eigenen Sprache (ein arabischer Dialekt), ihrer Kleidung, Musik und auch ihres sunnitischen Glaubens leben sie eher am Rand der iranischen Gesellschaft.

NOMADEN

Trotz aller Versuche, sie sesshaft zu machen, leben heute noch etwa 1 Mio. Nomaden in Iran. Auf der Suche nach Weiden für ihre Tiere wandern sie zumeist zwischen den kühlen Bergregionen im Sommer und dem wärmeren Flachland im Winter hin und her. So ziehen sie im April und Mai in die Berge und kehren im Oktober und November wieder zurück.

Die iranischen Nomaden gehören häufig zu den Kaschgai- und Bachtiaren-Stämmen des Turkvolkes. Die Kaschgai ziehen durch die Provinz Fars in Zentraliran und legen dabei höchst anspruchsvolle Wege zurück. Da sie oft 45 Tage lang unterwegs sind, verfügen sie über eine enorme Widerstandskraft. Ihre große Kunstfertigkeit manifestiert sich in der Herstellung handgewebter, kleiner Teppiche, der sogenannten Gabbeh.

Die Bachtiaren sind vor allem im Zagros-Gebirge unterwegs. Sie treiben ihre Schaf- und Ziegenherden vom Westen Isfahans bis zur irakischen Grenze und sprechen einen eigenen lurischen Dialekt.

Als Nomaden leben aber auch Kurden, Luren, Belutschen und andere kleine Volksgruppen wie die Khamseh im Bezirk Bavanat, die alle Viehwirtschaft betreiben, gewandte Kunsthandwerker sind und sich an das harte Leben angepasst haben. Die Nomadenfrauen mit ihren farbenfrohen, mehrlagigen Gewändern und dem vielen Schmuck und auch die Männer mit ihren weißen ärmellosen Wollwesten und Filzhüten fallen in den Städten sofort auf.

Viele Reisebüros bieten Touren zu Nomadenlagern an. Bei diesen Touren ist jedoch Skepsis angebracht – man sollte besser einen spezialisierten Führer engagieren, der für eine rücksichtsvolle und sensible Annäherung sorgt.

Luren

Zu diesem stolzen Volk gehören etwa 6 % der Iraner. Sie gelten als die Nachfahren der Kassiden und Meder, der ersten Völker in dieser Region, und pflegen traditionell enge Beziehungen zu den Kurden. Viele Luren sprechen noch Lurisch, eine Mischung aus Arabisch und Farsi. Eine recht große Minderheit lebt auch heute noch als Nomaden. Sowohl Nomaden als auch Sesshafte leben zumeist in den Bergen der Provinz Lorestan im Westen Irans.

Turkmenen

Etwa 2 % der iranischen Bevölkerung sind Turkmenen. Sie stammen von den türkischen Nomadenvölkern ab, die einst Iran beherrschten. Sie leben im Nordosten des Landes, vor allem rund um Gorgan und Gonbad-e Kavus sowie an der Grenze nach Turkmenistan. Sie sind aber auch im gesamten Norden zu finden, wo sie enge Beziehungen zu den Turkmenen in Irak pflegen. Die Turkmenen sprechen eine eigene Turksprache.

Belutschen

Die rund 1,5 Mio. Angehörigen dieser Volksgruppe leben zumeist in der Provinz Sistan und Belutschistan, teils auch in der Provinz Kerman. Das angestammte Land dieses Volkes erstreckt sich über die Wüste von Belutschistan bis weit nach Afghanistan und Pakistan hinein. Eine große Minderheit lebt immer noch als Nomaden in Zelten und zieht von einer Viehweide zur nächsten. Sie sprechen Belutschi, das mit der paschtunischen Sprache verwandt ist, und sind in der Mehrheit sunnitische Muslime.

Die Belutschen haben eine etwas dunklere Hautfarbe und sind auffällig gekleidet, wobei die Frauen zumeist sehr farbenfrohe Gewänder und die Männer den traditionellen *shalwar kameez* (langes, lockeres Hemd über einer weiten Hose) tragen.

Über 40 % der Iraner sind unter 25, etwa 25 % sind noch keine 15 Jahre alt. Auch wenn sich die Situation in den letzten Jahren verbessert hat, lag die offizielle Jugendarbeitslosigkeit 2016 bei 27 %. Die tatsächliche Zahl dürfte deutlich höher sein.

Alltag in Iran

Wie in allen modernen, dynamischen Gesellschaften gibt es auch in Iran eine Vielzahl von Lebensstilen, die eine Verallgemeinerung unmöglich machen. Zudem ist die iranische Gesellschaft tief in Konservative und Liberale gespalten, sodass es das iranische Leben und den iranischen Alltag nicht geben kann. Dennoch findet sich eine gewisse Schnittmenge – wie die überragende Bedeutung von Religion und Familie, der Stolz auf die iranische Kultur und Tradition und die Freundlichkeit und herzliche Gastfreundschaft Fremden gegenüber.

Leben in Iran

Für viele Iraner ist das Leben heute ein ständiger Kampf und kaum noch vergleichbar mit dem Leben ihrer Eltern oder Großeltern. Die Mehrheit der Städter wohnt in Wohnblocks, die in den großen Städten fast alle Einfamilienhäuser ersetzt haben. Grund und Boden ist in Teheran so teuer wie in vielen europäischen und nordamerikanischen Großstädten, und die Lebenshaltungskosten sind zunehmend unerschwinglich. Jahr für Jahr steigen die Mieten stärker als die Löhne, sodass für viele Iraner ein einziger Job nicht mehr reicht, um über die Runden zu kommen. In der Mittelschicht sind schon jetzt zumeist beide Ehepartner berufstätig. Viele junge Ehepaare leben jahrelang bei ihren Eltern, bevor sie sich eine eigene Wohnung leisten können.

Iran in seiner heutigen Ausdehnung wurde länger durchgehend von einer Nation bewohnt als jedes andere Land der Welt.

DIE MACHT DER BAZARIS

In Iran ist ein Basar weit mehr als nur ein Markt, auf dem mit Lebensmitteln und Gegenständen des täglichen Bedarfs gehandelt wird. Jahrhundertelang stellten die *bazaris*, also die Geschäftsinhaber, nicht nur eine enorme Wirtschaftsmacht dar, sondern waren auch von großer politischer Bedeutung. Sie sind zumeist sehr konservativ und religiös und traditionell gegen jede Art von Autorität. Dies gilt vor allem für die *bazaris* von Teheran.

Im Versuch, diese Macht zu brechen, zerstörte der letzte Schah ganze Teile des Basars. Er ließ neue Straßen anlegen, förderte große Supermärkte mit günstigen Krediten und gründete staatliche Einkaufsorganisationen für den Handel mit Zucker, Fleisch und Weizen. Erwartungsgemäß schlugen die Teheraner *bazaris* in der Islamischen Revolution zurück und brachten mit der Schließung des Basars die Wirtschaft fast zum Erliegen.

Obwohl es in den meisten großen Städten jetzt riesige Einkaufszentren im westlichen Stil gibt, kaufen die meisten Iraner immer noch auf dem Basar oder in kleinen Läden ein, die wiederum ihre Waren aus dem Basar beziehen. Schätzungen zufolge kontrolliert der Große Basar von Teheran ein Drittel des gesamten Einzel- und Großhandels in Iran. Seine Preise sind maßgeblich für die Preise im ganzen Land.

Doch die Macht der *bazaris* bröckelt. Der Wettbewerb durch Supermärkte und moderne Einkaufszentren sowie die Zeit, die die meisten Teheraner benötigen, um zum Basar zu kommen, entziehen diesem traditionellen Markt immer mehr Kaufkraft und schwächen die Macht der Händler.

Reich & arm

Die Kluft zwischen reich und arm ist riesig. Lehrer, die gerade einmal 300 US$ im Monat verdienen, sind die Staatsbediensteten der Mittelschicht, die am stärksten unter der Inflation von mehr als 8 % pro Jahr leidet. Dabei lag die Inflation auch schon bei 20 %. Auf der anderen Seite lebt eine wohlhabende Minderheit in luxuriösen Villen oder Wohnungen mit viel Glas und Marmor in den vornehmen nördlichen Vororten Teherans. Ein Essen für zwei Personen in einem schicken Restaurant im Norden Teherans kostet locker 100 US$. Davon können die meisten Iraner nur träumen. Die Frauen dieser wohlhabenden Familien arbeiten nicht, sie kümmern sich um ihre Kinder, besuchen Eltern und Freunde und halten sich mit privaten Trainern fit.

Dagegen verlässt ein typisches Ehepaar der Mittelschicht nach dem üblichen Frühstück mit Brot, Käse, Marmelade und Tee gemeinsam die bescheidene Wohnung, um zu arbeiten. Ihre noch kleinen Kinder werden von den Großeltern betreut. Wer nicht gerade im riesigen Teheran mit dem dichten Verkehr lebt, kann über Mittag vielleicht nach Hause kommen. Sonst trifft sich die Familie erst zum gemeinsamen Abendessen wieder, an dem auch oft entferntere Familienangehörige und Freunde teilnehmen. Iraner sind sehr gesellig und besuchen sich abends gerne gegenseitig.

In ärmeren und traditionelleren Familien sind Frauen eher nicht berufstätig, sondern kümmern sich um den Haushalt, bereiten die Mahlzeiten für die Familie zu und gehen einkaufen. In extrem konservativen Familien kauft der Mann die Lebensmittel ein.

Iranische Mahlzeiten sind meist sehr aufwendig in der Zubereitung, und obwohl es in Supermärkten Fertigprodukte gibt, verbringen viele Frauen den größten Teil des Tages mit Einkaufen, Putzen und Schneiden der verschiedenen Kräuter und Gewürze, die zu jedem Essen gehören. Berufstätige Frauen erledigen diese Arbeit am Abend und bereiten dabei auch oft schon das Mittagessen für den nächsten Tag vor. Die Rolle der Männer im Haushalt beschränkt sich zumeist auf die Würdigung der Kochkunst ihrer Frauen – darin sind sie allerdings wirklich gut, denn Iraner sind echte Feinschmecker.

Familienleben

Das Familienleben ist für Iraner enorm wichtig, wobei „die Familie" zumeist aus Kindern, Eltern, Großeltern und älteren Angehörigen besteht. So leben in der iranischen Gesellschaft die Generationen wesentlich enger zusammen als bei uns. Dies ist besonders offensichtlich an Wochenenden und Feiertagen, wenn ganze Großfamilien zusammen spazieren gehen, sich vergnügen und picknicken.

Alleine zu leben ist höchst ungewöhnlich, und unverheiratete Kinder ziehen erst aus, wenn sie in einer anderen Stadt studieren oder arbeiten. Obwohl iranische Jugendliche genau wie ihre Altersgenossen im Westen nach Unabhängigkeit und einer eigenen Wohnung streben, ist dies in ihrer Gesellschaft nicht vorgesehen. Wer, wie manche Männer, doch allein lebt, wird zutiefst bedauert. Alleinlebende Frauen dagegen werden mit größtem Argwohn betrachtet. Verheiratet zu sein und eine Familie zu haben gilt als die glücklichste – und auch natürlichste – Lebensform.

Die durchschnittliche iranische Familie ist in der Regel eine feste Einheit, die bei allen wirtschaftlichen und sozialen Unterschieden immer weitgehend gleich funktioniert. Zudem ist sie eine solide Versorgungsgemeinschaft in einem Land, das keine soziale Absicherung durch den Staat kennt.

Wegen ihrer langen Geschichte der Verfolgung durch die sunnitische Mehrheit entwickelten die Schiiten eine Doktrin (die sogenannte *taqiya*), die es ihnen erlaubt, ihren Glauben zu verleugnen, um der Verfolgung zu entgehen.

Knapp drei Viertel der Iraner lebt in Städten. Damit hat das Land die höchste Verstädterung der Region.

DAS NEUE JAHR NACH URALTER TRADITION FEIERN

„Nouruz" (No Ruz) bedeutet eigentlich „neuer Tag". Und wenn das persische Neujahr gefeiert wird, beziehen sich die traditionellen Feiern auch und vor allem auf die Erneuerung und die hoffnungsvolle Zukunft. Die Wurzeln von Nouruz reichen weit in die Vergangenheit zurück, als schon in vorachämenidischer Zeit um den 21. März die Frühjahrs-Tagundnachtgleiche gefeiert wurde. So ist dies eine besondere persische Tradition, die nichts mit dem Islam zu tun hat. Auf diese Tatsache sind viele Iraner stolz, während sie der islamischen Theokratie ein Dorn im Auge ist.

Haft Sin

Die Feierlichkeiten zu Nouruz dauern drei Wochen. Neben hektischen Shopping-Aktivitäten gehören dazu die vielen Straßenstände, die *haft sin* verkaufen (sieben „S" für sieben oder mehr symbolische Gegenstände, die in Farsi mit dem Buchstaben S beginnen). Zuhause werden die Gegenstände zu einer Art Weihnachtsbaum aufgebaut. Solche „Weihnachtsbäume" sind dann auch überall in Fernsehnachrichten und Taxis zu sehen. Die häufigsten *sin*-Symbole haben folgende Bedeutung:

➡ *Sabzi* (grüne Gras- oder Sprossenkeimlinge) und *samanu* (süße Mehlspeise) stehen für Fruchtbarkeit und Wiedergeburt.

➡ *Sir* (Knoblauch) und *sumaq* (Sumach) symbolisieren die Hoffnung auf gute Gesundheit.

➡ *Sib* (Apfel) und *senjed* (Trockenfrucht) stehen für die Süße des Lebens.

➡ *Sonbol* (Hyazinthe) bedeutet Schönheit.

Auf vielen Tischen befinden sich auch *seke* (Goldmünzen) für ein angemessenes Einkommen, *serkeh* (Essig), um die Bitterkeit zu vertreiben, ein Spiegel, der Koran und Kerzen. Ebenfalls sehr beliebt sind Goldfische in winzigen Gläsern, die das Leben symbolisieren – bis sie nach Nouruz zu Tausenden verenden.

Chaharshanbe-suri

Zum *chaharshanbe-suri* (Mittwochsfeuer) am Dienstagabend vor dem letzten Mittwoch des Jahres singen, tanzen (nur Männer) und springen die Menschen durchs Feuer. Mit dem Sprung durchs Feuer sollen Unglück und Krankheit verbrennen und durch die Gesundheit der reinigenden Flammen ersetzt werden. Allerdings kann es sehr schwierig werden, ein geeignetes Feuer zu finden.

Chaharshanbe-suri gilt der Regierung als heidnisches Fest, und so kommt es gelegentlich zu offenen Auseinandersetzungen zwischen den Feiernden und (eher halbherzig agierenden) Polizisten oder Basidschi-Milizen. Einige Städte erlauben die Feuer zähneknirschend, doch aufgrund unkontrolliert gezündeter Feuerwerkskörper kann der Besuch einer solchen Veranstaltung ohrenbetäubend und auch recht gefährlich sein. In vielen Städten sind die Feuer generell verboten. Am besten erkundigt man sich vor Ort über die aktuelle Lage.

Nouruz

Zu Neujahr versammelt sich die Familie rund um den Tisch mit den *haft sin*, um für Glück, Gesundheit und Wohlstand zu beten, bevor *sabzi polo* (Reis mit Gemüse) und *mahi* (Fisch) gegessen wird. Mütter sollen auch hartgekochte Eier essen, als Symbol für jedes ihrer Kinder. Wenn die Sonne den Himmelsäquator überquert (was von jedem Radiosender präzise verkündet wird), umarmen sich die Menschen und die Kinder bekommen ihre *eidi* (Geschenke). In den folgenden zwei Wochen besuchen die Iraner ihre Verwandten und Freunde in anderen Städten.

Sizdah be Dar

Das Ende der Nouruz-Feiern wird am *Sizdah be Dar* (dem 13. Tag des neuen Jahres, zumeist am 2. April) gefeiert. Alle machen ein Picknick außerhalb der Stadt und nehmen dazu die *sabzi* der *haft sin* mit. Die *sabzi* werden entweder ins Wasser geworfen oder aufs Autodach gelegt, von wo sie dann weggeweht werden. So oder so will man damit das Unglück vertreiben, denn die *sabzi* haben alles Negative des vergangenen Jahres aufgenommen und die Familie davon befreit.

Bildung & Erziehung

Bildung ist von größter Wichtigkeit, und so liegt die Alphabetisierungsrate bei Erwachsenen laut Unesco mit 86,8 % (91,2 % bei Männern, 82,5 % bei Frauen) weit über dem Durchschnitt der Region. Kinder (Mädchen wie Jungen) gehen durchschnittlich 15 Jahre zur Schule, was ebenfalls eine der längsten Schulzeiten im Nahen Osten ist. Viele Jugendliche der Mittelschicht bereiten sich zwei Jahre lang auf die Zulassungsprüfungen der Universitäten vor, doch aufgrund der riesigen Zahl an Bewerbern, der ideologischen Durchleuchtung und der vielen Plätze, die für Kriegsveteranen und ihre Kinder reserviert sind, schaffen nur die wenigsten den Sprung. Selbst mit abgeschlossenem Studium gibt es keine Garantie auf einen Arbeitsplatz.

Da die Schulen streng nach Jungen und Mädchen getrennt sind, ist es praktisch unmöglich, Kontakt zum anderen Geschlecht aufzunehmen. Es ist *das* Thema, das iranische Jugendliche vorwiegend beschäftigt. Sie hängen deswegen viel in Einkaufszentren, Cafés und Parks herum, spazieren die Straßen hinauf und hinunter und fahren mit dem Auto kreuz und quer durch die Stadt.

Sport

Fußball ist eine nationale Obsession, und die iranische Nationalelf tritt seit 1941 bei allen großen internationalen Turnieren an. Dabei wurde sie in den 1960er- und 1970er-Jahren dreimal asiatischer Meister und qualifizierte sich viermal für die Weltmeisterschaft (1978, 1998, 2006 und 2014). Viele Iraner ab einem bestimmten Alter wissen noch ganz genau, wo sie gerade waren, als Iran in einem dramatischen Qualifikationsspiel für die Weltmeisterschaft 1998 Australien besiegte. Damit waren sie erstmals nach 20 Jahren wieder mit dabei. In der Profiliga der Männer spielen 18 Mannschaften ganz oben. Die Saison dauert von August bis Mai, gespielt wird meist donnerstags und freitags.

Überall in Iran sieht man Kinder auf der Straße kicken, Fußballplätze sind kaum zu entdecken. Das liegt auch daran, dass die religiösen Vorschriften Frauen verbieten, mit ihnen nicht verwandte Männer in kurzen Hosen zu sehen. Deshalb sind die meisten Fußballplätze von hohen Mauern umgeben. Aus dem gleichen Grund ist es Frauen verboten, Sportereignisse in der Öffentlichkeit zu verfolgen – dabei können sie sie ja auch im Fernsehen anschauen. Diese paradoxe und heiß diskutierte Situation wird in Jafar Panahis Film *Offside* thematisiert.

Ringen, Skifahren, Taekwondo und Bogenschießen sind weitere sehr populäre Sportarten in Iran.

Das Land blickt auf eine lange Sportgeschichte zurück. Polo ist vermutlich in Iran entstanden und wurde schon zu Zeiten von Dareios dem Großen gespielt. Auch Schah Abbas der Große liebte Polo. Die massiven Steinpfosten der Tore stehen noch heute an beiden Seiten des Naqsh-e-Jahan-Platzes in Isfahan.

Zurkhaneh

Das für Iran typische *zurkhaneh* (wörtlich „Haus der Stärke") ist eine Mischung aus Sport, Theater und Religion, die es schon seit Tausenden von Jahren gibt. Im Laufe der Zeit wurde *zurkhaneh* um moralische, ethische, philosophische und mystische Elemente der iranischen Kultur erweitert. So versteht man unter *zurkhaneh* heute einen traditionell eingerichteten Fitnessraum, der oft wie ein Schrein geschmückt ist. Hier wird eine Art Kampfsport im Geiste des Sufismus und der iranischen Heldenvorstellung nach den Riten des Mithraismus ausgeübt. Dafür steht zumeist eine Gruppe von Männern in einer runden Arena und führt streng ritualisierte Kraftübungen aus. Den Rhythmus gibt der Anführer

In Iran gibt es mehr als 1 Mio. Drogenabhängige, obwohl der Handel mit und der Konsum von Drogen mit der Todesstrafe belegt ist. Dennoch verfolgt Iran eine sehr aufgeklärte Politik im Umgang mit Drogensüchtigen: Es werden Methadonprogramme angeboten und saubere Nadeln an Häftlinge ausgegeben.

Die zwei größten Kontrahenten im iranischen Fußball sind die beiden Teheraner Vereine Persepolis („Perspolis" ausgesprochen), der in Rot spielt und eher als Arbeiterverein gilt, und Esteghlal, der als Reichenverein verschrien ist und in blauen Heimtrikots spielt.

mit frenetischem Trommeln vor. Dazu singt er Gedichte aus großen Epen wie dem *Schahname* und rezitiert Gedichte großer Poeten wie Hafis. Die meisten *zurkhaneh*-Übungen werden öffentlich ausgeführt, Zuschauer sind erlaubt. Iranische Frauen üben diesen Sport nicht aus, westliche Frauen dürfen ihn gerne ausprobieren.

Frauen in Iran

Nirgendwo sonst zeigen sich die Widersprüche der iranischen Gesellschaft so deutlich wie in der Stellung der Frau. Die heftigsten Auseinandersetzungen zwischen Liberalen und Konservativen drehen sich um die Frage der Frauenrechte. Dabei gibt es nicht nur Schwarz und Weiß. Die Sachlage ist hochkomplex.

Eine der bedeutendsten islamischen Feministinnen ist Faezeh Rafsandschani, die Tochter des ehemaligen Präsidenten. Sie absolvierte ein Studium, war Abgeordnete im Parlament, Verlegerin, als Reiterin bei den Olympischen Spielen und – ist Mutter.

Frauenrechte in der Vergangenheit

In der langen Geschichte des Landes war die Stellung der Frau relativ fortschrittlich: Iranische Frauen waren deutlich gleichberechtigter und freier als Frauen in den Nachbarstaaten. Heute dürfen iranische Frauen wählen und Parlamentsabgeordnete werden, Auto fahren, Eigentum erwerben und berufstätig sein. Archäologische Funde deuten darauf hin, dass auch im vorislamischen Iran Frauen berufstätig sein konnten, Grundbesitz erwerben, verkaufen und verpachten konnten und dass sie Steuern zahlten. Frauen leiteten Werkstätten und bekleideten höchste Ämter beim Militär. Erst mit dem Islam wurden die Rechte der Frauen klar definiert, denn im Islam haben Männer und Frauen unterschiedliche Rechte und Pflichten. Da der Mann im Islam für die finanzielle Absicherung der Frau zuständig ist, müssen Frauen nach dieser Denkart nicht dieselben Rechte wie Männer haben, denn sie werden beschützt und versorgt.

Die Einführung des Islam nach der Eroberung durch die Araber bedeutete insofern eine Verschlechterung der Stellung der Frau in jeder Hinsicht. Frauen verloren den Großteil ihrer Rechte, die islamische Kleiderordnung wurde ihnen aufgezwungen, Polygamie war erlaubt und das Familienrecht war voll und ganz zugunsten des Mannes ausgelegt.

1931 begann Reza Schah, die Stellung der Frau per Gesetz zu verbessern. Als Erstes erhielten Frauen das Recht, eine Scheidung zu beantragen. Weitere Gesetze folgten: So wurde das Mindestheiratsalter für Mädchen auf 15 Jahre festgesetzt, Mädchen erhielten die gleichen Bildungschancen wie Jungen, Frauen wurden ermuntert, einer Arbeit außerhalb des Hauses nachzugehen, und die Verschleierung wurde verboten. Dieses Verbot traf allerdings nicht nur auf Zustimmung bei den Frauen. 1962 gewährte Schah Mohammed Reza den Frauen das Wahlrecht, und 1968 wurde das fortschrittlichste Familiengesetz des Nahen Ostens verabschiedet. Die Scheidungsgesetze waren einheitlich und eindeutig, Polygamie wurde erschwert. Das Mindestheiratsalter wurde auf 18 Jahre angehoben.

Laut Unesco werden 96,4 % der Geburten in Iran von professionellen Geburtshelfern begleitet. 2016 hatte jede Iranerin im Durchschnitt 1,83 Kinder; in den ersten Jahren der Islamischen Revolution waren es noch 6 Kinder pro Frau.

Die Auswirkungen der Iranischen Revolution

Viele iranische Frauen waren aktiv an der Revolution und dem Sturz des Schahs beteiligt, doch nur wenige sahen voraus, was die Islamische Republik und ihre Version der Scharia für sie und die Frauenrechte bedeuten würde. Nach nur wenigen Jahren waren die Frauen wieder verschleiert – per Gesetz und ohne Ausnahme. Das Mindestheiratsalter für Mädchen wurde auf neun Jahre gesenkt (für Jungen auf 15 Jahre) und die Gesellschaft wurde strikt nach Geschlechtern getrennt. Frauen durften das Haus nur noch in Begleitung ihres Ehemannes oder eines direkten Verwandten verlassen und konnten ausgepeitscht werden, wenn sie ihr Kopftuch nicht ordnungsgemäß trugen oder eine Haarsträhne oder Spuren von Makeup zu sehen waren. Ohne ihren Ehemann oder die Erlaubnis ihres Vaters duften Frauen nicht mehr reisen, für Ehebruch konnten sie zu Tode gesteinigt werden, selbst wenn dieser durch eine Vergewaltigung begangen wurde. Das Familienrecht fiel wieder in die Zuständigkeit der religiösen Gerichte. Frauen konnten sich praktisch nur noch mit Zustimmung des Ehemannes scheiden lassen. In jedem Fall verloren sie bei einer Scheidung sofort das Sorgerecht für ihre Kinder. Frauen in Führungspositionen, wie die Richterin und spätere Friedensnobelpreisträgerin Shirin Ebadi, verloren ihren Arbeitsplatz.

Doch die iranischen Frauen hatten die Gleichberechtigung kennengelernt und wollten sich keinesfalls wieder ins Haus verbannen lassen. Sie verloren auch nicht alle Rechte. So durften sie weiterhin wählen und auch in der Ehe selbstständig über ihr Eigentum und Geld verfügen. Damit hatten sie immer noch mehr Rechte als manche ihrer arabischen Nachbarinnen. Seit der Revolution stiegen auch der Bildungsgrad und die Alphabetisierungsrate von Frauen steil an, und zwar aus dem einfachen Grund, weil nun auch viele traditionelle Familien bereit waren, ihre Töchter in die Schule zu schicken, da ja die Verschleierung wieder gesetzlich vorgeschrieben war.

1997 wurde der reformorientierte Chatami vor allem von Frauen und jungen Menschen zum Präsidenten gewählt, weil er Veränderungen versprach. 2001 saßen 14 Frauen im Majlis, dem iranischen Parlament, und die Rufe nach einer Ausweitung der Frauenrechte wurden immer lauter.

> Die *Sighe-Ehe* ist die im Islam erlaubte, zeitlich begrenzte Ehe, in der sexuelle Beziehungen außerhalb einer normalen Ehe möglich sind. Für viele Iraner, vor allem Frauen, ist diese Ehe eine Art legaler Prostitution.

TA'AROF

Wer einen iranischen Taxifahrer fragt: „*Chand toman?*" (wie viel kostet es?), wird wahrscheinlich die Antwort bekommen: „*Ghabeli nadari.*" Das bedeutet zwar „Nichts", aber der Taxifahrer möchte natürlich trotzdem bezahlt werden. Diese Höflichkeitsformel (*ta'arof*) erscheint Fremden zunächst sehr verwirrend.

Trotz der offensichtlichen Widersprüchlichkeit im Taxi wird man schnell feststellen, dass *ta'arof* die iranische Art und Weise ist, das soziale Miteinander zu regeln, es ist mehr als eine bloße Höflichkeitsformel. So ist z. B. ein angebotenes Essen wiederholt abzulehnen, bevor es angenommen werden kann. Dies gibt der anbietenden Person die Möglichkeit, ihr Gesicht zu wahren, falls sie in Wirklichkeit gar nichts anbieten kann (und es nach dem zweiten oder dritten Mal auch nicht mehr tun wird). Als Faustregel sollte man jedes Angebot dreimal ablehnen und es erst annehmen, wenn es dann noch einmal angeboten wird. Wenn jedoch ein Ladeninhaber, Restaurantbesitzer oder manchmal sogar ein Hotelangestellter die Bezahlung ablehnt, so ist das ganz eindeutig *ta'arof* – und sollte keinesfalls wörtlich genommen werden! Wenn man nämlich ein Angebot annimmt, das wirklich *ta'arof* ist, so wird man das schnell am geschockten Gesicht des Gegenübers merken.

Ta'arof bedeutet auch, dass man mit entsprechendem Verhalten die Wertschätzung des anderen zeigt. So sollte man sich möglichst nicht mit dem Rücken zu anderen Menschen setzen und vor Türschwellen kurz warten, denn Iraner bestehen darauf, ihre Begleitung mit wiederholtem „*befarmayid*" (bitte) zuerst durch die Tür zu komplimentieren. Auch beginnt grundsätzlich jedes Gespräch mit Smalltalk: Es wird sich nach der Gesundheit jedes einzelnen Familienmitglieds erkundigt. Die Erwiderung dieser Höflichkeit wird hoch angesehen. Es ist auch durchaus üblich, Fremde nach ihrem Gehalt und Familienstand zu fragen und warum man keine Kinder habe sowie viele andere Fragen zu stellen, die im Westen als zu persönlich gelten. In Iran ist das ganz normal. Keinesfalls sollte man über Politik oder Religion sprechen, es sei denn, iranische Gesprächspartner schneiden das Thema an.

Zurück zum Taxifahrer: Der ist also immer zu bezahlen, denn es wäre sehr unhöflich von ihm, die Fahrt nicht „kostenlos" anzubieten, aber noch unhöflicher vom Fahrgast, das Angebot anzunehmen!

Frauen heute

Unter Chatami errangen die Frauen einige kleine, hart umkämpfte Siege. Die Reformisten konnten durchsetzen, dass alleinstehende Frauen im Ausland studieren durften, sie setzten das Mindestheiratsalter für Mädchen von neun auf 13 Jahre hoch (obwohl sie eigentlich ein Mindestalter von 15 Jahren versprochen hatten). Außerdem verhinderten sie die Zulassungsbegrenzung von Studentinnen an Universitäten auf einen bestimmten Anteil. Sie verbesserten auch die Sorgerechtsbestimmungen für geschiedene Mütter. Auch wenn Frauen in der Arbeitswelt mittlerweile wieder anerkannt sind, werden sie immer noch stark diskriminiert. Es gibt immerhin einen Mutterschutz von drei Monaten bei 67 % des Lohns und von vier Monaten, wenn die Mutter stillt.

Knapp zwei Drittel aller Studierenden sind weiblich, doch weniger als ein Fünftel der Frauen findet anschließend einen entsprechenden Arbeitsplatz.

Die Zeugenaussage einer Frau ist vor Gericht immer noch halb so viel wert wie die eines Mannes und das Blutgeld, das die Familie eines Mörders der Familie des Opfers bezahlen muss, ist für ein weibliches Opfer nur halb so hoch wie für ein männliches.

Auf den ersten Blick scheint die Kleiderordnung vor allem in Teheran im Vergleich zu den Zeiten des alles verhüllenden Tschadors wieder lockerer zu sein. Ungeachtet der immer wiederkehrenden Rückschläge tragen Frauen jeden Alters heute oft recht kurze, eng anliegende und leuchtend bunte Mäntel und Kopftücher, die teilweise nicht einmal die kunstvollen Frisuren ganz bedecken. Einige junge Frauen umgehen sogar das Verbot, mit einem nicht verwandten Mann aus dem Haus zu gehen, und nehmen das Risiko einer Verhaftung dafür in Kauf. Frauenrechtlerinnen wie die ehemalige Richterin Shirin Ebadi, die nun als Rechtsanwältin für Menschenrechte kämpft, weisen beharrlich darauf hin, dass Frauenrechte sehr wohl im Islam verankert seien und nur besser interpretiert werden müssten.

Für die Familie, eine der Grundinstitutionen in Iran, sind schon heute die Frauen verantwortlich. Viele iranische Frauen sind sehr entschlossen und bilden sich selbstständig weiter. Für sie ist die Verschleierung das kleinste Problem. Wichtiger ist ihnen, die tief in der iranischen Gesellschaft und Gesetzgebung verankerte Diskriminierung zu beseitigen.

Unter der Präsidentschaft von Ahmadinedschad 2005–2013 wurde es nicht besser, sondern schlimmer. Nach den Massenprotesten der Grünen Bewegung 2009 setzte die Regierung sofort die restriktiven Gesetze durch, die zu Chatamis Zeiten auf Eis lagen. An allen Universitäten des Landes mussten die Studentinnen wieder den *maknae* (an einen Nonnenschleier erinnerndes Kopftuch) tragen, andernfalls durften sie nicht mehr auf dem Campus erscheinen. In den großen Städten und vor allem in Teheran wurden die seit 1997 in Anspruch genommenen Freiheiten immer mehr durch Razzien nach nicht islamisch korrektem Outfit (meist zu viel Makeup und zu wenig Kopftuch) eingeschränkt. Viele Reformen der Chatami-Präsidentschaft blieben zwar in Kraft, doch für die Frauen sah die Zukunft nicht mehr so hoffnungsvoll aus, nicht wenige fühlten sich wesentlich unsicherer als noch knapp zehn Jahre vorher.

Bei den Olympischen Spielen 2016 in Rio gewann Kimia Alizadeh als erste iranische Frau eine Medaille, nämlich Bronze im Taekwondo der Gewichtsklasse bis 57 kg.

Schließlich schwang das Pendel wieder zurück. 2013 gewann Hassan Rohani mit Unterstützung der Reformisten die Präsidentschaftswahlen. Doch der reformistische Einfluss auf die Gesetzgebung und die Rechtsprechung erwies sich bisher als ziemlich gering. Nichtsdestotrotz wurde er 2017 im Amt bestätigt.

Egal, wie sich die politische Landschaft Irans auch ändert, iranische Frauen werden weiterhin auf ihre Rechte bestehen und gegen das System kämpfen müssen. Die Mittel sind vielfältig: mit provozierend rotem Lippenstift, mit kritischen Filmen oder mit einer entsprechenden Auslegung der Gesetze – wie die erste muslimische Friedensnobelpreisträgerin Shirin Ebadi (2003).

Die iranische Küche

Das iranische Essen gehört zu den wahrhaft unvergesslichen Erlebnissen einer Reise durch das Land. Im Laufe von drei Jahrtausenden hat sich die iranische Küche entwickelt und verfeinert und ist heute ein Spiegel der Regionen mit den vielfältigen Landschaften und Kulturen. So isst man Kamel-Kebab und Datteln in der Wüste, Fisch an der Golfküste und eine Vielzahl unterschiedlichster Gemüsegerichte (mit Fleisch) in den fruchtbaren Provinzen Gilan und Mazandaran am Kaspischen Meer.

Typisches & Spezialitäten

Obwohl das Angebot ständig erweitert wird, beschränkt es sich jenseits der großen Restaurants von Teheran im Wesentlichen auf einfache Kebabs und Fastfood. Mit Abstand das beste Essen wird in den privaten Haushalten zubereitet. Wer also das Glück hat, von Iranern eingeladen zu werden, sollte unbedingt zusagen! In Iran werden Gäste als „Geschenk Gottes" betrachtet und mit phantastischem Essen und überwältigender Gastfreundschaft verwöhnt. Eine solche Einladung ist eine einzigartige und unvergessliche Erfahrung.

Brot und Reis

Zu fast jeder Mahlzeit gibt es *nan* (Brot) und/oder *berenj* (Reis). *Nan* ist preiswert und in der Regel ofenfrisch. Es gibt vier Sorten von Brot:
Barbari Das knusprige, leicht salzige Brot ähnelt dem türkischen Fladenbrot und ist oft mit Sesam bestreut.
Lavash Das dünne Brot wird meist zum Frühstück gegessen. Solange es frisch ist, schmeckt es superlecker, wird aber leider schnell hart und geschmacklos.
Sangak Das beste iranische Brot ist lang, dick und wird auf kleinen Steinen gebacken. So erhält es seine typisch unebene Oberfläche, kann aber auch mal kleine Steinchen enthalten, also Vorsicht.
Taftun Knuspriges Brot mit gerippter Oberfläche.

Chelo (gekochter oder gedämpfter Reis) ist fester Bestandteil der meisten iranischen Mahlzeiten und wird vor allem mittags in riesigen Portionen serviert. Wird der Reis mit weiteren Zutaten wie Nüssen, Gewürzen oder den kleinen roten Berberitzenbeeren gekocht, so heißt er *polo* und muss extra bestellt werden. *Za'feran* (Safran) wird oft zum Würzen verwendet und verleiht Gerichten eine satte gelbe Farbe. Reis wird oft auch mit einem Stück Butter serviert, das dann mit dem Reis vermischt wird. Die Kruste aus Reis, die am Topfboden angeklebt und oft auch Kartoffelscheiben enthält, ergibt die sehr beliebte Spezialität *tahdig*.

Kebab

Selbst auf den Speisekarten guter Restaurants finden sich unzählige einfache Kebabs als Hauptgerichte. Die Fleischspieße werden entweder auf Brot oder als *chelo kabab* auf einem Riesenberg Reis serviert. Im Gegensatz zu den fettigen Döner Kebabs in westlichen Ländern sind diese iranischen Kebabs sehr geschmackvoll und gesund, weil sie nur über Holzkohle gegrillt werden. Zumeist werden sie noch mit scharfem *sumaq* (Sumach) gewürzt und mit rohen Zwiebeln, gegrillten Tomaten und, gegen Aufpreis, einer Schale *mast* (Joghurt) serviert.

Die neue Persische Küche. Traditionelle Rezepte neu interpretiert (2014) von Louisa Shafia hält, was der Titel verspricht: Alte iranische Grundgerichte werden auf frische Art neu zubereitet.
Die persische Küche. Der ganze Zauber des Orients. 95 Originalrezepte (2017) von Neda Afrashi. Ein ausgezeichnetes Kochbuch über eine der ältesten Küchen der Welt.

NATIONALGERICHT DIZI

Das auch unter dem Namen *abgusht* (oder *piti* bei den Aserbaidschanern) bekannte *dizi* ist ein preiswerter Suppeneintopf, der im gleichnamigen Tontopf zubereitet und serviert wird. Viele Iraner halten es für ein Arme-Leute-Essen, doch mit Fleisch und reichlich Fett ist es sehr lecker und auch sättigend. Es muss aber auf eine bestimmte Art gegessen werden.

Zuerst wird das Brot in mundgerechte Stücke gerissen, in den Teller gelegt und mit der Brühe des *dizi* übergossen. Wenn der Teller leer gegessen ist, kommen die restlichen Zutaten des *dizi* an die Reihe: Kichererbsen, Kartoffeln, Tomaten und butterweiches Lammfleisch. Alles wird mit dem Metallstampfer zerstoßen. Dabei wird auch das etwas unappetitlich aussehende Fett des Lammfleisches hinzugefügt, um dem Eintopf mehr Geschmack und Konsistenz zu verleihen. Dieser Brei wird dann mit einem Löffel oder Brot gegessen. Keine Panik: Wer das alles nicht sofort alleine schafft, kann den Kellner um Hilfe bitten.

Zu den typischen Kebabvariationen gehören:

Bakhtiyari kabab Das beste Kebab überhaupt besteht aus Lamm- und Hühnchenfleisch am Spieß.

Chelo kabab Jedes Kebab, das mit *chelo* (gekochtem oder gedämpftem Reis) serviert wird. Die Standardvariante ist *kubideh* (mit Lammhack).

Juje kabab In *sumaq* mariniertes und gegrilltes Hühnchenfleisch.

Kubideh kabab Für das billigste und häufigste Kebab wird Lammhackfleisch mit Semmelbröseln und Zwiebeln vermischt und auf Spieße gesteckt.

Gerichte ohne Kebab

Wer genug von Kebabs hat, sollte unbedingt die folgenden Gerichte probieren: *zereshk polo ba morgh* (Brathuhn auf Reis mit Berberitzenbeeren, scharf gewürzt), *ghorme sabzi* (Eintopf mit Fleisch, Bohnen und verschiedenen grünen Gemüsesorten, mit Reis serviert) oder die vielen leckeren, rein vegetarischen Gerichte mit *bademjan* (Aubergine).

Viele kleine, preiswerte Restaurants und *chaykhanehs* (Teehäuser) haben sich auf den schwer unterschätzten *dizi* (Suppeneintopf) spezialisiert. Auf den Speisekarten der guten Restaurants findet sich auch oft die eine oder andere Variante von *khoresht* (Eintopf mit Gemüse und Nüssen sowie meistens Fleisch, mit Reis und/oder Pommes serviert). *Khoresht* sollten vor allem westliche Besucher mit empfindlichem Magen nur in guten Restaurants essen, denn in weniger gut besuchten Lokalen steht er schon mal tagelang herum, bevor er auf den Tisch kommt.

Dolme (mit Fleisch und Reis gefülltes Gemüse, Obst- oder Weinblätter) sorgen ebenfalls für Abwechslung. Besonders lecker sind *Dolme bademjan* (gefüllte Auberginen). Der persische Klassiker *fesenjan* (Soße aus Granatapfelsaft, Walnüssen, Aubergine und Kardamom, meist mit Hühnchen und Reis serviert) wird zwar immer öfter in Restaurants angeboten, ist aber selten wirklich gut. Wer dagegen das Glück hat, *fesenjan* in einer iranischen Familie zu bekommen, ist wirklich zu beneiden.

In Westiran, entlang des Persischen Golfs und in anderen Küstenregionen ist *chelo mahi* (gebratener Fisch auf Reis) ein weit verbreitetes Gericht in der Saison, während es am Kaspischen Meer (und auch andernorts) vor allem *mirza ghasemi* (pürierte Aubergine, Kürbis, Knoblauch, Tomate und Ei mit Brot oder Reis) gibt.

Desserts und Süßigkeiten

Nach einer ausgiebigen Mahlzeit wird oft nur eine Schale mit Obst als Dessert gereicht. Eine Vielzahl von *shirini* (Süßigkeiten) werden oft frisch zubereitet, jede Region und viele Städte haben ganz eigene Spezialitäten.

Auf www.aashpazi.com finden sich Dutzende von Rezepten für persische Gerichte. Dabei wird die Rolle, die das Essen im iranischen Leben spielt, etwas überstrapaziert, aber die Rezepte sind wirklich ausgezeichnet. Gute Rezepte findet man auch auf www.mypersiankitchen.com.

Isfahan: *gaz*, Nugat mit Rosenwasser und oft auch Pistazien. Der Preis ist abhängig vom Anteil der Pistazien und der Verwendung von Honig oder Zucker sowie der Menge an Tamariskensaft (einem Extrakt des *gaz*-Baumes, daher auch der Name).

Kerman: *kolompe* sind weiche, mit Datteln gefüllte Kekse.

Urmia: *noghl*, mit Zucker überzogene Nüsse.

Qom: *sohan*, spröde, karamellartige Süßigkeit aus Pistazien und Ingwer.

Yazd: *baghlava*, wie das türkische Baklava, aber dicker und mit *pashmak* (Zuckerwatte mit Sesam).

Weitere, im ganzen Land erhältliche Süßigkeiten sind das erfrischende *paludeh* oder *faludeh* (Sorbet aus Glasnudeln mit frisch geraspelten Früchten und Rosenwasser) und natürlich *bastani* (persisches Eis).

Getränke

Alkohol ist Iranern strikt verboten und so wird literweise Tee getrunken.

Tee, noch mehr Tee und Kaffee

Wenn sich Iraner treffen, trinken sie eigentlich immer *chay* (Tee). Ob in einem *chaykhaneh* (Teehaus), Teppichladen, Privathaus, Büro oder Zelt – also praktisch überall – wird ständig Tee gekocht. Nach den Gesetzen der iranischen Gastfreundschaft muss mit dem Gast mindestens eine

The Temporary Bride: A Memoir of Love and Food in Iran (2017) von Jennifer Klinec. Vor dem Hintergrund des modernen Iran wird eine Mischung aus Liebesgeschichte und Gourmetreise erzählt.

DIE IRANISCHE KÜCHE GETRÄNKE

WARM UND KALT – DIE PERSISCHE PHILOSOPHIE DES ESSENS

Nach Meinung der alten Perser ernährte man sich gut, wenn man wenig Fett, rotes Fleisch, Stärke und Alkohol zu sich nahm; diese Dinge würden die Menschen nämlich in selbstsüchtige Bestien verwandeln. Stattdessen sollten sich die Menschen von Obst und Gemüse, Hühnchen und Fisch ernähren, um freundlich und anständig zu sein. In der Praxis bestand diese Philosophie in der Einteilung der Lebensmittel in „warm" und „kalt", die bis heute noch breite Anwendung findet.

Ähnlich wie beim chinesischen Yin und Yang werden den Lebensmitteln unterschiedliche Eigenschaften zugeschrieben. So sollen „warme" Lebensmittel das Blut dicker machen und den Stoffwechsel ankurbeln, während „kalte" Lebensmittel das Blut verdünnen und den Stoffwechsel bremsen. Mit dieser Philosophie werden auch Persönlichkeiten und das Wetter beschrieben. Wie bei den Lebensmitteln wird zwischen Menschen mit „warmer" und „kalter" Persönlichkeit unterschieden. So sollten Menschen mit „warmer" Persönlichkeit mehr „kalte" Lebensmittel essen und umgekehrt. Ebenso sollte man an kalten Tagen eher „warme" Lebensmittel essen und umgekehrt.

Aber was genau ist nun „warm"? Zunächst einmal hat die Unterteilung absolut nichts mit Temperatur zu tun, es gibt auch große regionale Unterschiede. Ganz allgemein gilt aber, dass tierisches Fett, Weizen, Zucker, Süßigkeiten, Wein, die meisten Trockenfrüchte und Nüsse, frische Kräuter wie Minze sowie Safran und das meiste Fleisch (mit Ausnahme von Rindfleisch) „warme" Lebensmittel sind. Zu den „kalten" Lebensmitteln zählen Fisch, Joghurt und Wassermelone (die alle sehr kalt sind) sowie Reis, viele Gemüsesorten (vor allem Rettich) und frisches Obst, Rindfleisch, Bier und andere Alkoholika mit Ausnahme von Wein. Einige Lebensmittel sind auch wärmer oder kälter als andere. Es gibt außerdem neutrale Lebensmittel wie Birnen, Fetakäse und Tee.

Wer darauf achtet, wird schnell feststellen, dass viele Gerichte in ihrer Zusammensetzung sehr ausgewogen sind, so etwa die *fesenjan*-Soße, in der der (kalte) Granatapfelsaft durch die (warmen) Walnüsse ausgeglichen wird. Und innerhalb einer Mahlzeit werden kalte Lebensmittel wie *mast* (Joghurt), Käse, Rettich und grünes Gemüse zu „warmem" Kebab, Hühnchen und Süßem gereicht. Denn die richtige Balance ist überaus wichtig. Zu viele „kalte" Lebensmittel gelten als äußerst ungesund. Deshalb sollte man keinesfalls Wassermelone und Fisch essen und dazu *dugh* (Sauermilch oder Joghurt mit Wasser) trinken, es sei denn, das *dugh* wurde mit „warmen" gehackten Kräutern vermischt. „Warme" Lebensmittel sind offenbar nicht so gefährlich, denn zu viele warme Lebensmittel könnten höchstens Herpes verursachen, falls man anfällig dafür ist.

ALKOHOL UND ALKOHOLFREIE GETRÄNKE

Während Alkohol bei christlichen Gemeinschaften stillschweigend toleriert wird, ist er für iranische Muslime strikt verboten. Aber: Es gibt natürlich einen Schwarzmarkt, auf dem seltsamerweise zumeist Obst- und Gemüsehändler aktiv sind. Und so wird den Kunden schon mal ein „Whiskey?" ins Ohr geflüstert. Doch die ekelhaft süße, glasklare Flüssigkeit, die dann über den Ladentisch wandert, hat rein gar nichts mit Whiskey zu tun.

Es gibt ein paar Marken von *ma'-osh-sha'ir* (islamisches Bier), das garantiert 0,0 % Alkohol enthält. Dabei schmeckt das von Russen gebraute Baltika noch am ehesten wie Bier, während die fruchtigen Biere von Delster besonders populär sind, weil sie gar nicht erst versuchen, nach Bier zu schmecken.

Dafür wird man in ganz Iran keine einzige Flasche Shiraz-Wein finden. Es gibt verschiedene Theorien über die Herkunft des Namens, wobei die meisten darin übereinstimmen, dass die Kreuzfahrer Setzlinge aus den Weinbergen um Shiraz ins französische Rhônetal brachten. In Iran wurden die Weinstöcke nach der Revolution von 1979 entweder vernichtet oder nur noch zur Produktion von Trauben und Rosinen verwendet. So gibt es heute auch keine einzige (legale) Kellerei mehr.

Tasse Tee getrunken werden, bevor über irgendwelche Geschäfte oder Angelegenheiten gesprochen werden kann.

Der Tee wird grundsätzlich schwarz getrunken und zumeist mit einer Schale *ghand* (Zuckerstückchen) serviert. Der Zucker wird jedoch nicht einfach in den Tee gerührt, sondern man nimmt ein Stück Zucker, taucht es in den Tee und nimmt es zwischen die Vorderzähne. Dann trinkt man den Tee und lässt ihn an dem Zucker vorbeifließen. Zahnärzte mögen das missbilligen, aber es gehört nun mal zum Ritual.

Wie in der Türkei wurde auch in Iran nur Kaffee getrunken, bis im 19. Jh. britische Kaufleute den Tee ins Land brachten. Heute ist traditioneller iranischer *ghahve* (Kaffee) – stark, schwarz, süß und mit viel Bodensatz – kaum noch zu finden. Stattdessen gibt es nun besonders in den wohlhabenden Vororten der großen Städte eine Unmenge Cafés und Kaffeehäuser nach europäischem Vorbild, wo man zumindest einen hervorragenden Espresso bekommt. Außerhalb der Städte sind Kaffeetrinker oft auf sich selbst angewiesen.

Säfte, Milchshakes, Dugh und Alkoholfreies

An jeder Ecke gibt es köstlichen, frisch gepressten *ab* (Saft) und *shir* (Milchshake) mit Obst. Ein Glas kostet zwischen 2 und 4 US$. Für die Säfte werden jeweils die Früchte der Saison ohne Zusatz von Zucker verwendet. Zu den beliebtesten Milchshakes gehören *shir moz* (Banane)*, shir peste* (Pistazie) und *shir tut farangi* (Erdbeere). Die Milchshakes enthalten oft sehr viel Zucker.

Besonders beliebt bei den Säften sind *ab anar* (Granatapfel), *ab talebi* (Honigmelone), *ab hendune* (Wassermelone), *ab porteghal* (Orange), *ab sib* (Apfel) und *ab havij* (Karotte).

Ebenfalls allgegenwärtig ist *dugh* (Sauermilch oder Joghurt mit Wasser), das zwar etwas sauer, aber sehr erfrischend ist. Das beste *dugh* bieten in der Regel die Restaurants, wo das Ganze mit gehackten Kräutern verfeinert und ohne Kohlensäure serviert wird, im Gegensatz zum *dugh* in Flaschen, das es in den Läden gibt.

Leitungswasser kann fast überall getrunken werden, doch es gibt auch Wasser in Flaschen. Trotz des US-Embargos wird Coca-Cola weiterhin in Lizenz abgefüllt und ist ebenso gut erhältlich wie die einheimischen alkoholfreien Getränke Zam Zam, Parsi Cola und sonstige. Getränke in Dosen kosten ein Vielfaches derselben Getränke in Flaschen.

Vegetarier & Veganer

Unter den gebildeten Stadtbewohnern, vor allem in Teheran, gibt es immer mehr Vegetarier. Die meisten Iraner können dieser fremden Strömung aber nichts abgewinnen. Natürlich gibt es eine Menge guter vegetarischer Gerichte in der iranischen Küche, doch diese werden kaum in den Restaurants angeboten.

Abhilfe schaffen die vielen Straßenstände, die Falafel, Samosas und Kartoffeln verkaufen. Und nicht zu vergessen die persische Königin der vegetarischen Küche: *bademjan* (Aubergine). Sie schmeckt besonders lecker am Kaspischen Meer im fleischlosen Gericht *mirza ghasemi*. Die zahlreichen *kuku* (dicke Omelettes) bieten sich als warmer oder kalter Imbiss an. Besonders empfehlenswert sind *kuku-ye sabzi* (mit gemischten Kräutern), *kuku-e-ye bademjan* (mit Aubergine) und *kuku-e-ye gol-e kalam* (mit Blumenkohl). In einem preiswerten Restaurant sollte man unbedingt *adas-polo* (gelber Reis mit Linsen und manchmal auch Kumin) probieren.

Veganer werden nur schwer etwas rein Veganes finden, denn selbst Reis wird oft mit Butter serviert. Für sie gibt es eine große Auswahl an frischen und getrockneten Früchten, Nüssen und natürlich Gemüse. In den preiswerteren Hotels darf man vielleicht die Küche benutzen.

Esskultur

Das sehr einfache Frühstück besteht aus Tee mit einem Stück *lavash,* Feta und Marmelade, die oft nach Karotten schmeckt. In den meisten Hotels gibt es dazu noch ein Ei. Das Mittagessen ist die wichtigste Mahlzeit des Tages, bei der in der Regel zwischen 12 und 14 Uhr Unmengen von Reis gegessen werden. Das Abendessen ist im Allgemeinen leichter und wird ab 19 Uhr eingenommen. Freitags schließen viele Restaurants früher. An religiösen Feiertagen ist der Verkauf von Essen und Lebensmitteln fast überall auf den Vormittag beschränkt.

Glaube und Religion in Iran

Laut offiziellen Statistiken sind 99,4 % der iranischen Bevölkerung Muslime und davon wiederum 90–95 % Schiiten und 5–10 % Sunniten. Daneben gibt es noch kleine Gemeinden von Bahai, Zoroastriern, Christen und Juden. Mit Ausnahme der Bahai, deren Religion gesetzlich verboten ist, dürfen die anderen Glaubensgemeinschaften ihre Religion ungehindert ausüben. So sind den Iranern auch christliche und jüdische Besucher herzlich willkommen. Wer sich jedoch offen zum Atheismus oder Agnostizismus bekennt, wird selbst bei gebildeten Iranern auf Unverständnis stoßen.

Der Islam

Die Entstehung des Islam

Der Prophet Mohammed, der mit vollem Namen Abdul Qasim Mohammed ibn Abdullah ibn Abd al-Muttalib ibn Hashim hieß, wurde 570 n. Chr. geboren. Seine Familie gehörte zum Stamm der Quraisch, die Handel mit Syrien und dem Jemen trieben. Mit sechs Jahren war Mohammed bereits Vollwaise und kam in die Obhut seines Großvaters, der Aufseher des Kaaba-Heiligtums in Mekka war.

Mit 40 Jahren zog sich Mohammed in die Wüste zurück, wo ihm der Erzengel Gabriel erschien und die Lehren Allahs offenbarte. Diese Offenbarungen sollten sein ganzes Leben lang anhalten. Drei Jahre später begann Mohammed, die Lehren den Einwohnern von Mekka zu verkünden. Schon bald hatte er eine große Anhängerschaft im Kampf gegen die Götzenanbeter um sich geschart. Seine Botschaft sprach vor allem die ärmeren, benachteiligten Schichten der Bevölkerung an.

Der Islam stellte eine wesentlich einfachere Alternative zu den vielen alten Religionen dar, die mit der Zeit komplizierte Hierarchien, Sekten und Rituale entwickelt hatten. Dagegen bot der Islam die direkte Beziehung zu Gott, für die alleine die Ergebung des Gläubigen in den Willen Gottes genügte („Islam" bedeutet Ergebung, Unterwerfung).

Bis 622 hatten die mächtigen Familien Mekkas Mohammed und seine Anhänger nach Norden, in die Stadt Medina, vertrieben, wo die Zahl seiner Anhänger weiter wuchs. 630 kehrte Mohammed als triumphaler Anführer einer 10 000 Mann starken Armee nach Mekka zurück und eroberte die Stadt. Daraufhin schworen viele Stämme in der Umgebung ihm und seiner neuen Religion die Treue.

> Allen Muslimen, egal ob Sunniten oder Schiiten, ist es verboten, Alkohol zu trinken und Schweinefleisch sowie Blut oder Fleisch von Tieren zu essen, die nicht nach islamischem Ritus *(halal)* geschlachtet wurden.

Die fünf Säulen des Islam

Für ein gottesfürchtiges Leben müssen Muslime zumindest die fünf Säulen des Islam beachten:

Shahada „Es gibt keinen Gott außer Allah und Mohammed ist sein Prophet." Das Glaubensbekenntnis ist die Grundlage des Islam und drückt die Zugehörigkeit des Gläubigen aus. Der Satz ist fester Bestandteil des Gebetsrufs und aller wichtigen Ereignisse im Leben eines Muslims.

Salat (Namaz) Das Gebet ist eine Grundverpflichtung im Islam. Sunniten sollten möglichst fünfmal täglich, Schiiten dreimal täglich beten. Dabei kann grundsätzlich überall gebetet werden, nur zum Mittagsgebet am Freitag sollten sich die Gläubigen in der Moschee versammeln.

Zakat Muslime sind zu Almosen für die Armen verpflichtet, und zwar in Höhe von einem Vierzigstel des Jahreseinkommens.

Sawm (Ruzeh) Im Ramadan, dem neunten Monat des islamischen Kalenders, wird der Offenbarung des Korans an Mohammed gedacht. Um ihren Glauben zu festigen und zu erneuern dürfen Muslime zwischen Sonnenaufgang und Sonnenuntergang nichts (Essen, Zigaretten, Getränke) über die Lippen kommen und sie dürfen in dieser Zeit auch keinen Sex haben.

Hadsch Wer körperlich und finanziell dazu in der Lage ist, sollte mindestens einmal im Leben die Pilgerfahrt nach Mekka unternehmen. Dafür wird dem Gläubigen all seine Sünden der Vergangenheit vergeben.

Schiiten und Sunniten

Entgegen der ursprünglichen Absicht des Propheten blieb der Islam nicht so einfach wie zu Beginn. Als Mohammed 632 starb, hinterließ er keinen einzigen Sohn und auch keinerlei Anweisungen für seine Nachfolge. Um diese stritten sich schon bald Abu Bakr, der Vater der zweiten Frau Mohammeds Aisha, und Ali, ein Cousin Mohammeds und Ehemann seiner Tochter Fatima. Nach der Tradition ging die Macht zunächst an den älteren Abu Bakr, der der erste Kalif wurde. Dem stimmte Ali nur widerstrebend zu.

In der Folge wurde Ali noch dreimal übergangen, bevor er 656 endlich der vierte Kalif wurde. Schon fünf Jahre später wurde er ermordet. Dieser Mord spaltete die Muslime in zwei Lager: in die Sunniten, die das Kalifat der Umayyaden anerkannten, und die Schiiten (von „Shiat Ali", den Anhängern von Ali).

Grund für die endgültige Unversöhnlichkeit der beiden Lager war 680 das Massaker am dritten Imam Hussein und 72 seiner Anhänger. Das Lager des Imam in Kerbela im heutigen Irak wurde neun Tage lang von der Armee des Umayyaden-Kalifs belagert, bevor Hussein am zehnten Tag getötet wurde. Seinem Märtyrertod wird zehn Tage lang rund um das Aschura-Fest gedacht. Bei diesem Aschura-Fest kommt die iranische

Die größte und bedeutendste Moschee einer Stadt wurde früher immer Masjed-e Jameh (nach Jameh für „Freitag" für das Freitagsgebet in der Moschee) genannt. Mittlerweile ist die Zahl der Gläubigen aber oft zu groß für die alten Jameh-Moscheen geworden, sodass das Freitagsgebet dort nicht immer abgehalten werden kann.

GLAUBE UND RELIGION IN IRAN DER ISLAM

DIE ZWÖLF IMAME

Innerhalb des Schiismus gibt es zahlreiche Glaubensrichtungen, von denen die Richtung der zwölf Imame die bei Weitem größte ist. Ihr gehört auch die überwiegende Mehrheit der iranischen Schiiten an. Die Anhänger der Zwölfer-Schia glauben, dass nach Mohammeds Tod die rechtmäßige geistige Führerschaft im Islam auf seine zwölf direkten Nachfolger überging. Diese wurden als Imame (Führer oder auch Heilige) bezeichnet und, mit Ausnahme von Ali, dem ersten Imam, von den Kalifen, den weltlichen Herrschern und Nachfolgern des Propheten, nicht anerkannt.

Sehr fromme Schiiten feiern zuweilen die Todestage aller zwölf Imame, doch die meisten beschränken sich auf den Todestag des ersten, Ali, des dritten, Hussein, und des achten, Reza, der übrigens als Einziger dieser Imame in Iran, im prachtvollen Haram-e Razavi in Mashhad, begraben ist.

Fast genauso wichtig ist der zwölfte Imam Mahdi oder Valiasr (Führer unserer Zeit). Er ist der verborgene Imam, der 874 in einer Höhle unter einer Moschee in Samarra verschwunden sein soll. Die meisten Schiiten glauben, dass er immer noch im Verborgenen als ihr göttlicher Führer lebt und irgendwann zurückkehren wird, um mit dem Propheten Jesus den Frieden und die Gerechtigkeit auf der Welt wieder herzustellen.

Nach Meinung der Schiiten können nur die Imame den Koran korrekt auslegen. Die Geistlichen sind ihre Vertreter, bis der verborgene Imam zurückkehrt. So wurde Ajatollah Chomeini nach seinem Tod der Ehrentitel „Imam" verliehen.

Auch noch im modernen Iran spielt das Märtyrertum eine große Rolle. Im Ersten Golfkrieg opferten Tausende von Männer und Jungen buchstäblich ihr Leben (indem sie etwa über Minenfelder liefen) für ihr Land und/oder ihre Religion.

Märtyrerkultur besonders gut zum Ausdruck. Viele Männer geißeln sich mit Ketten und beweinen mit echten Tränen ihren toten Helden.

Mit dem Massaker an Hussein und seinen Anhängern wurde die Spaltung dauerhaft besiegelt. Bis heute ist die Darstellung und Verehrung der Imame (was so viel wie „Führer" oder auch „Heilige" bedeutet) der sichtbarste Aspekt des Schiismus. Selbst Bilder des Imams Hussein sind überall zu sehen.

So erreichte der Schiismus in Iran auch seine größte Ausbreitung. Die Iraner, die nach der Eroberung durch die Araber zum Islam konvertierten, begeisterte vor allem die Idee des Imam als von Gott berufenem Führer, konnten sie doch auf eine lange Reihe von Gott ernannter Monarchen zurückblicken.

Der Sunnismus leitet sich von dem Wort *sunna* für die Gesamtheit der Traditionen, Handlungen und Überlieferungen des Propheten ab, an die sich die Sunniten gebunden fühlen. Der Sunnismus gilt als die orthodoxe Glaubensrichtung des Islam.

Abgesehen von dieser frühen Rivalität um die Nachfolge des Propheten gibt es keinerlei Unterschiede in der Lehre oder im Glauben zwischen Schiiten und Sunniten. Dennoch stehen sie sich bis heute unversöhnlich gegenüber. In den letzten Jahren verschärfte sich der Konflikt sogar noch, als fundamentalistische Sunniten wie der sogenannte Islamische Staat die Schiiten als Abtrünnige attackierten.

Während 90 % der Muslime weltweit Sunniten sind, ist die Mehrheit der Muslime in Irak, Libanon und Iran schiitisch. Daneben gibt es noch schiitische Minderheiten in fast allen arabischen Ländern.

> Im Islam gilt Jesus, genau wie Mohammed, nur als Prophet. Die Vorstellung, er sei Gottes Sohn, wird als Gotteslästerung betrachtet.

Sufismus

Der mystische Aspekt des Islam sprach die Iraner ganz besonders an. Nach Meinung der Sufis (Anhänger des Sufismus) soll Gott als Licht in die Herzen der Gläubigen scheinen. Dafür müssen die Herzen absolut rein sein. So sind diese beiden streng voneinander getrennt: Die Seele des Menschen ist von seinem Schöpfer getrennt und sehnt sich danach, zu ihm „nach Hause" zurückzukehren und sich wieder in ihm zu verlieren. Im Laufe der Zeit sind zahlreiche Sufi-Orden entstanden. Überall in Iran gibt es ihre *khanqahs* (Gebets- und Meditationshäuser), in denen die Menschen beten können. Obwohl der Sufismus weder im Widerspruch zum Schiismus noch zum Sunnismus steht, wird er von den Behörden und religiösen Führern mit Argwohn betrachtet.

Einige der größten Denker, Dichter und Gelehrten Irans waren Sufis, wie Sohrevardi, Ghazali, Rumi, Hafis, Saadi und viele andere.

> Auf www.bahai.org finden sich umfangreiche Infos über die Religion und das Leben der Babi, ihre Bräuche und Traditionen.

Andere Religionen

In ihrer langen Geschichte waren die Iraner immer tolerant gegenüber anderen Religionen (mit Ausnahme des Babismus) und selbst nach dem Übertritt zum Islam tolerierten sie insbesondere die Buchreligionen Christentum und Judentum. Christen, Juden und Zoroastrier sind als religiöse Minderheiten offiziell anerkannt und durch die Verfassung geschützt. Sie sind vom Militärdienst befreit und verfügen über eine garantierte Anzahl von Sitzen im Majlis (Parlament). Allerdings werden sie weder gefördert noch unterstützt. Die Konvertierung von Muslimen wird mit dem Tod bestraft.

Babismus

Der Babismus entstand im Iran der 1840er-Jahre als schiitische Reformbewegung. Er beruht auf den Prinzipien der Gleichheit, vor allem der Gleichheit von Mann und Frau, und der Einigkeit aller Menschen. Das gefiel den Herrschenden nicht und so versuchten sie, die Bewegung niederzuschlagen, indem sie 1850 die Anhänger massakrierten und den Begründer Bab in Tabriz hinrichteten.

Heute sind Babi die am stärksten verfolgte religiöse Minderheit in Iran. Sie dürfen ihre Religion nicht in der Öffentlichkeit ausüben und werden in Schule und Beruf stark diskriminiert. Dennoch sind sie mit 300 000 Anhängern die größte religiöse Minderheit im Land. Weltweit gibt es 5 Mio. Babi. Die iranischen Babi leben zumeist in den größeren Städten, doch es gibt auch einige Dörfer, vor allem in den Provinzen Fars und Mazandaran.

Zoroastrismus

Bis zur Einführung des Islam durch die Araber war der Zoroastrismus die Hauptreligion in Iran. Sie geht auf den Propheten Zoroaster (oder Zarathustra) zurück, der vermutlich zwischen 1000 und 1500 v. Chr. in der Nähe des heutigen Orumiyeh-Sees oder auch weiter nördlich in Zentralasien geboren wurde.

Er begründete die erste Religionsgemeinschaft, die an einen einzigen, allmächtigen und unsichtbaren Gott glaubte. Für das höchste Wesen Ahura Mazda gab es kein Symbol und kein Bildnis, doch laut Zarathustra sollten die Gläubigen zu ihm in Form eines Lichts beten. Da das einzige Licht, das die Menschen damals beherrschen konnten, das Feuer war, errichteten sie für ihren Gott Feuertempel (Ateshkadeh-ye), in denen eine ewige Flamme brannte.

Von den Schriften Zarathustras ist kaum etwas erhalten, obwohl die in der Avesta (dem heiligen Buch des Zoroastrismus) niedergelegten Lehren ihm zugeschrieben werden. Im Mittelpunkt dieser Lehren steht der Dualismus: der ewige Kampf zwischen Gut und Böse. Zarathustra glaubte vor allem an die beiden Prinzipien Vohu Mano (Guter Geist) und Ahem Nano (Schlechter Geist), die für Tag und Nacht, Leben und Tod verantwortlich waren. Und die beiden gegensätzlichen „Geister" existierten sowohl im höchsten Wesen Ahura Mazda als auch in allen Lebewesen.

Da die Zoroastrier die Reinheit der vier sogenannten heiligen Elemente Wasser, Erde, Luft und Feuer achteten, weigerten sie sich in der Vergangenheit, ihre Toten zu beerdigen, um die Erde nicht zu verunreinigen. Die Verbrennung lehnten sie ebenfalls ab, da sie die Luft verunreinigen würde. So legten sie ihre Toten in Türmen der Stille ab, wo sie von Geiern bis auf die Knochen abgenagt wurden. Da dies im heutigen Iran nicht mehr zulässig ist, bestatten sie ihre Toten heute in Gräbern, die mit Beton ausgekleidet sind, um die Erde nicht zu verunreinigen.

Viele zoroastrische Tempel sind mit der geflügelten Figur von Fravashi (dem Schutzgeist) geschmückt. Dabei handelt es sich um den Teil des Geistes, der nach dem Tod in Ahura Mazda eingeht. Der Kopf von Fravashi symbolisiert Erfahrung und Wissen, die rechte Hand zeigt nach oben in Richtung Gott, die linke Hand steht für die Einheit und der größere Ring in der Mitte symbolisiert die Ewigkeit und die Handlungen einer Person. Die drei Lagen Federn stehen für die Reinheit der Gedanken, Worte und Taten, während die Schwanzfedern die bösen Gedanken, Taten und Worte darstellen. Eines der beiden Bänder steht für das Gute, das andere für das Schlechte und die Dunkelheit.

Von den gut 150 000 Zoroastriern weltweit leben 20 000 in Iran, davon 10 000 in Teheran und 4000 in Yazd. Zoroastrische Frauen sind gut an ihren gemusterten Kopftüchern und reich bestickten Gewändern zu erkennen, die meistens in den Farben Weiß, Beige und Rot gehalten sind. Sie tragen keinen Tschador, aber das gesetzlich vorgeschriebene islamische Kopftuch.

Viele Traditionen und Feste im heutigen Iran gehen auf die Zeit Zarathustras zurück, darunter Nouruz (das iranische Neujahr), Chaharshanbe-suri am Mittwoch vor Nouruz und Shab-e yalda zur Feier der Wintersonnenwende.

Die Geburt des Monotheismus im alten Iran. Ahura Mazda und sein Prophet Zarathustra (2015) von Harald Strohm geht weit in die Religionsgeschichte zurück und gibt damit gleichzeitig Einblick in Glaubenskonflikte von heute.

Christentum

Die christliche Gemeinde Irans besteht hauptsächlich aus Armeniern, die einst in Jolfa im Norden Irans siedelten und unter den Safawiden nach Neu-Jolfa in Isfahan umgesiedelt wurden. Einige leben auch in der Gegend von Orumiyeh. Zu den 250 000 Christen, die heute in Iran leben, gehören Katholiken, Adventisten, Protestanten, chaldäische Katholiken und rund 20 000 assyrische Christen. Solange kein Muslim es sieht (geschweige denn sich aktiv beteiligt), dürfen Christen Alkohol trinken und Männer und Frauen zusammen feiern und tanzen.

Rund 10 000 Aramäisch sprechende Mandäer leben noch rund um das Schatt-al-Arab in Khuzestan. Der Mandäismus ist eine gnostische Religion, die angeblich auf Johannes den Täufer zurückgeht.

Judentum

Juden lebten schon um das 8. Jh. v. Chr. in Iran, also lange bevor Kyros der Große die in Babylon versklavten Juden befreite. Heute leben etwa 25 000 Juden in Iran, vor allem in Teheran, Isfahan und Shiraz. Als sich ihre Lage nach der Revolution verschlechterte, flohen 50 000 Juden aus dem Land und wanderten zumeist in die USA aus. 2007 bot Israel jeder iranischen Familie, die nach Israel auswandern wollte, bis zu 60 000 US$. Doch die Gesellschaft der iranischen Juden lehnte das Angebot ab und erklärte, die Identität der iranischen Juden könne für kein Geld der Welt gekauft werden.

Architektur

Neben vielem anderen ist die Architektur einer der größten kulturellen Beiträge Persiens zur Geschichte der Menschheit. Es scheint, als ob es in jeder Stadt und jedem Dorf mindestens ein historisches Gebäude oder Monument gibt, das auf ein Volk oder eine Dynastie verweist, die dieses Land im Laufe der letzten 3000 Jahre beherrscht hat. Die meisten der vielen großartigen Gebäude dienten religiösen Zwecken, sei es zu Ehren Zarathustras oder (ab 637) für den Islam. Deshalb wird ein Großteil der persischen Architektur heute auch als islamische Architektur bezeichnet.

Die persische Architektur im Überblick

Die persische Architektur zeichnet sich vor allem durch ihre grandiose Einfachheit gepaart mit prachtvollen Ornamenten und kräftigen Farben aus. Im Grundriss der meisten persischen Bauten sind nur wenige Standardelemente enthalten: ein Innenhof mit Arkaden, luftige Säulenhallen am Eingang und vier Iwane (sich zum Innenhof öffnende Gewölbehallen).

Die typisch persischen Moscheen haben eine Kuppel über dem Iwan am Eingang und auch einen großen Innenhof mit Arkaden. Diese Säulengänge führen zu den vier inneren Iwanen. In einer dieser Hallen befindet sich eine reich verzierte Nische, die in Richtung Mekka ausgerichtet ist. Diese Nische wird in der gesamten islamischen Welt als Mihrab bezeichnet. In Iran bezieht sich dieser Begriff aber auch auf den klar abgegrenzten Bereich davor. Fachleute vermuten, dass die vier Iwane auf die zoroastrische Vorstellung der vier Elemente und den Kreis des Lebens zurückgehen.

WELTERBESTÄTTEN

Von den insgesamt 21 Unesco-Welterbestätten in Iran sind die meisten architektonisch bedeutsame Gebäude, die hier nach dem Datum ihrer Entstehung aufgelistet sind. Ausführliche Infos und die Liste aller Welterbestätten in Iran gibt's auf http://whc.unesco.org.

➡ Choqa Zanbil (S. 149), 13. Jh. v. Chr.

➡ Pasargadae (S. 222), 6. Jh. v. Chr.

➡ Susa (S. 147), 5. Jh. v. Chr.

➡ Persepolis (S. 218), 5. Jh. v. Chr.

➡ Historisches Bewässerungssystem von Shushtar (S. 150), überwiegend 3. Jh. v. Chr.

➡ Armenische Klöster (S. 89) 7.–14. Jh.

➡ Masjed-e Jameh (S. 170), Isfahan, ab 9. Jh.

➡ Takht-e Soleiman (S. 107), überwiegend 13. Jh.

➡ Oljeitu-Mausoleum (S. 107), Soltaniyeh, 14. Jh.

➡ Sheikh-Safi-ad-Din-Mausoleum (S. 101), Ardabil, 16.–18. Jh.

➡ Naqsh-e-Jahan-Platz (S. 167), Isfahan, 17. Jh.

➡ Basar von Tabriz (S. 88), überwiegend 18. Jh.

➡ Golestan-Palast (S. 37), Teheran, 18. Jh.

Diese sehr einfache Grundstruktur ist oft so üppig ausgeschmückt, dass die Architektur viel komplizierter erscheint, als sie wirklich ist. Die Verzierungen bestehen in der Regel aus geometrischen Formen, Blumen und Pflanzen sowie Kalligraphie. Manchmal ist auch eine ganze Wand nur mit Mosaiken verziert, die in kunstvoll verschnörkelten Schriften die Namen von Allah, Mohammed und Ali endlos oft wiederholen.

Fliesen

Die gefliesten Kuppeln der iranischen Moscheen erinnern mit ihren lebhaften Farben ein wenig an Fabergé-Eier – und sie bleiben Besuchern in jedem Fall in dauerhafter Erinnerung.

Die Kunst der persischen Fliesenproduktion war schon im Reich Elam bekannt und erreichte ihren Höhepunkt unter den Safawiden (1502–1736). Zu dieser Zeit wurden die Fliesen in zwei Hauptsorten hergestellt: Die schönsten und besten waren die *moarraq kashi* (Mosaiken), bei denen die Motive aus winzigen Stückchen zusammengesetzt wurden. Weniger kunstvoll, aber weiter verbreitet waren die *haft rangi* (mit sieben Farben). Diese quadratischen Fliesen waren bemalt und wurden erstmals Anfang des 17. Jhs. verwendet.

In den Gebäuden der Kadscharen waren die Fliesen weniger farbenfroh, dafür zahlreicher vorhanden. Zu den herausragenden Beispielen gehören der Golestan-Palast (S. 37) in Teheran und die Wände des wunderbaren Takieh Mo'aven ol-Molk (S. 134) in Kermanshah.

Kuppeln & Minarette

Zu den größten Errungenschaften der persischen Architektur gehört die Entwicklung der Kuppel. Die Sassaniden (224–642) fanden als Erste eine Möglichkeit, einen quadratischen Raum mit einer Kuppel zu überwölben. Dafür zogen sie zwei Zwischenebenen oder Stützbogen ein, von denen die untere Ebene achteckig war und die obere 16 Seiten hatte, auf die die Kuppel gesetzt wurde. In der Folge wurden die Kuppeln immer kunstvoller: Sie bestanden dann aus einer halbkreisförmigen Innenkuppel, über die eine konische Außenkuppel oder sogar eine Zwiebelhaube gestülpt wurde. Die Kuppeln wurden außen meist mit Fliesen besetzt, die in so kunstvollen Mustern verlegt wurden, dass sie zuerst auf dem Boden ausgelegt werden mussten.

Ein Minarett war ursprünglich ein rein funktionaler Turm, von dem der Muezzin die Gläubigen zum Gebet rief. Erst unter den Seldschuken (1051–1220) wurden die Minarette zu sehr hohen, spitz zulaufenden Türmen, die immer mehr dekorativen als praktischen Zwecken dienten. Um zu verhindern, dass man vom Minarett in die Häuser der Umgebung blicken konnte, erhielten die schiitischen Moscheen einen haubenähnlichen Aufbau (azan), in dem der Muezzin während des Gebetsrufs stehen konnte, wobei heutzutage der Gebetsruf meist vom Band kommt. In den meisten Minaretten brennt in der obersten Galerie auch ein grünes Licht (grün ist die Farbe des Islam). Dieses Licht und natürlich die hohen Minarette sollten den Menschen den Weg zur Moschee weisen.

Vorislamische Architektur

Das einzige erhaltene Bauwerk aus der Zeit vor dem 7. Jh. v. Chr. ist die bemerkenswerte Zikkurat (Stufenpyramide) der Elamiten in Choqa Zanbil (S. 149). Für die Perser der vorislamischen Zeit hatten Berge höchste religiöse Symbolkraft, die sie mit den für sie typischen Stufenpyramiden imitierten. Waren die frühesten Lehmziegel noch in der Sonne getrocknet worden, wurden für die Zikkurat in Choqa Zanbil im 13. Jh. bereits gebrannte Ziegel verwendet, die noch heute so aussehen, als ob sie gerade aus dem Ofen kämen.

Der große Einfluss der persischen Architektur in der Islamischen Welt ist besonders gut in Zentralasien, Afghanistan, Pakistan und Indien zu erkennen. Das vermutlich berühmteste Bauwerk persischen Ursprungs ist der Taj Mahal in Indien, entworfen von dem safawidischen Architekten Ustad Ahmad Lahuri.

Viele Moscheen stehen an Stellen, wo sich einst die Feuertempel der Zoroastrier befanden. Mit dem Vordringen des Islam änderte sich nicht nur die religiöse Ausrichtung, sondern auch die Nutzung und Ausschmückung der vorhandenen Gebetsstätten.

Zu den Überresten des Achämenidischen Reiches (550–330 v. Chr.) gehören der wunderbare Palast und Tempel sowie die Königsgräber in Pasargadae (S. 222), Naqsh-e Rostam (S. 222), Susa (S. 147) und natürlich das beeindruckende Persepolis (S. 218). All diese Gebäude sind mit herrlichen Steinreliefs verziert, auf denen Könige, Soldaten, Bittsteller, Tiere und die geflügelte Figur Faravahar als Symbol der zoroastrischen Gottheit Ahura Mazda dargestellt sind.

In der Regel verwendeten die Achämeniden sonnengetrocknete Ziegel und Steine für ihre Bauten. Sie erinnern in Form und Ausschmückung stark an die antiken Zikkurate, enthalten aber auch ägyptische und griechische Einflüsse. Ihre riesigen Hallen wurden von Säulen aus Stein und Holz gestützt, die Kapitelle wiesen die für Persien typischen Stierköpfe auf.

Mit Alexander dem Großen hielt ab 331 v. Chr. die griechische und mazedonische Architektur in Persien Einzug. Die Ruine des Anahita-Tempels in Kangavar mit seinen griechischen Kapitellen ist wohl das am besten erhaltene Beispiel für diese Architektur. Die Parther (247 v. Chr.–224 n. Chr.) führten zwar einige der für die persische Architektur typischen Elemente wie den Iwan ein, doch ist aus dieser Zeit kaum etwas erhalten.

Unter den Sassaniden (224–642) wurden die Gebäude größer, massiver und komplexer, obwohl immer weniger mit Stein gebaut wurde. Ein grandioses Beispiel für diese Architektur ist der Ardashir-Palast in Firuzabad (S. 223). Die Bauweise mit den vier Iwanen und quadratischen Räumen mit Kuppeln wurde allgemein üblich, wobei nun die typisch persischen Kuppeln erstmals gebaut wurden. Außerdem bauten die Sassaniden Feuertempel, deren einfacher Grundriss in der gesamten vorislamischen Zeit beibehalten und sogar für den Bau von Kirchen verwendet wurde.

Frühislamische Architektur in Persien

Die arabischen Eroberer verdrängten und ersetzten die hochentwickelte Architektur der Sassaniden nicht, sondern fügten die islamischen Elemente hinzu, die die persische Kunst und Architektur nachhaltig prägen sollten. Dabei begründeten die Araber (642–1051) nicht nur die Form und grundlegende Architektur religiöser Gebäude, sondern bestimmten auch die Art der Ausschmückung: Da Bildnisse und Darstellungen von Menschen nicht erlaubt waren, gab es keine offiziellen Grabstätten und Monumente mehr. Anstelle von Palästen als Symbol der Königswürde wurden Moscheen im Zentrum des täglichen Lebens errichtet.

Aus der Verbindung von sassanidischen und arabischen Elementen entstand der typisch persische Stil der islamischen Architektur. Ab Mitte des 9. Jhs. erfolgte dann unter einer Reihe aufgeklärter Herrscher die Rückbesinnung auf den persischen Nationalismus und seine Werte. Für die Architektur bedeutete dies hohe Spitzbögen, Stalaktiten (stufenförmige Friese in Nischen und Vertiefungen) und die Betonung von Ausgewogenheit und Proportion. Die Kalligraphie wurde zur wichtigsten Form der Verzierung. Ein gutes Beispiel für all dies ist die Masjed-e Jameh in Nain (S. 188).

Außerdem entstanden in dieser Zeit auch viele bemerkenswerte Türme, die eher weltlichen als religiösen Zwecken dienten. Die zumeist runden Türme bestanden aus Lehmziegeln und waren anfangs nur mit einem einfachen Ring aus Kalligraphie verziert, bevor sie in kunstvollem Korbmuster gebaut wurden, mit dem auch das grelle Sonnenlicht abgehalten werden sollte. Heute geht man im Allgemeinen davon aus, dass sie als Gräber dienten, doch einige, wie der Radkan-Turm (S. 283), hatten auch die Funktion erster Sternwarten.

In Wüstenstädten wie Yazd und Isfahan sind die Minarette besonders hoch, da sie gleichzeitig als Orientierung für die Karawanen dienten. Da sie in den Städten im Gebirge und in Hügellandschaften wie Shiraz diese Funktion nicht erfüllen konnten, sind die Minarette dort zumeist niedriger.

Seldschuken, Mongolen & Timuriden

Viele Herrscher der Seldschuken (1051–1220) waren große Förderer der Kunst. Zu den architektonischen Entwicklungen dieser Zeit gehören die Doppelkuppel, die Ausweitung der Gewölbedecken, die Verbesserung der Stützbogen für Kuppeln und die bessere Glasur von Fliesen. Auf der Grundlage streng mathematischer Prinzipien wurde erstmals versucht, die Einheit von Struktur und Ausschmückung zu erreichen. Oberflächen aus Lehmziegel wurden zunehmend mit Stuck in Form von Arabesken und persischer Kalligraphie ausgeschmückt.

Die Mongolenzeit (1220–1335) gilt zwar oft als dunkles Kapitel der iranischen Geschichte, trug jedoch maßgeblich zur Weiterentwicklung der persischen Architektur bei. Die Eroberung durch Dschingis Khans wilde Horde sorgte zunächst nur für Zerstörung. Architekten und Baumeister flohen aus dem Land. Später wurden auch die Mongolen zu großen Förderern der Kunst. Die mongolische Architektur, die in erster Linie den Betrachter überwältigen sollte, war geprägt von meterhohen Eingangsportalen, riesigen Kuppeln und immens weiten Gewölben. Die Fliesenherstellung wurde ebenso weiterentwickelt wie die Kalligraphie, die nun oft aus den strengen, eckigen kufischen Buchstaben aus Arabien bestand. Außerdem wurden die Innenseiten der Kuppeln stärker verziert.

Unter den Timuriden (1380–1502) wurde der seldschukische und mongolische Stil verfeinert. Ihre Architektur zeichnet sich durch ein Übermaß an Farbe und die große Harmonie zwischen Struktur und Verzierung aus. Selbst in riesigen Gebäudekolossen findet man keine eintönigen, leeren Oberflächen, sondern überall lichtdurchlässige Fliesenverkleidungen. Innenhöfe mit Arkaden, offene Galerien und ineinander verschachtelte Bögen sind die Kennzeichen dieser Architektur.

Der Safawiden-Schah Abbas der Große ließ 999 Karawansereien errichten, von denen nur zwei rund angelegt waren – sie liegen in der Nähe von Isfahan und bei Zein-o-din, südlich von Yazd. Letztere wurde umfangreich restauriert und ist jetzt ein wunderbares Hotel.

Safawiden

Unter einer Reihe aufgeklärter und kultivierter Herrscher, wie vor allem Schah Abbas I., erfolgte die weitere Verfeinerung der Architektur, die schließlich in der persisch-islamischen Schule gipfelte. Herausragendes Beispiel ist die perfekt geplante, königliche Hauptstadt Isfahan mit den wunderbarsten Gebäuden, die eine Dynastie je hervorbrachte, wie etwa dem riesigen und einzigartigen Naqsh-e-Jahan-Platz (S. 167).

Weitere hervorragende Beispiele der safawidischen Architektur sind in Qazvin (S. 118) zu finden. Auch der Haram-e Razavi (S. 272) in Mashhad erhielt unter den Safawiden seine bis heute erhaltene prachtvolle Ausstattung.

Kadscharen

Unter den Kadscharen (1795–1925) erfolgte der traurige Übergang vom goldenen Zeitalter der persisch-safawidischen Architektur zur allmählichen Übernahme westlicher Eintönigkeit in der Mitte des 19. Jhs. Im heute als weitgehend geschmacklos, oberflächlich und langweilig betrachteten Stil der Kadscharen entstanden immerhin auch einige schöne, schillernde Gebäude wie der Golestan-Palast (S. 37) in Teheran und die stattlichen Villen und Paläste in Kashan (S. 158).

Persische Gärten

Perser, so heißt es, werden mit einem grünen Daumen geboren. Gärten sind Teil der Volksseele und der Gartenbau liegt ihnen im Blut. Blumen, vor allem Rosen, werden von Dichtern besungen, in bedeutungsvolle Teppichmuster gewebt, sind auf den Fliesen der Moscheen abgebildet und schmücken iranische Speisen. Öffentliche und Palastgärten sind traditionell eher streng angelegt und weisen viele gerade Linien auf, rein dekorative Teiche und strikte Symmetrie, doch selbst das bescheidenste Wohnhaus hat im Innenhof einen bezaubernden, herrlich duftenden Blu-

KARAWANSEREIEN, EISHÄUSER UND WINDTÜRME

Entlang der großen Handelsstraßen von Ost nach West wurden überall Karawansereien zur Versorgung der Reisenden gebaut. Sie bestanden häufig aus mehreren Räumen, die rund um einen Innenhof angeordnet waren. Die ersten Karawansereien wurden schon zu Zeiten der Seldschuken errichtet, doch viele der heute noch erhaltenen gehörten zu dem Netz von 999 Karawansereien, die Schah Abbas I. errichten ließ. Diese Herbergen wurden entweder direkt an den Handelswegen in regelmäßigen Abständen von rund 30 km (Tagesritt mit dem Kamel) gebaut oder aber neben dem Basar in größeren und großen Städten. Solche Karawansereien sind noch gut in Isfahan und Kerman zu sehen.

In den heißen Wüsten des Südens sind noch die Überreste von Eishäusern (*yakh-dans*) aus Lehmziegeln zu sehen, die zur Aufbewahrung von Eis im Sommer dienten. Dafür ließ man das Wasser im Winter draußen anfrieren, schabte das Eis dann ab und brachte es in ein Nebengebäude, das zumeist die Form einer gestuften Kuppel hatte. Das *yakh-dan* von Meybod bei Yazd sieht von außen wie eine runde Stufenpyramide und von innen wie eine Eierschale aus.

Yazd ist auch bekannt für seine Windtürme *(badgirs)*. In den merkwürdig aussehenden, runden Türmen von Isfahan wurden Tauben gehalten. Den Kot der Tauben verwendete man als Dünger, die Tauben selbst wurden gern verspeist.

mengarten, der sich ständig verändert. Im Winter sind die Bäume im Zentraliran voller Orangen, im Frühjahr blühen und duften Narzissen und Rosen, im Sommer spenden die meterhohen Zypressen angenehmen Schatten.

2011 nahm die Unesco neun iranische Gärten in ihre Weltkulturerbe-Liste auf, weil dies die aktuell besten Beispiele für den klassischen persischen Garten sind. Diese Gärten, die traditionell das Paradies symbolisieren, sind nach den zoroastrischen Elementen Feuer, Wasser, Erde und Luft in vier Bereiche unterteilt.

Die Weltkulturerbe-Gärten stammen aus unterschiedlichen Epochen seit dem 6. Jh. Fünf der Gärten befinden sich in Zentraliran und sind gut zu erreichen: Bagh-e Fin (S. 160) in Kashan, Bagh-e Chehel Sotun (S. 174) in Isfahan, Bagh-e Dolat Abad (S. 195) in Yazd, Bagh-e Eram (S. 212) in Shiraz und der antike Dareios' Garten von Pasargadae (S. 222) bei Persepolis.

Architekturführer Iran (2016) von Thomas Meyer-Wieser ist ein phantastischer Führer zu rund 300 Bauten in Teheran, Isfahan und Shiraz.

Geniale Qanats

Erstaunlich vielfältig ist das Leben in der unwirtlichen Wüste: Es gibt Städte und Dörfer mit Obstbäumen und Villen mit wunderbaren Gärten. Dies ist nur möglich dank eines genialen Wunderwerks der Technik. Schon vor mindestens 2000 Jahren gruben die Iraner *qanats* (unterirdische Wasserkanäle), um ihre Felder zu bewässern und die Menschen mit Trinkwasser zu versorgen.

Dafür muss zuerst eine unterirdische Wasserquelle gefunden werden. Diese kann gut 100 m tief sein, muss aber höher liegen als der zu bewässernde Bereich, da das System mit Schwerkraft funktioniert. Deshalb muss der Tunnel so breit und lang gegraben werden, dass das Wasser auch mit wenig Gefälle darin fließen kann. So markieren die Erdhügel, die in langen Reihen in der Wüste angehäuft wurden, die Schächte der Brunnen, die zum Abtransport der Erde und zur Belüftung gegraben wurden.

Der Bau der *qanats* ist mit Risiken und großem Aufwand verbunden, daher wird ihre Nutzung und Unterhaltung mit umfangreichen Gesetzen peinlich genau geregelt. In Iran soll es mehr als 50 000 dieser Kanäle geben! Auch wenn zunehmend moderne Bewässerungssysteme eingesetzt werden, sind immer noch viele *qanats* und andere traditionelle Systeme im bewährten Einsatz. Hunderte von Städten und Dörfern, darunter Kashan und Mahan, gewährleisten ihre Wasserversorgung über die *qanats*.

Teppiche & Kunsthandwerk

Wer zum ersten Mal ein islamisches Land bereist, wird alle Vorstellungen von Kunst neu definieren müssen. In der islamischen Kunst (die in Iran fast ausschließlich zu finden ist) dominiert die nichtgegenständliche Darstellung, d. h. anstelle von figürlichen Bildnissen und lebensechten Abbildungen gibt es nur Ableitungen und stilisierte Symbole. Das liegt daran, dass der Islam die Darstellung von empfindungsfähigen Lebewesen verbietet. Die geometrischen Formen und sehr beliebten Blumenmuster sind in ihrer Komplexität überaus elegant und prachtvoll.

Teppiche

Perserteppiche sind das bekannteste kulturelle Exportgut Irans, wobei sie für die Iraner selbst weit mehr als nur ein Bodenbelag sind. Ein Teppich ist Ausdruck des Wohlstands und ebenso eine Investition wie ein fester Bestandteil religiöser und kultureller Feste und auch des täglichen Lebens.

Geschichte

Der wohl berühmteste Perserteppich ist der Ardabil-Teppich, ein Zwillingspaar aus riesigen Teppichen (10,7 x 5,34 m groß) mit 30 Mio. Knoten, die im 16. Jh. für das Sheikh-Safi-ad-Din-Mausoleum hergestellt wurden. Sie sind heute im Londoner Victoria & Albert Museum (www.vam.ac.uk) und im Los Angeles County Museum of Art (www.lacma.org) zu bewundern.

Als ältester Teppich der Welt gilt der Pasyryk-Teppich, der vermutlich aus dem 5. Jh. v. Chr. stammt und im tiefgefrorenen Grab eines skythischen Fürsten 1948 in Sibirien entdeckt wurde. Seine genaue Herkunft ist noch unbekannt, doch Wissenschaftler gehen davon aus, dass er im Stil der Teppiche am achämenidischen Hof hergestellt wurde. Heute ist er in der Eremitage in St. Petersburg zu bewundern.

Die ersten Teppichmuster waren zumeist symmetrisch und enthielten viele geometrische und florale Motive, die die Schönheit der klassischen persischen Gärten widerspiegeln sollten. Ebenso waren stilisierte Tierfiguren und auch Abbildungen von Personen (zumeist der königlichen Familie) dargestellt. Diese Motive waren besonders gegen Ende der vorislamischen Zeit sehr beliebt. Nach der Eroberung durch die Araber wurden teilweise Koranverse hinzugefügt. Außerdem wurden nun auch immer mehr der kleinen Gebetsteppiche hergestellt. Gleichzeitig wurde die säkulare Teppichproduktion zu einem wichtigen Wirtschaftsfaktor und die Teppiche an europäischen Höfen immer beliebter. Leider sind aus der Zeit bis zum 16. Jh. kaum Teppiche erhalten.

Als die Teppichherstellung im 16. und 17. Jh. dann vom Königshaus gefördert wurde, genossen beliebte Teppichdesigner und -knüpfer enorme Privilegien. Für die Teppichmuster ließen sie sich von Illustrationen in Büchern inspirieren. Unter Schah Abbas I. (dem Großen, reg. 1587–1629) erreichte die Kunst des Teppichknüpfens ihren Höhepunkt. Mit steigender Nachfrage nach Perserteppichen sanken allerdings die Produktionsstandards und die Muster wurden immer einfallsloser. Dennoch blieben persische Teppiche weltweit führend in Qualität und Design.

Nach Angaben des Nationalen Iranischen Teppichzentrums sind heute mehr als 5 Mio. Iraner in der Teppichindustrie beschäftigt, Teppiche sind das umsatzstärkste nichtfossile Exportgut des Landes. Noch beruht der hohe Wert auf dem guten Ruf des sogenannten Perserteppichs, der jedoch durch die billigen „Perserteppiche" aus Indien und Pakistan stark gefährdet ist. Außerdem sind immer weniger junge Iraner(innen) bereit, die traditionelle Webkunst zu erlernen.

Teppich ist nicht gleich Teppich

Besonders bei der Herstellung unterscheidet man zwischen Teppichen, die aus Abertausenden von Knüpfknoten bestehen, und Kelims, die dünner sind und nicht geknüpft, sondern gewebt werden und so auch keinen Flor haben.

Auch in den Mustern unterscheiden sich die Perserteppiche sehr stark. Religiös inspirierte Muster, wie sie vor allem auf Gebetsteppichen zu finden sind, bestehen zumeist aus einem großen Bogen, der den Hauptbogen der Al-Haram-Moschee in Mekka symbolisiert, und einer Lampe, die auf einen Koranvers (Allah ist das Licht von Himmel und Erde) verweist. Weitere beliebte Motive sind Amulette gegen den bösen Blick und auch vorislamische Motive wie der stilisierte Baum des Lebens. Oft lassen sich die Teppichknüpfer von ihrer Umgebung inspirieren und gestalten dann Bäume, Tiere und Blumen, vor allem Lotos, Rosen und Chrysanthemen. Manchmal wird ein ganzer Garten dargestellt, der dann, z. B. für einen Nomaden, der einzige Garten ist, den er je besitzen wird.

So unterscheidet man, je nach Muster, zwischen „Stammes-" und „Stadtteppichen". Die Stammesteppiche verweisen zumeist auf die Ursprünge und Herkunft des jeweiligen Stammes und haben in der Regel keine sehr kunstvollen Muster. Die Stadtteppiche sind die klassischen Perserteppiche mit ihren kunstvoll üppigen Blumenmustern rund um einzelne Medaillons.

Die meisten Iraner streben danach, einen schönen, echten Stadtteppich aus Tabriz, Isfahan, Kashan, Qom oder Kerman zu besitzen. Wer sich keinen echten, handgeknüpften Stadtteppich leisten kann, wird eher einen maschinell mit künstlich gefärbter Wolle (oder sogar Kunstfasern) hergestellten Stadtteppich kaufen als einen (bäuerlichen) Stammesteppich.

In den Jahren 2006/2007 knüpften rund 1200 Iraner den größten handgeknüpften Teppich der Welt. Er befindet sich im riesigen Gebetsraum der Sheikh-Zayed-bin-Sultan-Al-Nahyan-Moschee in Abu Dhabi. Der Teppich ist 5627 m² groß, wiegt 35 Tonnen und besteht aus 2,268 Mrd. Knoten.

Knüpfen

Die meisten von Hand hergestellten Teppiche werden mit handgesponnener Wolle geknüpft. Diese Fäden werden in ein Gitter aus vertikalen und horizontalen Fäden, die zumeist aus Baumwolle bestehen, eingeknüpft. Am besten ist Schafwolle, doch es wird auch Ziegen- und Kamelhaar verarbeitet. Bei Stammesteppichen und Kelims bestehen auch die senkrechten Gitterfäden und die Umrandungen oft aus Ziegen- oder Kamelhaar, damit sie stabiler werden. Reine Seidenteppiche sind zwar wunderschön, aber nur als Dekoration geeignet. Dagegen sind Teppiche aus einer Wolle-Seide-Mischung ebenso praktisch wie schön. Iranische Teppiche werden meistens, wenn auch nicht ausschließlich, von Frauen geknüpft.

Farben

Die Wolle wird auch heute noch oft in großen Kesseln in den kleinen, uralten Gebäuden der Altstädte gefärbt. Besonders in Kashan können die Färber bei ihrer Arbeit beobachtet werden. Die Farben wurden im Laufe der Jahrhunderte nach und nach entwickelt und perfektioniert. Sie werden aus natürlichen, in der Region vorhandenen Stoffen extrahiert, wie Pflanzen (Kräuter, Gemüse- und Obstschalen), Insekten und Schalentieren.

Als 1859 chemische Farbstoffe wie Anilin und Chrom auf den Markt kamen, ersetzten sie bald die natürlichen Farben, da sie preiswerter

Unter den Safawiden wurden spezielle Schafe für die feine Teppichwolle gezüchtet und Gemüse nach wissenschaftlichen Kriterien angebaut, um genau die richtigen Farbschattierungen für die Teppiche zu erhalten.

und einfacher in der Anwendung waren. Doch die traditionellen Farben wurden nicht ganz aufgegeben und bis heute verwenden einige Teppichknüpfer, vor allem in der Region Chahar Mahal va Bakhtyari westlich von Isfahan, fast ausschließlich natürliche Farbstoffe. Auch mehrere große und kleine Hersteller von iranischen Teppichen verwenden heute wieder bewusst natürliche Farbstoffe.

Webstühle

Die Nomaden knüpften ihre Teppiche früher auf einfachen Webrahmen, die leicht und gut zu transportieren waren. Die Muster knüpften sie entweder aus dem Gedächtnis ein oder ließen sie während der Arbeit entstehen. Diese Teppiche waren eher klein, da sie ja ständig transportiert werden mussten, und vor allem für den eigenen Gebrauch bestimmt, wurden gelegentlich aber auch verkauft. In den Dörfern, Wohnhäusern und kleinen Werkstätten stehen heute zumeist einfache Handwebstühle, was die Gestaltung der Muster wesentlich einfacher macht und mehr Möglichkeiten bietet.

Nur in den größeren Werkstätten auf dem Land und in den Fabriken der Städte werden seit etwa 150 Jahren große, moderne Webstühle benutzt. Diese werden nur noch teilweise von Hand bedient. Die meisten arbeiten vollautomatisch und produzieren Teppiche, die nur halb so viel kosten wie die von Hand geknüpften.

Knüpftechnik

Bei der Knüpftechnik wird manchmal zwischen „persischen" *(senneh)* Knoten (oder *farsi-baf* in Farsi) und „türkischen" *(ghiordes)* Knoten (oder *turki-baf*) unterschieden. Trotz der unterschiedlichen Bezeichnungen wird in Iran nach beiden Techniken gearbeitet. Die türkischen Knoten werden vor allem in den Provinzen mit aserbaidschanischer Bevölkerung und im westlichen Iran geknüpft.

WO MAN SEINEN PERSERTEPPICH KAUFT

Perserteppiche gibt es in so vielen Arten wie es ethnische Gruppen und große Teppichzentren in Iran gibt. Die genaue Bezeichnung bezieht sich zumeist auf den Ort, wo er hergestellt wurde oder woher er ursprünglich kommt. Am besten kauft man einen Teppich auf dem Basar und durchläuft das ganze Prozedere des Auswählens, Feilschens und Kaufens, das zu den Höhepunkten einer Iran-Reise gehört.

Teheran (S. 67) Mit mehr als 3000 Teppichhändlern bietet der labyrinthartige Basar der Hauptstadt die größte Auswahl und dank der großen Konkurrenz auch die günstigsten Preise.

Isfahan (S. 182) Viele Touristen kaufen hier einen Teppich, weil das Bummeln rund um den Naqsh-e-Jahan-Platz einfach Spaß macht. Dafür ist es hier etwas teurer. Natürlich gibt es eine große Auswahl an Teppichen aus Isfahan, aber auch die größte Auswahl an Bakhtiyar-Teppichen aus dem nahen Zagros-Gebirge.

Shiraz (S. 216) Auch hier lässt es sich schön bummeln und einkaufen. Im Basar ist es abends besonders stimmungsvoll. In Shiraz gibt es die beste Auswahl an Qashqai-Teppichen, Läufern, Kelims und Satteltaschen, alle mit geometrischen Mustern und stilisierten Tieren, Vögeln und Blumen an den Rändern, sowie schöne Gabbeh-Teppiche (kleine, dicke, flach geknüpfte Teppiche mit lockerem Flor).

Tabriz (S. 88) Hier reicht die riesige Auswahl von feinen Seidenteppichen und Teppichen mit Seideneinlagen bis hin zu ganz einfachen Teppichen aus den Dörfern oder von den Stämmen der Umgebung.

Als Faustregel für die Qualität eines Teppichs gilt in etwa: Ein gewöhnlicher Teppich der unteren Preisklasse hat bis zu 30 Knoten/m^2, ein Teppich mittlerer Qualität hat 30–50 Knoten/m^2 und ein wertvoller, teurer Teppich kann bis zu 500 Knoten/m^2 oder mehr haben. Je dichter der Teppich geknüpft ist, desto besser die Qualität. Die von Hand knüpfenden Nomaden schaffen etwa 8000 Knoten am Tag, in den Fabriken werden etwa 12 000 Knoten täglich erreicht.

Einen Teppich kaufen

Mehr als 2500 Jahre lang konnten die Iraner die Kunst der Teppichherstellung perfektionieren. Ebenso lange übten sie sich in der Kunst des Teppichverkaufs. Wer absolut nichts von Teppichen versteht, sollte sich vorher entweder gründlich einlesen oder einen guten iranischen Freund zum Teppichkauf mitnehmen. (Aber Vorsicht vor den vielen „falschen" Freunden, die davon leben, dass sie Fremde gegen Provision beim Teppichkauf „beraten".)

Wer sich auskennt, kann durchaus ein Schnäppchen machen. Alle anderen sollten die Finger davon lassen oder einen Teppich nur kaufen, weil er ihnen gefällt, keinesfalls aber als Geldanlage! Vor dem Kauf sollte man auch unbedingt den ganzen Teppich flach ausbreiten, um eventuelle Wellen und Unregelmäßigkeiten zu entdecken. Kleinere Wellen werden sich mit der Zeit geben, größere sicherlich nicht. Ob ein Teppich wirklich handgeknüpft ist, lässt sich auf der Rückseite feststellen: Je besser das Muster dort zu erkennen ist, desto sicherer wurde er von Hand geknüpft. (Und je besser das Muster zu erkennen ist, desto besser ist die Qualität.)

Transport nach Hause

Da sich die iranischen Ausfuhrbestimmungen für Teppiche ständig ändern, sollte man sich bei einem anerkannten Händler nach dem aktuellen Stand erkundigen. Zur Zeit der Recherche durften unbegrenzt viele Teppiche ausgeführt werden. Es kann jedoch sein, dass für die Ausfuhr von größeren, älteren und wertvolleren Teppichen eine Genehmigung erforderlich ist.

Aufgrund der Sanktionen gegen Iran kann es auch Schwierigkeiten bei der Einfuhr ins Heimatland geben. Die Teppichverkäufer wissen das und bieten ihren Kunden deshalb an, die Rechnung auf weniger als den tatsächlich gezahlten Betrag auszustellen oder vorzugeben, der Teppich sei in Dubai gekauft worden.

Den Teppich selbst mitzunehmen ist in der Regel günstiger als ihn per Luftfracht zu verschicken, denn so ist es leichter, ihn zu Hause durch den Zoll zu bekommen. Ist dies nicht möglich, organisieren die meisten Verkäufer den Versand, was nicht allzu viel kostet. Dürfen persische Teppiche (oft bis zu insgesamt 25 m^2) für den Eigenbedarf ins Heimatland eingeführt werden, fallen eventuell noch Zollgebühren an.

Das Teppichmuseum in Teheran verfügt über eine unglaubliche Sammlung an wertvollsten Teppichen aus dem ganzen Land, die man in Ruhe und ohne den Verkaufsdruck im Basar bewundern kann.

Malerei

In der Malerei entwickelte sich ein typisch persischer Stil erstmals unter den Seldschuken (1051–1220), der zumeist als die Schule von Bagdad bezeichnet wird. Ursprünglich diente die Malerei nur zur Illustration des Korans und zur Verzierung von Keramik.

Im 16. Jh. entstand unter Sultan Mohammed eine wichtige persische Kunstrichtung in Tabriz, die auch die Gestaltung von Teppichmustern beeinflusste. Ihre Blütezeit hatte die persische Malerei unter den Safawiden, als Schah Abbas I. Isfahan zu einem Zentrum der Künste machte. Mit dem Ende der Safawiden verloren die Künstler ihre Mäzene und

KALLIGRAFIE

Mit dem Islam kam auch die Kalligrafie nach Iran, wo sich bald eine typisch persische Kalligrafie entwickelte. Einige dieser Kalligrafien wie *nashki* und später *thulth* sind so kunstvoll, dass sie kaum noch lesbar sind. Es wurde zwar schon der gesamte Koran Wort für Wort in „Schönschrift" abgeschrieben, aber zumeist sind die Fliesen und Stuckfriese in den Moscheen des Landes nur mit einzelnen Versen und vor allem den Namen von Allah und Mohammed verziert.

Bis ins 16. Jh. wurden in Shiraz und Isfahan die schönsten Kalligrafien der islamischen Welt hergestellt. Einige herausragende Beispiele sind im Reza Abbasi Museum in Teheran (S. 47) zu bewundern, das nach dem berühmten Kalligrafen und Maler des 16. Jhs. benannt ist.

ließen sich immer stärker von Indien und Europa beeinflussen. Da die persischen Künstler ihre Werke nur selten signierten, ist auch kaum etwas über sie bekannt.

Miniaturmalerei

Einer der beliebtesten Vertreter der modernen iranischen Kunst ist Sayyed Ali Akhbar Sanati. Seine Skulpturen und Gemälde sind im Sanati Museum of Contemporary Art in Kerman zu sehen.

Die persische Miniaturmalerei *minyaturha* geht auf die Zeit der Eroberung durch die Mongolen zurück, die diese Kunst vom Kaiserhof in China mitbrachten. Ihre Blütezeit erlebte sie im 15. und 16. Jh. Später geriet die Miniaturmalerei unter den Einfluss von Künstlern aus Ostiran, die ihre Kunst beim großen Mohammadi in Herat (heutiges Afghanistan) gelernt hatten.

Heute ist Persien weltweit für seine Miniaturmalereien bekannt. Zu den beliebtesten Themen gehören Liebespaare in traditioneller Kleidung (zumeist Figuren aus populären Gedichten und Epen), Polospiele und Jagdszenen. Die besten Miniaturmalereien findet man in Isfahan, wo auch die meisten Werke hergestellt werden.

Zeitgenössische Kunst

Die sehr aktive moderne Kunstszene Irans hat ihren Schwerpunkt in Teheran, wo eine kleine, aber feine Gruppe von Künstlern tätig ist und ihre Werke in den verschiedensten Medien präsentiert. Diese Werke finden nicht immer den Beifall der Regierung und der Geistlichkeit, sodass viele Künstler, darunter auch der Teheraner Khosrow Hassanzadeh, im Ausland wesentlich bekannter und anerkannter sind als in Iran.

Der Fotorealist Afshin Pirhashemi bringt in seinen Gemälden oft die Widersprüche des modernen Iran und insbesondere die Stellung der Frau in der Gesellschaft gnadenlos ans Licht. Die Werke von Farhad Moshiri sind eine verrückte Mischung aus Pop Art, Werbung, Ikonenmalerei und antiker Urnenbemalung.

Tehran Studio Works: The Art of Khosrow Hassanzadeh (2007) widmet sich einigen der besten Werke des Teheraner Malers, die in den Galerien der ganzen Welt zu sehen sind.

Eine der wenigen zeitgenössischen Malerinnen Irans ist Golnaz Fathi, die auch eine anerkannte Kalligrafin ist und Performance-Installationen erarbeitet. Monir Shahroudy Farmanfarmaian ist die große alte Dame der Kunstszene, deren Stil die Entwicklung Irans im 20. Jh. widerspiegelt: Einerseits arbeitet sie mit sehr traditionellen Formen wie geometrischen Mustern und Glasmosaiken, andererseits lässt sie sich vom westlichen Expressionismus ebenso inspirieren wie von den Vorstellungen der Sufi. Sie ging 1979 ins Exil in die USA, kehrte aber 2004 nach Iran zurück.

Die eingeschränkten Mittel, die iranischen Künstlern zur Verfügung stehen (es gibt kaum professionelle Galerien oder Institutionen, die die Künstler unterstützen könnten), scheinen erst recht eine ganz besondere Ästhetik zu ergeben. So lässt sich die zeitgenössische iranische Kunst nur schwer bis gar nicht mit westlichen Begriffen beschreiben.

Kunstgewerbe

Glaswaren

In Choqa Zanbil wurden kleine, durchsichtige Glasgefäße aus dem 2. Jahrtausend v. Chr. gefunden. Zur Zeit der Sassaniden galten persische *shisheh alat* (Glaswaren) als begehrte Luxusgüter, die bis nach Japan verkauft wurden. In frühislamischer Zeit wurden diese Glaswaren auf zweierlei Art hergestellt: Dickwandige Glaswaren wurden in Formen gegossen, feine Produkte mit dem Mund geblasen. Das Glas war zumeist grün, lapislazuliblau, hellblau oder durchsichtig mit einem leichten Gelbstich. Die Gravur von Glas war ebenfalls schon bekannt. Ihre Blütezeit erlebte die Glasherstellung unter den Seldschuken, als ganze Manufakturen emaillierte und vergoldete Glaswaren herstellten.

Unter den Safawiden entwickelte sich Shiraz zu einem bedeutenden Zentrum der Glasherstellung. Besonders beliebt waren Rosenwasserbrausen, Weinflaschen mit langem Hals, Blumenvasen und Glasschüsseln. Karim Khan Zand ließ den berühmten Wein aus Shiraz in die dort gefertigten Krüge und Flaschen füllen und in die ganze Welt schicken.

Lackarbeiten

Dieses für viele Besucher des Landes interessanteste iranische Kunsthandwerk entstand in frühislamischer Zeit als eigenständige Kunstform. Gegenstände aus Holz oder Pappmaché werden bemalt und dann mit drei bis 20 Schichten eines durchsichtigen Lacks auf der Basis von Sandarakharz überzogen. So ergibt sich der Eindruck mehrerer Dimensionen und eine extreme Haltbarkeit. Beliebte Motive sind die persische Nachtigall und Rosen, Blumen aller Art und die klassischen Liebesgeschichten. Vor allem Federkästen werden als Lackarbeiten hergestellt.

Intarsien

In Iran gibt es eine besonders kunstvolle Form der Holzeinlegearbeiten *(moarraq)*, der sogenannte *khatam*. Dieser typisch persische Stil entwickelte sich ganz langsam im Laufe der Jahrhunderte. Erst im 17. Jh. war *khatam* so angesehen, dass selbst einige Safawiden-Prinzen diese Kunst erlernten.

Für die Intarsien werden in verschiedene Hölzer wie Betelnuss, Walnuss, Zypresse und Pinie kleine Stücke aus Tierknochen, Muscheln, Elfenbein, Bronze, Silber und Gold eingelegt. Dann wird die fertige Arbeit mit Lack überzogen. Echte persische *khatam* sind nicht bemalt. Die unterschiedlichen Farben stammen von den eingelegten Materialien. Mit *khatam* werden auch Möbel verziert, doch Touristen beschränken sich im Allgemeinen auf schön verzierte Kästen und Bilderrahmen. Allerdings sind die meisten in Souvenirshops angebotenen, maschinell hergestellten Intarsienarbeiten nicht echt.

Auf www.iran
chamber.com
findet man umfangreiche Infos
zu den Völkern
Irans sowie
zu Architektur,
Musik, Religion,
Literatur, Kino
und vielem mehr.

TEPPICHE & KUNSTHANDWERK KUNSTGEWERBE

Literatur, Musik & Film

Die Schriftsteller, Musiker und vor allem Filmemacher des Landes schöpfen gleichermaßen aus der Hochkultur des alten Persiens wie aus der dynamischen Kulturszene des modernen Iran. Sie haben Werke geschaffen, die in ihrer Heimat ebenso populär wie in der ganzen Welt hochgelobt sind. Wo immer man auch beginnt, ob bei den großen Dichtern, deren Werk anscheinend jeder Iraner zitieren kann, oder beim neuesten Film eines Regisseurs, der über Wochen ausverkauft ist – es wird auf jeden Fall ein Hochgenuss sein.

Literatur

Iran ist ein Land der Dichter und die wichtigste Literaturgattung ist fraglos die Dichtkunst. Die Vertrautheit mit den berühmten Dichtern und ihren Werken ist allumfassend: Fast jeder, der gefragt wird, kann Zeilen von Hafis oder Rumi zitieren.

Schriftsteller werden in Iran zwar schon seit Langem verfolgt, aber während der Regierungszeit Chatamis stieg die Zahl der unerwünschten Literaten unglaublich an. Insbesondere Schriftstellerinnen schafften es früher regelmäßig bis ganz nach oben auf den Bestsellerlisten. Seither ist es um einiges stiller geworden, was zu einem großen Teil der achtjährigen Herrschaft des konservativen Ahmadinedschad-Regimes bis 2013 zuzurechnen ist. Aber woher der politische Wind auch wehen mag – vor der Veröffentlichung müssen alle Bücher von den staatlichen Zensoren genehmigt werden; Tausende neue und alte Werke wurden und werden verboten.

Der Diwan: Eine Auswahl der schönsten Gedichte (Hafis) Gewissermaßen die größten Hits aus dem Werk des verehrten Dichters.

Dichtung

Im 9. Jh. n. Chr. entstanden in Persien mehrere Formen der Dichtkunst. Dazu gehören das *masnavi* mit den charakteristischen Paarreimen und das *ruba'i*, das dem Vierzeiler ähnlich ist. Gedichte aus über Hundert nicht reimenden Paarzeilern, *qasideh* genannt, wurden erstmals von Rudaki im 10. Jh. bekannt gemacht. Diese Stilformen entwickelten sich später zu langen und ausführlichen Versepen, deren erstes Firdausis *Schahname* war.

Moralische und religiöse Dichtung wurde nach dem Erfolg von Saadis berühmtesten Gedichtsammlungen *Bustan* und *Golestan* populär. Im 14. Jh. wurde für Liebesoden noch immer die kleinere Gedichtform *qazal* genutzt, die aus etwa zehn nicht reimenden Paarzeilern bestand; der berühmteste *qazal*-Dichter ist Hafis.

Zu Beginn des 20. Jhs. veränderten modernistische Dichter die poetische Landschaft. Ihr Stil zeigt sich beispielhaft im Werk von Nima Yushij. Ahmad Schamlus Gedichtband *Fresh Air,* 1957 veröffentlicht, war der erste in einer lyrischen Form, die ebenso politisch wie metaphorisch war.

Romane

Romane sind eine junge, aber immer beliebtere Literaturform in Iran. Sie kam im 19. Jh. auf und entwickelte sich im 20. und 21. Jh. mit den politischen Umbrüchen weiter. Die Schreibstile haben sich zwar verändert, aber das Schreckgespenst der Zensur war und ist noch heute ständig präsent. Daher schreiben nur wenige von den Hunderten veröffentlichten Romanautoren (etwa die Hälfte davon Frauen) völlig frei. Nur wenige Werke wurden ins Englische oder Deutsche übersetzt.

Sadeq Hedayat ist außerhalb Irans der bekannteste iranische Schriftsteller, sein Einfluss auf die moderne persische Romanliteratur war besonders tiefgreifend. *Die blinde Eule,* erstmals 1937 veröffentlicht, ist eine düstere und eindringliche Darstellung einer dekadenten Gesellschaft, die es nicht schafft, ihre eigene Modernität umzusetzen. Hedayats unzensierte Werke sind in Iran seit 2005 verboten. Auch der zeitgenössi-

DIE GROSSEN IRANISCHEN DICHTER

Iraner verehren ihre großen Dichter. Sie haben dazu beigetragen, die persische Sprache und Kultur auch in Zeiten der Fremdherrschaft zu bewahren. Straßen, Plätze, Hotels und *chaykhanehs* (Teehäuser) sind nach berühmten Dichtern benannt und mehrere von ihnen in großen Mausoleen beigesetzt, die viel besuchte Pilgerstätten sind.

Firdausi 940–1020

Hakim Abu 'l-Qasim Firdausi (Ferdosi) wurde in der Nähe von Tus bei Mashhad geboren. Er erfand den *ruba'i* (Vierzeiler) der historischen Versepen und ist in erster Linie berühmt für das *Schahname* („Buch der Könige"), für das er 33 Jahre brauchte und das fast 60 000 Paarreime enthält. Firdausi wird als der Bewahrer des Farsi gesehen: Er schrieb in der Sprache, als sie durch das Arabische bedroht war. Ohne seine Werke wären viele Einzelheiten der persischen Geschichte und Kultur wohl ebenfalls verloren gegangen. Zudem wird ihm nachgesagt, dass er viel zur Ausbildung des iranischen Selbstverständnisses beigetragen habe.

Hafis 1325–1389

Khajeh Shams-ed-Din Mohammed bzw. Hafis („Einer, der den Koran auswendig rezitieren kann") wurde in Shiraz geboren. Seine Gedichte sind stark von Mystik geprägt. Häufige Verweise auf Wein, Liebeswerben und Nachtigallen wurden auf unterschiedliche Arten interpretiert (ist Wein buchstäblich gemeint oder eine Metapher für Gott?). Ein Exemplar seiner Werksammlung, *Divan-e Hafez* („Der Diwan: Eine Auswahl der schönsten Gedichte"), ist in fast jedem Iraner Haushalt zu finden und viele seiner Verse werden bis heute als Sprichwörter zitiert.

Omar Khayam 1047–1123

Omar Khayam (Omar der Zeltmacher) wurde in Neishabur geboren und ist wohl der bekannteste iranische Dichter in der westlichen Welt. Viele seiner Gedichte, darunter die berühmten *Rubaijat,* wurden u. a. auch ins Deutsche und Englische übersetzt. In Iran ist er mehr als Mathematiker, Geschichtsschreiber und Astronom bekannt.

Rumi 1207–1273

Rumi wurde als Jalal ad-Din Mohammad Balkhi in Balkh (im heutigen Afghanistan) geboren. Seine Familie floh vor der mongolischen Invasion Richtung Westen und ließ sich schließlich in Konya in der heutigen Türkei nieder. Dort zog sich sein Vater (und schließlich er selbst) in die Meditation und das Theologiestudium zurück. Rumi wurden von einem großen Derwisch, Shams-e Tabrizi, inspiriert und widmete ihm viele seiner Gedichte über göttliche Liebe. Er soll die Sufi-Bruderschaft der Maulavi gegründet haben – die wirbelnden Derwische – und wird auch Maulana („der Meister") genannt.

Saadi 1207–1291

Ebenso wie Hafis verlor Scheich Mohammed Shams-ed-Din (genannt Saadi) seinen Vater in jungen Jahren und wurde von einem der führenden Lehrer von Shiraz erzogen. Viele seiner eleganten Verse werden heute noch in alltäglichen Gesprächen zitiert. Seine berühmtesten Werke, *Golestan* (Rosengarten) und *Bustan* (Garten der Bäume), wurden in viele Sprachen übersetzt.

sche Autor Shahriar Mandanipur durfte zwischen 1992 und 1997 nichts veröffentlichen und zog nach Jahren des Kampfs gegen die Zensur 2006 schließlich in die USA. 2009 veröffentlichte er den von der Kritik gefeierten Roman *Eine iranische Liebesgeschichte zensieren* (2011 auf Deutsch).

Iranische Bücher

Zu den Büchern, die in der Vergangenheit in Iran verboten wurden (und viele werden bis heute nicht verkauft) gehören *Symposion* (Platon), *Ulysses* (James Joyce), *Als ich im Sterben lag* (William Faulkner), *Die blinde Eule* (Sadeq Hedayat) und *Sakrileg* (Dan Brown).

Die Rubaijat von Omar Khayam (1120) Klassisches Versepos und das international wohl meistverkaufte iranische Werk.

Die blinde Eule (Sadeq Hedayat; 1937) Eine bewegende Geschichte um eine schöne Frau, einen alten Mann und eine Zypresse.

Eine iranische Liebesgeschichte zensieren (Shahriar Mandanipur; 2009) Geschichte eines Schriftstellers, der damit kämpft, eine Liebesgeschichte zu schreiben, die von der Zensur akzeptiert wird.

Land of the Turquoise Mountains: Journeys Across Iran (Cyrus Massoudi; 2014) Der moderne Iran aus der wohlwollenden, neugierigen Perspektive eines in Großbritannien geborenen iranischen Autoren.

Persepolis: Eine Kindheit im Iran (Marjane Satrapi; 2000) Autobiographischer Comicroman über das Aufwachsen während der Islamischen Revolution.

Mein Iran: Ein Leben zwischen Hoffnung und Revolution (Shirin Ebadi; 2007) Aufschlussreiches und ernüchterndes Selbstporträt der ersten Friedensnobelpreisträgerin Irans.

Tehran, Lipstick & Loopholes (Nahal Tajadod; 2009) Kafkaeske wahre Geschichte – Irrweg der Autorin durch die iranische Bürokratie, als sie ihren Reisepass erneuern wollte.

Musik

Abgesehen von der traditionellen Musik, die überall im Land in den Teehäusern gespielt wird, ist es nicht einfach, in Iran Konzertveranstaltungen zu finden. Das heißt nicht, dass es keine Musiker gibt. Aber die staatlichen Auflagen verlangen, dass alle öffentlichen Auftritte eine Genehmigung brauchen, die schwer für alles Moderne oder entfernt Politische zu erhalten ist. Weibliche Interpreten durften jahrelang nicht auftreten, heute sind reine Frauenkonzerte weit verbreitet.

Musikfreunde werden vom neuen Isfahaner Musikmuseum (S. 177) mit seinen traditionellen persischen Instrumenten und Liveauftritten von Volksmusikern begeistert sein.

Klassische persische Musik

The Kâmkârs, ein kurdisches Familienensemble, werden für ihre Konzerte mit traditioneller iranischer Musik und mitreißenden kurdischen Volksliedern gefeiert. Sie touren durch Iran und die ganze Welt. Das Album *Living Fire* (1995) ist nicht schwer aufzutreiben.

Für Iraner besteht kein Unterschied zwischen Gedichten und Liedtexten und so ist traditionelle persische Musik Poesie mit Musikbegleitung. Einige „epische Lieder" sind wie Versepen sehr lang. Meister des Fachs verbringen fast ihr ganzes Leben damit, die Zeilen auswendig zu lernen.

Klassische persische Musik ist meist getragen und kann ausgesprochen schwermütig klingen oder, wie ein junger Shirazi es ausdrückte, „deprimierend". Dennoch ist sie nach wie vor sehr populär und in Taxis und Teehäusern im ganzen Land zu hören. Zwei Sänger lohnen sich besonders anzuhören: Shajarian und Shahram Naziri, die beide das Interesse an klassischer persischer Musik international geweckt haben.

Die Stimme steht bei dieser Form der Musik zwar im Mittelpunkt, aber sie wird von mehreren Instrumenten begleitet, die tief in der persischen Kultur verwurzelt sind. Zu den gebräuchlichsten Instrumenten gehören:

Tar Ein sechssaitiges Instrument, meist gezupft

Setar Ähnlich wie *tar*, nur mit vier Saiten

Nay Allgemeiner Name für verschiedene Arten von Flöten

Sorna Ähnlich wie eine Oboe

Kamancheh Eine Art viersaitige Bratsche, die wie ein Cello gespielt wird

MUSIK AUS IRAN

Googoosh (Googoosh; 2011) Irans im Exil lebender Superstar der 1970er-Jahre hat eine wunderbare Stimme.

Gole Aftabgardoon (Die Sonnenblume; Arian; 2000) Debütalbum der enorm populären Band aus Frauen und Männern.

Kherghe Biandaz (O-Hum; 2014) Verbindet Rockmusik mit traditionellen persischen Texten und Instrumenten.

Music of Iran (Mohammad Reza Shadjarian & Ensemble Aref; 2012) Eine hervorragende Einführung in klassische persische Musik vom Label World Network.

Living Fire (The Kâmkârs; 1995) Superstars aus dem kurdischen Iran mit hypnotisierendem Sound.

Santur Ein zitherähnliches Instrument, das mit feinen Schlegeln bespielt wird
Tombak Vasenförmige Trommel mit dem Trommelfell am breiten Ende
Dahol und Zarb Große bzw. kleine Trommel

Volksmusik

Die gefälligste und melodiöseste traditionelle Musik ist bei den ethnischen Minderheiten zu finden, z. B. bei den Turkmenen in Nordiran. Die Aserbaidschaner haben ihren ganz eigenen Musikstil, oft in Form eines Liebeslieds, während die Kurden eine charakteristische rhythmische Musik pflegen, hauptsächlich mit Laute und ihren eigenen Versionen epischer Lieder, den *bards*.

Die Volksmusik wird mit den meisten oben genannten Instrumenten in regionalen Varianten gespielt; am Persischen Golf ist auch eine Art Dudelsack, *demam*, beliebt. Die Musik aus Sistan und Belutschistan ähnelt naheliegenderweise der von Pakistan und wird meist mit Instrumenten wie dem *tamboorak* (ähnlich der pakistanischen *tambura,* eine Art Harmonium) gespielt.

Pop & Rock

Iranische Popmusik ist unter dem wachsamen Auge der iranischen Behörden wieder aufgetaucht. Viele der populärsten iranischen Musiker sind nach der Islamischen Revolution geflohen, auch der Superstar der 1970er-Jahre Googoosh. Sie treten heute im Ausland auf. Ihre Musik wird zwar größtenteils in Los Angeles produziert, aber sie und auch modernere „Tehrangeles-Popkünstler" sind in Iran weithin auf Raubkopien zu haben.

Die neunköpfige Band Arian war die erste gemischtgeschlechtliche Gruppe, die nach der Revolution offiziell genehmigt wurde. Ihr Debütalbum *Gole Aftabgardoon* (Die Sonnenblume) kam 2000 heraus und bald spielte die Band schon vor über 50 000 Menschen. Weitere beliebte Künstler sind Benyamin Bahadori, Moin, Omid und die aktuellen Stars Mohsen Yeganeh und Barobax.

Rock und Rap ist in Iran hauptsächlich eine Undergroundszene, doch langsam entdecken immer mehr Bands und Musiker eine persische Form von Rock. Gruppen wie O-Hum sind Vorreiter des „persischen Rock", einer Mischung aus herkömmlichen und iranischen Instrumenten und den poetischen Texten von Hafis und Rumi. Das Ergebnis hört sich an wie Grunge aus den 1990er-Jahren mit iranischem Touch; auf www.iranian.com/music.html lassen sich kostenlose Tracks herunterladen. Weitere populäre Rockgruppen sind Barad, Meera, Hypernova, Niyaz und Mohsen Namjoo.

Iranische Musik ist kostenlos auf www.iranian.com/music.html zu hören. Wer persische Musik kaufen will, sollte sich bei www.cdbaby.com umschauen, wo das Geld direkt an die Musiker geht.

Andere Genres

Iranischer Hip-Hop ist stark von US-Musikern beeinflusst, die jüngere Iraner über Satelliten-TV hören. Zu den Mainstream-Künstlern zählen Yas, Ho3ein, Zedbazi und Arash, zu den Underground-Künstlern gehören Hichkas, Bahram Nouraei und Reza Pishro.

Electronic ist ebenfalls ein populärer Musikstil in Iran, aber die meisten Vertreter dieser Richtung leben und arbeiten außerhalb des Landes. Bekannte Namen sind Deep Dish (Ali „Dubfire" Shirazi und Shahram Tayebi; USA), DJ Aligator (Dänemark) und Arsi Nami (USA).

Irans bekanntester Jazzmusiker ist Ardeshir Farah. 1991 wurde er als Teil von Strunz & Farah mit einem Grammy ausgezeichnet und ist wohl Irans führender Crossover-Künstler. Er arbeitet oft mit westlichen Musikern zusammen.

Film

Vor der Islamischen Revolution

Die Liebe der Iraner zum Film begann 1900, als in Tabriz das erste öffentliche Kino des Landes eröffnet wurde. Zwar gab es schon früh iranische Filme, aber Esmail Kushans *The Tempest of Life* von 1948 war der erste Film, der auch in Iran gedreht wurde. Seither hat sich eine nationale Filmindustrie entwickelt.

In den 1960er-Jahren gab es dann die ersten Anzeichen einer eigenen iranischen Filmsprache, angeführt von *Das Haus ist schwarz* (1962) von der Dichterin Forugh Farrochzad über das Leben in einer Leprakolonie und Hajir Darioushs *Schlangenhaut* (angelehnt an D. H. Lawrences *Lady Chatterley*).

Mit dem Film *Die Kuh* (1969) von Dariush Mehrjui begann der iranische Film seinen Siegeszug, der bis heute anhält. Der Film, eine düstere, ergreifende und scheinbar einfache Geschichte um die Liebe eines Mannes zu seiner Kuh und den Schmerz, den er bei ihrem Tod empfindet, ist vor dem Hintergrund des iranischen Dorflebens angelegt. Mit einfachen Details des Alltags wird eine große Geschichte von Liebe und Verlust erzählt. Der Film setzte den Standard für das Leitmotiv des iranischen Films.

Die erste „Neue Welle" des iranischen Films, die in den 1970er-Jahren folgte, erregte weltweite Aufmerksamkeit in der Filmszene: Maßgebliche Regisseure waren neben Mehrjui auch Abbas Kiarostami (der 2016 starb), Bahram Beiza'i, Khosrow Haritash und Bahram Farmanara.

Nach der Islamischen Revolution

Die zweite „Neue Welle" des iranischen Films entstand durch nachrevolutionäre Regisseure wie Mohsen Makhmalbaf, Rakhshan Bani Etemad, Majid Majidi (dessen Film *Kinder des Himmels* für einen Oscar nominiert wurde) und Jafar Panahi. Sie trugen zum Ruf des iranischen Films bei, künstlerisch, neorealistisch und poetisch zu sein.

Die jüngste Generation gilt als die „Dritte Welle", ihre namhaftesten Vertreter sind Asghar Farhadi, Bahman Ghobadi und Mani Haghighi. Wer auch immer dazuzählt, die iranische Neue Welle blickt stets durch ein poetisches Prisma auf das Alltagsleben, es sind halb Spielfilme, halb lebensnahe Dokumentarfilme – eine iranische Spezialität.

Die strenge Zensur des nachrevolutionären Staats hat dazu geführt, dass oft Kinder und Laienschauspieler ausgewählt und Geschichten erzählt werden, die sich auf Grundelemente des Daseins konzentrieren. Im Ausland feierten viele Filme Erfolge. Höhepunkt dieser Methode ist wohl Jafar Panahis brilliante „Dokufiktion" *Taxi Teheran* von 2015, die ganz gewöhnlichen Iranern (deren Identitäten nicht verraten werden) in einem Teheraner Taxi eine Stimme verleiht. Panahi hat Filmverbot, aber

Trailer von aktuellen iranischen Kunstfilmen gibt's über die Iranian Film Society (www.irfilms.com). Auch Interviews und allgemeine Infos zur Filmindustrie sind dort zu finden.

DIE MAKHMALBAFS – EINE FILMDYNASTIE

Mohsen Makhmalbaf, 1957 in Teheran geboren, erlangte erstmals traurige Bekanntheit, als er einen Polizisten angriff und für fünf Jahre hinter Gitter musste. Während der Islamischen Revolution 1979 wurde er entlassen und schrieb zunächst Bücher, bevor er sich 1982 dem Film zuwandte. Seither hat er über ein Dutzend Filme gedreht, darunter *Boycott, Time for Love, Reise nach Kandahar, Gabbeh* und den provokanten Streifen *Salaam Cinema*. Viele seiner Filme drehen sich um Tabuthemen: *Time for Love* wurde in der Türkei gefilmt, da das Thema Ehebruch war, und *Marriage of the Blessed* war ein brutaler Film über die Opfer des Ersten Golfkriegs.

Makhmalbaf lebt wegen der iranischen Zensur im Exil. 1997 brachte Makhmalbafs Tochter Samira ihren ersten Film heraus, *Der Apfel,* der von der Kritik hochgelobt wurde. 2000 war ihr zweiter Film, *Schwarze Tafeln,* ein Riesenerfolg beim Filmfestival in Cannes; sie war die bis dahin jüngste Regisseurin, die hier einen Film präsentierte.

Aus der Filmfamilie der Makhmalbafs stammen noch weitere Filmgrößen. Samiras jüngerer Bruder drehte ein dokumentarisches „Making-of" von *Schwarze Tafeln.* Dann führte die jüngere Tochter Hana Regie bei einem Film über die Filmarbeiten von Samiras *Fünf Uhr am Nachmittag.* Mit diesem Film, *Joy of Madness,* schlug Hana ihre Schwester Samira als jüngste Filmemacherin aller Zeiten, als sie im Alter von 14 Jahren zum Filmfestival in Venedig eingeladen wurde. Mohsen Makhmalbafs zweite Frau Marzieh Meshkin (die Schwester seiner ersten Frau, die unter tragischen Umständen starb) war Regisseurin des gefeierten Films *The Day I Became a Woman,* der die Rolle der Frau in Iran untersucht.

Mohsen Makhmalbaf überlebte zwei Mordanschläge, während er *Kandahar* in Iran filmte. 2007 wurde die ganze Familie in Afghanistan bei den Dreharbeiten für Samiras Film *The Two-Legged Horse* angegriffen. Ein Mann, der sich als Statist eingeschlichen hatte, warf eine Bombe auf den Filmschauplatz, tötete damit sechs Schauspieler, mehrere Statisten und das Pferd im Filmtitel.

Nach seinem Umzug nach Paris im Jahr 2005 wurde Mohsen Makhmalbaf 2009 Sprecher des Vorsitzenden der iranischen Grünen Bewegung und des Präsidentschaftskandidaten Mirhossein Mousavi. Seine unverblümte Kritik an der Regierung Ahmadinedschads zwang ihn ins Exil. Mehr Infos zu den Makhmalbafs auf www.makhmalbaf.com.

er umschifft das, indem er sich grandios subversive Plots ausdenkt, die nie wie ein reiner Spielfilm wirken. Ein weiteres großartiges Beispiel ist Mohsen Makhmalbafs Film *Salaam Cinema* (1995): Ganz normale Iraner bewerben sich für einen von Makhmalbafs Filmen als Schauspieler und kommen zum Vorsprechen – so einfach wird die Geschichte einer modernen iranischen Gesellschaft erzählt.

Iraner lieben Kino und sie strömen in Massen hin. Allerdings werden viele international gefeierte Kunstfilme nicht im eigenen Land gezeigt. Sie werden aber auf dem Schwarzmarkt vertrieben oder online angeschaut. Hier und da entsteht der Eindruck, dass die großen iranischen Regisseure Filme speziell für den ausländischen Markt und Filmfestivals außerhalb Irans drehen. Dutzende Filme werden jedes Jahr allein für den heimischen Markt produziert, häufig Actionfilme; die Nachfrage nach Filmen, die gesellschaftliche Probleme verarbeiten, nimmt mittlerweile zu.

Einer der bemerkenswertesten Filme der letzten Jahre ist *Nader und Simi – Eine Trennung,* der 2012 den Oscar als bester fremdsprachiger Film gewann und für das beste Originaldrehbuch nominiert war. Asghar Farhadi meisterhaft seziert sein preisbeschreibte der zerbrechende Ehe eines Teheraner Paares und wie die Anstellung einer Pflegerin für den kranken Vater die Sache weiter verkompliziert. 2017 erhielt Farhadi einen zweiten Oscar für *The Salesman,* eine faszinierende Beziehungsstudie, die durch einen Überfall auf die Frau belastet wird.

Garten der Steine (1976) und *Der alte Mann und sein Steingarten* (2004) sind Klassiker des Regisseurs Parviz Kimiavi. Sie behandeln einen taubstummen Schäfer, der es sich zur Lebensaufgabe macht, einen Garten aus verkümmerten Bäumen und großen Steinbrocken zu schaffen.

Iranische Filme

Neben den auf S. 288 aufgeführten Filmen hier fünf weitere Klassiker des iranischen Kinos:

Salaam Cinema (Mohsen Makhmalbaf; 1995) Zutiefst subversives Dokudrama, das alltäglichen Iranern eine Stimme verleiht.

Der weiße Ballon (Jafar Panahi; 1995) Abbas Kiarostami schrieb die Geschichte eines Mädchens, das auf dem Weg ist, um einen Goldfisch zu kaufen.

Kinder des Himmels (Majid Majidi; 1997) Oscarnominierte Geschichte um zwei arme Kinder, die ein Paar Schuhe verlieren.

Persepolis (Marjane Satrapi und Vincent Paronnaud; 2007) Fesselnde, witzige und letztlich herzergreifend traurige Schilderung des Aufwachsens während der Islamischen Revolution.

The President (Mohsen Makhmalbaf; 2014) Eine Geschichte unserer Zeit um einen Diktator auf der Flucht, der als absurd und verlassen dargestellt wird.

Natur & Umwelt

**Iran ist ein Land von großer, aber gefährdeter Naturschönheit. Zu den typischen Land-schaften gehören Berge und Wüsten. Die Tierwelt hält echte Überraschungen bereit –
obwohl die meisten Nationalparks des Landes keinen richtigen Schutz genießen.**

Geografie

Wer mit dem Flieger kommt, sollte einen Fensterplatz buchen, um in den
Genuss der unglaublichen Aussicht zu kommen. In diesem abwechslungs-reichen Land säumen schneegekrönte Berge weite Wüstenplateaus und
Bergdörfer kontrastieren mit palmenbestandenen Oasen. Außerdem hat
Iran 2440 km Küstenlinie – am Persischen Golf und am Kaspischen Meer.

Berge

Über die Hälfte der Fläche besteht aus Bergland, wobei drei Gebirge be-sonders hervorstechen. Das kleinere, vulkanische Talesh-Gebirge im Nord-westen bietet den Nomaden fruchtbares Weideland. Nicht weit davon
erstreckt sich das majestätische Elburs-Gebirge an der Küste des Kaspi-schen Meers von der Grenze zu Aserbaidschan bis nach Turkmenistan.
Hier gibt es Wintersportgebiete und mit dem schneebedeckten Dama-vand (5671 m) den höchsten Gipfel des Nahen Ostens. Die nördlichen
Hänge des Elburs-Gebirges sind bis auf etwa 2500 m Höhe dicht be-waldet und bilden das größte Vegetationsgebiet des Landes. Die Wälder
sehen auch für europäische Augen vertraut aus (Eichen, Eschen, Kiefern,
Pappeln, Weiden, Nussbäume, Ahorne und Ulmen). Am reizvollsten sind
die Waldgebiete rund um Masuleh, im Golestan-Nationalpark östlich
von Minudasht und, leichter erreichbar, bei Nahar Khoran, gleich süd-lich von Gorgan.

Das Zagros-Gebirge, unter dem sich die zweitgrößten bekannten Erd-gasvorkommen der Welt befinden, zieht sich über 1500 km von der Tür-kei bis zum Persischen Golf und erinnert mit seinen Ketten gezackter
Gipfel an den Rücken eines gigantischen Krokodils. Es hat mehrere Gip-fel von über 4000 m Höhe, fällt im Süden aber auf eine durchschnittliche
Höhe von 1500 m ab.

Alle diese Berge entstanden, weil Iran am Treffpunkt dreier großer
Kontinentalplatten – der Arabischen, Eurasischen und Indischen Platte –
liegt. Aus diesem Grund ist das Land auch stark erdbebengefährdet.

Wüsten

Östlich des Zagros-Gebirges nimmt das zentrale Plateau mit seinen bei-den großen Wüsten, der Dasht-e Kavir (über 200 000 km^2) im Norden und
der Dasht-e Lut (über 166 000 km^2) im Südosten, fast 25 % der Landes-fläche ein. Die Wüsten umschließen vereinzelte Salzseen und verstreute
Oasen – für Reisende seit alters her ein willkommener Anblick. Hier, wo
die Temperaturen im Sommer regelmäßig über 50 °C klettern, gedeihen
Dutzende verschiedener Dattelsorten, oft neben robusten Granatapfel-bäumen und bescheidenen Feldern mit Gurken und Melonen. Klassische
Beispiele sind Garmeh und die umgebenden Dörfer.

Mit 1 648 195 km^2
ist Iran dreimal
so groß wie
Frankreich. Iran
hat Grenzen mit
sieben anderen
Ländern: Irak,
Türkei, Armenien,
Aserbaidschan,
Turkmenistan,
Afghanistan und
Pakistan.

Nur etwa 11 %
der Landfläche
sind als Acker-land nutzbar. 7 %
sind bewaldet,
47 % natürliches
Weideland und
35 % unfrucht-bares Gelände,
teils auch Wüste.

ERDBEBEN

Zu sagen, dass die Iraner Angst vor Erdbeben hätten, wäre stark untertrieben. Im Untergrund des Landes verlaufen Dutzende seismischer Bruchlinien und jedes Jahr erschüttern zig Erdstöße die Häuser und Nerven der Bewohner. Nach jedem großen Erdbeben, wie dem von Bam 2003, das über 31 000 Menschenleben kostete, fangen die Iraner sofort an zu spekulieren, welche Gegend es als Nächstes treffen wird. Leider kommt es immer wieder zu Beben, die Todesopfer fordern, wie die Erdbeben in Zarand (2005; 612 Tote), Borujerd (2006; 66), Tabriz (2012; 306) und Saravan (2013; 35), um nur einige der letzten Jahre zu nennen.

Iran hat im vergangenen Jahrhundert mehr als 20 große Erdbeben (über Stärke 6 auf der Richterskala) erlebt. Erdbebenexperten schätzen, dass es etwa alle acht Jahre ein großes Ballungsgebiet trifft. Seismologisch am aktivsten ist zwar der Untergrund des Zagros-Gebirges, wo die Eurasische auf die Arabische Platte trifft, aber die heftigsten Erschütterungen treten in den zentralen Wüstenregionen Irans auf: In diesem Gebiet liegen auch Ferdows (1968; Stärke 7,3; bis zu 20 000 Tote), Tabas (1978; Stärke 7,8; über 1500 Tote) und Bam (Stärke 6,6).

Auch das Bergland im Norden ist erdbebengefährdet. Zwei Verwerfungslinien sollen direkt unterhalb von Teheran verlaufen. Nach der Katastrophe von Bam wurde viel darüber spekuliert, was passieren würde, wenn die Hauptstadt von einem großen Erdbeben getroffen würde. Die Bauvorschriften sind unzureichend (und werden kaum durchgesetzt). Laut einem Regierungsbericht von 2004 waren von den 15 Mio. Wohnhäusern in Iran 7,2 Mio. nicht erdbebensicher.

Erstaunlicherweise sind die Wüsten (oft da, wo sie an Berge grenzen) der letzte Rückzugsraum für größere Säugetiere wie Leoparden und Asiatische Geparde.

Die Menschen

Die Berge bilden in Iran sozusagen das Fundament des weitläufigen zentralen Hochlands. Außer den schmalen Küstenstreifen am Persischen Golf und am Kaspischen Meer und dem Tiefland von Khuzestan im Süden, an der Grenze zu Irak, liegt das ganze Land mindestens 1000 m über dem Meeresspiegel. Die Höhenlage, die Berge und der Mangel an Flüssen haben die Entwicklung der persischen Kultur entscheidend geprägt.

Im Gegensatz zu vielen anderen antiken Kulturen, wie denen in Ägypten und Mesopotamien, entstanden die persischen Ansiedlungen nicht an großen Flüssen. Der längste und einzige schiffbare Fluss des Landes ist der Karun (890 km) im Südwesten. Er ist nicht gerade mit dem Nil vergleichbar ... Stattdessen siedelten die Menschen fast ausschließlich in den Gebirgsausläufern, wo Quellen und Schneeschmelze eine ausreichende Wasserversorgung gewährleisteten. Das Schmelzwasser wurde oft durch ausgeklügelte unterirdische Bewässerungskanäle, die *qanats*, geleitet.

Ohne Flüsse als Verbindungswege blieben diese Siedlungen weitgehend isoliert. Aus größeren Orten wurden Handelszentren für Hunderte umliegender Dörfer, die ansonsten durch Berge oder Wüste von der Außenwelt abgeschnitten waren. Der Fernhandel wurde mit Kamelkarawanen abgewickelt, die diese Bevölkerungszentren miteinander und über die Seidenstraßen und die Küsten mit der übrigen Welt verbanden.

Die natürlichen Gegebenheiten bestimmten auch die Entwicklung der iranischen Küche. Die Kost der Wüstenbewohner, denen es an Frischgemüse mangelte, war von Eiweißquellen wie Kamel- und Ziegenfleisch und wärmeliebenden Obstsorten wie Datteln, Orangen und Granatäpfeln geprägt, während die Bewohner der feuchten, fruchtbaren Elburs-Regionen im Norden mehr Gemüse (z. B. Auberginen) und eine größere

Vielfalt an Früchten verzehrten. Um eine Kostprobe dieser unterschiedlichen Lebensstile zu bekommen, sollten Besucher je eine Übernachtung in Garmeh (Wüste) und in Masuleh (Berge) einplanen.

Tierwelt

Irans abwechslungsreiche Landschaften beherbergen eine vielfältige und teils faszinierende Tierwelt. Allerdings ist es schwierig, diese Geschöpfe zu Gesicht zu bekommen – zufällige Begegnungen sind extrem selten. Mit etwas Planung, Geduld und guten Führern darf man aber auf spannende Sichtungen hoffen.

Säugetiere

158 Säugetierarten sind in Iran heimisch, etwa ein Fünftel davon kommt nur hier vor. Großkatzen wie der Persische Leopard und der Asiatische Gepard zählen zu den prominentesten Vertretern der iranischen Tierwelt, aber die verschiedenen Arten von Wildschafen, Hirschen, Gazellen und Bären sind ebenso interessant.

Irans sieben Wildschafarten sind vielleicht sogar die Vorfahren der heutigen Hausschafe und -ziegen. Dazu gehören Arten wie der Transkaspische Urial, der Laristan-Mufflon und das rote Elburs-Wildschaf mit

2015 veröffentlichte die Iranian Cheetah Society ein per Fotofalle aufgenommenes Bild einer Pallaskatze. Die kleine, stämmige Wildkatze mit ungewöhnlich breitem Kopf und abgeplatteter Stirn wurde im Salouk-Nationalpark im Nordosten des Landes geknipst.

NATUR & UMWELT TIERWELT

DER ASIATISCHE GEPARD

Der Asiatische Gepard ist eine der am stärksten bedrohten Raubkatzen der Welt. 50 bis 100 Tiere, die am Rand der iranischen Kavir-Wüste leben, sind der klägliche Rest einer Population, die einst die Region von Indien bis zum Mittelmeer durchstreifte. Schon die persischen Könige der Antike schätzten die Geparde und ließen sie zur Gazellenjagd abrichten. Diese lange Geschichte und die Tatsache, dass die iranischen Populationen des Asiatischen Löwen und des Kaspischen Tigers bis zur Ausrottung bejagt wurden, hat den Gepard zum Aushängeschild der Naturschutzbewegung des Landes gemacht.

Dass der Gepard, das schnellste Landtier der Welt, in der iranischen Wüste überleben konnte, ist erstaunlich – die Jagd unter solchen Bedingungen erfordert eine hohe Erfolgsquote und bemerkenswertes Talent im Anpirschen. Aber die Region bietet eben Vorteile: Während Jäger den Gepard anderswo an den Rand der Ausrottung brachten, bilden die unbewohnten Wüsten im Landesinneren Irans einen idealen Rückzugsraum.

Trotzdem hat der großflächige Verlust von Lebensraum in den 1980er-Jahren und der daraus folgende Schwund an Beutetieren wie Indischen und Kropfgazellen, Wildschafen und -ziegen den Raubkatzen das Überleben schwer gemacht und sie auf der Suche nach bescheidenerer Nahrung – wie Hasen und sogar Eidechsen – tiefer in die Gebirgsregionen gedrängt.

Seit 2000 arbeitet die iranische Regierung mit dem Entwicklungsprogramm der Vereinten Nationen und der Raubkatzen-Schutzorganisation Panthera daran, Schutzgebiete auszuweisen – vorwiegend in den Provinzen Yazd und Semnan –, Wilderer härter zu bestrafen und ein umfassendes Überwachungsprogramm einzuführen. So wollte man genau herausfinden, wo die Geparde umherstreifen, um bestehende Schutzgebiete möglichst zu einem sicheren Rückzugsraum für die spärlichen Restpopulationen zu verbinden.

2015 ergab die Überwachung der Fotofallen, dass „Pouyan", ein männlicher Gepard, den die Forscher schon von früheren Fotofallenbildern kannten, eine erstaunliche Wanderung zurückgelegt hatte: Innerhalb von neun Monaten war er aus dem Dare-Anjir-Tierschutzgebiet bis ins Naybandan-Tierschutzgebiet und wieder zurück gelaufen, eine Entfernung von 415 km. Andererseits gab die Iranian Cheetah Society 2016 bekannt, dass sie nur von zwei erwachsenen Asiatischen Gepardenweibchen in freier Natur gesicherte Kenntnis habe.

Immerhin konnte die Wilderei durch Aufklärungsprogramme reduziert werden. Von der Einrichtung der Schutzgebiete werden hoffentlich auch andere Tierarten profitieren. Das Projekt läuft weiter. Mehr Informationen dazu gibt es auf den Websites von Iranian Cheetah Society (www.wildlife.ir) oder Panthera (www.panthera.org).

Online-Informationen für Vogelfreunde

Birds of Iran (www.birdsofiran.com)

Birding Pal (www.birdingpal.org/Iran)

Ornithological Society of the Middle East (www.osme.org)

langem schwarzem Bart und geschwungenen Hörnern. Und wie Jason Elliot es in seinem Buch *Persien – Gottes vergessener Garten* beschreibt, war das zwischenzeitlich fast ausgestorbene Kaspische Kleinpferd der Vorläufer des modernen Pferdes.

Erwähnenswert sind außerdem der Persische Onager, die Kropf- und die Indische Gazelle, der Maralhirsch, der Kragen- und der Braunbär. Die meisten größeren Säugetiere leben in den Wäldern des Elburs-Gebirges. Großkatzen, Wildhunde und Gazellen kommen aber auch in den Wüstenregionen vor.

Wie eh und je durchstreifen Kamele die Wüsten der östlichen Provinzen Kerman, Sistan und Belutschistan sowie Khorasan. Auch wenn sie verwildert aussehen, gehören sie höchstwahrscheinlich einer Gruppe von Nomaden oder Halbnomaden.

Vögel

Iran liegt am Schnittpunkt der Tierwelten von Europa, Orient und Afrika und bietet eine erstaunliche Vielfalt verschiedener Lebensräume, von Hochgebirgsgipfeln bis zu subtropischen Mangroven und Wattflächen. Das macht das Land zu einem wahren Vogelparadies mit fast 500 verschiedenen Arten, viele davon weltweit gefährdet. Das absolute ornithologische Highlight ist der Pleskehäher, der nur in den zentralen Wüsten Irans heimisch ist. Aber das Land beherbergt auch viele Gebirgsvögel wie das Kaspi-Königshuhn, das Kaukasus-Birkhuhn und die Felsenbraunelle sowie eine große Zahl von Wüstenvögeln wie verschiedenste Arten von Flughühnern, Lerchen und Steinschmätzern.

Immer mehr Vogelfreunde besuchen Iran, um hier Vögel zu sichten, die anderswo kaum zu finden sind. Am Persischen Golf gibt es außergewöhnliche Vogelbeobachtungsmöglichkeiten. Vor allem im Winter locken die seichten Gewässer des Golfs viele Hunderttausend Vögel an. Ein erstklassiges Revier für Vogelbeobachter ist die Region Bandar Abbas–Qeshm. Große Schwärme von Watvögeln, u. a. Reiherläufer und der Terekwasserläufer, wuseln hier zwischen diversen Arten von Reihern und Pelikanen herum. Die Region gehört zu den wichtigsten Überwinterungsgebieten für Vögel im Nahen Osten.

Einige besonders faszinierende Arten für Hobbyornithologen sind etwa die Steinadler in den nördlichen Bergen, drei Arten von Bienenfressern, Eisvögel wie der Graufischer und der farbenprächtige Braunliest, beide in Khuzestan verbreitet, sowie die leuchtend blaue Hinduracke in der Bandar-Abbas-Region und ihre Verwandte, die Blauracke, im Norden.

Bedrohte Arten

Die Zerstörung von Lebensräumen und eine Million Jagdscheine (samt kostenloser Munition vom Staat) haben die Tierwelt empfindlich dezimiert. Im gebirgigen Nordwesten wurden die Bart- oder Lämmergeier bis fast zur Ausrottung bejagt und vergiftet, weil unter den Bauern der Irrglaube vorherrscht, sie würden Schafe angreifen. In Wirklichkeit ernähren sich diese faszinierenden Vögel normalerweise von dem, was andere Geier übriglassen. Oft lassen sie Knochen aus großer Höhe auf die Felsen fallen, um sie aufzubrechen. Dasselbe machen sie allerdings auch mit den bedauernswerten Maurischen Landschildkröten der Gegend.

Der Mesopotamische Damhirsch ist noch nicht außer Gefahr, darf aber schon als außergewöhnliche Erfolgsstory des iranischen Naturschutzes gelten. Die Art galt in den 1950er-Jahren bereits als ausgestorben, bis eine winzige Restpopulation in der Provinz Khuzestan entdeckt wurde. Durch intensive Zuchtbemühungen stieg ihre Zahl in den 1960er- und 1970er-Jahren langsam wieder an. Heute gibt es Populationen in Khuzestan und Mazandaran, im Arjan-Schutzgebiet und auf einer Insel im Orumiyeh-See.

Aischylos, ein griechischer Bühnendichter der Antike, starb, weil ihm eine Schildkröte auf den kahlen Schädel fiel. Man hielt die Geschichte für einen bloßen Mythos, bis man beobachtete, wie Bartgeier Schildkröten auf Felsen fallen lassen, um ihre Panzer aufzubrechen. Offenbar hatte ein Bartgeier Aischylos' Glatzkopf mit einem Stein verwechselt.

Nationalparks & Naturschutzgebiete

Nationalparks und die Tierwelt, die sie schützen sollen, sind ein Luxus, den zu würdigen die meisten Iraner nicht die Zeit, das Geld oder die Bildung haben. Deshalb leiden die meisten Nationalparks unter dramatischem Geld- und Personalmangel. Ihre besser zugänglichen Zonen verkommen oft zu müllübersäten Picknickplätzen. Wilderei ist ebenso ein Problem wie illegale landwirtschaftliche Nutzung. In Städten wie Teheran und Shiraz hat inzwischen ein Umdenken eingesetzt, aber es kann noch Jahrzehnte dauern, bis Irans Naturschutzgebiete den Status europäischer Pendants erlangen.

Was bedeutet das für Besucher? Rund 5 % des Landes steht unter Naturschutz. Aber in den 16 offiziell ausgewiesenen Nationalparks und den über 140 anderen Schutzgebieten gibt es kaum Zäune, wenige oder gar keine Ranger, keine Karten, keine Führer und keine Infrastruktur – u. U. merkt man gar nicht, dass man sich in einem Nationalpark befindet. Bei manchen Parks ist es schon schwierig, sie überhaupt zu finden, weil sie auf keiner Karte auftauchen und es kaum Wegweiser gibt. Andere Parks, wie der Sisangan-Nationalpark am Kaspischen Meer, haben das umgekehrte Problem: Sie sind klein und werden am Wochenende von Ausflüglern überschwemmt.

Auf eigene Faust auf Erkundungstour zu gehen, ist schwer, sofern man nicht über unbegrenzte Zeit und grundlegende Farsi-Kenntnisse verfügt. Besser wendet man sich an einen Touranbieter, der seinen Sitz in der Nähe des anvisierten Parks hat. Eine Alternative sind spezialisierte Outdoorveranstalter.

Relativ gut erreichbare Nationalparks und Naturschutzgebiete sind:

Arjan-Naturschutzgebiet See- und Feuchtgebiet in der Nähe von Shiraz. Beherbergt Trauermeisen, Wasservögel und je nach Jahreszeit verschiedene Zugvögel, außerdem Säugetiere, u. a. Mesopotamische Damhirsche.

Bakhtegan-Nationalpark Der Park umschließt den Bakhtegan- und den Tashk-See und liegt ca. 80 km östlich von Shiraz. Im Winter tummeln sich hier Flamingos und andere Zugvögel.

Bijar-Naturschutzgebiet Ungefähr 15 km nördlich der Stadt Bijar in Kurdistan. Hier leben u. a. Elburs-Wildschafe, Hyänen und Schakale. Die beste Zeit für einen Besuch sind Frühjahr und Herbst.

Golestan-Nationalpark Bewaldetes Bergland zwischen Gorgan und dem Kaspischen Meer. Lebensraum für Wildschweine, Uriale (Steppenschafe), Braunbären, Wölfe, Leoparden, Kropfgazellen und zahlreiche Vogelarten. Die beste Zeit für einen Besuch ist das Frühjahr. Besucher brauchen eine Genehmigung.

Orumiyeh-Nationalpark Ein bedeutendes Feuchtgebiet, das seltenen Hirschen und einer Vielzahl von Zugvögeln Zuflucht bietet. Von Tabriz aus relativ gut erreichbar, aber zunehmend gefährdet.

Umweltprobleme

Iran hat mit diversen schwerwiegenden Umweltproblemen zu kämpfen, vor allem mit der Zerstörung von natürlichen Lebensräumen und generell der Umweltverschmutzung. Positiv ist, dass das Umweltbewusstsein insgesamt in den letzten Jahren stark zugenommen hat.

Ein Bericht des Umweltprogramms der Vereinten Nationen führt Iran nach Umweltindikatoren auf Platz 117 von 133 Ländern.

Zerstörte Lebensräume

Unter ökologischen Gesichtspunkten waren die 1980er-Jahre ein katastrophales Jahrzehnt für Iran. Auf die Revolution folgten heftige Umwälzungen. Während des Kriegs gegen Irak kam es zur rasanten, unkontrollierten Ausweitung von Weideland, oft in sensible Halbwüstengebiete hinein, was zur Überweidung und in manchen Regionen zur

---

NATUR & UMWELT NATIONALPARKS & NATURSCHUTZGEBIETE

Über 1000 Feuchtgebiete in aller Welt sind nach einem 1971 geschlossenen Abkommen geschützt, das in Ramsar, an der iranischen Küste des Kaspischen Meers, unterzeichnet wurde. Die sogenannte Ramsar-Konvention nützt vor allem den Vögeln, deren Lebensraum diese Feuchtgebiete sind. In Iran sind 22 Feuchtgebiete durch das Abkommen geschützt.

In Iran kommen über 8200 Pflanzenarten vor, von denen rund 2000 endemisch sind.

Wüstenbildung führte. Dazu kam ein enormes Bevölkerungswachstum. Bald wurden Gebiete unter den Pflug genommen, die für intensive Landwirtschaft eigentlich ungeeignet waren.

Die Auswirkungen waren verheerend. Nach offiziellen Schätzungen sind rund 80 % der noch in den 1970er-Jahren vorhandenen Waldgebiete Irans verschwunden, was Überschwemmungen, Bodenerosion und Wüstenbildung nach sich zog. Die Tierwelt wird in immer weiter schrumpfende Restgebiete verdrängt; die Konkurrenz um dezimierte Beutetierbestände hat einen kritischen Punkt erreicht.

Verschärft wurden diese Probleme durch ein neues Grundbesitzgesetz, das in den 1980er-Jahren die Jahrtausende geltende Praxis der Landnutzung beendete. Traditionell wurde das offene Weideland jahreszeitlich von den Tieren der Nomadenstämme abgegrast. Jetzt hingegen kann man sich den Besitz des Weidelands sichern, indem man es regelmäßig kultiviert, ob es dafür geeignet ist oder nicht. Immerhin ist sich die Regierung des Problems inzwischen bewusst: In den letzten Jahren haben Schulkinder Millionen von Bäume angepflanzt.

Die Aufmerksamkeit der Welt richtet sich vorwiegend auf das Atomprogramm des Landes, aber Iran ist im Nahen Osten auch der einzige Produzent von Windkraftanlagen. Das Land besitzt mehrere Windparks und ein großes Solarkraftwerk in Yazd.

Umweltverschmutzung

Das Umweltproblem, das sich Iranbesuchern als Erstes aufdrängt, ist die chronische Luftverschmutzung. Am schlimmsten ist es in Teheran, aber das industrielle Wachstum und die steigende Zahl von Privatautos haben die Luftverschmutzung zu einem landesweiten Problem gemacht. Leider wurde die Umweltproblematik viel zu lange ignoriert, obwohl sie längst kritische Ausmaße angenommen hat. Nach Aussage der Weltbank kosten Todesfälle durch Luftverschmutzung (meist infolge von Atemwegserkrankungen) die Volkswirtschaft Jahr für Jahr geschätzte 640 Mio. US-Dollar.

Die gute Nachricht lautet, dass die Regierung drastische Schritte eingeleitet hat, um der Bevölkerung die Auswirkungen des ungehemmten Verbrauchs fossiler Brennstoffe klarzumachen. Die wichtigste und umstrittenste Maßnahme war, dass die Subventionen (mit entsprechenden Preissteigerungen) von Kraft- und Brennstoffen gestrichen wurde (auch wenn dahinter eher wirtschaftliche Motive als Umweltbedenken stecken). Bis etwa 2007 hielten viele Iraner billige Energieträger für eine Art Geburtsrecht. Seitdem sind die Preise für Benzin, Gas und Strom zwischen 800 und 1000 % gestiegen. Wenig überraschend ist dadurch der Pro-Kopf-Verbrauch gesunken. Theoretisch sollten die Kräfte des Marktes nun auch sparsamere Fahrzeuge und nachhaltige Energien nach Iran bringen. Doch in der Praxis wird das durch die Sanktionen behindert.

Es gibt weitere Umweltprobleme: Der Persische Golf ist durch Öllecks von Bohrplattformen und Tankern, ungeklärte Abwässer und die überhastete Erschließung der Inseln Kish und Qeshm stark belastet. Die Verschmutzung auch des Kaspischen Meers ist inzwischen so gravierend, dass sie die international renommierten Feuchtgebiete der Anzali-Lagune bei Bandar-e Anzali bedroht.

Praktische Informationen

Sicher unterwegs

Im Prinzip ist Iran ein sehr sicheres Reiseland. Gewalt gegen Ausländer ist extrem selten. Wer versucht, sich den Sitten und Gebräuchen des Landes anzupassen, wird mit ausgesuchter Höflichkeit und Freundlichkeit behandelt. Es ist im Grunde kein Problem, per Anhalter durch die Wüste zu fahren, bei völlig Fremden zu übernachten oder Gepäck in Restaurants und Cafés unbeaufsichtigt zu lassen.

Die Botschaften der westlichen Länder empfehlen ihren Staatsbürgern, sich bei der Ankunft sofort registrieren zu lassen, sofern sie länger als 10 Tage in Iran bleiben und auch abgelegene Orte besuchen wollen.

Alleinreisende Frauen sollten, wie überall, vorsichtig und wachsam sein und Situationen vermeiden, in denen sie mit einem fremden Mann allein sind. Ausländerinnen werden die üblichen Angebote gemacht und im dichten Gedränge des Basars oder der U-Bahn leider auch schon mal begrapscht.

Offizielle Stellen misstrauen Ausländern generell und Reisende werden immer wieder als Spione verdächtigt und verhaftet. Mit Abstand am gefährlichsten ist es aber, in Iran Auto zu fahren und die Straße zu überqueren. Einschlägige Erfahrungen von Reisenden finden sich auf www.lonelyplanet.com/thorntree.

Entführungen & Terroranschläge

Entführungen und terroristische Gewalt gibt es so gut wie nicht in Iran. Allerdings bestanden zur Zeit der Recherche in vielen Ländern Reisewarnungen für bestimmte Gebiete:

➡ im Umkreis von 100 km entlang der Grenze zu Afghanistan,

➡ im Umkreis von 10 km entlang der irakischen Grenze,

➡ in der Provinz Sistan–Belutschistan,

➡ östlich einer Linie von Bam nach Jask, einschließlich der Städte Bam und Zahedan.

Erdbeben

Täglich erschüttert ein Erdbeben Iran, doch die meisten Reisenden bekommen davon nichts mit. Wer dennoch ein Beben erlebt, sollte Folgendes beachten:

Unbedingt vor herabfallendem Schutt schützen. Möglichst im Inneren eines Gebäudes bleiben und sich unter einem stabilen Tisch oder Schreibtisch verstecken. Am Tisch festhalten, wenn die Erde schwankt. So lange dort bleiben, bis das Beben zu Ende ist und erst dann nach draußen gehen. Keinesfalls in der Nähe von Fenstern, elektrischen Geräten oder großen Möbelstücken (wie Schränken) aufhalten, denn sie könnten umfallen. Den Kopf mit einem Kissen schützen.

In einem Lehmziegelhaus für einen Hohlraum, z. B. unter einem Bett, sorgen, um nicht an Staub und Schutt zu ersticken.

Im Freien nicht an Gebäuden oder unter Hochspannungsleitungen Schutz suchen.

Frauen unterwegs

Für Frauen, die nach Iran reisen, sind folgende Fragen von entscheidender Bedeutung: Welche Kleidung? Wie sollen sich Frauen verhalten? Wie sicher ist es? Was sollten Frauen unbedingt mitnehmen? Die folgenden Infos sollen praktische Ratschläge sein, Vorurteile beseitigen und beruhigen.

Welche Kleidung?

Seit der Revolution von 1979 sind alle Frauen in Iran, auch Ausländerinnen, *gesetzlich* verpflichtet, lockere Kleidung zu tragen, um ihre Figur zu verbergen. Außerdem müssen sie ihr Haar bedecken. Diese Art der Kleidung wird als Hidschab bezeichnet, wobei der Begriff ganz allgemein „angemessene Kleidung" bedeutet, aber teils auch nur für das arabisch-islamische Kopftuch verwendet wird.

An öffentlichen Orten sind oft Tafeln zu sehen, auf denen die offiziell zulässigen Formen des Hidschab aufgeführt sind: vom Tschador (wörtlich „Zelt"), dem schwarzen Gewand, das vom Kopf bis zu den Füßen reicht, über den Umhang (einem ganz geraden Mantel oder Mantelkleid) bis hin zum *rusari* (Kopftuch), das Haar, Hals und Brust bedeckt. Spätestens mit Beginn der Pubertät müssen sich Mädchen gemäß dem Hidschab kleiden, doch viele Mädchen beginnen schon sehr viel früher damit – teilweise tragen schon Kleinkinder das islamische Kopftuch.

In der Realität wird die Kleiderordnung aber nicht allzu streng ausgelegt und lässt sie individuellen Spielraum. So tragen viele junge Frauen, vor allem in den großen Städten, eng anliegende Umhänge, bei denen es sich oft um eng gegürtete Trenchcoats handelt, über hautengen Jeans und Schuhe mit hohen Absätzen sowie bunte *rusaris*, die so arrangiert sind, dass sie noch viel von Haaren und Hals erkennen lassen. Dagegen ist in den kleineren Städten und Dörfern der Tschador weit verbreitet. Die wenigen Frauen, die ihn nicht tragen, kleiden sich dafür in einen weiten Mantel ohne jeden Schnitt, dazu weite, schwarze Hosen, unauffällige Schuhe und *magna'e* (einem Nonnenschleier ähnliches Kopftuch). Bei den Farben sind nur dunkle, gedeckte erlaubt.

Iranische Frauen, die den Hidschab ablehnen, können dafür bestraft werden. Eine Verletzung der Kleiderordnung besteht schon im Tragen einer Sonnenbrille über dem Kopftuch, eines nicht bis zu den Füßen reichenden Mantels, bei hellen Farben, Nagellack, Sandalen, in denen die Zehen oder Knöchel zu sehen sind, und bei nicht vollständig bedecktem Haar.

Im Hinblick auf den Hidschab gelten für Ausländerinnen zum Glück nicht ganz so strenge Regeln wie für iranische Frauen und bei ihnen drücken die Iraner auch zumeist ein Auge zu. Am besten passt frau ihren Kleidungsstil an ihre jeweilige Umgebung an und kleidet sich z. B. in Qom wesentlich konservativer als in Teheran.

KOPFBEDECKUNGEN
Am meisten haben Touristinnen damit zu kämpfen, dass ihr Kopftuch nicht verrutscht. Besonders Seidentücher sind extrem rutschig, sodass sie nur mit einem Knoten unter dem Kinn halten, was dann wirklich wie das gute alte Kopftuch der Großmutter aussieht. Ein Tuch aus grober Wolle ist besser, aber bei den Temperaturen nicht sehr angenehm. Am besten sind Baumwolltücher mit Strukturmuster, die nicht so rutschig sind und besser halten. Das Tuch muss auch groß genug sein, um den ganzen Kopf bis hinunter zu den Schultern zu bedecken. Am besten vor der Abreise damit üben.

Manche Frauen tragen ein breites Stirnband mit Gummizug, an dem sie das Kopftuch mit Sicherheits- oder Haarnadeln befestigen, damit es nicht verrutschen kann. In diesem Fall können auch Seiden- und dünne Baumwolltücher verwendet werden, was besonders im Sommer sehr angenehm ist. Dann aber das Stirnband nicht vergessen!

Zur Zeit der Recherche trugen modebewusste

Teheranerinnen ihr Kopftuch so weit hinten wie irgend möglich. Das funktioniert ganz gut bei langen Haaren, die zu einem Pferdeschwanz oder Dutt gebunden werden, auf dem das Kopftuch aufliegt, ist aber fast unmöglich bei kurzen Haaren.

UMHÄNGE
Die meisten Umhänge bestehen aus (im Sommer schrecklich klebrigem) Polyester- oder billigem Baumwollstoff. Modebewusste Iranerinnen bevorzugen ihn in Form eines Trenchcoats, unter dem es aber besonders warm und unbequem werden kann. Schließlich wird der Umhang auch im Restaurant, Kino, Ladengeschäft und in sonstigen Innenräumen getragen.

Eine bequeme Alternative für draußen ist eine lockere Strickjacke, die bis zu den Oberschenkeln reicht. Diese kann über einem T-Shirt oder dünnen Pulli getragen werden, muss aber von zu Hause mitgebracht werden, weil so etwas in Iran schwer zu finden ist. Im Sommer empfiehlt sich leichte, lockere Kleidung wie lange Bauernblusen oder Tuniken aus Naturfasern, die wie ein *shalwar kameez* (langes Hemd über Tunika) über weiten Hosen getragen werden. Wer über Indien nach Iran einreist, kann sich dort mit solchen Hemden eindecken.

Unter den Umhängen tragen die Frauen generell Hosen, auch Jeans sind völlig in Ordnung. Röcke dagegen sind nicht erlaubt.

SICHER UNTERWEGS FRAUEN UNTERWEGS

INTERNETSEITEN FÜR REISEHINWEISE
Hier veröffentlichen die jeweiligen Länder ihre Reisehinweise:

Deutschland (www.auswaertiges-amt.de)

Österreich (www.bmeia.gv.at)

Schweiz (www.eda.admin.ch)

TSCHADOR

Nur beim Besuch von bedeutenden heiligen Schreinen müssen auch Ausländerinnen den Tschador tragen. Diese liegen jedoch meistens am Eingang bereit.

Wie sollen sich Frauen verhalten?

Auf beiden Seiten gibt es jede Menge Halbwahrheiten und Klischees: Im Westen glauben viele, dass alle Iranerinnen in Schwarz gekleidete, unterdrückte Opfer sind, während viele Iraner aufgrund von ausländischen Filmen und Medien die westlichen Frauen für leicht zu haben und unmoralisch halten. Wer in Iran unterwegs ist, muss sich darüber im klaren sein, dass Sex vor der Ehe (zumindest offiziell) nicht üblich ist und dass einige Männer es deshalb vor dem Hintergrund oben erwähnter Vorstellungen bei westlichen Frauen, insbesondere Alleinreisenden, versuchen. Deshalb sollten Frauen mit einheimischen Männern höflich, aber nicht allzu freundlich umgehen. Bei Fragen sollten sie sich auch zuerst an eine Frau wenden, von denen die jüngeren zumeist Englisch sprechen.

Da die meisten Iranerinnen nur in Begleitung ihres Vaters, Bruders oder Ehemannes reisen (dürfen), erscheinen westliche Frauen, die alleine oder mit ihrem Freund reisen, sehr verdächtig und von höchst zweifelhaftem Ruf. Um dieses Misstrauen nicht noch zu verstärken, sollten Frauen folgende Konventionen beachten:

➡ Wenn es in Restaurants und Teehäusern ausgewiesene Bereiche für Frauen und Familien gibt, sollten sich Frauen dorthin setzen.

➡ Alleine sollten Frauen besser gar nicht in ein Teehaus gehen, weil die Männer sie entweder belästigen oder wie eine Aussätzige behandeln würden (denn nur einheimische Frauen von zweifelhaftem Ruf würden alleine in ein Teehaus gehen).

➡ In Stadtbusse sollten Frauen bei der für sie reservierten Tür in der Mitte einsteigen und sich ganz nach hinten zu den anderen Frauen setzen.

➡ In Fernbussen können Frauen überall sitzen, sollten jedoch versuchen, sich neben eine Frau zu setzen. Wenn eine westliche Frau mit einem Mann unterwegs ist, können sie natürlich nebeneinander sitzen.

➡ Eine Frau schüttelt einem iranischen Mann niemals die Hand, es sei denn, er fordert sie ausdrücklich dazu auf. Stattdessen legt sie die Hand aus Herz, um ihn zu begrüßen.

➡ Selbst zusammen mit einer Freundin sollte eine alleinreisende Frau einen Mann nur dann zu Hause besuchen, wenn mindestens eine Verwandte ebenfalls anwesend ist.

Wie sicher ist es?

Gewalt gegen Frauen kommt in Iran praktisch nicht vor, das Begrapschen im Gedränge dagegen schon (damit müssen Frauen auf jeden Fall rechnen). Über sexuelle Belästigung wird man selten etwas erfahren, auch wenn es tatsächlich passiert. Damit alleinreisende Frauen sicher sind, sollten sie sich möglichst eine Reiseführerin suchen, nicht in Teehäuser gehen und Budgethotels (*mosaferkhanehs*) meiden, in denen iranische oder ausländische Arbeiter untergebracht sind. In einigen Städten, wie z. B. Yazd, gibt es Frauentaxis, die von Frauen gefahren werden und auch nur Frauen befördern.

Was sollten Frauen unbedingt mitnehmen?

Genügend Tampons für die gesamte Reise, denn sie sind teuer und kaum zu bekommen. Dagegen sind Binden und Einlagen überall erhältlich. Außerdem empfiehlt es sich, immer ein paar Plastiktüten dabei zu haben, um auf Toiletten ohne Mülleimer das Klopapier, Tampons und Binden entsorgen zu können.

Kriminalität

Auch wenn es in Iran kaum zu Übergriffen oder Diebstählen kommt, sollten Reisende doch die übliche Vorsicht walten lassen. Allerdings kann eine weitere Verschlechterung der wirtschaftlichen Lage zu einem Anstieg der Kriminalität führen. Generell sind folgende Dinge zu beachten:

➡ Wertgegenstände sowie Pass, Geld und Fotoapparat sollte man ständig bei sich haben.

➡ Die Hotels sind zwar sicher, doch herumstehendes Gepäck kann die Hotelangestellten dazu verleiten, es zu durchsuchen und eventuell auch die Toilettenartikel „auszuprobieren".

➡ Da es einen blühenden Schwarzmarkt für ausländische Pässe gibt, sollte man den Pass (oder eine Kopie davon) nur an der Hotelrezeption abgeben und ansonsten ständig bei sich tragen.

➡ Im dichten Gedränge des Basars sind gerne Taschendiebe unterwegs.

Polizei & Sicherheitskräfte

Polizei und Militär sind zwar allgegenwärtig, wollen Ausländer in der Regel aber nicht belästigen. In Städten wie Isfahan, Shiraz und Mashhad gibt es sogar eine sehr hilfsbereite Touristenpolizei, die in günstig gelegenen Ständen stationiert ist und teilweise auch Englisch spricht.

Beim Fotografieren sollte man sehr vorsichtig sein, denn darauf kann die Polizei ziemlich empfindlich reagieren. Wer versehentlich etwas Verbotenes (wie die Grenze, den Bahnhof in Teheran etc.) fotografiert hat und dabei erwischt wird, sollte der Polizei das mit touristischem Interesse erklären und die Fotos löschen. Auf keinen Fall sollte man sich auf eine Diskussion einlassen.

Ausländer sollten ihren Pass zwar ständig bei sich tragen, doch auch die Hotels müssen die Pässe ihrer Gäste bei Bedarf der Polizei vorlegen können. Eine gute Lösung für dieses Problem ist, die Seite des Passes mit dem Lichtbild und das iranische Visum mehrmals zu kopieren, eine Kopie im Hotel zu hinterlegen und den Pass und die anderen Kopien immer bei sich zu behalten. Wird man unterwegs angehalten, kann man im Zweifelsfall erst einmal die Kopien vorlegen.

Fahrzeuge in Grenznähe werden von der Polizei oft angehalten und nach Drogen oder anderer Schmuggelware durchsucht.

Verkehrssicherheit

Die iranische Fahrweise ist völlig unberechenbar und so lauern beim Autofahren und im Straßenverkehr generell die größten Gefahren. Da hilft es (vielleicht) nur, den Fahrer zu bitten, etwas langsamer zu fahren (*yavash tar boro!*) oder auf die Bahn umzusteigen.

In einem perversen Mix aus Horror und Übermut sind die Iraner stolz darauf, weltweit die meisten Verkehrstoten pro Einwohner zu haben. So starben 2014 mehr als 17 000 Menschen bei Verkehrsunfällen und 300 000 wurden verletzt.

Verkehrsregeln werden grundsätzlich nicht beachtet und die Wahrscheinlichkeit, dass ein Auto an einer Kreuzung anhält, ist direkt proportional zur Größe der entgegenkommenden Fahrzeuge. Um sich Geltung und Vorfahrt zu verschaffen, haben die pfiffigen Iraner ihre Autos mit ohrenbetäubenden Hupen ausgestattet, wie sie sonst nur in großen Trucks und Bussen zu finden sind. Ein kurzes Aufheulen und schon quietschen die

Bremsen aus Angst vor dem nahenden Ungetüm. Und das kleine Auto mit der großen Hupe überquert ungehindert die Kreuzung. Größe (ob real oder vorgeblich) ist eben alles, was zählt.

Ebenfalls zu beachten sind die speziellen Gegenverkehrspuren, auf denen Busse entgegen der Fahrtrichtung fahren dürfen, und Motorräder, die bei Rot über die Ampel fahren, über Fußwege und durch die überfüllten Straßen des Basars brausen.

Kein Fahrzeug hält bei einem Fußgängerüberweg an, sodass die Überquerung einer Straße zur tödlichen Gefahr werden kann. Da ist es nur ein schwacher Trost, dass bei einem Unfall mit einem Fußgänger immer der Autofahrer schuld ist und er der Familie eines getöteten Opfers Blutgeld zahlen muss. Bis man sich im iranischen Verkehrschaos zurecht findet, sollte man vielleicht folgenden pragmatischen Ratschlag beherzigen: Eine belebte Straße immer zusammen mit einem Iraner überqueren und dabei darauf achten, dass der Iraner dichter an den ankommenden Fahrzeugen ist als man selbst.

Allgemeine Informationen

Aktivitäten

Die Landschaften Irans bieten zahllose Möglichkeiten, aktiv zu werden, wobei die Highlights zweifellos Wandern, Felsklettern, Bergsteigen und Skifahren sind. Tauchen und Schwimmen sind am Persischen Golf möglich, sind aber eher Freizeitaktivitäten der Einheimischen.

Bergsteigen

Iran hat Dutzende hohe Berge, einige mit permanent schneebedeckten Gipfeln. Viele können bei halbwegs guter Kondition bestiegen werden, ohne dass eine besondere Ausrüstung, Erfahrung oder ein Bergführer nötig wären. Aber es empfiehlt sich, vor einer Tour immer die Gegebenheiten zu erfragen. Anfang Juni bis Ende August ist hier Klettersaison.

Die folgenden Adressen sind gute Anlaufstellen:

Iran Mountain Zone (www.mountainzone.ir) Iranische Bergsteiger-Website mit einigen Berglogbüchern auf Englisch, einer Auflistung der Berge und Kontaktadressen von lokalen Bergsteigervereinen.

Peakware (www.peakware.com) Hat Gipfellogbücher von 36 iranischen Bergen, darunter Damavand und Sabalan.

Summit Post (www.summit post.org) Unter dem Link „Iran" sind ältere, aber detailliertere Bergsteigerberichte zu finden.

Iranian Mountain Guides (http://mountainguide.ir/) Nützlich, um einen Berg- oder Trekkingführer zu finden.

Mazieh Mandegari (maziehman degari@yahoo.com) Staatlich anerkannte und sehr erfahrene Bergführerin mit Sitz in Yazd.

ZIELE FÜR BERGSTEIGER

Im großartigen Elburs-Gebirge gibt es 70 Berge über 4000 m; die hier aufgeführten sind die bedeutendsten.

Damavand (5671 m; S. 76) Irans höchster und bekanntester Berg nordöstlich von Teheran hat eine klassische Fujiyama-Silhouette, aber ihn zu besteigen, ist technisch nicht sehr schwierig.

Alam Kuh (4850 m; S. 120) Der Alam ist der technisch anspruchsvollste Berg aufgrund einer 800 m hohen, fast vertikalen Granitwand an der äußerst schwierigen Nordwand: eine Herausforderung von Weltniveau.

Sabalan (4811 m) Der unglaubliche (und Irans dritthöchste) Berg in der Provinz Ardabil kann zu Fuß in drei Tagen bestiegen werden bzw. an einem Tag, wenn man schummelt und sich zum Basislager fahren lässt.

Oshtoran Kuh (San Boran; 4150 m) Unergründlich, das beginnt schon beim Anmarsch. Bergsteiger brauchen für diesen Koloss im Zagros-Gebirge hoch über dem gefrorenen Gahar-See einen Bergführer.

Shah Alborz (4125 m) Der Aufstieg über die Südflanke des höchsten Bergs im westlichen Elburs-Gebirge ist eine dreitägige Tour durch die Wildnis.

Sahand (Kamal Dag; 3707 m) Von einem Wintersportort aus ist es ein einfacher, 5 km langer Spaziergang auf den berühmten Gipfel bei Tabriz. Es könnte etwas windig werden ...

Alvand Kuh (Alvand; 3580 m) Bei schönem Wetter ist Hamdans ganzer Stolz an einem Tag zu schaffen.

Felsklettern

Felsklettern wird in Iran immer populärer und es gibt mehrere gut zugängliche und anspruchsvolle Kletterrouten. Ausrüstung zu mieten ist nicht einfach, aber begeisterte Kletterer können einfach an vielen Wänden auftauchen und werden dann vermutlich von den Einheimischen zum Mitmachen eingeladen (besonders an Wochenenden). Es ist ratsam, sich vor der Tour bei der Polizei oder der Touristeninformation zu erkundigen, da bestimmte, scheinbar harmlose Kletterwände auf sicherheitsrelevante Militärposten blicken. Wenn jedoch Einheimische hier klettern, wird es kein Problem sein.

ZIELE FÜR KLETTERER

Gute Klettermöglichkeiten bieten die Maku- und die Yafteh-Wand bei Khorrammabad. Folgende Kletterwände sind ebenfalls reizvoll:

Band-e Yakhchal Eine Stunde zu Fuß bergauf ab Darband in Nordteheran befinden sich mehrere niedrige Wände und die 200 m hohe Servin-Wand; es gibt dort eine Hütte namens Shervin Hut. Die unteren 25 m wurden für Kletterer präpariert. Es wird berichtet, dass es im Sommer schwierig, aber technisch nicht besonders anspruchsvoll ist, bis zum Gipfel zu klettern. Freitags ist hier viel los.

Farhad Tarash (Bisutun-Wand) Eine der Felswände um die antiken Felsschriften von Bisutun ist besonders anspruchsvoll. Die Touristeninformation in Kermanshah vermittelt den Kontakt zum lokalen Kletterverein, der Tipps und Ausrüstung bereitstellt.

Alam Kuh (Alam) Die 800 m hohe Wand ragt auf einer Höhe von 4200 m auf und ist eine größere Expedition. **Kassa Tours** (☏021-7751 0464/3; www.kassatours.com) bietet eine sechstägige Tour an, einschließlich Zeit zur Akklimatisierung. **Iran Mountain Zone** (www.mountainzone.ir) hat gründliche Routenbeschreibungen.

Leute, die diese Kletterwände kennen, lassen sich gut bei **Summit Post** (www.summitpost.org) kontaktieren. Auf www.rockclimbing.com/routes/Asia/Iran gibt's ein Verzeichnis, aber mit wenig Informationen.

Radfahren

Auf den Fernstraßen Irans donnern beängstigend viele Lastwagen, Nebenstraßen eignen sich gut für Radreisen. Einheimische radeln eher selten, aber schon lange trotzt ein beständiger Strom von Radfahrern auf dem Landweg von Europa nach Asien dem Verkehr. Derzeit ist es kaum empfehlenswert, weiter als bis Zentraliran zu radeln. Das liegt eher an der Sicherheitslage als an den Straßenzuständen.

Skifahren

In Iran gibt es über 20 erschlossene Skigebiete. Die Saison ist lang, der Schnee oft pudrig und unberührt und im Vergleich zu westlichen Skigebieten ist Skifahren in Iran ziemlich preisgünstig.

In allen Skiresorts gibt es Berghütten, Chalets und Hotels. Die Liftkarte kostet nur 10 US$ pro Tag. Skibretter, -stöcke und -schuhe werden in den Resorts verliehen, nicht jedoch Kleidung. An den Hängen herrscht so ziemlich die größte Geschlechtergleichheit in Iran außerhalb der privaten Heime. Skifahren wurde nach der Revolution verboten. Nachdem das Verbot 1988 aufgehoben wurde, sah man Frauen nur im Tschador auf den Brettern. Unter Chatamis Präsidentschaft ab 1997 wurden die Restriktionen erheblich gelockert. Sie sind dann unter dem Präsidenten Ahmadinedschad wieder etwas verschärft worden. Frauen müssen heute immer noch den Kopf bedeckt halten, aber an den höheren Hängen ist meist viel offenes Haar zu sehen (besonders in Shemshak). Skifahren ist unter wohlhabenden jungen Leuten sehr beliebt.

SKISAISON

Die Saison im Elburs-Gebirge (wo es die meisten Skihänge gibt) beginnt bereits im November und dauert bis Nouruz (also etwa Anfang April); um Tabriz und Dizin (in der Nähe von Teheran) kann sie bis Mitte Mai andauern. Donnerstags und freitags sind die Hänge voll mit Iranern, samstags mit Diplomaten und Expats. An anderen Tagen ist es meist ziemlich ruhig. Iraner fahren nicht oft auf Tiefschneepisten, es ist also selbst an Freitagen gut möglich, unberührten Schnee zu finden.

SPEZIALISTEN FÜR OUTDOOR-AKTIVITÄTEN

Die folgenden Unternehmen sind Spezialisten für Wandern, Bergsteigen und Ökotourismus in Iran.

Aftab Kalout (☏021-6648 8375, 021-6648 8374; www.kalout.com) Professionelle Agentur in Teheran für Ökotourismus, Wüstenausflüge, Wandern, Umwelt- und Kulturtouren.

Araz Adventure Tours (☏021-7760 9292; www.araz.org) Von Lesern empfohlen. Hat diverse Angebote zum Bergsteigen, Klettern, Pferd- und Kameltrekking sowie Kulturtouren. Der Leiter Mohsen Aghajani spricht Englisch. Ausrüstungen werden weitgehend gestellt.

Kassa Tours (☏021-7751 0464/3; www.kassatours.com) Wandern, Felsklettern, Heliskiing, Wüstenexpeditionen und Klettertouren zu „allen Bergen, die man ersteigen will". Chef ist der erfahrene, Englisch sprechende Kletterer Ahmad Shirmohammad.

Sepid Mountaineering Company (☏0917-313 2926, 0711-235 5939; www.iransightseeing.com) Abdollah Raeesi und seine Leute organisieren von Shiraz aus Bergsteigen, Skilanglauf sowie Nomaden- und Reittouren.

Adventure Iran (☏021-2656 6026; www.adventureiran.com) Das Unternehmen in Teheran wird von erfahrenen Wanderern und Bergsteigern, darunter Reza Zarei, geführt. Die Agentur stellt auch Reiserouten speziell für Backpacker zusammen.

ZIELE FÜR SKIFAHRER

Einige der größten Skigebiete in Iran:

Teheran Am einfachsten zu erreichen und mit den besten Pisten sind Dizin (S. 74), Darbansar (S. 75), Tochal (S. 51) und Abali (S. 74).

Westiran In der Nähe von Tabriz gibt es gute Abfahrten und Skiresorts im benachbarten Ardabil, Hamadan und Bijar.

Zagros-Gebirge Kleinere Skigebiete bei Sepidan (S. 186) nördlich von Shiraz und bei Chelgerd (S. 186) westlich von Isfahan.

INFOS IM INTERNET

Genauere Informationen zu allen Skigebieten hat die sehr hilfsbereite **Iran Ski Federation** (☏021-2256 9595; www. skifed.ir), auch auf ihrer Website (auf Farsi, Übersetzung über Chrome).

Hilfreich sind auch www. iranskitours.ir und www. iranski.com.

Tauchen & Schnorcheln

Gerätetauchen und Schnorcheln beschränken sich auf die Gewässer um die Inseln Kish und Qeshm im Persischen Golf. Es gibt dort einige schöne Korallenriffe und viel farbenfrohes Meeresgetier, aber mit dem Roten Meer oder anderen erstklassigen Tauchrevieren der Region ist es nicht zu vergleichen. Qeshm ist die bessere Wahl, das **Kish Diving Center** (Karte S. 228; ☏0912 854 3246; www.kishdiving. com; ☺7–18 Uhr) ist ein gutes Tauchzentrum.

Frauen und Männer tauchen nicht gemeinsam und fahren auf verschiedenen Booten aufs Meer.

Wandern

Gute Wandermöglichkeiten gibt es reichlich in Iran, aber an Informationen ist schwer ranzukommen. Naders Beschreibungen von verschiedenen Routen auf www.sum mitpost.org sind vermutlich der beste Ausgangspunkt, selbst wenn sie über zehn Jahre alt sind.

Alleine loszuziehen ist möglich, aber einen Führer anzuheuern lohnt sich, sowohl weil er übersetzen kann und Freunde entlang der Route hat, als auch für die eigentliche Orientierung. In abgelegenen Regionen, besonders in Grenznähe, ist oft mit Sicherheitszonen und Militär- oder Polizeipräsenz zu rechnen. 2009 wurden drei Amerikaner verhaftet, die sich bei ihrer Wanderung im irakischen Kurdistan nach Iran verirrten und erst 2011 freigelassen wurden. Ein iranischer Bergführer oder ein paar Sätze Farsi sollten eventuelle Missverständnisse klären können. Trinkwasser ist oft schwer zu finden, es ist also ratsam, in Wüstenregionen genug Vorrat und in anderen Gebieten Reinigungstabletten oder Wasserfilter mitzunehmen.

Frauen, die eine weibliche Wanderführerin vorziehen, können **Mazieh Mandegari** (maziehmandegari@yahoo. com) in Yazd kontaktieren.

ZIELE FÜR WANDERER

In vielen Gebieten, besonders im Nordwesten und um Teheran, sind Ein- oder Zweitageswanderungen möglich. Um Teheran sind **Tochal** (تله کابین توچال ;Karte S. 52; ☏021-2387 5000; www. tochal.org; Yaddeh-ye Telecabin, abseits der Velenjak Ave; einfach/hin & zurück Station 2: 100 000/150 000 IR, Station 5: 130 000/270 000 IR, Station 7: 380 000/650 000 IR; ☺ab Station 1: Sa, Di & Mi 8.30–14, Do bis 15, Fr 7–15 Uhr; Ⓜ Tajrish, dann Taxi) und **Darband** (دربند ;Karte S. 52; Ⓜ Tajrish, dann Taxi) gute Startpunkte. Kelardasht (S. 117), Masuleh (S. 115) und **Takht-e Soleiman** (Thron des Salomon; ☏044-4545 3311; 200 000 IR ☺8 Uhr–Sonnenuntergang) eine Ecke weiter weg sind gute Startpunkte für Bergwanderungen. Ein- und Zweitageswanderungen durch die Wüste sind problemlos ab Yazd zu machen.

Die wohl beliebteste und lohnendste Route (im

Frühjahr und Sommer) führt durch das geschichtsträchtige Alamut-Tal (S. 124), einst Heimat der Assassinen; eingeschlossen ist eine Wanderung durch das Elburs-Gebirge und hinab zum Kaspischen Meer.

Botschaften& Konsulate

Es ist wichtig zu wissen, was die Botschaft des jeweiligen Heimatlands tun kann und was nicht, wenn man in Schwierigkeiten gerät. Generell gesagt, sieht es schlecht aus, wenn die Probleme auch nur entfernt selbst verschuldet sind. In Iran gilt das Gesetz des Gastlands und die Botschaft wird wenig Verständnis haben, wenn man hier eine Straftat begeht und im Gefängnis landet, selbst wenn das betreffende Vergehen im eigenen Land nicht strafbar ist. Mit Unterstützung ist z. B. bei feministischen oder sonstigen politischen Äußerungen in Iran nicht zu rechnen. In echten Notfällen ist etwas Hilfe möglich, wenn andere Möglichkeiten erschöpft sind. Wenn Geld und Papiere gestohlen wurden, wird die Botschaft einen neuen Pass ausstellen, aber kein Geld für die Weiterreise vorschießen.

Ein Verzeichnis aller iranischen Botschaften weltweit gibt es beim **Iranischen Auswärtigen Amt** (Iranian Ministry of Foreign Affairs; www. mfa.ir).

Botschaften & Konsulate in Iran

Viele Botschaften bitten Reisende darum, ihre Ankunft im Land telefonisch zu melden und den Konsul zu verlangen. Dem sollte entsprechend auch die Abreise mitgeteilt werden. Für einen echten Notfall wird außerhalb der Geschäftszeiten unter der jeweiligen, unten angegebenen Nummer eine Notfallnummer angesagt. Die folgenden Länder haben Vertretungen in Teheran:

ALLGEMEINE INFORMATIONEN ESSEN

361

Afghanische Botschaft (Karte S. 44; ☎021-8873 7050; www.afghanembassy.ir; Ecke 4th & Pakistan St, abseits der Beheshti Ave; ⊗Sa-Mi 8–14 Uhr; Ⓜ Shahid Beheshti); in Mashhad (Karte S. 273; ☎051-3859 7551; www.cg-afg.com; Akhund Khorasani 23; ⊗Mo-Do 8–14 Uhr)

Armenische Botschaft (Karte S. 44; ☎021-6670 4833; www.iran.mfa.am; Ecke Ostad Shahriar & Razi St; ⊗So-Do 9–18 Uhr; Ⓜ Theatr Shahr) Touristenvisa werden auch an der Grenze und am Flughafen Jerewan ausgestellt.

Aserbaidschanische Botschaft (Karte S. 52; ☎021-2256 3146; www.tehran.mfa.gov.az; 16 Rastovan St; ⊗Sa-Mi 9–12.30 Uhr; Ⓜ Shariati); in Tabriz (https://evisa.gov.az; Aref St, Valiasr) Ein 30 Tage gültiges Touristenvisum wird in Teheran ausgestellt, meist nur auf Einladung, die in Baku beglaubigt worden ist; Infos sind telefonisch zu erfragen. Visa gibt es nicht an den Grenzübergängen.

Deutsche Botschaft (Karte S. 38; ☎021-3999 0000; www.teheran.diplo.de; 324 Ferdowsi St; ⊗So-Do 7–15.30 Uhr; Ⓜ Sa'di)

Indische Botschaft (Karte S. 44; ☎021-8875 5103; www.indianembassy-tehran.ir; 46 Miremad St, Ecke 9th St; ⊗So-Do 9–12.30 Uhr; Ⓜ Shahid Beheshti)

Irakische Botschaft (Karte S. 44; ☎021-8893 8865; www.mofamission.gov.iq; Valiasr Ave; Ⓜ Meydan-e Valiasr) Visa hängen von der aktuellen Lage in Irak ab.

Österreichische Botschaft (Karte S. 52; ☎021-2275 0040; www.bmeia.gv.at/botschaft/teheran.html; Ecke Bahonar St, Moghaddasi St, Zamani St, Mirvali, Nr. 6 und 8; ⊗So-Do 9–12 Uhr; Ⓜ Tajrish, dann Taxi)

Pakistanische Botschaft (Karte S. 44; ☎021-6694 1388; www.mofa.gov.pk/iran; 1 Etemadzadeh Ave; ⊗Sa-Mi 8.30–13.30 Uhr; Ⓜ Meydan-e Enghelab Eslami) Die Botschaft stellt keine Visa für Personen aus, die nicht in Iran ansässig sind; die Konsu-

late haben schon seit mehreren Jahren keine mehr ausgestellt.

Schweizerische Botschaft (Karte S. 52; ☎021-2200 6002; www.eda.admin.ch/tehran; 2 Yasaman St, abseits der Sharifi Manesh Ave; ⊗So-Do 8–12 Uhr; Ⓜ Sadr)

Tadschikische Botschaft (Karte S. 52; ☎021-2283 4650; www.tajembiran.tj; 10, 3rd Alley, Shahid Zeinaly St, Niyavaran; ⊗Mo, Mi, Do & So 9–12 Uhr) Nördlich des Niyavaran-Palastes; stellt gegen 30/40/50 US$ Touristenvisa für eine/zwei/vier Wochen aus. Dauert eine Woche; verlangt wird ein Empfehlungsschreiben der eigenen Botschaft.

Türkische Botschaft (Karte S. 38; ☎021-3595 1100; http://tehran.emb.mfa.gov.tr; 337 Ferdowsi St; ⊗So-Do 9–17 Uhr; Ⓜ Sa'di)

Turkmenische Botschaft (Karte S. 52; ☎021-2220 6306; http://iran.tmembassy.gov.tm; 5 Barati St, abseits der Vatanpour St; ⊗So-Do 9.30–11 Uhr; Ⓜ Tajrish, dann Taxi); in Mashhad (Karte S. 273; ☎051-3854 7066; Do Shahid St, abseits des Dah-e Dey Sq; ⊗Mo-Do & Sa 8.30–12 Uhr) Ein fünftägiges Transitvisum oder ein Touristenvisum wird entweder am gleichen Tag oder nach einer Woche ausgestellt (also inkonsistent). Verlangt werden ein Empfehlungsschreiben (z. B. von www.stantours.com), Fotos und Kopien. Ist der Antrag genehmigt, hängt die Geschwindigkeit des Stempelns von der Bezahlung ab.

Usbekische Botschaft (Karte S. 52; ☎021-2229 9780; www.uzbekembassy.ir; 15 4th Dead End, abseits der Aqdasieh St; Ⓜ Nobonyad) Siehe Website für die genauen Anforderungen für ein Visum und die entsprechenden Kosten. Die Botschaft liegt in der Nähe des Sadaf Shopping Centre.

Essen

Mehr über Essen und Trinken siehe „Die iranische Küche" (S. 319).

Feiertage

Feiertage haben wie bei uns entweder einen religiösen oder einen weltlichen Hintergrund. Es lohnt sich, die Termine zu kennen, besonders wenn eine Visumsverlängerung geplant ist. Behörden und auch sonst fast alles sind an Feiertagen zumindest am Vormittag geschlossen, aber viele kleine Geschäfte öffnen am Nachmittag. Verkehrsmittel fahren ziemlich regulär und Hotels bleiben geöffnet, viele Restaurants sind jedoch geschlossen. Feiertage werden oft um einen Tag verlängert, wenn sie um ein iranisches Wochenende fallen. In Teheran werden manchmal kurzfristig „Feiertage" ausgerufen, wenn die Luftverschmutzung gefährliche Werte erreicht. In den vergangenen Jahren geschah das Mitte Juli und

---

PREISKATEGORIEN: RESTAURANTS

Die folgenden Preiskategorien beziehen sich auf eine Hauptmahlzeit:

**$** unter 5 US$ (200 000 IR)

**$$** 5–10 US$ (200 000–375 000 IR)

**$$$** über 10 US$ (375 000 IR)

In Teheran und Zentraliran sind die Preise höher:

**$** unter 10 US$ (375 000 IR)

**$$** 10–20 US$ (375 000–700 000 IR)

**$$$** über 20 US$ (700 000 IR)

UNGEFÄHRE TERMINE FÜR RAMADAN

➡ 16. Mai–14. Juni 2018

➡ 6. Mai–4. Juni 2019

➡ 24. April–23. Mai 2020

➡ 13. April–12. Mai 2021

Ende November/Anfang Dezember. Diese „Feiertage" betreffen Behörden, Schulen, Universitäten, Sportstadien und können auch (aber nicht immer) Museen einschließen.

Religiöse Feiertage

Religiöse Feiertage folgen dem muslimischen Mondkalender, das entsprechende Datum im westlichen Kalender verschiebt sich daher jedes Jahr um zehn oder elf Tage nach vorne.

Tasua (9. Moharram, 19. September 2018)

Ashura (10. Moharram, 20. September 2018) Jahrestag des Todes von Hossein, des dritten schiitischen Imams, in der Schlacht von Kerbela im Oktober 680 n. Chr. Der Tag wird begangen mit kultischen Inszenierungen und Trauerumzügen.

Arbaeen (20. Safar, 10. November 2018) Der 40. Tag nach Ashura.

Tod des Propheten Mohammed (28. Safar, 19. November 2018)

Tod des Imam Reza (30. Safar, 9. November 2018)

Geburt des Propheten Mohammed (17. Rabi'-ol-Avval, 20. November 2018)

Tod der Fatima (3. Jamadi-I-Okhra, 19. February 2018) Fatima war die Tochter des Propheten Mohammed.

Geburt des Imam Ali (13. Rajab, 30. März 2018)

Himmelfahrt des heiligen Propheten (27. Rajab, 13. April 2018)

Geburtstag des Imam Mahdi (15. Shaban, 1. Mai 2018)

Tod des Imam Ali (21. Ramazan, 5. June 2018)

Eid al-Fitr (1. Shavval, 15. Juni 2018) Fest des Fastenbrechens, das Ende des Ramadan. Am letzten Tag des Ramadan werden nach Sonnenuntergang im ganzen Land gewaltige Festessen aufgetischt.

Tod des Imam Jafar Sadegh (25. Shavval, 9. Juli 2018)

Eid-e Ghorban (10. Zu-l-Hejjeh, 22. August 2018) Der Tag, an dem Abraham seinen Sohn als Opfer anbot. Zahlreiche Schafe werden geschlachtet.

Qadir-e Khom (Eid-al-Ghadir; 18. Zu-l-Hejjeh, 30. August 2018) Der Tag, an dem der Prophet Mohammed auf dem Rückweg nach Mekka den Imam Ali zu seinem Nachfolger erklärte.

RAMADAN

Während des Monats Ramadan, in Iran Ramazan genannt, wird von Muslimen erwartet, von Sonnenaufgang bis Sonnenuntergang zu fasten, auch nicht zu trinken (einschließlich Wasser) und zu rauchen. Das wird weniger als unangenehme Tortur, sondern als Chance gesehen, Körper und Geist einer rituellen Reinigung zu unterziehen. Einige Iraner, besonders in den Großstädten, nehmen es mit dem Fasten nicht so genau, aber die meisten halten sich mindestens einen Teil des Monats daran. Einige Muslime sind vom Fasten befreit (z. B. schwangere und menstruierende Frauen, Reisende, Alte und Kranke), ebenso Nichtmuslime, aber sie dürfen nicht vor Fastenden essen oder trinken.

Der Ramadan kann anstrengend sein, besonders wenn er auf den Sommer fällt, wenn die Tage viel zu lang sind und Hitze und Hunger oft die Nerven freilegen. Betriebe und Läden sind unregelmäßig geöffnet. Öffentliche Verkehrsmittel funktionieren jedoch auch weiterhin. Es besteht kein Grund zur Sorge, auf Flügen, Zug- oder Busfahrten nichts zu essen zu bekommen, auch halten viele Hotels ihre Restaurants geöffnet. Andere

Restaurants schließen entweder ganz oder öffnen erst nach Sonnenuntergang. Viele Geschäfte verkaufen Lebensmittel auch während des Ramadan, sodass Reisende einkaufen und auf ihrem Zimmer essen können.

In größeren Städten sollte es keine Probleme geben, aber in ländlichen Gebieten kann es schwierig sein, tagsüber irgendetwas zu essen zu finden.

Weltliche Feiertage

Weltliche Feiertage folgen dem persischen Sonnenkalender und fallen in der Regel jedes Jahr auf den gleichen Tag wie im westlichen Kalender.

Tag der Revolution (11. Februar, 22. Bahman) Jahrestag der Machtübernahme Chomeinis 1979.

Tag der Verstaatlichung des Erdöls (20. März, 29. Esfand) Gedenktag an die Verstaatlichung der Anglo-Iranian Oil Company 1951.

Nouruz (21.–24. März, 1.–4. Farvardin) Iranisches Neujahrsfest.

Tag der Islamischen Republik (1. April, 12. Farvardin) Jahrestag der Gründung der Islamischen Republik Iran 1979.

Sizdah be Dar (2. April, 13. Farvardin) Der „Tag der Natur" ist der 13. Tag des iranischen Neujahrs, wenn Iraner traditionell ins Grüne gehen.

Tod des großen Führers der Islamischen Republik (4. Juni, 14. Khordad) Todestag des Ajatollah Chomeini 1989. Rund 500 000 Iraner strömen nach Teheran, Qom (wo er ausgebildet wurde und lebte) und ins Dorf Chomein (wo er geboren wurde).

Jahrestag der Verhaftung des Ajatollah Chomeini (5. Juni, 15. Khordad) 1963 wurde Chomeini verhaftet, nachdem er Muslime in der ganzen Welt dazu aufgerufen hatte, sich gegen die Supermächte zu erheben.

NOURUZ

Nouruz, das iranische Neujahr, ist ein großes Familienfest vergleichbar mit

Weihnachten im Westen. Für Reisende wichtig: Iran macht zwischen dem 21. März (Beginn des neuen Jahres) und Sizdah be Dar (2. April) praktisch dicht. Eine Unterkunft zu finden (besonders in Mittel- und Spitzenklassehotels) ist ab etwa dem 17. März bis zum 2. April ziemlich schwer und alle Fernverbindungen öffentlicher Verkehrsmittel sind nahezu ausgebucht. Savaris jedoch verkehren dann häufiger, was einige Kurzstrecken erleichtert. Behörden und die meisten Betriebe, auch viele Restaurants, schließen vom 21. bis einschließlich 25. März, manche für ganze zwei Wochen. Unmöglich ist es nicht, an Nouruz zu reisen, aber beliebte Touristenziele wie Isfahan, Mashhad, Yazd, Shiraz und alle Orte am Persischen Golf oder Kaspischen Meer sollten besser gemieden werden. Bergregionen wie das ländliche Kurdistan, Wirtschaftsmetropolen wie Teheran und Kermanshah sind relativ wenig überlaufen. Positiv ist hingegen, dass Museen und Sehenswürdigkeiten längere Öffnungszeiten haben und manche ansonsten geschlossene Attraktionen überhaupt geöffnet sind.

Fotografieren

Speicherkarten sind überall erhältlich, besonders in größeren Städten.

Menschen fotografieren

Die meisten Iraner lassen sich gern fotografieren, vorausgesetzt, sie werden vorher gefragt. Einzelne Frauen jedoch werden meist Nein sagen, egal, wie nett gefragt wird. Ausnahmen werden eventuell bei weiblichen Fotografen gemacht.

Das eigene Angebot, Fotos von iranischen Freunden und Bekannten zu machen und sie ihnen dann per Post oder E-Mail zu schicken, wird sehr gerne angenommen – so

lange man sie auch wirklich schickt. Wer nicht die Absicht hat, sollte es erst gar nicht versprechen.

Einschränkungen

Auf keinen Fall dürfen Flughäfen, Marinewerften, Atomkraftwerke, Militäranlagen, Botschaften oder Konsulate, Gefängnisse, Fernmeldeämter und Polizeiwachen fotografiert werden – im Prinzip alle Regierungsgebäude. Eine Gruppe polnischer Touristen wurde in Bandar Abbas stundenlang festgehalten, weil sie den Hafen fotografiert hatten, andere Reisende wurden in Howraman-at-Takht verhaftet, weil sie unwissentlich ein Foto eines Hügels aufnahmen, der zufällig die irakische Grenze war. Wer erwischt wird, stellt sich am besten als dämlicher Tourist dar.

Geld

Die offizielle Währung ist der iranische Rial, aber die Iraner reden fast immer vom Toman, einer Einheit, die zehn Rial entspricht. Angesichts

der galoppierenden Inflation konvertieren wir manchmal die Preise in US-Dollar, allerdings tun dies mit jedem Jahr immer weniger iranische Geschäfte.

Im Grunde müssen Besucher in Iran immer bar bezahlen – keine Kreditkarten, keine Reiseschecks, nur Bargeld – vorzugsweise Euroscheine mit hohem Nennwert oder US-Dollar, die nach 1996 gedruckt wurden. Abgesehen von einigen Hotels, Teppichgeschäften und Reiseagenturen, wo mit Euro oder Dollar gezahlt werden kann, sind alle Transaktionen in Rial zu tätigen. Werden Preise in Euro angegeben, tun wir das im Buch auch. Andere wichtige Währungen wie britisches Pfund, Schweizer Franken und VAE-Dirhams können in Teheran und anderen Großstädten gewechselt werden, nicht jedoch in kleineren Ortschaften. Die türkische Lira wird überall abgelehnt, außer nahe der türkischen Grenze; das Gleiche gilt für die afghanischen, aserbaidschanischen, turkmenischen und pakistanischen Währungen.

RIAL ODER TOMAN?

Kaum in Iran angekommen, fällt einem auf, dass die Leute hier über Preise in Toman reden, obwohl die Währung die Rial ist. Ein Toman entspricht zehn Rial, es ist also ein bisschen so, als würde ein Verkäufer in Europa „1" verlangen, wann immer er 10 € will.

Zu allem Übel sagen Taxifahrer und Ladeninhaber oft „eins" als Kurzform für 10 000 IR. Bevor jedoch überlegt wird, die Reise wegen finanzieller Verwirrung abzusagen: Nach ein paar Tagen versteht jeder, dass der Taxifahrer 50 000 IR meint, wenn er fünf Finger zeigt. Stellt sich dann erst ein Gefühl für die Preise ein, wird auch schnell klar, dass alles, was zu günstig (oder zu teuer) erscheinen mag, es wahrscheinlich auch ist.

In der Zwischenzeit kann man sich die Preise immer aufschreiben lassen und dann nochmals nachfragen, ob es sich um Toman oder Rial handelt – ein Taschenrechner ist da ganz praktisch, da er die Zahlen in westlichen statt arabischen Ziffern anzeigt.

Und kaum ist die Sache mit dem Rial endlich klar, plant die Regierung, ihn in den kommenden Jahren mit dem Toman als offizielle Währung Irans auszutauschen.

Welche Währung auch genutzt wird, wichtig ist vor allem, so viel Bargeld, wie schätzungsweise gebraucht wird, und noch einen Batzen mehr mitzubringen. Erst einmal in Iran angekommen, ist es ein Albtraum, an Geld zu kommen.

Banken

Zur Zeit der Recherche durften Banken Geld nur zu einem vorgeschriebenen Kurs wechseln, dem sogenannten First Market, der sehr viel niedriger liegt als der Kurs auf dem freien Markt, der in Wechselstuben angeboten wird. Wie lange die vorgeschriebenen Wechselkurse bleiben werden, ist völlig offen.

Es scheint zwar manchmal, als sei jedes vierte Gebäude eine Bank, aber nur einige wenige Banken wechseln tatsächlich Geld, meist nur US-Dollar und Euro (sofern der vorgeschriebene Tageskurs aus Teheran zwischen 9 und 10 Uhr eingetroffen ist). Am besten sind immer die jeweilige Hauptfiliale (markazi) der Bank Melli (BMI) oder Filialen der anderen großen Banken: Bank Mellat, Bank Tejarat, Bank Sepah und Bank Saderat. Für die Transaktion muss der Reisepass vorgelegt werden, die Bankangestellten sind beim Farsi-Papierkram behilflich.

Bargeld

Es sind Münzen im Wert von 1, 2, 5, 10, 20, 50, 100, 250, 500, 1000 und 5000 IR im Umlauf. Münzen im Wert von 1 IR sind so selten (sie werden nicht mehr geprägt), dass sie als Glücksbringer gelten, obwohl sie absolut wertlos sind. Die Münzen tragen nur Farsi-Zahlen, Banknoten hingegen persische und europäische Ziffern. Geldscheine gibt es im Wert von 100 (selten), 200 (selten), 500, 1000 (zwei Varianten), 2000 (zwei Varianten), 5000 (zwei Varianten), 10 000, 20 000, 50 000, 100 000 und 500 000 IR.

In der Regel kümmert es niemanden, in welchem Zustand die Geldscheine sind, bis dann völlig unerwartet jemand einen Schein ablehnt, weil er einen winzigen Riss hat oder zu schmuddelig ist. Ausländische Währungen werden abgelehnt, wenn sie nicht sauber und völlig unversehrt sind.

Geldautomaten

In Iran gibt es zwar funktionierende Geldautomaten, sie können aber nur mit iranischen Bankkarten genutzt werden. Daher sind sie für Reisende nutzlos, es sei denn, sie eröffnen ein Bankkonto in Iran.

Geldwechsel

Am einfachsten lässt sich Geld in einer offiziellen Wechselstube, im Hotel, bei einem Taxifahrer oder in der Schmuckabteilung im Basar wechseln, wo die ganze Transaktion nur Sekunden dauert. In den meisten Banken dauert es erheblich länger. Ein Wechselschalter in der Abflughalle auf dem Imam Khomeini International Airport in Teheran bietet korrekte Tageskurse (also nicht die festgelegten der Bank) an.

OFFIZIELLE WECHSELSTUBEN

Wechselstuben sind zuverlässig und in den meisten Städten zu finden, meist auf Englisch ausgeschildert und mit angezeigten Wechselkursen im Fenster. Bei Drucklegung richteten sich ihre Kurse nach dem freien Markt, offiziell Second Market genannt, durch die zu dem Zeitpunkt mehr Rials zu haben waren als beim Wechseln in der Bank (First Market). Die Transaktion verläuft komplett ohne Formalitäten.

SCHWARZMARKT

Geld auf der Straße zu wechseln ist illegal und so lange es Wechselstuben gestattet ist, Geld zum Tageskurs zu wechseln, ist es auch wenig

sinnvoll. Davon abgesehen bringt es der schwankende Wert des Rial mit sich, dass viele Leute durchaus bereit sind, ausländische Währung auf dem Schwarzmarkt zu kaufen.

Wer dennoch Geld auf der Straße wechselt, sollte damit rechnen, wie ein totaler Schwachkopf behandelt zu werden, der keine Ahnung von aktuellen Kursen hat. Man sollte zumindest den gleichen Kurs wie in der Wechselstube verlangen, aber akzeptieren, dass der Wechsler eine „Gebühr" einstreicht. Die Rials sollten sorgfältig gezählt werden (oft fehlen Scheine oder sie sind zusammengefaltet) und die eigenen Scheine niemals überreicht werden, bevor die Zählung korrekt ist.

Internationale Überweisungen

Wegen der Sanktionen ist es praktisch unmöglich, ohne Hilfe eines weltweiten Netzwerks dubioser Geldhändler Geld nach oder aus Iran zu überweisen.

Kredit- & Bankkarten

Die Sanktionen bedeuten, dass die eigene (im Westen ausgestellte) Kreditkarte in Iran nicht zu gebrauchen ist. Die einzigen Ausnahmen sind eine Handvoll Teppichgeschäfte mit ausländischen Konten. Aber wenn sie überhaupt weiterhelfen können (was alles andere als garantiert ist), werden happige 10 % oder mehr Bearbeitungsgebühr verlangt. Tipp: Genügend Bargeld mitnehmen.

Das Bezahlen kann gelegentlich eine ziemlich ärgerliche Angelegenheit sein, da die Einheimischen heutzutage so ziemlich alles, selbst kleine Einkäufe, mit ihren Bankkarten zahlen. Das ist so weit verbreitet, dass einige Geschäfte überrascht sind, wenn jemand versucht, mit Bargeld zu zahlen (und so verstehen sie dann nicht das Prinzip des Wechselgelds). Einige Fahrkartenautomaten

(z. B. für die Metro in Mash-had) akzeptieren kein Bargeld, sondern nur iranische Bankkarten.

Reisechecks

Können zu Hause bleiben. Wie Kreditkarten sind Reisechecks in Iran nutzlos.

Steuern & Erstattungen

In Iran enthalten angegebene Preise und Gebühren meist alle Steuern, aber nachfragen ist besser, wenn es nicht ganz klar ist.

Es gibt für Touristen keine Steuererstattungen auf Einkäufe in Iran.

Internetzugang

In Iran heißen Internetcafés *cafenets* (zuvor *coffeenets*), aber mit jedem Jahr werden sie immer weniger, da alle Welt mobilen Internetanschluss hat und WLAN immer häufiger wird. In Teheran zum Beispiel gibt es praktisch gar keine *cafenets* mehr, da so ziemlich alle Cafés, Teehäuser und Hotels WLAN haben. Die Geschwindigkeiten sind unterschiedlich, aber in den meisten Städten gibt es ADSL-Anschlüsse.

Viren, Trojaner und Keylogger (wenn nicht gar Stuxnet) sind weit verbreitet, also ist Vorsicht angebracht, wenn der USB-Stick in irgendeinen lokalen Computer gesteckt wird.

WLAN steht zunehmend in Hotels und Cafés zur Verfügung und ist meist (aber nicht immer) kostenlos. Feinere Cafés haben ausnahmslos WLAN und ob es kostenlos ist oder nicht, hängt ein bisschen davon ab, wie viel der Kaffee kostet – je teurer der Espresso, desto geringer ist die Wahrscheinlichkeit, dass für den Hotspot gezahlt werden muss.

Verbotene Websites

Die Regierung hat den Zugang zu Tausenden Websites blockiert. Zur Zeit der Recherche gehörten folgende dazu:

➡ Facebook
➡ Twitter
➡ BBC und die meisten westlichen Nachrichtendienste

Zur Zeit der Recherche waren Skype, Yahoo! Messenger und Instagram zugänglich, aber die meisten Iraner benutzen telegram.me oder WhatsApp für die Kommunikation untereinander. Viele, vielleicht sogar die meisten iranischen Betriebe im Tourismusgewerbe haben eine Instagram-Seite.

Um an blockierte Websites zu kommen, benutzen die meisten Iraner einen VPN Client – er kann vor der Abreise zu Hause auf das entsprechende Gerät installiert werden, verlangsamt aber die Verbindungen erheblich, was besonders frustrierend ist, wenn das WLAN ohnehin langsam ist. Wer es nicht tut, wird viele Websites nur schwer erreichen; *cafenets* können die Blockade manchmal umgehen. Nachrichten können auf dem englischsprachigen Dienst von Al Jazeera verfolgt werden: www.aljazeera.com.

Nicht nur die iranische Regierung blockiert den Zugang zu Webdiensten. In Iran ist Internet-Banking oder sogar Paypal zwecklos, da internationale Bank-Websites routinemäßig alle IPs blockieren, die aus Iran stammen. Das Gleiche passiert manchmal mit Gmail.

Klima

Teheran

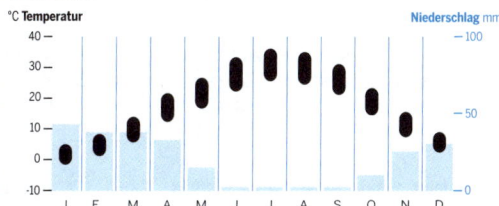

Isfahan

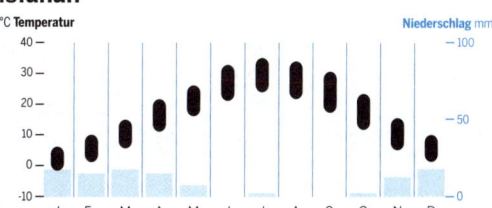

Mashhad

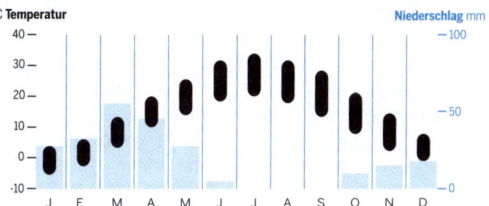

Karten & Stadtpläne

Gita Shenasi (Karte S. 44; ☎021-6670 3221; www.gita shenasi.com; 20 Ostad Shah-riar St; ⊙Sa–Mi 8–18.30, Do bis 13 Uhr; ⓂTeatr-e Shahr) in Teheran gibt Stadtpläne von allen größeren Städten heraus sowie Landkarten und einige Gebirgskarten. Einige sind auf Englisch, während andere nur Straßen und Stadtteile auf Englisch und alles andere auf Farsi verzeichnet haben. Außerhalb von Teheran sind Karten schwieriger zu finden.

Gita Shenasi *Iran Road Map* (1:2 250 000) wird jährlich aktualisiert und ist sehr detailreich. Empfehlenswert für den Kauf vor der Reise ist die exzellente, 2017 aktualisierte *Reise Know-How Landkarte Iran* (1:1 500 000).

Für Smartphone-Besitzer lohnt sich die App **maps.me** (www.maps.me). Sie ist für die meisten Orte in Iran hervorragend, wenn auch nicht immer perfekt.

Kinder

Ausländische Kinder sorgen für viel Belustigung und Neugier, was toll ist, um das kulturelle Eis zu brechen, aber nach einer Weile auch etwas nervt. Windeln, Puder und Babynahrung sowie die meisten Medikamente sind weithin erhältlich, wenn auch nicht unbedingt von den gewohnten Marken. Am schwersten ist es, die Kinder in einem Land bei Laune zu halten, in dem die Fahrten lang und die Attraktionen

IRANISCHE KALENDER

Drei Kalender sind in Iran allgemein gebräuchlich: Der persische Sonnenkalender wird offiziell und im Alltag, der muslimische Mondkalender für islamische Religionsangelegenheiten und der westliche (gregorianische) Kalender im Umgang mit Ausländern und in einigen Geschichtsbüchern genutzt. Zeitungen zeigen das Datum aller drei Kalender an. Bei der Einreise in Iran ist der Stempel im Reisepass auf Farsi und mit dem Datum des persischen Kalenders versehen. Das westliche Datum sollte bestätigt werden, damit das Visum nicht überschritten wird; zu überprüfen auf www.payvand.com/calendar.

Persischer Kalender

Der moderne persische Kalender, ein direkter Nachfolger des alten zoroastrischen Kalenders, wird ab dem ersten Tag des Frühlings im Jahr der Hidschra berechnet, der Flucht des Propheten Mohammed von Mekka nach Medina im Jahr 622 n. Chr. Er hat 365 Tage (366 in Schaltjahren), mit Neujahr (Nouruz) am 21. März des westlichen Kalenders. Die Namen der persischen Monate:

JAHRES-ZEIT	PERSISCHER MONAT	UNGEFÄHRES ÄQUIVALENT	JAHRES-ZEIT	PERSISCHER MONAT	UNGEFÄHRES ÄQUIVALENT
Frühling	Farvardin	21. März–20. April	**Herbst**	Mehr	23. Sept.–22. Okt.
(bahar)	Ordibehesht	21. April–21. Mai	(pa'iz)	Aban	23. Okt.–21. Nov.
	Khordad	22. Mai–21. Juni		Azar	22. Nov.–21. Dez.
Sommer	Tir	22. Juni–22. Juli	**Winter**	Dei	22. Dez.–20. Jan.
(tabestan)	Mordad	23. Juli–22. Aug.	(zamestan)	Bahman	21. Jan.–19. Feb.
	Shahrivar	23. Aug.–22. Sept.		Esfand	20. Feb.–20. März

Muslimischer Kalender

Der muslimische Kalender beginnt mit dem Monat vor der Hidschra und basiert auf dem Mondjahr mit 354 oder 355 Tagen, ist also mit dem persischen Kalender um etwa 40 Jahre aus dem Takt.

Zoroastrischer Kalender

Der zoroastrische Kalender ist ein Sonnenkalender mit zwölf Monaten von jeweils 30 Tagen plus fünf zusätzlichen Tagen. Die Woche kommt in diesem System nicht vor. Jeder der 30 Tage des Monats ist nach einem eigenen Engel oder Erzengel benannt und beherrscht. Der 1., 8., 15. und 23. Tag jeden Monats ist ein heiliger Tag. Wie im persischen Kalender beginnt das zoroastrische Jahr im März mit der Frühlings-Tagundnachtgleiche. Mit Ausnahme des Andarmaz, der den Esfand ersetzt, sind die Monate die gleichen.

oft eher „erwachsen" sind. Eltern sollten ihren Töchtern im Alter ab neun Jahren zudem unmissverständlich erklären, dass sie einen Hidschab tragen müssen.

Essen mit der Familie ist in Iran die Norm und wer mit den Kindern ein Restaurant besucht, ist nicht nur willkommen, sondern wird oft auch zuvorkommender bedient. Nur selten gibt es eine Kinderkarte, aber die Angestellten stimmen die Größe des Essens auf die Größe der Kinder ab. Das Essen ist meist nicht scharf gewürzt.

Wer mit Kleinkindern unterwegs ist und ein Taxi benutzen will, muss vermutlich einen eigenen Kindersitz mitbringen. Nur wenige Fahrzeuge haben auf dem Rücksitz Sicherheitsgurte, es lohnt sich also, beim Bestellen um eines mit Gurten zu bitten. Kinderstühle sind selten und Einrichtungen für Kinderbetreuung und Windeltische gibt es fast gar nicht. Stillen in der Öffentlichkeit ist keine gute Idee.

Öffnungszeiten

Öffnungszeiten sind oft unberechenbar, verlässlich ist hingegen, dass die meisten Geschäfte donnerstagnachmittags und freitags schließen (das iranische Wochenende). Sehenswürdigkeiten, vor allem staatliche Museen und Wahrzeichen, sind in der wärmeren Jahreszeit länger geöffnet.

Die Öffnungszeiten vieler Sehenswürdigkeiten und Betriebe ändern sich zwischen Nouruz (21. März) und 21. September, wenn die Schließzeiten eine Stunde zurückversetzt werden. In heißeren Gegenden schließen viele Geschäfte von etwa 12 bis 16 Uhr – an der glühend heißen Küste des Persischen Golfs bis 17 Uhr –, bleiben aber am relativ kühlen Abend bis etwa 20 oder 21 Uhr geöffnet.

Die Öffnungszeiten entsprechen generell (mehr

oder weniger) folgenden Angaben:

Banken & Behörden Sa–Mi 8–14, Do 8–12 Uhr

Läden Sa–Do 9–20 Uhr, meist Siesta zwischen 13 und 15.30 Uhr und oft donnerstagnachmittags geschl.

Museen Sommer 9–18 Uhr, Winter bis 16 oder 17 Uhr, Mo geschl.

Postämter Sa–Do 7.30–15 Uhr; einige Hauptpostämter öffnen später

Privatgeschäfte Sa–Mi 8 oder 9–17 oder 18, Do bis 12 Uhr, oft über Mittag geschl.

Reisebüros Sa–Mi 9–17 oder 18, Do 7.30–12 Uhr

Restaurants Mittags 12–15 Uhr, abends 18 oder 19–22 Uhr oder wann immer der letzte Gast geht

Telefonzentren 8–20 oder 21 Uhr; in kleineren Orten frühere Schließung

Post

Der Postversand ist weniger zuverlässig und viel teurer als früher und kann ganz schön

lange dauern. Postkarten erreichen Europa in vier oder fünf Tagen, aber einige Leser haben berichtet, dass sie auch bis zu zwei Monate brauchen können. Briefkästen sind selten, außer vor Postämtern. Postlagerung ist unzuverlässig. Wer Post an eine iranische Adresse schickt, die kompliziert oder abgelegen ist, sollte versuchen, sie auf Farsi zu bekommen.

Pakete

Der Versand eines Pakets von Iran kann mit vielen Formularen verbunden sein, aber es wird in der Regel am Zielort ankommen. Mit Reisepass und unverpackten Sachen muss man vor 14 Uhr zum Paketschalter (daftar-e amanat-e posti) im Hauptpostamt (postkhuneh-ye markazi) einer Provinzhauptstadt aufkreuzen. Die Sachen werden überprüft, verpackt und in dreierlei Ausfertigung abgezeichnet. Es gibt drei Versandarten für Pakete – pishtaz (Express), havayi (Luftpost) und normale Post. Die Preise sind unterschiedlich, aber ein 5 kg schweres Paket in egal welches Land mit normalem Postversand kostet knapp 100 US$; Luftpost ist teurer. Es liegt meist im Ermessen des jeweiligen Zollbeamten, was ins Ausland geschickt werden darf – freundlich sein lohnt sich.

Rauchen

Rauchen ist seit 2007 in allen öffentlichen Gebäuden verboten, auch in Autos, aber da wird es weniger streng verfolgt. Das Verbot gilt auch für das Rauchen von *qalyans* (Wasserpfeifen), was Tee-häuser und Cafés hart ge-troffen hat. Viele sind heute leer und ohne Atmosphäre. In ländlichen Teehäusern wird es nicht so eng gesehen.

Rechtsfragen

Wie fast alles in Iran beruht das Rechtswesen auf islami-schen Grundsätzen. Es ist jedoch nicht die strengste Interpretation der Scharia. Die meisten Vergehen, die im jeweiligen Heimatland geahndet werden, sind auch in Iran strafbar, aber die Strafen können sehr viel härter ausfallen. Für die meisten geringfügigen Vergehen werden Ausländer vermutlich nur ausgewiesen, allgemeingültig ist das nicht. Vor ein paar Jahren wurde ein deutscher Geschäftsmann zum Tode verurteilt, weil er Sex mit einer unverheirate-ten muslimischen Frau hatte; er wurde schließlich doch nach etwa zwei Jahren Haft entlassen. Die Strafen für Konsum oder Schmuggel von Drogen oder Alkohol sind hart. Selbst der Besitz von einer noch so kleinen Menge Haschisch führt zu einer mindestens sechsmonatigen Haftstrafe. Hilfe von der eigenen Botschaft oder eine komfortable Zelle sind nicht zu erwarten. Für Heroin- oder Opiumschmuggel gilt die Todesstrafe.

Es gibt zwei „Verbrechen", deren sich Ausländer oft nicht bewusst sind. Homo-sexuelle Handlungen sind illegal und endeten für einige Iraner schon mit der Todesstrafe. Vorsätzliche Weigerung, den korrekten Hidschab zu tragen (die islamische Kleidervorschrift für Frauen), kann zum öffent-lichen Auspeitschen führen – eine Ausländerin wird ver-mutlich nur ausgewiesen.

Reisen mit Behinderung

Einrichtungen für Reisende mit Behinderung sind selten. Iraner helfen zwar immer gern, aber ein Besuch kann hier zu einer Art Hindernis-lauf werden. Allmählich gibt es auch Rollstuhlrampen, aber sie bleiben die Aus-nahme. Nur die gehobenen Hotels haben mit Sicherheit einen Aufzug, der groß genug für Rollstühle ist; Behinder-tentoiletten sind sehr selten. Medikamente und Rezepte sollten von zu Hause mitge-bracht werden.

Schwule & Lesben

Es gibt keinen Grund, warum LGBTI-Reisende Iran nicht besuchen sollten. In den Visaanträgen wird nicht nach der sexuellen Orientierung gefragt.

Es gibt mit Sicherheit eine LGBTI-Gemeinde in Iran, aber sie ist notwendi-gerweise in der allgemeinen Gesellschaft kaum sichtbar. Das islamische Gesetz ver-bietet Schwulsein zwar nicht, aber es billigt auf keinen Fall Geschlechtsverkehr zwischen zwei Menschen des gleichen Geschlechts. Homosexuelle Handlungen sind für Männer und Frauen verboten – wer erwischt wird, ob Einheimische oder Ausländer, muss mit körper-licher Züchtigung und der Todesstrafe rechnen.

Iran erkennt jedoch Transgender-Personen an

und erlaubt Geschlechtsum-wandlungen. Tatsächlich wer-den in Iran mehr operative Geschlechtsumwandlungen vorgenommen als in jedem anderen Land der Welt, mit Ausnahme von Thailand. Die Regierung erstattet sogar die Hälfte der Kosten und ändert die Geschlechtsangabe auf der Geburtsurkunde.

Die LGBTI-Iraner sind natürlich äußerst vorsichtig, wie „geoutet" sie sich zeigen. Für schwule und lesbische Besucher ist es ratsam, auf Nummer sicher zu gehen und sich ähnlich bedeckt zu halten. Treffen mit iranischen Schwulen und Lesben zu vereinbaren, ist möglich; Kontakt-Apps wie Grindr und Scruff sind nicht zensiert.

Es ist sinnvoll, sich nicht als gleichgeschlechtliches Paar auszugeben. Die meis-ten Hoteliers werden nicht fragen, aber in manchen Häusern ist es klüger, nicht nach einem Doppelbett zu fragen.

Strom

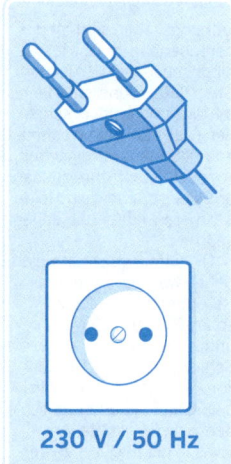

230 V / 50 Hz

Telefon

Die Landesvorwahl Irans lautet ☎98. Für Gespräche

NOTFÄLLE & WICHTIGE NUMMERN

Bei Anrufen aus dem Ausland wird die 0 der Ortsvorwahl weggelassen.

DIENST	NUMMER
Feuerwehr	☑125
Internationale Vorwahl	☑00
Krankenwagen	☑115
Landesvorwahl Iran	☑98
Polizei	☑110
Telefonauskunft	☑118

aus Iran ins Ausland wird die ☑00 gewählt; bei Anrufen von außerhalb Irans wird die erste 0 der Ortsvorwahl weggelassen. Telefonnummern und Ortsvorwahlen ändern sich verwirrend häufig, aber generell enthalten Nummern die dreistellige Ortsvorwahl und eine siebenstellige Teilnehmernummer. Die Ausnahme ist Teheran, wo nach der ☑021 eine achtstellige Teilnehmernummer folgt.

Über 90 % der Iraner haben Handys und die meisten Reisenden kaufen bei Ankunft eine SIM-Karte. Für öffentliche Fernsprecher gibt es Karten an Zeitungsständen, allerdings meist nur für Inlandsgespräche. Nach unserer Erfahrung ist jedes zweite Kartentelefon kaputt. Ortsgespräche sind so billig, dass die meisten Mittelklasse- und gehobenen Hotels, Busbahnhöfe und Flughäfen einen öffentlichen Fernsprecher haben, mit dem kostenlos Ortsgespräche geführt werden können.

Auch Anrufe ins Ausland sind relativ billig (0,20 US$ pro Min.). Diese Preise gelten in kleinen, privat geführten Telefonzentren (meist von etwa 8 bis 21 Uhr geöffnet), wo man die Nummer am Schalter vorlegt und dann wartet, bis eine Zelle frei wird. Üblicherweise werden mindestens drei Minuten berechnet. In vielen Großstädten gibt es an Zeitungsständen, in Lebensmittelläden und *cafenets* (Internetcafés) Telefonkarten für internationale Anrufe.

Handys

In Iran gibt es mehrere Mobilfunkanbieter, aber nur zwei – das staatliche MCI und MTN Irancell (www.irancell.ir), das der Regierung und der südafrikanischen Gruppe MTN gehört – haben eine weite Netzabdeckung.

Irancell hat SIM-Karten für Touristen, die einen Monat gültig sind und an einem Schalter oben im Imam Khomeini International Airport in Teheran für 500 000 IR verkauft werden. Die SIM-Karte enthält ein Guthaben von 200 000 IR für Anrufe und SMS (was für alle Eventualitäten im Lauf eines Monats ausreichen sollte) plus 5 GB Datenübertragung. Guthaben lassen sich in Geschäften mit dem gelben und blauen MTN-Schild aufladen; Sie kosten etwa 10 % mehr als der Nennwert der Karte. Die komplette Preisliste ist auf Englisch auf der Website von Irancell einzusehen.

SIM-Karten von Irancell ermöglichen nach einer kostenlosen Registrierung den Transfer von GPRS-Daten, zudem wurde WiMAX in mehreren Städten bereitgestellt. Nach unserer Erfahrung waren der GPRS-Service unzuverlässig und die Download-Geschwindigkeiten langsam. Generell stehen in großen Städten 4G und in mittelgroßen Städten 3G zur Verfügung, während es in ländlichen Gebieten nur schlichtes Schneckentempo gibt, wenn überhaupt.

Toiletten

Die meisten Iraner haben zu Hause Hocktoiletten, aber die Mehrheit der besseren Hotels sind mit Sitzklos oder beiden Arten ausgestattet. Fast alle öffentlichen Toiletten sind Hocktoiletten. Zwar werden einige regelmäßig geputzt, viele aber überhaupt nicht. Gleichwohl gibt es meist genug Alternativen, um sich nicht in ein Stinkekabuff begeben zu müssen. In Moscheen, Tankstellen, Busstationen, Bahnhöfen und Flughäfen gibt es immer Toiletten, aber ohne Klopapier.

Zum Glück führen die meisten kleinen Lebensmittelläden Klopapier oder Papiertaschentücher. Auch alle Pensionen, außer den billigsten, stellen Klopapier zur Verfügung, manchmal aber nur auf Anfrage. Der kluge Reisende führt immer eine Notreserve Klopapier mit sich. Welche Toilettenart auch immer, sie sind für Papier nicht ausgerüstet; benutztes Klopapier gehört daher in den Mülleimer, nicht in die Kloschüssel.

Touristen-information

Das ominös klingende Ministry of Culture and Islamic Guidance (Ministerium für Kultur und islamische Richtlinien) ist für „kulturelle Angelegenheiten, Propaganda, Literatur und Kunst, audiovisuelle Produktion, Archäologie, Bewahrung des Kulturerbes, Tourismus, Presse und Bibliotheken" verantwortlich. Wie die Aufzählung nahelegt, steht Tourismus nicht an erster Stelle.

Kulturerbe-Büros (auf Farsi überall als Miras Faranghi bekannt und oft in restaurierten historischen Gebäuden in Provinzhauptstädten untergebracht) verteilen Informationen. Touristen verirren sich nicht allzu oft zu ihnen, aber die Angestellten werden meist versuchen, jemanden zu finden, der Englisch spricht, und in Aktenschränken herumstöbern, bis sie ein Paket mit Broschüren, Karten, Stadtplänen, Postkarten und anderem Werbematerial überreichen können. In einigen Städten gibt es engagiertere private oder halbprivate Touristeninformationen, wo es wesentliche Informationen auf Englisch gibt und Führer und Touren vermittelt werden.

Kleine Informationsschalter befinden sich in Bahnhöfen und Busbahnhöfen, wo die Angestellten meist hilfreich bei der Fahrplanauskunft sind, und auf internationalen Flughäfen, wo sie manchmal Englisch sprechen und eine Karte oder Stadtplan rausrücken, aber sonst nicht viel zu bieten haben.

Unterkunft

Das Ministerium für Kultur und islamische Richtlinien teilt die meisten Hotels in Kategorien ein und bestimmt deren Preise. Diese werden jeden April erhöht und an der Rezeption angezeigt (meist in arabischen Ziffern).

Der Preis für ein *otagh* (Zimmer) ist zwar festgelegt, aber freundliche Verhandlungen können ihn in ruhigeren Zeiten etwas drücken, besonders zwischen Mitte Oktober und Anfang März. Verlass ist darauf nicht. Die mangelnde Bereitschaft zu handeln liegt teilweise auch daran, dass es keine wirkliche Konkurrenz gibt. Mittel- und Spitzenklassehotels geben ihre Preise für Ausländer manchmal in US-Dollar oder Euro an, akzeptieren aber auch die heimische Währung (in der sie theoretisch auch bezahlt werden müssen).

Hotels behalten fast immer den Reisepass über Nacht ein, eine stets mitgeführte Fotokopie des Passes ist daher ratsam. Auch sollte das Original zurückverlangt

werden, wenn Ausflüge außerhalb der Stadt geplant sind. Auschecken ist in der Regel bis spätestens um 14 Uhr.

Wer sich abseits der üblichen Pfade begibt und offen für Kontakte ist, wird höchstwahrscheinlich auf aufrichtige Gastfreundschaft treffen, die eine ungeplante Übernachtung in einem privaten Haus zur Folge haben kann. Es lohnt sich, ein paar kleine Geschenke von daheim als Dankeschön einzupacken, da eine Bezahlung mit Geld für solche Unterkünfte unangebracht sein kann.

Saisonpreise

Es gibt zwei deutlich abgegrenzte touristische Reisezeiten in Iran. Die Nebensaison beginnt im Oktober und dauert bis kurz vor Nouruz (iranisches Neujahr am 21. März) und dem Frühlingsbeginn an. Kurz vor Nouruz sind die Hotels in beliebten Ferienzielen wie Insel Kish, Isfahan, Kaspisches Meer, Shiraz und Yazd voll belegt und die Preise erreichen ihren Höchststand.

Nouruz markiert auch die Umstellung auf die Sommerzeit, längere Öffnungszeiten und die jährliche staatliche Preiserhöhung in allen Wirtschaftsbereichen, auch in Hotels. Nach den 13-tägigen Feiertagen steigen die Zimmerpreise um etwa 20 % im Vergleich zu denen der Nebensaison und bleiben bis Oktober auf diesem Niveau, wenn sie wieder ein bisschen sinken und es ein wenig einfacher wird, sie herunterzuhandeln. Der ganze Kreislauf beginnt erneut beim nächsten Nouruz. Es gibt einige wenige Ausnahmen: Im Sommer schießen die Preise am Kaspischen Meer in die Höhe, während sie in

heißen Orten wie Yazd und Kerman je nach Nachfrage sinken können.

Camping

Iraner zelten gerne, aber es gibt nur wenige offizielle Campingplätze. Wer es nicht gerade schafft, wie ein Nomade auszusehen, kann sich beim Campen unerwünschte Aufmerksamkeit der Obrigkeit einhandeln. Wanderer und Bergsteiger, die zelten müssen, sollten ihre Pläne zuerst mit der Touristeninformation der jeweiligen Provinz besprechen, wenn sie nicht von einem anerkannten Führer begleitet werden. Die Mitarbeiter können dann ein Empfehlungsschreiben ausstellen.

Couchsurfen

In Iran gibt es eine wachsende Couchsurfing-Gemeinde (www.couchsurfing. org) und der Kontakt mit deren Mitgliedern ist eine einfache und zunehmend beliebtere Art, um die iranische Kultur „von innen" zu erleben. Allerdings sollte man sich darüber im Klaren sein, dass Couchsurfen in Iran offiziell illegal ist, auch wenn es weitgehend toleriert wird.

Die meisten Leser, die in Iran auf Sofas oder wahrscheinlicher auf Teppichen genächtigt haben, berichteten von einer unvergesslichen Zeit im positiven Sinn. Es gab jedoch auch Warnungen, dass einige iranische Gastgeber ihre Gäste überallhin begleiten wollten. Wer das nicht möchte, sollte besser einen kürzeren Aufenthalt vereinbaren, mit der Option zu verlängern, um eine vorzeitige und peinliche Abreise zu vermeiden. Ebenso sollten Couchsurfer, ob *ta'arof* (S. 317) oder nicht,

---

UNTERKUNFT ONLINE BUCHEN

Um über den iranischen Buchungsservice en.hotelyar. com eine Unterkunft zu buchen, ist eine iranische Kredit- bzw. Bankkarte nötig. Aber die Website ist eine nützliche Quelle, um zu sehen, was im Angebot ist.

darauf bestehen, während des Aufenthalts wenigstens für irgendetwas zu zahlen, oder ein Geschenk aus der Heimat mitbringen. Zu beachten ist des weiteren, dass einige Gastgeber den Service dazu benutzen, um Leute zu teuren Touren zu nötigen, die sie selbst betreiben.

Mosaferkhanehs & Mehmanpazirs

Die allereinfachsten Unterkünfte in Iran sind die von Männern dominierten *mosaferkhanehs* (buchstäblich „Haus der Reisenden"; Schlafsäle oder schlichte Hotels) sowie die ähnlichen *mehmanpazirs*. Die Qualität dieser Unterkünfte ist unterschiedlich, aber üblich sind Gemeinschaftsbäder und Hocktoiletten, auch spricht niemand Englisch. Einige Häuser der untersten Stufe haben noch nicht einmal eine Gemeinschaftsdusche. Ein Bett in einem lauten, schmutzigen Schlafsaal nur für Männer kostet ab 6 US$. Einfache Privatzimmer mit eventuell einem Waschbecken kosten ab etwa doppelt so viel. Mitbringen sollte man ein Handtuch, Klopapier und ein Laken, da das Bettzeug manchmal nicht ganz sauber oder auch völlig dreckig sein kann.

In manchen Städten dürfen einige *mosaferkhanehs* keine Ausländer aufnehmen oder sie verlangen eine schriftliche Genehmigung der Polizei; das betrifft eher Frauen. Die Genehmigung ist jedoch einfach durch einen zehnminütigen Besuch bei der lokalen Amaken – einer Abteilung der Polizei – zu erhalten, allerdings nur während der Geschäftszeiten.

Hostels

In Teheran gibt es immer mehr anständige Backpacker-Hostels mit Schlafsälen (in der Regel nach Geschlechtern getrennt) und Gemeinschaftsbädern. Einige sind nicht von der Regierung anerkannt, aber dennoch seriöse Unterkünfte. Sie sind prima, um andere Reisende zu treffen. Weitere Adressen siehe www.hostelsiniran.com.

Hotels

BUDGET

Zimmer in einfachen Ein- oder Zwei-Sterne-Hotels, den „Budgethotels", sind normalerweise mit Bad mit zumindest einer heißen Dusche sowie Klimaanlage, Heizung, TV (nur iranische Sender), Kühlschrank und manchmal Telefon ausgestattet. Doppelbetten sind selten, Frühstück kostet oft extra und die Sauberkeit kann zu wünschen übrig lassen – es ist kein Problem, um frische Bettwäsche zu bitten.

MITTELKLASSE

Die Zimmer in den meisten Zwei-Sterne-Hotels und in allen mit drei und vier Sternen haben ein eigenes, sauberes Bad, Telefon, Kühlschrank und TV (manchmal mit ausländischen Kanälen). Hier und da gibt es auch ein halbwegs vernünftiges Restaurant und Frühstück ist im Preis enthalten. Klopapier ist vorhanden, aber Badewannenstöpsel sucht man vergebens. Wie ein alternder Boxer verlangen viele dieser Häuser Preise, die sich eher auf eine glorreiche Vergangenheit statt auf die angeschlagene Gegenwart beziehen; verhandeln kann sich lohnen. Neben den üblichen Häusern zählen auch folgende zur Mittelklassekategorie:

Traditionelle Hotels Die faszinierendsten Mittelklassehotels sind die *hotel sonnati* (traditionelle Hotels), alte Hofhäuser, die in ungezwungene kleine Hotels umgebaut wurden. Wer in einem *hotel sonnati* unterkommt, weiß, dass er oder sie in Iran angekommen ist. In Yazd gibt es viele, andere befinden sich in Kashan, Isfahan und Shiraz.

Apartmenthotels Im oberen Bereich der Mittelklassekategorie gibt es zunehmend moderne Apartmenthotels, die außerhalb der Hochsaison recht preiswert sein können.

Tourist Inns Die meisten halbwegs großen Städte haben ein staatliches Tourist Inn *(mehmansara jahangardi)*. Die Qualität ist höchst unterschiedlich, aber sie sind in der Regel recht preisgünstig und haben oft mindestens einen Englisch sprechenden Angestellten.

SPITZENKLASSE

Bis vor Kurzem stammten viele Spitzenklassehotels Irans aus der Zeit vor der Revolution von 1979. Mehrere behielten ungewollt eine Einrichtung bei, die wie die Bee Gees so unzeitgemäß wurde,

PREISKATEGORIEN: UNTERKUNFT

Die Preise sind überall unterschiedlich, Teheran ist am teuersten, Isfahan, Shiraz und Mashhad liegen im mittleren Bereich und weniger besuchte Zentren wie Kerman, Hamadan und Bandar Abbas sind am preisgünstigsten.

Die folgenden Preise sind eine grobe Orientierung für Doppelzimmer mit Bad und Frühstück und enthalten die 17 % für Steuer und Service, die von gehobenen Hotels erhoben werden.

$ Budgetunterkunft unter 40 US$ (50 US$ für Teheran & Zentraliran)

$$ Mittelklassehotels 40–150 US$ (50–200 US$ für Teheran & Zentraliran)

$$$ Spitzenklassehotels über 150 US$ (über 200 US$ für Teheran & Zentraliran)

dass sie fast schon wieder retro-cool war. Die Konkurrenz durch neue Luxus- und Apartmenthotels hat jedoch dafür gesorgt, dass viele, aber nicht alle, neu ausstaffiert wurden.

In den meisten Häusern der Spitzenklasse entsprechen die Zimmer und der Service nicht dem westlichen Standard, aber die Preise sind (in den meisten Fällen) nicht übertrieben im Vergleich zu dem, was in anderen Ländern verlangt wird, auch wenn sie für iranische Verhältnisse hoch sind. Hotels mit Innenpool und Sauna haben getrennte Badezeiten für Männer und Frauen. Die großen Außenpools der Hotels aus der Disco-Ära sind heute nur noch reine Deko.

Ecolodge

Immer mehr Häuser werden eröffnet, die als Ecolodge bezeichnet werden und durchaus eine beliebte Unterkunftsoption sein können. Einige sind ziemlich gut, wobei es mehr um traditionell gestaltete Zimmer, iranisches Essen und vielleicht sogar kostümierte Angestellte geht als um Umweltfreundlichkeit.

Andere Unterkünfte

Am Kaspischen Meer und in den ländlichen Feriendörfern des Nordwestens, die überwiegend von iranischen Touristen besucht werden, vermieten oft Einheimische Zimmer, Bungalows und Ferienwohnungen („Suiten") in ihren Häusern und Gärten

oder über ihren Läden. In der Nebensaison können die Preise vertretbar sein, aber im Sommer steigen sie um bis zu 400 % und eine Reservierung ist notwendig. Einige Suiten und fast alle Zimmer/Privatunterkünfte sind noch nicht einmal auf Farsi ausgewiesen, geschweige denn auf Englisch. Man muss also einfach nach einem *otagh* herumfragen. Essen ist im Preis generell nicht enthalten.

Versicherung

2011 wurde eine Reiseversicherung verpflichtend, um ein Visum für Iran zu erhalten. Wer eine abschließt, sollte sichergehen, dass Iran tatsächlich auch abgedeckt ist (also speziell erwähnt wird). Wenn nicht oder wenn es nicht ganz klar ist, besteht die Möglichkeit, am Flughafen die offizielle Versicherung für 16 US$ zu kaufen; der Versicherungsschalter befindet sich gegenüber dem Visaschalter (erst den Versicherungsschalter aufsuchen). Einige Versicherer betrachten die Region als „Gefahrenzone" und schließen sie gänzlich aus oder verlangen Wucherprämien. Reisen in Gebiete wie Kurdistan und Sistan–Belutschistan ist nicht abgedeckt, wenn die jeweiligen Auswärtigen Ämter vor Reisen dorthin warnen.

Visa

Siehe S. 27 für genauere Informationen, wie ein Visum beantragt und verlängert wird.

Zeit

In Iran ist es 2½ Stunden später als in Mitteleuropa (MEZ); 12 Uhr in Iran ist also 9.30 Uhr in Deutschland, Österreich und der Schweiz, 10.30 Uhr in der Türkei, 11.30 Uhr in Aserbaidschan,

---

BEI EINER VERHAFTUNG

In den meisten Fällen sind die Hauptmotive für die Verhaftung eines Ausländers Neugier, Misstrauen und Machtdemonstration. Im unwahrscheinlichen Fall einer Verhaftung:

➡ Kühlen Kopf bewahren, man ist Tourist (*jahangardi*) und das Ganze ist ein Missverständnis.

➡ Am besten Fragen nicht auf Farsi beantworten und nicht den Anschein erwecken, die Sprache zu verstehen.

➡ Werden die Fragen verstanden, dann sind sie wahrscheinlich sehr detailliert und Antworten werden erwartet. In dem Fall sollte man es höflich, geduldig, offen und diplomatisch tun und sich schmeichelhaft über Iran und die Iraner äußern.

➡ Den Vernehmungsbeamten sollte so geantwortet werden, dass ihre Neugier befriedigt, ihr Misstrauen zerstreut und ihre eigene Selbstgefälligkeit ausreichend gebauchpinselt ist.

➡ Besonders ist darauf zu achten, sich nicht selbst oder jemand anderen mit einer leichtsinnigen Aussage zu belasten, besonders keine Iraner. Auf keinen Fall sollte man anbieten, seine Fotos zu zeigen, wenn Bilder von Iranern dabei sind. Sie könnten unwissentlich in etwas hineingezogen werden. Ebenso sollten die Fotos nicht bewusst versteckt werden, da dies verdächtig erscheinen könnte.

➡ Wenn die Angelegenheit gravierend wird, sollte darum gebeten werden, die jeweilige Botschaft in Teheran zu kontaktieren.

12 Uhr in Afghanistan und 13.30 Uhr in Pakistan und Turkmenistan (bei Grenzquerungen zu beachten).

Die Sommerzeit gilt ab Nouruz (meist 21. März) bis 22. September.

Zoll

Entgegen der allgemeinen Annahme ist die iranische Bürokratie ziemlich locker, wenn es darum geht, was Ausländer ein- und ausführen dürfen. Auf Flughäfen wird das Gepäck wahrscheinlich überhaupt nicht kontrolliert. Das heißt jedoch nicht, dass Reisende ihr Gepäck mit Wodka, Schinken und Pornografie vollpacken können. Erlaubt sind zollfrei 200 Zigaretten und 50 Zigarren sowie eine „vertretbare Menge" Parfum. Und natürlich null Alkohol, der ist immer noch strikt verboten.

Mit Büchern gibt es meist auch keine Schwierigkeiten, egal wie kritisch sie der Regierung gegenüberstehen, solange sie auf dem Einband nicht zu viel Haut und Haare von Frauen zeigen.

Probleme sollte es auch nicht mit der Mitnahme von Laptop, Smartphone, Kurzwellenradio, iPad und Videoausrüstung geben, sofern diese nicht professionell aussieht. Besucher sollten eigentlich Bargeld in Höhe ab 1000 US$ deklarieren. In der Praxis tun das nur wenige und die Behörden sind auch nicht wirklich interessiert.

Ausfuhrbeschränkungen

Offiziell darf alles aus Iran ausgeführt werden, was legal mitgebracht und was gekauft wurde, einschließlich Kunsthandwerk (außer Teppiche) bis zum Wert von 160 US$ (Quittungen aufbewahren), solange sie nicht „zum Zweck des Handels" gedacht sind. Viele Händler werden auf Quittungen für Ausländer den Wert niedriger angeben. Eine „vertretbare Anzahl" von Teppichen darf ohne Wertbegrenzung ausgeführt werden.

Mitnehmen darf man auch 150 g Gold und 3 kg Silber, jeweils ohne Edelsteine. Wer diese Obergrenze überschreiten will, braucht eine Ausfuhrgenehmigung vom Zollamt. Offiziell ist eine Ausfuhrgenehmigung für alle „Antiquitäten" (älter als 50 Jahre) nötig, einschließlich Kunsthandwerk, Edelsteine und Münzen. Höchstens 200 000 IR in Bargeld dürfen aus Iran ausgeführt werden.

Verkehrsmittel & -wege

AN- & WEITERREISE

Aufgrund der internationalen Sanktionen wurde Iran zunehmend in die Isolation gedrängt. Es ist aber eigentlich kein Problem, per Flugzeug, von der Türkei aus mit dem Zug oder über zahlreiche Grenzübergänge aus den Nachbarstaaten im Norden ins Land zu gelangen.

Flüge und Touren können online auf lonelyplanet.com/bookings gebucht werden.

Einreise

Wenn man mit einem Visum ausgestattet ist, erfolgt die Einreise meist recht schnell und problemlos – Touristen werden in der Regel mehr oder weniger in Ruhe gelassen. Wer mit dem Zug oder Bus über Land einreist, muss sich auf etwas längere Prozeduren einstellen. Frauen müssen sich, sobald sie das Flugzeug verlassen oder an der Grenze ankommen, nach den iranischen Vorschriften kleiden.

Ohne Visum an der Grenze anzukommen ist riskant, denn im Rahmen des Visa-on-arrival-Verfahrens werden viele Leute abgewiesen.

Reisepass

Wer einen israelischen Pass hat, erhält kein iranisches Visum und wird an der Grenze abgewiesen – mit einem israelischen Pass kommt man erst gar nicht in ein Flugzeug nach Iran. Auch wer nur einen israelischen Stempel in seinem Pass hat, wird abgewiesen und wieder zurückgeschickt. Ausreisestempel aus Jordanien oder Ägypten, die darauf hindeuten, dass man nach Israel eingereist ist, sind ebenfalls verdächtig.

Mit dem Flugzeug

Die große Mehrheit internationaler Flüge steuert Teheran an. Jedoch starten oder beenden einige ihre Iranreise auch in Shiraz, um sich das Hin- und Herfahren zu ersparen.

Flughäfen & Fluglinien
INTERNATIONALE FLUGHÄFEN

Die meisten internationalen Flugverbindungen in Iran wickelt der Teheraner Imam Khomeini International Airport (IKIA) ab. Er ist recht klein, sodass es zu Verzögerungen kommen kann. Mögliche nützliche Einreiseflughäfen sind – in dieser Reihenfolge – auch Shiraz, Isfahan, Mashhad, Tabriz, Bandar Abbas und Kish; weniger praktisch sind Abadan, Ahvaz und Zahedan.

KLIMAWANDEL & REISEN

Jede Form des Reisens, die auf Brennstoff auf Kohlenstoffbasis beruht, erzeugt CO_2, das für den von Menschen verursachten Klimawandel hauptverantwortlich ist. Modernes Reisen ist von Flugzeugen abhängig, die zwar pro Kilometer und Person weniger Kraftstoff als die meisten Autos verbrauchen, aber sehr viel weitere Strecken zurücklegen. Auch die hohen Luftschichten, in die Flugzeuge Treibhausgase (darunter CO_2) und Schadstoffe ausstoßen, verstärken ihren Einfluss auf den Klimawandel. Viele Websites bieten Emissionsrechner, mit denen Reisende die CO_2-Emissionen ihrer Reise ausrechnen und die Auswirkung dieser Treibhausgase mit einem Beitrag für klimafreundliche Projekte in der ganzen Welt ausgleichen können. Lonely Planet gleicht die CO_2-Bilanz aller Reisen der Mitarbeiter und Autoren aus

Die staatliche iranische Fluggesellschaft ist Iran Air; ihr Symbol ist der Homa, ein mythologischer Vogel. Die Fluglinie bietet einen Service nach islamischem Geschmack, es gibt also kein Schweinefleisch und keinen Alkohol und die Stewardessen bedecken ihr Haar.

In den vergangenen zehn Jahren kam es bei Flugzeugen von Caspian Airlines, Kish Air und Taban Air zu Abstürzen mit Todesopfern.

TICKETS & ROUTEN

In Iran kauft man Tickets für Flüge aus Iran hinaus am besten bei einem Reisebüro – im Internet kann nur mit einer iranischen Kredit- oder Bankkarte Tickets erwerben. Der Nahe Osten ist ein beliebtes Umsteigegebiet: Mehrere Fluglinien verbinden Teheran, Isfahan und Shiraz über verschiedene Golfstaaten-Flughäfen mit der restlichen Welt. Es gibt auch Verbindungen nach Ost- und Südostasien, jedoch keine Direktflüge nach Nord- und Südamerika. Aus Europa bieten zahlreiche Fluglinien regelmäßig Flüge nach Teheran und in den Nahen Osten an.

INTERNATIONALE FLUGLINIEN MIT FLÜGEN NACH IRAN

Aegean (www.aegeanair.com) Athen

Aeroflot (www.aeroflot.com) Moskau

Air Arabia (www.airarabia.com) Schardscha (VAE)

Air Asia (www.airasia.com) Malaysia

Air India (www.airindia.com) Delhi

Alitalia (www.alitalia.com) Rom

Ariana Afghan Airlines (www.flyariana.com) Kabul, Mazar-e Sharif

AtlasGlobal (www.atlasglb.com) Istanbul

Austrian Airlines (www.aua.com) Wien

Azerbaijan Airlines (www.azal.az) Baku

ALLES IST IM FLUSS …

Die Preise in Iran ändern sich ständig. Daher sollten die hier angegebenen Kosten nur als Richtwert angesehen werden. Zur Zeit der Recherche herrschte eine hohe Inflation und die Benzinkosten zogen stark an, sodass die Preise bei Reiseantritt sicher wieder um einiges höher sein dürften.

Die wirtschaftliche Entwicklung ist besonders für kleine Unternehmen eine Herausforderung, sodass damit zu rechnen ist, dass der eine oder andere Dienstleister den Betrieb ganz eingestellt hat. Über die aktuellen Taxi-, Bus- und Zugpreise kann man sich vor Ort informieren, genauso wie über Flugpreise und die Buchungsbedingungen für Flugtickets – bei den Fluggesellschaften oder in Reisebüros nachfragen. Über den aktuellen Stand der Dinge gibt auch das Reiseforum Thorn Tree (www.lonelyplanet.com/thorntree) Auskunft.

Emirates (www.emirates.com) Dubai

Etihad Airways (www.etihadairways.com) Abu Dhabi

KLM (www.klm.com) Amsterdam

Kuwait Airways (www.kuwaitairways.com) Kuwait-Stadt

Lufthansa (www.lufthansa.com) Frankfurt, München, Zürich

Pegasus (www.flypgs.com) Istanbul

Qatar Airways (www.qatarairways.com) Doha

Saudi Arabian Airlines (www.saudiaairlines.com) Dschidda, Riad

Syria Air (www.syriaair.com) Damaskus

Tajik Air (www.tajikairlines.com) Duschanbe

Turkish Airlines (www.turkishairlines.com) Istanbul

Ukraine International Airlines (www.flyuia.com) Kiew

IRANISCHE FLUGLINIEN

Außer Taban Air in Mashhad haben alle iranischen Fluglinien ihren Stützpunkt in Teheran.

Caspian Airlines (www.caspian.aero) Damaskus, Dubai, Istanbul, Kiew, Jerewan

Iran Air (☏021-4662 1888; www.iranair.com) Amsterdam, Ankara, Baku, Beijing, Beirut, Köln, Kopenhagen, Damaskus,

---

Doha, Dubai, Frankfurt, Göteborg, Hamburg, Istanbul, Karatschi, Kuala Lumpur, Kuwait, London, Mailand, Mumbai, Paris, Stockholm, Taschkent, Wien

Kish Air (www.kishairline.com) Damaskus, Dubai, Istanbul

Mahan Air (www.mahan.aero) Almaty, Bagdad, Bangkok, Birmingham, Damaskus, Delhi, Dubai, Düsseldorf, Istanbul, Kabul, Kuala Lumpur, Phuket, Shanghai

Taban Air (www.taban.aero) Internationale Flüge in Städte in Zentralasien und im Nahen und Mittleren Osten

---

Auf dem Landweg

Von sieben Ländern aus kann man in Iran über Land einreisen. Einfach ist die Einreise von der Türkei aus, machbar – mit unterschiedlichem Aufwand – auch von Armenien, Aserbaidschan und Turkmenistan. Der Grenzübertritt nach Afghanistan und Pakistan ist problemlos, jedoch sollte man sich unbedingt über die Sicherheitslage informieren, bevor man in diese beiden Länder reist. Ausländer können nicht in die Kernlande Iraks reisen, doch die Grenze ins irakische Kurdistan ist hin und wieder geöffnet.

Grenzübergänge

AFGHANISTAN

Der Grenzübergang bei Dogharon, 20 km östlich von Taybad, ist geöffnet, von einer Reise nach Afghanistan ist aber dringend abzuraten.

ARMENIEN

Die Grenze zwischen Iran und Armenien ist nur 35 km lang; der einzige Grenzübergang in Iran ist Norduz (S. 99). Armenische Visa werden an der Grenze ausgestellt, jedoch fahren die Busse manchmal weiter, bevor man sein Visum hat! Davon abgesehen ist der Grenzübertritt recht unproblematisch.

ASERBAIDSCHAN

An der aserbaidschanischen Grenze gibt es mindestens drei offizielle Übergänge, und zwar zwischen Astara (Aserbaidschan) und Astara (Iran) und Culfa (Aserbaidschan) und Jolfa (Iran; S. 97). Der zweite Übergang führt in die Exklave Nakhichevan, von wo man nicht nach Armenien weiterreisen kann, sondern fliegen muss, um nach Baku zu kommen. Der dritte Übergang, praktisch für Leute, die von Baku nach Jolfa reisen möchten, ist Bilesuva. Diesen Übergang nutzen die Busse auf dem Weg von Baku nach Nakhichevan und zahlreiche Aserbaidschaner auf dem Weg nach Tabriz. An diesen Grenzübergängen werden keine Visa ausgestellt.

Zwar gibt es Direktbusse zwischen Teheran und Baku über Astara, sie sind jedoch keine wirklich gute Option, weil man wahrscheinlich stundenlang an der Grenze

festhängt, wenn der Bus gründlich durchsucht wird. Einen Bus bis zur Grenze zu nehmen, diese zu Fuß zu überqueren und dann für die Weiterreise einen anderen Bus zu nehmen, ist erheblich einfacher.

2018 soll auch die Bahnverbindung von Baku nach Rasht eröffnet werden – ob daraus allerdings wirklich etwas wird, steht in den Sternen.

IRAK

Ausländische Touristen können bei Haj Omran, Bashmaq und Sayran Ban ins irakische Kurdistan einreisen. Grenzübergänge in den eigentlichen Irak sind Parvis Khan, Mehran und Khosravi. Jedoch wird von Reisen in die irakischen Gebiete an diesen Grenzübergängen stark abgeraten.

PAKISTAN

Der einzige offizielle Übergang an der 830 km langen Grenze zwischen Iran und Pakistan ist zwischen Mirjaveh (Iran) und Taftan (Pakistan). Hier nach Pakistan einzureisen gilt für westliche Touristen als hochgefährlich.

TÜRKEI

Der wichtigste Straßenübergang zwischen Iran und der Türkei befindet sich zwischen Gürbulak (Türkei) und Bazargan (Iran; S. 82). Hier gibt es auf beiden Seiten der Grenze Hotels, Möglichkeiten zum Geldwechseln und regelmäßige Verkehrsanbindungen. Schöner für eine Übernachtung ist das nahe Maku.

Ausländer können die Grenze auch zwischen Esendere (40 km von Yüksekova, Türkei) und Sero bei Orumiyeh (S. 84) in Iran überschreiten. Hier gibt's auf beiden Seiten allerdings keine Unterkünfte und die Verkehrsanbindung lässt zu wünschen übrig. Wer mit dem eigenen Fahrzeug unterwegs ist, kann in der Regel über Bazargan einreisen – Näheres im Kasten auf S. 268.

TURKMENISTAN

An dieser 1206 km langen Grenze sind drei Übergänge für Ausländer geöffnet. Von Westen nach Osten sind dies der unpraktische und wenig benutzte Übergang Incheh Borun/Gyzyl-Etrek, der Übergang Bajgiran zwischen Mashhad und der turkmenischen Hauptstadt Aschgabat und der Übergang Sarakhs/Saraghs für Leute auf dem Weg Richtung Osten – das Gebiet rund um den letzten Übergang ist allerdings mit Vorsicht zu genießen. An allen drei Übergängen muss man das Transportmittel wechseln. Weitere Informationen im Kasten auf S. 268.

Die neue Bahnstrecke ab Gorgan in der Nähe des Grenzübergangs Gyzyl-Etrek ist zwar offiziell eröffnet, es verkehren aber noch keine Personenzüge.

Die Einreise nach Turkmenistan ist in Sachen Bürokratie und Organisation eine echte Herausforderung. Vergleichsweise einfach vonstatten geht das Ganze mit **Stantours** (www.stantours.com).

Auto & Motorrad

Wer mit dem eigenen Fahrzeug nach Iran einreisen will, muss mindestens 18 Jahre alt sein und über einen Internationalen Führerschein verfügen. Für das Fahrzeug benötigt man ein *carnet de passage*, ein Dokument zur temporären zollfreien Einfuhr des Fahrzeugs.

CHECKPOINTS

Wer von Bandar Abbas aus unterwegs ist, muss an Kontrollpunkten halten, die für die Schmugglerabwehr eingerichtet sind. In einigen Fällen kommt ein Zollbeamter oder ein Polizist in den Bus und schreitet die Sitzreihen ab, um offensichtliche Schmuggler oder illegale Einwanderer zu fassen. Manchmal wird sehr genau und sehr zeitraubend gesucht.

Wenn die Papiere in Ordnung sind, ist die Einreise in und die Ausreise aus der Türkei gewöhnlich unproblematisch. Eine Kraftfahrzeughaftpflichtversicherung ist Pflicht; wer noch keine hat, kann diese in Maku nicht weit von der Grenze bekommen. Wer schon versichert ist, sollte überprüfen, ob die Versicherung auch für Iran gilt – was aufgrund der Sanktionen immer unwahrscheinlicher ist – und bei Iran Bimeh, dem staatlichen iranischen Versicherungsbüro, akkreditiert ist.

Niemand außer der Polizei darf in Iran Motorräder mit einem Motor über 1500 cm^3 besitzen. Ausländer auf Transitreise durch Iran dürfen jedoch Motorräder jeder Größe fahren. Da große Motorräder so selten sind, erwecken sie bei männlichen Iranern jede Menge Interesse.

Fahrzeuge über den Persischen Golf transportieren zu lassen ist zwar möglich, aber recht anstrengend. Die Vorschriften und die Fahrpläne der Fähren ändern sich regelmäßig.

Lonely Planet Thorn Tree (www.lonelyplanet.com/thorntree) Jede Menge Reiseberichte.

Africa Overland Network (www.africa-overland.net) Asiatische Abteilung mit Links zu Blogs von Überlandreisenden.

Horizons Unlimited (www.horizonsunlimited.com) Auf dem HUBB-Forum gibt's Infos über Grenzübergänge, Benzin, Fahrzeugtransport und Werkstätten.

Bus

Wer mit dem Bus an- oder weiterreist, kann das in einem Rutsch erledigen – oder sich Zeit lassen.

Busse von Teheran nach Istanbul und/oder Ankara (ca. 36–42 Std.) kosten etwa 60 US$. Sie fahren am Terminal-e Jonub ab und kommen auch am Terminal-e Gharb vorbei. Mehrere Busunternehmen haben diese Verbindungen im Programm, doch gewöhnlich fährt nur ein Bus. Leute, die sich auskennen,

meinen, es sei besser, den Ankara-Bus zu nehmen: In dem tummeln sich nämlich vor allem Studenten und Botschaftsangestellte; dagegen sitzen im Istanbul-Bus erheblich mehr Händler, sodass dieser Bus am Zoll viel eher auseinandergenommen wird.

Oder man lässt sich Zeit und genießt unterwegs die Osttürkei und Westiran. Nimmt man einen Bus bis zur Grenze, jedoch nicht über die Grenze hinweg, dann erspart man sich das Warten, während die Mitreisenden durch Passkontrolle und Zoll müssen. Wenn man früh losfährt, kann man es gewöhnlich von Erzurum (Türkei) nach Tabriz (Iran) schaffen. Im Winter dauert die Fahrt länger: Dann kann es zu Verzögerungen kommen, wenn auf den hohen Bergpässen Schnee liegt.

Zug

Der Zug von Istanbul über Ankara und Tabriz nach Teheran heißt Trans-Asia Express. Er fährt die 2968 km pro Richtung jeweils einmal wöchentlich. Bei Redaktionsschluss fuhr der Zug dienstags ab Istanbul und mittwochs ab Teheran. Die Fahrt dauert 70 Stunden und kostet 50 €. Die Reisenden sitzen in komfortablen 1.-Klasse-Schlafwagenabteilen mit je vier Betten. Aktuelle Informationen gibt's auf www.raja.ir oder auf der Website der türkischen Eisenbahn www.tcdd.gov.tr.

Der Trans-Asia Express besteht eigentlich aus zwei Zügen: einem iranischen Zug zwischen Teheran und Van am gleichnamigen See in der Osttürkei und einem türkischen Zug von Tatvan nach Ankara und Istanbul. Vom Namen „Express" sollte man sich allerdings nicht in die Irre führen lassen. Vor allem im Winter, wenn die Gleise vielleicht unter Schnee begraben sind und die frostigen Temperaturen dazu führen, dass der Schnee vereist, kann es zu Verzöge-

rungen kommen. Und doch hat eine solch lange Zugreise ein besonderes romantisches Flair und auf jeden Fall ist es auch eine tolle Gelegenheit, Iraner kennenzulernen.

Übers Meer

Iran hat 2410 km Küste – am Persischen Golf, am Golf von Oman und am Kaspischen Meer –, doch gibt es nicht viele Möglichkeiten, übers Meer nach Iran zu kommen.

Die wichtigste Reederei für Fahrten über den Persischen Golf ist **Valfajr-8** (www.valfajr.ir). Sie betreibt ein- oder zweimal pro Woche Autofähren und Katamarane zwischen Bandar Abbas und Schardscha in den Vereinigten Arabischen Emiraten (andere auf der Website aufgeführte Strecken werden nicht mehr befahren), außerdem Autofähren zwischen Bandar-e Lengeh und Dubai. Da die Schiffe nicht so häufig fahren, oft verspätet und außerdem teurer als Flüge sind, nutzen nur wenige Reisende diese Möglichkeit.

NFC (☏076-3522 3322; www.nfc.com) betreibt Autofähren von Bandar Abbas nach Khasab und Maskat in Oman, doch die Verbindungen sind recht unzuverlässig.

UNTERWEGS VOR ORT

Auto & Motorrad

In einem Iranurlaub selbst mit dem Auto durchs Land zu fahren ist eher unüblich, es sei denn, man bringt sein eigenes Fahrzeug mit. Das taten einige Reisende aus Europa in der Vergangenheit auch tatsächlich. Heute existiert diese Art des Reisens von Europa nach Asien kaum mehr, die Lage in Südostiran und besonders Südwestpakistan ist zu unsicher. Diejenigen, die einst mit dem eigenen Wagen durch Iran fuhren, waren oft begeistert von den Überlandstrecken, während das Fahren in den Städten ein Abenteuer darstellte. Wer tatsächlich in Betracht zieht, mit dem Wagen über Land zu reisen, kann sich hier über die Erfahrungen anderer informieren:

➡ www.africa-overland.net/Asia

➡ www.horizonsunlimited.com

Benzin & Ersatzteile

Zwar ist Benzin in Iran nicht mehr so wahnsinnig billig wie früher, doch ist es im Vergleich zu dem, was man zu Hause zahlt, immer noch sehr günstig. Außer in der Wüste gibt es mindestens alle hundert Kilometer eine größere Stadt mit Tankstellen. Nicht alle Tankstellen verkaufen auch Diesel und an den Zapfsäulen ist nicht unbedingt zu erkennen, ob es Benzin oder Diesel ist, also auf jeden Fall fragen! Die Qualität des Kraftstoffs ist schlecht – angeblich hat das meiste Benzin nur 71 Oktan –, sodass es also auch nicht so weit reicht, wie man das gewohnt ist. Problematisch sind die langen Schlangen an Tankstellen in den Orten, die im Umkreis von 100 km von einer Grenze entfernt liegen: Hier sind gut organisierte Schmuggler am Werk, sodass für die Einheimischen nur wenig Benzin übrig bleibt. Auch das iranische Motoröl

REISELEITER MIT AUTO

Die Fahrer/Guides (meist Männer), die Lonely Planet empfiehlt, sprechen Englisch und stellen eine gute, flexiblere Alternative zu normalen geführten Touren dar. Oft sind sie gerne bereit, Reisende in Teheran abzuholen und Touren durchs ganze Land zu unternehmen.

kann von zweifelhafter Qualität sein – sicherer sind internationale Marken.

Ein Liter Benzin kostet rund 10 000–12 000 IR.

Selbst in den kleinsten Orten gibt es Autowerkstätten. Der Preis für Reparaturen ist Verhandlungssache, bei den Ersatzteilen gibt's selten etwas zu feilschen. Im Hochsommer sind angesichts der Hitze geplatzte Reifen keine Seltenheit.

Führerschein

Um in Iran fahren zu dürfen, benötigt man einen Internationalen Führerschein, erhältlich über den Automobilclub im Heimatland.

Gefahren

Iranische Autofahrer in den Städten, Kamele in der Wüste, nicht markierte Temposchwellen … Letztere, besonders zu finden an Ortsausgängen, sind nervig und gefährlich und oft merkt man erst, dass es eine Bodenschwelle gibt, wenn das Fahrzeug schon fast abhebt.

Bei einem Unfall wird der daran beteiligte Iraner wahrscheinlich die Verkehrspolizei rufen. Wer alleine ist, ruft den Notruf ☎110 (Polizei) bzw. ☎115 (Krankenwagen) an. Bis die Polizei kommt und den Unfall aufgenommen hat, sollte man sein Fahrzeug keinesfalls von der Straße bewegen. Als Ausländer wird man wahrscheinlich für den Unfall verantwortlich gemacht.

Mietfahrzeuge

Theoretisch kann man zwar Autos mieten, das ist jedoch sehr selten. „Autovermietung" bedeutet in der Regel, dass man entweder privat oder über eine Agentur ein Taxi mit Fahrer mietet.

Mit dem eigenen Fahrzeug

Wer mit dem eigenen Fahrzeug unterwegs ist, sollte vor Kontrollpunkten immer langsam fahren und darauf eingestellt sein anzuhalten.

Gewöhnlich wird man als Ausländer, wenn man das Fenster öffnet und sein bestes unschuldiges Lächeln aufsetzt, einfach durchgewinkt. Im schlechtesten Fall muss man seinen Pass, den Führerschein und die Fahrzeugpapiere vorzeigen. Im Südosten sollte man sich auf jeden Fall ein Hotel mit sicheren Parkmöglichkeiten suchen.

Hossein Ravanyar von **Iran Overland** (www.iranoverland.com) ist ein Guide, der Reisenden bei Problemen mit den Autopapieren hilft und sie dabei unterstützt, ihren Wagen über den Grenzübergang Astara zu bekommen.

Straßen

Der Straßenbelag ist gewöhnlich ausgezeichnet. Bei Dunkelheit zu fahren ist gefährlicher als tagsüber: Manchmal tauchen urplötzlich Schlaglöcher auf, auch sind zuweilen Traktoren und andere Fahrzeuge ohne Licht unterwegs. Auf den Hauptverbindungsstraßen zwischen den Städten sind die Beschilderung auf Englisch und Farsi. In allen Städten gibt es Straßenschilder, viele davon auch auf Englisch.

Verkehrsregeln

Fahrspuren? Was ist das? In Iran selbst zu fahren stellt schon eine gewisse Herausforderung dar. Theoretisch fährt man rechts, jedoch darf man sich darauf nicht verlassen. Bei einer Einbahnstraße sieht der durchschnittliche Iraner kein Problem darin, rückwärts in die falsche Richtung zu sie hineinzufahren. Fahren zehn Iraner auf einer ansonsten leeren Straße, bilden sie einen Konvoi, der so eng zusammenfährt, dass ein Fahrer den Tacho des Wagens vor ihm lesen kann. „Sicherheitsabstand" ist in Iran mehr oder weniger ein Fremdwort.

Trotz allem: Die meisten ausländischen Autofahrer kommen gut zurecht.

Versicherung

Für sein Fahrzeug benötigt man ein *carnet de passage* und eine grüne Versicherungskarte – beides sollte man sich vor der Ankunft an der Grenze besorgen.

Bus

Wenn in Iran ein Ort nicht per Bus (oder Minibus) erreichbar ist, will dort wahrscheinlich niemand hin. Mehr als 20 Busunternehmen bieten Tausende von günstigen, bequemen und regelmäßigen Busverbindungen. Das Können der Busfahrer variiert, aber der Staat tut sein Möglichstes, um Fahrern mit zu viel Gottvertrauen das Handwerk zu legen, indem Geschwindigkeitsbeschränkungen rigoros überwacht werden. Die Geschwindigkeit wird aufgezeichnet und die Fahrer müssen rund alle hundert Kilometer anhalten und der Verkehrspolizei ihren Fahrtenschreiber vorzeigen. Die Fahrpreise werden staatlich festgelegt, sodass es kaum Unterschiede gibt. Außer auf sehr kurzen Strecken dürfen Fahrgäste nicht stehen.

Von den Namen des am Bus genannten Zielorts sollte man sich nicht verwirren lassen. Es ist nicht ungewöhnlich, dass z. B. auf Bussen von Khorramabad nach Ahvaz vorne oder an der Seite auf Englisch „Teheran–Istanbul" steht. Auch Bezeichnungen wie „Lovely Bus" sind nicht unbedingt ein Abbild der Realität. Buspässe gibt es keine.

Eine gute Infoquelle (nur auf Farsi) für Busreisen ist die Website www.payaneha.com.

Busunternehmen & Bustypen

Bei den meisten Busunternehmen handelt es sich um Kooperativen, die früher etwa als „Kooperative Busgesellschaft Nr. X" (Sher-

kat-e Ta'avoni Shomare X) bekannt waren. Jetzt haben die meisten andere Namen, doch am Busbahnhof wird man vielleicht immer noch zur „*ta'avoni hasht*" (Kooperative Nr. 8) geschickt. Die besten Busgesellschaften mit dem größten Netz sind **TBT** (Taavoni 15) und **Iran Peyma** (www.iranpeyma esfahan.com), oft mit der Beschriftung „Ta'avoni" oder „Bus No One".

Wer es gern etwas komfortabler mag: **Seiro Safar** (www.en.seirosafar.ir) bietet für einen kleinen Aufpreis neuere, bessere Busse. Die meisten Reisenden suchen jedoch nicht nach den Bussen einer bestimmten Gesellschaft, sondern nehmen einfach den nächsten Bus, der zu ihrem Ziel fährt.

Es gibt vor allem zwei Bustypen:

Mahmooly Bei den „normalen" Busse handelt es sich um Volvo-, Scania- und ähnliche Busse. Der Fahrer wird von zwei Begleitern unterstützt, die abgepacktes Essen verteilen und das Gepäck verladen. Die meisten Busse verfügen über Toiletten. Die alten Mercedes-Busse aus den 1960er-Jahren wurden mittlerweile wegen ihrer starken Abgase aus dem Verkehr gezogen.

VIP Diese luxuriöseren Busse verfügen über Sitze, die man fast ganz zurücklehnen kann, sowie einen besseren Service. Sie sind auf den Hauptstrecken wie von Teheran nach Isfahan oder Mashhad unterwegs und kosten rund 50 % mehr als ein *mahmooly*-Bus.

Minibus

Auf kürzeren Strecken zwischen Städten und umliegenden Dörfern kommen oft Minibusse zum Einsatz. Manchmal sind sie eine Alternative zum Bus, aber in der Regel gibt's keine Auswahl – man nimmt einfach das Verkehrsmittel, das einen ans Ziel bringt. Minibusse sind besonders am Kaspischen Meer und zwischen den

Orten der kaspischen Region und Teheran beliebt.

Minibusse sind etwas teurer als normale Busse und eventuell etwas schneller, da sie weniger Fahrgäste mitnehmen. Das kostet weniger Zeit beim Absetzen und Auflesen. Allerdings sind sie unbequem und fahren gewöhnlich erst ab, wenn sie voll sind – man muss also vielleicht warten.

Busbahnhöfe

Die meisten Busbahnhöfe liegen am Stadtrand und sind leicht per Shuttle oder Taxi zu erreichen. In einigen Städten gibt es mehr als einen Busbahnhof; im Zweifelsfall fragt man im Hotel oder nimmt sich ein Taxi. Man sagt dem Taxifahrer „*terminal-e* (plus Reiseziel)" und er weiß dann, wo er einen hinbringen muss; „Terminal" sollte hinten mit langem „a" ausgesprochen werden.

An den Busbahnhöfen finden sich auch die Büros der verschiedenen Busunternehmen. Die Fahrpläne sind nur selten auf Englisch. Man fragt am besten nach Shiraz oder Isfahan usw. und wird dann zum richtigen Schalter geschickt. Oder man wartet, bis das gewünschte Ziel ausgerufen wird. An den Busbahnhöfen wird immer auch irgendwo Essen verkauft und an größeren Busbahnhöfen gibt's oft eine Polizeiwache, eine Gepäckaufbewahrung und sogar ein Hotel.

In kleineren Städten wie Zanjan oder Kashan muss man sich manchmal zu einem größeren Kreisverkehr begeben, um in einen Bus zu steigen, der die Stadt nur streift – die Einheimischen wissen oft Bescheid.

Reservierung

Busfahrkarten sind in den Ticketbüros in den Städten oder an den Busbahnhöfen bis zu einer Woche im Voraus erhältlich. Zwischen den wichtigsten Städten wie Isfahan und Teheran verkehren zwischen 6 Uhr und Mitternacht mindestens stündlich Busse. In kleineren Städten wie Hamadan und Kerman fahren die Busse zu Zielen in der Nähe ungefähr jede Stunde, zu weiter entfernten Zielen (und durch die Wüste) fahren sie oft über Nacht. In kleineren Orten, von denen zum gewünschten Ziel nur ein oder zwei Busse pro Tag fahren, sollte man auf jeden Fall vorausbuchen.

Oft tauchen Fahrgäste, die einen Platz im Bus gebucht haben, nicht auf, sodass es in einem eigentlich ausgebuchten Bus kurz vor der Abfahrt plötzlich doch noch freie Plätze gibt. Oder es wird einem vielleicht ein Platz auf der Rückbank angeboten.

Die Tickets sind fast immer auf Farsi ausgestellt – sodass es sich anbietet, die arabischen Ziffern zu lernen, um Datum, Uhrzeit, Busnummer, Sitznummer, Fahrsteignummer usw. zu verstehen. Oder man fragt einen Iraner.

Busfahrten

Auf den meisten Busfahrten legt man im Durchschnitt rund 60 km pro Stunde zurück. Auf den meisten Fahrten, die länger als drei Stunden dauern, wird an Restaurants am Straßenrand gehalten, wo es billiges Essen gibt. Eiskaltes Wasser ist gewöhnlich im Bus erhältlich und man kann es auch ohne Bedenken trinken. Rund alle zwei Stunden muss der Busfahrer anhalten und seine Tachoaufzeichnungen von der Polizei checken lassen – eine Maßnahme gegen zu schnelles Fahren. Im Sommer sollte man versuchen, sich einen Platz auf der schattigen Seite zu sichern.

Fahrrad

Ausgezeichnete Straßen, freundliche Menschen und ein relativ geringes Diebstahlrisiko – Iran hört sich wie ein ideales Radlerziel an. Und so beschreiben die meisten Radreisenden auch ihre Erfahrungen. Jedoch ist nicht alles einfach. Die riesigen Entfernungen, der verrückte Verkehr und die heißen, ermüdenden Wüstenstraßen – ganz abgesehen von den saisonalen Winden – können die Tour zur Qual machen. In den letzten Jahren haben einige Radler auch über wachsende Feindseligkeit auf den Straßen berichtet, die vor allem von jungen Motorradfahrern ausgeht. Weibliche Radler müssen sich selbstverständlich verhüllen oder sie ziehen ungewollte Aufmerksamkeit auf sich. Männliche Radler haben berichtet, dass Radkleidung auf der Straße okay ist, doch wenn man vom Rad steigt, sollte man normale Kleidung anziehen.

Richtung Osten braucht man für die langen Wüstenabschnitte jede Menge Wasser und Proviant, außerdem eine gute Karte und ein Reisewörterbuch. Zelten ist möglich, aber es gibt keine Garantie, dass man auch willkommen ist – besser fragt man, ob man sein Zelt bei einer Moschee aufstellen kann. Ersatzteile sind u. U. schwer zu finden und in vielen Gebieten kann man auch nirgendwo ein Fahrrad leihen, also muss das eigene mitgebracht werden.

Flugzeug

Die Preise für Inlandsflüge in Iran sind niedrig und auf den meisten Strecken gibt es regelmäßige Verbindungen. Informationen sind auf www.parvazyab.com zu finden – allerdings nur auf Farsi.

Fluglinien in Iran

Die größte der stetig zunehmenden iranischen Fluggesellschaften ist Iran Air. Sie unterhält ein ausgedehntes Liniennetz, u. a. mit Flügen in die meisten Provinzhauptstädte. Die Tarife für Inlandsflüge werden vom Staat festgelegt – es ist also egal, mit welcher Fluglinie man fliegt.

Flugtickets besorgt man sich am besten in einem der vielen Reisebüros, denn diese haben den besten Überblick über das gesamte Angebot. Iranische Inlandsfluglinien:

ATA (www.ataair.ir)

Atrak (www.atrakair.com)

Caspian Airlines (www.caspian.aero)

Iran Air (☎ 021-4662 1888; www.iranair.com)

Iran Airtours (www.iat.aero)

Iran Aseman (www.iaa.ir)

Kish Air (www.kishairline.com)

Meraj Airlines (www.merajairlines.ir)

Mahan Air (www.mahan.aero)

Qeshm Air (www.qeshm-air.com)

Taban Air (www.taban.aero)

Bei der Buchung sollte man auf den Flugzeugtyp achten und alte Tupolews meiden. Am zuverlässigsten sind Mahan Air, Iran Air und Iran Aseman; sie bedienen auch die meisten Strecken. Egal bei welcher Fluglinie: Verspätungen sind an der Tagesordnung. Trotzdem sollte man bei Inlandsflügen immer mindestens eine Stunde vor dem Abflug am Flughafen sein.

Von außerhalb Irans ein Ticket für einen iranischen Inlandsflug zu bekommen ist schwierig. Aufgrund der Sanktionen ist es nicht möglich, ein Ticket übers Internet zu bezahlen – falls Online-Tickets erhältlich sind. Theoretisch kann man aus dem Ausland ein Iran-Air-Büro anrufen und sich eine Buchungsnummer geben lassen, um sein Ticket dann in einem Iran-Air-Büro in Iran oder am Mehrabad Airport in Teheran zu bezahlen. Besser nutzt man aber ein iranisches Reisebüro im Land.

Nahverkehr

Bus & Minibus

In den meisten iranischen Städten gibt es ein öffentliches Busnetz. Diese Busse sind oft überfüllt und das Netz ist oft schwer zu durchschauen, es sei denn, man weiß genau, wohin man will. Daher benutzen die meisten Reisenden, falls vorhanden, die Metro oder auch Sammeltaxis und private Taxis.

Die Busnummern und Ziele der Busse sind in der Regel nur auf Farsi angegeben, sodass man viel herumfragen muss – die meisten Iraner helfen gern, auch wenn man ihre Antwort vielleicht nicht unbedingt ganz versteht. Außer in Shiraz und teilweise in Teheran sind die Busfahrkarten vor Besteigen des Busses an kleinen Buden an den Hauptstraßen oder an den Busbahnhöfen zu kaufen. Die Fahrkarten kosten nur ein paar Cent.

Kleine Kinder (Jungen wie Mädchen) und alle Frauen müssen hinten im Bus sitzen. Das kann kompliziert sein, wenn man als Heteropaar unterwegs ist und sich darüber verständigen muss, wann man aussteigt. Je nach örtlicher Vorgehensweise gibt man seine Fahrkarte beim Ein- oder Aussteigen dem Fahrer. Frauen müssen dem Fahrer ihr Ticket durch die vordere Eingangstür des Busses reichen und dann durch die hintere Tür einsteigen.

Minibusse verkehren auf Vorortstrecken und sind oft so voll, dass man nicht sehen kann, wo man sich gerade befindet. Normalerweise zahlt man bar beim Einsteigen. Männer wie Frauen können überall sitzen – hier ist kein Platz für eine Trennung nach Geschlechtern. Die Minibusse halten an normalen Bushaltestellen oder wo man darum bittet.

Metro

Die Metros sind die große Hoffnung für die am Verkehr erstickenden iranischen Städte. Die Teheraner Metro wird weiter ausgebaut und die kleinere in Mashhad ist jetzt auch in Betrieb. In Shiraz und Isfahan sollten die ersten U-Bahn-Abschnitte bald öffnen – allerdings sollte der Betrieb schon 2013 aufgenommen werden und es ist unklar, wie lange sich das Ganze noch hinauszögert. Auch in Tabriz, Kermanshah und Ahvaz sollen U-Bahnen gebaut werden.

Taxi

Iranische Stadttaxis gibt's in drei Variationen.

SHUTTLETAXI (SAMMELTAXI)

In den meisten Städten ergänzen oder ersetzen Shuttletaxis (Sammeltaxis) die Nahverkehrsbusse. Gewöhnlich können sie fünf Fahrgäste befördern, zwei auf dem Beifahrersitz und drei hinten. Die meisten Shuttletaxis sind Fahrzeuge vom Typ Kia Pride und Samand. Übrigens: Während in den Städten Shuttletaxis verkehren, bieten zwischen verschiedenen Orten und Städten Savaris einen ähnlichen Service.

Die Shuttletaxis pendeln zwischen großen *meydans* (Plätzen) und entlang von Hauptstraßen; wer sie benutzen will, sollte die Namen der wichtigen Plätze an der gewünschten Route kennen. Das richtige Shuttletaxi zu finden ist nicht ganz einfach. Man betritt die Fahrbahn weit genug, damit der Fahrer es hören kann, wenn man ihm das Fahrziel zuruft, aber auch nah genug am Bürgersteig, dass man sich vor dem heranbrausenden Verkehr retten kann. Wenn es im Taxi einen freien Platz gibt, bremst der Fahrer ganz kurz ab, damit man ihm das gewünschte Ziel zuruft, gewöhnlich den Namen eines Platzes. Falls er in diese Richtung fährt, hält er.

Wenn man aussteigen will, sagt man einfach *kheili mamnun* (vielen Dank) oder macht sich irgendwie anders eindeutig bemerkbar. Man zahlt während der Fahrt oder beim Aussteigen; die Fahrer erwarten den genau passenden Betrag.

IST HIER NOCH FREI?

In öffentlichen Verkehrsmitteln in Iran den richtigen Platz zu finden kann kompliziert sein. In Stadtbussen müssen selbst Ehepaare getrennt sitzen: Männer vorne im Bus, Frauen hinten.

In Fern- und Minibussen sieht das Sitzarrangement dagegen so aus, dass Frauen neben Frauen und Männer neben Männern sitzen, es sei denn, es handelt sich um Paare oder Familienangehörige. Selbst wenn im Bus nur noch ein Platz frei ist, sitzt eine Frau nicht neben einem Mann, der nicht mit ihr verwandt ist – dann setzen sich die Fahrgäste so lange um, bis die Mischung stimmt.

Manchmal jedoch kann man zum anderen Geschlecht nicht den gebotenen Abstand halten. In Sammeltaxis steigen ständig Leute von vorn nach hinten oder umgekehrt, um nicht verwandte Männer und Frauen getrennt zu halten. Aber wenn das nicht möglich ist, sitzt man eben gemischt nebeneinander und es regt sich auch keiner groß darüber auf. In der Metro haben Frauen die Wahl zwischen den Frauenwaggons und den „normalen" Waggons. In Nachtzügen landet man vielleicht in einem gemischten Schlafabteil – wer das nicht möchte, muss ein reines Frauen- oder Männerabteil verlangen.

Die staatlich festgesetzten Fahrpreise reichen von ein paar Cent für kurze Fahrten bis zu vielleicht zwei oder drei Euro, je nach Entfernung, Stadt (am teuersten ist Teheran) und Verkehrsaufkommen. Am besten schaut man, was die anderen Fahrgäste bezahlen, bevor man sein Geld aushändigt.

Wer sich in ein leeres Sammeltaxi setzt, besonders in Isfahan und Teheran, kann vom Fahrer so verstanden werden, dass man es für sich allein mieten möchte. Auch wenn alle anderen aussteigen und man ist nur noch allein übrig, meint der Fahrer vielleicht, man wünscht jetzt eine Privatfahrt. Daher sollte man seinen Wunsch deutlich äußern, indem man *dar baste* (geschlossene Tür) oder *na dar baste* sagt (für weitere Gäste offen).

Wenn man ein Shuttletaxi anhält, sollte man nicht den Namen eines Hotels sagen – nach dem Wort „Hotel" hat der Fahrer das Interesse verloren und ist schon wieder unterwegs. Als Ziel muss man einen Platz oder ein bekanntes Wahrzeichen angeben, selbst wenn man schon vorher aussteigen möchte. Das Ziel wird schnell und laut gerufen: „FeDOSe!" etwa reicht für Ferdosi Street oder Square, „eHESHTe!" für Beheshti Street oder Square. Dann hält der Fahrer kurz an, damit man ins Auto springen kann.

PRIVATES TAXI

Jedes Taxi ohne Fahrgäste, egal ob Sammeltaxi oder teureres, gewöhnlich gelbes privates Taxi, kann für Fahrten in der Stadt gechartert werden – das nennt sich gewöhnlich *service* oder *agence*. Falls es nicht irgendwie kompliziert ist, z. B. mit Wartezeit, hält man das Fahrzeug einfach an, sagt dem Fahrer, wohin man will, und fragt „chand toman?". Dann bietet man rund 60 % des verlangten Fahrpreises und zahlt schließlich etwa 75 oder 80 %.

Falls das Ziel keine bekannte Straße als Adresse hat, nennt man dem Fahrer den Namen des Orts und den nächstgelegenen Platz, die nächste Hauptstraße oder das nächste Wahrzeichen.

Viele Bewohner der großen iranischen Städte nutzen inzwischen die App Snapp (www.snapp.ir), um Fahrten zu arrangieren. Das funktioniert ähnlich wie Uber, jedoch erhält man bei der Bestätigung der Fahrt einen ungefähren Fahrpreis und man kann bar bezahlen.

AGENTUR-TAXI

Ruftaxis von Agenturen werden telefonisch bestellt. Jedes Hotel kann ein solches Taxi organisieren – oft sitzt der Bruder des Hotelmanagers am Steuer. Dies sind die teuersten Taxis, doch bekommt man für den Aufpreis ein besseres Fahrzeug, man weiß, dass man sich bei jemandem beschweren kann, falls etwas schiefläuft, und vielleicht spricht der Fahrer sogar Englisch. Eine Leserin schrieb uns, dass sich alleinreisende Frauen nach Einbruch der Dunkelheit ein Taxi rufen lassen sollten, um sich zu ersparen, beim Versuch, ein Taxi anzuhalten, angehupt und von Dutzenden Fahrern ignoriert zu werden. Die Nachfrage ist so groß, dass es in Teheran und anderen Städten wie z. B. Yazd reine Frauentaxis mit Frauen am Steuer gibt.

Privates Überlandtaxi

Fast jedes Fahrzeug im Land kann als Taxi gemietet werden. Die Fahrpreise sind dabei natürlich Verhandlungssache. Eine Möglichkeit zu vermeiden, dass man über den Tisch gezogen wird, ist, den Fahrer eines Savaris nach dem Preis pro Person für die gewünschte Strecke zu fragen und den Preis dann mit vier oder fünf zu multiplizieren.

Ein Taxi für den ganzen Tag zu mieten kostet je nach Verhandlungsgeschick, Fahrzeugtyp, Entfernung und Abfahrtsort zwischen 50 und 150 US$. Je kleiner die Stadt, desto billiger ist es.

Savaris (Überland-Sammeltaxi)

Für Fahrten zwischen Orten, die weniger als drei Stunden Fahrzeit auseinanderliegen, kann man fast immer ein Savari (Sammeltaxi) finden. Gewöhnlich verkehren sie zwischen Städten. Der Hauptvorteil von Savaris ist, dass sie schneller als die (bequemeren) Busse sind. Manchmal müssen sich zwei Personen auf den Beifahrersitz quetschen, für längere Fahrten sind vier Passagiere die Regel.

Savaris fahren nur selten los, wenn es noch einen freien Platz gibt, es sei denn, ein Fahrgast (oder alle zusammen) bezahlt für den freien Platz. Bei den Savaris handelt es sich heutzutage

---

DAR BASTE!

Wenn man ein leeres Taxi anhält, nimmt der Fahrer in der Regel an, dass man es für sich allein haben möchte. Vielleicht fragt er „dar baste?" (geschlossene Tür) oder „agence?". Wenn man das Taxi mit anderen Fahrgästen teilen möchte, sollte man dem Fahrer vor dem Einsteigen „na dar baste" (keine geschlossene Tür, d. h. für andere Gäste offen) sagen. Dann hat er die Möglichkeit zu entscheiden, ob er an der Fahrt interessiert ist oder nicht.

NÜTZLICHE ZUGVERBINDUNGEN

VON	NACH	TICKETPREIS (IR)	FAHRZEIT (STD.)	ABFAHRT
Isfahan	Shiraz	500 000	9	tgl. (morgens oder abends)
Mashhad	Yazd	950 000	18½	jeden 2. Abend
Teheran	Gorgan	500 000/300 000 (1./2. Klasse)	10	tgl. (über Nacht)
Teheran	Isfahan	350 000	7½	jeden 2. Tag (über Nacht)
Teheran	Kerman	700 000/500 000 (1./2. Klasse)	8–13	14-mal tgl.
Teheran	Tabriz	500 000	13	tgl. (über Nacht)
Yazd	Kerman	215 000	6	tgl. 6 Uhr

in der Regel um Fahrzeuge des Typs Kia Pride (oder des Nachbaus Saipa Saba) und des größeren Peugeot 405. Peugeots sind gewöhnlich etwas teurer.

Normalerweise kosten Savaris etwa zwei- bis dreimal so viel wie ein *mahmooly*-Bus. Das ist immer noch günstig und gut für schnelle Trips, besonders durch eintönige Landschaften. Wie üblich bekommen alleinreisende Frauen in der Regel den Beifahrersitz.

Savaris fahren normalerweise im oder vor dem entsprechenden Busbahnhof ab oder an größeren Plätzen an der Straße, auf der die Fahrt weitergeht. Wenn man sich nicht sicher ist, nimmt man ein privates Taxi und sagt dem Fahrer „Savari" und sein Reiseziel.

Schiff/Fähre

Die einzigen Fährverbindungen bestehen zwischen der iranischen Küste des Persischen Golfs und den Inseln Kish, Qeshm und Hormoz (Hormus). Zu den Strecken gehören die folgenden:

➡ Von Bandar Abbas zu den Inseln Qeshm und Hormus

➡ Von Hormus nach Qeshm

➡ Von Bandar-e Pol nach Laft-e Kohneh (Qeshm)

➡ Von Bandar-e Charak zur Insel Kish

Rund um Nouruz fahren außerdem Fähren von Bandar-e Lengeh zur Insel Kish.

Trampen & Fahrgemeinschaften

Trampen ist nirgends auf der Welt ganz ohne Risiko und wir empfehlen es nicht. Wer trampt, sollte sich darüber im Klaren sein, dass er ein gewöhnlich kleines, aber potentiell auch großes Risiko eingeht. Frauen sollten in Iran niemals trampen!

Für Männer ist trampen grundsätzlich möglich. Trampen, so wie man es in westlichen Ländern versteht, ist in Iran etwas Neues. Zwar sieht man recht häufig Männer am Straßenrand stehen, aber sie warten auf einen freien Platz in einem Bus, Minibus oder Sammeltaxi, für den sie dann auch bezahlen. Manchmal bieten Fahrer Ausländern eine kostenlose Mitnahme an, um Englisch zu sprechen oder auch einfach aus Gastfreundschaft. Wie überall wird man in abgelegenen Gebieten eher mitgenommen. Die meisten iranischen Fahrer zeigen sich von ihrer typischen großzügigen Seite und bieten ihren Fahrgästen Essen und Zigaretten an, jegliche Bezahlung lehnen sie ab. Jedoch sollte man bereit sein, etwas zu bezahlen, und auch eine Bezahlung anbieten, die aber sowieso dann meist abgelehnt wird. In diesem Falle ist es gut, als Dank ein kleines Geschenk überreichen zu können.

Um ein Fahrzeug anzuhalten, hält man nicht wie gewohnt den Daumen raus – das kann als beleidigende Geste missverstanden werden –, sondern man winkt mit der Handfläche nach unten, als wollte man andeuten, dass jemand langsam fahren soll.

Zug

Eine Zugfahrt ist eine preiswerte Art des Reisens und bietet eine gute Gelegenheit, Iraner kennenzulernen.

Die erste Bahnlinie Irans war die in den 1930er-Jahren gebaute Strecke von Bandar-e Torkaman am Kaspischen Meer nach Bandar-e Imam Khomeini am Persischen Golf – einmal durchs ganze Land. Die Strecke eignet sich gut für alle, die von Teheran nach Sari oder Gorgan kommen möchten, sie führt über Berge und Pässe – und zählt zu den großen technischen Errungenschaften des 20. Jhs. Jetzt gibt es noch ein weiteres Wunder der Ingenieurskunst: die Strecke von Isfahan nach Shiraz durchs Zagros-Gebirge. Sie ist Teil eines ambitionierten Planes, das iranische Eisenbahnnetz auszubauen. So sind inzwischen schon die Bahnlinien von Qazvin über Rasht nach Astara, von Mashhad nach Bafq und von Bam nach Zahedan eröffnet worden – der Anschluss nach Pakistan ist aufgrund der schlechten Sicherheitslage seit Jahren nicht mehr in Betrieb.

Strecken

Der Eisenbahnknotenpunkt Irans ist Teheran: Hier beginnen und enden die meisten Zugverbindungen des Landes. Von der Hauptstadt gibt es mindestens einen Zug täglich nach Mashhad, Isfahan, Tabriz, Bandar Abbas und Kerman. Die Züge fahren in der Regel pünktlich ab, doch an den Zwischenstopps kommen sie oft mitten in der Nacht an – daher nehmen die meisten Reisenden den Bus.

Klassen & Preise

Die meisten Züge verfügen über zwei Klassen, einige aber nur über eine. Falls einem die 2. Klasse zu voll ist, kann man oft unterwegs noch in die 1. Klasse umsteigen, sofern dort Platz ist. Ein Platz in der 2. Klasse kostet etwas weniger als ein *mahmooly*-Bus, ein Platz in der 1. Klasse etwas weniger als ein VIP-Bus.

In Nachtzügen (gewöhnlich ab Teheran) verfügen die 1.-Klasse-Wagen über Schlafabteile *(ghazal)* mit vier oder sechs Betten. Alleinreisende Frauen sollten sich möglichst einen Platz in einem reinen Frauenabteil geben lassen. In der 1. Klasse wird meistens im Abteil Essen serviert, das auch gar nicht so schlecht ist. Fernzüge verfügen außerdem über ein Zugrestaurant.

Die komfortabelsten Züge fahren auf der verkehrsreichen Strecke von Teheran nach Mashhad. Der Simorgh ist z. B. teurer als andere 1.-Klasse-Züge, doch enthalten sind im Preis Abendessen, Frühstück, ein besonders bequemes Bett und ein Fernseher (was natürlich auch ein Nachteil sein kann). Man kann sich außerdem einen Platz in einem Nichtraucherabteil geben lassen.

Reservierung

Bahnfahrkarten können an den Bahnhöfen bis zu einem Monat im Voraus gekauft werden. Besonders für Züge, die donnerstags, freitags und an Feiertagen fahren, sollte man auf jeden Fall vorausbuchen. Bei Redaktionsschluss waren noch keine Internetbuchungen möglich.

Gesundheit

Schon wegen der Trockenheit und der relativen Isolation des Landes ist das Risiko, sich in Iran eine gefährliche Infektionskrankheit einzufangen, eher gering.

Ärztliche Hilfe benötigen Reisende hier am häufigsten nach Unfällen. Wer das Pech hat, ins Krankenhaus zu müssen, kann sich mit dem Gedanken trösten, dass Iran einige der besten Kliniken im Nahen Osten besitzt. Viele einheimische Ärzte haben in Europa oder Nordamerika studiert und vor allem in den größeren Städten findet sich meist jemand, der Englisch spricht. In abgelegenen Gebieten ist die medizinische Versorgung dürftiger.

Vor der Reise

Empfohlene Impfungen

Die Weltgesundheitsorganisation empfiehlt allen Reisenden unabhängig vom Reiseziel aktuellen Impfschutz gegen Diphtherie, Tetanus, Masern, Mumps, Röteln und Kinderlähmung (Polio) sowie Hepatitis B. Anlässlich der Reisevorbereitungen sollte man überprüfen, ob man mit allen Standardimpfungen auf dem aktuellen Stand ist. Epidemien sind in Iran selten.

Das deutsche Auswärtige Amt empfiehlt als zusätzliche Reiseimpfung Hepatitis A, bei längeren Aufenthalten auch Hepatitis B, Meningokokken, Typhus und Tollwut.

Reiseapotheke

In eine gut ausgestattete Reiseapotheke gehören:

➡ Paracetamol oder ASS (z. B. Aspirin)

➡ Heftpflaster

➡ Antibiotische Salbe für Schnitt- und Schürfwunden

➡ Antibiotika (für Reisen abseits der Touristenzentren)

➡ Durchfallmittel (z. B. Loperamid)

➡ Antihistamine (gegen Heuschnupfen und allergische Reaktionen)

➡ Entzündungshemmendes Mittel (z. B. Ibuprofen)

➡ Bandagen, Mull, Mullbinden

➡ DEET-haltiges Insektenschutzmittel zum Auftragen auf die Haut

➡ Chlortabletten zur Wasserdesinfektion

➡ ORS-Elektrolytmischung zum Ausgleich von Salzverlust

➡ Permethrinhaltiges Insektenspray für Kleidung, Zelte und Moskitonetze

➡ Taschenmesser

➡ Schere, Sicherheitsnadeln, Pinzette

➡ Sonnenschutzmittel

➡ Spritzen und sterile Nadeln (für Reisen abseits der Touristenzentren)

➡ Fieberthermometer

Versicherung

Reisende sollten vorab klären, ob ihre Krankenversicherung direkt mit Gesundheitsdienstleistern in Iran abrechnet oder die Kosten nur nachträglich erstattet. Aufgrund der Bankensanktionen kann es für Versicherer sehr schwierig sein, Ärzte in Iran direkt zu bezahlen. Eine private Auslandsreisekrankenversicherung wird in den meisten Fällen dringend empfohlen. Außerdem sollte man sicherstellen, dass die Versicherung im Notfall auch den Rücktransport nach Hause oder die Evakuierung in ein Land mit besserer medizinischer Versorgung abdeckt. Die Versicherung kann u. U. für ihre Kunden ermitteln, wo die nächste medizinische Einrichtung ist, doch schneller erfährt man das sicherlich im eigenen Hotel oder – im Notfall – durch einen Anruf bei der deutschen Botschaft oder beim Konsulat. Die Reisekrankenversicherung deckt normalerweise auch die Behandlung akuter Zahnbeschwerden ab.

Nicht alle Versicherungen zahlen medizinisch notwendige Rückflüge nach Hause oder den Transport in ein Krankenhaus einer größeren Stadt, was bei schweren Notfällen manchmal die einzige Möglichkeit ist, medizinische Versorgung zu bekommen. Vorher abklären.

Websites

MD Travel Health (www.redplanet.travel/mdtravelhealth) Tagesaktuelle Gesundheitstipps für Reisende.

Tropeninstitut (tropeninstitut.de/reiseziel/) Reisemedizinische Infos für 350 Reiseziele, darunter Iran.

Weltgesundheitsorganisation (www.who.int/ith) Der hervorragende, kostenlose Ratgeber *International Travel and Health* wird jährlich aktualisiert.

In Iran

Infektionskrankheiten

Die folgenden Infektionskrankheiten kommen in Iran vor, aber Reisende stecken sich nur extrem selten damit an.

DIPHTHERIE

Die Diphtherie wird bei engem Kontakt über die Atemwege übertragen. Sie verursacht Fieber und schwere Halsentzündungen. Manchmal schwillt der Hals so zu, dass ein Luftröhrenschnitt nötig wird. Reisende, bei denen enger Kontakt mit Einheimischen in Infektionsgebieten wahrscheinlich ist, sollten sich impfen lassen. Der Impfstoff wird als Einzelimpfung oder in Kombination mit Tetanus verabreicht und bietet zehnjährigen Impfschutz. Diphtherie kommt in Iran vor.

HEPATITIS A

Hepatitis A kommt in Iran vor und wird durch infizierte Lebensmittel (vor allem Muscheln) und verunreinigtes Trinkwasser übertragen. Sie verursacht Gelbsucht und kann, auch wenn sie selten tödlich verläuft, zu anhaltender Abgeschlagenheit mit nur langsamer Erholung führen. Zu den Symptomen gehören dunkler Urin, gelbliche Verfärbung der Augen, Fieber und Bauchschmerzen. Hepatitis-A-Impfstoffe (u. a. Avaxim, VAQTA, Havrix) werden gespritzt: Die erste Dosis gibt Impfschutz für bis zu einem Jahr; eine Auffrischimpfung nach zwölf Monaten verlängert den Impfschutz auf weitere zehn Jahre.

HEPATITIS B

Infiziertes Blut, verunreinigte Nadeln und Sexualkontakt sind Übertragungswege für Hepatitis B. Sie kann Gelbsucht verursachen und greift die Leber an, manchmal bis hin zum Leberversagen. Deshalb sollten alle Reisenden sich routinemäßig gegen Hepatitis B impfen lassen. (In vielen Ländern gehört die Hepatitis-B-Impfung inzwischen zum regulären Impfprogramm für Kinder.) Der Impfstoff kann als Einzelimpfung oder in Kombination mit der Impfung gegen Hepatitis A verabreicht werden. Ein über vier Wochen oder sechs Monate verabreichter Impfzyklus gewährleistet Impfschutz für mindestens fünf Jahre.

HIV & AIDS

HIV ist in Iran bislang zum Glück noch sehr selten, aber durch die zunehmende Ausbreitung der Prostitution und vor allem die hohe Zahl von Fixern steigt die Zahl der HIV-Infektionen allmählich an. Für manche Langzeitvisa fordert Iran den Nachweis eines negativen HIV-Tests.

MALARIA

Malaria ist in Iran nicht sehr verbreitet, doch im Südosten des Landes, u. a. in Bandar Abbas, besteht ein erhöhtes Infektionsrisiko. Malaria beginnt fast immer mit Schüttelfrost, Fieber und Schweißausbrüchen. Dazu treten häufig Muskelschmerzen, Kopfschmerzen und Erbrechen auf. Die Symptome können in einem Zeitraum von wenigen Tagen bis zu drei Wochen nach dem Stich einer infizierten Mücke auftreten. Achtung: Auch während oder nach der Einnahme vorbeugender Malariatabletten kann es u. U. zu einer Malariaerkrankung kommen.

TOLLWUT

Tollwut kommt in Iran vor. Bei Hundebissen oder Belecken verletzter oder entzündeter Hautareale ist höchste Vorsicht geboten, da Tollwut unbehandelt meist tödlich verläuft. Wer mit Tieren umgeht, sollte sich vorsorglich impfen lassen. Die Impfung ist auch für Personen ratsam, die abgelegene Gebiete bereisen wollen, wo nach einem eventuellen Biss ein geeigneter Nachimpfstoff nicht innerhalb von 24 Stunden verfügbar wäre. Die Vorabimpfung besteht aus drei Injektionen, über einen Monat verteilt. Wer nicht vorab geimpft ist, braucht nach einem Biss fünf Injektionen, die erste davon innerhalb von 24 Stunden nach dem Biss. Die Vorabimpfung bietet keinen absoluten Schutz, verschafft Gebissenen aber mehr Zeit, um eine geeignete ärztliche Behandlung aufzusuchen.

TUBERKULOSE

Tuberkulose (TB) kommt in Iran vor allem im Südosten vor. Die Ansteckung erfolgt bei engem Kontakt über die Atemwege und manchmal auch durch infizierte Milch oder Milchprodukte. Für Reisende, die in näheren Kontakt mit der einheimischen Bevölkerung treten, wird eine BCG-Impfung empfohlen, die allerdings keinen garantierten Ansteckungsschutz bietet.

Medizinische Versorgung & Kosten

Zwischen Iran und anderen Ländern existieren nur wenige Vereinbarungen über gegenseitige Erstattung von Gesundheitskosten. Reisende müssen darauf vorbereitet sein, alle medizinischen und zahnärztlichen Behandlungen an Ort und Stelle zu bezahlen. Die gute Nachricht: Die Kosten sind sehr niedrig. Die Qualität der Krankenhäuser variiert von Ort zu Ort, aber vor allem in Teheran, Isfahan und Shiraz gibt es Kliniken von internationalem Niveau und gut ausgebildete Ärzte. Überall können die Einheimischen den Weg zur nächsten und/oder geeignetsten medizinischen Einrichtung weisen.

Außerhalb der großen Städte ist die medizinische Versorgung nicht überall gewährleistet. Medikamente und sogar steriles Verbandmaterial oder Infusionslösungen müssen die Patienten u. U. selbst bei einer der örtlichen Apotheken erwerben, die normalerweise sehr gut ausgestattet sind. Bei der Pflege verlassen sich viele Kliniken auf die Mithilfe von Familie und Freunden der Patienten.

Das Niveau der zahnärztlichen Versorgung schwankt stark. Es besteht ein erhöhtes Risiko, sich durch schlecht sterilisierte Instrumente mit Hepatitis B anzustecken. Die private Reisekrankenversicherung deckt zahnärztliche Behandlungen normalerweise nur bei Notfällen ab.

Reisedurchfall

In den meisten Gebieten Irans ist das Wasser unbedenklich genießbar. Leitungswasser vor dem Genuss abzukochen, zu filtern oder zu desinfizieren, kann aber grundsätzlich helfen, Reisedurchfall zu vermeiden. Am besten verzehrt man nur frisch zubereitete Mahlzeiten. Besucher mit empfindlichem Magen sollten vorgekochte Gerichte wie *khoresht* besser meiden.

Wer an Durchfall erkrankt, muss darauf achten, reichlich Flüssigkeit zu sich zu nehmen, am besten in Form einer geeigneten Elektrolytlösung, die Salz und Zucker im richtigen Verhältnis enthält. Leichter Durchfall erfordert noch keine Behandlung, aber bei mehr als vier oder fünf Stuhlgängen pro Tag sollte man eine Behandlung mit einem Antibiotikum (normalerweise vom Chinolon-Typ) und einem Durchfallmittel (z. B. Loperamid) einleiten. Wenn der Durchfall blutig ist, mehr als 72 Stunden anhält oder von Fieber, Schüttelfrost oder starken Bauchschmerzen begleitet wird, ist ärztliche Hilfe notwendig.

Sonstige Gesundheitsrisiken
HITZSCHLAG

Zu Hitzeerschöpfung kommt es durch heftiges Schwitzen und übermäßigen Flüssigkeitsverlust ohne ausreichende Zufuhr an Flüssigkeit und Salzen. Besonders gefährdet sind Reisende im glühend heißen iranischen Sommer, vor allem, wenn noch ungewohnte körperliche Anstrengung dazukommt. Bei Wüstenwanderungen von Orten wie Yazd aus ist besondere Vorsicht geboten.

Zu den Symptomen gehören Kopfschmerzen, Schwindel und Müdigkeit. Die Austrocknung setzt schon vor dem Durstgefühl ein – man sollte so viel Wasser trinken, dass der Urin immer hell und wässrig bleibt. Tütchen mit Elektrolytmischungen sind die einfachste und schnellste Möglichkeit, Austrocknung zu behandeln. Sie sind auch in Iran zu bekommen, aber es ist sinnvoll, schon einen Vorrat im Gepäck zu haben. Alternativ sollte man zum Flüssigkeitsersatz Wasser oder/und Fruchtsaft trinken und sich mit kaltem Wasser und Fächern/Ventilatoren abkühlen. Gegen den Salzverlust helfen salzige Flüssigkeiten wie Suppe oder Brühe; man kann auch ruhig seine Speisen bei Tisch etwas mehr nachsalzen als sonst.

Noch gefährlicher ist der Hitzschlag, bei dem die Regulierung der Körpertemperatur komplett versagt. Durch den übermäßigen Anstieg der Körpertemperatur bleibt das Schwitzen aus, es kommt zu irrationalem und hyperaktivem Verhalten, schließlich gefolgt von Bewusstlosigkeit und Tod. Wichtig ist eine rasche Abkühlung des Körpers, am besten indem man ihn mit Wasser besprüht und Luft zufächelt. Außerdem ist normalerweise eine notfallmäßige Infusionsbehandlung zum Ersatz von Flüssigkeit und Elektrolyten erforderlich.

INSEKTENBISSE & -STICHE

Selbst Mückenstiche, die keine Malaria übertragen, können zu Hautreizungen und -entzündungen führen. Durch Anwendung eines DEET-haltigen Insektenschutzmittels lassen sich Stiche vermeiden. Außerdem verbreiten Mücken auch das Denguefieber. Bienen- und Wespenstiche sind nur für Menschen mit einer schweren Allergie (Anaphylaxie) wirklich gefährlich. Personen mit einer schweren Allergie gegen Bienen- oder Wespenstiche sollten einen Adrenalininjektor bei sich tragen.

Die Wüsten Irans wimmeln von Skorpionen, deren Bisse schmerzhaft, aber trotz des gängigen Irrglaubens selten lebensbedrohlich sind.

Erfreulicherweise scheinen Bettwanzen in Iran nicht sehr verbreitet zu sein, auch wenn sie in Hostels und Billighotels gelegentlich auftreten. Ihr Bisse verursachen Quaddeln und starken Juckreiz. Es hilft, fragwürdig aussehende Matratzen mit Insektenschutzmittel zu besprühen oder in einem Inlett zu nächtigen.

In manchen Billigunterkünften hausen auch Krätzemilben. Sie dringen in die Haut ein (besonders gern zwischen den Fingern) und verursachen heftig juckenden Ausschlag. Krätze lässt sich mit einer bei Apotheken erhältlichen Lotion gut behandeln. Dabei müssen alle Personen, mit denen man in näherem Kontakt ist, mitbehandelt werden, um eine Weitergabe durch symptomlose Überträger zu verhindern.

LUFTVERSCHMUTZUNG

Besucher mit schwerwiegenden Atemwegsbeschwerden sollten sich von ihrem Arzt beraten lassen, bevor sie in Ballungsgebiete mit starker Luftverschmutzung, wie etwa Teheran, reisen. Wer von der Luftverschmutzung Beschwerden bekommt, verlässt die Stadt besser für ein paar Tage, um frische Luft zu tanken.

Reisen mit Kindern

Reisende mit Kindern sollten grundsätzlich wissen, wie leichtere Beschwerden zu behandeln sind und wann ärztliche Behandlung notwendig wird. Sie sollten darauf achten, dass ihre Kinder mit allen Standardimpfungen auf dem aktuellen Stand sind, und sich vor der Reise gründlich über sinnvolle Reiseimpfungen beraten lassen, weil manche Impfstoffe für Kinder unter einem Jahr nicht geeignet sind.

Wenn sich das Kind übergibt oder Durchfall hat, ist es wichtig, die dabei ausgeschiedenen Flüssigkeitsmengen und Salze zu ersetzen. Dabei sind spezielle Elektrolytpulver hilfreich, die man mit abgekochtem Wasser anmischen kann.

Hunde sind in Iran eher selten, aber wegen der Tollwutgefahr sollten Kinder den Kontakt mit ihnen und anderen Säugetieren meiden.

Jede Biss- oder Kratzverletzung durch ein warmblütiges, pelziges Tier oder auch Hautareale, die von diesem abgeleckt wurden, sollten sofort gründlich gereinigt werden. Beim leisesten Verdacht, dass das Tier an Tollwut leidet, ist sofort ärztliche Hilfe aufzusuchen.

Frauen & Gesundheit

Stress, Erschöpfung und Wechsel der Zeitzone können den Menstruationszyklus durcheinanderbringen. Wer eine Antibabypille nimmt, sollte daran denken, dass manche Antibiotika ebenso wie Durchfall und/oder Erbrechen die Wirkung der Pille beeinträchtigen können, wodurch sich das Risiko einer Schwangerschaft erhöht. Außer Kondomen müssen alle benötigten Schwangerschaftsverhütungsmittel selbst mitgebracht werden. Tampons sind in Iran so gut wie nirgends aufzutreiben, aber in den Städten sind Binden zu bekommen.

Schwangere müssen nicht grundsätzlich aufs Reisen verzichten, sollten sich aber vorher ärztlich untersuchen lassen. Die riskantesten Zeiten zum Reisen sind die ersten zwölf Schwangerschaftswochen, in denen die Gefahr einer Fehlgeburt am höchsten ist, und die Phase nach der 30. Woche – die meisten Fluggesellschaften nehmen keine Frauen jenseits der 32. Schwangerschaftswoche mit. Die Pränatalbetreuung ist in Iran nicht überall gleich gut und es gibt erhebliche Kulturunterschiede und Sprachschwierigkeiten. Schriftliche Unterlagen zur Schwangerschaft, u. a. mit Angaben zur Blutgruppe, können hilfreich sein, wenn eine medizinische Behandlung nötig wird. Schwangere sollten sicherstellen, dass ihr Versicherungsschutz Schwangerschaftsbetreuung, Entbindung und nachgeburtliche Betreuung abdeckt.

Sprache

Amtssprache in Iran ist Farsi, im Westen allgemein als Persisch bezeichnet. Farsi ist auch eine der Sprachen in Afghanistan und Tadschikistan. Es wird von rund 70 Mio. Menschen gesprochen, nur für 50 Mio. ist es auch die Muttersprache. Der in Afghanistan gesprochene Farsi-Dialekt (Dari) ähnelt sehr der Hochsprache in Iran, während das Tadschikische als eigene Sprache betrachtet wird.

Geschrieben wird Farsi mit persisch-arabischen Buchstaben von rechts nach links. Die folgende Lautschrift ist möglichst einfach und verständlich gehalten. Bei der Aussprache ist Folgendes zu beachten: Doppelte Vokale wie aa sowie ie werden lang (und nicht doppelt) gesprochen, o wird wie das englische o = ou gesprochen, u ist ein eher langes u wie in „tun", dh wird wie das stimmhafte englische th in „this" und „that" gesprochen. Die gutturalen Laute gh (wie das französische r) und ch (ein hartes ch wie in „Krach") werden tief unten in der Kehle gebildet, ebenso das q, das wie ein k am Gaumensegel gesprochen wird, das r wird gerollt. Das s wird scharf ausgesprochen, das z wie ein stimmhaftes s. Der Apostroph (') steht für den Buchstaben ejn, einen gepressten Knarrlaut in der Stimmritze, ähnlich einer Pause zwischen zwei Vokalen. Die betonten Silben sind kursiv gesetzt.

KONVERSATION & NÜTZLICHES

Hallo, Guten Tag.	سلام	*Bä·laam*
Tschüss/ Auf Wiedersehen.	خدا حافظ	cho·daa·haa·*fes*
Ja.	بله	ba·*le*
Nein.	نه	na
Bitte.	لطفا	lot·*fän*
Danke.	متشكرم	mo·te·tschäk·*ke*·räm
Entschuldigung. (um jemanden anzusprechen)	ببخشید	be·bäch·*tschied*

Entschuldigung (um Verzeihung bitten)

	متاسفم	mo·tä·äs·*Be*·fäm
Wie geht es Ihnen?	حالتون چطور هست؟	haa·le·tun tsche·to·re
Danke gut. Und Ihnen?	خوبم خیلی ممنون	chu·bäm chej·*lie* mäm·*nun*
	شما چطور هستید؟	scho·*maa* tsche·to·rien
Wie heißen Sie?	اسمتون چی هست؟	es·*me*·tun tschie·je
Ich heiße ...	اسم من ... هست	es·*me* män ... häst
Sprechen Sie Englisch?	شما انگلیسی حرف	scho·*maa* ien·gie·lie·*Bie*
	می زنید؟	härf *mie*·sa·nied
Ich verstehe nicht.	من نمی فهم	män ne·*mie*·fah·mäm
Darf ich ein Foto machen?	می توانم عکس	*mie*·tu·näm aks
	بگیرم؟	be·gie·räm

UNTERKUNFT

Wo finde ich ...?	... کجاست؟	... ko·*dschaast*
einen Campingplatz	محل	mä·häl·*le*
	چادر زدن	tschaa·*dor* sä·dän

NOCH MEHR FARSI

Einen ausführlichen (englischen) Sprachführer mit nützlichen Redewendungen gibt es im *Farsi (Persian) Phrasebook* von Lonely Planet. Er ist im Buchhandel, im Internet unter **shop.lonelyplanet.com** oder als Lonely Planet iPhone Phrasebook im Apple App Store erhältlich.

eine Pension	مهمان	meh·maan
	پذیر	pä·sier
ein Hotel	هتل	ho·tel
Haben Sie ein ... frei?	شما اتاق	scho·maa
		o·taa·qe
... ein Zimmer	دارید؟...	... daa·rien
... ein Einzelzimmer	یک خوابه	jek chaa·be
... ein Doppelzimmer	دو خوابه	do chaa·be
... ein Zweibettzimmer	دو نفره	do nä·fä·re
Wie viel kostet es pro ...?	برای هر ...	bä·raa·je här ...
	چقدر هست؟	tsche·qädr häst
... Nacht	شب	schäb
... Person	نفر	nä·fär
Kann ich noch eine weitere (Decke) haben?		
	(می توانم (پتو	mie·tu·näm (pä·tu)
	ی دیگر بگیرم؟	je die·ge be·gie·räm
Die (Klimaanlage) funktioniert nicht.		
	(تهویه مطبوع)	(täh·wie·je·je mät·bu')
	کار نمی کند	kaar ne·mie·ko·ne

WEGBESCHREIBUNGEN

Wo ist ...?	کجاست؟ ...	... ko·dschaast
die Bank	بانک	baank
der Markt	بازار	baa·saar
die Post	اداره پست	e·daa·re·je post
Können Sie es mir (auf der Karte) zeigen?		
	می توانید	mie·tu·nien
	(در نقشه) به	(dar naq·sche) be
	من نشان بدهید؟	män ne·schan be·dien
Wie lautet die Adresse?		
	آدرس اش چی هست؟	aad·re·Besch tschie häst
Können Sie es mir bitte aufschreiben?		
	لطفا می توانید	lot·fän mie·tä·waa·nied
	آن را بنویسید؟	aan raa be·ne·wie·Bied
Wie weit ist es?		
	تا اونجا چقدر	taa un·dschaa tsche·qadr
	راه هست؟	raah häst
Wie komme ich dort hin?		
	چطور به اونجا بروم؟	tsche·tor be un·dschaa be·räm
Links/rechts abbiegen.		
	بپیچ چپ/راست	be·pietsch tschäp/raast
Es ist ...	اون ... هست	un ... häst
hinter ...	پشت ...	posch·te ...
vor ...	جلوی ...	dsche·lo·je ...

SCHILDER

Eingang	ورود	
Ausgang	خروج	
Geöffnet	باز	
Geschlossen	بسته	
Information	اطلاعات	
Toiletten	توالت	
Männer	مردانه	
Frauen	زنانه	

neben ...	کنار ...	ke·naa·re ...
an der Ecke	گوشه	gu·sche·je
gegenüber ...	مقابل ...	mo·qaa·be·le ...
gerade aus	مستقیم	mos·ta·qiem

ESSEN & TRINKEN

Können Sie mir ... empfehlen?	می توانید یک	mie·tu·nien jek
	پیشنهاد ...	... piesch·nä·haad
	کنین؟	ko·nien
... ein Café	کافه	kaaf·fe
... ein Restaurant	رستوران	res·tu·raan
Ich möchte gerne ..., bitte	لطفا من ...	lot·fän män ...
	می خواهم	mie·chaam
einen Tisch für	یک میز برای	jek mies bä·raa·je
(vier Personen)	(چهار نفر)	(tschaa·haar)
im Nichtraucher-bereich	قسمت غیر	qes·mä·te ghej·re
	سیگاری	Bie·gaa·rie
Was können Sie empfehlen?		
	شما چی پیشنهاد	scho·maa tschie piesch·nä·haad
	می کنین؟	mie·ko·nien
Welche Spezialität gibt es hier?		
	غذای مخصوص	ghä·dhaa·ye mäch·Bu·Be
	محلی چی هست؟	mä·häl·lie tschie·je
Gibt es hier auch vegetarisches Essen?		
	شما غذای	scho·maa ghä·dhaa·je
	گیاه خواری دارید؟	gie·jaah·chaa·rie daa·rien
Ich hätte gern ..., bitte.	لطفا من ...	lot·fän män ...
	را می خواهم	ro mie·chaam
...die Rechnung	صورت حساب	Bu·rät he·Baab
...die Getränkekarte	لیست	lies·te
	نوشیدنی	nu·schie·dä·nie
... die Speisekarte	منو	me·nu
... dieses Gericht	آن غذا	un ghä·dhaa
Würden Sie das Essen bitte ohne zubereiten?	می توانید یک	mie·tu·nien jek
	غذای بدون	ghä dhaa·
	...	je be·du·ne
	درست کنید؟ ...	... do·rost ko·nien
... Butter	کره	kä·re
... Eier	تخم مرغ	toch·me·morgh
... Fleischbrühe	آبگوشت	aab·guscht

Ich bin allergisch	... من به ...	män be ...
gegen ...	حساسیت	häs·ßaa·ßie·jät
	دارم	daa·räm
Milchprodukte	لبنیات	lä·bä·nie·jaat
Nüsse	آجیل	aa·dschiel
Meeresfrüchte	غذای	ghä·dhaa·je
	دریایی	där·jaa·jie
Kaffee ...	... قهوه	qäh·we ...
Tee ...	... چای	tschaa·jie ...
... mit Milch	با شیر	baa schier
... ohne Zucker	بدون شکر	be·du·ne sche·kar
... Wasser	... آب	aa·be ...
kochendes ...	جوش	dschusch
Mineral...	معدنی	ma'·da·nie
(Orangen)Saft	(آب (پرتقال	aa·be (por·te·qaal)
Softdrink	نوشابه	nu·schaa·be

NOTFÄLLE

Hilfe!	!کمک	ko·mäk
Verschwinden Sie!	برو کنار	bo·ro ke·naar
Rufen Sie ...!	... صدا کنید	... ße·daa ko·nien
einen Arzt	یک دکتر	jek dok·tor
die Polizei	پلیس	po·lies
Ich habe mich verlaufen.	من گم شده ام	män gom scho·däm
Wo sind die Toiletten?	توالت کجاست؟	tu·waa·let ko·dschaast
Ich bin krank.	من مریض هستم	män mä·ries häs·täm
Ich bin allergisch gegen (Antibiotika).	من به	män be
	(آنتی بیوتیک)	(aan·tie·bie·ju·tiek)
	حساسیت دارم	häs·ßaa·ßie·jät daa·räm

SHOPPEN & SERVICE

Wo finde ich ...?	کجاست؟ ...	... ko·dschaast
ein Warenhaus	فروشگاه	fu·rusch·gaa·he
	زنجیره ای	sän·dschiee·re·jie
ein Lebensmittelgeschäft	بقالی	bäq·qaa·lie
einen Zeitungskiosk	روزنامه	rus·naa·me
	فروشی	fu·ru·schie
ein Souvenirgeschäft	کادو	kaa·do
	فروشی	fu·ru·schie
einen Supermarkt	فروشگاه	fu·rusch·gaah
Ich suche ...	... من دنبال	män don·baa·le ...
	می گردم	mie·gär·däm

Darf ich es anschauen?	می توانم به آن	mie·tu·näm be un
	نگاه کنم؟	ne·gaah ko·näm
Haben Sie noch andere?	چیز دیگر هم	tschie·se die·ge häm
	دارید؟	daa·rien
Das ist kaputt.	آن خراب هست	un cha·raa·be
Was kostet das?	آن چقدر هست؟	un tsche·qädr häst
Können Sie mir den Preis aufschreiben?	می توانید قیمت	mie·tu·nien qej·mät
	را بنویسید؟	ro be·ne·wie·ßien
Das ist zu teuer.	آن خیلی گران هست	un chej·lie ge·run häst
Was ist Ihr günstigster Preis?	پایین ترین	paa·jien·ta·rien
	قیمت تون چند هست؟	qej·ma·te·tun tschän·de
In der Rechnung ist ein Fehler.	در صورت حساب	där ßu·rät·he·ßaab
	اشتباه شده	esch·te·baah scho·de
Wo ist ein Geldautomat?	خود پرداز کجاست؟	chod·pär·daas ko·dschaast
Wie ist der Wechselkurs?	نرخ ارز چی هست؟	ner·che ars tschie häst
Wo ist hier ein Internetcafé?	کافی نت محلی	kaa·fie ne·te ma·hal·lie
	کجاست؟	kodschaast
Wie viel kostet es pro Stunde?	برای هر ساعت	bä·raa·je här ßaa·'ät
	چقدر می شود؟	tsche·qadr mie·sche
Wo ist das nächste Telefon?	نزدیکترین تلفن	näs·diek·tä·rien te·le·fo·ne
	عمومی کجاست؟	u·mu·mie ko·dschaast
Ich möchte gerne eine Telefonkarte kaufen.	می خواهم یک کارت	mie·chaam jek kar·te
	تلفن بخرم	te·le·fon be·chä·räm

UHRZEIT & DATUM

Wie spät ist es?	ساعت چنده؟	ßaa·'ät tschän·de
Es ist (2) Uhr.	ساعت (دو) هست	ßaa·'ät (do) häst
Halb (3).	(دو) و نیم	(do) wo niem

> ### FRAGEWÖRTER
> | | | |
> |---|---|---|
> | **Wann?** | کی؟ | kej |
> | **Wo?** | کجا؟ | ko·dschaa |
> | **Wer?** | کی؟ | kie |
> | **Warum?** | چرا؟ | tsche·raa |

Zu welcher Uhrzeit?	چه ساعتی ...؟	tsche ßaa·'ä·*tie* ...
um ...	... در	där ...
gestern ...	دیروز ...	die·*rus* ...
morgen ...	فردا ...	fär·*daa* ...
(am) Morgen	صبح	ßäbh
Nachmittag	عصر	a'sr
Abend	شب	schäb
Montag	دو شنبه	do schän·*be*
Dienstag	سه شنبه	se schän·*be*
Mittwoch	چهار شنبه	tschaa *haar* schän·*be*
Donnerstag	پنج شنبه	pändsch schän·*be*
Freitag	جمعه	dschom·'*e*
Samstag	شنبه	schän·*be*
Sonntag	یک شنبه	jek schän·*be*

VERKEHRSMITTEL & -WEGE

Ist dies der/die/das ... nach (Rasht)?	این ... برای (رشت) هست؟	ien ... bä·raa·*je* (*räscht*) häst
Schiff	کشتی	kesch·*tie*
Bus	اتوبوس	u·tu·*bus*
Flugzeug	هواپیما	hä·waa·pej·*maa*
Zug	قطار	qä·*taar*

Wann fährt der ... Bus?	... اتوبوس کی هست؟	u·tu·bu·ße ... kej häst
erste	اول	äw·*wäl*
letzte	آخر	aa·*chär*

Eine ... Fahrkarte, bitte.	... یک بلیط لطفا	jek be·*liet* ... lot·*fän*
einfache ...	یک سره	jek ßa·*re*
Hin- und Rück ...	دو سره	do ßä·*re*

Wie lange dauert die Fahrt?

| | مسافرت چقدر | mo·ßaa·fe·*rät* tsche·qadr |
| | طول می کشد؟ | tul mie·ke·schäd |

Welcher Bahnhof/welche Haltestelle ist das?

| | این کدام ایستگاه | ien ku·dum iest·*gaah* |
| | هست؟ | häst |

Bitte sagen Sie mir, wenn wir in (Sari) sind.

	لطفا وقتی به	lot·fän wäq·*tie* be
	(ساری) می رسیم)	(ßaa·rie) mie·re·ßiem
	به من بگویید	be män be·gu·jien

Was kostet die Fahrt nach ...?

| | ... برای | bä·raa·je ... |
| | چقدر می شود؟ | tsche·qädr mie·sche |

Bitte bringen Sie mich (zu dieser Adresse).

| | لطفا من را | lot·fän män ro |
| | (به این آدرس) ببر) | (be ien aad·res) be·*bär* |

ZAHLEN

1	۱	یک	jek
2	۲	دو	do
3	۳	سه	se
4	٤	چهار	tschaa·*haar*
5	٥	پنج	pändsch
6	٦	شش	schesch
7	٧	هفت	häft
8	٨	هشت	häscht
9	٩	نه	noh
10	۱۰	ده	däh
20	۲۰	بیست	biest
30	۳۰	سی	sie
40	٤۰	چهل	tsche·*hel*
50	٥۰	پنجاه	pän·*dschaah*
60	٦۰	شصت	schast
70	٧۰	هفتاد	häf·*taad*
80	٨۰	هشتاد	häsch·*taad*
90	٩۰	نود	nä·*wäd*
100	۱۰۰	صد	sad
1000	۱۰۰۰	هزار	he·*saar*

Die im Farsi benutzten arabischen Zahlen werden, anders als Buchstaben, von links nach rechts geschrieben.

Bitte hier ...	... لطفا اینجا	lot·fän ien·dschaa ...
anhalten.	توقف کن	tä·wäq·qof kon
warten.	منتظر باش	mon·tä·ser baasch

Ich möchte gerne	... من می خواهم	män*mie*chaam ...
.... mieten.	یک کرایه کنم	jek·ke·raa·je ko·näm
ein Allradfahrzeug	چهار	tschaa·*haar*
	دبلیو دی	daa·bel·*ju* die
ein Auto	ماشین	maa·*schien*

Wie viel kostet das Fahrzeug ...?

	... کرایه	ke·raa·je·*je*
	چقدر می شود؟	tsche·qädr mie·sche
pro Tag	روزانه	ru·saa·*ne*
pro Woche	هفتگی	häf·te·*gie*

Ist das die Straße nach (Enghelab)?

| | (این راه به (انقلاب) | ien raah be (en·qe·*laab*) |
| | می رود؟ | mie·re |

Ich brauche eine Werkstatt.

| | من یک مکانیک | män jek me·kaa·*niek* |
| | لازم دارم | laa·sem daa·räm |

Ich habe kein Benzin mehr.

| | من بنزین تمام کر | män ben·*sien* tä·mum |

DAS FARSI-ALPHABET

Farsi wird von rechts nach links geschrieben. Je nach ihrer Stellung am Anfang, in der Mitte oder am Ende eines Wortes oder in Alleinstellung ändert sich die Form der einzelnen Buchstaben.

WORTENDE	WORTMITTE	WORTANFANG	ALLEINE	BUCHSTABE
ـا	ـاـ	اـ	ا	älef
ـب	ـبـ	بـ	ب	be
ـپ	ـپـ	پـ	پ	pe
ـت	ـتـ	تـ	ت	te
ـث	ـثـ	ثـ	ث	se
ـج	ـجـ	جـ	ج	schim (weich)
ـچ	ـچـ	چـ	چ	tsche
ـح	ـحـ	حـ	ح	he
ـخ	ـخـ	خـ	خ	che (hart)
ـد	ـدـ	دـ	د	daal
ـذ	ـذـ	ذـ	ذ	zaal
ـر	ـرـ	رـ	ر	re
ـز	ـزـ	زـ	ز	ze
ـژ	ـژـ	ژـ	ژ	sche (weich)
ـس	ـسـ	سـ	س	sin
ـش	ـشـ	شـ	ش	schin (hart)
ـص	ـصـ	صـ	ص	saad
ـض	ـضـ	ضـ	ض	zaad
ـط	ـطـ	طـ	ط	taa
ـظ	ـظـ	ظـ	ظ	zaa
ـع	ـعـ	عـ	ع	ejn
ـغ	ـغـ	غـ	غ	ghejn
ـف	ـفـ	فـ	ف	fe
ـق	ـقـ	قـ	ق	ghaaf
ـك	ـكـ	كـ	ك	kaaf
ـگ	ـگـ	گـ	گ	gaaf
ـل	ـلـ	لـ	ل	laam
ـم	ـمـ	مـ	م	miem
ـن	ـنـ	نـ	ن	nun
ـو	ـوـ	وـ	و	we
ـه	ـهـ	هـ	ه	he
ـى	ـيـ	يـ	ى	je

GLOSSAR

Im Folgenden werden einige typisch persische Worte, Begriffe und Abkürzungen erläutert. Weitere nützliche Begriffe und kurze Sätze finden sich im Abschnitt Sprache (S. 389).

agha – vornehmer Mann, Adliger

Ajatollah – wörtlich: Zeichen oder Wunder Gottes; der Titel für den höchsten schiitischen Geistlichen wird zusammen mit dem Nachnamen gebraucht

Allah – islamischer Name für Gott

aramgah – Ruhe- oder Grabstätte, Grabmal

arg, **ark** – Zitadelle

astan-e – Heiligtum; Schwelle

ateshkadeh – zoroastrischer Feuertempel mit dem ewigen Licht

azad – frei, befreit

azadi – Freiheit

badgir – Windturm oder Belüftungsschacht für die Kühlung von Gebäuden

bagh – Garten

bandar – Hafen

Bandari – indigene Bewohner der Küsten und Inseln des Persischen Golfs

bastan – antik, antike Geschichte, Antike

bazar – Basar, Markt

bazari – Geschäftsinhaber im Basar

behesht – Paradies

boq'eh – Mausoleum

borj – Turm

bozorg – groß, großartig

Burka – Maske mit dünnen Schlitzen für die Augen, die von einigen Bandari-Frauen getragen wird

cafénet – Internetcafé

dar baste – wörtlich: geschlossene Tür; wird bei Taxifahrten verwendet, wenn das Taxi besetzt ist oder der Fahrgast alleine befördert werden möchte

darvazeh – Tor oder Torweg, auch und besonders Stadttor

darya – Meer

dasht – Ebene, Plateau; Wüste, vor allem aus Sand oder Kies

enqelab – Revolution

Farsi – Name der persischen Sprache und des persischen Volks

Firdausi – auch Ferdosi; einer der großen persischen Dichter, der um 940 in Tus bei Mashhad geboren wurde und das bedeutende Epos *Schahname* schrieb

Feuertempel – siehe *ateshkadeh*

Gabbeh – kleiner, traditionell gewebter Teppich

Golestan – Rosengarten, auch Titel eines Gedichts von *Saadi*

gonbad oder gombad – Kuppel, Gebäude oder Turm mit einer Kuppel

Hadsch – Pilgerfahrt nach Mekka

Hafis – großer persischer Dichter, der um 1324 in Shiraz geboren wurde

halal – nach islamischem Recht zulässig, gilt vor allem für Essen und Getränke

Hamam – öffentliches Bad

Hazrat-e – der für Mohammed gebrauchte Titel bedeutet so viel wie „ein weiterer Apostel des Islam" oder auch „christlicher Heiliger"

Hidschab – eigentlich die für muslimische Frauen und Mädchen als angemessen geltende Kleidung, oft aber auch nur das Kopftuch, das wie ein Schleier auch die Brust bedeckt

Hussainia – siehe *takieh*

Hussein – der dritte der *12 Imame* gilt für die Schiiten als einzig rechtmäßiger Nachfolger des Propheten Mohammed

Imam Reza – der achte Imam

Imam – auf Farsi emam, religiöser Führer sowie der Titel für die 12 direkten Nachfolger und Verwandten von Mohammed, für die Schiiten die einzig wahren religiösen und weltlichen Führer der Muslime

imamzadeh – Nachfahre eines Imam, aber auch der Schrein oder das Mausoleum eines solchen Imams

insh'Allah – so Gott will

istgah – Station, Haltestelle (vor allem Bahnhof)

Iwan – evian auf Farsi; Halle mit Gewölbedecke, die sich zum Innenhof eines Gebäudes öffnet

Jameh-Moschee – Masjed-e Jameh auf Farsi; eigentlich „Versammlungsmoschee", wird aber oft auch mit „Freitagsmoschee" übersetzt, nach dem Freitagsgebet, zu dem sich die Muslime in der Mosche versammeln

kabir – groß

Kalifat – Dynastie der direkten Nachfolger des Propheten Mohammed als Herrscher über die islamische Welt

kalisa – Kirche

Karawanserei – Gasthaus oder Station an den großen Handelsstraßen, wo die Karawanen mit ihren Kamelen eine Rast einlegen konnten

kavir – Salzwüste

Keilschrift – Schrift mit keilförmigen Buchstaben, die im antiken Persien verwendet wurde

khalij – Golf, Bucht

khan – Feudalherr, auch Ehrentitel

khan-e sonnati – traditionelles Haus

Koran – das heilige Buch des Islam

kudshe – Weg, Gasse in einer Stadt

Kufisch – antike Schrift, die auf vielen Gebäuden aus dem 7.–13. Jh. gefunden wurde

madraseh – Schule, auch theologische Hochschule im Islam

Majlis – iranisches Parlament

manar – Minarett, Turm einer Moschee

markazi – Zentrum, Zentrale

masjed – Moschee

Masjed-e Jameh – siehe *Jameh-Moschee*

mehmanchaneh – Hotel

mehmanpazir – einfaches Hotel

mehmansara – von der Regierung geführtes Rasthaus oder Hotel

Mihrab – Nische in einer Moschee, die die Gebetsrichtung nach Mekka anzeigt. In Iran ist damit auch die Vertiefung im Boden vor der Nische gemeint.

Minbar – Kanzel in der Moscheee

mosaferchaneh – Pension oder Hotel der billigsten und einfachsten Kategorie; mosafer bedeutet „Reisender"

Muezzin – Person in einer Moschee, der die Muslime vom Minarett aus zum Gebet ruft

Muharram – der erste Monat des islamischen Mondjahres ist für die Schiiten der Monat der Trauer

Mullah – islamischer Geistlicher, auch Ehrentitel

Nouruz – iranisches Neujahr, das zur Tagundnachtgleiche im Frühjahr (also zumeist am 21. März) gefeiert wird

Omar Khayyam – berühmter Dichter, Mathematiker, Geschichtsschreiber und Astronom; seine bekannteste Gedichtsammlung ist die *Rubaijat*

pasazh – Passage, zumeist Einkaufspassage

Persien – alter Name Irans

persisch – häufig verwendetes Adjektiv zur Beschreibung der Sprache, der Einwohner und der Kultur Irans

pik-up – Kleinlastwagen mit Plane über der Ladefläche

pol – Brücke

qaljan – Wasserpfeife, die in traditionellen Teehäusern geraucht wird

qal'eh – Festung oder stark befestigtes Dorf

qanat – unterirdischer Bewässerungskanal, Wasserleitung

qar – Höhle

Ramadan – der neunte Monat im islamischen Mondjahr ist für alle Muslime der Fastenmonat

Rial – Währung Irans, ein Rial ist der zehnte Teil eines *Toman*

rud, rudkhuneh – Fluss, Bach

Rumi – der berühmnte Dichter (geb. 1207) gilt als Begründer des Maulavi-Ordens der Sufi, dessen Angehörige auch als tanzende Derwische bekannt sind

ruz – Tag

Saadi – einer der großen persischen Dichter (1207–1291) dessen berühmteste Werke *Golestan* (Rosengarten) und *Bustan* (Garten der Bäume) sind

sardar – Militärgouverneur

Savari – eigentlich Privatwagen, bezeichnet aber auch ein Gemeinschaftstaxi, das für eine längere Fahrt zwischen zwei Orten gemietet wird

Schah – König; Titel der letzten persischen Monarchen

shahid – Märtyrer, wird als Ehrentitel dem Vornamen eines Kämpfers vorangestellt, der während der Islamischen Revolution oder im Ersten Golfkrieg ums Leben kam

shahr – Stadt

Shuttletaxi – weit verbreitetes Verkehrsmittel innerhalb von Städten, das zumeist auf festen Routen fährt

tacht – Thron, aber auch die liegenähnlichen Tische in Teehäusern

takieh – Gebäude, in dem im Monat Muharram der Tod des Imam Hossein mit rituellen Zeremonien betrauert wird, auch *Hussainia* genannt

tappeh – Berg, Hügel

ta'arof – Höflichkeitsritual

terminal – Terminal; Busbahnhof

Toman – Währungseinheit, die 10 Rial *entspricht*

Tschador – wörtlich: Zelt; ein zumeist schwarzer Umhang für Frauen, der den Körper vom Kopf bis zu den Füßen bedeckt und nur die Hände freilässt

wakil – Regent

yakh-dan – Eishaus aus Lehmziegel

zarih – vergoldetes Käfiggitter über einem Grabmal

Zikkurat – Stufenpyramide

Zoroastrismus – Staatsreligion in der Antike, bevor die Araber den Islam nach Persien brachten; heute gibt es noch zoroastrische Gemeinden in Yazd, Shiraz, Kerman, Teheran und Isfahan

zurkhaneh – wörtlich: Haus der Stärke, rituelle Kraftübungen, die von Männern in Gruppen nach dem Rhythmus eines Trommlers ausgeführt werden

SPRACHE GLOSSAR

Hinter den Kulissen

WIR FREUEN UNS ÜBER EIN FEEDBACK

Post von Travellern zu bekommen ist für uns ungemein hilfreich – Kritik und Anregungen halten uns auf dem Laufenden und helfen, unsere Bücher zu verbessern. Unser reiseerfahrenes Team liest alle Zuschriften genau durch, um zu erfahren, was an unseren Reiseführern gut und was schlecht ist. Wir können solche Post zwar nicht individuell beantworten, aber jedes Feedback wird garantiert schnurstracks an die jeweiligen Autoren weitergeleitet, rechtzeitig vor der nächsten Auflage.

Wer Ideen, Erfahrungen und Korrekturhinweise zum Reiseführer mitteilen möchte, hat die Möglichkeit dazu auf www.lonelyplanet.com/contact/guidebook_feedback/new. Anmerkungen speziell zur deutschen Ausgabe erreichen uns über www.lonelyplanet.de/kontakt.

Hinweis: Da wir Beiträge möglicherweise in Lonely Planet Produkten (Reiseführer, Websites, digitale Medien) veröffentlichen, ggf. auch in gekürzter Form, bitten wir um Mitteilung, falls ein Kommentar nicht veröffentlicht oder ein Name nicht genannt werden soll. Wer Näheres über unsere Datenschutzpolitik wissen will, erfährt das unter www.lonelyplanet.com/privacy.

DANK VON LONELY PLANET

Vielen Dank an die folgenden Leser, die mit der letzten Ausgabe unterwegs waren und uns wertvolle Hinweise, Tipps und interessante Anekdoten geschickt haben: Adriaan van Dijk, Adrian Ineichen, Adrien Bitton, Adrien Ledeul, Agapi Galenianou, Alan & Lynn Taylor, Alan Keltner, Alberto Ibanez, Alexis Haneke, Alfred Schupp, Amanda Löwenberg, Amir Qaredaghi, Ana Hocevar, Ana Louro, Andrew Coker, Andrew Rerttman, Angus Lee, Ankur Agarwal, Anna Zavyalova, Anne Ataii, Anton Kerst, Arlo Werhoven, Arne Gerberding, Aurélien Grollemund, Bas Geelen, Basia Jóźwiak, Bastiaan Bijl, Basudeb Banerjee, Franco Pagnoni, Frank Westerhof, Frans Ewals, Geert van Waveren, Gert Fisahn, Gilda Gazor, Greg Minshall, Hadrien Cazeaux, Helen Carmichael, Helena Foito dos Santos, Helena Henneken, Henry Bacon, Hojat Kermani Nejad, Hon Chiu Vincent Ko, Ian Thomson, Ioannis Mamoukaris, Jaap Hooijkaas, Jacek Janczarek, Jan Setnan, Jan-Pieter Visschers, Jascha de Ridder, Jason Pemberton, Jeanne Watt, Jenny Hess, Jessie Toose, Jim Lowther, John Pasturel, Jonas Keil, Joris Tieleman, Julia Dorenwendt, Julian Madsen, Kaldia Douag, Kamran Hasani, Katharina Lüke, Kay Martin, Klaas Flechsig, Larissa Chu, Leigh Dehaney, Leonie Gavalas, Lianne Bosch, Lisandra Ilisei, Luis Maia, Luzius Thuerlimann, Maarten Jan Oskam, Maksymilian Dzwonek, Manfred Henze, Marc Verkerk, Marcel Althaus, Marei Bauer, Marianne Schoone, Mario Sergio Dd Oliveira Pinto, Marjolijn Polman, Martin Hausmann, Mary Gavan, Mehmet Gavremoglu, Michael Chow, Mike van kruchten, Mina Rahimi, Mirka Badinska, Mohammad Afshinfar, Mohammad Ebrahimi, Mohsen Rezaie-Atagholipour, Momo Nedderwedder, Monica Coppi, Monica Santosuosso, Monika Marek, Nga Bellis, Nicholas James, Nick Lubout, Olav Wissink , Oleg Zhernovoy, Olivia-Petra Coman, Olivier Drouin, Parniyan Fakharzadeh, Parto Shahvandi, Paul Downing, Paul Faust, Paul Tjiam, Paul-Noël Dumont, Petros Mouchas, Phuong Tran, Pier Giorgi, Regi & Andi Keller, Regine Fisahn, Remko Donga, Rens Geerse , Reto Vogt, Ricardo Puerto, Richard & Joan Williams, Roderick van de Weg, Roëlla de Ruiter, Ronald De Hertogh, Rouhollah Fallahi, Roya Moradifar, Ryan Mckechnie, Ryan Teo, Ryo Kakiuchi, Sadra Beygi , Sebastian Lopienski, Shahireh Nozari, Simon Coombe, Simon Walo, Simone Zoppellaro, Siska D'hoore, Stefan Gruber, Stefanie Mikkers, Stela Prodanovic, Stephane Baudemont, Susanne Janssen, Svein Skalevag, Sveta Selivanova, Terry Hooper, Thessi Summer, Thibaud Marcesse, Thomas Nash, Thomas Sarosy, Thomas Schneider, Tim Rom, Tobias Leupold, Tobias Wolski, Tom De Mits, Tomasz Kozaczek, Ursula Streit, Vida Pirlou, Xavier law, Xin Tian Yong, Yao Zhang, Yasi Ayat, Yorian Bordes

DANK DER AUTOREN

Simon Richmond

Vielen Dank für die Unterstützung bei der Vorbereitung meiner Recherche in Iran, sowohl vorab als auch vor Ort an Andrew Burke, Gabe Kaminski, Laili Sadr, Mathew Scott, Yi-Juan Koh, William Lodder, Navid, Sogand, Matin, Shirin, Ali, Farah, Ramin, Armin, Masoud, Jalal und Berzhad.

Jean-Bernard Carillet

Ein Riesendankeschön an alle, die geholfen und diese Reise so erkenntnisreich gemacht haben, vor allem Mojtaba, Eric, Amir, Ibrahim, das junge Paar auf Qeshm und alle die Leute, die ich unterwegs getroffen habe. Bei Lonely Planet danke ich Helen für ihr Vertrauen sowie den fleißigen Redakteurinnen. Zuhause einen *gros bisou* an Eva und alles Liebe an Morgane, deren Unterstützung unentbehrlich war.

Mark Elliott

Vielen, vielen Dank an die beherzten Guides Shahram und Mojtaba, an Helen, Dylan und Megan, die einiges ermöglicht haben und an Sally Kingsbury und meine unschlagbaren Eltern für so viel Liebe und Unterstützung. Dank auch an zahllose freundliche Iraner und Reisende, die so großzügig mit ihrer Zeit, ihrer Gastfreundschaft und ihren Informationen waren, insbesondere Vali, Reza und Familie, Rino, Ahmad, Amir, Jalal, Mohammad und Akbar.

Anthony Ham

Ein großes Dankeschön an meine Redakteurin, Helen Elfer, für ihr Vertrauen in mich, über so einen wunderbaren Teil der Welt zu schreiben, den wir beide lieben. Und an meine Koautoren – Mark Elliott, Jean-Bernard Carillet, Simon Richmond, Jenny Walker und Steve Waters – die zu den besten Reisebuchautoren überhaupt gehören.

Jenny Walker

Iran gilt als Land der Wunder – und das beinhaltet die legendäre Gastfreundschaft, die sich auch auf Besucher erstreckt. Allgemein danke ich allen, die zu den Informationen im Kapitel Zentraliran beigetragen haben. Speziell danke ich Bijan Nabavi, der optimale Vorraussetzungen schuf, Mostafa Ramezanpoor für seine Detailgenauigkeit und ganz besonders Mojtaba Heidari für seine extremen Bemühungen unter extremen Umständen – nicht zu vergessen seine unverwechselbaren Kaffee-Stops! Riesendank an meinen geliebten Sam (Owen), Ehemann, Ko-Rechercheur und Reisegefährte.

Steve Waters

Danke an all die wunderbaren Leute in Iran, die mir den Weg geebnet haben, mich von sonstwo abgeholt, mir Tee und Süßigkeiten oder *chelo kabab* gekauft, mir Lektionen in Bescheidenheit, Geduld und Ehrlichkeit erteilt, mir subversive Witze erzählt und mich zum Lachen gebracht, ihre Mahlzeiten mit mir geteilt und mein geradebrechtes Farsi ertragen haben. Und danke an Rahel, Kaz, Hamish, Megan und Roz dafür, dass ihr so seid wie ihr seid.

QUELLENNACHWEIS

Die Angaben auf der Klimakarte stammen von Peel MC, Finlayson BL & McMahon TA (2007) „Updated World Map of the Köppen-Geiger Climate Classification", Hydrology and Earth System Sciences, 11, 163344.

Titelfoto: Masjed-e Sheikh Lotfollah (Scheich-Lotfollah-Moschee), Isfahan, JPRichard/Shutterstock©

ÜBER DIESES BUCH

Dies ist die 1. deutsche Auflage von *Iran*, basierend auf der 7. englischen Auflage von Simon Richmond, Jean-Bernard Carillet, Mark Elliott, Anthony Ham, Jenny Walker und Steve Waters. Die vorige Auflage stammt von Andrew Burke, Virginia Maxwell und Iain Shearer. Dieser Reiseführer wurde produziert von:

Titelredaktion Helen Elfer, Lauren Keith

Produktredaktion Joel Cotterell, Anne Mason

Kartografie David Kemp

Layout Nicholas Colicchia

Redaktionsassistenz Sarah Bailey, Imogen Bannister, Carly Hall, Ali Lemer, Kristin Odijk, Gabrielle Stefanos, Ross Taylor, Saralinda Turner

Kartografieassistenz Julie Dodkins

Umschlaggestaltung Naomi Parker

Dank an Jordan Hallewell, Indra Kilfoyle, Kate Mathews, Claire Naylor, Karyn Noble, Martine Power, Kirsten Rawlings, Alison Ridgway, Shadi Salehian

Register

402

Kartenverweise **000**
Fotoverweise **000**

NOTIZEN

Kartenlegende

Sehenswertes

- Strand
- Vogelschutzgebiet
- buddhistisch
- Burg/Palast
- christlich
- konfuzianisch
- hinduistisch
- islamisch
- jainistisch
- jüdisch
- Denkmal
- Museum/Galerie/hist. Gebäude
- Ruine
- shintoistisch
- Sikh
- taoistisch
- Weingut/Weinberg
- Zoo/Naturschutzgebiet
- Sehenswürdigkeit

Aktivitäten, Kurse & Touren

- bodysurfen
- tauchen
- Kanu/Kajak fahren
- Kurse/Touren
- Sento/Onsen
- Ski fahren
- schnorcheln
- surfen
- schwimmen/Pool
- wandern
- windsurfen
- sonstige Aktivitäten

Schlafen

- Schlafen
- Camping

Essen

- Restaurant

Ausgehen & Nachtleben

- Bar, Kneipe
- Café

Unterhaltung

- Unterhaltung

Shoppen

- Shoppen

Praktisches

- Bank
- Botschaft/Konsulat
- Krankenhaus/Arzt
- Internet
- Polizei
- Post
- Telefon
- Toilette
- Touristeninformation
- sonstige Informationen

Geografie

- Strand
- Hütte/Unterstand
- Leuchtturm
- Aussichtspunkt
- Berg/Vulkan
- Oase
- Park
- Pass
- Rastplatz
- Wasserfall

Städte

- Hauptstadt (Staat)
- Hauptstadt (Bundesstaat/Provinz)
- Großstadt
- Stadt/Ort

Transport

- Flughafen
- Grenzübergang
- Bus
- Seilbahn/Standseilbahn
- Radweg
- Fähre
- Metro-Station
- Schwebebahn
- Parkplatz
- Tankstelle
- S-Bahnstation
- Taxi
- T-bane-/Tunnelbana-Station
- Bahnhof/Bahnlinie
- Straßenbahn
- Tube Station
- U-Bahnstation
- sonstiger Transport

Hinweis: Nicht alle in der Legende aufgeführten Symbole sind Bestandteil der Karten dieses Buches.

Verkehrswege

- Mautstraße
- Autobahn
- Hauptstraße
- Landstraße
- Verbindungsstraße
- sonstige Straße
- unbefestigte Straße
- Straße im Bau
- Platz/Promenade
- Treppe
- Tunnel
- Fußgängerbrücke
- Spaziergang
- Abstecher von der Route
- Pfad/Wanderweg

Grenzen

- Staatsgrenze
- Provinzgrenze
- umstrittene Grenze
- Regional-/Bezirksgrenze
- Meeresschutzgebiet
- Klippen
- Mauer

Gewässer

- Fluss, Bach
- periodischer Fluss
- Kanal
- Gewässer
- Salzsee/trockener/ periodischer See
- Riff

Gebietsform

- Flughafen/Landepiste
- Strand/Wüste
- christlicher Friedhof
- sonstiger Friedhof
- Gletscher
- Watt
- Park/Wald
- Sehenswertes (Gebäude)
- Sportplatz
- Sumpf/Mangroven

DIE AUTOREN

Simon Richmond
Teheran Journalist und Fotograf Simon Richmond ist schon seit den frühen 1990er-Jahren Reiseautor. 1999 hat er zum ersten Mal für Lonely Planet gearbeitet, und zwar am Titel *Central Asia*. Er hat schon längst aufgehört, die Bände zu zählen, die er seither für LP geschrieben hat, aber er hat u. a. in Australien, China, Indien, Japan, Korea, Malaysia, der Mongolei, Myanmar (Birma), Russland, Singapur, Südafrika und der Türkei recherchiert. Für die Lonely Planet Website hat er Artikel zu diversen Themen verfasst, von den besten Schwimmbädern der Welt bis zu den Freuden des Urban Sketching.

Jean-Bernard Carillet
Persischer Golf Jean-Bernard, freier Autor und Fotograf mit Sitz in Paris, ist auf Afrika, Frankreich und die Türkei sowie den Indischen Ozean, die Karibik und den Pazifik spezialisiert. Er liebt Abenteuer, entlegene Orte, Inseln, die Natur, archäologische Stätten und Essen. Sein unstillbares Fernweh hat ihn in 114 Länder auf sechs Kontinenten geführt und es gibt kein Anzeichen für ein Nachlassen. Es war Inspiration für jede Menge Artikel und Fotos für Reisemagazine und gut 70 Lonely Planet Reiseführer, auf Englisch wie Französisch.

Mark Elliott
Südostiran, Nordostiran Mark Elliott hatte bereits auf fünf Kontinenten gelebt und gearbeitet, als er – in finsteren prä-Internet-Zeiten – begann Reiseführer zu schreiben. Inzwischen ist er Autor (oder Koautor) von um die 60 Büchern, darunter Dutzende Lonely Planet Guides. Nebenbei betätigt er sich als Reiseberater, gelegentlicher Reiseführer, Videomoderator, Sprecher, Interviewer und Blues-Mundharmonikaspieler.

Anthony Ham
Reiseplanung, Iran verstehen und Praktische Informationen Anthony ist freier Autor und Fotograf mit Schwerpunkt auf Spanien, Ost- und Südafrika, der Arktis und dem Nahen Osten. Wenn er gerade nicht für Lonely Planet unterwegs ist, schreibt Anthony für Zeitungen und Zeitschriften in Australien, Großbritannien und den USA über diese Regionen und fotografiert.

Jenny Walker
Zentraliran Als Mitglied der British Guild of Travel Writers und der Outdoor Writers and Photographers Guild schreibt Jenny seit über zehn Jahren ausführlich für Lonely Planet über den Mittleren Osten. Zusammen mit ihrem Mann, Oberstleutnant (a. D.) Sam Owen, ist sie auch Autorin von *Off-Road in the Sultanate of Oman* – dort leben die beiden seit beinahe 20 Jahren.

Steve Waters
Westiran Reisen und Abenteuer waren schon immer Steves Leben, er kann sich nicht vorstellen darauf zu verzichten. Steve ist schon seit über 30 Jahren mit Lonely Planet Reiseführern in so unterschiedlichen Regionen wie Iran, Zentralasien, Kamtschatka, Tuwa, dem Himalaya, Kanada, Patagonien, dem australischen Outback, Nordostasien, Myanmar und der Sahara unterwegs. Kein Wunder, dass er schließlich angeheuert wurde! Steve hat zu *Iran, Indonesia* und den letzten vier Auflagen von *Western Australia* beigetragen, jedes Jahr im September besteht die Chance, ihm in einer entlegenen Schlucht irgendwo in Kimberley zu begegnen.

DIE LONELY PLANET STORY

Ein ziemlich mitgenommenes, altes Auto, ein paar Dollar in der Tasche und Abenteuerlust – 1972 war das alles, was Tony und Maureen Wheeler für die Reise ihres Lebens brauchten, die sie durch Europa und Asien bis nach Australien führte. Die Tour dauerte einige Monate, und am Ende saßen die beiden – erschöpft, aber voller Inspiration – an ihrem Küchentisch und schrieben ihren ersten Reiseführer *Across Asia on the Cheap*. Innerhalb einer Woche hatten sie 1500 Exemplare verkauft.

Lonely Planet war geboren. Heute hat der Verlag Büros in Melbourne, London, Oakland, Franklin, Delhi und Beijing mit mehr als 600 Mitarbeitern und Autoren. Und alle teilen Tonys Überzeugung, dass ein guter Reiseführer drei Dinge erfüllen sollte: informieren, bilden und unterhalten.

Lonely Planet Global Limited
Unit E, Digital Court,
The Digital Hub,
Rainsford Street,
Dublin 8,
Ireland

Verlag der deutschen Ausgabe:
MAIRDUMONT, Marco-Polo-Str. 1, 73760 Ostfildern,
www.lonelyplanet.de, www.mairdumont.com, lonelyplanet-online@mairdumont.com

Chefredakteurin deutsche Ausgabe: Birgit Borowski

Redaktion: Bintang Buchservice GmbH, www.bintang-berlin.de
Übersetzung: Petra Dubilski, Marion Gref-Timm, Gunter Mühl, Inga-Brita Thiele
Lektorat: Dorit Aurich, Katharina Grimm, Julia Niehaus
Satz: Anja Krapat
Technischer Support: Typopoint, Ostfildern/Kemnat

Iran
1. deutsche Auflage Dezember 2017, übersetzt von
Iran, 7th edition, September 2017, Lonely Planet Global Limited

Deutsche Ausgabe © Lonely Planet Global Limited, Dezember 2017

Fotos © wie angegeben 2017

MIX
Papier aus verantwortungsvollen Quellen
FSC® C018236
www.fsc.org

Die meisten Fotos in diesem Reiseführer können bei Lonely Planet Images, www.lonelyplanetimages.com, auch lizenziert werden.

Printed in Poland